U0669745

孙机 著

谈文物

天津出版传媒集团

天津人民出版社

图书在版编目（CIP）数据

谈文物 / 孙机著 . -- 天津：天津人民出版社，
2024.10. -- ISBN 978-7-201-20675-2

Ⅰ . K870.4-53

中国国家版本馆 CIP 数据核字第 2024ZQ2170 号

版权声明

著作财产权人：© 东大图书股份有限公司

本著作原名《孙机谈文物》，中文简体字版由东大图书股份有限公司授权北京磨铁文化
集团股份有限公司在中国境内（台湾、香港、澳门地区除外）发行、散布与贩售。

未经著作财产权人书面许可，禁止对本著作之任何部分以电子、机械、影印、录音或任
何其他方式复制、转载或散播。

版权局著作权合同登记　图字：02-2024-118 号

谈文物
TAN WENWU

出　　版	天津人民出版社
出 版 人	刘锦泉
地　　址	天津市和平区西康路 35 号康岳大厦
邮政编码	300051
邮购电话	（022）23332469
电子邮箱	reader@tjrmcbs.com

策划编辑	董懿德
责任编辑	李佳骐
特约编辑	刘子涵
装帧设计	剁境Lab

印　　刷	三河市中晟雅豪印务有限公司
经　　销	新华书店
开　　本	700 毫米 ×1000 毫米　1 /16
印　　张	34
字　　数	481 千字
版次印次	2024 年 10 月第 1 版　2025 年 2 月第 1 次印刷
定　　价	108.00 元

版权所有　侵权必究

图书如出现印装质量问题，请致电联系调换（010-82069336）

目录

第三章　日常生活

第四章　工具与匠心

第七章　风雅与服饰

第八章　墓葬艺术

第一章　鸟兽通灵

1　玉卷龙

中国龙的原型为何？似乎愈讨论分歧愈大。王东先生《中国龙的新发现》一书中列举出蟒蛇、扬子鳄、湾鳄、大蜥蜴、鱼、鲵、马、牛、猪、鹿、羊、狗、虎、鹰、恐龙、云、闪电、黄河、星象诸说[1]。此外，这本书未谈到的还有极光、龙卷风、雷声、虹、河马以及松树等[2]。可谓设想纷纭，莫衷一是。看来为解决这个问题，有必要先对原始的龙的形象加以界定，否则茫茫大千，各种动植物和无生物都被拿来与龙相比附，头绪日繁，治丝益棼，势将无法得出结论。其实，它本有现成的客观标准，最直截了当的鉴别方法就是以我国最早的文字甲骨文中象形的龙字（🐉）为据[3]。这个字的特点是：前有大头，后部为几乎卷曲成环形的短躯。可以说，凡与之相同或相近的形象即龙。在甲骨文之后，"龙"固然还在不断地发展演变，但已有迹可循。而在甲骨文出现之前，有些原始艺术品中的图像虽与后世之

---

[1]　王东：《中国龙的新发现》，北京大学出版社，2000 年。

[2]　极光等说，见刘志雄、杨静荣：《龙与中国文化》，人民出版社，1992 年。雷声说，见胡孚琛：《谈龙说凤》，《中国社会科学院研究生院学报》1987 年第 4 期。

[3]　此字见《后》下·6·14，它和有角而尾部外卷的龙字（🐉），在写法上有繁简之别。后者更规范，因为它更接近金文之🐉（龙母尊），乃至后来的小篆。而前者更原始，更接近所象之形。不过从甲文庞字作🐉（《合集》7358）、🐉（《续》5·34·5）、🐉（《乙》7143）的情况看，其所从之龙字的尾部既可外卷亦可内卷，此二形可以通用。或释内卷尾者为𡜃字，不尽确。同为玉卷龙，多数尾部内卷，但也有尾部外卷的，如本文图 1-3：2 所举者，亦可为一证。

三停九似、充分夸张的龙形有某些约略接近之处，但和上述象形的龙字差别很大。当时如何称呼它，是否叫作龙？如若找不到真正能站得住脚的文献支持，诚难以回答。比如内蒙古赤峰敖汉旗兴隆洼赵宝沟文化的房址中所出陶尊上的猪首蛇身纹、河南濮阳西水坡45号仰韶大墓所出蚌砌鳄形纹、陕西宝鸡北首岭所出仰韶陶壶与甘肃武山傅家门所出马家窑陶瓶上的鲵形纹，以及浙江余杭瑶山1号良渚大墓所出玉镯上的虎形纹等均属此类，它们都和甲骨文龙字所示之形不侔。[①]倘使不杂以后世的眼光，不出以盖然的判断，要用科学方法证明它们是龙，恐怕相当困难。

那么，在商代以前，原始社会中有没有与甲骨文龙字相近的艺术形象呢？对此首先应举出的是红山文化中的玉卷龙。红山文化是我国北方地区重要的考古学文化，时代大致与中原地区的仰韶文化相当，分布于内蒙古东南部、河北北部、辽宁西部，最远可达吉林西北部。红山文化中的玉卷龙在内蒙古赤峰巴林右旗羊场、那斯台、巴林左旗尖山子、敖汉旗大洼、翁牛特旗三星他拉及黄谷屯，河北围场下伙房、阳原姜家梁，辽宁建平牛河梁4号积石冢，吉林农安左家山等地均曾出土[②]，国内外还藏有一批传世品。其显著的特点正和甲骨文龙字一样，躯体卷曲：有的首尾连接如环形；有的当中留出隙缝如玦形；也有

① 中国社会科学院考古研究所内蒙古工作队：《内蒙古敖汉旗小山遗址》，《考古》1987年第6期。濮阳市文物管理委员会、濮阳市博物馆、濮阳市文物工作队：《河南濮阳西水坡遗址发掘简报》，《文物》1988年第3期。中国社会科学院考古研究所：《宝鸡北首岭》，文物出版社，1983年。甘肃省博物馆：《甘肃彩陶》，文物出版社，1979年。浙江省文物考古研究所：《余杭瑶山良渚文化祭坛遗址发掘简报》，《文物》1988年第1期。

② 孙守道：《三星他拉红山文化玉龙考》，《文物》1984年第6期。巴林右旗博物馆：《内蒙古巴林右旗那斯台遗址调查》，《考古》1987年第6期。王未想：《巴林左旗出土的红山文化玉器》，《辽海文物学刊》1994年第1期。孙守道、郭大顺：《论辽河流域的原始文明与龙的起源》，《文物》1984年第6期。翁牛特旗文化馆：《内蒙古翁牛特旗三星他拉村发现玉龙》，《文物》1984年第6期。贾鸿恩：《内蒙古又发现一件新石器时代玉龙》，《中国文物报》1988年4月8日。杨伯达：《中国玉器全集》卷1，图28，河北美术出版社，1993年。河北省文物研究所：《河北阳原县姜家梁新石器时代遗址的发掘》，《考古》2001年第2期。辽宁省文物考古研究所：《辽宁牛河梁红山文化"女神庙"与积石冢群发掘简报》，《文物》1986年第8期。吉林大学考古教研室：《农安左家山新石器时代遗址》，《考古学报》1989年第2期。

缺而不断的；还有卷曲程度较缓和，整体如C字形的（图1-1）。前端都有一个被强化和神化了的大头，由于不是用写实手法表现的，很难辨识其物种；过去曾认为像猪头，现在看来或有点似是而非。此类玉卷龙远在红山文化分布区之外，于濒临长江的安徽含山凌家滩及江汉平原的湖北天门石家河也出过，造型与红山诸例基本一致。凌家滩所出者头上还有两只角，背上有通到尾部的鳍，

图1-1 红山文化的玉卷龙

1 吉林农安出土

2 内蒙古巴林右旗羊场出土

3 辽宁建平牛河梁出土

4 河北围场下伙房出土

5 内蒙古巴林左旗尖山子出土

6 内蒙古巴林右旗那斯台出土

7 辽宁建平牛河梁出土

8 内蒙古敖汉旗大洼出土

9 征集品，天津市文化局文物处藏

10 辽西地区征集品，辽宁省博物馆藏

11 内蒙古翁牛特旗黄谷屯出土

12 内蒙古翁牛特旗三星他拉出土

显得更有灵气（图1-2）①。再往后，在河南安阳商代妇好墓、山东滕州前掌大119号西周早期墓中均出，虽细部迭有更张，但构图的轮廓变动不大（图1-3）②。它的传播面如此广袤，历时如此久远，造型如此固定，似乎不能没有与之相联系的神话寓意和自然界中实有的生物作为其构思和造型的基础。

求之古文献，则远在中华古史传说中的黄帝时代，就出现了和卷体龙相关的记述。《史记·封禅书》："黄帝得土德，黄龙、地螾见。"《五帝本纪》：轩辕"有土德之瑞，故号黄帝"。《索隐》："炎帝火，黄帝土代之，即黄龙、地螾见是也。"螾有两种解释。一说螾即蚯蚓（《封禅书》集解引应劭说）。但螾

图1-2　南方的玉卷龙
1　安徽含山凌家滩16号墓出土
2　湖北天门石家河肖家屋脊出土

图1-3　商至西汉的玉卷龙
1-3　商　河南安阳妇好墓出土
4　西周　山东滕州前掌大墓出土
5　西汉　江苏徐州狮子山楚王陵出土

① 安徽省考古研究所、含山县文物管理所：《安徽含山县凌家滩遗址第三次发掘简报》，《考古》1999年第11期。张绪球：《石家河文化的玉器》，《江汉考古》1992年第1期。
② 中国社会科学院考古研究所：《殷墟妇好墓》，文物出版社，1980年。中国社会科学院考古研究所山东工作队：《山东滕州市前掌大商周墓地1998年发掘简报》，《考古》2000年第7期。

又训蝗(《说文·虫部》)。

《尔雅·释虫》"蠕蚭"，郭璞注："即蚬蟺也。"《文选·琴赋》张铣注："蚬蟺，盘旋貌。"《说文·虫部》也说："蟺，夗蟺也。"段玉裁注："夗，转卧也，引申为凡宛曲之称。夗、蟺叠韵，盖谓凡虫之冤曲之状。《篇》《韵》皆云：'蚬蟺，蚯蚓也。'虽蚓有此名，而非许意。"则蟥又指躯体盘旋卷曲之虫。这样，它与《封禅书》里说的"黄龙"就互相靠近了。因为《说文·虫部》说："蟥，若龙而黄，北方谓之地蝼。"蝼也是黄帝时的祥瑞。《吕氏春秋·应同篇》："凡帝王之将兴也，天必先见祥乎下民。黄帝之时，天先见大蟥、大蝼。"

《封禅书》所记者，与之似同出一源。其大蟥相当于地蟥，大蝼则相当于"若龙而黄"的黄龙即地蝼。由于它是上天见示之祥，故又不妨称作"天蝼"。《尔雅·释虫》和《大戴礼记·夏小正》都说蟹即天蝼。蟹字从虫。《方言》卷一一：蟦蛴"或谓之蝖蟹，……或谓之天蝼。"又说明天蝼即蟦蛴。资、齐皆为脂部从母字，标声时可相通假，古文献中不乏例证[1]，故蟦蛴亦作蚨蛴。古代将多种类似甲虫的昆虫之幼虫都叫蚨蛴，但主要指金龟子的幼虫，它生活在土壤中。因而从生活习性上说可以叫地蝼；从神话的角度说，又可称之为天蝼。金龟子的蚨蛴屈曲如环，头尾几乎碰到一起。豆象的幼虫也叫蚨蛴，却只弯成大半个圆弧形（图1-4）。前者堪称蚬蟺，也正和红山玉卷龙的造型相合。

不过远古之人为什么重视这种昆虫？可能是着眼于其从幼虫到成虫的变化过程。《论衡·无形篇》："蚨蛴化为复育，复育转而为蝉。"蝉的幼虫亦名蚨蛴。虽然蝉与金龟子不同，但二者之成长蜕变的生理机制类似。而且蟥字本身就含有生长运动的用意。《淮南子·天文训》："斗指寅，则万物蟥。"高诱注："蟥，动生貌。"《史记·律书》："寅，言万物始生，蟥然也。"而《管子·水地篇》说龙"欲小则化如蚕蠋，欲大则藏于天下"更极尽蟥动之能事。这里的

---

[1] 《仪礼·丧服》"齐衰之绖"，武威出土简本作"资衰之绖"。《尔雅·释草》："茨，蒺藜。"释文："茨，本作薋。"《诗·鄘风》："墙有茨。"《说文·艸部》"荠"下引《诗》作"墙有荠"。

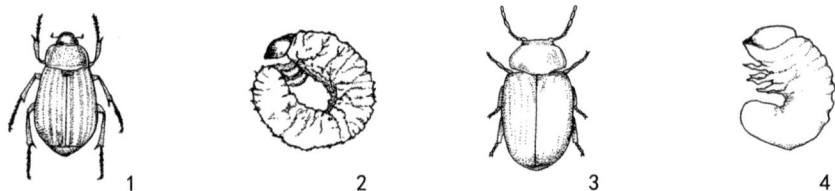

图 1-4 鞘翅目昆虫及其幼虫

1 金龟子　　　　　　　　　　　　　3 豆象
2 蛴螬（金龟子的幼虫）　　　　　　4 蛴螬（豆象的幼虫）

蚕亦指蛴螬，因为它又名"地蚕"；蠋则是与之相近的蝤蛴，即天牛的幼虫[①]。可见《管子》中这段话，说的正是从蛴螬发展到龙之由小到大的变化。古人一向认为龙"能为大，能为小；能为幽，能为明；能为短，能为长"（《说苑·辨物篇》）；"能幽能明，能细能巨，能短能长"（《说文·龙部》）。所以说它小如蚕蠋或小如蛴螬，均不失龙的本色。

远古之人贴近自然，蛴螬在他们心目中唤起的联想，远非现代人所能充分体会，何况那时还会附益上若干神话成分，更使它不同寻常。只不过大部分细节湮灭在历史的长河中，今天已无法将关于蛴螬的神话勾画完整。然而通过红山文化的玉卷龙，却使人认识到地蟺、地蝼等反映出的是龙之"能短""能小"的一面，故可作为土德之瑞的代表。同时也证实了只有卷体状才是正统的原始龙纹。《左传·昭公二十九年》蔡墨说："其共䷀曰：'亢龙有悔。'"杨伯峻注："亢龙，直龙。龙欲曲而不欲直，故有悔。"欲曲不欲直，红山玉卷龙所表现的岂不正是这种趋向吗？

尽管在豪放的哲人那里，神龙被说成"合而成体，散而成章，乘云气而养乎阴阳"（《庄子·天运篇》），似乎上天下地，独来倏往，莫测高深。但根据类型学对遗物进行排列，可以看出，它的演变仍是渐进的。凌家滩的玉龙虽已生角，但躯体光素。而相当龙山末期的山西襄汾陶寺3072号墓出土陶盘上

---

① 蛴螬又名"地蚕"，见《方言》卷一——郭璞注。蠋之本字作蜀。《说文·虫部》"蜀"下段玉裁注："桑中蠹，即蝤蛴。"

图 1-5　夏　卷龙纹陶盘　山西襄汾陶寺 3072 号墓出土

所绘卷龙纹，头部较小，吻长，上下颚密布尖牙，口中吐出一条分叉的长舌，身上还画满了红黑相间的鳞纹，分明已经将有鳞之蛇的概念引入龙的造型（图 1-5）[①]。从此龙遂成为"鳞虫之长"，而与螟、蝼等昆虫逐渐有所分别。及至商代，龙身上的鳞纹又改变了陶寺龙之茸瓦形的图案，成为套叠的菱形或山字形，更显得锋棱峭峻，鳞甲峥嵘。这时它的角也倍受重视。从甲骨文的写法看，龙角有简单的，字作（《甲》2418），和其他有角动物之角的写法相近；另一种字形的角要复杂些，作（《京津》1293）、（《前》4·53·4）、（《前》4·54·1），与实物比照，应相当于商代玉龙头上的瓶形角[②]。此角的专名为"尺木"。《论衡·龙虚篇》："短书言：'龙无尺木，无以升天。'"《酉阳杂俎·鳞介篇》："龙头上有一物如博山形，名尺木。龙无尺木，不能升天。"头上加了这样奇特的角，表示它是能上天的神龙。神龙应具有大威力，故商代玉龙不像红山玉龙那样常闭着嘴，而是阔口大张，利齿外露。从安排的顺序看，是模拟肉食动物的牙齿。但"角齿不兼与"，所以它已经逸出实有之生物的常态了。而妇好墓所出之例，龙腹下还有象征性的足状物（图 1-6）。红山玉龙无足，蛟蟠却往往有三对伪足。溯本追源，妇好墓玉龙之足似乎仍取法于蛟蟠。说明商龙虽日益神化，

图 1-6　商　玉卷龙
河南安阳妇好墓出土

---

① 中国社会科学院考古研究所山西工作队、临汾地区文化局：《1978—1980 年山西襄汾陶寺墓地发掘简报》，《考古》1983 年第 1 期。

② 瓶形角或被称为"长颈鹿角"，不确；因明代以前长颈鹿未曾输入我国。也有人称之为"且角"，尤欠允当。

但尚未摆脱红山玉卷龙及其原型地蝼即蛴螬的影响。

商代玉器之动物造型，曾自新石器时代不同的古文化中汲取营养，如蝉纹和凤纹得自石家河文化，鹰纹中含有山东龙山文化的成分，龙纹则以红山文化的玉卷龙为祖型。在商周之际，红山玉器是著名的宝物。《尚书·顾命》记成王践阼时，路寝明室的陈设中有大玉、夷玉、越玉。马融说夷玉是"东方之美玉"。《尔雅·释器》："东方之美者，有医无闾之珣、玗、琪焉。"医无闾（一作医巫闾）山在辽河西岸，山名自上古沿用至今。《周礼·夏官·职方氏》："东北曰幽州，其山镇曰医无闾。"郑玄注："镇，名山安地德者也。"而据《尔雅·释地》郭璞注，幽州的范围"自易水至北狄"；则自今河北中部直到东北，都要仰仗医无闾山来"安地德"。《尔雅》所称"东方"，应泛指这一地区。医无闾山以产玉著称。《楚辞·远游》："夕始临乎微闾。"王逸注："东方玉山也。"红山文化诸遗址正分布在医无闾山周边。邓淑苹女士认为大玉、夷玉、越玉可看作代表华夏、东夷、苗蛮三大氏族集团的"古玉三大分系"[1]。所以《尚书》中称道的夷玉似即红山玉器。商代人宝爱它、师法它，自不足怪。

以上仅就玉龙立论，至于商周青铜器，因为是用陶范模铸的，而在范上刻花纹远较琢玉为易，所以龙的造型也有突破，它们的身躯更放纵，游动、蟠绕、纠结，产生了不少精彩新颖的设计。但不仅从红山文化中沿袭下来的卷体龙形未被舍弃，而且黄帝时以蟒、蝼为瑞的传说这时犹牢牢地保留在人们的记忆中；时代晚得多的吕不韦和司马迁对此仍加以著录，就是有力的证明。西周早期，甚至不晚于武王时，还创造出一种西周式的卷龙纹，"天亡簋"的器腹和方座上就饰以此种龙纹。这件铜器是武王克殷后西归宗周，大会诸侯告天告庙宣布开国之际，一位有功之臣所铸。它的铭文不像一般铜器上的套话，只泛称祭祖考、永保用之类，却强调"敏扬王休于尊簋"，也就是说铸此簋是为

---

① 邓淑苹：《由蓝田山房藏玉论中国古代玉器文化的特质》，载《蓝田山房藏玉百选》，年喜文教基金会，1995年。

了纪念武王建国的勋业。像这样一件铭功之器，各部分的纹样均应经过精心安排，它的主题花纹采用西周式卷龙纹，应被看作既是对传统的尊重，又是其自身特点的展现。而在商代铜器上不仅从未见过它，那时甚至连将龙纹饰于器物之主要立面上的情况也很少。但西周一开国，随即出现了一批饰此种西周特有之龙纹的器物。除"天亡簋"外，美国哈佛大学福格美术馆所藏"叔德簋"、陕西宝鸡竹园沟和甘肃灵台白草坡出土的簋、陕西泾阳高家堡出土的尊、四川彭县（今彭州市）竹瓦街和辽宁喀喇沁左翼蒙古族自治县北洞村出土的罍均是其例（图1-7）[1]。这种纹样或被称为"蜗身兽纹"，不确；因其卷曲的身躯并不代表"蜗牛壳"，而是商代的卷龙纹被周人改造了的结果。周人对商代之行世已久的式样本是熟悉的，德国科隆东亚艺术博物馆所藏西周"子簋"和"父乙簋"，都在圈足内的器底上用阳线铸出此式卷龙纹（图1-8）[2]。陕西扶风法门寺西北任家村出土之西周"仲义父罍"肩上的双耳，也是这样一对卷龙[3]。但周人不曾用它作为器物外壁的主题花纹，在"天亡簋"等器上出现的，已是西周的新式样了，其中的原委很耐人寻味。不过形式虽有别，基本特征则未变，可

图1-7 西周式卷龙纹

1 天亡簋

2 簋 甘肃灵台白草坡出土

3 罍 辽宁喀喇沁左翼蒙古族自治县北洞村出土

---

① 《中国博物馆·中国历史博物馆》图48，文物出版社、株式会社讲谈社，1984年。中国科学院考古研究所：《美帝国主义劫掠的我国殷周铜器集录》图219，科学出版社，1962年。卢连成、胡智生：《宝鸡強国墓地》上册，文物出版社，1988年，第157页。甘肃省博物馆文物队：《甘肃灵台白草坡西周墓》，《考古学报》1977年第2期。葛今：《泾阳高家堡早周墓发掘记》，《文物》1972年第7期。王家祐：《记四川彭县竹瓦街出土的铜器》，《文物》1961年第11期。喀左县文化馆、朝阳地区博物馆、辽宁省博物馆北洞文物发掘小组：《辽宁喀左北洞村出土的殷周青铜器》，《考古》1974年第6期。

② 李学勤、艾兰：《欧洲所藏中国青铜器遗珠》图84、85，文物出版社，1995年。

③ 此罍共两件，均藏上海博物馆。

图 1-8　西周
父乙簋器底所铸卷龙纹

图 1-9　　西周　玉卷龙
陕西长安张家坡墓出土

图 1-10　西周　玉蛴螬
河南三门峡上村岭墓出土

见商周易代之后，古老的神话仍在起作用。

西周的玉器则比较保守一些，其中未发现饰于铜器上的那类新式卷龙纹。长安张家坡 60 号西周墓所出者仍只琢出一对象征性之足，与妇好墓玉龙几无二致（图 1-9）[①]。不仅如此，在三门峡上村岭 2006 号西周大墓中还发现了更原始的取象于豆象之蛴螬的玉件（图 1-10），简报说是玉蚕，但它的形状和蚕几乎没有多少共同点，反倒和图 1-4：4 所举之虫肖似[②]。宝鸡竹园沟 9 号、13 号西周墓出土的 II 式玉蚕、茹家庄 1 号西周墓出土的 III 式玉蚕，亦是其类[③]。所以那套黄龙、地蟥、天蝼的传说，这时似仍为人们所谙知。依托此传说而形成的卷龙纹，不仅出现在玉器和铜器上，并且出现在周代极隆重的礼服——衮冕服上。《周礼·春官·司服》："享先王则衮冕。"郑玄注："衮，卷龙衣也。"《礼记·玉藻》："龙卷以祭。"郑玄注："龙卷画龙于衣，字或作衮。"所谓卷龙无疑即卷体之龙。虽然目前尚未掌握周代衮服之实例，但从卷龙纹发展的历史轨迹看，礼服上饰卷龙是完全合理的；同时也有力地证明，在当时，卷龙纹的地位何等崇高。而较系统地记录了此种图案之产生与发展过程的玉卷龙，则无论从历史意义和艺术价值上说，其重要性均不待言。尽管至春秋战国以及西

---

① 《中国玉器全集》卷 2，图 238，西安市长安区张家坡 60 号西周墓出土。

② 河南省文物考古研究所、三门峡市文物工作队：《上村岭虢国墓地 M2006 的清理》，《文物》1995 年第 1 期。

③ 《宝鸡强国墓地》下册，图版 39、139、192。

图 1-11 春秋、战国和西汉的玉卷龙

1 春秋 河南三门峡上村岭墓出土 　　　　　3 西汉 河北定州 40 号墓出土

2 战国 湖北随州曾侯乙墓出土

汉时，其装饰化的气味日益浓厚（图 1-11），但传统之构图的印记，依然历历在目[1]。

（原载《文物》2001 年第 3 期）

---

[1] 《中国玉器全集》卷 3，图 12，上村岭 1662 号春秋虢国墓出土。同卷图 185，湖北随县（今随州市）战国曾侯乙墓出土。西汉时装饰意味较浓之例见河北省文物研究所：《河北定县 40 号汉墓发掘简报》，《文物》1981 年第 8 期。江苏徐州狮子山楚王陵出土，见狮子山楚王陵考古发掘队：《徐州狮子山西汉楚王陵发掘简报》，《文物》1998 年第 8 期。

2 玉鸶

天津市艺术博物馆（天津博物馆前身之一）所藏徐世章先生捐赠的立鹰玉件，为山东龙山文化遗物的极精之品，其图案具有徽识性的典型意义，而且造型优美，在整个新石器时代玉器中实属罕见[1]（图2-1）。从结构上分析，此玉件由三部分构成：上部为一昂首展翅的鹰，当中为人首，下部为承托上方二物的基座。

先对当中的人首试作探讨。这一部分的构图虽简单，然而特点鲜明。它的顶部呈介字形，脸上有一对由旋涡纹形成的圆眼睛，两侧是两只向下弯曲的大耳朵。以前曾将此玉件定名为"青玉鹰攫人首佩"，恐不确。因为此人首应代表神面，而不是"被鹰攫取吞食"的"祭品"[2]。只要拿它和山东日照两城镇出土之著名的龙山玉圭及台北故宫博物院所存清宫旧藏之龙山玉圭上的刻纹相对照，便不难识别[3]（图2-2）。三者顶部均呈介字形，并向外探出短檐，耳部左右扩张，眼睛则均由旋涡纹卷绕而成，造型的基本特点完全相同。顶部呈介字形的神面，首先出现在良渚文化中，较完整的图

图2-1 山东龙山文化，玉鸶
天津博物馆藏

① 《中国博物馆·天津市艺术博物馆》图175，文物出版社、株式会社讲谈社，1984年。
② 石志廉：《对故宫博物院旧藏两件古玉圭的一些看法》，《中国历史博物馆馆刊》第3期，1981年。
③ 两城镇出土者，见刘敦愿：《记两城镇遗址发现的两件石器》，《考古》1972年第4期。台北故宫博物院所藏者，见邓淑苹：《台北故宫博物院藏新石器时代玉器图录》图117，台北故宫博物院，1992年。

图 2-2　山东龙山文化，玉器上的神面纹

1　玉圭　山东日照两城镇出土　　　　　　　　　2　玉圭　台北故宫博物院藏

像见于浙江余杭反山及瑶山等地大型墓葬所出玉器上[①]（图 2-3:1、2）。尤以反山 12 号墓之 98 号大玉琮的刻纹最为精细，琮上的神人戴羽冠，冠顶端凸起一尖吻，两侧平衍复下趋，构成了介字形的轮廓。但介字形顶虽然在良渚神面上广泛出现，却并非全都代表羽冠，有些神面上显然没有羽冠，可是也呈介字形顶，因知这种轮廓乃良渚神面之习用的标志（图 2-3:3）。此项构图原则为山东龙山文化所接受，也将神面上加上介字形顶。不过良渚玉器上的神面分两种，一种无獠牙，另一种有獠牙；无獠牙者多为梭形眼，有獠牙者多为旋涡形眼。其后一种眼虽与立鹰玉件上的人首即神面之眼均为旋涡形，构图却有微妙

图 2-3　良渚文化，玉器上的神面纹

1　玉琮　浙江余杭反山 12 号墓出土　　　　　　3　玉饰件　浙江余杭反山 12 号墓出土

2　玉饰件　浙江余杭瑶山 10 号墓出土

---

① 浙江省文物考古研究所反山考古队：《浙江余杭反山良渚墓地发掘简报》；浙江省文物考古研究所：《余杭瑶山良渚文化祭坛遗址发掘简报》，均载《文物》1988 年第 1 期。

的区别，形成良渚旋涡眼的沟槽是从外眼角向内卷绕的；形成立鹰玉件神面之眼的线条则从内眼角向外卷绕，不仅这一玉件如此，存世山东龙山文化玉器上的介字顶神面之有旋涡眼者大多数亦如此。值得注意的是，山东龙山文化之神面的眼形虽与良渚文化有别，却和红山文化之玉神面上的眼形相一致。红山玉神面体横而扁，两侧有突榫及钩形物，与那里的勾云形玉佩之意匠约略相通。其旋涡眼系由两颊下部琢出的沟槽沿抛物线向额前延伸，再从内眼角向外卷绕，围住镂成圆孔的目睛，和此立鹰玉件之神面上的眼形如出一辙。红山玉神面的底部皆雕出一排巨齿，或五枚，或七枚，极具特色。《山海经·海外南经》与《淮南子·本经训》均提到古有神人或恶兽名"凿齿"，郭璞、高诱在注释中都说其齿状如凿，则正和红山神面上的大牙相合，故不妨暂称这类神面为玉凿齿。由于红山文化的年代较早，所以山东龙山玉件上的旋涡眼应接受过红山文化的影响。可是红山玉凿齿的顶部仅稍稍拱起（图2-4:1～4），或径作直线（图2-4:5～8），无呈介字形顶者[1]。从而又可以推知山东龙山文化玉件上的神面之介字顶与旋涡眼并非同出一源，而是分别得自良渚与红山。

然而从整体上看，此立鹰玉件最引人注目之处还是上面的鹰，它高踞神面之巅，复为构图既对称又铺张之华丽的底座所承托，睥睨傲岸，大有不可一世之气势，和它的造型相类似的玉器尚未发现过第二例。但山东龙山文化遗物中有一类玉圭，一面琢立鹰纹，另一面琢神面纹，已将上述立鹰玉件之图案的基本要素包含在内，只不过把二者分镌于器物的两面而已。其中工艺最精的是台北故宫博物院所存清宫旧藏的一件，长30.5厘米，最宽处7.2

① 关善明藏品见《关氏所藏中国古玉》图5、6，香港，1994年。台北故宫博物院藏品见《蓝田山房藏玉百选》图8，台北，1995年。养德堂及波士顿美术馆藏品见《故宫文物月刊》11卷第6期，1993年。天津市艺术博物馆藏品见《中国玉器全集》卷1，图14，河北美术出版社，1993年。赛克勒博物馆藏品见《故宫文物月刊》第10卷第6期，1992年。牛河梁出土者见《中国文物精华》图26，文物出版社，1997年。

图 2-4　红山文化的玉神面

1、2　香港关善明氏藏

3　台北故宫博物院藏

4　台北养德堂藏

5　美国波士顿美术馆藏

6　天津博物馆藏

7　美国赛克勒博物馆藏

8　辽宁朝阳牛河梁出土

厘米①（图 2-5:1）。台北故宫博物院还有一件小型玉圭，长 14 厘米，最宽

---

① 《台北故宫博物院藏新石器时代玉器图录》图 118。

处4.4厘米[1]（图2-5:2）。天津市艺术博物馆藏玉圭，长25.2厘米，最宽处6.2厘米，但上部两角已被磨去，似经过后世加工[2]（图2-5:3）。上海博物馆也收藏一件此式玉圭，长14.8厘米，宽6厘米（图2-5:4）。此外，美国华盛顿弗利尔美术馆还藏有一件琢出立鹰与神面的玉圭，但其鹰纹刻得太浅，只能隐约地辨识出大致的轮廓。山西侯马新田出土的玉圭，正面雕立鹰纹，唯此圭已被平剖开，另一面只见切割痕，原有之纹饰不明，故不具论[3]。但以上六件玉圭除侯马那件外均非出土物，而且侯马圭出土于春秋祭祀坑中，系后代对古玉的再利用，所以有人怀疑它们是否属于山东龙山文化。其实尹达先生于1936年发掘日照两城镇时就注意到这类器物，他指出此处之龙山文化墓葬的出土物中"有玉质的带孔扁平式斧，它略似殷代的圭。这样的东西和两城镇遗址中一种石斧相似"[4]。邵望平先生对此也举出日照尧王城和

图2-5　山东龙山文化，玉圭

1、2　台北故宫博物院藏　　　　　　　　　　4　上海博物馆藏

3　天津博物馆藏

---

① 《蓝田山房藏玉百选》图20。

② 《中国玉器全集》卷1，图50、51。

③ 山西省考古研究所侯马工作站：《晋都新田》，山西人民出版社，1996年，第264页。

④ 尹达：《新石器时代》，生活·读书·新知三联书店，1979年，第60页。

栖霞杨家圈出土的玉圭为例①。可见玉圭是山东龙山文化的典型器物之一。特别是1963年两城镇又出土了那件两面均刻出神面的玉圭，其图案与台北故宫博物院所藏玉圭上的刻纹极相似，更为后者的考古学文化归属提供了有力的证据。

但上述台北故宫博物院的两件玉圭和上海博物馆所藏玉圭之花纹均为凸起的阳线，两城镇玉圭上的神面却是阴刻；工艺技法上的这种区别又为问题的提出留有余地，前三件玉圭与两城镇玉圭是否属于同一考古学文化遂又引起怀疑。实际上这种技法是可以共存的，天津市艺术博物馆所藏玉圭两面的图纹就是阴刻。北京故宫博物院所藏另一玉圭上既有阴刻的神面纹，也有以剔地阳线表现出的神面纹，而这件玉圭也被研究者定为山东龙山文化遗物②。相反，红山文化和良渚文化玉器的花纹多用阴线刻出，良渚玉器上虽有凸起的面，却缺乏凸起的线。而以剔地阳线即现代所称勾彻技法刻出纹饰的圭，即所谓"瑑圭"。《玉篇·玉部》："瑑，圭有圻鄂也。"《说文·玉部》："瑑，圭、璧上起兆瑑也。从玉，彖声。《周礼》曰：'瑑圭璧。'"所引经文见《周礼·春官·典瑞》，郑注引郑司农云："瑑有圻鄂瑑起。"孙诒让疏："此瑑圭亦有刻文隆起，故云有圻鄂瑑起也。"

上文所引三例起阳线的圭，则可视为瑑圭之最早的实例，它们正是在山东龙山文化中创造出来的。台北故宫博物院饰立鹰与神面的小型圭于近底端之中部有单面钻成的圆穿，其上方有一较大的圆孔，孔内镶绿松石圆片。镶嵌绿松石本是大汶口-龙山系统玉器工艺的特色。山东五莲丹土遗址的窖穴中与龙山陶片共出的玉钺，长30.8厘米，宽8.8厘米，接近圭形，其居中偏上的圆孔内镶绿松石片③。山东临朐朱封龙山大墓出土的玉头饰，在白玉

① 邵望平：《海岱系古玉略说》，载《中国考古学论丛》，科学出版社，1993年。
② 周南泉：《故宫博物院藏的几件新石器时代饰纹玉器》，《文物》1984年第10期。
③ 杜在忠：《论潍、淄流域的原始文化》，载《山东史前文化论文集》，齐鲁书社，1986年。唯文中将绿松石嵌片误记为"翠珠"。

图 2-6 立鹰纹残玉件

1 商晚期 山东滕州前掌大遗址出土

2 西汉 河南南阳麒麟岗 8 号墓出土

饰件上反正两面牢固地镶有四片绿松石圆片①。台北故宫博物院之小型玉圭的做法正符合这一传统。所以上述饰立鹰与神面的玉圭均是山东龙山文化遗物。此外，山东滕州前掌大商代晚期遗址中出土一残玉件，尚保存琢出的鸟翼与鸟足，原应饰以立鹰纹②（图2-6:1）。它的出土地点正反映出，这类立鹰纹是在山东地区产生的。不过同时还要注意到，新石器时代的立鹰纹不止山东龙山文化一种，太湖地区的良渚文化与湖北地区的石家河文化中也曾出土展翼的玉立鹰（图2-7:1~3），后一处并出现了一种很有特色的立鹰纹玉笄③（图2-7:4）。所不同的是，良渚与石家河文化之立鹰的头部皆面向正前方，而山东龙山文化之鹰的头部皆偏向左侧；这表明各种考古学文化中之互相接近的纹饰间仍有某些差别。但这种差别只有在完整的立鹰纹上才便于观察，所以像河南南阳麒麟岗 8 号西汉木椁墓所出残玉鹰，固无疑属于新石器时代遗物，但因其头部不存，就难以准确判断了④（图2-6:2）。此物虽不能排除自山东地区传来的可能；可是南阳毗邻湖北，说它是石家河文化之作，也不是没有理由的。

在图2-5:1所示台北故宫博物院所藏玉圭上，其立鹰于腹部正中还刻出一人面，虽已高度图案化，但耳、目、口、鼻都很清楚。其他几件玉圭之鹰腹上的人面多已大为简化，初看时几乎认不出，但经过比较，仍能找到其演变的

---

① 中国社会科学院考古所山东工作队：《山东临朐朱封龙山文化墓葬》，《考古》1990 年第 7 期。

② 邓淑苹：《再论神祖面纹玉器》，载《东亚玉器》卷1，香港中文大学中国考古艺术研究中心，1998 年。

③ 张绪球：《石家河文化的玉器》，《江汉考古》1992 年第 1 期。刘德银：《石家河文化玉器研究》，"良渚文化国际学术讨论会"论文，1996 年。

④ 南阳市文物工作队：《河南南阳市麒麟岗 8 号西汉木椁墓》，《考古》1996 年第 3 期。杨建芳：《新石器时代的残玉鹰》，《中国文物报》1997 年 4 月 13 日。尤仁德：《麒麟岗汉墓玉佩小释》，《文物天地》1997 年第 3 期。

图 2-7　玉立鹰（1～3）与玉笄（4）

1、2　良渚文化，玉立鹰　太湖地区良渚文化遗址出土
3　石家河文化，玉立鹰　湖北天门肖家屋脊出土
4　石家河文化，立鹰纹玉笄　湖北天门肖家屋脊出土

轨迹。特别是上海博物馆收藏的一件玉神面，顶部呈介字形，应属山东龙山文化，其背部琢出凸起的立鹰纹，更将鹰和神面直接联系在一起[①]（图2-8）。这种安排传达出一个明确的信息，即此鹰具有人格神身份。结合山东地区上古时代的传说加以考察，又应与东夷集团的先祖少昊有关。少昊族的活动范围以曲阜为中心。《左传·定公四年》称："因商奄之民，命以伯禽而封于少皞之虚。"

《左传·昭公十七年》又记郯子对鲁昭公说其先祖少昊名挚。郯子为少昊的后人，是一位学者，孔子曾向他请益，所言应可信据。《逸周书·尝麦解》也说："乃命少昊清司马（孙诒让《周书斟补》疑'司马'当作

图 2-8　山东龙山文化，玉神面
上海博物馆藏

---

① 上海博物馆：《中国古代玉器馆陈列图录》，第11页。

'始为')鸟师，以正五帝之官，故名曰质。"质、挚古通，在这里当读作鸷；少昊名鸷始与其统领鸟师的地位相适应。鸷为鹰类猛禽，故立鹰玉件上的鹰即鸷。在山东龙山文化中，用带人面的玉鸷来代表的，只能是其始祖神少昊。说立鹰代表少昊，并非望文生义。把它和玉件的基座结合起来考察，情况会透露得更加清晰。此基座顶部有两条扬起的弧形物向左右探出，呈倒八字形。在大汶口-龙山文化的刻纹中，这一图形并不陌生。

山东莒县陵阳河、大朱村及诸城前寨等地之大汶口文化的遗址和墓葬中出土了许多厚胎大陶尊，有的高达60厘米以上，在陶器中鹤立鸡群，显得很特殊。有些陶尊在正中的显著位置上刻有图形符号，唐兰先生认为这是远古时代的"意符文字"。其中有的刻文还涂以朱色，似乎更为重要。例如一种以太阳纹和火、山纹组成的符号有涂朱者，李白凤、田昌五和饶宗颐诸先生都认为它就是昊即暤字[1]。在陶器上刻此字，犹如铜器上刻的族徽。而一种与立鹰玉件特别是其基座部分颇相似的符号也涂有朱色[2]（图2-9:1）。不仅此符号涂朱，而且它上部正中的⑂形有时还单独刻在尊上，也涂朱[3]（图2-9:2）。

就目前所知，涂朱的符号仅有以上三个，它们的地位之尊显自不待言。研究者或谓图2-9:1、3之形代表"盆式器"，不确[4]。因为单独的形与一期甲文"示"字作Ｉ、Ｉ形者肖似[5]。示就是神主之主。甲文"示壬"（《合》1253正）、"示癸"（《合》1257），《史记·殷本纪》作"主壬""主癸"。"主谓木主也"（《周礼·司巫》杜注），"主盖神之所冯"（《穀梁传·文公二年》范注）。故图2-9:1、3之陶文代表置于基座上的木主，此玉件上的鸷鸟所代表的应即东夷

① 此种符号的涂朱者，见任日新：《山东诸城县前寨遗址调查》，《文物》1974年第1期。对此种符号的考释，见李白凤：《东夷杂考》，齐鲁书社，1981年，第23页。田昌五：《古代社会断代新篇》，人民出版社，1982年，第53页。饶宗颐：《中国古代东方鸟俗的传说——兼论太暤少暤》，载《中国神话与传说学术研讨会论文集》上册，台北，1996年。

②③④ 王树明：《谈陵阳河与大朱村出土的陶尊"文字"》，载《山东史前文化论文集》。

⑤ 所举卜辞一期之"示"字，见《小屯·殷虚文字乙编》8670，《殷契遗珠》628等处。此字亦作Ｔ（《小屯·殷虚文字甲编》742）、作Ｔ（《京都大学人文科学研究所藏甲骨文字》2982），两相对照，证明木主确有基座。而有些示字在Ｔ之左右增加点画，应代表基座上的装饰物。

图 2-9　大汶口文化与良渚文化陶尊刻文

1　山东莒县陵阳河 17 号墓出土　　　　　　3　山东莒县陵阳河 11 号墓出土

2　山东莒县陵阳河采集　　　　　　　　　　4　江苏南京北阴阳营良渚文化遗址出土

集团始祖之一少昊之神化了的形象。比照大汶口陶文，它的性质相当于神主，但更加具体，更加直观；而神主当然是用于祖先崇拜的。鸷鸟之下的神面，或亦代表神化了的祖先，它为始祖神所卵翼，受到庇护，二者共同组成复合神徽。

但东夷之少昊族有"以鸟名官"的传说。《左传·昭公十七年》载郯子曰："我高祖少皞挚之立也，凤鸟适至，故纪于鸟，为鸟师而鸟名：凤鸟氏，历正也；玄鸟氏，司分者也；伯赵氏，司至者也；青鸟氏，司启者也；丹鸟氏，司闭者也。祝鸠氏，司徒也；鴡鸠氏，司马也；鸤鸠氏，司空也；爽鸠氏，司寇也；鹘鸠氏，司事也；五鸠，鸠民者也。五雉为五工正，利器用，正度量，夷民者也。九扈为九农正，扈民无淫者也。"研究者多以此作为我国古代存在图腾制的证明，认为少昊族是鸟图腾；故此玉鸷也有被当成图腾崇拜物看待的可能。但郯子在下文中接着说："自颛顼以来，不能纪远，乃及于近。为民师而命以民事，则不能故也。"杨伯峻注："颛顼乃继少皞为帝，其官有南正、火正，不用鸟、云、龙、火、水等名为官名，即'为民师而命以民事'，其不能以龙、鸟纪者，无远来之天瑞，故以就近之民事为官名。"可见五鸟、五鸠等纯属职官之名；至颛顼时此制已废，"以就近之民事为官名"，说明它仅为一代之官制，存在的时间并不长，更与氏族组织无密不可分的联系。何况金景芳先生认为："这段文字所说的历正、司分、司至、司启、司闭等专职和司徒、司马、司空、司寇、司事以及五工正、九农正等，都是后世始有，在当时是不可能有的。所以郯子的这一些话，里边定有很多附会，不能作为信史来看待。"①因而此玉鸷只能被看作受到尊崇的人格化的始祖神，不宜与图腾制度相提并论。

有学者认为图腾制是人类原始时期的普遍存在，是为稳定族外对婚制而建立起的社会制度。但这一论断难以适用于整个人类社会。如果我国上古时代是经过所谓酋邦的途径进入早期国家阶段，那么立足于图腾制而对此过程所作的解释未免将成为多余的假设。我国新石器时代绵延数千年，已发掘的墓葬不下数万，然而并未获得坚实可靠之证明图腾制存在的根据。就婚姻制度而言，我国古代实行的是"同姓不婚"。姓来自氏族，同姓不婚就可以避免在同一氏族内部通婚。《国语·晋语四》："异姓则异德，异德则异类。异类虽近，男女相及，以生民也。同姓……虽远，男女不相及，畏黩敬也。黩则生怨，怨乱毓灾，灾毓灭姓。是故娶妻避其同姓，畏乱灾也。"因此，无须通过图腾制也能理顺婚姻关系。又有学者认为商代铜器中有"玄鸟妇壶"（《三代》12·2·1），谓："玄鸟妇三字合文，宛然是一幅具体的图绘文字，它象征着作壶的贵妇人系玄鸟图腾的后裔是很明显的。"②《诗·商颂·玄鸟》中有"天命玄鸟，降而生商"之句，毛传："玄鸟，鳦也。"鳦即燕子。郑笺："天使鳦下而生商者，谓鳦遗卵，娀氏之女简狄吞之而生契。"因而不少人认为商王室以玄鸟为图腾。但世界上许多民族都有自己的始祖诞生神话，却并不都发展成图腾制度。玄鸟生商，履武兴周。《史记·周本纪》说："姜原出野，见巨人迹，……践之而身动如孕者。居期而生子，……号曰后稷。"如果商人以玄鸟为图腾，则周人岂不应以大脚印为图腾？这种设想，显然是讲不通的。玄鸟与商族的关系虽于文献有征，但未得到考古学的证实。商的高祖王亥之亥字，甲文中有时书作隻③，也被往鸟图腾上牵合。其实均经不起推

① 金景芳：《中国古代思想的渊源》，《社会科学战线》1981年第4期。
② 于省吾：《略论图腾与宗教起源和夏商图腾》，《历史研究》1959年第11期。
③ 见《殷契拾掇》1·455，《殷契佚存》888，《殷虚卜辞》738等处所录。

敲。李学勤先生说:"玄鸟妇壶""实际是一件方罍,最早著录于《西清古鉴》19·14,……照片见《商周彝器通考》778。""方罍铭应合读为'亚吴,鸹妇'。'亚吴'是族氏,'鸹妇'是器主。""甲骨卜辞'兹用',有时省成'幺用',因而'鸹'很可能就是'鹴'字。'鹴'字在青铜器铭文中也出现过。这样看来,青铜器铭文中并未出现'玄鸟'一词。"[1]至于王亥之亥字,卜辞中也并不都书作"雧",书作"亥"的场合也很多(《后上》1·1,19·1,21·13;《南明》66,476;《粹》75)。雧应是一种鸟名,借作亥字。如果认为王雧之亥上的佳代表图腾,那么它只能是玄鸟(燕子),但卜辞中未见王亥之亥作𦐇(雧)形者。相反,此字或作𦐇(《粹》51),亥上之字为萑。《说文·萑部》:"萑,鸱属。从隹,从𠓥,有毛角。所鸣其民有祸。"卜辞中萑之繁体作雚,也被视为不祥之鸟,如云:"王其遘雚,又大乙"(《南明》545),即因为遘遇雚鸟而向大乙侑祭以求福佑。本说商王室的图腾是玄鸟,在这里却变成萑即猫头鹰之类恶鸟,就不好解释了。又王亥之亥或作𦐇(《宁》1·141;《京》3926;《摭》1·455),上部从隹从又,乃隻字,即获,训捕获,将它加在亥字上,殊无义理。目前虽不明其造字之用意,但鸟图腾总不能用"隻"字来表示。又主图腾说者或引《山海经·大荒东经》"有人曰王亥,两手操鸟",以证王亥与鸟图腾的关系[2]。其实所引之句全文为:"有人曰王亥,两手操鸟,方食其头。"那么王亥是正在吃他的图腾,更讲不通了。

撇开图腾说,在这件体积不大的玉鸷形神主上,还可以清楚地看到各酋邦间通过影响、交流、吸收、融汇,而在意识形态的深层中产生的共性。山东龙山文化与良渚文化之间的密切联系,久为人所熟知。中国历史博物馆(今中国国家博物馆)所藏存世之高度居第二位的良渚式分节大玉琮上刻有上述释"昊"字的记号[3]。大汶口之带座神主式的记号也在南京北阴阳营所出良渚陶

---

① 李学勤:《古文献丛论》,上海远东出版社,1997年,第220～221页。
② 胡厚宣:《甲骨文所见商族鸟图腾的新证据》,《文物》1977年第2期。
③ 《中国玉器全集》卷1,图190。

图 2-10　良渚文化，玉镯
美国弗利尔美术馆藏

图 2-11　玉梳背
浙江余杭瑶山 2 号墓出土

尊残片上发现①（图 2-9:4）。美国弗利尔美术馆所藏良渚玉镯，一面刻有"昊"字记号，另一面刻出一个带座神主的形象（图 2-10）。其顶部的图案类似良渚之玉梳背，而此物在当时具有神圣的色彩②。有些梳背当中饰以神面，神面两侧为喙部外向之二鸟（图 2-11）。而天津市艺术博物馆的玉鹫形神主在基座下部也刻出相背之二鸟。又良渚玉件中还有在神面左右安排两个侧视的人像者（图 2-12:1、2），而在山东龙山文化玉件的刻纹中也有这类构图（图 2-12:3）。它们之间竟有如此之多的相通点，实足令人惊异。

　　如果把视野再放宽一些，还能发现这种共性存在于时空距离极其悬隔的中国上古时代的各种文化之间。如台北故宫博物院所存清宫旧藏之山东龙山文化玉圭上的神面纹，与美国旧金山亚洲艺术博物馆及福格美术博物馆所藏神面形玉件的图案极相似③（图 2-13:1～3）；后两件应是我国新石器时代晚期之物。在石家河文化中，神面变成平顶，但面部一仍旧贯④（图 2-13:4）。美国史密森宁研究院所藏神面形玉件沿袭了这种形制，似是夏或早商之物⑤（图 2-13:5）。江西新干大洋洲商墓所出者⑥与陕西长安县（今西安市长安区）沣西 17 号西周墓所出者

①　见《文物》1987 年第 12 期，第 79 页。《考古》1992 年第 10 期，第 917 页。
②　蒋卫东：《良渚文化玉梳背研究》，"中国古代玉器与玉文化高级研讨会"论文，北京大学，2000 年。
③　张长寿：《记沣西新发现的兽面玉饰》，《考古》1987 年第 5 期。
④　《中国文物精华》图 57，文物出版社，1992 年。
⑤　张长寿：《记沣西新发现的兽面玉饰》，《考古》1987 年第 5 期。
⑥　江西省文物考古研究所等：《江西新干大洋洲商墓发掘简报》，《文物》1991 年第 10 期。

图 2-12 良渚文化玉器刻纹与山东龙山文化玉器刻纹比较

1 良渚文化，玉冠饰 浙江余杭反山 16 号墓出土

2 良渚文化，玉三叉形器 浙江余杭瑶山 7 号墓出土

3 山东龙山文化，玉圭 台北故宫博物院藏

图 2-13 神面纹

1 山东龙山文化，玉圭刻纹 台北故宫博物院藏

2 新石器时代晚期，玉神面
　美国旧金山亚洲艺术博物馆藏

3 新石器时代晚期，玉神面
　美国哈佛大学福格美术博物馆藏

4 石家河文化，玉神面 湖北钟祥六合出土

5 夏或早商，玉神面 美国史密森宁研究院藏

6 商，玉神面 江西新干大洋洲墓出土

7 西周，玉神面 陕西长安沣西 17 号墓出土

仍无多大变化[①]（图 2-13:6、7）。直接将山东龙山文化与西周文化联系起来是
很困难的，所以只能从上述古代中国人之共同的宗教思想来认识。以前曾将这
类神面上部两侧的凸起物视作角，甚至指为牛角；从而把石家河出土的玉神面

①　张长寿：《记沣西新发现的兽面玉饰》，《考古》1987 年第 5 期。

图 2-14　有大耳的神面

1　玉神面　美国芝加哥美术研究所藏
2　玉神面　美国史密森宁研究院藏
3　铜神面　四川广汉三星堆 2 号坑出土

断为蚩尤族群在黄淮下游败绩后迁移至长江中游时所制"头戴牛角"的蚩尤神像①。而将视角转移到上古中国人的文化共性上，则对于这一现象似不必作如此迂回的解释。何况与四川广汉三星堆 2 号坑所出青铜人面相较，此突出物其实不是角，而是耳朵②（图 2-14）。古代中国仙灵以大耳为特征。湖北随县（今随州市）曾侯乙墓之内棺所绘操多援戈及多戈戟的神怪，耳朵就非常大③（图 2-15）。直到汉晋时，仙人仍然"耳出于顶"④。考虑到这一点，则石家河的玉神面就不一定和蚩尤相联系了。

再如在中国上古时许多考古学文化的出土物中，都有将龟背甲与腹甲相缚合、内盛石子等物

图 2-15　战国，有大耳的神怪
湖北随州曾侯乙墓内棺彩绘

---

① 杨建芳：《石家河文化玉器及其相关问题》，载《中国艺术文物讨论会文集》，台北，1992 年。王树明：《蚩尤辨证》，《中原文物》1993 年第 1 期。

② 四川省文物管理委员会等：《广汉三星堆遗址二号祭祀坑发掘简报》，《文物》1989 年第 5 期。

③ 湖北省博物馆：《曾侯乙墓》上册，文物出版社，1989 年，第 36 页。

④ 汉诗《长歌行》："仙人骑白鹿，发短耳何长！"王嘉《拾遗记》："有黄发老叟五人，或乘鸿鹤，或衣羽毛，耳出于顶。"参看拙文《孟津所出银壳画像镜小议》，载《寻常的精致》，辽宁教育出版社，1996 年。

之龟盒，据推测乃一种占卜用具。它在河南舞阳贾湖裴李岗文化墓葬、山东泰安大汶口及江苏邳县（今邳州市）刘林等大汶口文化墓葬、重庆巫山大溪之大溪文化墓葬中都发现过[①]。古人还有此型玉制品。辽宁朝阳牛河梁第2地点的红山文化墓葬、安徽含山凌家滩的薛家岗文化墓葬、河南安阳殷墟商代房址、北京琉璃河西周燕国墓、山西曲沃曲村西周晋侯墓中均曾出土[②]（图2-16）。上文提到的立鹰纹玉笄，不仅石家河文化中有，而且陕西神木石峁、湖北黄陂盘龙城、河南安阳妇好墓等地出土的龙山文化乃至商代遗物中也曾发现[③]。和玉神面一样，它们也必然以相同的宗教思想背景为土壤，而且这种观念还应相当牢固，相当深入人心；各考古学文化间之若干生活用品如陶器造型上的差别，和这种共同性比较起来，就显得相对次要了。只有这样，这些造型特殊的器物，才能穿越广袤的时空，在不同的文化中以基本相同的面貌出现。

图 2-16　玉龟壳

1　辽宁朝阳牛河梁第 2 地点出土　　　　　　3　商　河南安阳小屯 F11 房址出土
2　安徽含山凌家滩出土　　　　　　　　　　4　西周　山西曲沃曲村 63 号晋侯墓出土

① 高广仁、邵望平：《中国史前时代的龟灵与犬牲》，载《中国考古学研究》，文物出版社，1986 年。
② 牛河梁所出者，见《文物》1997 年第 8 期，第 10 页。含山凌家滩所出者，见《文物》1989 年第 4 期，第 6 页。殷墟所出者，见《殷墟的发现与研究》，科学出版社，1994 年，第 345 页。琉璃河所出者，见《琉璃河西周燕国墓地》，文物出版社，1995 年，第 233、235 页。曲村所出者，见《文物》1994 年第 8 期，第 19 页。此外，在山东济阳刘台子西周早期墓中还发现一串玉龟壳，见《中国玉器全集》卷 2，图 272。
③ 〔日〕冈村秀典：《公元前二千年前后中国玉器之扩展》，《东亚玉器》，香港中文大学中国考古艺术研究中心，1998 年。

中华古民族是一个庞大的聚合体，它的文化是多源的，但并不是互相封闭、各自独立发展的；而是多源共汇，最终形成统一的中华古文化。这件小小的玉鹜形神主也在这方面给人以宝贵的启示。

（原载《远望集》卷上，陕西人民美术出版社，1998年。收入本集时做了修改）

3　三足乌

据说有人将一只三足乌献给武则天，左右侍臣指出其一足系伪制。武则天笑道："但史册书之，安用察其真伪乎？"（《酉阳杂俎·贬误篇》）乌鸦是飞禽，本无强调足部的必要，何况把足增为三只，就连行走也不方便了；所以不可能有什么真正的三足乌。对于这类进献和谏诤，武则天一笑置之，不求甚解，正是她的高明之处。

但是从研究古代神话的角度说，神禽异兽的形象不外是将世间生物的形体在幻想中重加组合而已：鹰首狮身，人面蛇躯；其为神物，一望可知。但给乌鸦组合上一条多余的第三只足，而奉之为太阳的象征，却未免难以理解，从而也就成为一个耐人寻味的问题了。

太阳周天，日复一日。但西沉的落照与东升的朝暾是不是同一个个体？先民对此感到困惑，于是产生了天有十日的神话。《山海经·海外东经》说："汤谷上有扶桑，十日所浴，居水中。九日居下枝，一日居上枝。"不过十日如果同时临空，会烤得草木枯焦，那就得请后羿出来射掉几个才行。其实神话中对此本有安排，原是让它们迭次轮流升沉的。即如《山海经·大荒东经》所说："汤谷上有扶木，一日方至，一日方出，皆载于乌。"也就是说，它们是以乌鸦作为运载工具，在天上循环往复，所以秩序井然。为何选择乌鸦载日，是否因为看到鸦噪夕阳而生此联想？这一点虽无法断定，但乌鸦和太阳确曾在中国神话中结下不解之缘。陕西华县（今华州区）泉护村出土的仰韶文化庙底沟类型的彩陶上，就有鸟和日组合在一起的图案（图3-1）。河南南阳英庄出土的汉画

图3-1　仰韶文化，彩陶图案
陕西华县泉护村出土

像石上更有乌鸦载日的形象（图3-2:1）。四川成都出土的汉画像砖上，载日的乌被加上人首，可能代表日神羲和（图3-2:2）。由于其构图与前者相同，故应演嬗自

图3-2 汉，画像石上所见之金乌与羲和

1 金乌
2 羲和

同一母题。唐代的李阳冰解释象形的"日"字时甚至说"古人正圆象日形，其中一点象乌"（《说文系传》引）。他简直认为远在造字之初，日和乌已经密不可分。但应当指出的是：这些乌并没有三足，它们并不是三足乌。

三足乌可能是通过另外一个渠道诞生的。世所公认，我国最先发现太阳黑子。《汉书·五行志》已有"永光元年（前43年）四月，……日黑居仄，大如弹丸"的记载。黑子出现在太阳中，会被古人把它和某种动物的形象相联系。但仅以目测，看不出黑子的运动，所以未把它比拟成飞乌，只把它当作一只据地不动的乌鸦，金雀山和马王堆出土的西汉帛画上的日中之乌就是这样的（图3-3:1、2）。故《淮南子·精神训》说："日中有踆乌。"踆即古蹲字，见《庄

图3-3 日中之乌与三足乌

1 汉，帛画，日中之乌 山东临沂金雀山出土
2 汉，帛画，日中之乌 湖南长沙马王堆出土
3 汉，画像石，三足乌 江苏铜山小李村出土
4 唐，佛画，《日前摩利支天图》中的三足乌 甘肃敦煌石室出土
5 明，十二章中之三足乌（据《三才图会》）

5

图 3-4　三足的鸟形器

1　陶鹗尊　陕西华县出土
2　陶鸟形尊　江苏吴县出土
3　铜鸭尊　辽宁凌源出土
4　铜鸭尊　江苏丹徒出土
5　三足鸟形铜尊　陕西宝鸡出土

子·外物篇》释文。但可怪的是，蹲乌后来却变成了三足乌，如《精神训》高诱注说，踆乌"谓三足乌"。

踆乌的第三只足是从哪里来的呢？要回答这个问题，得先从古代鸟形器的造型说起。在新石器时代，无论黄河流域的仰韶文化或长江流域的马家浜文化，当制作鸟形陶器时，因为只用两只足难以使器物立得稳，所以往往在其尻部或尾部另加一根短支柱。比如陕西华县太平庄属于仰韶文化庙底沟类型晚期的一座墓葬里出土的黑色泥质大型陶鹗尊就是这样的（图 3-4:1）。它的支柱距两足较近，鼎立而三。属于马家浜文化的江苏吴县（今苏州市吴中区与相城区）草鞋山遗址出土的红陶鸟形尊，因有长尾，所以将支柱安置在腹后近尾之处（图 3-4:2）。造型和它们相类似的器物，虽然数量并不太多，但分布得却很广，不但见于河南偃师二里头遗址的出土物中，而且见于时代晚得多、地域也相距甚远的内蒙古完工出土的鲜卑早期遗物中。它们彼此之间的文化联系虽然目前还说不清楚，但很值得加以探讨。有意思的是，为鸟形器加上第三只足以使其便于放置的实例，在更加遥远的西方，小亚细亚西部大门德雷斯河上游出土之前赫梯时代的遗物中也能看到。这里的三足鸟形陶壶，其造型与上述诸器实有异曲同工之妙，但不必非说成谁影响了谁（图3-5）。要使两足的鸟形器得以直立，在后部增

图 3-5　陶三足鸟形壶

小亚细亚西部大门德雷斯河上游出土
（前赫提时代之哈梯人遗物）

加一个支点显然是最方便的做法。可见对鸟形器而言，第三只足的出现，是因实际需要而使然，不同地区的古人有时会不约而同地各自想出这一招。

在古代中国，不仅陶器如此，西周青铜器中也有这类器物。比如辽宁凌源海岛营子（今属喀左县）和江苏丹徒母子墩都出土过青铜的鸭尊（图3-4:3、4）。这两个地点虽相距遥远，天各一方，但两件鸭尊的造型却颇为肖似，尻部都装有支柱。而在陕西宝鸡西周弓鱼（yú）伯墓所出鸟形铜尊上，这根支柱更变成了毫不含糊的第三只足（图3-4:5）。结合其头部的造型看，可以认为这时已出现了真正的三足乌。而且三足乌的出现在当时的神话中也能找到根据。《尚书大传》本《泰誓》说："武王伐纣，观兵于孟津，有火流于王屋，化为赤乌，三足。"宝鸡三足乌的造型中应有这一神话的影子。不过这时它似乎尚未与太阳相联系。及至汉代将日中的黑子幻化成蹲乌以后，遂与这一古老的神话结合起来，太阳里的神乌乃增为三足。

可是在汉代的画像石上，由于未能将透视关系处理好，乌的三只足一顺儿并排着，显得有点别扭（图3-3:3）。然而刻绘者相沿成习，并排的三只足成为固定的模式。敦煌石室（即敦煌石窟）所出唐代绘画中的三足乌，身姿类凤，显得挺精神，足的安排则无变化（图3-3:4）。明代皇帝冕服上的十二章中之三足乌，足部虽稍作调整，身姿却像公鸡（图3-3:5）。如果不寻根问底，几乎就认不出它原来是神话中的乌鸦了。

（原载《文物天地》1990年第1期）

4 古文物中所见之犀牛

西安汉南陵第 20 号从葬坑发现犀牛骨骼的报告曾引起读者广泛注意[1]。这种动物今天在我国绝大部分地区已经绝迹，因而南陵殉葬的犀牛是否为中国所产，自然成为人们关心的问题。关于这一点，原清理者王学理先生在他的文章中已有说明。本文谨就古文物中之所见，对王说略事印证与补充。

中国古代是产犀牛的。不仅产，而且相当多；不仅华南产，而且在华北大平原上成群结队地出现。且不说新石器时代遗址中已多次发现犀骨[2]，在以后的文字记载中，犀牛也不绝于书。甲骨文中有象字，这是殷人田猎的对象之一。卜辞中常提到殷王逐。逐的结果，时有所获，少则 1 头（《前》7·41·1）、2 头（《前》2·31·4），多则 11 头（《前》4·47·6）、36 头（《屯南》2857）。有一条记载焚林而猎的刻辞说，那一次就获象 71 头（《乙》2507）；可见这种动物为数确乎不少。殷墟还曾出土过一个大兽头骨，上有刻辞："于倞田□□获白象。"董作宾先生将象字误释为麟[3]。误释倒也罢了，还进一步把它说成从亚述、巴比伦跑来的神牛，良有所失。这个字后经唐兰先生指出，应当释作兕[4]。兕就是犀牛，所以这具头骨应即殷代所猎犀牛的遗骨。本来，早在 50 多年前，杨钟健先生对殷墟动物群所作的鉴定，已证明其中有犀牛[5]。中国国家博物馆所藏"宰丰骨匕"，刻辞表明是因受王赐予猎获之"商戠兕"而作，经鉴定此

---

[1] 王学理：《汉南陵从葬坑的初步清理——兼谈大熊猫头骨及犀牛骨骼出土的有关问题》，《文物》1981 年第 11 期。

[2] 浙江余姚河姆渡、广西南宁及河南淅川下王岗等处的新石器时代遗址中，均曾发现犀骨。

[3] 董作宾：《"获白麟"解》，《安阳发掘报告》第 2 期，1930 年。

[4] 唐兰：《获白兕考》，《史学年报》1 卷 4 期，1932 年。

[5] 杨钟健、刘东生：《安阳殷墟之哺乳动物群补遗》，《中国考古学报》1949 年第 4 期。

图4-1 商，宰丰骨匕

刻文："壬午，王田于麦录，隻（获）商戠兕。王易（锡）宰丰，寣小指兄（祝）。才（在）五月，隹（惟）王六祀，彡日。"

匕用料是犀牛肋骨（图4-1）。商代猎获猛兽后，或在其骨上刻文为记。加拿大安大略博物馆所藏怀特氏甲骨之B1915片为虎骨刻辞，云："隻（获）大霝虎。"经鉴定为虎之右上膊骨。与"宰丰骨匕"的做法相同。猎犀在殷及西周是田猎中的盛事，常动用龟卜求兆，周原卜骨中也发现"狩兕"的刻辞[1]。故《逸周书·世俘解》说武王狩猎，擒"犀十有二"。《孟子·滕文公》称周公"驱虎、豹、犀、象"，看来均非虚语。

在现代，亚洲还生存着三种犀牛，其中"苏门犀"是双角犀；另两种，"印度犀"和"爪哇犀"都是独角犀。苏门犀的体形较后两种略小。上引卜辞中的兕，很可能指的就是苏门犀。因为在殷代工艺品中一再出现它的形象。北京故宫博物院所藏商代长铭铜器"四祀𠨑其卣"，其提梁末端就铸有双角的犀首（图4-2）[2]。特别值得注意的是山东寿张出土的"小臣余尊"（图4-3），它的造型就是一只苏门犀，鼻角、额角、耸立的耳朵、下垂的尖尖的上唇，以至于三趾的足，都铸造得很写实，说明当时的铸工对这种动物是熟悉的。

图4-2 商，四祀𠨑其卣

---

[1] 李学勤：《西周甲骨的几点研究》，《文物》1981年第9期。

[2] 此卣的真伪久存争议。但最近对它进行的X射线检测分析证实其底部与圈足是完整的，铭文在原底上（丁孟、建民：《𠨑其卣的X射线检测分析》，《故宫博物院院刊》1999年第1期）。又据王文昶先生说，此卣于1940年在安阳出土，1956年由故宫收购后只有颈部纹带以下与圈足以上有修配，梁、盖、口、底均是完整的（王文昶：《铜卣辨伪》，《故宫博物院院刊》1983年第2期）。朱凤瀚先生说此卣所注明之周祭祀典是可信的。"在20世纪40年代以前，不可能有作伪者编造出合乎周祭祀谱祀典历日"（朱凤瀚：《有关𫘧其卣的几个问题》，《故宫博物院院刊》1998年第4期）。现在看来，作伪者当时要在提梁两端设计出符合商代风格的犀首来，也是难以想象的事。

但古文献中如《尔雅》晋郭璞注、南朝刘欣期《交州记》、宋罗愿《尔雅翼》等处都说兕指独角犀，犀指双角犀。可见我国古代在苏门犀之外，对独角犀也有所认识。不过从文字孳乳的规律来看，兕应是象形的初文，而犀是后起的形声字。象形、指事、会意三书的字往往有这类后起的形声字，这一点杨树

图 4-3　商，小臣艅尊

山东寿张出土

达先生曾反复论证，并把它总结为研究古文字学的方法的"五纬"之一①。所以不能据郭璞、刘欣期等人的晚出之说，将卜辞中的兕释为独角犀。至于《本草纲目》引唐陈藏器说与宋张世南《游宦纪闻》引或说，以为兕是犀之雌者，则更为晚出，与卜辞之兕全然联系不上了。

　　殷周时代，我国不但产犀②，而且还将犀角与犀革利用起来。用犀角做的兕觥，在《诗·周南·卷耳》《豳风·七月》《小雅·桑扈》中都出现过。这种器物不太小，据《诗疏》引《韩诗》说："兕觥，以兕角为之，容五升。"过去不太清楚兕觥到底是什么样子，认为它只不过是一般的"角爵"③，有人甚至把南北朝以后由西亚传来的与我国仿制的来通（rhyton）都当成兕觥（图 4-4:1、2）。近年山西石楼出土了一件青铜器（图 4-4:3），它的轮廓与长沙马王堆出土的木犀角（图 4-4:4）基本一致，《桑扈》之所谓"兕觥其觩"，正是对这种曲线的描写。这就使我们解除了千年的疑窦，认识了兕觥的真面目。除了用犀角制觥外，犀牛最主要的用途是用它的革制甲。《周礼·考工记·函人》中提到过犀甲，孙诒让《周礼正义》："牛革虽亦可为甲，然甲材究以犀兕为最善。"所以在铁铠兴盛以前，犀甲是春秋、战国时各国战士所艳羡的武备。《国语·晋语》："唐叔射兕于徒林，殪，以为大甲。"《左传·宣公二年》记宋国

① 见《积微居小学述林·自序》。这种例子如："互"训"可以收绳"，"篆"训"所以收丝"；篆是互的形声字。"亘"从古文回，"淀"训"回泉"；淀是亘的形声字。兕和犀的情况也正相同。

② 除殷代的犀尊外，陕西岐山曾出周代铜犀尊，资料待发表。

③ 《诗·周南·卷耳》毛传。

图 4-4　兕觥与牛首杯

1　古代西方的陶来通

2　《金索》所载"周兕觥"

3　铜兕觥　山西石楼出土

4　木犀角　湖南长沙马王堆 1 号墓出土

人列举制甲的材料时也说："牛则有皮，犀兕尚多。"可见中原地区当时产犀。河北平山中山王陵出土的有翼铜犀[①]，虽然制作者企图塑造出一只神兽，但实际上只是犀牛造型的夸张神化。先秦文献又往往强调长江流域是犀的主要产地。《尔雅·释地》："南方之美者，有梁山之犀、象焉。"《山海经·中山经》："岷山，……其兽多犀、象。"《国语·楚语》："巴浦之犀牦兕象，其可尽乎？"《墨子·公输篇》："荆有云梦，犀兕麋鹿满之。"所以当时南方各国犀甲的产量应更大。《国语·越语》称："今夫差衣水犀之甲者，亿有三千。"《荀子·议兵篇》称："楚人鲛革犀兕以为甲，鞈如金石。"《楚辞·国殇》中也说："操吴戈兮披犀甲。"在兵戈扰攘的战国时代，对犀甲的需求量是很大的，为了军需的目的而长期滥肆捕杀，就使这种生殖率很低的野生动物在我国，特别是北方，迅速地减少了。

秦汉以后，虽然犀牛在北方已不多见，但江淮一带还不少。晋常璩《华阳国志·巴志》称，其地产"灵龟巨犀"；同书《蜀志》称，其宝有"犀、象"。在这里还出现了以犀牛为题材的大型石雕。《华阳国志》记秦代蜀守李冰"作石犀五头，以厌水精"。这些石犀，唐代的杜甫和宋代的陆游还都见过[②]。在四川昭化宝轮院秦或汉初的船棺葬中发现了两件金银错犀形铜带钩，在江苏盱眙大云山江都王陵出土的铜犀，形象都是双角的苏门犀（图 4-5）。可以看作这时江淮尚产犀的佐证。

---

① 见《文物》1979 年第 1 期，图版 4：2。

② 《杜工部草堂诗笺·石犀行》。《老学庵笔记》卷五。

图 4-5　犀牛形铜器

1　秦或汉初，错金银犀形铜带钩　四川昭化宝轮院船棺墓出土

2　西汉，犀形铜灯　四川涪陵土坑墓出土

至于关中地区，最迟到西汉晚期犀牛已经绝迹。平帝元始中（公元1—5），王莽辅政，为了炫耀"威德"，厚遗黄支国王，让他遣使献活犀牛，黄支王也果然把犀牛送到长安①。黄支国在"日南之南"（《汉书·平帝纪》颜师古注引应劭说，《后汉书·南蛮传》），但其具体地望各家说法不一。据周连宽等新近的考证，应位于苏门答腊西北部②，这里正是苏门犀的故乡。很显然，如果当时关中和中原一带尚有野生犀牛的话，那么王莽动员黄支王万里来献，就没有多少隆重的意味，也达不到沽名钓誉的目的了。所以关中产犀时期的下限，可能比这时还要早些。但在这里的犀牛最后绝迹、使当时的铸工无由取法借鉴之前，古文物中还留下了一件反映苏门犀形象的杰作，即1963年在陕西兴平发现的错金银铜犀尊（图4-6）。此尊造型生气郁勃，孔武有力。它和"小臣艅尊"遥相辉映，可称我国北方产犀时代中一早一晚两个闪光的纪念杯。它的制作时代，有战国、秦、西汉三说。经研究，实应制于西汉初，即与昭化犀带钩的时代约略相当的

图 4-6　西汉，犀尊　陕西兴平出土

---

① 事详《汉书·平帝纪》又《王莽传》。〔汉〕扬雄：《交州箴》。

② 周连宽：《汉使航程问题》，《中山大学学报》（社科版）1964年第3期。周连宽、张荣芳：《汉代我国与东南亚国家的海上交通和贸易关系》，《文史》第9辑，1980年。

时期，但它应早于南陵殉犀。因为鉴定证明，南陵殉犀是爪哇独角犀[①]，产地应是距黄河流域较远的东南亚一带。而如上所述，此前在我国北方的出土文物中没有发现过独角犀的形象。所以，较合理的推测是，由于营南陵之际，关中、中原已无野生的苏门犀，故而不得不从远方寻觅。而到王莽时，更须求之于南海的黄支国了。

由于犀牛的减少，大概自汉代开始已从国外进口犀角。广州几座汉墓中曾出土作为明器的陶犀角二十余件[②]。联系到《游宦纪闻》所记五羊（广州）的犀角"往往来自蕃舶"之说，则这条自海外经广州进口犀产品的通商路线，可能在汉代已经开拓出来。所以王莽时如由苏门答腊经广州运入生犀，是有条件做到的。

至唐代，华南山区仍有野生的犀牛。《新唐书·地理志》列出了澧、朗等十三个州的土贡方物中有犀角。但中原一带见到生犀牛的机会却不多。京畿苑囿中偶尔豢养一两只从国外得来的贡品，但这些自热带、亚热带输入的犀牛与以前本地原有的品种不同，它们往往适应不了长安等地的水土气候。白居易《新乐府·驯犀》就记述了一只国外运来的犀牛在长安冻死的情况。以致唐代一般人对犀牛的印象很含糊，工艺品中出现的犀牛也经常被描绘得走了样，或把犀的额角给搬到头顶上去，或把犀的体形画得一无似处（图4-7）。只有唐高祖李渊献陵的石犀雕刻得比较逼真（图4-8）。李渊死于贞观九年（635年），而林邑国（在今越南中部）于"贞观初遣使贡驯犀"[③]，所以修陵时得以据此雕刻。并且其石座上有铭文"（高）祖怀（远）之德"六字[④]，则此石雕当是为了纪念外国献犀而专门制作的。从形象看，它是独角的，与双角的苏门犀不同；身上虽刻出皱襞，却又比印度犀的皱襞浅些。因而它可能与南陵殉犀一

---

① 此据中国科学院古脊椎动物与古人类研究所邱占祥先生鉴定结果。承允引用，谨致谢意。
② 广州市文物管理委员会、广州市博物馆：《广州汉墓》上册，文物出版社，1981年，第128、281页。
③ 《旧唐书·林邑国传》。
④ 石犀原在陕西三原献陵前。本为一对，已残。其中之一已迁入陕西省博物馆（现藏于西安碑林博物馆），并予修复。关于石座铭文之考释，见何正璜：《石刻双狮和犀牛》，《文物》1961年第12期。

图 4-7 唐，犀牛纹

1 "穆惊"银盒 中国社会科学院考古研究所藏
2 银盒 陕西西安何家村出土
3 银盒 日本白鹤美术馆藏
4 螺钿镜 日本奈良正仓院藏
5 织锦 日本奈良正仓院藏
6 丛篁双犀镜 中国国家博物馆藏

样，也是爪哇犀。

犀牛在唐代既已罕见，犀角于是也日益
珍贵，随之出现了一些关于犀角的奇谈。如
所谓"却尘犀""辟水犀"（均见唐刘恂《岭
表录异》卷中）、"辟暑犀""夜明犀"（均见
唐苏鹗《杜阳杂编》卷中）、"蠲忿犀"（同上
书卷下）、"辟寒犀"（五代王仁裕《开元天
宝遗事》卷上）等，把犀角说得神乎其神。
这些光怪陆离的神话，当巴浦还是"犀牦兕

图 4-8 唐，石犀 陕西三原献陵

象，其可尽乎"、云梦还是"犀兕麋鹿满之"的时候，是没有存身之地的。

唐代的犀牛虽少，犀角虽珍，但需求量却大增。这时虽因普遍使用铁铠，
对犀甲的需求已经不那么殷切了，然而腰带上的一种装饰品——带𫓧，却讲
究用犀角制作，为犀角的用途开辟了一个新领域。原先在汉代，束腰多用装带
钩的郭落带，那上面并不装带𫓧。南北朝以后，装带扣的鞢韘带代替了郭落
带，带鞓上鞢韘基部的垫片逐渐演变为带𫓧。唐代制𫓧的材料有金、玉、银、

鍮石、铜、铁以至黑木等多种①，而尤贵犀銙。《新唐书·车服志》："宴会之服，一品、二品服玉及通犀，三品服花犀、斑犀。"又说："六品以上（銙）以犀。"通天犀、花犀、斑犀皆为犀角之不同的品种。其中价值最高的是通天犀，指犀角中心有白缕直上彻端者，这种犀角据说能"出气通天"，因而"计价巨万"。它十分稀有，一代名相李德裕在所撰《通犀带赋》的序中说："客有以通犀带示余者，嘉其珍物，古人未有词赋，因抒此作。"②可见连他也不经常服御。"通天白犀带，照地紫麟袍"③，一条高级犀带是极其引人注意的。六品以上官员人数众多，他们追求犀銙的热潮，自唐至五代持续了近300年。这是我国犀牛生存史上的第二次厄运。直到北宋，才兴起"玉不离石，犀不离角，可贵者金也"之说④，转以金銙为尚。这时犀牛在我国大部分地区已灭绝了，《宋史·地理志》所载各地土贡方物的名单中已无犀角。

宋代既不产犀，一般人对这种动物遂愈益隔膜。嘉祐三年（1058年）交趾进二兽，《宋史·五行志》说它们"状如牛身，被肉甲，鼻端有角，食生刍果"，看来无疑应是犀牛，当时也有人正确地指出这是"山犀"⑤。但交趾却报称是麒麟，惹得满朝议论纷纭，后来以"异兽"的名义收下了。然而并世硕学如沈括、范镇却或以为这是"天禄"，或以为这是水牛与蛟龙的混血儿⑥。天禄是和辟邪组合成对的神兽的名字，自然界中并无其物；水牛、蛟龙云云，更反映出当时的惶惑不解之态。湖南茶陵洣水旁的南宋铁犀，呈独角黄牛状，说明当时对犀牛的认识与实际情况相去已远⑦。

明清人一般也不认识犀牛。犀角除少量用于制造工艺品外，大部分供药

---

① 金、玉至铁带銙之制，见《新唐书·车服志》。黑木带銙见〔南唐〕沈汾：《续仙传·蓝采和》（《太平广记》卷二二）。

② 《李文饶集·别集》卷一。

③ 《白香山诗集·后集》卷一五。

④ 宋太宗语。见〔宋〕王巩：《甲申杂记·补阙》；〔宋〕欧阳修：《归田录》卷二。

⑤ 〔宋〕王得臣：《麈史》卷中。

⑥ 《梦溪笔谈》卷二一。《东斋纪事》卷一。

⑦ 见《湖南文物》第3辑，1988年。

图 4-9　明，缂丝补子上之犀牛

图 4-10　明，1446 年铸造的镇河铁犀
河南开封辛庄

用。可是医药家只注意犀角的药性，对产于国外的犀牛的生态则不甚了然。明刊《证类本草》（1523 年刊）中所绘之犀是头生独角的黄牛。权威性的百科全书《三才图会》（1607 年刊）中所绘者也是如此。试看明代武官补服上的犀牛（图 4-9），便知这时对犀牛的理解。于谦在开封所铸著名的镇河铁犀（图 4-10），其造型也离不开这个格式[1]。不难看出，它们同生物界的犀牛几乎没有多少共同点。由于这些情况，所以清康熙朝在清廷钦天监任职的比利时人南怀仁根据外国文献编成的《坤舆图说》中，虽然画出了印度独角犀的图像，却另给它起了一个"鼻角兽"的名字（图 4-11）。可见这时的中国读者已经无法把这种形象和习惯上所认为的犀牛联系在一起了。

中国古代产犀由盛而衰的过程告诉我们，人为的无节制的猎捕和生态平衡的破坏，是使这种动物走上灭绝之途的根本原因；而历史时期中年平均温度 2℃～3℃ 的变动所起的影响，可能并不是最主要的。对这一过程的考察也使我们从一个侧面进一步体会

图 4-11　清，《坤舆图说》中的"鼻角兽"

---

[1] 益安、梁立：《黄河水患话铁犀》，《河南师大学报》（社科版）1980 年第 4 期。孙月娥：《镇河铁犀》，《中州今古》1984 年第 3 期。

到，把我国的文献记载和考古资料结合起来，有可能构成一面何等博大的历史镜子，客观存在总要在其中反映出自己的形象；而事过境迁之后，残余的传闻与稽古之臆想，则只能抛射出一些驳杂、模糊的散光。

（原载《文物》1982年第8期）

5　古文物中所见之貘

古代中原地区的气温和湿度与现代略有差别，特别是当时还存在着大面积的森林及沼泽，所以生态环境与现代的差异更大。当时在这里繁衍生息的野生兽类，有好些现代已然绝迹，比如象，先秦时代在中原地区尚为数不少。甲骨文中"🐘（为）"字，即用手牵象之形。徐中舒先生说，《禹贡》中豫州之"豫"，其予旁原是邑字，故豫乃象、邑二字之合文。豫是今河南一带，此地久已无象，但当时却把象当作这里的特征而在地名里标出来。又如犀，商代的"小臣艅尊"和陕西兴平所出西汉初年的犀尊，都铸成了它的形象。《竹书纪年》称："夷王六年，王猎于杜林，获犀牛一以归。"则在西周的王畿之内尚可猎犀。《盐铁论》称："强齐劲郑有犀兕之甲。"证明北方的犀应为数不少，南方就更多。《墨子·公输篇》谓："荆有云梦，犀兕麋鹿满之。"可以想见其盛况。

除了象、犀之外，貘也是古代中国并不罕见的野兽，现代却只能在几个大动物园中看到貘，许多人对之已经相当陌生了。貘是一种体形中等、矮足短尾、皮厚毛稀的食草动物。它的前肢有四趾，后肢只有三趾，在奇蹄目中属于最原始的种类。它喜欢生活在林密水多的地区，以植物的嫩叶为食。现代貘的产地主要是中南美洲；亚洲只有一种马来貘，产于马来西亚、苏门答腊和泰国。成年雄貘肩高在1.05米~1.15米之间，体重250公斤左右。马来貘身体的中部为灰白色，其余部分为棕黑色。它最具特色的体征是鼻子的前端很突出，能自由伸缩，犹如象鼻，但比象鼻短些（图5-1）。湖北天门邓家湾所出新石器时代石家河文化之红陶小塑像中有象也有貘，二者不仅体态不同，鼻子的造型亦各异，表现手法十分写实（图5-2）。河南安阳发现过貘骨，说明商代有貘。西周则留下了三件貘尊。容庚《善斋彝器图录》中著录的"遽父乙

图 5-1　马来貘

图 5-2　石家河文化，陶象与陶貘

湖北天门出土

图 5-3　西周，遽父乙尊

尊"，原书以为是象的形象，实际上所塑造的是一只惟妙惟肖的貘（图5-3）[1]。不但其鼻部与圆圆的耳朵和实物十分肖似，而且貘的眼眶周围的肤色略淡，看上去好像有一圈大眼窝；貘背从髂骨以下急剧塌缩，臀部显得比较瘦；这些特点在此尊上也都表现得很清楚。陕西宝鸡茹家庄2号墓出土的另一件貘尊，虽然铸造得不像前一件那么写实，发掘简报中称之为羊尊[2]，但与前者相对比，它的造型也无疑是貘（图5-4:1）。根据铭文，这件器物是弓鱼（yú）伯为他的妻子井姬制作的。另一件造型与之相近的貘尊，为美国赛克勒医生所藏（图5-4:2）。而北京保利艺术博物馆所藏西周神面卣，则在器体中部前后两面均饰以突出的貘首（图5-4:3）。

　　不但在先秦铜器中能见到貘，在汉代的画像石中貘也屡次出现。山东平阴孟庄汉墓中的一根石柱上刻出的貘，除尾部稍嫌长些之外，其余部分的造型都比较符合实际情况（图5-5:1）。它前面有一人正在抚弄其鼻，看来这头貘已经处于半驯化的状态。另外，山东滕县（今滕州市）西户口汉画像石中也有貘的形象[3]（图5-5:2）。由于貘的鼻子突出，所以在图像中容易和象鼻相混，白居易《貘屏赞》的序里就说貘是"象鼻，犀目"。但有意思的是，在古文物中

---

①　本文草成后，获读〔日〕林巳奈夫《殷、西周時代の動物意匠に採られた野生動物六種》（载《展望アジアの考古学》，东京，1983）一文，看到林先生已指出这一点。参照他的意见，又对本文略做修改。

②　宝鸡茹家庄西周墓发掘队：《陕西省宝鸡市茹家庄西周墓发掘简报》，《文物》1976年第4期。

③　山东省博物馆、山东省文物考古研究所：《山东汉画像石选集》图496，齐鲁书社，1982年。

图 5-4　貘尊与饰貘首之卣

1　西周，貘尊　陕西宝鸡茹家庄 2 号墓出土

2　东周，貘尊　美国赛克勒氏藏

3　西周，饰貘首的铜卣　北京保利艺术博物馆藏

图 5-5　汉画像石中之貘

1　山东平阴孟庄出土

2　山东滕县西户口出土

貘和象常一同出现。上述宝鸡茹家庄西周墓中除出貘尊外，也出了一件象尊。而滕县山亭（今属枣庄市）汉画像石中还一前一后刻出了一只貘和一只象。画面上的象个子大，耳朵下垂，鼻子也长。而貘的个子和鼻子都小些，圆耳上耸，与象的体形显然不同。在登封太室阙、启母阙的画像石中也有类似的形象，有人怀疑它们也是貘，看来是很有可能的。既然华北在汉代仍有貘，华南和西南一带当更不例外。《后汉书·西南夷·哀牢夷传》就说该地产"貊兽"。

魏晋时江南仍产貘，故左思《吴都赋》描写吴王出猎时有"仰攀骹巘，俯蹴豺貘"之句。这种情况至南朝早期仍无变化。江苏金坛白塔出土的青瓷扁壶，两肩各塑出一貘形钮（图 5-6），可证①。到了唐代，如上揭白居易文则说貘生"南方山谷中，寝其皮辟瘟，图其形辟邪"。又说"此兽食铁与铜，不食

①　宋捷、刘兴：《介绍一件上虞窑青瓷扁壶》，《文物》1976 年第 9 期。

图 5-6　南朝早期，上虞窑貘钮青瓷扁壶
江苏金坛出土

他物"。当然实际情况并非如此。但貘喜水善泳，故说貘皮能隔潮还是对的。《白氏六帖》引《广志》："貘大如驴，……其皮温暖。"《旧唐书·薛万彻传》说："太宗尝召司徒长孙无忌等十余人宴于丹霄殿，各赐以貘皮。"或即着眼于此。但说貘能辟邪并专食铜铁，那就是神话了。貘是一种胆子很小的动物，根本没有多大的威力。其所以产生出这种传说，只能是此兽逐渐稀少，当时在我国北方可能已经绝迹，人们对它已不熟悉之故。这些说法早在晋郭璞注《尔雅》时已见端倪，以后就说得更玄了。貘字的异体作貊，《酉阳杂俎》中称之为貊泽，说用它的脂肪做的油膏放在铜、铁、瓦器中，"贮悉透"，显然是无稽之谈。貊泽又作白泽。《唐六典·武库令·旗制》中有"白泽旗"。《新唐书·五行志》还说："韦后妹七姨嫁将军冯太和，为豹头枕以辟邪，白泽枕以辟魅。"竟把它视作神兽。可见在人们的认识中，神兽白泽与生物界的貘的距离已被越拉越远。不过从各书中一再指出的：貘色"黑白驳"（《尔雅》郭注）、"大如驴"（《白氏六帖》《后汉书·西南夷传》李注引《南中八郡志》）、"象鼻"（《貘屏赞》）等特征看来，均与马来貘相合。故我国古代所说的貘，就是现代仍然生存在亚洲的马来貘；而不是像有的学者所主张的：古代说的貘是指熊猫而言①。到了宋代以后，文献中关于貘的记载更加零星、模糊而失实，大约这时在我国的土地上，已经很难看到这种动物的踪迹了。

（原载《文物天地》1986 年第 5 期）

---

① 黄金贵主编：《解物释名》，上海辞书出版社，2008 年，第 125 页。

6 麒麟与长颈鹿

上古时代，东西方都有关于洪水的传说。在滔滔洪水面前，西方出现了诺亚方舟。及至雨过天晴，彩虹高挂，一只衔着橄榄枝的白鸽飞来了。它通报了洪水消退的信息，它代表着重建新生活的前景。它是希望之光、和平之鸟。

而东方的大陆国家——中国，她的洪水则是夏禹采用疏导法，通过开挖沟渠慢慢引走的。在这里，在一望无际的黄土地上，孕育文明的大河是黄河，种植的粮食是金灿灿的粟米。这里朴实的人民缺少点西方的浪漫气质，更需要在和平中建设自己的家园。作为象征物，他们创造了麒麟这样一个美好的形象。它是仁兽，和平之兽。

有关麒麟的传说出现在春秋时。这是一只黄色的，像鹿一样的动物。它无比的驯良和善。它的头上生着独角，但角端包着肉。如《孝经右契》说：麒麟如麕，"头上有角，其末有肉"（《初学记》卷二九引）。《公羊传》何休注也说麒麟"一角而戴肉，设武备而不为害"。描述得更加详细的是陆玑《诗疏》，谓："麟，麕身，牛尾，马足，黄色，圆蹄。一角，角端有肉。音中钟吕，行中规矩。游必择地，详而后处。不履生虫，不践生草。不群居，不侣行。不入陷阱，不罹罗网。王者至仁则出。"简直把当时认为的各种美德全集中在它身上。它不仅像墨家那样讲兼爱，而且像儒家那样守礼法，像道家那样遗世独立、超脱凡尘。当然，自然界中并无这样的动物。所以韩愈说："角者，吾知其为牛；鬣者，吾知其为马；犬豕豺狼麋鹿，吾知其为犬豕豺狼麋鹿；惟麟也不可知。"[1]

---

① 〔唐〕韩愈：《韩昌黎集·进学解》。

可是自然界中并不存在的麒麟，在艺术品中却被表现得很具体。如山东嘉祥东汉武氏祠画像石中的麟，头生独角，角端有一圆球，表示包在角端的一团肉（图6-1:1）。像侧榜题："麟，不刳胎，残少，则至。"这是根据所谓"天人感应说"题写的，如纬书《春秋感精符》就说："麟一角，明海内共一主也。王者不刳胎、不剖卵，则出于郊。"这种学说认为，世间有德行的贤明之君能感致祥瑞，如野生嘉禾、地涌醴泉、山出器车之类，麒麟的出现也是祥瑞的表征之一。不过历史上却没有谁真的看到过麒麟。相传孔子作《春秋》，绝笔于获麟，那么他应当见过麒麟了。但《公羊传·哀公十四年》记此事时只说："有以告者曰：'有麇而角者。'孔子曰：'孰为来哉？孰为来哉？'反袂拭面，涕沾袍。"则孔子见到的仅是一只有角的小鹿，他的感慨可能是在借题发挥。后来汉武帝时也曾猎获一只被称为麟的动物，可是据《汉书·终军传》说，那只麟不过是"野兽并角"，《论衡·异虚篇》认为是"两角而共抵"；也就是说，那是一只两个角并在一起的畸形之鹿。至于其他文献中有关获麟的记事，也大都不足深究。尽管如此，古文物中的麟却相当定型，它的包着肉球的独角，早在山西浑源李峪出土的战国铜器纹饰中就能见到（图6-1:2），以后在汉代画像石和铜器中，这样的麟一再出现（图6-1:3、4、5）。南北朝时期，麟的独角的形状稍有变化，其顶部勾曲翻卷而不再包肉，北魏神龟三年（520年）元晖墓志盖所刻五灵中的麒麟可以作为代表（图6-1:6）。不过这种变化首先发生在中原地区，边远地区如吉林集安三室冢壁画中的麟，虽然身躯之造型已呈南北朝时的格调，但角却保持老样子（图6-1:7）。到了唐代，麟的形象更加威武雄壮。它的高高耸起的独角这时呈现出流利强劲的曲线，它的身躯已经更接近马，而且经常表现为奔腾而不是静止的姿势。它的羽翼已经演变成肩膊上扬起的火焰。华鬣飘拂，骏足逸尘。"天人感应说"这时已经过时了，麒麟已不仅是代表祥瑞的符号，而是唐代艺术家创造的有生命的美的精灵（图6-1:8、9）。这时麒麟东渡到日本，在正仓院珍藏的唐象牙拨镂琵琶拨子、象牙尺、铜镜等物上，都有它的形象（图6-1:10）。还有一些日本艺术家的作

图 6-1 麒麟

1 东汉，画像石 山东嘉祥武氏祠
2 战国，狩猎纹铜豆 北京故宫博物院藏
3 东汉，画像石 陕西绥德汉墓
4 东汉，严氏杅 美国波士顿美术馆藏
5 东汉，画像石 山东沂南汉墓

6 北魏，墓志 神龟三年元晖墓
7 南北朝，壁画 吉林集安三室冢
8 唐，石麟 陕西咸阳顺陵
9 唐，墓志 河北正定大中九年王元逵墓
10 唐，银钵 日本奈良正仓院藏

品，式样也大致相同（图6-2）。

宋以后，情况又发生了变化，这时人们常把牛产的怪胎称为麟，遂使它的造型又添上了新的特征。《元史·五行志》说："至大年，大同宣宁县民家牛生一犊，其质有鳞，无毛。其色青黄若麟者。以其

图 6-2 飞白体绘纸中的麒麟 日本奈良正仓院藏

图 6-3 麒麟
1 宋，壁画 山西长治元祐三年墓
2 明，青花麟纹瓷盘 英国牛津东方艺术博物馆藏

鞯上之。"到了明代的嘉靖、万历年间，牛产麒麟的传说更喧腾一时，在《异林》《空同子》《新蔡县志》《西平县志》《丹徒县志》等处不乏记载，这些书中描写的牛产之麟，不是说它"遍身肉鳞"，就是说它"通体鳞纹"。因而宋、明以来刻画的麒麟也就体生鳞甲，形象变得和以前大不相同（图6-3:1、2）。直到清代前期，牛产麒麟之事仍时有所闻（图6-4）。

至于长颈鹿，宋代以前的中国人对它是不了解的。我国古文献中关于长颈鹿的记载最初见于南宋初李石的《续博物志》卷一〇，谓"拨拔力〔即东非索马里之柏培拉（Berbera）〕国有异兽，名驼牛。皮似豹，蹄类牛，无峰，项长九尺，身高一丈余"。李石所根据的材料可能是从波斯方面辗转得来的，他所用的"驼牛"一称，就是波斯的叫法。波斯语称长颈鹿为ushtur-gāw，ushtur是骆驼的意思，gāw是牛。这个名称曾见于10世纪的阿拉伯作家马苏底（Masūdi）的作品中。

李石之后，关于长颈鹿的记载又见于赵汝适的《诸蕃志》（1225年）。赵汝适当时担任"提举福建市舶"之职，《诸蕃志》中的材料除因袭周去非《岭外代答》（1178年）者外，大都是"询诸贾胡"而得来的。南宋时，在当时经营对外贸易的主要港口泉州居住着不少阿拉伯商人，所以《诸蕃志》中对阿拉伯一带的情况有一定了解。此书中的"弼琶罗国"（也是指柏培拉）条记该国产"徂蜡"，"状如骆驼而大如牛，色黄，前脚高五尺，后低三尺。头高

图 6-4 清，牛产的麒麟

向上，皮厚一寸"。祖蜡是阿拉伯语zurāfa（长颈鹿）的译音。有些阿拉伯语的研究者认为这是一个纯粹的阿拉伯字，是由阿拉伯语根zrf（集合）衍生出来的，这是因为长颈鹿喜欢群居。而中国古文献中却说麒麟"不群居，不侣行"，独往独来，和长颈鹿的生活习性大相径庭。何况长颈鹿是著名的哑兽，即使在最危急的情况下也不叫一声，更不会像麒麟那样"音中钟吕"了。

　　活的长颈鹿在明永乐时才输入中国，这是郑和远航的一项收获。但在郑和的随员巩珍所著《西洋番国志》（1434年）和马欢所著《瀛涯胜览》（1451年）中，都把长颈鹿叫作"麒麟"。法国汉学家费琅（G.Ferrand）以为这种叫法是直接从索马里语giri译出来的。此说从之者颇多，然而却不足信。因为巩珍、马欢等人都说"麒麟"产于阿丹国（即亚丁），并说那里通用阿拉伯语；既然如此，那么当地就不会用giri称长颈鹿。而且据郑和等在娄东刘家港天妃宫所刻的《通番事迹记》与在福建长乐南山寺所刻的《天妃之神灵应记》二文，都说"永乐十五年统领舟师往西域，……阿丹国进麒麟，番名祖刺法，并长角马哈兽"。可见此次出洋诸使臣所听到的长颈鹿的"番名"确为阿拉伯语祖刺法即zurāfa。至于他们之所以要把长颈鹿和麒麟附会到一起，那是因为一来麒麟在古文献中的记载本来就含含糊糊，如所谓"麇身、牛尾"等形状，可容长颈鹿比附。二来麒麟是有名的瑞兽，它的到来表明上有仁君。出洋诸臣能从远方赍致此物，当然是一件不小的功绩，而这样的效果也果然达到了。明代大朝会时，就曾将长颈鹿当作麒麟陈于殿庭。明祝允明《野记》中说，正统间每次宴享，"近陛之东西（陈）二兽，东称麒麟，身似鹿，……颈特长，殆将二丈"。颈长二丈云云，虽不免夸张，但此兽是长颈鹿无疑。又明谢肇淛《五杂俎》卷九说："永乐中曾获麟，命工图画，传赐大臣。余尝于一故家得见之。其身全似鹿，但颈甚长，可三四尺耳。所谓麇身、牛尾、马蹄者近之。与今所画，迥不类也。"如果当时郑和等奏报，这种兽是与麒麟并无关系的祖刺法，恐怕是不会这样耸人听闻的。试看由阿丹国与长颈鹿一同得来的"长角马哈兽"（非洲大羚羊）就寂寂无闻，便是明证。

图 6-5　被当作麒麟的长颈鹿
1　明，麒麟图　成化二十一年绘
2　明，麒麟补子　江苏南京徐傅夫妇墓出土

　　明初所绘之长颈鹿图如上引《五杂俎》中所提到的，想必不止一件。而明代东南亚和西亚诸国赠送所谓"麒麟"之举也不止一次（见《明史》卷三二五、三二六、三三二等处）。因此，这类图画有的尚保存至今①（图6-5:1）。有意思的是近年在南京发掘了明徐达五世孙徐傅夫妇墓，所出官服上的"麒麟补子"竟然绣的也是一只长颈鹿②（图6-5:2）。可见用长颈鹿充当麒麟，在明代确已得到官方的正式承认。明代人见到了长颈鹿，他们绘制的长颈鹿遂惟妙惟肖，拿它和明代以前的麒麟图像相比较，则二者并非指同一种动物，便不难得出清楚的结论了。

（原载《文物丛谈》，文物出版社，1991年）

---

① 有一张传说是明沈度画的长颈鹿，乃赝品。此图是根据《古今图书集成·禽虫典》的附图摹绘而成，唯在长颈鹿身上加了些莫名其妙的锯齿纹。《图书集成》那张图出自南怀仁《坤舆图说》，而《坤舆图说》则系摹自陶普歇尔（E. Topsell）《四足兽的历史》（1607年）一书中的插图；其原图是 Melchior Luorigus 于1559年在君士坦丁堡画的（关于陶普歇尔之书，见 B. Laufer, *The Giraffe in History and Art.*）。只要把这几种材料放在一起加以比较，临摹的来龙去脉便不难立辨。
② 南京市文物保管委员会、南京市博物馆：《明徐达五世孙徐傅夫妇墓》，《文物》1982年第2期。

7 猎豹

古代用于助人狩猎的动物世所熟知者是鹰、犬。东坡词:"老夫聊发少年狂,左牵黄,右擎苍。"其所谓苍、黄,即指苍鹰与黄犬。但此外古人还曾使用猎豹。法国中亚史学家阿里·玛扎海里(Aly Mazahéri)认为:据波斯古代传说,猎豹是印度孔雀王朝瓶沙王[频毗娑罗王(Bimbisāra),约前543年—前491年]首先驯养成功的[①]。猎豹比普通豹子小,它的头顶、颈部和脊部生有蓝灰色的毛;腹部以上呈土黄色,分布着黑色的小斑点;下腹部泛白色。颜面自眼角以下有黑色条纹。猎豹身长约140厘米,重仅50公斤~60公斤,但奔跑的速度可达每小时100公里。在狩猎时它不是跑直线,而是左右折旋,跑出"之"字形,使猎物很难逃脱它那与一般猫科动物不同的、只能半伸缩的尖爪子。

北印度驯养猎豹获得成功的时间相当于我国春秋战国时,而目前所知中国古代使用猎豹的史料则可以上溯到西汉。江苏徐州狮子山楚王刘戊墓(前154年)出土的石猎豹,长23.5厘米,高14.3厘米,呈伏卧状[②](图7-1)。就功用而论,它大约是一组石镇中的一件,因为其身姿与山西朔县(今朔城区)GM187号西汉墓所出四件一组之铜豹镇的式样极相近,虽然前者比后者大得

图7-1 西汉,石猎豹
江苏徐州狮子山汉墓出土

---

① 〔法〕阿里·玛扎海里:《丝绸之路:中国—波斯文化交流史》,耿昇译,中华书局,1993年。
② 王恺、邱永生:《徐州西汉楚王陵考古发掘侧记》,《中华文化画报》1996年第3、4期。

多①。这一点大约与墓主作为诸侯王的高贵身份有关。狮子山石猎豹的体形雕得较肥硕，未能把它的生理特点充分反映出来，但其颈部系有一条饰以南海所产货贝的项圈。在战国与西汉时，饰货贝之带名"贝带"，是当时的名品。《淮南子·主术训》："赵武灵王贝带，鵔鸃而朝。"《史记·佞幸列传》："故孝惠时，郎、侍中皆冠鵔鸃，贝带，傅脂粉。"鵔鸃冠即鹖冠，是武士戴的，故系贝带亦应为武士的装束。陕西咸阳西汉阳陵20号从葬坑所出武士俑的腰带上饰贝二行②。狮子山楚王墓所出装金带头的腰带上饰贝三行③。从画像石看，不少汉代王侯头戴武弁；系贝带正可以和此种装束相配合。石猎豹上既然雕出饰贝的项圈，则不仅表明它已被驯养，也表明它是追随武士驰骋田野"演习军容"时之狞猛的扈从。

汉代驯养猎豹的材料不仅狮子山一例。湖北江陵凤凰山168号墓是一座西汉前期的墓葬，根据所出竹牍上的纪年，入葬的时间为公元前167年，比狮子山楚王墓早十三年。此墓出土的一件大漆扁壶上绘有七只豹，体形均瘦长，奔跃腾骧，异常精悍④（图7-2）。这几只豹的颈部有的画出两道横线，应代表项圈。以前对于它们为什么戴项圈感到不解，对照上述狮子山出土物，可知所表现的也是猎豹。而且它们都画出很长的尾巴，正符合猎豹之尾长达75厘米～80厘米（接近身长五分之三）的特点。故不晚于公元前2世纪上半叶，我国确已驯养猎豹。

图7-2 西汉，七豹纹漆扁壶
湖北江陵凤凰山汉墓出土

汉以后，有很长一段时间史料中罕见其踪影，至唐代，才又出现了有关猎豹的文物和文献记载。唐中宗的长子李重润，于大足元

① 平朔考古队：《山西朔县秦汉墓发掘简报》，《文物》1987年第6期。

② 王学理、王保平：《汉景帝阳陵南区从葬坑发掘第二号简报》，《文物》1994年第6期。

③ 王恺、邱永生：《徐州西汉楚王陵考古发掘侧记》，《中华文化画报》1996年第3、4期合刊。

④ 纪南城凤凰山168号汉墓发掘整理组：《湖北江陵凤凰山168号汉墓发掘简报》，《文物》1975年第9期。

年（701年）为武则天杖杀。中
宗即位后，追赠皇太子，谥懿
德。神龙二年（706年）将其棺
椁自洛阳迁葬陕西乾县，陪窆
乾陵。懿德墓第一过洞东西两
壁的壁画中分别绘出牵猎豹的
男侍，所牵之豹头圆而短，长

图7-3　唐，壁画，牵猎豹者　陕西乾县懿德太子墓

腿锐爪，描绘得很传神[1]（图7-3）。它们也系有项圈，连接项圈的绳索握在牵
豹人手里；从而可知上述汉代猎豹之项圈也是供牵豹用的了。

在懿德墓壁画
中，几只猎豹和牵豹
人排成一行，鱼贯而
前，画面比较安详。
而在西安东郊灞桥区
唐金乡县主墓内，猎
豹却出现在一队骑
马狩猎俑当中（图
7-4）。此墓的西壁

图7-4　唐，狩猎群俑　陕西西安金乡县主墓出土

龛里共出狩猎俑六件，其中二人臂鹰，一人携犬。还有两匹马在鞍后铺圆垫，
一匹马的垫子上立一猞猁（图7-5），另一匹的垫子上蹲伏猎豹（图7-6）。这
只豹目光炯炯，后腿竖起，耸尻敛肩，仿佛随时将一跃而下，较之平面的壁
画就生动得多了[2]。第六匹马后驮一死鹿，是其猎获之物。这组陶俑中的人物
各踞鞍顾盼，姿势互不相同，然而表情皆真率自如，无矫揉造作之态。携猎豹

---

① 陕西省博物馆等：《唐懿德太子墓发掘简报》，《文物》1972年第7期。

② 西安市文物管理委员会：《西安唐金乡县主墓清理简报》，《文物》1997年第1期。

图7-5 唐，携猞猁骑俑 陕西西安金乡县主墓出土

图7-6 唐，携猎豹骑俑 陕西西安金乡县主墓出土

者回身侧首，与垫上之豹的目光聚于一处，虽然作为随葬的陶俑，受到制度的约束，陶马皆做四足挺立状，但由于处理的手法高妙，仍觉得其中饱含精气，紧张的场面似一触即发，使整组陶塑看起来洋溢着磅礴英风。金乡县主下葬于开元十二年（724年），与被誉为出三彩极品的西安南何村开元十一年（723年）鲜于庭诲墓只晚一年，正处于唐代三彩工艺鼎盛的时期。这组狩猎俑与前者相较，凝艳端丽虽略逊，而恣肆雄豪则有余，无疑也是当时的杰作。

金乡县主墓狩猎俑所携猞猁，又名猞猁狲，活体体长95厘米～105厘米，是一种猫科的小猛兽，但也可以驯养成助猎的动物。《帖木儿武功记》中说瓶沙王驯养这些动物的情况是：

由于长期观察森林中的野兽，他选中了猞猁狲和猎豹，他在荒凉的地方以陷阱捕获了它们，训练它们为自己狩猎。①

由于瓶沙王的时代在前，所以我国在狩猎中使用猎豹和猞猁的做法大约曾

---

① 〔法〕阿里·玛扎海里：《丝绸之路：中国—波斯文化交流史》，耿昇译，中华书局，1993年。

受到西方的影响。懿德墓壁画之牵豹人与金乡县主墓狩猎俑中都有深目高鼻的胡人，可以作为旁证。《唐会要》卷九九"康国"条说："开元初，屡遣使献锁子甲、水精杯及越诺侏儒人、胡旋女子兼狗、豹之类。"同书同卷"史国"条说："开元十五年，其王阿忽必多延屯遣使献胡旋女子及豹。"据《册府元龟》记载，安国在开元十四年（726年）、米国在开元十七年（729年）也曾向唐廷献豹。当时负责接收和管理"蕃客"贡物的鸿胪寺，乃将"鹰鹘狗豹"划作一类（《新唐书·百官志》）；豹既然与鹰犬为伍，无疑指猎豹。而当中亚各国纷纷向唐廷献猎豹之时，正和金乡县主墓的年代相若，所以此墓所出狩猎俑中之豹的造型也有以上述贡品为蓝本的可能。

不过，我国的猎豹不见得均属外来之物，也有在本土捕获驯养的。唐卢纶《腊日观咸宁王部曲娑勒擒豹歌》中说：

　　前林有兽未识名，将军促骑无人声。

　　潜形跧伏草不动，双雕旋转群鸦鸣。

　　阴方质子才三十，译语受词蕃语揖。

　　舍鞍解甲疾如风，人忽虎蹲兽人立。

　　欻然扼颡批其颐，爪牙委地涎淋漓。

　　既苏复吼拗仍怒，果叶英谋生致之。[①]

诗中描写的是一位"阴方质子"赤手生擒一豹的过程，这位壮士据傅璇琮先生考证："当是浑瑊的部将白娑勒，可参见《通鉴》卷二三二，贞元三年正月条。"[②]白娑勒擒获的豹不是一般的金钱豹或云豹，因为卢诗下面说：

---

①　《全唐诗》五函二册。

②　傅璇琮：《唐代诗人丛考》，中华书局，1980年，第485页。

祝尔嘉词尔毋苦，献尔将随犀象舞。

苑中流水禁中山，期尔攫搏开天颜。

既然这只豹能和犀、象一样被驯养，还能攫搏猎物使"天颜"愉悦，自应是猎豹了。

辽代也使用猎豹。北宋宋绶《上契风俗》中说，他于天禧年间（1017—1021）使辽时，见到辽圣宗在木叶山（今内蒙古通辽市的莫力庙水库附近）捺钵，"尝出三豹，甚驯，马上附人而坐"[①]。

图7-7　元，刘贯道，《元世祖出猎图》中之携猎豹者
台北故宫博物院藏

使用猎豹之风至元、明时仍未绝迹。台北故宫博物院藏元刘贯道于至元十七年（1280年）所绘《元世祖出猎图》，是一帧写实之作。图中的元世祖忽必烈率九骑在旷漠中行猎，其中有蒙古人、色目人和昆仑人，他们有的执旗，有的执麾，有的执骨朵，有的引弓、臂鹰或携猎豹（图7-7）。此豹也蹲踞在马尻的毯子上，和金乡县主墓所出携猎豹俑的配置并无大殊。与前不同的是，此豹系络头而无项圈，并另有一条带子通过两腋结于背部，似乎对这只珍兽的控制更加严格。掌管猎豹的骑者，背曳阔檐尖顶帽，昂首仰面，其人秃顶，蓄黄色络腮胡子，应是色目人。元杨允孚《滦京杂咏》中有一首诗说：

撒道黄尘辇辂过，香焚万宝格天和。

---

① 〔宋〕李焘：《续资治通鉴长编》卷九七。

两行排列金钱豹，钦察将军上马驼。

诗中把驮在马上的豹叫作金钱豹，遣词不甚严格。《元史·泰定帝纪》载，泰定元年（1324 年）"诸王怯别等遣其宗亲铁木儿不花等奉驯豹、西马来朝贡"。又《元史·速哥传》说，速哥之孙天德于思"督造兵甲，抚循其民，……帝闻而嘉之，赐驯豹名鹰，使得纵猎禁地"。其所称驯豹才是猎豹，亦即《滦京杂咏》讹称之金钱豹。不过诗中说这种豹被钦察将军驮在马上，仍然透露出时代的气息。元之钦察汗国又名金帐汗国，领土广袤，但中亚与南俄一带实为其腹心之地，故"钦察将军"指的也应是元代的色目军人，这就又和《元世祖出猎图》中描绘的情况相一致了。

明代的汉文文献中尚未发现有关猎豹的记述。但在波斯文文献契达伊（Khitayi）的《中国志》（成书于1500年前后）中，曾说："在（明朝皇帝的）第五道宫院内，他们看养着一些狮子、豹子、猎豹、猞猁狲以及吐蕃狗。"[1] 书中将豹子和猎豹并列，二者区分得很清楚，显然不致引起误会。明代宫廷豢养动物之处有虎城与豹房。据朱国桢《涌幢小品》所记，豹房内只有"土豹七只"，而武宗的西苑豹房内则"蓄文豹一只"[2]。所谓文豹，在元泰定四年（1327 年）西番王所献贡品名单中出现过，以文豹与西马并列。考虑到泰定元年怯别的贡品中是以驯豹与西马并列的，则此文豹当即彼驯豹亦即猎豹。那么契达伊在明朝宫苑中所见之猎豹，可能也就是西苑豹房中的这只"文豹"了。

（原载《收藏家》1998 年第 1 期）

---

① 〔法〕阿里·玛扎海里：《丝绸之路：中国－波斯文化交流史》，耿昇译，中华书局，1993 年。

② 叶祖孚：《西苑豹房也养豹》，《故宫博物院院刊》1989 年第 2 期。

8 历史上的金丝猴

我国家喻户晓的"金猴"首推齐天大圣孙悟空，但那是《西游记》里的神话。现实中最珍稀的猴类则是金丝猴。它是我国的特产动物，分布在四川、陕西、湖北、云南和贵州等地，分为川金丝猴、滇金丝猴和黔金丝猴三种，体态大同小异。其中，川金丝猴的毛色非常亮丽，自颈背到尾基部均有金黄色长毛从黑褐色的绒毛中探出来，氄氄披拂，长度可达30厘米。动物学家说，透过树丛远远看去，它像穿了一件金光灿烂的斗篷，俨然是猴中的贵族（图8-1）。齐天大圣虽号称"美猴王"，但在《大唐三藏取经诗话》中却把它叫作"花果山紫云洞八万四千铜头铁额猕猴王"，所以孙悟空代表的仍属猕猴。猕猴即俗称之毛猴，不仅毛色凡庸，长相亦与金丝猴不同。金丝猴头圆耳短，滇金丝猴与黔金丝猴均生有肥厚的红唇（图8-2）。而猕猴几乎看不到嘴唇，下颏也瘦，常被讥为尖嘴猴腮。金丝猴没有颊囊，猕猴却有，说明它吃起东西来一味贪馋，孙悟空偷蟠桃的场面正表现出猕猴本色。金丝猴鼻骨深度退化，形成上仰

图8-1 川金丝猴

图8-2 滇金丝猴

的鼻孔，故又名仰鼻猴。猕猴的鼻子虽扁，然而不仰。猕猴尾短，金丝猴却有长尾，一般比躯干还要长些，它们在树丛间凌空跳踯时，长尾巴有助于身姿的平衡。

金丝猴既然是我国的特产动物，自应古已有之，古文献中所称之蜼就是它。《尔雅·释兽》："蜼，仰鼻而长尾。"郭璞注："蜼似猕猴而大，黄黑色。尾长数尺，似獭尾，末有歧。鼻露向上，雨即自悬于树，以尾塞鼻，或以两指。"说蜼比猕猴大，符合实际情况，因为猕猴体长不超过60厘米；金丝猴可达83厘米，而且四肢粗壮。仰鼻、长尾、黄黑色，更是金丝猴的特点。但说它"以尾塞鼻"则纯属想象。可是这一想象之词，却使金丝猴在历史上曾长期扮演一个头戴光环的角色；当然，其中也夹杂着不少误会。

大家知道，周代重视祭祀，礼数至繁，如所谓"天燎地瘗，日月星辰布，山县水沉，风磔雨升"等①。周天子在宗庙里祭祖先的仪式更为隆重，有肆献、馈食、祠春、礿夏、尝秋、烝冬之六享。由于典礼复杂，祭器的品类亦多，裸礼中以酒灌地降神时所用裸器的形制尤其特殊。"春祠夏礿，裸用鸡彝、鸟彝、皆有舟，其朝践用两牺尊，其再献用两象尊。……凡四时之间祀，追享朝享，裸用虎彝、蜼彝。"②规定得十分明确。"国有大礼，器用宜称"，这件事古代人从来都认为马虎不得。

牺、象二尊和虎、蜼二彝都冠以动物之名，应当是动物形的器物。出土物中这类铜器较常见，习惯上都称作尊，如象尊、虎尊、牛尊、猪尊、驹尊、貘尊、兔尊、鸟尊等，不胜枚举。那么，把古文献中的牺尊、象尊、虎彝与这类器物相对应，自然是顺理成章的事（图8-3:1~3）。但问题卡在蜼彝上，因为从来未见过金丝猴形的器物。其实蜼彝之蜼乃是一个假借字。《周礼·司尊彝》郑玄注引郑司农曰：蜼"或读为'公用射隼'之隼"。《说文·鸟部》："隼，雊

---

①　《公羊传·僖公三十一年》何休注。

②　《周礼·春官·司尊彝》。

图8-3　周代的动物形铜酒器

1　象尊　　　　　　　　　　　　　　　2　牺尊

3　今通称"虎尊"（《尔雅·释器》郭璞注说"彝"是盛酒之尊的通名，故所谓"虎彝"亦即此类酒器）

或从佳一。"则上述蜼彝之蜼字实应作雒，即鹰隼之隼。孙诒让《周礼正义》引俞樾云："虎彝、隼彝，皆取其猛。司常掌九旗之物，熊虎为旗，鸟隼为旟。彝之有取于虎、隼，犹之乎旗、旟矣。"这个解释看来是合理的，因为出土物中正有不少猛禽形的铜尊，蜼彝即雒彝，本来指的应该是它（图8-4）。

　　说到这里，就祭器而言，与金丝猴似乎已经没有多少关系了。但蜼被认为在雨天懂得以尾塞鼻，遂成了"有智"的动物的代表。不知为何，中国古代对"天雨入鼻"相当重视。《左传·僖公二十一年》："夏大旱，公欲焚巫、尪。"杜预注说：尪是"瘠病之人，其面向上。俗谓天哀其病，恐雨入其鼻，故为之旱"。蜼既知塞鼻防雨，避免引起天哀而致旱，足见其智慧超群，地位自非寻常禽兽可比，所以制礼器时总有人念念不忘它的形象。不过另一派礼家主张，牺尊与象尊并非如上所述，而是"于尊腹之上画为牛、象之形"[1]。郑玄也

图8-4　雒彝

说："鸡彝、鸟彝谓刻而画之为鸡、凤凰之形。"即仅在器腹饰牛、象、鸡纹，整件器物并不做成一只动物的造型；从而蜼彝也被说成是在腹部刻画出金丝猴纹样的彝。曹魏时，"善贾（逵）、马（融）之学而不好郑氏（郑玄）"的王肃提出不同看法，他说："（魏

---

[1]　《诗·鲁颂·閟宫》孔颖达《正义》引阮谌《礼图》。

明帝）太和中，鲁郡于地中得齐大夫子尾送女器，有牺尊，以牺牛为尊；然则象尊，尊为象形也。"①萧梁时的刘杳就此补充说："晋永嘉，贼曹嶷于青州发齐景公冢，又得二尊，形亦为牛、象。二处皆古之遗器，知非虚也。"②但他们的正确意见得不到支持。存世之最古的《三礼图》为北宋聂崇义编绘，被评为"礼图之近

图 8-5　北宋，《三礼图》中的"蜼彝"与"象尊"

古者，莫是书若也"；可是书中之蜼彝和象尊的图像全遵郑注，连蜼为雒之假字的意见也视若无睹，仍在罐盂之类容器的腹部刻画猴、象之形，与出土实物毫无共同之处（图8-5）。可是直到近代考古学兴起以前，传统的错误看法始终占据上风。清代的大学问家段玉裁甚至也理直气壮地指斥道："王肃、刘杳不知此，乃云'牺、象二尊形如牛、象'，真妄说耳。"

　　虽然即便在汉代以后，刻画出金丝猴纹样的蜼彝在出土文物中亦未曾发现，大概真正用到的机会不多，可是它却通过另外的渠道被推到极高的位置。今本《尚书·益稷篇》中有"予（指舜）欲观古人之象，日月、星辰，山龙、华虫，作会、宗彝，藻火、粉米，黼黻、絺绣，以五彩彰施于五色作服"的话。《益稷篇》虽包括在《皋陶谟》内，是伏生所传二十八篇之一，但这段关于"十二章"的说法却是后人窜入的。周金言锡衣，仅及"黹""衮"之饰，没有如此繁复的图案，更不要说虞舜之时了。清人黄山说："十二章，经无明文。班、马以前，史亦不着。"③"十二章"之说是郑玄最先明确提出的，他将《益稷篇》中列举的形象分作十二组，定为"十二章"④（图8-6）。由于儒家学说受到尊崇，人们对于经典中的条文不敢轻易怀疑，所以从东汉以后，"十二章"遂

① 　《诗·鲁颂·閟宫》孔颖达《正义》引阮谌《礼图》。

② 　《梁书·刘杳传》。

③ 　《后汉书集解》志三〇引。

④ 　《周礼·春官·司服》郑玄注。

图8-6 明，十二章（据《三才图会》）

成为皇帝礼服上的纹章，一直沿用到明清。而其中的"宗彝"这一章，就以晚出的礼家所说之虎彝、蜼彝的图像构成。在皇帝的礼服上，蜼即金丝猴蹲踞在那里，翘着极长的尾巴，和日月星辰、山龙华虫一道，成为代表最高统治者之无上权威的徽识（图8-7）。

回到现实生活，金丝猴可就没有这么幸运了。"蜼"这一古老的名称渐不通用；三国时，万震所撰《南州异物志》中称之为"果然"。书中说："交州以南有果然兽，其鸣自呼。身如猿，犬面，通有白色。其体不过三尺，而尾长四尺余，反尾度身，过其

图8-7 明，皇帝袍服（图中下襟左侧为成排的纹章，位置居最上方者即"宗彝"中的蜼彝，里面有一只金丝猴）

头。视其鼻，仍见两孔，仰向天。其毛长，柔细滑泽，……集十余皮，可得一褥，繁文丽好，细厚温暖。"同时代之种毓的《果然赋》中也说它："肉非佳肴，惟皮为珍。"说明这时人们开始注意到"果然"即金丝猴的皮毛。到了唐代，颜师古在《汉书·司马相如传》的注中说：猱皮"即今所谓戎皮，为鞍褥者也。"宋代陆佃的《埤雅》也说："狨盖猿狖之属，轻捷善缘木，大小类猿，长尾，尾作金色，今俗谓之金线狨。"狨即猿猱之猱的音转，而现代所称金丝猴之名，又是从金线狨演变来的。它的皮在唐代已用作鞍褥，此风至宋代而大盛。"狨座"，或曰"狨毛暖坐"，成为备受重视的珍物。

令人震怖的是，宋代开始把官员用狨座定成制度。叶梦得《石林燕语》说："从官狨座，唐制初不见。本朝太平兴国中始禁，工商庶人许乘乌漆素鞍，不得用狨毛暖坐。天禧中，始诏两省五品宗室以上，许乘狨毛暖坐，余悉禁。"所谓禁，其实是抬高它的地位，使得在允许使用之范围内的官员无人不施。此制于北宋开创后，为南宋所因袭。"乾道九年重修仪制，权侍郎、大中大夫以上及学士、待制，经恩赐，许乘狨座。三衙、节度使曾任执政官，亦如之。"[1]它成了高官之大可夸耀的仪饰。陆游曾提到官场中有这样的谚语："横金（腰系金带）无狨鞯，与阁门舍人等耳。"[2]这时制一狨座，与《南州异物志》所记"十余皮"制一褥的标准又不同了。朱彧《萍洲可谈》说："狨似大猴，生川中，其脊毛最长，色如黄金。取而缝之，数十片成一座，价值钱百千。"制一袭狨座竟要用数十只金丝猴的皮！金丝猴智力较高，同类间感情深厚，"死不相弃遗"。宋吴曾《能改斋漫录》说："得一猱然，则数十猱然可得。盖不忍伤其类，虽杀之不去，此兽状而人心者也。"明陈继儒《偃曝谈余》中也说，捕得母狨后，剥下皮来向着其子鞭打，幼狨遂从树间悲啼而下，伏卧母皮上，束手就擒。在官员们对狨座趋之若鹜的年代中，滇黔川陕一带的深山密林里，

---

① 《宋史·舆服志·鞍勒之制》。
② 〔宋〕陆游：《老学庵笔记》卷八。

图 8-8　金丝猴皮椅垫

台北故宫博物院藏

不知曾多少次响起金丝猴惨栗的绝叫。

狨座与狨皮褥子或椅垫不同。台北故宫博物院藏有一对金丝猴皮椅垫（图8-8），张临生先生曾着文介绍。他认为狨座就是椅垫，称："宋朝所制的狨座考究非常，取柔长如绒、色如黄金的狨背脊部分的毛皮，以数十块连接缝制为椅座。"并说台北故宫博物院之椅垫"乃沿袭两宋以来文、武高官显宦方可乘用的狨座传统所制"①。按此说不确。狨座不是椅垫，而是铺在马鞍上的。《宋史·舆服志》将狨座归入"鞍勒之制"中叙述，已足为证。宋文同《谢夏文州寄金线狨》诗说："天地生奇兽，朝廷宠近臣。覆鞍须用此，投网为何人。"宋黄庭坚《从时中乞蒲团》诗也说："君当自致青云上，快取金狨覆马鞍。"可见它分明是覆鞍用的。在唐代，颜师古虽曾提到狨皮鞍褥，但鞍褥亦可理解为鞍下之鞯，甚至混同于障泥。唐代人确有使用虎皮或豹皮障泥的风尚，在诗文与陶俑中多次见到。然而狨座和障泥之类完全不同，它不是垫在鞍下而是覆在鞍上的，外观有点像鞍袱或鞍帕，宋人《春宴图》中将狨座表现得很清楚（图8-9）②。它在冷天使用，"每岁九月乘至三月"。从图中看，此物在暑季的确用不上，这也就是它又名"狨毛暖坐"的缘故。

金丝猴在历史上的命运真够坎坷。人们一方面视之为有智慧的通灵之兽，用它的形象作为尊贵甚至神圣的纹章；另一方面却为了获取其皮毛而无情地猎

---

① 张临生：《狨座》，《故宫文物月刊》总 21 期，1984 年。

② 北京故宫博物院藏宋人《春宴图》，见《中国绘画全集》卷五，图版 120，浙江人民美术出版社、文物出版社，1999 年。

图 8-9 宋，狨座

1　《春宴图》中覆狨座的马

2　此图中另一匹马上的狨座

杀。如果说狨就是经典中所称之猱，在某些场合中可能会出现令居高位者为之尴尬的局面，所以这两个名字遂形同参商，彼此回避，绝不相提并论。至于当时的学者对此是真不知道还是装不知道，就无从察考了。

（原载《文物天地》2002 年第 11 期）

9　历史上的唐三彩骏马

大自然于亿万斯年的时间长河中，在地球上创造了无数生灵。但是动物界里哪个也未能像马那样，将英武和勤劳、剽悍和驯良结合得如此完美。马是人类忠实的朋友和勇敢的伙伴。"所向无空阔，真堪托死生。骁腾有如此，万里可横行！"

我国的马是自行驯养的，甘肃永靖距今3700多年前的齐家文化遗址中已出马骨，可见这时的先民已知养马。古埃及的马，要由喜克索斯人传入；古代日本的马，要由所谓骑马民族传入；新大陆的马，要等到16世纪才由欧洲人用船运去。我国新石器时代中，马骨出的不多，这时养马作何用，还难以确切回答。可是到了商代，马和车已经结合起来了。考古工作者在商代车马坑中剥出了完整的车和马，显示出我国古车之科学

图 9-1　商代至西汉前期的马

1　商代马纹，山西灵石出土铜簋底外所铸

2　商代铜马，陕西延安甘泉下寺湾出土

3　西周，盠驹尊

4　东周玉马，山西曲沃晋侯墓出土

5　东周铜马，湖北枣阳九连墩出土

6　西汉漆马，四川绵阳双包山出土

而严谨的结构和与世界其他地区完全不同的一套独特的系驾法。在以车战为主要战斗形式的年代里，马开始崭露头角。然而随着"操吴科兮披犀甲，车错毂兮短兵接"，也会出现"凌余阵兮躐余行，左骖殪兮右刃伤"的情况。那些拉着车子、行动不能自主的马，在战场上的命运是很悲壮的。它们是车的一部

图 9-2　准噶尔盆地卡拉麦里自然保护区里的普氏野马

分，历史尚未承认其独立的存在。商代造型艺术中所见之马，无论是山西灵石旌介1号商墓出土铜簋外底上铸出的马纹（图9-1:1），或陕西延安甘泉下寺湾出土的商代铜马（图9-1:2），都是头大腿短，还带着几分普氏野马的模样（图9-2），甚至曾被误认为骡。[①]西周时，如陕西眉县李村出土的"驹尊"，以及山西天马-曲村（现在一般称"曲村-天马"）晋侯墓地63号墓出土的玉马，都和上述商马的造型基本相同（图9-1:3、4）[②]。根据铭文，"驹尊"是作器者盠陪同西周懿王行"执驹礼"时，因受赐两驹而铸，其造型无疑应取法当日的良马，却仍然跳不出头大腿短的模式。"穆王八骏"的名气很大，也不过如《拾遗记》所说，是套在主、次两辆驷马车上的服马和骖马，被御手造父等人赶着"按辔徐行"而已。战国和西汉前期的马俑，如湖北枣阳九连墩出土的铜马、四川绵阳双包山出土的漆马，虽然都是些文物精品，都极力想表达出骏马的雄姿，无奈受制于马种之特征的局限，使这些造型在今天看来颇难赞一词（图9-1:5、6）[③]。后世那类骐骥骅骝，当时的艺术家尚无缘寓目。

　　良马的性能有时与国家的命运攸关。战国时骑兵开始投入战场，赵武灵王

① 山西省考古研究所、灵石县文化局：《山西灵石旌介村商墓》；张颔：《"赢簋"探解》，均载《文物》1986年第11期。下寺湾出土铜马见成建正主编：《骁腾万里》，图1，三秦出版社，2014年。

② 山西省考古研究所、北京大学考古学系：《天马-曲村遗址北赵晋侯墓地第四次发掘》，《文物》1994年第8期。段绍嘉、何汉南：《郿县出土青铜器之初步研究》，《人文杂志》1957年第1期。

③ 湖北省文物考古研究所：《湖北枣阳市九连墩楚墓》，《考古》2003年第7期。四川省文物考古研究所等：《绵阳永兴双包山二号西汉木椁墓发掘简报》，《文物》1996年第10期。

图9-3 秦与西汉的骑兵
1 秦，陕西咸阳塔儿坡出土
2 西汉，陕西咸阳杨家湾出土

首倡胡服骑射；可是赵国未曾给后世留下其骑兵的形象资料。现在能看到的战国骑兵是陕西咸阳塔儿坡出土的秦彩绘陶骑俑。骑者戴弁着深衣，跨在光背马上，装备相当原始（图9-3:1）[1]。1965年，咸阳杨家湾发现了十一个兵马俑坑，其中有六个骑兵俑坑，当时以为是周勃或周亚夫之墓的陪葬坑，后知实为汉高祖长陵的陪葬坑，所以这些骑俑应代表汉初国家级的骑兵部队。他们的着装与塔儿坡秦骑俑并无大殊；战马仍然是头大颈粗的那种类型，只不过在背上加了鞍垫（图9-3:2）[2]。当时西汉面临北方强敌匈奴的威胁和侵扰，自白登之围失利以后，文、景之世对匈奴一直采取低姿态。匈奴为游牧民族，娴于骑术，要想抵御他们，汉军必须拥有强大的骑兵。从而，对禀赋优异的战马的需求，就凸显在汉朝的当政者面前。在被翦伯赞先生称为"很活泼、很天真、重情感的人物"，也是一位具备统帅和诗人气质的政治家汉武帝的指挥下，于以"马邑之谋"为标志的发动全面抗匈战争之前五年，就遣张骞出使西域。张骞的使命一是结好乌孙，"断匈奴右臂"；二是访求良马。乌孙在今伊犁哈萨克自治州一带，乌孙马即今哈萨克马的前身，外形与蒙古马相似，仅比蒙古马略高。得乌孙马后，汉稀之以嘉名曰"天马"。但武帝并不满足，又努力引进大宛马。《汉书·张骞传》说："得乌孙马，好，名曰天马。及得宛汗血马，益壮。更名乌孙马曰西极马，宛马曰天马。"大宛马的原产地在今土库曼斯坦的阿哈

---

① 杨泓、李力：《中国古兵二十讲》，生活·读书·新知三联书店，2013年，第135页。
② 陕西省文物管理委员会等：《陕西省咸阳市杨家湾出土大批西汉彩绘陶俑》，《文物》1966年第3期。

尔绿洲，今称阿哈尔捷金马，简称阿哈马。阿哈马矫健骏逸，体形修长，善于长途奔驰，曾创下84天跑完4300公里的纪录[①]。

由于对良马的高度重视，汉廷在长安城未央宫北阙处的鲁班门外立了一座铜马。《后汉书·马援传》说："孝武皇帝时，善相马者东门京铸作铜马法献之。有诏立马于鲁班门外，则更名鲁班门曰金马门。"可见此像是养马学专家东门京设计制作的。所谓"铜马法"应指铜马式。此像虽已不存，但1981年在陕西兴平豆马村汉武帝茂陵一座陪葬墓的器物坑中出土了一件鎏金铜马，高62厘米，长76厘米。[②]此马四体端直，细节准确，更像一具模型，而不像是在地下为墓主人服务的马俑。假若没有依照实物写生的粉本为据，只凭想象恐怕是创作不出来的。以之与现代阿哈马相较，许多方面均颇肖似（图9-4）。出鎏金铜马之墓的主人为汉武帝之姊、大将军卫青之妻、煊赫一世的阳信公主。她的陪葬品中出现天马的马式自不为过。而鉴于公主逝世于元封五年（前106年）以前，较李广利于太初元年（前104年）出兵伐大宛之时尚略早，所以有人怀疑阳信墓中的马是否有取法大宛马之可能。但此前汉廷曾遣"壮士车令等持千

图9-4　马种的改良
1　陕西兴平茂陵一号无名冢陪葬坑出土的鎏金铜马
2　阿哈尔捷金马（汗血马）

① 张北等：《中国军马》，解放军出版社，2003年，第44页。
② 咸阳地区文管会等：《陕西茂陵一号无名冢一号从葬坑的发掘》，《文物》1982年第9期。

金及金马，以请宛王贰师城善马"（《史记·大宛列传》），其所持之金马自应是以宛马为样本。由于汉武帝的爱好，大宛马成为当时的热门话题，声名大噪。上层人士对之应不会完全陌生。因此在东门京铜马、车令金马与阳信鎏金铜马身上，大概都会不同程度地反映出大宛天马的身姿。

汉武帝引进了乌孙马、大宛马，虽然在对匈作战中可能发挥过一定作用，但当时的马具等装备却跟不上。出征匈奴的汉军将士，跨在没有马镫的马上长途行军，冒矢石，接白刃，还要时时防备自己堕鞍落马，艰苦的程度难以想象。所以马大约给汉代人留下了一个过分深刻的印象，否则《说文》对马的解释为什么劈头就说"马，怒也，武也"呢！这种情况直到魏晋时才有所改观。

这一时期我国发明并普及了金属马镫。模仿一句西方的口头禅：这件器物虽小，但它的意义却是怎么估计都不过分的。有了马镫的依托，骑士在马上才能真正做到得心应手、控纵自如。比瓦尔说："像马镫这样一种普通的器具，不但对于全部罗马古代民族来说，一直是闻所未闻，甚至像萨珊波斯那样习于骑射的养马人，竟然也不知马镫为何物。"[1]波斯人起先称马镫为"中国鞋"。10世纪中叶，诗人鲁泰基在诗中写道："我以旧鞋和毛驴而开始自己的生涯，我高升到了过去则必须拥有中国鞋（马镫）和阿拉伯马匹者的行列。"[2]骑在备有马镫的马上，骑士和马结合紧密，对马更有感情，会把心爱的坐骑打扮得更美观、更威武。及至南北朝，北魏主要采用包括极具特点的两桥垂直鞍在内的鲜卑式马具。临阵之际，战马身披具装，战士则穿铠甲。这类重装骑兵当时所向披靡。元嘉二十七年（450年）北魏与刘宋大战，宋军溃败，六州残破。《宋书·索虏传》总结此次战争的胜负时说："彼我胜负，一言可蔽，由于走不逐飞。""走"指南朝的步兵，"飞"则指北魏铁骑。东晋、南朝的世家子弟，虽云文采风流，然而缺乏尚武精神。《世说新语·雅量篇》说："阮（庾翼

---

① 〔英〕加文·汉布里主编：《中亚史纲要》，吴玉贵译，商务印书馆，1994年，第84页。

② 引自〔法〕阿里·玛扎海里为赛义德·阿里－阿克伯·契达伊的《中国志》作的注。见〔法〕阿里·玛扎海里：《丝绸之路：中国－波斯文化交流史》，耿昇译，中华书局，1993年，第296页。

的岳母阮幼娥）语女（庾翼妻刘静女）：'闻庾郎能骑，我何由得见？'妇告翼。翼便为于道开卤簿盘马，始两转，坠马堕地。"此事发生在建元元年（343年）。可见过江的贵族对骑术何等生疏，连手握重兵、热心北伐的庾翼也不例外。再往后，如《颜氏家训·涉务篇》所说："梁世士大夫皆尚褒衣博带，大冠高履，出则车舆，入则扶持，郊郭之内，无乘马者。""建康令王复性既儒雅，未尝乘骑，见马嘶喷陆梁，莫不震慑。乃谓人曰：'正是虎，何故名为马乎？'其风俗至此。"2005年广西贺州将军山南朝墓出土的陶骑俑，一名贵族骑在马上，五名侍者搀扶在前后左右：他简直把骑马当成坐轿子了（图9-5）。此俑正可充颜氏之说的注脚。

　　北朝盛饰之马，颈上覆包鬃，攀胸上饰马珂，尻上饰寄生与鞧铃，鞍鞯之下还悬有垂过马腹的硬质箕形障泥。马珂与障泥早在东汉已经出现，不过那时的马珂比后世略大，而障泥比后世小，接近方形。有意思的是，山东临淄出土东汉画像石上之马，其障泥饰以马纹；而甘肃武威雷台西晋墓出土铜马，也悬有饰马纹的方形障泥；特别是在韩国庆州天马冢出土的新罗桦皮障泥上，同样饰有马纹，是中国古文化影响海东之明显的例证（图9-6）。[①]箕形障泥改变了方形障泥旧制，成为时尚，不仅北朝有，南朝也流行（图9-7）。[②]《世说新语·术解篇》说："王武子

图9-5　南朝骑马俑
广西贺州将军山出土

---

① 临淄出土的这块画像石，旧存临淄南关小学，见文物图像研究室汉代拓本整理小组：《历史语言研究所藏汉代石刻画像拓本精选集》图41，台北，历史语言研究所，2004年。雷台出土者见甘肃省博物馆：《武威雷台汉墓》，《考古学报》1974年第2期。天马冢障泥见韩国文化财普及协会：《天马冢：庆州市皇南洞第155号古坟发掘调查报告书》，光明出版社，1975年。杨泓：《新罗"天马冢"马具复原研究》，载于《汉唐美术考古和佛教艺术》，科学出版社，2000年。

② 磁县文化馆：《河北磁县东魏茹茹公主墓发掘简报》，《文物》1984年第4期。河南省文化局文物工作队：《邓县彩色画像砖墓》，文物出版社，1958年。

图9-6 马纹障泥

1　山东临淄出土东汉画像石（拓本存台北史语所）

2　甘肃武威雷台墓出土铜马

3　新罗天马冢（500年左右）出土马具复原示意图（仿杨泓）

图9-7 箕形硬质障泥

1　南朝画像砖，河南邓县出土

2　北朝马俑，河北磁县东魏茹茹公主墓出土

善解马性，尝乘一马，著连钱障泥，前有水，终日不肯渡。王云：'此必是惜障泥。'使人解去，便径渡。"此连钱障泥也必然拖垂得较长，和箕形障泥相仿佛。

　　到了唐代，情况发生了很大的变化。这时作战每尚轻骑突袭，马具随之被改进得相当便捷，马饰也装点得很有分寸。比如马鞍，在南北朝后期已对高桥鞍加以改进，鞍桥降低，后鞍桥开始向后倾斜。唐代的鞍面上更出现了适合人体跨坐的凹曲弧度，既方便上马又适于骑乘；从而将"两桥垂直鞍"改造成"后桥倾斜鞍"。这时且不再装配高高的寄生和繁复的鞧铃，只在主要的攀带

上饰杏叶。王勃《春思赋》"杏叶装金辔"，说的就是它。杏叶虽是从前代的马珂演变而来的，但小巧玲珑，式样众多，除饰以卷草、宝相花等植物图案，也有铸出鸾鸟、鸳鸯、麒麟、狮子等动物图案的，其中不乏造型优异的佳作。特别值得注意的是障泥，唐代讲究用锦制障泥，其上部掩于鞯内，下垂部分一般不超过马腹。李白诗"银鞍白鼻𫘦骑，绿地障泥锦"，刘复诗"晓听钟鼓动，早送锦障泥"，均强调制障泥用锦。骏马配上锦障泥，更显得英姿勃勃。并由于唐代以突厥马和回纥拔野古部"筋骼壮大，日中驰数百里"之马进一步改良原有品种，所以唐马性能优异，马具精善。反映在艺术品中，这时不仅出现了如昭陵六骏、乾陵翼马等大型浮雕和圆雕，各地唐墓所出成百上千的三彩陶马俑也各有妙趣。它们或行，或立，或长嘶，或啮膝，很少见到程式化的僵硬与板滞。它们是冥器，是只能在送葬途中展露一下的作品，却把这个时代对骏马的追求集中浓缩、摄于其身。充盈在肌体中的美感，千载以下，犹能以当年的磅礴激情，直击今日之观者。

不过，在共同的时代风格笼罩下，它们还各有自己的特点，所以仍不妨加以比较，从中选出更为完美之作。首先，一大批细部含糊的小马俑要被淘汰掉。其次，造型上有缺陷、比例有失调之处者亦不能入围。摘金折桂，笔者看中了两匹陶马，一是西安南何村唐鲜于庭诲墓出土的白釉陶马（图9-8），二是洛阳关林120号唐墓出土的黑釉陶马（图9-9）。①它们都是中国国家博物馆的藏品。

这两匹马均颇高大，西安的白陶马高54.6厘米，洛阳的黑陶马高66.5厘米。虽均属三彩器，但与一般釉色斑驳的作品不同，更富于写实感。白陶马气宇昂藏，骨肉亭匀，马鬣剪出官样的"三花"，辔头、攀胸和后鞦的革带上饰

---

① 鲜于庭诲墓出土三彩马，见中国社会科学院考古研究所：《唐长安城郊隋唐墓》彩版3，文物出版社，1980年。关林出土三彩马，见吕章申主编：《中国国家博物馆》图101，长征出版社，2011年。

图 9-8　三彩白马俑
陕西西安唐鲜于庭诲墓出土

图 9-9　三彩黑马俑
河南洛阳关林出土

以小金扣、杏叶和金铃，马鞍上覆盖着深绿色的鞍袱①，通体透露出高贵的气质。白居易诗："翩翩白马称金羁，领缀银花尾曳丝。毛色鲜明人尽爱，性灵驯善主偏知。"吟咏的对象仿佛就是它。洛阳的黑陶马之四蹄为白色，有些像昭陵六骏中的"白蹄乌"。它的体形粗犷，胸部肌肉饱满，昂颈侧首，仄目而视，隐含猛气，不怒而威。但迎风顾盼，仿佛若有所待。李贺诗："龙脊贴连钱，银蹄白踏烟。无人织锦韂，谁为铸金鞭。……催榜渡乌江，神骓泣向风。君王今解剑，何处逐英雄！"就是这匹黑马的写照了。

　　鲜于庭诲墓的年代为开元十一年（723 年），关林 120 号唐墓可能略晚些，但也不会迟于盛唐。处在这样一个繁荣富庶的时代里，妇女的好尚是"曲眉丰颊，大髻宽衣"，马也应当膘肥体壮。然而诗人杜甫却偏爱瘦马，他看中的马是"锋棱瘦骨成"，是"不比俗马空多肉"。他指摘"干（韩干）惟画肉不画骨，忍使骅骝气凋丧"！连写字他也主张"书贵瘦硬方通神"。但这种癖好并不代表当日的时代精神，那时独步一世的大书法家颜真卿，就是以茂密肥劲的笔法

---

① 马备鞍后，如暂不骑乘，则在鞍上蒙覆织物以防尘。《安禄山事迹》称之为鞍袱。《宋史·舆服志》称之为鞍复。亦称鞍帕，杜甫《骢马行》"银鞍却覆香罗帕"，《五国故事》说南汉主刘𬬮"自结真珠龙凤鞍帕"，均指此物。

写出了其不朽的声誉。而上述西安和洛阳的两匹陶马，其奔逸之气也正透过那丰硕的身躯从体内的秀骨中辐射出来。只有这样的马才称得上是"意态雄杰"，才称得上是"须臾九重真龙出，一洗万古凡马空"！那幅有后主李煜题识的韩幹《照夜白》不正是如此吗？乾隆评之为"丹青曹霸老，画肉也应难"，尚不失为平实之论。

可是画马也不能只追求"多肉"，宋元画人在这方面似有所失。李公麟的"凤头骢""好头赤"等，总使人觉得它们太胖、太圆浑，而腿嫌短。赵孟頫、赵雍等父子、祖孙所绘之马，更一直沿着这条斜线在滑坡。明刘溥《赵松雪画马诗》云："王孙画马世无敌，一画一回飞霹雳。千里长风入彩毫，平沙碧草春无迹。"就不晓得是从哪个视角得出的观感了。

（原载1992年9月2日香港《文汇报》，收入本集时做了修改）

10 关于"黔驴"

唐柳宗元在《黔之驴》一文中，讲了一则关于驴的故事。略谓："古黔地无驴，有人载一驴至，放置山下。虎见庞然大物，慎不敢近。久之，稍渐狎，驴怒而踢之。虎喜曰：'技止此耳！'乃直前搏杀驴，尽食其肉而去。"（《柳河东集》卷一九）这个故事生动而形象地讽刺了那些徒有其表的草包，从而"黔驴技穷"遂成为习见的成语而沿用至今。但柳宗元到底指何朝何代？他没有明说。从逻辑上判断，这类故事应产生于一种新事物出现之后不太久，有些人对它已有认识而大部分人却尚感陌生的时代。用旱烟袋锅对着电灯泡引火的故事，大约只能在清末民初当作趣闻；移到现在，听起来反而会觉得不近情理，不成其为笑料了。那么，驴在唐代是否有很多呢？回答是：不但多，而且遍及全国。

《新唐书·食货志》说天宝初，"海内富实，……店有驿驴。"《通典·兵一》记唐代兵制，说每一队（五十人）都配备有驴六头。白居易《朱陈村》诗云："徐州古丰县，有村曰朱陈。……机梭声札札，牛驴走纭纭。"（《白居易集》卷第十）唐墓中曾出明器三彩驴（图10-1）。传世唐画《明皇幸蜀图》中也画出了许多驴。川黔山水毗连，所以贵州的驴也不会太少。因此黔驴的故事虽由柳宗元笔之于书，其产生的时代却应更早。

战国以前，中原地区很少见到驴。顾炎武《日知录》卷二九说："自秦以上，传记无言驴者。"《史记·匈奴列传》说，匈奴"随畜牧而转移。其畜之所多则马、牛、羊，其奇畜则橐驼、驴、骡、駃騠、騊駼、驒騱"。可

图10-1 陶驴 陕西西安土门村出土

见直到太史公写《史记》的时候，驴还和骆驼、骡子及各种野马一样被视为匈奴之"奇畜"。这种情况在《盐铁论》中也能得到印证。该书《力耕篇》说："夫以中国一端之缦，得匈奴累金之物，而损敌国之用。是以骡驴馲驼，衔尾入塞；騑騠騵马，尽为我畜。"驴和骡、骆驼，仍被视作匈奴的"累金之物"。骆驼至东汉时仍不多见。牟融《理惑论》说："少所见，多所怪；见橐驼，言马肿背。"（《弘明集》卷一）骡的推广也相当慢，但驴在中原地区繁衍的速度比骆驼和骡子快些。西汉陆贾的《新语》中还曾将驴、骡与犀象珠玉并列，东汉初桓谭的《新论》中却已经提到有"用驴、骡、牛、马及役水而舂"的畜力碓和水碓了。东汉是驴在中原地区渐渐多起来的时代。《后汉书·张楷传》说张楷"常乘驴车至县卖药"。《后汉书·五行志》并说："灵帝于宫中西园驾四白驴，躬自操辔，驱驰周旋，以为大乐。于是公卿贵戚，转相仿效，至乘辎軿以为骑从，互相侵夺，贾与马齐。"但所谓用驴驾车和充当骑从已蔚然成风的情况，在为数众多的东汉画像石中却一无反映。画像石里有马车、牛车、羊车、鹿车，以及河伯乘的鱼车、仙人乘的龙车等，却没有驴车。有人甚至认为汉画像石中从未出现过驴。

然而山东邹县（今邹城市）王屈村出土的画像石却打开了一扇新的窗口。这块画像石上刻出一驴一虎。驴子四足撑地，躯体微向后倾，似已无能为力，无可奈何。而虎方绕驴逡巡，虽已跃跃欲试，但尚持而未发（图10-2）。《山东汉画像石选集》一书的解说认为这是一牛一虎相斗。实难相从。因为这个场面刻画得太逼真了，无法指驴为牛。那么，它表达的是什么意思呢？看来有可能就是"黔驴"故事的祖本；而且处理得很得要领，恰到好处。驴的矜持而惶恐，虎的狡狯与犹疑，均如目见。再绕一圈，驴或许会抬脚踢老虎。接下来，情节就有可能急转直下，向着凶残的一幕

图10-2　虎驴相争，东汉画像石　山东邹县出土

发展了。弱者来到陌生的环境，面临强敌的威胁，自应努力求生图存。但不能只靠虚张声势逞一时之快。因为这么干，危险将接踵而至。不过这和驴那份执拗劲倒蛮般配。诗云："日暮骞驴鞭不动"（金王庭筠）；"拗性驴儿去不回"（元吴澄）。口语中不是也动不动就斥之为"蠢驴""倔驴"嘛！与"骏马""狡兔"之雄壮、机灵相比，让驴充当这类故事的主角，看来也正顺理成章。

此画像石的时代属于东汉晚期，是驴已为多数人所熟悉，但仍不排除个别人对之闹笑话的时代；也符合上文对这类故事产生的条件的分析。画像石出于山东，那么它就不是黔驴而是鲁驴了。但到了柳宗元把这个古老的故事记录下来的时候，比画像石又晚了六百年，此时在山东驴子已经太常见，故事如发生在这里，听来已引不起兴趣。所以于柳宗元笔下，背景遂被转移至贵州。贵州多山，古代交通不便。清田雯《黔书》说此间"毒豀瘴岭，蔽日寻云。一线羊肠，袤空切汉。行路之难，难于上青天"，从而显得闭塞，以致受到揶揄。《梦溪笔谈》中不是就有"贵州不仅人，连鬼也不认得螃蟹"的故事吗？犹如先秦子书中，将"揠苗助长""守株待兔"等傻事尽归之宋人一样。写寓言的作家涉笔成趣，挟山超海，今天对他们信手拈来的地望、信口开河的笑谈，就不必过分认真了。

（原载《文物天地》1986年第6期）

第二章　饮食与文化

11　豆腐问题

豆腐是我国独创的一种副食品，是将大豆磨细，煮成浆，再加入少量盐卤，使豆浆中的蛋白质凝结，然后压去过剩水分而成。豆腐营养丰富、滋味鲜美且价格低廉，作为一种大众化食品其优点家喻户晓；现今虽不能说已风靡全球，但五大洲上多处都能见到它的踪迹。在西方，分离和凝固植物蛋白是近代才有的事。所以当我国发明制豆腐时，这项技术十分先进；从而其出现的时间，对研究科技史的人来说，就成为一个很值得关心的问题了。

何时发明制豆腐？现成的答案为：发明者是西汉的淮南王刘安。但这是宋代人才提出来的，全然没有任何宋以前的记载支持此说。宋朱熹《咏素食》诗自注："世传豆腐本为淮南王术。"有一种杂纂数术、方技的书叫《淮南万毕术》，曾嫁于淮南王名下；不知朱熹说的"术"是否和它有关？今此书已不存，辑出的佚文中也不能证明淮南王创制豆腐，故无从探讨[1]。关于豆腐的起源，洪光住先生查了一大批自汉至唐的典籍，均未找到有关之记载[2]。就目前所知，《清异录》所记，青阳丞戢"洁己勤民，肉味不给，日市豆腐数个，邑人呼豆腐为'小宰羊'"，大概是最早的史料。此记事清陈元龙已经拣出，辑入

---

[1] 〔清〕茆泮林、孙冯翼辑：《淮南万毕术》，《丛书集成初编》本。

[2] 洪光住：《中国食品科技史稿》上册，中国商业出版社，1984年，第47页。

《格致镜原》卷二四"豆腐"条中。后经日本学者筱田统引用，遂广为人知。但《清异录》一书虽托名陶谷作，实系宋人所撰。宋陈振孙《直斋书录解题》已提出怀疑。其说经王国维（《观堂外集·庚辛之间读书志》）、余嘉锡（《四库提要辨证》卷一八）的补充，已成定论。余先生说：此"书中称宋太祖之谥，违命侯之封，及郑文宝、陈乔、张佖之子等，皆在南唐亡国之后，或更远在太宗时"。按陶谷卒于宋太祖开宝三年（970 年），宋太宗时的事何能得知？故此书的作者似是北宋前期某位由南唐入宋之人。作为北宋人，他谈到豆腐是一点不奇怪的，因为这时此物正开始风行，不仅在苏轼等人的诗文中有所反映，而且在几部大药典如苏颂《图经本草》（1061 年）、唐慎微《证类本草》（1108 年）、寇宗奭《本草衍义》（1116 年）等书中亦有记录。陆游《老学庵笔记》卷七记北宋词僧仲殊嗜蜜食，说他"所食皆蜜也，豆腐、面筋、牛乳之类皆渍蜜食之"。可见这时豆腐和面筋、牛乳一样，都已是普通的食品[1]。但有豆腐是一回事，说淮南王发明豆腐是另一回事；宋代距西汉已十分遥远，在没有可靠的根据（严格说全无根据）的情况下指淮南王为豆腐的发明者，则只能称之为臆测了。

可是淮南王发明豆腐之说，近年却被重新提出，这是由河南密县（今新密市）打虎亭 1 号墓的发掘引发的。此墓东耳室南壁的一幅石刻画像，内容曾被认为是制豆腐。1979 年，贾峨先生在《文物考古工作三十年》一文中说：密县"打虎亭 1 号墓有豆腐作坊石刻，是一幅把豆类进行加工，制作成副食品的生产图像，证明我国豆腐的制作不会晚于东汉末期"。[2]文章的语气很肯定，却并未随文发表图像，使人无法明其究竟，只能盼望早些看到这块不寻常的画像石材料。又过了十二年，陈文华先生于 1991 年 3 月在《农业考古》总第 21 期上

---

① 豆腐传入日本的时间也可以作为参考。据筱田统的研究：豆腐不见于相当唐朝时的日人著作，"最古的文献是院政时代行将结束时的寿永二年（1183 年）"。14 世纪以降，日本文献中关于豆腐的记载才日见增加。见《中国食品科技史稿》上册，第 65～66 页。

② 《文物考古工作三十年》，文物出版社，1979 年，第 284 页。

图 11-1　河南新密打虎亭 1 号东汉墓东耳室南壁下部的图像　陈文华摹本

发表了题为《豆腐起源于何时》的论文，此文曾于 1990 年 8 月间在英国剑桥大学召开的"第六届国际中国科技史学术讨论会"上宣读。文中载有陈先生考察打虎亭汉墓时所作上述画像的摹本（图 11-1）。他将其内容划分作五个部分。认为第一部分"为一大缸，缸后站立二人"，是在"浸豆"。第二部分"为一圆磨，磨后有一人，右手执勺伸向大缸"，是在"磨豆"。"图中的磨是用手推动的，属于小型的石磨。推磨者右手执勺伸向图一（指第一部分）的大缸，是在舀大豆准备倒进磨中。"第三部分"为一大缸，缸后站立二人双手执布在缸中搅动"，表现的是用布"过滤豆渣"。第四部分"为一小缸，缸后一人双手执棍在缸中搅动"，这是在"点浆"。"缸后地上置一壶，可能是装凝固剂用的。"第五部分"为一长方形带脚架箱子，箱上有一盖板，板上横压一根长杠，杠端吊一秤砣形重物，箱左下部有水流出注入地上罐里"。"将沉淀后变成凝冻状态的凝胶用布包裹放在豆腐箱中加以镇压挤去水，就制成豆腐。"他说，第五部分"表现的正是这一道工序"。结论是："由此可见，打虎亭汉墓的这幅画像石所刻画的确是生产豆腐图。"

初获此文时非常欣喜，觉得长期未弄清楚的汉代制豆腐的问题总算有了着落，积年阴霾，为之一扫。但反复研读之后渐感疑窦丛生。豆腐坊里总是烧起大灶，热气腾腾的；为什么这里却像始终在常温下操作，不见煮浆的场面呢？为什么未见制成的豆腐，连一盘也不端出来显示一下呢？点豆腐的卤水（通常是指氯化镁、硫酸镁和食盐的饱和溶液）是有毒的，《白毛女》中的杨白劳即服卤水身亡。尽管在制作过程将完结时，盐卤中的若干成分已与蛋白质起作用，且已被高倍稀释，不致毒人了，但压豆腐时挤出的水仍为无用之弃物，未见有哪个旧式豆腐坊如此郑重其事地用罐子来接

图 11-2　传统方法制豆腐时的"压水"（仿洪光住）

这些废水的。洪光住先生书中有一幅用传统方法制豆腐时的压水图（图11-2），和打虎亭画像石中的榨压图大不相同。然而由于不了解打虎亭1号墓的详情，未窥画像之全豹，这些问题一时找不出答案。

及至1993年，正式发掘报告《密县打虎亭汉墓》一书终于由文物出版社出版了，这时距墓葬的发掘已三十三年，距简报《密县打虎亭汉代画像石墓和壁画墓》（《文物》1972年第10期）的发表已二十一年。距打虎亭汉墓中有制豆腐图像之说的提出也已十四年。拿到这本令人望眼欲穿的报告后，第一件事就是把东耳室那块画像石的材料找出来。作为正式报告，材料很详尽，既有它的照片，也有拓本和清楚的线图。但一见之下却使人感到震惊（图11-3）。这里哪儿有石磨？哪儿有"两人各执布的一端在过滤豆渣"的情景？地上的一盏灯是点着的，灯火正在燃烧，怎可能是"根据现在河南民间做豆腐的方法，在磨浆后要加入食用油以消除泡沫。因此上述器物（按：指这盏灯）也许是装食用油的容器"呢？

从这块画像石的整个画面看，刻画的应是酿酒和为饮宴备酒的情况，与此墓画像中的饮宴图是有连带关系的。此石的构图分上中下三栏。上栏在长几案上一排摆着六个大酒瓮，它们是贮酒之器，其中存放已酿好的酒。成都曾家包

图 11-3　东汉，画像石，"酿酒备酒图"　打虎亭 1 号墓

画像石上的一排五个大酒瓮的性质应与之相同①。当中一栏是将酿好之酒装入盛酒器中的情景，其中放着许多壶、钟、三足的酝酒尊、横筒状的榼和扁壶状的椑等。这些盛酒器均曾在同墓的饮宴图中使用，而酿酒和贮酒用的大盆、大瓮在那里是不出现的。最下一栏表现出酿酒过程中的几个主要步骤，即酘米②、下曲、搅拌和榨压。仿照陈氏的段落划分，图中第一部分是酘米。《齐民要术·造神曲并酒·第六十四》说："造神曲黍米酒方：细锉曲，燥曝之。曲一斗，水九斗，米三石。须多作者，率以此加之。其瓮大小任人耳。""初下酿"时所酘的米（依上述造酒方应酘三石），大约放进此栏最左边的大瓮里。所谓米，实际上是蒸过的饭。

---

① 成都市文物管理处：《四川成都曾家包东汉画像砖石墓》，《文物》1981 年第 10 期。

② "'酘'音头，实即'投'字而用于饮食品酿造者，意即投饭在瓮中酿酒，即今俗语所谓'落缸'。"见缪启愉：《齐民要术校释》，农业出版社，1982 年，第 374 页。

图 11-4　打虎亭画像石中之圆台部分

1　台上置盆　据《发掘报告》
2　盆变成磨　陈文华摹本

第二部分的人面前置一圆台子，台上放一盆。盆中盛的大约是已经锉细了的曲，他正舀出来准备倒入大瓮中。此盆下部的收分和器口的边缘在画像石上都刻得很清楚。但在陈氏的摹本中不仅其下部与原图有较大出入，盆上部的口缘也不知去向。盆旁之人身上的一段衣纹，本与盆不相干，却被画成磨的手柄；甚至连放盆的圆台之上沿，也很知趣地为"磨柄"让路，而向下扭曲。总之，此盆面目全非，通体已根据磨的形制改制了（图 11-4）。他对这个磨很重视，认为："酿酒无需用磨，也不必滤渣和镇压，所以它是与酿酒无关，同样也和制醋、制酱无关。而只能是和制豆腐有关。"（按：在这里，不仅他的摹本与实物出入很大；他说酿酒不用磨，不滤渣，不镇压，也和事实不符。）《齐民要术》屡次指出有些曲要净簸择，细磨。"罗取麸，更重磨，唯细为良。"只不过磨曲的情况在酿酒图中不常表现罢了。至于滤渣和镇压，即所谓沥酒和榨酒，更是古代酿造谷物酒的重要工序，怎能认为是不必要的呢？第三部分也是酘米，不过这是追酘的米。《齐民要术》说："一宿、再宿，候米消，更酘六斗。第三酘用米或七八斗。第四、第五、第六酘，用米多少，皆候曲势强弱加减之，亦无定法。或再宿一酘，三宿一酘，无定准，唯须消化乃酘之。"又说："搦黍令破，泻着瓮中，复以酒杷搅之，每酘皆然。"初酘时，黍米饭下在和了曲的水中，米消之后，瓮里的水已发酵成醪，因这时主发酵期尚处在旺盛阶段，遂在发酵醪中再酘米。曲势壮，就多酘几次，直到发酵停止酒熟为止。黍米饭黏而且软，须"搦黍令破"。

第三部分的大瓮上横一长方形的箅子，操作者正搦黍米饭。诸城前凉台汉墓画像石的酿造图中，也有在瓮上放箅子搦米饭的人，正可互相对

图 11-5　东汉，画像石，"酿酒图"　山东诸城前凉台汉墓

照①（图 11-5）。汉王充《论衡·幸偶篇》说："蒸谷为饭，酿饭为酒。酒之成也，甘苦异味；饭之熟也，刚柔殊和。非庖厨酒人有意异也，手指之调有偶适也。"搦米饭也是酒人"手指之调"的功夫之一，不过这种技巧是可以掌握的，王充认为它的成功与否纯属偶然，就是在借题发挥了。但也说明酿造过程中的每一道工序，与酒味是醇正还是酸败均密切相关。第四部分主要表现酘米后的搅拌，即"以酒杷遍搅令均调"的工作。搅拌不仅能使发酵醪的品温上下均匀一致，而且使空气流通，促进益菌繁殖。现代酿造黄酒仍重视这道工序，称为"开耙"。最后，第五部分则是将成熟的醪入糟床榨酒。《周礼·天官·酒正》郑玄注："缇者，成而红赤，如今下酒矣。"贾公彦疏："下酒谓曹床下酒。"孙诒让正义："下酒，盖糟床漉下之酒。"图中用一壶承接漉下的酒。在四川新都汉墓出土的画像砖、内蒙古托克托汉闵氏墓壁画及甘肃嘉峪关 1 号魏晋墓壁画中均有类似的画面，闵氏墓壁画还在器之上方书一"酒"字。②但此壶不甚大，或因成熟醪入榨前已将易收之酒下筛漉出，在糟床中进行榨压大概只是为了收其余沥而已。它可以榨得很干净，《齐民要术·作酢法·第七十一》提到过

---

① 任日新：《山东诸城汉墓画像石》，《文物》1981 年第 10 期。
② 余德章：《从四川汉代画像看汉代酿酒》，载《汉代画像石研究》，文物出版社，1987 年。罗福颐：《内蒙古自治区托克托县新发现的汉墓壁画》，《文物参考资料》1956 年第 9 期。嘉峪关市文物清理小组：《嘉峪关汉画像砖墓》，《文物》1972 年第 12 期。

"压糟极燥"的情况，那时其中酒的含量大约就很少了。汉代文献中对糟床未作明确描述，此图却刻画得很清楚，榨酒的情况历历如见。

通观全幅，可知此酿酒备酒图与豆腐了不相关。那么为什么其内容会被解释成制豆腐呢？恐怕是先入为主的看法在起作用。增字解经，古人所忌；现代科学方法更加缜密，应当更重视史料的真实性和严肃性才是。

事情好像只是从一盆、一磨之误开始的，然而其影响却不能低估。不是有的城市据此而举办了"豆腐节"吗？不是已经在海内外、在海峡两岸广泛传播了吗？甚至在正式报告发表后的第二年，1994年8月出版的《故宫文物月刊》第12卷第5期上，刘敦愿先生发表的《论汉画像石艺术中的庖厨题材》一文中仍说："考古发现却为豆腐起源汉代的传说，提供了确切无疑的证据。"接着，文中引述了陈文华先生的见解，然后作出推论："豆腐制作过程中的过滤与镇压，都须使用布兜，但打虎亭画像所见，全为磨盘与各种陶器，而不见布兜之用，应是将其省略，而诸城与沂南两石只见布兜与盆罐，疑也是以象征的手法在表现豆腐的制作。"其实打虎亭这块画像石上正刻有手持布兜即酒袋的人物；不知是刘先生没有注意到抑或未读过这本报告。总之，根据他的说法，似乎许多汉画像的庖厨中都充斥着豆腐；实际情况当然与之大相径庭。退一步说，一种自北魏至五代，六百余年间汗牛充栋的文献典籍中从未有所反映的副食品，忽然被说成已在东汉末年出现，难道不应该认真地加以审视吗？如若耳食目论，随波逐流，恐怕这艘偏离航道的船就会越划越远了。

（原载《寻常的精致》，辽宁教育出版社，1996年）

12　释"清白各异樽"

> 天上何所有？历历种白榆。
>
> ……
>
> 好妇出迎客，颜色正敷愉。
>
> 伸腰再拜跪，问客平安不？
>
> 请客北堂上，坐客毡氍毹。
>
> 清白各异樽，酒上正华疏。
>
> 酌酒持与客，客言主人持。
>
> 却略再拜跪，然后持一杯。
>
> ……
>
> ——《陇西行》

这首汉代乐府，描写了一位能干的主妇招待来宾的情况。她有礼有节，落落大方，被客人誉为"取妇得如此，齐姜亦不如！健妇持门户，亦胜一丈夫"。这里且不对这位女主人多加评论，只说她在北堂上为客人摆出的"清白各异樽"，即盛着清酒的和盛着白酒的形状各不相同的酒樽，到底是怎么一回事。

"樽"通作"尊"，是汉代最主要的盛酒之器。在汉代，酒一般贮藏在瓮、榼或壶中，宴饮时要先将酒倒在尊里，再用勺酌入耳杯奉客。根据出土文物和画像石中所见，汉代的酒尊分盆形和桶形两大类（图12-1）。从铭文上看，这两种尊各有不同的名称。山西右玉发现的两件西汉河平三年（前26年）所造铜

图 12-1　汉代的盆形尊和桶形尊

1　盆形尊
2　桶形尊

酒尊，盆形者铭文中称为"酒尊"，桶形者铭文中称为"温酒尊"①。只根据字面，"温酒尊"有可能被解释成给酒加温的器皿。其实不然。因为尊是盛酒用的，并非温器。右玉所出温酒尊虽有三蹄足，然而极矮，其下难以燃火，所以不能用于加温。而且出土物中这种类型的酒尊还有漆器和平底无足的陶瓷器，它们就更无法用于加温了。

在汉代，温和酝这两个字可相通假。《诗·小雅·小宛》郑玄笺："温藉自持。"而在《礼记·礼器》郑玄注和《汉书·匡张孔马传》的赞中皆作"酝藉"。长沙马王堆1号汉墓的遣册中记有"温酒""助酒""米酒""白酒"等酒类。唐兰先生说："温就是酝字，……《广雅·释器》：'酝、醑、酿，酘也。'《倭名类聚抄》四引《通俗文》：'酝，酘酒也。'《集韵》引《字林》：'酘，重酝也。'《倭名类聚抄》又引唐蒋鲂《切韵》：'酘，于（徒）斗反，酒再下曲也。'那么酝酒是反复重酿多次的酒。"②唐先生的说法非常正确。由于酝酒是用连续投料法重酿而成，酿造过程历时较长，淀粉的糖化和酒化较充分，所以酒液清醇，酒味酽冽，是当时的美酒。但在先秦时，已有一种重酿酒叫作酎酒。《礼记·月令》郑玄注："酎之言醇也，谓重酿之酒也。"《说文·酉部》："酎，三重醇酒也。"段玉裁注："谓用酒为水酿之，是再重之酒也；次又用再重之酒为水酿之，是三重之酒也。"酎酒也很清，嵇康《酒赋》说："重酎至清，渊凝冰洁。"一种著名的酎酒叫"中山清酒"。左思《魏都赋》说："醇酎中山，沉湎千日。"

---

① 郭勇：《山西省右玉县出土的西汉铜器》，《文物》1963年第11期。
② 唐兰：《长沙马王堆汉轪侯妻辛追墓出土随葬遣策考释》，《文史》第10辑，1980年。

可见其酒度之高。又陆机《七羡》说："湘阴有酎，其色澄清。秋醻春酘，酒唯九成。"他在这里提到的则不是一般的酎酒，而是汉末新出的"九酝酒"。据曹操《上九酝酒法奏》，这种酒要重酿达九次之多，比酎酒增加三倍，所以酒精含量更高，在当时被认为是很厉害的烈性酒。《拾遗记》说："张华有九酝酒，……若大醉，不叫笑摇荡，令人肝肠消烂。俗人谓之'消肠酒'。"这样讲固然有些夸张，但古人对于酎、酝等酒，为了防止酒力发挥过猛，常作冷饮。《楚辞·大招》："四酎并孰，不涩嗌只。清馨冻饮，不歠役只。"王逸注："冻犹寒也。……醇醲之酒，清而且香，宜于寒饮。"湖北随县（今随州市）擂鼓墩曾侯乙墓所出大冰鉴中，固定着用于贮酒的方壶，可以作为冷饮的实物证据。这种风习一直延续到南北朝时，《世说新语·任诞篇》说："王大（王忱）服散后已小醉，往看桓（桓玄），桓为设酒。不能冷饮，频语左右：'令温酒来！'"可见如果不是王忱的情况特殊，皆当如常作冷饮。而这一点，清代的经学家已有所认识。皮锡瑞《经学通论》卷三"论古宫室衣冠饮食不与今同"条说：古"酒新酿冷饮"，自是其读书有得之见。从而更足以证明，桶形尊中盛的是冷的酝酒；右玉桶形尊铭中的"温"字，只不过是"酝"字之假，与加热并无关系。

酝酒清澄，故"清白各异樽"句中所说盛清酒之尊，就应指类桶形尊。至于白酒，如《礼记·内则》郑玄注："白，事酒、昔酒也。"不过事酒、昔酒虽同属白酒类，但品质仍有差别。昔酒又叫"酋久白酒"，是白酒中之久熟者。一般白酒即事酒，则是祭祀等场合中参与其事的人共饮之酒，等级就较低了。《魏略》说："白酒为贤者，清酒为圣人"（《太平御览》卷八四四引）；而《三国志·魏书·徐邈传》则说："酒清者为圣人，浊者为贤人。"又《周礼·酒正》中提到一种盎酒，郑玄注："盎犹翁也，成而翁翁然葱白色，如今酇白矣。"则盎酒亦属白酒类。而《说文·酉部》谓："醨，浊酒也。"可见一般白酒仅相当于浊酒。浊酒投料不精，酿造过程较粗放，酒滓也没有经过仔细过滤，其酒味较薄，又称浊醪或白醪。杜甫《清明》"浊醪粗饭任吾年"，白居易《代书诗一百韵寄微之》"白醪充夜酌"，杜荀鹤《山中喜与故交宿话》"村酒沽来浊"，

图 12-2　东汉，建武二十一年鎏金铜酝酒尊

北京故宫博物院藏

都是指这种酒。在蒸馏酒开始流行之前，自汉迄宋，我国的酿酒技术并未产生根本性的变革，所以直到《水浒全传》中，还将浊醪白酒当作薄酒的代表。如该书第七十五回说："令裴宣取一瓶御酒，倾在银酒海内，看时，却是村醪白酒。再将九瓶都打

图 12-3　汉画像石和壁画中所见之两类酒尊

1～4：盆形尊　　　　　5～8：桶形尊

开，倾在酒海内，却是一般的淡薄村醪。"由此不难推知，盛酝酒的尊要比盛白酒的尊更受重视；这从桶形尊往往配有专用的、名为"承旋"的圆形器座的情况中也可以看出来。"旋"为"樏"字之假。唐写本《说文·木部》："樏，圜案也。从木，㽔声，旋。"则樏直音旋。承旋即承尊之圜案。北京故宫博物院所藏东汉建武二十一年（45年）造鎏金铜酝酒尊，铭文中说它的承旋"雕蹲熊足，青碧、闵瑰饰"。自实物观察，此尊的圆座有三熊足，镶嵌绿松石和衬以朱色的水晶石，与鎏金的器体相辉映，光彩绚烂，颇为华丽（图12-2）。在汉画像石和壁画中，也常看到附有承旋的桶形尊；而盆形尊则往往偕他器杂置案上或地上，并无专用的承旋，规格显然要低一些（图12-3）。这些尊中有的还放着酙酒的勺。勺柄之头部有雕镂出的花纹者，名"疏勺"。《礼记·明堂位》："殷以疏勺。"郑玄注："疏，通刻其头。"如果是带有这种装饰的匕，则名"疏匕"，见《仪礼·有司彻》。勺也叫斗。辽宁省博物馆所藏汉羽阳宫铜斗，铭文中自名为"疏斗"。可见诗中所称"酒上正华疏"，即用此类漂亮的勺子酙酒之意。不过勺子虽好，酒却分别盛在不同的容器里。这位非常懂事的女主人，既为客人摆出了盛清酒的桶形尊，又摆出了盛白酒的盆形尊。究竟是表现肴馔的丰盛齐备，还是意味着因来客的身份不同而礼数亦有别？因为诗中并未明言，所以也就难以推测了。

（原载《文物天地》1987年第2期）

13 中国之谷物酒与蒸馏酒的起源

酿酒在我国已有悠久的历史。根据原料、曲药和酿造及蒸馏方法的不同，酒的名目繁多，风味各异。但大体说来可分三大类，即自然发酵的果酒、酿造酒（如黄酒）和蒸馏酒（如烧酒）。在我国，以上三种酒也正是按照这个顺序依次出现的。

不论何种酒，其中最本质的成分皆为酒精即乙醇。当合成法出现以前，它都是用糖或淀粉在微生物的发酵作用下产生的。如果所用的原料是含糖分的浆果，则原料中的糖分只要经过能产生酒化酶的酵母菌的分解作用，就能产生酒精。根据民族志的材料推测，人类在进入氏族社会后，可能有意识地利用这种果酒。在我国，这个社会发展阶段相当于新石器时代。不过这时尚未从一般饮食品中分化出专门的酒器来，所以只根据出土的器物无法把自然发酵的果酒之流行的时限判断清楚。

自然发酵的果酒受季节的限制很大，为了突破这种限制，下一步遂采用谷物作为酿酒的原料。谷物的主要成分是淀粉，因此必须先经过能产生出淀粉酶的酒曲的糖化作用，使淀粉分解为简单的糖以后，才能再经过酵母作用产生酒精。这一微生物发酵的过程是相当复杂的，而且酒的香味在很大程度上取决于此过程中所产生之适量的醛和酯；这些东西多了不行，少了则缺乏香味。因此，如果不是在利用自然发酵制果酒的时期中积累了大量的经验，要一下子发明用淀粉造酒的技术是难以想象的。所以如《淮南子·说林训》中"清醠之美，始于耒耜"那种直接把造酒与农业生产相联系的说法，在认识上是不够全面的。

我国用谷物酿酒起于何时？目前对此尚没有一致的意见。现存之最早的谷物酒是商代的。河南罗山县天湖村8号商墓和山东滕州前掌大11号墓（商周之际）出土的铜卣中都有酒。罗山铜卣的盖子扣合得十分严密，其中贮藏的液体经过三千多年仍未完全蒸发，经北京大学取样化验，证明是酒。而卣中所盛之酒应是鬯。甲骨刻辞有"鬯一卣"（《战后沪宁所新获甲骨集》3.232）、"鬯三卣"（《殷虚文字·甲编》1139）、"鬯五卣"（《戬寿堂所藏殷虚文字》25.9）等记载，这和古代典籍中的提法如"秬鬯一卣"（《尚书·文侯之命》《诗·大雅·江汉》）、"秬鬯二卣"（《尚书·洛诰》）等是一致的。《左传·僖公二十八年》孔颖达疏引李巡曰："卣，鬯之尊也。"可见卣是专门用来盛鬯即秬鬯的。秬是黑黍，鬯是香草，秬鬯是用黑黍与香草合酿的香酒，可以敬神。《说文·鬯部》："鬯，以秬酿郁鬯草，芬芳攸服，条畅以降神也。"可是天湖村8号墓的年代相当殷墟文化第二期，谷物酒的出现应较此时为早。但究竟早到何时，也还只能以酒具作为推测的线索。

在商代，与卣共存的酒器有爵、斝、觚、尊、盉、壶等多种。有的研究者根据类型学的方法，将这些器物由近及远向上排比，一直推求出其"祖型"，并将此祖型出现的时期视为谷物酒之起始。沿着这条思路，这一时期遂被设定在仰韶文化、大汶口文化之中；还有的甚至把它定到磁山、裴李岗、老官台、河姆渡等新石器时代早期文化之中。但何以知作为祖型的那些器物是盛谷物酒而不是盛他种饮料的呢？论者尚未能给出确切的证明。式样相近的器物在不同时期中可以被赋予完全不同的用途。明清时的若干笔筒、香炉之造型是从青铜尊、鼎那里演变出来的，可是在用途上却毫无共同点。举这个例子并没有走极端的意思，只是说，此类情况既然存在，论证这样的问题时就回避不开，不能认为凡属在造型方面有渊源关系的容器，其功能必然是几千年一贯制的，都只能盛同一种东西。所以尽管是酒器的祖型，但其本身的用途仍然得有证据才能做出判断。何况将谷物酒出现的时间大幅度提前，势必挤占了以自然发酵法制果酒的历史阶段；而后者如得不到充分发展，也就取消了谷物酒得以发明的前提。还有些论者谈这个问题时只着眼于原始农业，似乎只要能生产一定数量的谷物就会有谷物酒。其实这种论点的根据更不充分。在技术史上，有些地区既有生产某种物品的原料，也存在着对它的社会需求，甚至也拥有与生产该物品之水平相近的技术条件，可就是迟迟做不出这种产品来。比如欧洲的地下蕴藏着瓷土，欧洲人对硬瓷更极为喜爱，欧洲窑业的发展历史也很长，然而在18世纪以前却一直不能生产硬质瓷器。技术史上这类例子很多，无烦缕述。对于工业革命以后，东西交往频繁的欧洲尚且如此，更不要说对于作为原生文明的中国新石器时代古文化中的一项无从自外部取得借鉴的新技术了。

但这并不是说，商代各种酒器之类型学的发展序列均不必重视，恰恰相反，如果想根据现有的资料推测出谷物酒出现的大致时期，仍然得由此入手。不过商代甲骨文中提到的酒器，除卣以外，只有爵、斚等数种。其中特别值得注意的是爵。《说文·鬯部》："爵，礼器也，象爵雀（古雀字）之形，中有鬯酒。"则爵也是盛鬯酒之器。爵的造型很特殊，它有三足和单鋬，口部前有流、后有尾，有些爵在流根处还立双柱。铜爵和陶爵在中原地区发现较多，河南的出土地点尤为密集，其渊源可以从安阳殷墟追溯到郑州二里岗和偃师二里头。再往前推，则其形制已与典型的爵不同，无法肯定它是否也是盛鬯酒的了。也就是说，根据卣和爵的线索，谷物酒的出现可以推到相当于二里头文化的夏代。顺便说一句，这和传说中禹臣仪狄造酒的时代恰相符合。

在一般印象中，爵是喝酒的饮器，其实不尽然。爵有狭长的流，用嘴对着这样的流喝酒相当不便。试看匜作为同样的带流之器，就是用于注水，而不是用于喝水的。古代的爵本是礼器。《礼记·礼器》说："宗庙之祭，贵者献以爵。"在祭礼中，爵中的鬯要浇在地上，即所谓"先酌鬯酒，灌地以求神"（《礼记·郊特牲》正义）。灌地时用带流之器自然比较适合，这也正是爵作为礼器之第一位的功能。据此也可以推知，夏商时用于祭祀的礼器中所盛之酒，大抵都是鬯酒一类高级谷物酒。

祭祀用鬯，普通饮用则多为醴。《诗·小雅·吉日》："以御宾客，且以酌醴。"醴是一种味道淡薄的甜酒。《说文·酉部》："醴，酒一宿孰熟也。"《释名·释饮食》："醴，体也，酿之一宿而成，体有酒味而已。"又《礼记·内则》郑玄注说："酿粥为醴。"可见这种快速酿成的醴有点像现代的酒酿。它在酿造时不下曲。《吕氏春秋·重己篇》高诱注："醴者，以蘖与黍相体，不以曲也。"故醴中酒精含量很低。《汉书·楚元王传》说，楚元王刘交敬礼穆生，穆生不嗜酒，元王每置酒，特为穆生设醴。《晋书·石勒传》说，当时"重制禁酿，郊祀宗庙皆以醴酒。行之数年，无复酿者"。严格地说醴只能算是一种饮料。在《周礼·浆人》中，醴被列为"六饮"之一，"浆人掌共王之六饮：水、浆、醴、凉、医、酏。"其中除水和醴之外，浆指一种酸浆；凉指和水的冷粥；医和醴的制法相似，但更清些；酏则指稀粥。就已有的认识而言，尚无法断定喝这些饮料时是否各有专用的或习用的饮器。所以纵使把醴也划入谷物酒的范畴，并且承认它的出现应较鬯为早，也仍然不能为谷物酒的起源提供出较清晰的背景材料来。而以卣、爵等为代表的盛鬯酒之器又只能上溯至夏。因此，认为夏代以前我国已有谷物酒的各种说法，目前还都停留在假说阶段。

我国何时有蒸馏酒，说法也多种多样，归纳起来有以下五种：①东汉说，②唐代说，③宋代说，④金代说，⑤元代说。其中第五种是元、明以来的传统说法，可称旧说；第一至第四种都是修改旧说的，可称新说。新说中的第二、第三两种是今人在古书中查到一些线索而做出的推测，包含着很大的误解成分。黄时鉴先生在《文史》第31辑发表的《阿剌吉与中国烧酒的起始》一文对此二说提出的分析和反驳足以澄清事实，这里就不多谈了。新说中的第一、第四两种则是根据传世和出土的文物立论。作为文物工作者，对此想提出自己的一点看法。

不过在讨论新说之前，有必要先介绍一下旧说。旧说称蒸馏酒始于元代，这是有元人的记载为证的。一，忽思慧《饮膳正要》（1330年成书）卷三说："用好酒蒸熬取露成阿剌吉。"二，许有壬（卒于1364年）《至正集·咏酒露次解恕斋韵·序》说："世以水火鼎炼酒取露，气烈而清，秋空沆瀣不过也，虽败酒亦可。其法出西域，由尚方达贵家，今汗漫天下矣。译曰阿剌吉云。"三，由元入明的叶子奇所著《草木子》卷三下说："法酒，用器烧之精液取之，名曰哈剌基。酒极酽烈，其清如水，盖酒露也。……此皆元朝之法酒，古无有也。"此说在明代亦无异议。李时珍《本草纲目》卷二五说："烧酒非古法也，自元时始创其法。"方以智《物理小识》说："烧酒元时始创其法，名阿剌吉。"这些著作中谈的是其当代或近世之事，而众口一词，可见是不能忽视它的权威性的。阿剌吉或哈剌基（亦作轧赖机、阿里乞、阿浪气）为阿拉伯语"'araq"的对音。这种酒是从西亚方面传入我国的，因为它的酒度高，早期的记载中甚至说它"大热，有大毒"（《饮膳正要》），"哈剌吉尤毒人"（《析津志》），"饮之则令人透液而死"（《草木子》）。反映出当时接触此类烈性酒的时间还不长，饮用时还存在着某些思想障碍。

那么，为什么第一种说法认为东汉时已经有蒸馏酒呢？它的根据是上海博物馆收藏的一件东汉青铜蒸馏器。这件蒸馏器的外形和汉代成套的釜甑相似，但甑的内壁下部有一圈斜隔层，可承接凝集的蒸馏液，并装有导流管以便将液体引出，所以称之为蒸馏器是没有问题的（图13-1）。然而如果说此器系用于蒸馏酒，则尚有可议之处。一，此器通高53.9厘米，甑上部之凝露室的容积为7500毫升，甑下部的储料室容积却仅有1900毫升，太小，出酒量也必然很少。这一点方心芳先生在《再论我国曲蘖酿酒的起源与发展》（载中国食品出版社编《中国酒文化和中国名酒》）一文中已经指出。而且这件蒸馏器上未设水冷却器，酒精的逸失量太大，作为蒸酒器是不合理的。二，上海博物馆对此器做过蒸酒试验，所得的酒最高为26.6度，最低为14.7度，平均为20度左右。而汉代早已发明了复式发酵法和连续投料法，这时的"上尊酒"是"稻米一斗得酒一斗"（《汉书·平当传》颜师古注引如淳说引汉律）；投料比这样大，酒醪必然是很浓的。根据现代制黄酒时测试的数据，浓醪中的酒精含量

图 13-1 汉，蒸馏器

上海博物馆藏

凝露室——

斜隔层

储料室

釜流

——甑

——导流管

——釜

可达16%以上，有的甚至可以达到19%～20%，这和用上述蒸馏器蒸出之酒的度数相近。因此它不但不能生产出比上尊酒的酽烈程度有明显提高的产品，在酒度上不占多少优势，还要承受丢掉传统风味的巨大损失。三，汉代还是一个饮低度酒的时代。这时有人"饮酒石余"（《汉书·韩延寿传》），有人"食酒至数石不乱"（《汉书·于定国传》）。饮用量如此之大，当然不会是烈性酒。而且这时盛酒用大口的尊，以勺酌于杯或卮中就饮，这套酒具也显然不是用来喝烈性酒的。因此，上海博物馆收藏的这件蒸馏器是否有可能为炼丹术士所用？或为蒸馏他物所用？总之，尚难以断定必为蒸馏酒的器具。

再看第四种说法。此说的根据是河北承德市青龙县（今青龙满族自治县）西山嘴村南新开河道中出土的一件据说是金代的青铜蒸馏器。此器通高41.5厘米，由上下两分体套合而成。其下部是一个高26厘米的釜，釜的口沿有双唇，中有槽，槽宽1.2厘米，深1厘米，用于承接凝集的蒸馏液。自槽中向外接出一根导流管，以将液体引出。其上部为冷却器，通高16厘米，口径31厘米，底径26厘米，底部凸起呈穹窿形，近底处设排水管。当上下两部分套合时，两端的子口扣得很紧密，确为实用之器（图13-2）。它的基本结构与现代的壶式蒸酒器很肖似。特别是壶式蒸酒器上的冷却桶之底部也呈穹窿形，安放在圆形的槽内，冷却了的蒸液流向四周再汇集到槽中流出；这和青龙出土的蒸馏器的结构几乎一般无二。因此可以认为青龙蒸馏器也是蒸酒用的。元代的蒸酒器许有壬称之为"水火鼎"，表明其上部有注冷水的冷却器，下部燃火。朱德润《存复斋文集·卷三·轧赖机酒赋》（作于1344年）中对此物的描写是："一器而两圈，圆铛外环而中洼，中实以酒，仍缄合之无余。少焉。火炽既盛，鼎沸为汤，包混沌于爵蒸，鼓元气于中央。熏陶渐渍，凝结如饧。溘渤若云蒸而雨滴，霏微如雾融而露瀼；中涵既竭于连爐，顶溜咸濡于四旁。"这和青龙蒸酒器的形制与使用方法正合。又上引许有壬的诗中也说："火气潜升水气豪，一沟围绕走银涛；璇穹不惜流真液，尘世皆知变浊醪。"这些句子用于青龙蒸酒器也同样贴切。

冷却器
穹窿底
汇酒槽
出酒流
排水管
釜

图13-2　元，蒸酒器

河北承德青龙出土

青龙蒸酒器也做过蒸酒试验："在承德市粮食局综合加工厂制酒车间工人师傅指导下，我们用这套烧酒锅进行了两次蒸酒试验。第一次坯料（稻糠）8 市斤，出 9.4 度酒 0.9 市斤。第二次坯料（稻糠）6 市斤，出 9.7 度白酒 0.56 市斤"。[①]酒度如此之低，出酒量如此之少，可以说试验尚不得要领。因为从元代文献看，当时并不是用稻糠蒸酒，而如上文所引，是"炼酒取露""用好酒蒸熬取露"。或如《析津志》所说："取此酒（指葡萄酒）烧作哈剌吉。""枣酒……烧作哈剌吉。"最低限度如《居家必用事类全集》所说，也要用"不拘酸甜淡薄，一切味不正之酒"来蒸馏。则当时是用酿造的酒作为蒸馏的原料，这样自然可以蒸出酒度较高的烧酒了。

还应当指出的是，在青龙县西山嘴村与此蒸酒器同出之物有一件饰花草纹的滴水瓦。林荣贵先生在《金代蒸馏器考略》中说："滴水的形式及其上面的草纹饰，与 1965—1972 年北京后英房元代居住遗址出土的颇为相似，但是青龙西山嘴的滴水，形体较大而厚重，花纹繁缛，制作上明显粗糙，没有后英房滴水那样宽平的边缘和简化清秀的花纹。分析这件滴水应是金代或元初遗物。"[②]但自拓片观察，这件滴水定为元代物问题不大，它出在僻远的青龙，自然与大都所出者有精粗之别，但时代的特点是一致的。结合元、明两代人言之凿凿的元代始有阿剌吉之说，遂令人感到，青龙蒸酒器不应属于金代。因为不仅找不出证明金代有蒸馏酒的古文献，而且它既然与元瓦同出，本身又不附带其他断代证据，怎么能一定说成是金代的呢？相反，如果将此器定为元代之物，则无往而不合，文献与实物相辅相成，一切都顺理成章了。

1　《河北省青龙县出土金代铜烧酒锅》，《文物》1976 年第 9 期。

2　《考古》1980 年第 5 期。

14　中国古代的葡萄与葡萄酒

　　葡萄原产于欧洲、西亚和北非，是世界上最古老的果树树种之一。七千多年以前，埃及人已开始种植葡萄，美索不达米亚的古代居民，也同样在很早的年代里就知道种这种果树。栽培葡萄的方法从这些地区逐渐向全世界传播。但我国先秦时尚未种植葡萄，它是在西汉武帝时传入的。《史记·大宛列传》说：大宛人"以蒲陶（葡萄）为酒，富人藏酒至万余石，久者数十岁不败。……汉使取其实来"。则葡萄是一个外来词汇，所以它有时又写作"蒲陶"，这是外来语的对音起初往往无定字的缘故。葡萄来自大宛，此词应是大宛语budaw的对音，与伊兰语budāwa相对应。早年西方汉学家在言必称希腊的观念支配下，认为葡萄是希腊语bŏtrus［一嘟噜（葡萄）］的对音。但大宛并不流行希腊语，此说连伯希和也不相信。[①]汉朝使者将大宛的葡萄传入内地，是我国植物引种史上的一件大事，它是我国最早有明确记载的自异域引入的果树品种。当时引种的规模很大，"离宫别馆旁尽种"。在这之前，我国虽然也有一些本地野生葡萄品种，如《诗·豳风·七月》："六月食郁及薁"，薁即蘡薁，就是我国原产的一种野葡萄，它远在周代就被人采以供食。此外，如山东有"燕磊""水葫芦塔"，东北有"阿木鲁"，甘肃有"琐琐"，云南彝族地区有"蔻枇玛"，以及各地称为野葡萄的若干品种。它们的生命力一般较强，或能耐寒，或能耐旱、耐湿、耐高原上的低气压，有的也相当甜（如琐琐）。然而它们在汉以前均不受重视，也未曾大规模种植。可是当大宛葡萄传入我国后，野生葡萄的广泛存在却使我国园艺家有可能利用本地品种和外来品种通过无性或有性杂交等

---

① 　冯承钧译：《西域南海史地考证译丛》，第 1 卷第 5 编，商务印书馆，1995 年，第 82 页。

方法，逐步培育出适合我国水土的优良品种，如龙眼、马乳、鸡心等，从而形成了中国葡萄的独特风味。早在东汉末年，曹丕在《与吴监书》中已把葡萄列为"中国珍果"，谓："中国珍果甚多，且复为说蒲萄。当其朱夏涉秋，尚有余暑，醉酒宿醒，掩露而食。甘而不饴，脆而不酢，冷而不寒，味长汁多，除烦解倦。又酿以为酒，甘于曲蘖，善醉而易醒。道之固已流涎咽唾，况亲食之邪！"到南北朝末期，庾信说当时长安一带的葡萄已经是"园种户植，接荫连架"，盛况空前了。

葡萄除了作为浆果生食外，还可以制果脯和酿酒。我国汉代已有葡萄酒，张衡《七辩》中提到过"玄酒白醴，葡萄竹叶"。但这时葡萄酒非常名贵，汉末有人献西凉葡萄酒十斛给大宦官张让，"立拜凉州刺史"。南北朝时仍然如此，《北齐书》说李元忠献葡萄酒，"世宗报以百练缣"。这时在新疆吐鲁番十六国墓壁画的"庄园图"中画有葡萄园（图14-1）。至唐代，葡萄酒已较常见。这时，凉州仍是葡萄酒的传统产地。王翰《凉州词》"葡萄美酒夜光杯，欲饮琵琶马上催"是脍炙人口的名句。但今山西地区却有后来居上之势。《新唐书·地理志》记太原上贡有葡萄酒。刘禹锡《蒲桃歌》："有客汾阴至，临堂瞪双目。自言我晋人，种此如种玉。酿之成美酒，令人饮不足。"这些都反映出这种形势。由于葡萄酒是一种果酒，可用自然发酵法酿成，即苏敬在《唐本草》中所说："凡作酒醴须曲，而蒲桃、蜜等酒独不用曲。"所以它带有很浓的甜味，与我国传统的粮食酒风味不同。历来咏葡萄酒者，也常着眼于这一

图14-1 十六国，壁画，左下角表示葡萄园 新疆吐鲁番哈拉和卓96号墓

点。如元周权《葡萄酒诗》说它"甘逾瑞露浓欺乳"，明王翰在《葡萄酒赋》的序中说它"甘寒清冽，虽金盘之露、玉杵之霜，不能过也"。不仅如此，明代的《遵生八笺》还说行功导引之时，饮一两杯葡萄酒，则"百脉流畅，气运无滞"。葡萄酒的滋补健身作用，也已为现代医学所证实。

葡萄酒在我国北方民族建立的辽、金、元各朝中更为流行。辽宁法库叶茂台辽墓主室中有木桌，桌上置漆勺、碗和玻璃方盘、玛瑙杯等物，桌下瓷壶中原封贮有红色液体，据检验即葡萄酒。①内蒙古乌兰察布察右前旗土城子元墓中曾出黑釉长瓶，肩部刻有"葡萄酒瓶"四字（图14-2）。它们都是我国古代葡萄酒的珍贵实物史料。在马可·波罗的《东方见闻录》中，也提到元代皇帝宴饮时用金酒具满盛葡萄酒供饮的事。

图14-2　元，黑釉长瓶，肩部刻出"葡萄酒瓶"四字

内蒙古乌兰察布察右前旗土城子出土

葡萄酒的酒精含量较低，为了提高酒度，元代由西方传来了蒸馏制酒的方法。李时珍《本草纲目》说，有一种用蒸馏法制成的葡萄露酒，其法是："取葡萄数十斤，同大曲酿酢，入甑蒸之，以器承其滴露。"这样制成的酒实际上就是今日通称的白兰地。现代的白兰地也是蒸馏葡萄而成，与李时珍所说的方法基本相同。白兰地的酒度一般在40～43度之间，酒味酽冽甘芳，是一种世界性的饮料。清朝末年，山东烟台张裕葡萄酿酒公司已能生产优质白兰地酒。

从种植葡萄、酿造葡萄酒到蒸馏白兰地酒，虽然起初都是由西方传入我国的，但它们都在很早的时期即为我国所接受，并逐渐形成了自己的特点。这说明，对于世界上各种美好的事物，我国不仅善于学习，而且能根据本国情况予以消化和吸收。

---

① 辽宁省博物馆等：《法库叶茂台辽墓记略》，《文物》1975 年第 12 期。

15　中国茶文化与日本茶道

世界三大饮料作物之一的茶，原产于中国。但茶在成为日常饮料之前，还有一个主要供药用的阶段。因此，茶的见于记载和饮茶风习的出现不是一回事。目前只能根据汉王褒《僮约》（前59年）中"烹茶尽具""武阳买茶"等明确的史料，认为中国饮茶的兴起始于西汉。武阳在今四川彭山。后来晋孙楚在《出歌》中也说："姜桂茶荈出巴蜀。"可见两千年前，巴蜀已以产茶著称。

从汉代到南北朝，饮茶之风在西蜀和江南一带逐渐流行，但原先的饮茶方式很不讲究。据《尔雅》晋郭璞注等处记载，起初煮茶与煮菜汤相近。然而就在晋代，一种较精细的饮法开始出现。晋杜育的《荈赋》中有"沫沉华浮，焕如积雪"等句，表明当时不仅将茶碾末，而且已知救沸育华。《神农本草经》"苦菜"条梁陶弘景注："茗皆有浡，饮之宜人。"亦指此而言。这种饮茶法在六朝时已博得上层社会的喜爱，因而这时的许多名人如孙晧、韦曜、桓温、刘琨、左思等，都有若干与茶有关的逸事。和这种情况相适应，饮食器中便逐渐分化出专用的茶具。

中国最早的茶具约出现于东晋、南朝。这时在江、浙、闽、赣等地生产的青瓷器中，有和瓷盏配套的托盘，其内底底心下凹，周围有凸起的托圈，形制与唐代带"茶拓子"铭记的鎏金银茶托基本一致。浙江温州瓯窑窑址出土物中，就有这类茶具的碎片。《荈赋》说："器择陶拣，出自东瓯"，正与这一情况相合。瓯窑是中国最早烧茶具的窑口之一，其产品釉色青绿泛黄，玻化程度虽较高，胎、釉的结合却不够理想，常开冰裂纹，且出现剥釉现象。虽然如此，但专用的茶具却滥觞于此时。

南北朝时饮茶在南朝流行，北朝地区却不好此道。喜欢饮茶的南朝人士在北魏首都洛阳遭到嘲笑的情况，于《洛阳伽蓝记》一书中有生动的记述。此风广被全中国，应是盛唐时的事。8世纪后期，封演在《封氏闻见记》卷六中说：茶"南人好饮之，北人初不多饮。开元中，泰山灵岩寺有降魔师大兴禅教。学禅务于不寐，又不夕食，皆许其饮茶。人自怀挟，到处煮饮。从此转相仿效，遂成风俗"。9世纪中期，杨华在《膳夫经手录》中说："茶，古不闻食之。近晋、宋以降，吴人采其叶煮，是为茗粥。至开元、天宝之间，稍稍有茶，至德、大历遂多，建中以后盛矣。"这是唐朝人讲当代的事，应该可信。当然，如果把盛唐以前有关饮茶的史料集中起来，似乎也洋洋大观。但第一，这么做多少会造成一种假象，仿佛此时茶事已盛，其实不尽然。第二，盛唐以前的茶是一种既辣且咸的菜汤。尽管有人已知碾末，但如陆羽所说，当时饮茶仍"用葱、姜、枣、橘皮、茱萸、薄荷之等，煮之百沸，或扬令滑，或煮去沫，斯沟渠间弃水耳，而习俗不已"。把茶叶和这些，有的甚至是带刺激性的调味品煮在一起，那种汤的味道肯定和后世的茶相去甚远。

就在这个时候出现了陆羽和他的《茶经》。《茶经》定稿成书大约在764年以后不久。这正是饮茶之风开始兴盛的时候。陆羽是得风气之先的开创性的人物。《茶经》三卷十门，详细论述了茶的生产、加工、煎煮、饮用、器具及有关的典故传说等。由于此书对茶事的记载内容既丰富，条理又明晰，从而把饮茶活动推向高潮。陆羽在这方面的功绩得到了普遍的承认和肯定。宋代梅尧臣的诗中说："自从陆羽生人间，人间相学事春茶。"可谓推崇备至。《茶经》成书后只经过半个世纪，李肇在《唐国史补》（成书于825年前后）中就说江南某郡的茶库里供奉陆羽为茶神。关于陆羽是茶神的记载，又见于唐赵璘《因话录》、北宋欧阳修《集古录跋尾》《新唐书·陆羽传》、北宋李上交《近事会元》、南宋韩淲《涧泉日记》、南宋费衮《梁溪漫志》等书。这些书上还说卖茶的人将瓷作的陆羽即茶神像供在茶灶旁，生意好的时候用茶祭祀，生意不好就用热开水浇灌。这种瓷像的制作前后延续了三个多世纪，数量不会太少。中国历史博物馆（今中国国家博物馆）藏有20世纪50年代在河北唐县出土的一套白釉瓷器，包括风炉、茶鍑、茶瓶、茶臼、渣斗和一件瓷人像。此像上身着交领衣，下身着裳，戴高冠，双手展卷，盘腿趺坐，仪态端庄。其装束姿容不类常人，但也并不是佛教或道教造像。根据它和多种茶具伴出的情况判断，应即上述茶神（图15-1）。这是迄今为止所能确认的唯一一件陆羽像。

图 15-1　茶神陆羽瓷像

陆羽在茶史上曾起到巨大的作用。但也必须看到，他是处在粗放式饮茶法的末期；正规的精细式饮茶法这时刚刚起步，不可能一下子就达到完善的境地。所以在《茶经》中仍能看到一些不足之处。其一，其所记制茶饼的工序仍比较粗放，只有"采之、蒸之、捣之、拍之、焙之、穿之、封之"等步骤。饮用时，茶饼也未被粉碎成很细的末。《茶经》说："末之上者，其屑如细米。"又说："碧粉缥尘非末也。"可见这时还不习惯用很细的茶末。其二，《茶经》中提倡的煎茶法，是先在风炉上的茶釜中煮水，俟水微沸，量出茶末往釜心投下，随即用竹筴搅动，待沫饽涨满釜面，便酌入碗中饮用。此法在中唐时最为流行，此时的咏茶诗句常反映出向釜中下末的情况。如"汤添勺水煎鱼眼，末下刀圭搅曲尘"（白居易诗）、"铫煎黄蕊色，碗转曲尘花"（元稹诗）等。《茶经》又明确指出，茶釜用生铁制作；而生铁带有气味，即苏轼诗所说"铜腥铁涩不宜泉"。何况此法要求在第二沸即釜中之水"如涌泉连珠"时，"量末当中心而下"。茶末经过这样一煮，势必熟烂，从而夺香减韵，失其真味了。其三，《茶经》说煎茶时还要"调之以盐味"，所以喝的仍是咸茶，还没有摆脱唐以前之旧俗的樊篱。

至晚唐时，又兴起了一种在茶瓶中煮水，置茶末于茶盏，再持瓶向盏中注沸水冲茶的"点茶法"。此法最早见于唐苏廙《十六汤品》，它本是苏氏所撰《仙芽传》卷九的"作汤十六法"，但该书其他部分已佚，仅这一部分以上述名称保存在宋初陶谷的《清异录》中。此法特别重视点汤的技巧，强调水流要顺通，水量要适度，落水点要准确，同时要不停地击拂，以生出宜人的沫饽。由于这种做法更能发挥末茶的优点，故成为宋、元时饮茶的主要方式。

随着点茶法的普及，茶末愈来愈细，被誉为"黄金粉"；和《茶经》所称如细米者已大不相同。茶饼的制作也日益精工。这时最受推崇的名茶已由唐代所尚之湖州顾渚紫笋与常州宜兴紫笋即所谓"阳羡茶"（浙西之茶），改为福建建安凤凰山所产"北苑茶"。北苑本是南唐的一处宫苑，监制建州地方的茶叶生产以供御用，入宋以后就把凤凰山一带产茶区也叫"北苑"。其中品质最好的茶产在该地区的壑源一带，叫作"壑源茶"。近年在福建建瓯县（今建瓯市）东北15公里的裴桥村发现了记载"北苑"的南宋石刻，得以确知北苑之所在。宋太宗时，以北苑茶制成龙、凤团。仁宗时蔡襄制成"小龙团"。神宗时贾青制成"密云龙"。徽宗时郑可简更以"银丝水芽"制成"龙团胜雪"，每饼值四万钱，珍贵无比。这种茶饼对原料的要求极高，它将捡出之茶只取当心一缕，用清泉渍之，光莹如银丝。在制作时又增加了"榨"和"研"两道工序。南宋赵汝砺《北苑别录》说：将茶芽蒸过之后，"入小榨以去其水，又入大榨以去其膏""至中夜，取出揉匀，复如前入榨，谓之翻榨。彻晓奋击，必至于干净而后已"。这种做法是非常独特的。一般认为，茶汁去尽则茶之精英已竭，但当时并不这么看。这时对极品茶之风味的要求是宋徽宗在《大观茶论》里提出的"香甘重滑"四字，茶汁不尽则微涩、微苦之味势难尽除。而且这时要求茶色"以纯白为上真""压膏不尽，则色青暗"（《大观茶论》）。总之，情况正如赵汝砺所说："膏不尽，则色味重浊矣。"榨过之后，还要放进盆中研磨，细色上品之茶每团要研一整天，直到盆中的糊状物"荡之欲其匀，揉之欲其腻"，再"微以龙脑和膏"（蔡襄《茶录》）。除少量龙脑及其他香料外，茶糊中还要和入淀粉。《太平御览》卷八六七引《广雅》说："荆、巴间采茶做饼成，以米膏出之。"虽然这段话是否出自魏张揖之《广雅》尚有疑问，但总反映出早期制茶饼时和过"米膏"。南宋陆游《入蜀记》卷一说："建茶旧杂以米粉，复更以薯蓣。"南宋陆元靓《事林广记·别集》卷七说"蒙顶新茶"是用"细嫩白茶""枸杞英""绿豆""米"一起"焙干碾罗合细"而成。元忽思慧《饮膳正要·诸般汤煎》中说：宫廷中有"香茶"，是以白茶、龙脑、百药煎、麝香按一定比例"同研细，用香粳米熬成粥，和成剂，印做饼"。茶饼里淀粉的含量到底有多大，目前尚未确知；但用加入淀粉的茶饼碾末冲点的茶，肯定是乳浊状的，同时由于羼有香料，所以味道甘芳。也就是说，汉六朝之茶基本上是辣汤型的，唐宋之茶基本上是甘乳型的。

茶饼的制作既然如此考究，烹点技术自然也精益求精。宋代出现了两种斗茶法，其中一种着重击拂的效果，即晁冲之诗所称"争新斗试夸击拂"，是从其物理性状上做比较。另一种则着重品尝茶味，即范仲淹诗所称"斗茶味兮轻醍醐"，是从其化学成分上做比较。这里先说第一种方法。

用此法斗茶的第一步是下末，首先要将茶饼炙干、捶碎，才便于碾出极细的末，然后再入罗筛过。蔡襄在《茶录》中明确指出："罗细则茶浮，粗则水浮。"而茶末的浮沉又是斗茶胜负的关键。只有当茶末极细，调膏极匀，汤候适宜，水温不高不低，水与茶末的比例不多不少，茶盏事先预热好，冲点时又用筅搅得极透，指旋腕活，击拂得宜，盏中的茶才能呈悬浮的胶体状态。这时茶面上银粟翻光，浮雾汹涌，泛起的末饽积结在碗沿四旁，"周回旋而不动，谓之咬盏"（《大观茶论》）。这样的茶"着盏无水痕"，也就是梅尧臣诗所说"烹新斗硬要咬盏"之意。如果烹点不得法，末粗茶沉，懈而不"硬"，汤花散褪，云脚涣乱，茶、水游离，从而黏附盏壁，形成水痕，茶就斗输了。

由于这种斗茶法要验水痕，而白色的水痕在黑瓷盏上显得最分明，即宋祝穆《方舆胜览》所谓："茶色白，入黑盏，其痕易验。"故蔡襄指出："建安斗试，以水痕先者为负，耐久者为胜。"可是到了明代以后，随着饮散茶之风的普及，何谓斗茶，讲茶史者已不甚了了。如明王象晋在《群芳谱》中竟把蔡襄的话改成"建安斗试，以水痕先没者为负"，真是差之一字，谬以千里了。宋之黑盏以遗址在今福建建阳水吉镇的建窑所产者最负盛名。《茶录》说："建安所造者绀黑，纹如兔毫，其坯微厚，熁之久热难冷，最为要用。"除兔毫盏外，

图 15-2　北宋，吉州窑剪纸纹瓷茶盏

建窑的油滴盏俗称"一碗珠"；油滴在黑釉面上呈银白色晶斑者，称"银油滴"，呈赭黄色晶斑者，称"金油滴"；在晶斑周围环绕着蓝绿色光晕者，称为"曜变"，更极珍贵。此外，遗址在今江西吉安永和的吉州窑也是宋代黑瓷的著名产地，这里烧制的黑瓷盏上以鹧鸪斑、玳瑁斑、木叶纹及剪纸漏花著称。鹧鸪斑黑釉盏是在黑色的底釉上又施一道含钛的浅色釉，烧结后釉面形成羽状斑条，如同鹧鸪鸟颈部的毛色。吉州窑的鹧鸪斑纹盏和建窑的兔毫盏有异曲同工之妙，在诗人笔下常相提并论。杨万里《陈蹇叔郎中出闽漕别送新茶》诗中之"鹧斑碗面云萦字，兔褐瓯心雪作泓"，是被广泛传诵的名句。吉州窑的剪纸纹盏也很别致，它在斑驳的赭黄色乳浊地子上，以漏印的技法，表现出酱黑色的剪纸纹样（图 15-2）。为什么在茶碗上施以剪纸纹样呢？原来在龙团、凤团等茶饼上当时还饰以用金箔剪贴的花样。北宋欧阳修《龙茶录·后序》说："宫人剪金为龙、凤、花草贴其（指茶饼）上。"北宋王辟之《渑水燕谈录》卷八也说："建茶盛于江南，近岁制作尤精，龙、凤团茶最为上品，……宫人剪金为龙凤花贴其上。"南宋李曾伯《可斋杂稿·卷三·谢特赐香茶镂金花》说："藉之笾金复铸之精，侑以剪彩春工之巧。"所以吉州窑的剪纸纹盏，应受到茶饼上贴剪出之花样的影响。为斗茶所需，黑瓷盏不胫而走，不仅南方地区的许多瓷窑生产黑盏，有些北方烧白瓷的窑口也兼烧黑盏。但是如此精美的黑茶盏，尽管盏心这一面做得很考究，但其外壁于腹部以下却往往做得不甚经意，比如釉不到底、圈足露胎，或者盏底之釉堆叠流淌等（图 15-3）。其所以出现这种现象，则是因为当时的茶盏都要和托子配套之故，盏腹嵌入托子的托圈之内，则上述

图 15-3　北宋，建窑兔毫纹瓷茶盏

缺点均隐没不见。不过托子以漆制者为主，不易保存至今，所以现在看到的许多宋代瓷盏，已与其原相配套的托子分离了。

第二种斗茶法则如宋唐庚《斗茶记》所称："政和二年三月壬戌，二三君子相与斗茶于寄傲斋，予为取龙塘水烹之而第其品。以某为上，某次之，某闽人所赍，宜尤高，而又次之。然大较皆精绝。"当是对各种茶进行品评，鉴别高下。范仲淹《和章岷从事斗茶歌》中也说："其间品第胡能欺，十目视而十手指。"更可证明这种斗茶法不以验水痕先后为标志，而着重于品尝茶味。为满足这方面的需求，还曾培养出品质优异的单株，以供斗试。如宋黄儒《品茶要录》所说："茶之精绝者曰斗，曰亚斗，其次拣芽。茶芽斗品虽最上，园户或止一株，盖天材间有特异，非能皆然也。"

不制饼的叶茶即所谓散茶，从茶史上说，是始终存在着的。但到了元代，散茶转盛。元王祯《农书》卷一〇说茶有三种：一是茗茶即叶茶；二是末茶，但又说"南方虽产茶，而识此法者甚少"；三是蜡茶，指用香膏油润饰的高级茶饼，但"此品惟充贡献，民间罕见之"。不过元代人喝茗茶即叶茶时，尚予以煎煮。《饮膳正要》卷二说："清茶，先用水滚过，滤净，下茶芽，少时煎成。"故与明代的撮泡法仍然不同。

撮泡法在明代的兴起，使茶味和茶具都发生了很大的变化。以前的碾、磨、罗、筅等茶具废而不用，黑盏亦逐渐失势；相反，"莹白如玉"的茶具被认为"可试茶色，最为要用"（明屠隆《考槃余事》）。在明代说部中甚至连勾栏设茶都使用"雪绽般茶盏"（《金瓶梅》第一二回）。紫砂茶具的异军突起，更引人注目。同时，社会上不同的阶层对待饮茶的观念也产生不同的趋向；可以说，明代出现了两种不同的茶文化。

一、茶寮文化

《考槃余事》中说："茶寮，构一斗室，相傍书斋，内置茶具，教一童子专主茶设，以供长日清谈，寒宵兀坐。幽人首务，不可少废者。"明陆树声所撰茶书就叫《茶寮记》。所以明代走向精致化的茶艺，可以称为"茶寮文化"。

能在茶寮中享受茶中逸趣的主要是士大夫阶层中带有隐逸倾向的人士。他们轻视声色犬马，而且不太热衷于功名利禄。其中特别嗜茶的又称"茶人"。明代江南六府（苏州、松江、常州、嘉兴、湖州、杭州）的若干名流成为其骨干，比如杜琼、徐有贞、吴宽、朱存理、沈周、王鏊、都穆、祝允明、文徵明、钱同爱、吴纶、王涞、顾元庆、许次纾、陈继儒等人。以撮泡法饮茶这件事，在他们手中被推向极致。对名茶的品评鉴赏、制茶泡茶的技巧、茶具的设计制作等，无不精益求精。并且由于他们具有很高的文化素养，琴棋书画、焚香博古等活动均与饮茶联系在一起，使茶寮笼罩在超凡脱俗的气氛之中，这和前代是不同的。试看唐代卢仝极负盛名的《走笔谢孟谏议寄新茶》诗，形容喝茶时只说一碗如何，两碗如何，一直数到七碗，简直有点为喝茶而喝茶的样子。宋代讲斗茶，讲分茶，也未能从茶与喝的圈子里跳出来。只有在明代的茶寮中，茶才变成一种高雅的生活品位的象征，变成一种恬淡的生活情调的组成部分。

明代茶人既然彼此引为同调，他们之间诗文唱酬、以茶会友的活动当然有，但他们并未形成有组织的茶人集团，这是茶人的隐逸性和孤高性所决定的。明张源《茶录》（1595年前后）说："饮茶以客少为贵，客众则喧，喧则雅趣乏矣。独啜曰神，二客曰胜，三四曰趣，五六曰泛，七八曰施。"持此种主张的茶人追求的是潇洒自适。在"独啜曰神"的指导思想下，茶寮中的活动纵使不强调排他性，但也不会是群体性的。

二、茶馆文化

市井小民进不了文士的茶寮，他们多喜下茶馆。宋代的汴梁和临安都有不少茶坊，它们往往还兼营酒饭、说唱等。单纯卖茶的茶馆到明代才发达起来。《儒林外史》第二四回说：南京"大小酒楼有六七百座，茶社有一千余处"。有些茶馆泡茶的质量也很高。明张岱《陶庵梦忆》说："崇祯癸酉，有好事者开茶馆，泉实玉带，茶实兰雪。汤以旋煮，无老汤；器以时涤，无秽器。"众多茶馆成为平民休闲的去处。特别是由于撮泡法简单易行，所以坐茶馆成了一种低消费的散心之举。清代广州有许多茶馆叫"二厘馆"，即每客的茶资仅银二厘而已。在茶馆中洋溢着的是轻松的气氛，这里一般并不进行群体性的活动。

中国古代饮茶也并非完全没有以群体的形式出现的，比如禅宗和尚的茶会就是有组织的活动。如前所述，饮茶在中国的兴盛曾受到禅僧的推动。禅宗讲究在坐禅中凝神屏虑，达到无欲无念、无喜无忧、梵我合一的境界。为防止未入禅定，先入梦寐，故饮茶提神。后来禅宗的义理有所变易，讲究顿悟，禅宗寺院的秩序受到影响。8世纪末9世纪初，禅法又有所改革。这时百丈怀海（约720—814年）在律寺外别建"禅居"作为道场，并创立"普请法"，上下均力，一齐劳作，组成了新型的僧团。他又制定规约，即《百丈清规》。此书之原本已不存，但元文宗在金陵建大龙翔集庆寺时，曾责令百丈山大智寿圣禅寺的住持东阳德辉重行编纂。至1336年编成，名《敕修百丈清规》。这些禅僧仍重视坐禅，所以也重视饮茶。在《清规》中有不少处讲到集会时饮茶的仪式。如：

> "茶汤榜"预张僧堂前上下间，库司仍具请状，备样袱炉烛，诣方丈插香拜请。免则触礼。禀云……禀讫呈状。随令客头请两序勤旧大众光伴。挂点牌报众。僧堂内铺设主持位。斋退，鸣鼓集众。知事揖住持入堂。归位揖坐烧香一炷，住持前揖香，从圣僧后转归中间讯立。行茶遍，瓶出。往住持前揖茶退身，圣僧右后出，炷香展三拜，起，引全班至住持前，两展三礼送出。复归堂烧香，上下间问讯收盏退座。

这里说的"茶汤榜"即"茶榜"，是寺院举行茶会时公布的启事，因为茶会除禅僧外，还常有俗士参加。有些"茶榜"是由著名文人撰写的。比如耶律楚材撰有《茶榜》，见《湛然居士集》卷一三。后来赵孟頫撰有《清谦讲主茶榜》，见《松雪斋集·外集》，可见元代禅院中仍举行茶会。但以后禅僧愈来愈讲随缘任运，愈来愈不讲静坐习禅了。"饥来吃饭，困来即眠""菩提只向心觅""西方只在眼前"；理论演变到这种程度，连坐禅功夫都抛在一边，当然更无须以茶却眠了。

至此则须回答中国古代有无茶道的问题。由于汉字的组合比较自由，中国古文献中出现过"茶道"这个词组。比如与陆羽同时代的皎然，他写的《饮茶歌》中就有"孰知茶道全尔真，唯有丹丘得如此"之句。《封氏闻见记》在叙述了陆羽和常伯熊提倡饮茶之后说："茶道大行，王公朝士无不饮者。"明代陈继儒在《白石樵真稿》中说：当时茶的蒸、采、烹、洗"悉与古法不同"，但有些人"犹持陆鸿渐之《经》、蔡君谟之《录》而祖之，以为茶道在是"。这些"茶道"的含义相当于茶事或茶艺，有别于日本所称"茶道"。

日本和中国不同，日本原先不产茶，茶是从中国传去的，所以日本没有中国起初把茶叫作荼并视为普通树叶子的那段历史。在平安时代，茶虽已传入日本，但只在大内辟有茶园，且归典药寮管理，与一般民众没有关系。12世纪时，两度入宋求法的荣西法师带回茶种，开始在日本推广饮茶。不过荣西的着眼点是看重茶的医疗保健作用。他在《吃茶养生记》中说："茶也，末代养生之仙药，人伦延龄之妙术也。山谷生之，其地神灵也；人伦采之，其人长命也。"又说："贵哉茶乎！上通神灵诸天境界，下资饱食侵害之人伦矣。诸药唯主一种病，各施用力耳；茶为万病之药而已。"把茶当成"万病之药"，在其原产地中国，人们恐难以置信；这种说法实际上反映出对来之不易的外国物品之作用的习惯性夸张。

荣西之后，饮茶在日本逐渐兴盛，起初在禅院中流行，后来日本的公家和武家都欣赏饮茶之趣，在日本兴起了举办茶会的风气。根据《吃茶往来》（约为日本南北朝晚期或室町初期的著作）所记，当时高级武士修建了讲究的茶亭，在这里举办茶会。点茶献客之后，要玩一种叫"四种十服茶"的赌赛游戏，它有点像我国那种比茶味、比茶品的斗茶。但当时日本茶的种类没有中国那么多，他们主要是猜测其中哪些是"本茶"（指栂尾茶）、哪些是"非茶"（其他茶），以定胜负。之后，"退茶具，调美肴，劝酒飞杯。先三迟而论户，引十分而励饮。醉颜如霜叶之红，狂妆似风树之动。式歌式舞，增一座之兴；又弦又管，惊四方之听。"（《吃茶往来》）但这种豪华的茶会被认为是"无礼讲""破礼讲"，是一种败坏风气的行为。所以到了室町幕府的八代将军足利义政（1436—1490）时，遂命能阿弥（1397—1471）创立起在书院建筑里进行的"书院茶"，这是一种气氛严肃的贵族茶仪。之后又命村田珠光（1423—1502）为主持茶会的上座茶人，他把寺院茶礼，民间的"茶寄合"和贵族书院的台子茶相结合，并注入禅的精神，排除一切豪华陈设，形成了朴素的草庵茶风。日文中的"茶道"一词，就是由他开始使用的，在此之前只称为"茶汤"而已。珠光认为茶道之大旨在于："一味清净，法喜禅悦。赵州（指唐代的从谂禅师，778—897）知此，陆羽未曾至此。人入茶室，外却人我之相，内蓄柔和之德。至交相接之间，谨兮敬兮清兮寂兮，卒以及天下泰平。"（《珠光问答》）所以其终极的目的是天下太平；也就是说，是为巩固日本社会的封建秩序服务的。

到了16世纪中叶，千利休（1522—1591）将草庵茶进一步庶民化，使之更加普及。他把珠光提出的茶道之四谛"谨敬清寂"改为"和敬清寂"，即将带有严肃意味的"谨"改为冲淡平夷的"和"。但他又强调"敬"，"敬"体现在茶道的礼法上，这是日本封建等级制度下的人际关系的反映。由于中世纪的日本是一个以武士为中心的社会，所以武家礼法的地位很崇高，影响很大。而吸收了若干禅院清规制度的小笠原流派武家礼法中的茶礼，更在颇大的程度上为茶道所接纳。千利休说："茶道的技法以台子技法为中心，其诸事的规则、法度有成千上万种，茶道界的先人们在学习茶道时，主要是熟记、掌握这些规则。并且将此作为学习茶道的目的。"（《南方录》）从千利休那里流传下来并渐趋定型的日本茶道，在茶室建筑、茶具、烹点技法、服饰、动作乃至应对语言等方面，无不规定得很细致，甚至连进茶室时先迈左脚还是先迈右脚；哪种茶具放在室内所铺之草席的哪一行编织纹路即所谓"目"（标准的草席长1.9米，有62.5目）上；移动茶具时在空中经过的途径是直线还是曲线；一碗茶要分几口喝光；于何时提哪些问题并如何作答；均须按照成规一丝不苟地进行。而且其间参加茶会的主客双方须频频致礼。一次茶会大约用四小时，据统计，一位主人和三位客人在此期间共行礼213人次，还要依场合之不同分真、行、草三种形式；如果行礼的次数过多、动作过谦，也是一种失礼的行为，真可谓烦琐已极。礼法，无论在日本或古代中国，都是用来维护和养成封建秩序、社会道德规范的，茶道礼法也是如此。而且从千利休的三世孙千宗旦以后，千家流茶道采取了传嫡的家元制度。长子称为"家元"，继承祖上的事业和姓名，仅标明几世，以为区别；其他诸子不但不能继承茶人之业，还要改姓。家元则向入门求艺的弟子传授茶技并发给不同段位的证明书，通过这些活动对弟子进行管理，在本流派中拥有无可争议的权威。

但茶道并不仅以演习一套繁文缛节为满足，从"茶禅一味"的观点出发，它有对美的特殊追求。茶道之美崇尚枯高幽玄、无心无碍，对世俗美采取否定的态度。比如茶室内不取世俗喜爱的豪华秾丽之色，而以暗淡的朽叶色为基调。饮茶之碗起初曾珍视中国建窑、吉州窑等地的作品，即日本所称天目茶碗；后来根据茶道美的标准，改用朝鲜陶碗，这种碗的胎土未经仔细淘洗，夹杂石粒，表面有黑斑，相当粗糙，却被日本茶人看重，称作荞麦茶碗，视之为艺术品（图15-4）。继而日本茶人自行设计制作茶碗，如在千利休指导下生产的乐窑茶碗是一种低温釉陶器，制坯时不用陶轮而以手制，故器形不甚规整。这种茶碗呈筒形，器壁较厚，通体施深色釉，但浓淡不匀，釉面

图15-4　朝鲜李朝时代，荞麦茶碗

图15-5　日本桃山时代，织部窑马盥型茶碗

出现隐约的斑块。再如织部窑茶碗，是在茶人古田织部（1544—1615）的指导下生产的，这种茶碗造型扭曲歪斜，被称为"马盥型"（图15-5）。其他如"鞋型""洲滨型""山道口型""多舌口型"等茶碗，器形都比较怪，其审美情趣与中国传统茶具大不相同。不仅如此，用中国的眼光乍看起来，日本茶道中还有不少难以理解之处。比如进行茶事活动之规范化的草庵茶室，其门户（躏口）的高、宽均为70厘米许，客人须匍匐爬行才能进去，如此待客在中国是不可想象的。而在日本茶人看来，茶室是一处超脱凡俗的清净世界，必须用这样一道窄门把它和尘寰隔开。所以英语把茶室翻译成abode of fancy（幻想的屋子）、abode of unsymmetrical（不匀称的屋子）。这里的情趣日文称之为"侘"，正统的茶道称为"侘茶"。侘的含义颇不易界定，简言之，侘就是扬弃俗物，而从禅悦的无相了悟中去寻求毫无造作的清寂之美。可是尽管如此，这种美仍然不能不寄托在世俗的平凡物件上。甚至在进入清净的茶室的客人中，也还要根据其社会地位区分出正客、次客和末客来，更不要说那些不胜其烦的礼节了。所以茶道标榜的"和敬清寂"本身就包含着难以解脱的矛盾。而这样的一种矛盾统一体当然不能只被看成一种饮食文化、一种生活艺术或一种礼仪性的社交活动。它只能像最早向西方世界介绍日本茶道的冈仓天心在《茶书》（1906年）中所说：茶道"是一种审美主义的宗教""是超越饮用形式理想化以上的东西，即它是关于人生的一种宗教""茶室是人生沙漠中的一片绿洲。在那里，疲倦了的征人相会在一起，共饮艺术鉴赏之泉。茶事是以茶、花、画等为情节的即兴剧"。这种走向超现实境界的茶道是日本所特有的，与中国的茶文化存在着质的区别。

日本茶道中饮用末茶，原是从南宋饮末茶的做法中学来的。但中国的饮茶法自元以后有了很大的变化，日本茶道却一直沿用那在中国已趋绝迹的末茶，因而无法与中国茶事的新发展相接续。日本生产不出像中国宋代那样的高质量的茶饼，却又要保持饮末茶的成规，乃将茶叶直接粉碎为茶末，其色绿，其味苦涩；特别是点出的浓茶，几乎难以下咽。日本人也觉得如果空腹饮这种浓茶恐损伤胃黏膜，所以要先吃"茶怀石"（一顿茶食，包括拌凉菜、炖菜、烤鱼、酒、米饭和大酱汤）垫补之后才饮。虽然这和荣西所说"茶是味之上首也，苦味是诸味上首也"相合，但和中国六朝以前的辣汤型茶、唐宋的甘乳型茶、明清的清茶型茶均绝不相同。同时日本点茶时多不用汤瓶而从茶釜中舀取，与宋代之烹点手法相较，也使人产生似是而非的感觉。

中国没有日本的那种茶道，因为两国的历史背景、社会风气均不同，对茶的看法亦有别。这种认知本属常识范围，如楚天在《百科知识》上撰文介绍中日茶文化时曾说："中日茶文化的主要区别，在于其中的'道'，中国无，日本有。""茶道是日本茶汤之道的俗称。日本饮茶之风已兴起七百多年，才由村田珠光从中悟出'道'来。至千利休时，日本茶道的体系始告完成。经过千余年的历史积淀，茶道深深融入日本民族精神，成为日本特有的文化形态。它在交友恳亲的茶会上，形成以主人的茶事做法和客人的茶器鉴赏及主客心领神会为环节的一整套繁缛复杂的礼仪，既细腻典雅，又莫测高深，同时还对时令、场所、道具、等级、规格的考究费尽心机。"（见该刊1991年第12期）而中国自宋以来，如王安石《议茶法》就认为："夫茶之为民用，等于米盐。"南宋的俗谚说："早辰起来七般事，油盐酱豉姜椒茶。"（《夷坚续志前集》卷一）中国人以务实的人生态度对待茶。不仅中国平民从不把喝茶视作特殊的"道"，而且连被尊称为茶神的陆羽像也逃不脱以滚汤浇头的遭际；这在实行家元制的日本茶人看来，也同样会被认为是难以理解的了。

（此文为1994年12月16日在香港茶具文物馆的演讲稿，经整理后发表于《中国历史博物馆馆刊》第26期，1996年）

16 唐宋时代的茶具与酒具

在博物馆工作中，经常会遇到鉴定古器物名称和用途的问题。王振铎先生关于汉代的樽、勺、卮、魁的研究，就在这方面做出了值得学习的范例[1]。但由于古器物种类纷繁，故有待清理者尚所在多有。这里仅就唐宋时代的杯类和壶类（近代意义上的）中哪些是茶具、哪些是酒具的问题，略做探讨如下。

汉代主要用樽盛酒。汉诗中常提到樽，如"堂上置樽酒"（《相逢行》）、"清白各异樽"（《陇西行》）等。汉代酒樽之实物存世者尚夥，汉画像石所见饮宴场面，盛酒的器物也多用樽。王振铎先生在他的文章中，曾作出了汉画像石中酒樽的集成图，更使读者得以一目了然[2]。樽作为主要的盛酒器，一直沿用到唐代前期，所以唐人诗中也不乏如"相见有樽酒，不用惜花飞""何时一樽酒，重与细论文"之句。需要说明的是，唐诗中提到的樽，一般并非泛泛地拟古之语，洛阳涧西唐墓出土的高士饮宴纹螺钿镜、陕西长安南里王村唐墓壁画《宴饮图》、唐孙位《高逸图》、宋摹唐画《宫乐图》，以及正仓院所藏金银平纹琴的纹饰中，都出现了盛酒的樽[3]（图16-1）。其中螺钿镜和《高逸图》中的樽有三足；《宴饮图》中的樽看不到底部；而金银平纹琴和《宫乐图》中的樽都是圈足器，初看有些像盆。所以唐代文物中有些被定名为盆之器，其实是樽[4]。如

---

① 王振铎：《张衡候风地动仪的复原研究》，《文物》1963 年第 4 期。又《再论汉代酒樽》，《文物》1963 年第 11 期。又《论汉代饮食器中的卮和魁》，《文物》1964 年第 4 期。

② 《文物》1963 年第 4 期，第 2～3 页。

③ 高士宴乐纹螺镜见《中国历史博物馆》图 139。南里王村唐墓壁画见《文博》1989 年第 4 期。《高逸图》见《中国美术全集·隋唐五代绘画》图 80～83。"宫乐图"见台北《故宫文物月刊》1 卷 9 期。

④ 唐代有些樽呈盆形，亦可泛称为盆。如《册府元龟》卷一七〇记贞观二十一年（647 年）唐太宗为铁勒渠帅设宴时："置大银盆，其实百斛，倾瓶注于盆中，铁勒数千人，不饮其半。"此处所称之盆，即盆形樽。故法门寺塔地宫所出鸳鸯团花大银樽在《物账》中亦记为"银金花盆"。

图16-1　唐代的酒樽

1　高士饮宴纹螺钿镜

2　《宫乐图》

陕西扶风法门寺塔地宫中出土的鎏金鸳鸯团花双耳圈足银盆，体积相当大，口径达46厘米，口沿呈四瓣葵花形，与南里王村壁画中口沿呈五瓣葵花形的樽类似；因而法门寺出的这件大银盆应为银樽。樽中置勺，银樽中则置银勺。美国华盛顿弗利尔美术馆所藏折枝花八瓣银勺，长27厘米；卷草纹七瓣银勺，长31.2厘米，勺柄之端均作鸟头形。《游仙窟》称："杓则鹅项鸭头，泛泛焉浮于酒上。"所状与之极为肖似。也有些勺的柄做得比较简单，如江苏丹徒丁卯桥唐代窖藏所出扁柄银勺，长31厘米，亦应是樽中酌酒之勺（图16-2）。

本文起语中提到近代意义上的壶类，这是指接近近代茶壶、酒壶式样的大腹、装管状流的有把手（或提梁）的容器。唐以前，自殷周时代沿袭下来的壶的传统形制却并非如此，两者最主要的区别是传统的壶没有把手和管状流。因此汉诗中如"就我求清酒，丝绳提玉壶"（辛延年《羽

图16-2　唐，银酒勺

江苏丹徒丁卯桥窖藏出土

林郎》）、晋诗中如"提壶接宾侣，引满更献酬"（陶潜《游斜川》）、唐代前期诗如"花间一壶酒，独酌无相亲"（李白《月下独酌》）等句所说的壶，都应和近代意义上的壶不同。不过唐代盛酒的容器除酒樽之外还有一种胡瓶，上述螺钿镜和金银平纹琴的图纹中在酒樽之旁都摆着胡瓶。它是有把手的，如再装上管状流，那就和后来的注子以至于近代的壶差不多了。有人主张酒壶即来自胡

瓶。明刘元卿《贤弈编》："今人呼酌酒器为壶瓶。按《唐书》太宗赐李大亮胡瓶。史炤《通鉴释文》以为汲水器。胡三省辨误曰：'胡瓶盖酒器，非汲水器也。'今北人酌酒以相劝酬者亦曰胡瓶。然壶字正当作胡耳。"刘元卿之说虽不尽符合实际情况，而且后来酒注的出现，从形制上说，也不能认为是自胡瓶演变而来；但就习俗而言，盛酒器之所以由樽向酒注过渡，胡瓶可能在当中起了一定的催化作用。

真正装有管状流的酒注出现于中唐时。唐李匡乂《资暇集》说："元和初，酌酒犹用樽杓，所以丞相高公有斟酌之誉，虽数十人，一樽一杓，挹酒而散，了无遗滴。居无何，稍用注子，其形若罂，而盖、嘴、柄皆具。太和九年后，中贵人恶其名同郑注，乃去柄安系，若茗瓶而小异，目之曰偏提[①]。论者亦利其便，且言柄有碍而屡倾仄。今见行用。"因之在中唐以后，有些注子是用来盛酒的，应定名为酒注。但是，《资暇集》中还提到茗瓶即茶瓶。那么，茶瓶和酒注是怎样的关系呢？是先有茶瓶还是先有酒注呢？这是本文要探讨的一个问题。而要解决这个问题，则有必要先简单地回顾一下我国饮茶方法的演变过程。

我国饮茶法的演变过程可分为三个阶段：第一阶段是西汉至六朝的粥茶法，第二阶段是唐至元代前期的末茶法，第三阶段是元代后期以来的散茶法。在粥茶阶段中，煮茶和煮菜粥差不多，有时还把茶和葱、姜、枣、橘皮、茱萸、薄荷等物煮在一起，也就是唐皮日休《茶中杂咏·序》所说："季疵以前，称茗饮者，必浑以烹之，与夫瀹蔬而啜者无异也。"明陆树声《茶寮记》也说："晋宋以降，吴人采叶煮之，曰茗粥。"唐以后，此种较原始的饮法渐为世所不取，饮茶法进而变得十分讲究。这时贵用茶笋（《茶经》说："茶之笋者，生烂石沃土。"即茶籽下种后萌发的芽）、茶芽（《茶经》说："茶之牙者，发于藂

---

① 偏提与酒注的区别在于"去柄安系"。晚唐时，偏提一度流行。韩偓《从猎》诗有"忽闻仙乐动，赐酒玉偏提"之句。其状可于五代阮郜《阆苑女仙图》中见之。至宋代，如林逋《送李山人》诗云："身上袛衣粗直裰，马前长带古偏提。"则此时偏提已被视为古物。

薄之上。"即茶枝上的芽），春间采下，蒸炙捣揉，和以香料，压成茶饼。饮时，则须将茶饼碾末。但碾末以后的处理方法在唐代又有两种。一种以陆羽《茶经》为代表，他是将茶末下在茶釜内的滚水中。另一种以苏廙《十六汤品》为代表，他是将茶末撮入茶盏，然后用装着开水的有嘴（管状流）的茶瓶向盏中注水；一面注水，一面用茶筅或茶匙在盏中环回击拂；其操作过程叫"点茶"（图16-3）。在第二阶段的初期以后，此法比陆羽之法更为流行。唐诗中，有时还看到描写在釜中下茶末的句子，如"松花飘鼎泛，兰气入瓯轻"（李德裕《忆平泉杂咏·忆茗芽》)、"铫煎黄蕊色，碗转曲尘花"（元稹《一至七言诗·茶》）。而在宋诗和元代前期诗中，一般却都描写在碗中点茶的情况了，如"蒙茸出磨细珠落，眩转绕瓯飞雪轻"（苏轼《试院煎茶》)、"黄金小碾飞琼屑，碧玉深瓯点雪芽"（耶律楚材《西域从王君玉乞茶，因其韵七首之七》）等句。宋罗大经《鹤林玉露》中明确地说："《茶经》以鱼目、涌泉、连珠为煮水之节。然近世瀹茶，鲜以鼎镬，用瓶煮水，难以候视。"可见在宋代多用《十六汤品》之法。北宋中期以后，末茶法进入极盛时期，所谓"采择之精，制作之工，品第之胜，烹点之妙，莫不造其极"（《大观茶论》）。这时丁谓、蔡襄等大官僚在福建制造的茶饼叫龙团、凤团，一枚值黄金一两；另一种叫作"北苑试新"的茶饼，一枚竟值四十万钱，豪奢已极。但因自唐以后，"茶为食物，无异米

图16-3　点茶图

1　辽，壁画　河北宣化下八里辽墓
2　元，壁画　内蒙古赤峰元宝山元墓

盐，于人所资，远近同俗"①；民间虽然不用价格如此昂贵的龙、凤团，却也掺上米粉或薯蓣粉压茶饼，所以烹点的方法也大致相同，茶瓶的使用也愈加普遍。

茶瓶又叫汤瓶，因为它里面盛的是开水。而在盏中下末之后，注汤点茶过程的完善与否，对茶之色味关系很大。《十六汤品》说："汤者茶之司命，若名茶而滥汤，则与凡末同调矣。煎以老嫩言者，凡三品，自第一至第三；注以缓急言者，凡三品，自第四至第六；以器类标者，共五品，自第七至第十一；以薪火论者，共五品，自十二至十六。"其中特别提到使用茶瓶时应注意之点："茶已就膏，宜以造化成其形。若手颤臂亸，唯恐其深，瓶嘴之端，若存若亡，汤不顺通，故茶不匀粹。"这和宋徽宗《大观茶论》中论茶瓶的一段话很接近。那里说：茶瓶"宜金银，大小之制，唯所裁给。注汤害利，独瓶之口嘴而已。嘴之口差大而宛直，则注汤力紧而不散。嘴之末欲圆小而峻削，则用汤有节而不滴沥。盖汤力紧则发速有节，不滴沥，则茶面不破"。从其叙述中不难看出茶瓶在点茶过程中的重要性。宋徽宗认为茶瓶宜用金银制作，自是皇家气派。《十六汤品》则以为"贵厌金银，贱恶铜铁，则瓷瓶有足取焉。幽士逸夫，品色尤宜。"又说："无油（釉）之瓦，渗水而有土气，虽御胯宸缄，且将败德销声。谚曰：'茶瓶用瓦，如乘折脚骏登高。'"实物中所见，茶瓶也大多是瓷的，金、银、陶制的都很少。目前能够直接确认的唐代茶瓶是西安王明哲墓［太和（或作大和）三年（829年）］出土的一件，其底部墨书"老导家茶社瓶，七月一日买。壹"②（图16-4:1）。此器腹部圆鼓，盘口，肩上出短流，施墨绿色釉，基本上符合《十六汤品》中对茶瓶的要求。与此相类似的容器，即一般称为水注者，就西安地区而论，约在武则天时已经出现③。就长沙铜官窑发掘中所见，这里的一种短颈，器身较直，口部略呈喇叭形，肩上装多棱短流的注

① 《旧唐书·李珏传》。

② 《文物》1972年第3期，将出土"老导家茶社瓶"之墓误记为元和三年（808年），应正。

③ 接近水注形的器物，在隋代已有个别实例出现，当是由天鸡壶演变而成，其用途尚难确知。

图 16-4　茶瓶

1　唐，"老导家茶社"瓶　陕西西安王明哲墓出土
2　唐，浙江宁波与托盏同出的越窑茶瓶
3　宋，《茶具图赞》中的"汤提点"
4　金，茶具图雕砖上的茶瓶　山东费县出土

子，其出现的时间可能还要早些[①]。而斟酒用酒注则是中唐以后的事，所以上述早期注子大都系茶瓶。这也就回答了是先有茶瓶还是先有酒注的问题，看来是在茶瓶行使了相当一段时间之后才开始用酒注的。并由于用注固然方便，但用樽勺亦不碍宴饮；这和点茶之必须用茶瓶不同，所以一直到金元时，还可以看到在酒宴上用樽勺。

从形制方面说，早期的茶瓶较矮，流也很短。晚唐时，茶瓶下身变瘦，造型已较前为修长（图 16-4:2）。南宋咸淳五年（1269 年）成书的《茶具图赞》中画出的"汤提点"，是一件长身长流、口部峻削的茶瓶（图 16-4:3）。传世宋画《茗园赌市图》中画出了一群卖茶的男女小贩，担子上贴着"上等江茶"的标记，他们所用的茶瓶之流更细长，注汤时当愈加紧凑有力[②]。不过这并不是说晚期茶瓶就没有短流的了，河北宣化辽张世卿墓所出与黄釉茶托配套的黄釉茶瓶的流就很短，其造型与山东费县出土金代茶具雕砖上的茶瓶（图 16-4:4）非常接近[③]。足证短流茶瓶与长流茶瓶曾长期并存。

茶瓶的式样能初步辨认之后，接下来的问题就是茶盏的式样了。出土唐盏大别之可分两类，一类是高足的，习惯上称之为高足盏，多用于饮酒。第二类

---

① 长沙市文化局文物组：《唐代长沙铜官窑址调查》，《考古学报》1980 年第 1 期。
② 〔日〕梅原郁：《图说中国の历史·卷五·宋王朝と新文化》插图 139，东京，讲谈社，1977 年，第 110 页。
③ 河北省文物管理处、河北省博物馆：《河北宣化辽壁画墓发掘简报》，《文物》1975 年第 8 期。山东省文物管理处、山东省博物馆：《山东文物选集：普查部分》图 239，文物出版社，1959 年。

是圈足、玉璧足或圆饼状实足的各种弧壁或直壁之盏。长沙石渚窑出土的青釉圆口弧壁盏有自名"茶（茶）㼸"者。陕西扶风法门寺唐塔地宫中出土的玻璃托子和盏，《物账》中记为"琉璃茶椀，托子"①。其茶碗撇口、直壁，与宋代所称氅子相同。可见茶盏的形制总不超出上述第二类盏式的范围。其玻璃托子的器形与1957年西安和平门外出土的七枚银质鎏金茶托相似，后者铸造于唐大中十四年（860年），刻铭中自名为"浑金涂茶拓子"②，则此物为承茶盏之托盘（亦可称茶托、托子、盏托；如果说托盏，那就是指带托盘的茶盏而言），固无可置疑。

关于茶托的起源，李匡乂《资暇集》中有一说，谓："始建中，蜀相崔宁之女以茶杯无衬，病其熨指，取楪子承之，既啜而杯倾，乃以蜡环楪子之央，其杯遂定。即命匠以漆环代蜡。进于蜀相，蜀相奇之，为制名而话于宾亲。人人为便，用于代。是后传者更环其底，愈新其制，以至百状焉。"南宋程大昌在《演繁露》中完全接受了李匡乂的说法，并进一步断定："台盏亦始于盏托。托始于唐，前世无有也。"按李、程两说均有可商。关于台盏的问题，下文还要详细讨论；仅就盏托而言，它的出现也要早得多。崔宁相蜀在建中（780—783）时，而西安曹惠琳墓［大历元年（766年）］已出白瓷盏托，唯其托圈较低，还与南朝的盏托近似。

在汉代，一般是把耳杯直接放在食案上，但也有少数例子在杯、卮之下承以小盘。然而这些小盘内没有嵌纳杯足的托圈，不能把饮器稳定在盘子上，与盏托的功用尚不相同（图16-5）。真正的盏托出现于晋代。但考古发掘中最早报道的长沙雨花亭晋墓所出者与武昌何家大湾齐墓所出者③，大概都是灯或灯台，而并非盏托。试把它们和江西新干金鸡岭晋墓所出瓷灯相较自明④。不过

① 周世荣：《长沙窑"茶㼸"》，《中国文物报》1990年4月19日4版。
② 马得志：《唐代长安城平康坊出土的鎏金茶托子》，《考古》1959年第12期。
③ 湖南省博物馆：《长沙两晋南朝隋墓发掘报告》图4:7，《考古学报》1959年第3期。湖北省博物馆：《武汉地区四座南朝纪年墓》图10:3，《考古》1965年第4期。
④ 江西省文物管理委员会：《江西新干金鸡岭晋墓南朝墓》图版7:6，《考古》1966年第2期。

图 16-5　汉代带托盘的饮器

1　西汉，带托盘石卮　湖南长沙汉墓出土
2　东汉，画像石　山东曲阜东安汉里出土
3　东汉，画像石　山东金乡朱鲔石室出土

长沙晋墓中确实出过盏托，砂子塘2号墓出土的一例是目前已知之最早的[①]。以后在南朝墓中发现的盏托就更多了，它们有的与盏成套出土，其形制与唐代的托盏相同，似可推测为茶具（图16-6:1~3）。并且在南北朝时期，托盏多出于南朝墓，北朝墓中少见。这种现象当与此时南方饮茶而北方喝酪浆的风俗有关。《洛阳伽蓝记》卷三记有自江南北上的王肃、萧正德等人都好饮茶，而元魏贵族则嘲之为"酪奴""水厄"的故事；实物出土情况正可与文献记载相印证。

辽、宋时，茶托几乎已经成为茶盏之固定的附件（图16-6:4、5）。晚唐时茶托的托圈已增高，有的托子本身就仿佛是在盘子上加了一只小碗。元代茶托的式样变化不大（图16-6:6）。托圈一般均较高，有敛口的，也有侈口的，而且有些托圈内中空透底，除承托茶盏外别无他用。出土物中除瓷、银制品外，在内蒙古临河高油房西夏窖藏中有金茶托。还有漆制的，江苏常州北环新村宋墓出土银扣朱漆茶托[②]。南宋吴自牧《梦粱录》卷一六说杭州的茶店用"瓷盏、漆托供卖"。《茶具图赞》中也称茶托为"漆雕秘阁"，则当时的茶托应以漆制者为最适用。这是因为茶末用沸汤冲点，茶盏很烫，且无把手，故用托以便举持，而漆制品的隔热性能较金属和陶瓷为优的缘故。只不过漆托不易保存，所以在出土物中反而比瓷托及金属托少些。但在绘画中仍多把茶托画成漆

---

① 湖南省博物馆：《长沙南郊的两晋南朝隋代墓葬》图版7:10，《考古》1965年第5期。
② 陈晶：《常州北环新村宋墓出土的漆器》，《考古》1984年第8期。

图 16-6 托盏

1 南朝 江苏江宁东善桥出土

2 唐 湖南长沙铜官窑窑址出土

3 唐 湖南长沙铜官窑窑址出土

4 辽 北京八宝山韩佚墓出土

5 北宋 江苏镇江章岷墓出土

6 元 北京旧鼓楼大街窖藏出土

制的，如河南白沙2号宋墓墓室东南壁所画送茶者，端着朱红漆茶托，上置白瓷盏①。河北宣化辽张世卿墓后室东壁壁画中，在桌上摆着黑漆茶托，上面也放着白色瓷盏②。由于茶托的功用和造型都很特殊，所以与它配套的器物大抵皆为茶具。如传南宋苏汉臣笔《罗汉图》中，有三童子在备茶③。其中一童子踞长凳用茶磨在磨茶末，一童子在炉前扇火煎汤，另一童子双手捧方盘进茶，盘中就放着带托的茶盏（图16-7）。又如山西大同元冯道真墓墓室东壁南端绘出一用茶托端茶的道童，他背后的方桌上就摆着鼎形风炉、汤铫、茶筅、三个

图 16-7 （传）南宋，苏汉臣，《罗汉图》中备茶与进茶的童子

① 宿白：《白沙宋墓》图版37，文物出版社，1957年。

② 河北省文物管理处、河北省博物馆：《河北宣化辽壁画墓发掘简报》，《文物》1975年第8期。

③ 见讲谈社《宋元の美术》图281。

茶盏、三个茶托、两盘果品及一个带盖罐，上斜贴一纸条，墨书二字：茶末（图16-8）。中国历史博物馆（今中国国家博物馆）所藏宋代画像砖《洁盏图》中[①]，一妇女在桌前擦拭茶盏和茶托，因知桌上之器均为茶具。其中有一荷叶

图16-8 元，壁画，《进茶图》 山西大同冯道真墓

盖罐，与上述大同元墓壁画中所见者造型基本相同，其中盛的也应是茶末。其实即便大同元墓壁画中的罐上不写明盛的是茶末，只要看到茶托，余物也大体上可以从《茶经·四之器》、蔡襄《茶录》《大观茶论》或《茶具图赞》等书所列举的茶具中查对出来。

将茶饼制成茶末，除了用上文中提到的茶磨外，更常用的是茶碾。《茶经》里说茶碾用木制，西安出土的西明寺茶碾是石制的[②]。讲究的则用银碾。《大观茶论》说："碾以银为上，熟铁次之。生铁者非掏拣捶磨所成，间有黑屑藏于隙穴，害茶之色尤甚。"其实即便是熟铁也带有气味。法门寺塔地宫所出之碾即以银制。其碾轮上的刻文自名为"碢轴"，表明此类茶碾的造型是截取圆形碢碾的一段而成。晚近习见的辊碾要到元代才出现，元以前之所谓"碾"皆指以槽承轮的碢碾。茶碾贵小。朱权《臞仙神隐》说：茶碾"愈小愈佳"。法门寺茶碾槽面之长，仅合唐小尺8寸许。像西明寺茶碾那种大型石碾，可供僧众聚饮之用，而非高人雅士的清供之器了。出土物中常见者则是一种瓷质的小茶碾（图16-9:1），它和《茶具图赞》中的"金法曹"（指茶碾）及宋代图像中的

---

① 石志廉：《北宋妇女画像砖》，《文物》1979年第3期。
② 唐长安西明寺遗址出土的石茶碾，已残，约存原器之半，长16.4厘米，宽10.7厘米，刻有"西明寺石茶碾"六字。见《考古》1987年第4期。

图 16-9　茶碾与碾茶

1　后唐，天成四年造瓷茶碾　湖南长沙窑窑址出土

2　宋，《茶具图赞》中所绘"金法曹"

3　北宋，石棺画像，《碾茶图》　河南洛宁

碾茶人所用者形制基本相同（图16-9:2、3）。不过唐代研茶末时除用茶碾外也常用茶臼。唐柳宗元诗"山童隔竹敲茶臼"[1]，已提到此物。宋朱翌《猗觉寮杂记》卷上说："唐未有

碾、磨，止用臼，多是煎茶。"他的说法不全面，因唐代虽未见茶磨，茶碾却早就有了；但他指出茶臼之用先于碾、磨，则符合实际情况。茶臼沿用的时间很长。宁波市唐代遗址及长沙烈士公园五代灰坑中均有茶臼与茶碾同出[2]。

这些茶臼多为瓷质，浅钵状，内壁无釉，刻满斜线，线间且往往戳剔鳞纹，常被称为擂钵或研磨器。内蒙古赤峰元宝山元墓壁画中清楚地画出了持杵与茶臼的研茶者（图16-10）。及至明代，《臞仙神隐》中仍将茶磨、茶碾与茶臼并列。其中并提到"将好茶研细"。佚名《多能鄙事》中也说到将"上等红茶研

图 16-10　元，壁画，持杵与茶臼的研茶者
内蒙古赤峰元宝山元墓

---

① 《全唐诗》六函一册。

② 林士民：《浙江宁波出土的唐宋医药用具》，《文物》1982年第8期；文中将该器指为医药用具，恐非。湖南省博物馆：《长沙烈士公园发现五代灰坑》，《考古》1965年第9期。

细"。其研茶所用之具多为臼。龚自珍引明李日华《恬致堂诗话》："按陆鸿渐《茶经》，造茶之法，摘芽，择其精者，水漂之，团揉入竹圈中，就火烘之成饼。临烹点则入臼研末，泼以蟹眼沸汤。"此书虽晚，却把茶臼的用途说得很清楚。

图 16-11　唐，银抽屉茶罗
陕西扶风法门寺塔地宫出土

　　碾出的茶末还要过罗。罗多以木片卷曲为圈，底张纱罗而成，宋人《茶具图赞》中的"罗枢密"画的仍是此式罗。古代茶罗的实物只在法门寺塔地宫出过一例。此罗下附抽屉（图 16-11）。宋岳珂《宝真斋法书赞》卷一四"黄鲁直书简帖"中说："彼有木工，为作一抽替药罗。"准其例，则此罗应称"抽屉茶罗"。罗在《茶经》中虽曾提及，但一笔带过，对它的作用未加申说。这是因为陆羽倡煎茶法以鍑烹茶，再以杓酌入碗中；茶末稍粗些无妨。而唐代后期兴起点茶法，在点茶的基础上又兴起了斗茶的风习。对于后者来说，茶末的粗细是至关重要的。而上述各种茶具，无论茶瓶、茶盏或茶碾、茶罗，在末茶之点试过程中均不可少；它们的产生虽容有先后，但到了宋代，都围绕着这种饮茶方式而各司其职了。

　　酒具则不然。前面说过，我国在相当长的时期中一直用樽盛酒。酒不像茶末那样，下盏后必须用瓶注汤；所以对饮酒来说，酒注不是绝不可少的用具，并且早期之单件的茶瓶和酒注不容易分得开。长沙唐铜官窑址出土的若干注子上有"陈家美春酒""酒温香浓""浮花泛蚁""自入新峰（丰）市，唯闻旧酒香"等题字，当是酒注，但其造型与"老寻家茶社瓶"却基本一致。①所以只能从组合关系中去寻求其特点。在这里，值得注意的是酒注上所题"酒温"一语。我

---

① 长沙市文化局文物组：《唐代长沙铜官窑址调查》，《考古学报》1980 年第 1 期。

国先秦时期与汉代，美酒多冷饮，南北朝以降，饮酒或预先加温，如《北史》记孟信与老人饮，以铁铛温酒；李白《襄阳歌》"舒州杓，力士铛，李白与尔同死生"句中之铛，也应是温酒器。但温酒与烹茶不同，酒常用热水间接加温，在明唐寅"陶谷赠词图"中还可见到将酒壶浸入炉上之水铫内加温的情形。所以斟到盏中的酒并不太烫，无须像喝茶那样，要端着托子举盏。然而这并不是说没有承酒盏之器。福建闽侯杜武初唐墓出土的青瓷高足盏就带有器座[①]。这类盏早在山西大同南郊北魏遗址中已出土过，研究者认为是由伊朗东北部的呼罗珊一带输入的，其中有一件腹部饰有童子收获葡萄题材的浮雕花纹，当与其原制作地点盛行的酒神节风俗有关，因此这种盏系供饮酒之用[②]。江西高安元代窖藏中出土的一件青花高足盏内书"人生百年长在醉"等文字，也证明了这一点。

此外，如浙江临安唐水邱氏墓[天复元年（901年）]出土的白瓷把杯，承以金扣白瓷托盘，盘心突起一小圆台，与《倭汉三才图会》卷三一中画出的"酒台子"相同，说明这是一套酒具。这种瓷把杯的器形系仿自金银器，而唐代前期流行的小圈足、单环柄、多瓣或多棱的金银杯之器形又是从粟特一带传来的，它们在当地本是酒具（图16-12:1）；故上述唐代金银杯亦应用于饮酒。更由于水邱氏墓出的这一件还与酒台子配套，就把其用途反映得愈益清楚了（图16-12:2）。五代顾闳中《韩熙载夜宴图》中饮酒的人用的盏则和陕西耀县（今耀州区）发现的唐"宣徽酒坊"圈足刻花银盏的形制相近；其托盏之托盘的盘心也突起小圆台，酒盏放在圆台上，与水邱氏墓所出酒台的造型完全相同[③]。所以这套器皿应即《演繁露》中所称之"台盏"。台盏是酒具的专名。《辽史·礼志》记"冬至朝贺仪"中亲王"揩笏，执台盏进酒"，"皇后生辰仪"中

① 黄汉杰：《福建闽侯荆山、杜武南朝、唐墓清理记》图版13，《考古》1959年第4期。
② 大同北魏遗址出土的高足杯，见《文化大革命期间出土文物》第1辑，图版150～152。参看孙培良：《略谈大同市南郊出土的几件银器和铜器》，《文物》1977年第9期。
③ 水邱氏墓出土带酒台的白瓷把杯见《浙江省文物考古所学刊》（1981年）。宣徽酒坊银盏见《文物》1966年第1期。

图 16-12　酒杯与酒台子

1　粟特，银酒杯（8世纪）　把手的按指板上有酒神像
2　唐，酒台子与配套的白瓷酒杯　浙江临安水邱氏墓出土

大臣"执台盏进酒，皇帝、皇后受盏"。元代饮酒仍用此器。《事林广记》卷一一"拜见新礼·平交把盏"条说："主人持台盏，左右执壶瓶。……主人进前跪云：'哥每到这里，小弟没甚么小心，哥每根底，拿盏淡酒。'"关汉卿《玉镜台》中，温倩英给温矫敬酒："旦奉酒科，云：'哥哥满饮一杯。'做递酒科。正末唱：'虽是副轻台盏无斤两，则他这手纤细怎擎将！'"明初之人对台盏的用途仍然知晓，《草木子》卷三下："筵席则排桌，五蔬五果五按酒，置壶瓶、台盏、马盂于别桌。"而且，台盏之为饮酒器还可以从和它配套的酒注多带注碗一事得到证明。注碗是温酒之具。《营造法式》卷一二"照壁版宝床上名件"条中，就把和带注碗之注子配套使用的杯叫酒杯。此外，这套器物之为酒器还可以从绘画中所见陈设此器的桌上或桌下，常出现小口长身的"长瓶"一事得到印证。如河南禹县（今禹州市）白沙1号宋墓前室西壁砖砌夫妇对坐开芳宴之桌下即有长瓶，河南巩县（今巩义市）稍柴宋墓壁画开芳宴图中也有相同的安排①。长瓶也叫经瓶，是贮酒用的，对此，宿白先生早已正确指出②。就近年所见，略可补充数事。安徽六安九墩塘宋墓出土的长瓶上有"内酒"二字。一件宋代磁州窑长瓶器肩书"清沽美酒"四字（图16-13:1）。一件宋代禹县扒

---

①　《白沙宋墓》图版22，《考古》1965年第8期。

②　〔宋〕袁文：《瓮牖闲评》卷六："今人盛酒，大瓶谓之京瓶，乃用京师'京'字，意谓此瓶出自京师，误也。京字当用经籍之'经'字。普安人以瓦壶小颈环口修腹受一升，可以盛酒者名曰经，则可知经瓶者当用此字也。"参看《白沙宋墓》注40、243。

图16-13　宋，长瓶

1　"清沽美酒"长瓶　上海博物馆藏
2　饮酒人物纹长瓶　广东佛山宋墓出土
3　佛山长瓶上的人物纹

村窑长瓶器肩书"醉乡酒海"四字。浙江宁波月湖清理宋代明州"都酒务"作坊遗址时，曾出土大量长瓶。广东佛山澜石镇宋墓出土之长瓶，在四个开光里绘出一人从举杯饮酒到酩酊大醉的情景（图16-13:2～3）。这些情况均反映出长瓶确用于贮酒[1]。元明时仍沿袭此风。内蒙古乌兰察布察右前旗土城子出土元代黑釉长瓶，肩部刻文"葡萄酒瓶"；甘肃漳县汪家坟元墓出土白釉长瓶，器肩书"细酒"二字；西安曲江池出土元代白釉黑花长瓶，器腹书"风吹十里透瓶香"诗句。山东邹县（今邹城市）明朱檀墓出土的青白瓷暗花云龙纹长瓶内盛的也是酒[2]。民初许之衡在《饮流斋说瓷》中将长瓶称为"梅瓶"，言其口小可插梅枝。而自图像中所见，直到明代插梅用的仍是花瓶

图16-14　明，螺钿漆奁盖上的《折梅图》

---

① "内酒"瓶见《文物参考资料》1954年第6期。"清沽美酒"瓶见《文物》1965年第2期。"醉乡酒海"瓶见《文物天地》1989年第2期。

② "葡萄酒瓶"见《内蒙古出土文物选集》图176～177。"细酒"瓶见《文物》1982年第2期。"风吹十里透瓶香"瓶见《考古与文物》1989年第5期。朱檀墓出土酒瓶见《文物》1972年第5期。

而不是长瓶（图16-14）。因此，当时是将贮在长瓶内的酒先倒入酒注，借注碗内的热水加温，然后斟在台盏或盘盏内饮用。台盏的形制上文已略做介绍，大致说来，早期的酒台较低，如《韩熙载夜宴图》中所见者；又浙江鄞县（今鄞州区）窑也出土过五代或宋初的低酒台。辽、宋后期的酒台都比较高。另外值得注意的是山西忻县（今忻州市）所出铜酒台及高丽时代的银酒台均用高足盏相配，反映出它们和杜武初唐酒盏之一脉相承的关系（图16-15）。与台盏

图16-15 酒注、注碗与台盏

1 五代，《韩熙载夜宴图》中的酒注与注碗
2 五代，《韩熙载夜宴图》中的台盏
3 宋，瓷注碗 江西南城宋墓出土
4 宋，瓷酒注 江西南城宋墓出土
5 宋，瓷高足盏与酒台子 江西南城宋墓出土
6 宋，酒注与注碗 江西南城宋墓出土
7 宋，壁画，酒注与注碗 河南白沙2号墓
8 宋，壁画，台盏 河南白沙2号墓
9 宋，铜台盏 山西忻县宋墓出土

相反，盘盏的托盘中没有高起的小圆台。四川广元古墓湾宋石板墓内的浮雕中，和带注碗的酒注配套的酒盏放在浅盘里[①]（图16-16:1）。这种浅盘和上述酒台的形制显然不同。宋曾慥《高斋漫录》："欧公作王文正墓碑，其子仲仪谏议送金酒盘盏十副，注子二把。"《东京梦华录》卷四"会仙酒楼"条说："止两人对坐饮酒，亦须用注碗一副、盘盏两副。"此种以浅盘承盏之酒器当即所谓盘盏[②]。盘盏和台盏一样，也在图像中和长瓶共存，并有以高足盏和浅盘组成盘盏之实例。如郑州南关外宋墓墓室西壁用砖雕出一桌二椅，桌上有带注碗的酒注、盘盏、小柜，桌下有长瓶。辽宁朝阳前窗户村辽墓出土之盘盏（图16-16:2），则用浅盘承海棠口高足盏，它和上述忻县台盏中之铜高足盏的形制基本相同。至于用一般圈足盏与浅盘组成之盘盏，其实物在湖北麻城北宋墓中出过（图16-16:3），辽、宋、金、元绘画中亦较常见。如北京斋堂辽墓［天庆元年（1111年）］出土木棺上所绘进酒之男子手捧盘盏；宋陈居中《文姬归汉图》中也画出了相同的场面[③]。

图16-16　盘盏
1　宋，石板墓浮雕，酒注、注碗与盘盏　四川广元古墓湾
2　辽，瓷盘盏　辽宁朝阳前窗户村辽墓出土
3　宋，瓷盘盏　湖北麻城北宋墓出土

---

① 鄞县窑出土酒台见《文物》1973年第5期。忻县铜酒台见《文物参考资料》1958年第5期。高丽银酒台《朝鲜的文化遗物》图版62。广元宋墓见《天成铁路筑路工程中在四川发现的文物》，《文物参考资料》1953年第9期。

② 《新唐书·五行志》说："俗谓杯盘为子母，又名盘为台。"但这仅是流行一时的俗说，并不严谨。台盏、盘盏的形制有显著区别，不能援此说以混同之。

③ 郑州宋墓砖雕见《文物参考资料》1958年第5期。朝阳辽墓出土盘盏见《文物》1980年第12期。麻城出土盘盏见《考古》1965年第1期。斋堂辽墓木棺画见《文物》1980年第7期。

上文所述似乎给人以茶、酒各行其是的印象，实不尽然。自唐代以来，文学作品中每将茶、酒对举，如唐白居易诗之"酒嫩倾金液，茶新碾玉尘""午茶能散睡，卯酒善销愁""驱愁知酒力，破睡见茶功"，宋冯时行诗之"酒缸开半熟，茶饼索新煎"，宋文同诗之"少睡始知茶效力，大寒须遣酒争豪"等句，反映出茶和酒常连类而及。①因之在一些宋、金、元墓室的刻画中，常出现有关茶和酒的内容。如山西长治李村沟金墓墓室南壁东、西两龛内分别画出茶具与酒具。茶具中有鼎形风炉、茶瓶、茶托、茶盏、盒子、插于罐中的拂子和一个纸囊（《茶经》说其中"贮所炙茶"）；酒具中则有长瓶、玉壶春式瓶、尊勺和盘盏。②而山西文水北峪口元墓壁画更有意思，此墓西北壁画女侍进茶，托盏和茶瓶都画得很清楚。东北壁画男侍进酒，这里出现了由长瓶演变而成的橄榄瓶、玉壶春式瓶、尊勺、盘盏和下酒的菜肴③（图16－17）。可见进茶和进酒是这时墓室壁画中常见的题材。而成套的茶器和酒器各成体系，互不混淆。只是单个的盏除高足盏可认为用于饮酒外，一般圈足盏尚不易确定其归属。比如长

图 16-17

1　金，壁画，《茶具图》　山西长治李村沟金墓南壁东侧龛内
2　金，壁画，《酒具图》　山西长治李村沟金墓南壁西侧龛内
3　元，壁画，《进茶图》　山西文水北峪口元墓西北壁
4　元，壁画，《进酒图》　山西文水北峪口元墓西北壁

---

①　白诗见《白氏文集》卷一六、五八、五九。冯诗见《缙云文集》卷二。文诗见《丹渊集》卷七。
②　长治金墓壁画见《考古》1965 年第 7 期。
③　文水元墓壁画见《考古》1961 年第 3 期。

图16-18 唐代茶盏与酒盏

1 茶盏

2 酒盏

沙窑址出土的带"岳麓寺茶埦"与带"美酒"字样的唐代圈足盏，造型几无分别（图16-18）。景德镇湖田窑址出土的北宋前期圈足盏，有的在盏心印"茶"字，有的却印"酒"字。可见茶具和酒具这时尚未从圈足盏中分化出各自专用的器形来①。

　　到了元代后期，随着饮散茶和饮蒸馏酒之风的兴起，茶、酒具都发生了变化，茶托和注碗逐渐隐没不见了。散茶是将茶芽或茶叶采下晒干或焙干后，直接在壶或碗中沏着喝，一般不屑香料，也不压饼、碾末。此法自元代后期开始流行，到明代就完全排斥了末茶法。明洪武二十四年（1391年）且明文规定禁止碾揉高级茶饼②。这样一来，连普通茶饼也随之逐渐消失。于是原先盛开水的茶瓶遂一变而为沏茶的茶壶。它虽是自茶瓶演嬗而来，但不仅用法不同，而且所加的开水也有别；点茶因为要求末饽均匀，云脚不散，以便斗试，所以《大观茶论》要求"用汤以鱼目蟹眼，连绎进跃为度，过老则以少新水投之"。也就是让水达到刚刚开始沸腾，如苏轼诗所称"蟹眼已过鱼眼生，飕飕欲作松风鸣"的程度。三沸以上，便认为"水老不可食也"（《茶经》）。而在茶壶中沏茶，"汤不足则茶神不透，茶色不明"（明陈继儒《太平清话》），所以要用"五沸"之水，才能使"旗（初展之嫩叶）枪（针状之嫩芽）舒畅，青翠鲜明"（明田艺蘅《煮泉小品》）。不仅如此，这时由于在壶中沏茶，所以认为"若瓶大啜存停久，味过则不佳矣"（明顾元庆《茶谱》）。所谓"大小之制，唯所裁给"的说法不再

---

① 长沙窑课题组：《长沙窑》，紫禁城出版社，1996年。周世荣：《金石瓷币考古论丛》，岳麓书社，1998年。刘新园、白焜：《景德镇湖田窑考察纪要》，《文物》1980年第11期。

② 《明会典》：洪武二十四年"诏有司听茶户采进建宁茶，仍禁碾揉为大小龙团"。

提了，而强调"壶小则香不涣散，味不耽阁"（明冯可宾《岕茶笺》）。又认为"壶以砂者为上，盖既不夺香，又无熟汤气"（明文震亨《长物志》）。明代制茶壶的名手龚春、时大彬等人就是根据这些标准，制出了一种紫泥小砂壶，它正是散茶阶段的产物。而近代茶壶之名称，也是到这时才定下来的。虽然如此，但这一名称之被社会普遍接受还需要有一个过程，所以起初它曾被叫作茶罐，不仅口语中用，诗文中亦用之，如明徐渭《某伯子惠虎丘茗谢之》"青箬旧封题谷雨，紫砂新罐买宜兴"句中之紫砂罐，明张岱《陶庵梦忆·砂罐锡注》中之砂罐，均指紫砂茶壶。而当茶壶这一名称传播开之后，茶瓶之名遂渐不为人所知。明曹昭《格古要论》说："古人用汤瓶、酒注，不用壶。"这话的前一半固然不错，但汤瓶和茶壶、酒注和酒壶间实有紧密的承袭关系；他的说法容易使人认为它们各自的形制完全不同，而没有把名称虽变化、但形制在改易中又有其连贯性的一面说清楚，就有可能引起误解了。

散茶法阶段由于茶叶本身的焙制方式改变了，饮法和茶具也与前大不相同，所以这时对前代茶书中的若干提法也显得有些隔膜。如宋蔡襄《茶录》说"茶色白，宜黑盏"，"建安斗试，以水痕先者为负，耐久者为胜"，"其青白盏斗试家自不用"。《大观茶论》也说"点茶之色，以纯白为上"，"盏色贵青黑，玉毫条达者为上，取其燠发茶采色也"。金、元人笔下仍极口称道白色的茶。如金蔡松年词："午碗春风纤手，看一时如雪。"金高士谈词："晴日小窗活火，响一壶春雪。"元人如耶律楚材之"雪花滟滟浮金蕊，玉屑纷纷碎白芽"等句，均着意于此[①]。但这会给读者一种错觉，以为唐茶也是白色的，也重视深色的茶盏，其实不然。唐代罕见白茶，茶以绿色者为主。李泌诗"旋沫翻成碧玉池"、郑谷诗"合座半瓯轻泛绿"、李咸用诗"半匙青粉搅潺湲，绿云轻绾湘娥鬟"、秦韬玉诗"老翠看尘下才熟，搅时绕箸天云绿"，所咏均为绿茶。

---

① 蔡松年、高士谈词见唐圭璋编：《全金元词》，中华书局，1979 年，第 4、23 页。耶律楚材诗见《湛然居士集》卷五。

这种情况至五代仍未改变，郑遨诗"唯忧碧粉散，尝见绿花生"，可证。由于茶是绿色，如再盛以黝黯的茶碗，则其色不彰。就遗物考察，当时邢窑细白瓷的质地实居诸窑之冠。李肇《唐国史补》说："内丘白瓷瓯""天下无贵贱通用之。"嗜茶者亦不例外，比如唐释皎然《饮茶歌》就说："素瓷雪色缥沫香。"陆士修《月夜啜茶联句》："素瓷传静夜，芳气清闲轩。"白居易《睡后茶兴忆杨同州》："白瓷瓯甚洁，红炉炭方炽。"皆着意于白瓷茶具。又皮日休《茶中杂咏·茶瓯》诗说："邢客与越人，皆能造兹器。"①他虽然提到越瓷，却仍将白色的邢瓷放在第一位。只是到了点茶法行世的宋代，茶色才尚白，茶盏才贵黑。而明代的茶盏又改成白色的。由白而黑而白，从表面上看是在循环往复，然而实反映出不同时期中饮茶方式的巨大变化。明代人往往不了解宋代末茶的特点，仅就散茶立论，所以反相诘难说："茶色自宜带绿，岂有纯白者？"（明谢肇淛《五杂俎》）"茶色贵白，然白亦不难，泉清、瓶洁、叶少，水洗，旋烹旋啜，其色自白，然真味抑郁，徒为日食耳！"（明熊明遇《罗岕茶记》）又有："宣庙时有茶盏，料精式雅，质厚难冷，莹白如玉，可试茶色，最为要用。蔡君谟取建盏，其色绀黑，似不宜用。"（明屠隆《考槃余事》）对于散茶来说，这些议论不无道理，然而用以说宋代末茶之茶色、用器，则全无是处。实际上，黑色的建盏元末已停烧，明代文献中所谓"建窑"，一般指德化窑的白瓷，而不再指水吉窑的黑瓷；也有称前者为"白建"，后者为"黑建"的。建盏由尚黑转为尚白，正反映出上述变化。酒器的变化虽不像茶器这么大，但失去了酒台和注碗，和宋代比起来亦面目全非。

因此，元代后期以降，绘画中如再出现前一阶段的茶具和酒具，每或安排得不尽妥当。如山西洪洞广胜寺水神庙北壁东部壁画《尚食图》中进茶的女

---

① 李泌诗见《邺侯家传》。郑谷诗见《全唐诗》一〇函六册。李咸用诗见前书一〇函二册。秦韬玉诗见前书一〇函五册。郑遨诗《诗话总龟·后集》引《三山老人语录》。皎然诗见《全唐诗》一二函二册。陆士修诗见前书一一函九册。白居易诗见前书七函七册。皮日休诗见前书九函九册。

官，前一人捧托盏，后一人却端着带注碗的酒注。①明仇英《春夜宴桃李园图》中表现的是酒筵，但喝酒的人却手执托盏。②时易事异，而画人不察，就不免张冠李戴了。

（原载《中国历史博物馆馆刊》第 4 期，1982 年）

---

① 柴泽俊、朱希元：《广胜寺水神庙壁画初探》，《文物》1981 年第 5 期。
② 〔明〕仇英《春夜宴桃李园图》，日本京都藤井有邻馆藏。

17 鹦鹉杯与力士铛

鸬鹚杓，鹦鹉杯。

百年三万六千日，一日须倾三百杯。

遥看汉水鸭头绿，恰似葡萄初酦醅。

此江若变作春酒，垒曲便筑糟丘台！

……

舒州杓，力士铛，李白与尔同死生。

襄王云雨今安在？江水东流猿夜声。

——李白《襄阳歌》

李白的这首脍炙人口的名作，千百年来广泛流传。但其中提到的鹦鹉杯与力士铛究竟是何等样子的器物，过去人们一直说不很清楚。往年咏习此诗时，念到这里，虽然也囫囵吞下，却总不免有梗塞之感。诗人举出眼前的器物，本应使诗中的形象更加亲切鲜明；可是由于后世的读者对这些器物已然陌生，所以印象反而扑朔迷离，甚至使这些天才诗句的艺术感染力也因之而减色了。

其实鹦鹉杯在诗文中并不罕见。如隋薛道衡诗："同倾鹦鹉杯。"唐骆宾王赋："鹦鹉杯中休劝酒。"唐方干诗："琵琶弦促千般语，鹦鹉杯深四散飞。"所咏均系此物。它是用南海所产鹦鹉螺的壳制作的杯子。在我国此物大约于4世纪初才受到重视；这和当时交广地区进一步得到开发：岭表异物纷纷传入中原的形势是分不开的。东晋初，做过广州刺史的陶侃曾"上成帝螺杯一枚"（《艺文类聚》卷七三引《陶侃故事》）。《宋书·张畅传》说："孝武又致螺杯、杂粽，南土所珍。"①此所谓螺杯，指的就是鹦鹉螺制的杯。吴万震《南州异物志》说："鹦鹉螺状似霞，杯形如鸟，头向其腹，视似鹦鹉，故以为名。"唐刘恂《岭表录异》卷中："鹦鹉螺旋尖处屈而朱，如鹦鹉嘴，故以此名。壳上青绿斑文，大者可受三升。壳内光莹如云母，装为酒杯，奇而可玩。"直到清代，屈大均在《广东新语》卷一六中还说："鹦鹉杯本海螺壳也，出琼州三亚港青栏海中。前屈而朱，如鹦鹉嘴然，尾旋尖处作数层，一穴相贯，甚诘曲，可以藏酒。"它的壳外有暗紫色、鲜红色或青绿色的花斑，壳内光莹如云母。此物用于盛酒，庾信诗"香螺酌美酒"可证。《宋书·礼志》说："奠霍山，盛酒当以蠡杯。"蠡杯也就是螺杯，因为用于祭山，登上了高贵的庙坛，所以名称也变得古雅了。讲究的螺杯琢磨精致，往往镶金银扣（见《格古要论》）。并且由于螺腔蜿曲，薮穴幽深，饮酒时不易一倾而尽，号称"九曲螺杯"（见《清异录》），故为人所宝爱。欧阳修《鹦鹉螺诗》中甚至写出了"一螺千金价谁量"之句②。而元谢宗可《螺杯》则称："香醅浮蚁入旋涡，半壳苍琼费琢磨。应愧美人盘宝髻，且供豪客捲金波。"元王恽《赋鹦鹉螺杯》称："鸥斑渍粉垂金薤，鹦喙嫌寒缩翠窠。樽出瘿藤纹浪异，瓢成椰子腹空皤。"③均极尽体物肖形之能事。

可是过去没有出土过鹦鹉螺杯，尽管文献中言之凿凿，对其具体形制仍不明了。1965年，在南京人台山东晋王兴之墓中出土了一件大螺壳，以铜镶扣，器口两侧装铜质双耳，壳外并饰有朱红色的条纹。此器长13.3厘米，高10.2厘米，宽9.9厘米。发掘报告称之为"镶铜蚌饰"，并推测说："可能为一冠或盔饰。"④基于这种认识，所以最初发表的照片是底朝上倒扣着的。其实，它并

<hr>

① 余嘉锡说："李慈铭云：'案《通鉴》：卢循遗刘裕益智粽。《宋书》：废帝杀江夏王义恭，以蜜渍目睛，谓之鬼目粽。近儒段玉裁谓粽皆当作糉。《广韵》《集韵》《类篇》《干禄字书》皆有糉字，蜜渍瓜食也。'……嘉锡考之诸书，凡释糉字，皆谓蜜渍瓜果，盖即今之所谓蜜饯。"见《世说新语笺疏》，中华书局，1983年，第832页。

② 《六一居士集》卷四。

③ 〔清〕俞琰：《咏物诗选》卷五。〔清〕张玉书等：《佩文斋咏物诗选》卷二一三。

④ 南京市文物保管委员会：《南京人台山东晋王兴之夫妇墓发掘报告》，《文物》1965年第6期。

图 17-1　东晋，鹦鹉杯（后部残损）
江苏南京人台山东晋墓出土

不是冠饰，而正是一只鹦鹉杯，并且是科学发掘出土的早期鹦鹉杯之已知的唯一实例（图17-1）。这只杯的旋尖处弯向器口，即所谓"头向其腹"。它装有双耳，表明确是杯子。它是圜底器，无圈足，平置之不易放稳；这又和梁陆倕《蠡杯铭》中所说"用迈羽杯，珍愈渠椀。实同蠡测，形均扑满"的提法相一致。扑满

也被看作是欹器之类，用它比拟圜底的鹦鹉杯，正相切合。从前见到的图画中的"太白醉酒"，画家常在李白手里放一只于唐代遗物中绝不经见的方形酒斗；其实按照《襄阳歌》中所述，李白拿的却应是这种斑驳晶莹的鹦鹉杯。

至于力士铛，则是一件温酒之器。《通俗文》说："鬴有足曰铛。"（《御览》卷七五七引）唐代的铛三足有柄，在西安何家村唐代窖藏中曾出过两件。一件是金铛（图17-2），一件是银铛。金铛在鱼子纹地上刻镂出缠枝卷草和飞禽走兽。银铛虽为素面，但足作蹄形，柄可折叠。均极精美。《新唐书·武攸绪传》说朝廷赐给他"金银铛鬲"，其物大约与何家村所出者相接近。李白所吟咏的，可能也是这类器物。但问题是对力士铛之"力士"二字应作何解释。《新唐书·韦坚传》说，天宝二年（743年）自江南向长安进奉之物中有"豫章力士瓷饮器"一品。1982年，在江苏丹徒丁卯桥的唐代窖藏中出土了一大批银器，

图 17-2　唐，金铛　陕西西安何家村窖藏出土

其中的银盆、银盒、银茶托、银碗、银盘、银碟、银高足杯、银注子、银锅、银勺、银筷、银匕、银熏炉以及银令旗上，都刻有"力士"二字①（图17-3）。研

① 丹徒县文教局、镇江博物馆：《江苏丹徒丁卯桥出土唐代银器窖藏》，《文物》1982年第11期。

究者或认为标有"力士"字样的器物都是酒器，说"力士"是"标明一种银酒具的特定名称"。但像盒子、茶托、熏炉之类，实难归入酒器之列。还有一种更具体的意见，即认为"力士"是器主之名，并找到盛唐大珰高力士名下，说"这批银器可能即当时润州地方官吏进献高力士或受命制作的礼品"。可是丁卯桥银器的风格显然晚于盛唐，去高力士炙手可热之时已远，地方官

图 17-3　唐，银器上的"力士"刻铭
江苏丹徒丁卯桥窖藏出土

员已经没有必要去巴结一个已失势或已逝世的人物了。故此说恐难以成立。结合《襄阳歌》中的"力士铛"与《韦坚传》中的"力士瓷饮器"来考虑。则第一，"力士"不应是器主之名。第二，从在瓷饮器之前冠以"豫章"的语法看，"力士"也不应代表特定的产地。第三，丁卯桥之力士银器，种类繁杂，所以"力士"也并不专指酒器。而高力士之得名，本无深意。《旧唐书·宦者·高力士传》称："高力士，……少阉，与同类金刚二人，圣历元年岭南讨击使李千里进入宫。""力士"既与"金刚"为类，则不过是流俗之恒语而已。看来，它似乎可以被认为是当时对坚实之制品的一种美称。比如在汉代，铜器、漆器以及砖的铭文中，都出现过"造作牢"之类说法。六朝至唐代的文献中，又有所谓"百炼刀""百炼镜""百炼金"等物；"百炼"一词起初虽含有冶金工艺上的具体定义，但这时说的"百炼"只不过是泛指优等品，并不代表特定的技术规格。犹之乎宋代所称之"功夫布""功夫细针"，明、清所称之"贡酒""贡米""贡缎"一样，一般皆为虚誉。这和现代口语中说的"高级"品相仿；既无统一的标准，也不限其使用范围。当然，像"牢""百炼""功夫""贡"等词的语源已为人所共知；而唐代何以将优质品称为"力士"？其语源尚无一致看法，有待做进一步地探讨。

总之，鹦鹉杯即螺壳杯，力士铛即高级三足铛。弄清楚了它们的形制，虽

然对名物研究不无小补，但诗就是诗，既要理解，还要随着诗人一同展开想象的翅膀。倘若把《襄阳歌》中那句诗译为"舒州勺子，高级三足铛，李白和你们共死生"，可就大煞风景了。

（原载《文物天地》1987年第1期）

第三章　日常生活

18　镇

镇是用来压席子角的。中国古代室内家具的种类不多，比较讲究的房间里，也不过陈设矮床、几案、屏风等物。但需铺席的地方却不少，为了避免由于起身落座时折卷席角，遂于其四隅压镇。这种做法早在西周时已出现。已知之最早的镇见于陕西宝鸡茹家庄1号西周墓，外层为铜质，略近椭圆形，顶面饰饕餮纹。由于浇铸时用青麻石做内模，所以其铜壳与石模紧贴在一起（图18-1）[①]。可是因为西周镇只有此一件孤例，所以不知道它在当时的流行程度。镇的再次出现已届春秋末，浙江绍兴印山越国大墓虽经被严重盗扰，仍出玉镇19件，高度一般在7厘米左右，底径约8厘米，皆呈秤锤形，式样已初步定型（图18-2:1）[②]。绍兴发现的战国原始青瓷镇，高11.8厘米，底径12.8厘米，因内部中空，故较玉镇略大，但造型类似（图18-2:2）[③]。在这时之著名的大墓、湖北随县（今随州市）曾侯乙墓中，也出此式铜镇，不过装饰得很华丽，镇面上有八条互相蟠结的龙，或呈浮雕状，或高出器表呈镂空圆雕

图18-1　西周，石模铜镇

陕西宝鸡茹家庄1号墓出土

---

① 卢连成、胡智生：《宝鸡㺇国墓地》上册，文物出版社，1988年，第280页。

② 浙江省文物考古研究所等：《浙江绍兴印山大墓发掘报告》，《文物》1999年第11期。

③ 绍兴市文物管理处：《浙江绍兴市发现的印纹硬陶器和原始青瓷器》，《考古》1996年第4期。

图 18-2　秤锤形镇

1　春秋，玉镇　浙江绍兴印山越墓出土　　　2　战国，原始青瓷镇　浙江绍兴征集

图 18-3　战国，铜蟠龙镇

湖北随县曾侯乙墓出土

图 18-4　战国，器盖形金镇

湖北随县曾侯乙墓出土

状。它不仅内部中空，且不封底，如同一枚半球形的器盖（图 18-3）。同墓所出金镇，亦作器盖形，却更扁些、小些（图 18-4）[1]。和这些金镇的造型极为接近的错金铜镇，又见于湖北黄冈芦冲 1 号和荆门包山 2 号江陵九店 275 号等楚墓中（图 18-5）[2]。以上情况说明，至战国时，镇已不甚罕见，于是在文献中也能看到有关它的记述。

《楚辞·九歌·东皇太一》："瑶席兮玉瑱。"《北堂书钞》卷一三三、《艺文类聚》卷六九引并作镇。朱熹集注："瑱与镇同，所以压神位之席也。"《九歌·湘夫人》："白玉兮为镇。"王逸注："以白玉镇坐席也。"汉、六朝文献中对镇的用法描述得更加具体。汉邹阳《酒赋》说："安广坐，列雕屏，

---

[1]　湖北省博物馆：《曾侯乙墓》上册，文物出版社，1989 年，第 244、393 页。

[2]　黄冈市博物馆等：《湖北黄冈两座中型楚墓》，《考古学报》2000 年第 2 期。湖北省荆沙铁路考古队：《包山楚墓》上册，文物出版社，1991 年，第 194 页。湖北省文物考古研究所：《江陵九店东周墓》，科学出版社，1995 年，第 211 页。

图 18-5　战国，器盖形铜镇

1　湖北黄冈芦冲 1 号墓出土　　　　　　　　3　湖北江陵九店 275 号墓出土

2　湖北荆门包山 2 号墓出土

绡绮为席，犀璩为镇。"旧题汉郭宪撰《洞冥记》卷二说："金床象（席），琥珀镇。"追记汉代情况的《西京杂记》也说昭阳殿有"绿熊席，席毛长二尺余"，"有四玉镇，皆达照，无瑕缺"。南朝姚察《汉书训纂》更指出："瑱，谓珠玉压座为饰也。"（《华严经音义》卷上引）鉴于镇字可以从金，又可从玉，表明它有金属的和玉石的两大类，实际情况也正是如此。

　　汉代的玉石类镇不多见，广西贺县（今贺州市）西汉墓曾出土四个一套的方锥形券顶石镇，贵州兴义东汉墓中出过下方上圆的石镇[①]。而金属镇在汉代则蔚为大观，完整的一套皆为四枚，高 3.5 厘米~10 厘米，底径 6 厘米~9 厘米。其中有沿袭传统的秤锤形者，如河北怀安北沙城 6 号墓所出素面铁镇（图 18-6）。同式铁镇也曾在江苏徐州汉墓出土，徐州博物馆陈列出许多件。山东沂水荆山西汉墓出土的铅镇，虽饰以蹲兽，轮

图 18-6　汉，素面铁镇

河北怀安 6 号墓出土

①　广西壮族自治区文物工作队、贺县文化局：《广西贺县河东高寨西汉墓》，《文物资料丛刊》（第 4 辑），文物出版社，1981 年。贵州省博物馆考古组：《贵州兴义、兴仁汉墓》，《文物》1979 年第 5 期。

廓仍接近扁球形。①但更令人耳目一新的是汉代创制的动物形镇，常见的有虎、豹、辟邪、羊、鹿、熊、凤、龟、蛇等（图18-7:1~8）。为了避免牵羁衣物，这些动物往往蜷屈蟠伏成一团，但其身姿并不显得局促。陕西西安小白杨村西汉墓所出鎏金银卧虎铜镇，虎转身回顾，头俯在臀上，双耳后抿，四足并拢，利爪连成一片，造型简洁洗练。②江苏铜山小龟山西汉崖墓及北京丰台大葆台2号西汉墓所出虎镇，式样虽与小白杨村者相接近，但缺乏后者在遒劲之中又透露出几分温驯之气的那种大可玩味的神态。③山西浑源毕村2号西汉墓所出虎镇，在圆座上有双虎旋绕，别具一格。④河北定县（今定州市）北庄东汉墓出土的错金银铜虎镇，虎体上嵌错出很细的斑条，作风典雅庄重。⑤一枚传河南出土的鎏金铜虎镇，虎体极度反屈，前后肢对抱在一起，给人以紧张狞猛之感。而体形与虎相接近的豹出现在汉镇中时，却又表现出不同于虎的特点。如河北沧州地区发现的一例，全身用金丝错出旋涡纹，与虎的斑条一望而有别。⑥特别是满城2号西汉墓出土的四件错金银豹镇，身上嵌错出梅花状豹斑，昂首侧脑，瞋目皱鼻，口部微张，若凝视某处而发出低声的嘶吼。⑦它们的眼睛本嵌以白玛瑙，由于黏合剂中调有颜料，故呈现红色，更显得炯炯有神；完全可以跻身于我国古代最成功的动物雕塑小品之列。

以虎豹等动物的形象制镇，大约还含有辟去邪厉的用意。汉代陵墓前常立石虎，乃是为了驱除地下的魍魅罔象。应劭《风俗通义》就说"罔象畏虎"。但

① 水野清一等：《万安北沙城》，座右宝刊行会，1946年。沂水县文物管理站：《山东沂水县荆山西汉墓》，《文物》1985年第5期。
② 《中华人民共和国シルクロード文物展》图11，读卖新闻社，1979年。
③ 南京博物院：《铜山小龟山西汉崖洞墓》，《文物》1973年第4期。北京市古墓发掘办公室：《大葆台西汉木椁墓发掘简报》，《文物》1977年第6期。
④ 山西省文物工作委员会等：《山西浑源毕村西汉木椁墓》，《文物》1980年第6期。
⑤ 河北省文化局文物工作队：《河北定县北庄汉墓发掘报告》，《考古学报》1964年第2期。
⑥ 沧州地区文化局文物组：《杜阳虎符与错金铜豹》，《文物》1981年第9期。
⑦ 中国社会科学院考古研究所、河北省文物管理处：《满城汉墓发掘报告》上册，文物出版社，1980年，第265页。

图 18-7　汉，异形镇

1　虎镇　陕西西安出土
2　虎镇　传世品
3　虎镇　（传）河南出土
4　豹镇　河北满城 2 号墓出土
5　羊镇　山西阳高出土
6　羊镇　宁夏固原出土
7　凤镇　陕西西安出土
8　熊镇　安徽合肥出土
9　山岳形镇　山西浑源出土

汉代人还创造出了一种叫作"辟邪"的神兽，造型更加雄肆，专用以"辟除群凶"。汉镇中也有辟邪，常作三只在一起环山绕行之状，颇似博山炉的盖子。这种辟邪镇北起乐浪、南抵合浦均有实例出土。此外，羊和鹿也是汉镇习用的题材，它们都是象征吉祥的动物。汉郑众《婚物赞》说："羊者祥也""鹿者禄也"。汉代墓地立石羊，墓门楣雕石鹿，或亦着眼于此。而当它们的形象被制成铜镇时，较之石雕就细腻生动得多了。河北定县 40 号西汉墓、邢台南郊西汉墓和宁夏固原所出羊镇，均用银嵌错。[①]辽宁新金（今普兰店区）西汉墓和河南陕县（今峡州区）后川 3003 号西汉墓所出鹿镇，则以南海产的带斑点的

---

① 河北省文物研究所：《河北定县 40 号汉墓发掘简报》，《文物》1981 年第 8 期。河北省文物管理处：《河北邢台南郊西汉墓》，《考古》1980 年第 5 期。《文物考古工作三十年·宁夏三十年文物考古工作概况》，文物出版社，1979 年。

大货贝充鹿身。①山西阳高12号西汉墓所出羊镇、浑源毕村所出龟镇也嵌贝。②
莹润斑驳的贝壳和铜铸的其他部分搭配得非常自然。有些汉镇则做成山岳形
（图18-7:9）。为了增加镇的重量，新金鹿镇在贝壳内灌满细砂，满城豹镇内甚
至灌铅。汉镇一般重600克～800克，约合2.5汉斤～3汉斤，很适于压席，实用
和装饰的目的被巧妙地统一了起来。

　　至于蛇镇，在《万安北沙城》一书中著录过一件，与铜印之蛇钮的造型不
同，它要蟠绕纠结得更复杂些。熊在汉代也被视为吉祥的动物。《诗·小雅·
斯干》郑玄笺："熊罴在山，阳之祥也。"汉代工艺家颇善塑熊，肥胖的熊体被
处理得憨厚可爱，这样的四枚熊镇放置在坐席四隅，就使汉代较单调的室内布
置增添了活泼的气氛。此外，汉
代还有一类人物形镇，近年在河
北满城、山西朔县（今朔州市）、
甘肃灵台、江西南昌、四川资
阳、广西西林等地的汉墓中多次
出土。③它们往往袒胸露腹，手
臂或上举，或下拍，表情多作嬉
笑滑稽之状（图18-8）。汉代有

图18-8　汉，人物形镇　河北满城出土

①　旅顺博物馆、新金县文化馆：《辽宁新金县花儿山汉代贝墓第一次发掘》，《文物资料丛刊》（第
　　4辑），文物出版社，1981年。黄河水库考古工作队：《1957年河南陕县发掘简报》，《考古通讯》
　　1958年第11期。
②　小野胜年、日比野丈夫：《蒙疆考古记》图版43，星野书店，1946年。浑源出土龟镇见《山西浑
　　源毕村西汉木椁墓》。
③　满城人物形镇见《满城汉墓发掘报告》下册，图版60。朔县（今朔州市）人物形镇见平朔考古队：《山
　　西朔县秦汉墓发掘简报》，《文物》1987年第6期。灵台人物形镇见灵台文化馆：《甘肃灵台发现
　　的两座西汉墓》，《考古》1979年第2期。南昌人物形镇见江西省博物馆：《南昌东郊西汉墓》，《考
　　古学报》1976年第2期。资阳人物形镇见《全国基本建设工程中出土文物展览图录》图版215，中
　　国古典艺术出版社，1956年。西林人物形镇见广西壮族自治区文物工作队：《广西西林县普驮铜鼓
　　墓葬》，《文物》1978年第9期。

一种"拍袒"之戏，表演者科头袒衣，正和这类人物形镇的装束相似。[1]而且边打节拍边说唱，在我国也有悠久的传统。[2]所以这些人物似即代表作拍袒之戏的优伶。席上放置这样的镇，会使人感到诙谐可喜，室中也就显得生趣盎然了。

图 18-9　西汉，石枰上放置的四枚铜羊镇
山西阳高古城堡 17 号墓出土

在未经扰动的汉墓中，四枚镇多排列成方形，也有的还放置在漆枰或石枰的四角，如在河北邢台西汉刘迁墓、山西阳高古城堡12号及17号西汉墓中所见者（图18-9）。但枰有两种。一种是坐具，即服虔《通俗文》所说："板独坐曰枰。"（《初学记》卷二五引）这种枰呈方形矮案状，其上只坐一人。《释名·释床帐》说："小者曰独坐，主人无二，独所坐也。"河北望都1号东汉墓的壁画中有独坐板枰的人物，然而在画中的枰上未绘出镇。镇在汉以后还继续使用，所以刘宋鲍照的《代白纻舞歌辞》中仍说："象床瑶席镇犀渠。"直到晚唐，在孙位《高逸图》中右起第二人所坐花毡的四角上仍各压一枚镇，将坐席镇的使用情况表现得极为明确（图18-10）。

图 18-10　唐，孙位，《高逸图》中所见坐席镇

---

① 《三国志·魏书·王粲传》裴松之注引《魏略》说："（曹）植初得（邯郸）淳甚喜，延入坐，不先与谈。时天暑热，植因呼常从取水自澡讫，傅粉。遂科头拍袒，胡舞五椎锻，跳丸击剑，诵俳优小说数千言讫。"又同书《三少帝纪·齐王芳》裴注引《魏书》所载司马师《废帝奏》说：曹芳"日延小优郭怀、袁信等于建始芙蓉殿前裸袒游戏"。可见当时优人常袒衣。

② 《荀子》书中有《成相篇》。〔宋〕王应麟《汉艺文志考证》卷八说："相者，助也；举重劝力之歌。"〔清〕俞樾《诸子平议》卷一五："郑注曰：'相谓送杵声。'盖古人于劳役之事必为歌讴以相劝勉，亦举大木呼邪许之比，其乐曲即谓之相。"后来在这类号子的基础上加工而成的说唱表演，仍要打出较强的节拍。

图 18-11 唐，卷草纹带盖银豆
美国弗利尔美术馆藏

但《高逸图》是宋徽宗定名，参照南京西善桥南朝墓所出拼镶砖画《竹林七贤与荣启期图》及洛阳存古阁所藏宋代石刻《竹林七贤图》，则此图实为《七贤图》残卷。而自南朝以降，"竹林七贤"是常见的绘画题材，各家之作在构图上不无递相仿效之处。那么孙位画的坐席镇究竟是摹自古本？还是现实中之唐镇的写照呢？从《高逸图》中出现的器物看，后一种设想是有可能的。图中的镇虽在唐代遗物中尚未见过，但其坐席上方所置之豆，与美国弗利尔美术馆收藏的唐卷草纹带盖银豆绝肖，说明所绘器形确有依据（图 18-11）。图中的镇虽稍高些，但显然是在传统的秤锤状的基础上加工而成，唐镇如采用这种造型也是合理的。

再看第二种柄，它是玩六博时投箸用的，即扬雄《方言》卷五所说："所以投簿谓之柄。"一套博具中有六根箸，箸亦名簿，六博即得名于六簿。此外，对博的双方各有六枚棋子。棋子布在博局上。博局又名曲道，因为那上面有 TLV 形的规矩状格道。行棋之前要投箸，视所得之筹数决定行棋的步子。箸一般投在柄上。所以汉画中所见之六博图，好像在两名对博的人中间摆着两个棋盘；其实有格道的那一张是博局，素面的那一张是博柄。博柄上有时刻绘出六条线，代表六根箸。它一般比独坐之柄矮，有的只是一块方板。不过也有不用博柄，直接在博席上投箸的。如湖北江陵凤凰山 8 号西汉墓所出遣册中记载的一套博具，包括"博箅（指箸）、綦（指棋子）、桐（指博局）、博席一具。博囊一"。[①]其中就没有柄，只有席。讲究的博具则既有席，又有柄。如汉马

---

① 长江流域第二期文物考古工作人员训练班：《湖北江陵凤凰山西汉墓发掘简报》，《文物》1974 年第 6 期。

融《樗蒲赋》说:"枰则素旃紫罽,出乎西邻,缘以缋绣,铢以绮文。"(《艺文类聚》卷七四引)它所铺的甚至是高贵的毛织物。这类博席也用镇压住四角。《说文·金部》:"镇,博压也。"即指博席上所用的博镇。但段玉裁注竟

图 18-12　汉,画像石中所见博镇
四川新津出土

说它"如今赌钱者之有桩也",大误。山东微山两城山与四川新津出土的汉画像石之六博图中,在博席四角都刻出四枚圆形物;新津画像石上的圆形物还明显地凸起来,所表现的无疑是博镇(图 18-12)[①]。

既然汉镇分坐席镇与博镇二种,那么能不能在出土物中将二者区分开来呢?要做到这一点还是比较困难的。有的学者主张人物形镇都是博镇。[②]但人物形镇有的很大,如西林镇高 9 厘米~10 厘米,灵台镇高 7.5 厘米~9.2 厘米,旧金山亚洲美术馆所藏镇的高度近 9 厘米,日本京都有邻馆所藏两枚人物形镇分别高 9.7 厘米和 10.3 厘米,安徽省博物馆所藏两枚人物形镇分别高 8.4 厘米和 9 厘米。在 60 厘米~70 厘米见方的博枰之四角摆上这么高的四枚镇,显然有碍其投箸。自新津画像石上看,博镇的体积相当小。故上说似有可商。目前大约只能笼统地讲,高 4 厘米左右的小型镇中可能有博镇,而高度近 10 厘米的大型镇可能大都为坐席镇。

南北朝以后,六博已不流行,所以隋唐的镇都是压席角的,不再存在从中区分出博镇的问题。已出土的隋唐镇皆为玉或石质,座上有伏兽的方台形。安徽亳县(今亳州市)隋王干墓出土的石镇,底部的方台边长 10.5 厘米,高 12

① 微山两城山画像石见《山东汉画像石选集》图 9,齐鲁书社,1982 年。新津画像石见 R. C. Rudolph, *Han Tomb Art of West China*, pl.57。

② 〔日〕曾布川宽:《六博の人物坐像镇と博局纹について》,《古史春秋》第 5 号,1988 年。

图18-13 隋唐镇

1 隋，石镇 安徽亳县王干墓出土
2 唐，白玉镇 陕西西安兴庆宫遗址出土
3 唐，白玉镇 陕西西安韦美美墓出土

厘米，上伏一狮（图18-13:1）。①西安唐兴庆宫遗址出土的白玉镇，方台边长13厘米，高7.5厘米，刻龙凤葡萄纹，上伏一兔（图18-13:2）。②西安东郊唐韦美美墓出土的白玉镇，底部之台呈长方形，长8厘米，宽4.6厘米，高5.6厘米，台顶亦伏一兔（图18-13:3）。③镇上伏兔或取其温驯之意，而诗文中所称道者多为伏狮镇。秦韬玉诗："地衣镇角香狮子，帘额侵钩绣避邪。"④和凝诗："狻猊镇角舞筵张，鸾凤花分十六行。"⑤特别是阎随侯的《镇座石狮子赋》，由于采用了赋的体裁，所以描写得更加淋漓尽致：

> 尔其拂拭为容，剖断成质。
>
> 临玉簟而双丽，向雕楹而对出。
>
> 形势雄壮，似生入户之风。
>
> 浮彩轻明，欲夺临轩之日。
>
> …………

① 亳县博物馆：《安徽亳县隋墓》，《考古》1977年第1期。

② 陕西省博物馆：《汉唐丝绸之路文物精华》图165，龙出版公司，1990年。

③ 呼林贵、侯宁彬、李恭：《西安东郊唐韦美美墓发掘记》，《考古与文物》1992年第5期。

④ 《全唐诗》十函五册。

⑤ 《全唐诗》十一函四册。

俯以琉璃之础，安以玳瑁之床。

芳座艳绮罗之色，锦衣染兰麝之香。

光耀铜武，彩映银章。

威慑百城，襄帷见之而增惧。

坐镇千里，伏威无劳于武张。

……

一为席上之珍，几对高堂之宴。

弃置为从于取舍，光价幸生乎顾盼。

观乎府庭之内，莫为之最。

其情也无欲于中，其质也见神于外。

既狎人之不恐，亦与物而何害①。

原承翦拂之恩，长寿衣冠之会。

　　诗人未曾想到的是，其所称"狎人不恐"的狮子镇有时竟变成凶器。《辽史·穆宗纪》载：应历十年（960年）"以镇茵石狻猊击杀近侍古哥"。可见石镇也不可小觑。它和立在大门口的石狮子在造型上应有一定的亲缘关系；不过这是别一问题，这里就不拟详谈了。

　　[据《汉镇艺术》(《文物》1983年第6期)、《坐席镇与博镇》(《文物天地》1989年第6期)合并改写]

---

①　《文苑英华》卷一〇九。

19　两件水禽衔鱼釭灯

汉代的铜灯式样繁多，蔚为大观。不过如多枝灯之类，虽然华贵，却还是沿袭着战国时的老样式。汉代新创制的一种灯型是带烟管的灯。此型铜灯早在20世纪50年代初已于长沙五里牌401号西汉墓中发现过，灯身作鼎形，装两条烟管。鼎形器口置灯盘，有两道槽口，嵌插两片弧形羁板作为灯罩。灯盘可以转动，羁板可以开合，从而灯光的照度和照射方向可以调节。这种灯型特别见长的是：它可以通过烟管将灯烟导入灯腹，溶入其中所贮之水，使室内减少煤炱而保持清洁。这一点已为研究者多次指出。但它既然具有与普通灯不同的功用，成为一种独特的灯型，则应有自己的专名。然而在给出土的这类铜灯定名时，却往往把结构上的特征撇在一边，仅依造型或铭记定名，比如灯身呈牛形或凤形的被称为"牛灯"或"凤灯"；灯上的刻文中标出长信宫的就称为"长信宫灯"。可是同样以"牛灯"为名的，除了这种带烟管的类型外，还有一种不带烟管、结构与常见的羊灯相似、背部可以翻开成为灯盏的那一种。两种构造互不相同的器物，却都被简单地称为"牛灯"，其容易引起误解，自不待言。

那么，带烟管的灯究竟应该怎样定名呢？这个问题早在宋代的《宣和博古图》中已透露出一点线索。此书中著录了一件双烟管鼎形灯的残器，铭文为"王氏铜虹烛锭"。此虹字应为釭字之假。南京大学藏有一件据传出自长沙柳家大山古墓的同型之灯。有三条铭文：器肩铭"閜翁主铜釭一具"，灯盘铭"閜翁主釭中镶"，盖铭"閜翁主釭镶盖"。[①] 后来，湖南省博物馆在柳家大山清理了一

---

① 查瑞珍：《閜翁主釭镶》，《文物》1979 年第 7 期。

座编号为M32的西汉晚期墓，其中出土的铜奁上刻铭"閭翁主家"[1]，则该灯即此墓所出。閭即闵字异体。镮则为盏之假字。又晋夏侯湛有《釭灯赋》(《艺文类聚》卷八○引）称此种灯："取光藏烟，致巧金铜。……隐以金翳，疏以华笼。融素膏于回盘，发朱辉于绮窗。"金翳、回盘，正是这种灯上的构件；藏烟，正是其性能的特点。釭指中空的管状物，《释名·释车》："釭，空也；其中空也。"车釭和建筑物壁带上的金釭均由此得名，也正与烟管的形状相符。所以烟管就是釭，带烟管的灯就是釭灯；釭灯又可简称为釭。这种灯至南北朝时仍为人所熟知，经常在诗文中被提到。如刘宋谢庄《宋孝武宣贵妃诔》："庭树惊兮中帷响，金釭暖兮玉座寒。"齐王融《咏幔诗》："但愿致樽酒，兰釭当夜明。"梁萧绎《草名诗》："金钱买含笑，银釭影梳头。"不仅在南北朝，这类名称还出现在唐代诗人笔下，如白居易《卧听法曲霓裳诗》中仍有"起尝残酌听余曲，斜背银釭半下帷"之句。考虑到唐段成式《寺塔记》中记载过一种令人怀疑与釭灯类似的"息烟灯"，则唐代人可能还曾使用，或者至少还了解这种类型的灯。到了北宋时，如晏几道的"今宵剩把银釭照，犹恐相逢是梦中"，则大约只是在用典故、掉书袋了。时代再晚些，对于何以称灯为釭，遂愈益不解。《康熙字典·金部》釭字下甚至说："按金釭非灯，乃诗人误用也。"又引《韵会》："俗谓金釭为灯，音杠，又书作缸；字义、字音、字画皆误。"由于装烟管的灯型久已湮佚不存，所以他们遂全然不解釭灯之制。近人有时甚至连"兰釭"之兰也不知其所指，如说："兰釭，盖因釭体饰有兰花，故名。"[2]其实古兰是菊科的都梁香，又名泽兰，并不观赏其花，而是以其茎、叶作为香料。故可以煮兰为兰汤，如《楚辞·九歌》所称"浴兰汤兮沐芳"；也可以煎兰为兰膏，如《楚辞·招魂》所称"兰膏明烛"。兰釭就是由于其中点燃的是加兰制成的香油而得名，即北周庾信《灯赋》所称："香添然蜜，气杂烧兰。"至于兰科

---

① 湖南省博物馆：《长沙柳家大山古墓葬清理简报》，《文物》1960年第3期。

② 查瑞珍：《閭翁主釭镮》，《文物》1979年第7期。

的春兰，即现代通称之兰花，要到南唐时才为人所注意，宋以前的文献中几乎不曾提到它。宋黄庭坚在《书幽芳亭》一文中揿兰花为古兰，就受到李时珍《本草纲目》的抨击。所以钉灯和春兰大约未见过面，更谈不到在钉灯上饰以兰花了。

尽管南北朝的钉灯之实物尚未发现过，但就已出土的汉代钉灯而言，它们在工艺上的成就已令人击节赞叹。且不说蜚声海内外的长信宫灯，即以牛形钉灯而论，已发现的三例在造型上也各擅其胜，毫不雷同。长沙桂家花园出土的牛钉灯安详雍雅；睢宁刘楼出土的古拙凝重；而邗江甘泉出土的那件通体错银，牛的体态出之以写实手法，侧首扬角，睥睨睑恶，更是神气十足。作鸟形者有广西合浦出土的一对凤形钉灯。而近年在山西朔州照什八庄和陕西神木塔村又分别发现水禽衔鱼钉灯，这两件铜灯极为肖似，好像是一组器物（图19-1、图19-2）[1]。它们在不同的地点相继出土，珠联璧合，堪称佳话。特别值得注意的是其造型采用了水禽衔鱼的形象，遂更加耐人寻味。

水禽衔鱼的图案，在河南临汝（今汝州）阎村、陕西宝鸡北首岭等地出土的新石器时代彩陶上已经出现。到了历史时期，在商和西周的玉雕、凤翔秦雍城遗址出土的瓦当、河北满城与辽宁新金（今普兰店）西汉墓出土的陶盆以及江苏铜山周庄、湖北当阳刘家冢子、四川宜宾翠屏村、山东苍山卞庄、四川合川濮湖（今属重庆市）等地发现的东汉石刻画像中也有这一题

图 19-1　水禽衔鱼钉灯

1　山西朔州出土
2　陕西神木出土

---

[1]　雷云贵：《西汉雁鱼灯》，《文物》1987 年第 6 期。牛志国：《鹅鱼灯》，《美术》1986 年第 12 期。

材。①降至北魏，在山西大同司马金龙墓出土
的石砚上仍刻有水禽衔鱼（图19-3:1~7）。
水禽的种类有鹤，满城汉墓所出陶盆上清楚
地画着一只衔鱼的丹顶鹤，苍山画像石的题
记中也有"龙爵（雀）除央（殃）鷛（鹤）嚼
鱼"之句。还有鹭，西南各地出土的朱提堂
狼铜杆，器底常铸出一鹭一鱼。还有鹳，登
封启母阙及宜宾翠屏村石棺所刻此类图形，
衔鱼的水禽都是鹳。在汉代，鹳衔鱼是升官

图19-2 水禽衔鱼钉灯（正视图）
山西朔州出土

之兆。《后汉书·杨震传》："后有冠雀衔三鳣鱼，飞集讲堂前。都讲取鱼进曰：
'……先生自此升矣。'"李贤注："冠音贯，即鹳雀也。"有意思的是，在云南
晋宁石寨山21号墓中还出了一件作鸬鹚衔鱼状的铜扣饰。除了这四种水禽外，
此类图形中还有不少衔鱼之鸟因特征不明显而难以确指其名。可是在汉代艺术
中，凤凰的特点是很突出的，这种神禽有时也来衔鱼；广东德庆大辽山东汉墓
之铜案、江苏徐州青山泉东汉墓之画像石中均有其例。不仅禽类，在山东诸城
前凉台、济宁南张的东汉画像石中，还有辟邪衔鱼与飞仙衔鱼的场面（图19-
3:8、9）②。它们为什么都要衔鱼呢？大约因为当时还把鱼视作吉祥之物之故。云
南昭通出土的一件汉代铜杆，器底铸出一条大鱼，两旁有"吉羊（祥）"二字
（图19-3:10）。《古玺汇编》5683所收两面印，一面的印文为"□□吉鉨"；另
一面为肖形印，作水禽衔鱼状。可见这是一种吉祥图案。钉灯做成此形，无疑

① 商代玉雕见讲谈社《世界博物馆·六·大英博物馆》图271。西周玉雕为山东济阳刘台子西周墓出土，
　见《文物》1986年第12期。凤翔秦瓦当见《文物》1984年第1期。满城陶盆见《满城汉墓发掘报
　告》上册，图194。新金（今普兰店）陶盆见《文物资料丛刊》（第4辑），文物出版社，1981年。
　铜山周庄画像石为徐州市博物馆藏品。当阳刘家冢子画像石见《文物资料丛刊》（第1辑），1977
　年。宜宾翠屏村画像石棺见《考古通讯》1957年第3期。苍山卞庄画像石见《考古》1975年第2期。
　合川濮湖画像石见《文物》1977年第2期。
② 《山东画像石选集》图147、560，齐鲁书社，1982年。

图 19-3

1 商，玉雕，水禽衔鱼　英国大英博物馆藏
2 西周，玉雕，水禽衔鱼　山东济阳出土
3 秦，瓦当，水禽衔鱼　陕西凤翔出土
4 西汉，彩绘陶盆，水鹤衔鱼　河北满城出土
5 东汉，画像石，二鸟衔鱼　山东济宁出土

6 北魏，石砚，水禽衔鱼　山西大同出土
7 东汉，画像石，凤凰衔鱼　江苏徐州出土
8 东汉，画像石，辟邪衔鱼　山东诸城出土
9 东汉，画像石，飞仙衔鱼　山东济宁出土
10 东汉，铜杆上代表吉祥的鱼纹　云南昭通出土

更将博得人们的喜爱。

　　不过话又说回来，朔县与神木出土的这两件钉灯上的水禽，与鹤、鹭等涉禽全异其趣，它们有点像雁、凫之类。因而《晋东宫旧事》中一再提到的"铜鸭头灯""金涂连盘鸭灯"（《艺文类聚》卷八〇引）等，其造型或与此二灯相近。那么将来会不会有晋代前后的水禽状钉灯出土呢？看来是不无可能的。

（原载《文物天地》1987年第5期）

20　汉代的跳丸飞剑

　　杂技表演中抛球是一个常见的节目，它在汉代叫跳丸，先秦则叫弄丸。《庄子·徐无鬼》提到楚国有善弄丸的勇士名宜僚。据陆德明《释文》称：当时楚国的白公胜想袭杀令尹子西，打算借用宜僚的力量。"乃往告之，不许也。承之以剑，不动，弄丸如故。"宜僚在刀剑的胁迫下，不失常态，继续弄丸，可见其风度之从容与技艺之娴熟；则先秦时我国的这项表演已有相当高的水平。至汉代，在艺术品中更屡屡见到它。四川彭县（今彭州市）出土的画像砖上有跳三丸的，山东肥城出土的画像石上有跳六丸的（图20-1：1、2）；演员或一脚踩盘，或一脚踩鼓，说明它与七盘舞、鼙舞等节目有所关联，属于我国传统的表演范畴。跳丸本来只用手抛接，但仅靠手技，能掌握之球的数量有限。据杂技家傅起凤、傅腾龙先生说，抛三四个球还不难，五个以上要想再增加一个，非磨炼上几年工夫不可。目前能抛九个的人，世界上也不多。可是在山东济宁出土的画像石上有跳八丸的；傅惜华先生所编《汉代画像全集》中著录的一块山东地区所出之画像石上，还有跳九丸的（图20-1：3、4）。从图像上看，这些表演者不仅用双手，还用身体其他部位抛接弹丸，这是值得注意的现象。

　　除跳丸外，杂技表演中还有抛剑的。由于剑刃锋利，手不能触，抛接时须看准方向，握住剑柄，故难度更大。《列子·说符篇》说宋人兰子能抛剑，"弄七剑迭而跃之，五剑常在空中"。《列子》一书虽是魏晋人所作，但其中颇采撷逸书，缀集旧闻，所以抛剑之技的出现，纵使到不了先秦，也不会晚于汉代。因为不但在沂南汉画像石中有抛剑者，而且在别处还看到将球和剑同时抛接的表演；汉代称后者为跳丸飞剑，有时也写作飞丸跳剑。李尤《平乐观赋》说："飞丸跳剑，沸渭回扰。"（《艺文类聚》卷六三引）张衡《西京赋》说："跳丸剑

图 20-1　汉画像中所见跳丸

1　画像砖，跳三丸　四川彭县出土　　　　3　画像石，跳八丸　山东济宁出土

2　画像石，跳六丸　山东肥城出土　　　　4　画像石，跳九丸　山东出土

之挥霍。"《魏略》中曾提到曹植能"跳丸击剑"（《三国志·魏书·王粲传》裴松之注引），如果这里说的跳丸和击剑是边跳边击，同时进行，则诗人曹子建也是一位了不起的杂技家了。这都是东汉时的事。魏明帝时，杰出的发明家马钧能"使木人跳丸掷剑"（《三国志·魏书·方技传》裴注引傅玄记）。南朝刘宋时，鲍照在《舞鹤赋》中描写了鹤的舞姿之美妙，然后说："当是时也，燕姬色沮，巴童心耻，巾拂两停，丸剑双止。"可见这时的表演者仍以兼用丸、剑两种道具者为多。而到了唐代，白居易在《立部伎》一诗中却只说："舞双剑，跳七丸。"这时似乎已将舞剑和跳丸分开，成为两个节目。日本奈良正仓院所藏唐代漆弹弓背上所绘杂技图，是很有代表性的，但其中的跳丸者只抛六个球而未掷剑。再往后，同时又跳丸又飞剑的表演遂鲜有所闻。

跳丸飞剑的表演大约在东汉安帝以后才形成高潮，魏晋时犹衍其余波；不过文物中见到的形象资料主要是东汉晚期的。山东诸城前凉台画像石中的表演者跳四丸、飞三剑，山东安丘王封村画像石中的表演者跳八丸、飞三剑（图20-2:1、2）。而更引人注目的是安丘董家庄画像石中所见之例。此石出在一座有前、中、后三室附两个耳室的大型画像石墓中，该墓南北长14.3米，东西宽7.91米，大部分壁面刻有画像。在全墓的224块石材中，刻画像者达103块。乐舞百戏画像石位于墓之中室室顶北坡，场面极为宏大，除仙凡人物、神

图 20-2　中国跳丸飞剑与罗马跳丸

1　汉画像石，跳四丸飞三剑　山东诸城前凉台出土　　3　汉画像石，跳十一丸飞三剑　山东安丘董家庄出土

2　汉画像石，跳八丸飞三剑　山东安丘王封村出土　　4　罗马，折合双连画，跳七丸

禽异兽散缀其间外，一幅力士手擎九人的缘橦图和这幅跳丸飞剑图最为精彩。过去《山东汉画像石选集》刊载过它的拓片，但较模糊，细部难以辨认。1992年出版的《安丘董家庄汉画像石墓》一书中有清晰的图版，可以明确地看出此表演者共跳十一丸、飞三剑（图20-2:3）。弹丸与利刃同掷，抛接的要领不同，颇难兼顾；况且其总数有14件之多，起落纷繁，节奏急促，表演者掷雪回电，观赏者目眩神驰，真是罕见的热烈场面。而东汉晚期的杂技家之所以能胜任如此繁难的表演要求，主要是因为他们不仅用双手，连腰、膝、足背、足跟、肩、臂乃至臀部都以不同的方式参与抛接，其动作要领在画像石上反映得相当具体。不过，剑的抛接却只能用手，否则无法准确地握住剑柄，这也就是此节目中用的剑始终不超过三把的缘故。

跳丸飞剑的表演之所以形成高潮，与它在抛接技巧上的改进是分不开的，而这一点又和西方杂技的影响有关。我国古代史书中经常称赞西亚和欧洲的条支（叙利亚）、大秦（又称犁靬，即罗马）等国的杂技艺术。《史记·大宛列传》说："条支在安息西数千里，临西海。……国善眩。"安息即西亚古代史上的帕提亚。《通典》卷一九三说：武帝时"安息献犁靬幻人二，皆蹙眉峭鼻，乱发拳鬓，长四尺五寸"。好像是两名侏儒。这时正是安息名王密司立对提二世（Mithridates Ⅱ）在位期间，他遣使来"观汉广大"并献幻人是在元鼎五年（前

163

112年）。此事又见《汉书·张骞传》及《西域传》，但均对杂技演出的情况未加描述。《魏略》中则说："大秦国俗多奇幻，口中吐火，自缚自解，跳十二丸，巧妙非常。"（《后汉书·西域传》李贤注引）大秦的杂技演员在西汉武帝和东汉安帝时都到中国来过。《后汉书·西南夷传》说："永宁元年（120年），掸国（在今缅甸）王雍由调复遣使者诣阙朝贺，献乐及幻人，能变化吐火、自支解、易牛马头，又善跳丸，数乃至千。自言我海西人，海西即大秦也。"他们来华的次年（121年），"元会，作之于庭，安帝与群臣共观，大奇之"。可见罗马杂技的表演使中国观众大开眼界。但在场的谏议大夫陈禅却出来阻止，说："帝王之庭不宜设夷狄之技。"其观点狭隘得连安帝都无法接受，所以把他左迁至玄菟郡，当一名边防线上的障尉，让他到那儿防"夷狄"去了（见《后汉书·陈禅传》）。然而为什么罗马杂技演员随掸国使者一道来华呢？因为罗马和中南半岛间原有一条海上交通线。《魏略》说："大秦国一号犁轩，在安息、条支西，大海之西，……故俗谓之海西。""大秦道既从海北陆通，又循海而南，与交趾七郡外夷比。又有水道通益州永昌，故永昌出异物。"（《三国志·魏书·东夷传》裴松之注引）在《后汉书·安帝纪》中，上述永宁元年掸国使者来华之事，正被记为："永昌徼外掸国遣使贡献。"则罗马演员是先从地中海地区赴中南半岛的缅甸，再从缅甸到云南西部的永昌郡，最后从永昌抵东汉首都洛阳，经由的路线很清楚。可是《后汉书·西南夷传》说大秦跳丸"数乃至千"的"千"，却应为"十"字之误；因为不仅抛接一千个球非人力所能致，也和《魏略》说的"跳丸十二"过分悬殊。古书中"十"字和"千"字常互讹。如《汉书·西域传》说自乌秅城（今新疆塔什库尔干塔吉克自治县）赴悬度（今克什米尔西北部之巴勒提斯坦）的途中有一段险路，"临峥嵘不测之深，行者骑步相持，绳索相引，二千余里乃到悬度"。而《水经注》卷一则说：这条路上"有盘石之蹬，道狭尺余，行者骑步相持，緪桥相引，二十许里方到悬度"。证明《汉书·西域传》的"二千"实为"二十"之误。《后汉书·西南夷传》中那段话致误的情况和它有类似之处。

东汉永宁年间罗马演员来华演出，对我国杂技中跳丸飞剑这套节目的改进产生了积极影响。相形之下，西汉时由新开通的丝路上到来的罗马侏儒演员，演出的情况究竟如何，文献中却语焉不详。而根据《魏略》《后汉书》等处的记载，东汉时到来的罗马演员肯定在我国表演过其拿手的跳丸之技。以上述山东地区汉画像石中出现的形象与罗马的同类图画作比较，会发现双方之抛接的基本动作如出一辙。罗马演员表演跳丸的图像，日本学者宫崎市定在《条支、大秦和西海》一文中介绍过一例。他说："玩十二丸的艺人之形象，可从古罗马的折合双连画中看到。图中的艺人只玩了七个圆球，但与玩十二丸的原理相同，就是使圆球在前额、手腕、足尖、小腿肚等处跳动而不致落地。在拉丁语中称之为Pilarius。"[1]（图20-2：4）看来这种抛接方法应起于罗马，我国杂技接受了他们的若干技巧。虽然这幅罗马跳丸图中只画出七丸，但如宫崎先生所说，用这套方法将圆球增加到十二个也是有可能应付的。这样一来，则与董家庄画像石上跳的十一丸非常接近了。不过西方虽擅长跳丸，却未能同时掷剑；从这个角度上讲，汉代表演的难度要更胜一筹。这是因为汉代杂技演员在吸收外来技巧的基础上又有所发展，冰寒于水，青出于蓝；从而呈现出如董家庄画像石上之跳丸飞剑的技术水平，遂高出侪辈，雄踞于当时世界上此类表演的巅峰了。

（原载《寻常的精致》，辽宁教育出版社，1996年）

---

[1] 原载《史林》24卷1号，1939年。刘韶军译文载《日本学者研究中国史论著选译》第九卷，中华书局，1993年。

21 诸葛亮拿的是"羽扇"吗？

　　无论在雕塑、绘画或舞台上，诸葛亮手里总离不开一把羽扇（图21-1）。这件道具犹如孙悟空的金箍棒或李逵的板斧一样，和人物的性格结合得如此紧密，几乎成为其有机整体中的组成部分了。甚至在口语当中，人们也常把"摇羽毛扇的"作为智囊或谋士的代名词。但历史上的诸葛亮并不拿这件东西。说他执羽扇，其根据大约可以追溯到晋代裴启的《语林》。此书今已不传，据《北堂书钞》（光绪孔氏刊本）卷一一八、余嘉锡《殷芸小说辑证》卷六等处的引文，都说："武侯乘素舆，葛巾、白羽扇。"然而查对若干唐、宋类书的早期刊本，所引文句则有所不同。宋刊《艺文类聚》卷六七引《语林》是这样说的：

图21-1　成都武侯祠诸葛亮塑像

　　　　诸葛武侯与宣皇在渭滨将战，宣皇戎服莅事，使人视武侯乘素舆，葛巾、毛扇，指麾三军，皆随其进止。宣皇闻而叹曰："可谓名士矣！"

　　在这里，诸葛亮拿的不是白羽扇，而是"毛扇"。宋刊《白氏六帖事类集》卷四"葛巾"条、宋刊《太平御览》卷六八七引《蜀书》，文句大致相同，也作"葛巾、毛扇"，可见当以毛扇为正。毛扇并非羽扇，而是麈尾的别名。麈是一种大鹿。《逸周书·王会解》："稷慎大麈。"孔晁注："稷慎，肃慎也，贡麈似鹿。"清姚元之《竹叶亭杂记》卷八说："麈即今之四不像也。"又说它"时所称堪达罕也"。在口语中，四不像可以指麋鹿，也可以指驯鹿。而根据《清文鉴》的解释，满语"堪达罕"指驯鹿，而与麈对应的满文是长尾鹿之意。据动物学家谭邦杰先生说，麈实为驼鹿。[①]驼鹿的尾较长，古人将其尾毛夹在柄中，制成一种类似拂子之物，就叫麈尾。因为它的轮廓像扇子，所以也叫"麈尾扇"，见《南齐书·陈显达传》。又因为它是用尾毛制作的，所以又叫毛扇。《世说新语·言语篇》："庾稚恭（庾翼）为荆州，以毛扇上武（当作"成"）帝。"这里的毛扇也就是《宋书·明恭王皇后传》中说的"玉柄毛扇"；而所谓玉柄毛扇在《晋书·王衍传》《陈书·张讥传》《世说新语·容止篇》等处都称为玉柄麈尾。华贵的麈尾常装玉柄，故《通鉴》卷八九胡三省注称："晋王公贵人多执麈尾，以玉为柄。"而在当时人描写羽扇的文字中，却未见有言玉柄者。相反，《晋书·五行志》说："旧为羽扇者，刻木象其骨形。……王敦南征，始改为长柄，下出可捉。"则羽扇装木柄，而装玉柄的只能是毛扇，即麈尾。

麈尾起于东汉。东汉李尤有《麈尾铭》，见《北堂书钞》卷一三四。因尾毛之夹装与修剪的工艺不同，故式样不一（图21-2）。早期多为歧头式或尖头式。圆头的虽然出现的时间也不算晚，但要到南北朝时才定形；不过此式后来居上，陈徐陵《麈尾铭》所称"员上天形，平下地势"，即指圆头式麈尾。[②]就目前所知，歧头式麈尾最早见于浙江绍兴出土的一面龙虎神人画像镜的纹饰中。[③]尖头式者最早见于河南洛阳朱村东汉墓壁画中。[④]接近圆头式者，最早见于甘肃嘉峪关魏晋墓壁画，但修剪得不够典型。[⑤]及至南北朝以迄唐代，麈尾却大都呈圆头式的了。其制作的起因，据释藏《音义指归》引《兼名苑》说："鹿之大者曰麈，群鹿随之，皆看麈所往，随麈尾所转为准；故古之谈者挥焉。"[⑥]魏正始以降，名士执麈清谈，渐成风气。甚至被誉为"君子运之，探

① 谭邦杰：《关于真假四不像》，《光明日报》1980年3月31日4版。
② 见《艺文类聚》卷六九引。
③ 王士伦：《浙江出土铜镜》图40，文物出版社，1987年。
④ 黄明兰、郭引强：《洛阳汉墓壁画》，文物出版社，1996年，第192页。
⑤ 甘肃省文物队等：《嘉峪关壁画墓发掘报告》，文物出版社，1985年。
⑥ 〔宋〕吴曾《能改斋漫录》卷二引。

图 21-2　各式麈尾（1～3 歧头式、4～6 尖头式、7～9 圆头式）

1　东汉，神人龙虎画像镜　浙江绍兴出土
2　北魏，画像石棺　河南洛阳出土
3　唐，壁画　敦煌莫高窟第 103 窟
4　东汉，壁画　河南洛阳朱村汉墓
5　东晋，漆盘　湖南长沙新火车站永和八年
　　（352 年）雷陔墓出土

6　唐，《历代帝王图卷》
7　魏晋，画像砖　甘肃嘉峪关 5 号墓出土
8　北魏，浮雕　河南龙门宾阳中洞
9　唐，壁画　敦煌莫高窟第 103 窟

玄理微。因通无远，废兴可师"[1]。"既落天花，亦通神语。用动舍默，出处随时。扬斯雅论，释此繁疑。拂尘静暑，引饰妙词。谁云质贱？左右宜之。"[2]赵翼《廿二史札记》卷八遂谓：麈尾"初以谈玄用之，相习成俗，遂为名流雅器，虽不谈亦常执持耳"。其实麈尾本非专为清谈制作的，所以《晋阳秋》中曾说王浚还把麈尾送给石勒(《御览》卷七〇三引)。石勒是一个"不知书"的军阀，与清谈沾不上边，连他都要执麈尾，可见此物的使用范围很广泛。从考古材料看，朝鲜安岳发现的"使持节，都督诸军事，……乐浪……玄菟、带方太守"冬寿墓壁画中之冬寿像，云南昭通发现的"晋故使节，都督江南交、宁二州诸

---

① 〔晋〕许询《白麈尾铭》，《北堂书钞》卷一三四引。
② 见《艺文类聚》卷六九引。

军事，建宁、越嶲、兴古三郡太守，南夷校尉，交、宁二州刺史，成都县侯"霍承嗣墓壁画中之霍承嗣像，与甘肃酒泉丁家闸5号十六国墓之墓主像均手执麈尾（图21-3）。①安岳、昭通与酒泉，东南西北，天各一方，但画中的高官皆执此物。则诸葛亮以麈尾指挥三军，也正符合当时的风尚。

但是，是不是统军者只能用麈尾指挥而不能用羽扇指挥呢？这倒不尽然。只要翻开庾信的《哀江南赋》，就能看到"陶侃空争米船，顾荣虚摇羽扇"之句。顾荣手执白羽扇指挥军队，荡平陈敏，二定江南，是东晋建国之初的著名战役。②那么，既然顾荣可以执羽扇，诸葛亮岂不也可以执吗？然而情况却并不如此。因为诸葛之执麈尾与顾荣之执羽扇，两者背后存在着不容忽视的时间与地域的差异。

图21-3　执麈尾人像

1　晋，冬寿像　朝鲜安岳冬寿墓壁画

2　晋，霍承嗣像　云南昭通霍承嗣墓壁画

3　十六国，甘肃酒泉丁家闸5号墓壁画中之墓主像

① 宿白：《朝鲜安岳所发现的冬寿墓》，《文物参考资料》1952年第1期。洪晴玉：《关于冬寿墓的发现和研究》，《考古》1959年第1期。云南省文物工作队：《云南省昭通后海子东晋壁画墓清理简报》，《文物》1963年第12期。甘肃省文物考古研究所：《酒泉十六国墓壁画》，文物出版社，1989年。

② 〔晋〕干宝《搜神记》中两次提到吴时人执羽扇。卷一："吴猛，濮阳人，仕吴，为西安（今江西武宁）令。……后将弟子回豫章，江水大急，人不得渡。猛乃以手中白羽扇画江，水横流，遂成陆路，徐行而过。"卷五："蒋子文者，广陵人也。……逐贼至钟山下，贼击伤额，因解绶缚之，有顷遂死。及吴先主之初，其故吏见文于道，乘白马，执白羽扇，侍从如平生。"可见一时之风尚。而书中所写其他时代的人物，则均不涉及羽扇。苏轼《念奴娇·赤壁怀古》云："遥想公瑾当年，小乔初嫁了，雄姿英发。羽扇纶巾，谈笑间，樯橹灰飞烟灭。"周瑜亦正是吴人。但不知东坡先生落笔时是否清楚地意识到这一点。

169

自出土物中所见，战国、西汉时多用竹篾编的长方形扇，即张敞所执的便面之类。东汉时纨扇增多，形状也有方有圆。即所谓"织竹廓素，或规或矩"（傅毅《扇赋》）、"裂素制圆，剖竹为方"（张载《扇赋》）。但在汉末以前，却很少有提到羽扇的。这是因为羽扇创始于吴地。晋江逌《扇赋》说："惟羽类之攸出，生东南之遐嵎。"（《艺文类聚》卷六九引）晋·傅咸《羽扇赋·序》说："昔吴人直截鸟翼而摇之，风不减方圆二扇，而功无加；然中国莫有生意者。灭吴之后，翕然贵之，无人不用。"（《世说·言语篇》刘孝标注引）又晋稽含《羽扇赋·序》也说："吴楚之士，多执鹤翼以为扇。虽曰出自南鄙，而可以遏阳隔暑。大晋附吴，迁其羽扇，御于上国。"（《北堂书钞》卷一三四引）叙述得非常明确，羽扇是东吴之具有浓厚的地方特色的工艺品。而且从《历代帝王图卷》之孙权像仍执麈尾的情况看，即使在东吴，羽扇亦仍不如麈尾高贵。那么，西晋统一以后，此物是否随即风靡全国呢？也不然。只要读一下陆机的《羽扇赋》（《艺文类聚》卷六九引），对当时的情形便可有所体会：

昔楚襄王会于章台之上，山西与河右诸侯在焉。大夫宋玉、唐勒侍，皆操白鹤之羽以为扇。诸侯掩麈尾而笑。襄王不悦。

宋玉趋而进曰："敢问诸侯何笑？"

"昔者武王玄览，造扇于前；而五明、安众，世繁于后。各有托于方圆，盖受则于箕甫。舍兹器而不明，顾奚取于鸟羽？"

宋玉曰："夫创始者恒朴，而饰终者必妍。是故烹饪起于热石，玉辂基于椎轮。安众方而气散，五明圆而风烦。未若兹羽之为丽，固体后而用鲜。于是镂巨兽之齿，裁奇木之干。宪灵朴于造化，审贞则而妙观。"

诸侯曰："善。"

宋玉遂言曰："伊兹羽之骏敏，似南箕之启扉。垂皓曜之奕奕，含鲜风之微微。"

襄王抑而拊节。诸侯伏而引非。皆委扇（此扇亦指麈尾扇）于楚庭，执鸟羽而言归。

在这里，执麈尾的诸侯不但与操羽扇的宋玉相辩难，而且他们根本看不起羽扇，"掩麈尾而笑"。考虑到西晋平吴之后，洛中对南人的轻视，可知羽扇的推广不会是一帆风顺的。赋中的结局恐怕只不过是代表其作者吴士陆机的主观想法罢了。试看与上述江东首望吴郡顾荣同时在建康活动的过江名臣琅玡王导，就不用羽扇而仍执麈尾。这不仅有他自己写的《麈尾铭》声称"勿谓质卑，御于君子"可以为证，而且《世说新语·轻诋》刘注引《妒记》说：王导"密营别馆"，夫人曹氏闻知，将出寻讨，"王公亦遽命驾，飞辔出门，犹患牛迟。乃以左手攀车栏，右手捉麈尾，以柄助御者打牛，狼狈奔驰，劣得先至。"此刻王氏犹捉麈尾，可证其平日殆手不释麈。《轻诋》还提到庾亮握重兵，因而与王导有矛盾。当时庾在武昌，王在冶城。"大风扬尘，王以扇拂尘曰：'元规尘污人。'"此所谓扇，亦当指毛扇即麈尾。《埤雅》卷三说：麈"其尾辟尘"。则麈尾自是用于拂尘之物，与扇之用于拂暑者小有不同。王导在东晋初年尚且如此；那么，和他同属琅玡之"伧"的诸葛亮，于七十多年以前，更无独开风气之先，率尔轻操羽扇之理。而且蜀、吴关系，时弛时张，猇亭一战，刘备败亡。纵使此时羽扇已兴，而诸葛亮忽袭用敌国之仪饰，亦不知其将何以自解。何况梁简文帝《赋得白羽扇》诗云："可怜白羽扇，却暑复来氛。终无顾庶子（顾荣），谁为一挥军！"咏羽扇数典而全不及诸葛。可见当时《语林》原书具在，"毛扇"尚未讹为"羽扇"，诸葛亮与羽扇尚未发生关系。

　　羽扇和麈尾的质地不同，使用方法亦有区别。用羽扇多称摇，用麈尾多称挥，因而执麈与操扇的姿势也不一样。这一点大概对当时清谈家的风度有一定影响，所以羽扇始终未能占领清谈的阵地；故后人亦称清谈为麈谈。在晋与南北朝时期的形象材料中，常常见到执麈尾的人物。至唐代，此物仍然流行。日本奈良正仓院藏有唐代的麈尾多件。其中之柿柄麈尾，牙装虽剥落，但尾毛犹有存者，可据以推知其原状（图21-4）。此麈尾盛于黑漆匣中。梁宣帝《麈尾

图 21-4　唐，柿柄麈尾（毛残）　日本奈良正仓院藏

诗》："匣上生光影，毫际起风流。"其所谓匣，正指此类麈尾匣。而羽扇在这一时期却很少出现，它似乎还未打开局面。宋、元以降，在形象材料中才常看到它。

（原载《文物天地》1987年第4期）

22 绞胎器与瘿器

唐、宋时代，我国陶瓷制品中有一类绞胎器。它的坯胎是由深（如褐色或棕色）、浅（如白色或牙黄色）两色瓷土重叠糅合而成，烧成后器表呈现盘旋蹙结的纹理。此种纹理初看似任意蟠屈，不受拘束；但综观多数绞胎器，就发现它们具有大体相近的组织形式和格调，形成了所谓野鸡翅、木理纹等，其构图应有所本。因此，绞合坯泥时须遵循一定的规律，对操作技艺会有种种要求；特别由于它不能用拉坯法成型，而是要将绞合好的花泥一片片拼接或叠筑起来，故相当费工。有时乃将制法简化，只在器物的表面（甚至只在局部）贴一薄层绞花泥片，内层仍为素胎。不过无论制法之繁简，它们所追求的效果是相同的，同属于一类工艺品。而另一种所谓绞釉，是将两色釉汁掺兑掺拌，趁其混而未合之际，在素坯上荡出一层带有两色斑条的釉面来。但这样产生的斑条往往汗漫晕散，难以形成条理，与绞胎的风格不同，本文不作讨论。

绞胎器大约出现于7世纪末至8世纪初。陕西乾县唐懿德太子李重润墓中曾出土一件绞胎骑马俑。[①]13世纪以降，这类器物渐趋绝迹。明、清时有关陶瓷的著述中几乎没有提起过它。只是到了20世纪30年代，在河北省宋巨鹿故城址的发掘中又发现了这类器物，才重新引起注意。此后出土实例渐增，且有不少精品流出国外。近年在唐代的巩县（今巩义市）窑、耀州窑、寿州窑与宋代的磁州窑、当阳峪窑等窑址中，均曾发现绞胎瓷片。完整的器物在各地唐墓中亦时有所获。大致说来，器种有杯、碗、平盘、三足盘、钵、罐、注子、枕等，而以长方形的绞胎瓷枕为最常见。

---

① 王仁波：《唐三彩骑马狩猎俑》，《文物》1979 年第 1 期。

这种形制独特的绞胎的意匠究竟是怎样产生的，迄今尚无定论。西方学者称之为"大理石纹陶瓷器"（marbled ware），然而这只是一个借用的名称，其纹理显然并非模仿大理石。也有些研究者以为它是仿自漆器的犀皮工艺。[①]然而犀皮漆器"文有片云、圆花、松鳞诸斑"[②]"漫无定律，天然流动"[③]；可见它的图案是以不规则的大小斑块构成的，与绞胎器之主要以线条构成纹理者有别。从直观印象说，绞胎器的纹理很像木纹。据此进一步推求，则其意匠很可能与一类特殊的木器——瘿器有关。

我国古代很重视木材的纹理美。《拾遗记》说："周灵王二十三年起昆昭之台，聚天下异木，得崿谷阴生之树，其枝千寻，文理盘错，有龙蛇鸟兽之形。"《西京杂记》说："鲁恭王得文木一枚，伐以为器，意甚玩之。"它的纹理据形容是："或如龙盘虎踞，复似鸾集凤翔。青绌紫绶，环璧珪璋。重山累嶂，连波迭浪。奔电屯云，薄雾浓雾。麏宗骥旅，鸡族雉群。蠋绣莺绵，莲藻芰文。"简直美丽得无以复加。但这些例子中的"异木""文木"，还只是树木的干材，而未特指瘿木。到了三国时，文献中开始特别注意瘿木。吴张纮在《瑰材枕赋》中说此枕的纹理是："有若蒲陶之蔓延，或如兔丝之烦萦。有若嘉禾之垂颖，又似灵芝之吐英。其似木者，有类桂枝之阑干，或象灌木之丛生。其似鸟者，若惊鹤之径逝，或类鸿鹍之上征；有若孤雌之无昧，或效鸳鸯之交颈。纷云兴而气蒸，殷星罗而流精。何众文之同朗，灼倏爡而发明。"[④]据《三国志·吴书·张纮传》裴松之注："纮见楠榴枕，爱其文，为作赋。"则此枕当为楠榴所制。晋左思《吴都赋》也说："楠榴之木，相思之树。"李善注："南榴，木之盘结者，其盘节文尤好，可以作器。"晋苏彦亦有《楠榴枕铭》，

① 〔日〕横田贤次郎：《太宰府出土の唐三彩と绞胎陶》，《考古学杂志》196号，东京，1981年。
中国硅酸盐学会编：《中国陶瓷史》，文物出版社，1982年，第214页。
② 〔明〕黄成：《髹饰录·坤集》，杨明注。
③ 袁荃猷《谈犀皮漆器》，《文物参考资料》1957年第7期。
④ 《拾遗记》《西京杂记》《瑰材枕赋》之说均见《艺文类聚》卷七〇。

谓:"珍木之奇,文树理鲜。槏楔方正,密滑贞坚。朝景西翳,夕舒映天。"①
这些文献里一再提到的楠榴木,实际上就是瘿木。明方以智《通雅》卷四三
说:"楠榴乃斗斑樱木,非涂林之丹若也。吴张纮有《楠榴枕赋》,人多疑为
石榴也。智按《后山丛谈》曰:'嘉州产紫竹、楠榴。'盖木有瘿瘤,取其材多
花斑,谓之瘿子木,书作樱子木,讹为影子木。……陈后主施瓦官寺,有南榴
枕,即楠榴。今《马湖府志》:'楠年深向阳者,结成花纹,俗呼斗柏楠。'乃
斗斑楠,状其瘿瘤文耳。"明谢肇淛在《五杂俎》中也说:"木之有瘿,乃木之
病也。而后人乃取其瘿瘤砢礧者,截以为器。盖有瘿而后有旋文,磨而光之,
亦自可观。"其实齐许瑶之《咏楠榴枕》中说:"端木生河侧,因病遂成妍。"②
已指出这一点。唐代仍用瘿器。唐张鷟《游仙窟》中描写一处宴席上的酒器有
"金盏银杯,江螺海蚌。竹根细眼,树瘿蝎唇。九曲酒池,十盛饮器"。《新唐
书·武攸绪传》说王公赠彼之物有"鹿裘、素障、瘿杯"。瘿杯亦见于皮日休
诗,他有"澹景微阴正送梅,幽人逃暑瘿楠杯"之句。③瘿杯之外,唐诗中还
提到瘿樽,李益有句云:"千畦抱瓮园,一酌瘿樽酒。"④张籍与陆龟蒙的诗中
则均写到"瘿床"。⑤可见当时的瘿器不仅精致,而且是很高雅的。

瘿器的种类甚多,其中最常见的还是瘿枕,虽然在唐诗中没有提到;然而
上引张纮、苏彦等人所描写的以及陈后主所施舍的皆是此物。我国古代有用木
枕的传统,故枕字从木。五代钱镠与宋代司马光皆曾以圆木为枕,还保持着
其朴素的原始状态;讲究的木枕则注重纹理之美。《酉阳杂俎·续集支植》下
说:"台山有色绫木,理如绫文(《太平广记》卷四〇六引作'理如绫窠',《白
孔六帖》卷一四引作'理如绫纹窠'),百姓取为枕,呼为色绫枕。"今本《杂

①　《艺文类聚》卷七〇。

②　《玉台新咏》卷一〇。

③　〔唐〕皮日休:《夏景无事因怀章、来二上人》之一,《全唐诗》卷六一四。

④　〔唐〕李益:《与宣供奉携瘿樽归杏溪园联句》,《全唐诗》卷七八九。

⑤　〔唐〕张籍:《和左司元郎中秋居》之六,《张司业集》卷二。陆龟蒙:《寂上人院联句》,《甫里集》
　　卷一三。

俎》所夺之"窠"，是一个关键的字。窠指团窠。《元和郡县图志·剑南道绵州贡赋》中有"对凤两窠"之锦名，即团窠对凤纹锦。《唐会要》卷三二中有"小团窠绫"；《旧唐书·舆服志》中称之为"小科细绫"，"科"字即"窠"字之假。《营造法式》卷三三所载"团科宝照"之图案亦作团花形。清王琦《李长吉歌诗汇解·梁公子》注："所谓窠者，即团花也。"其说是。色绫枕上的纹理中当有若干团花，它大约是由分蘖的节理所形成的。而现存绞胎枕上也恰恰出现了这样的团花。上海博物馆所藏绞胎枕的枕面上有三组团花，枕底刻"杜家花枕"四字。苏州博物馆所藏绞胎枕的枕面上有一组团花和两组花蕾状纹饰，枕底刻"裴家花枕"四字（图22-1）。巩县窑出土的唐代绞胎枕上也有团花（图22-2）。这类瓷枕通称"花枕"，而其造型正仿自瘿木枕。至于犀皮漆器中虽亦有枕，如《太平广记》卷一九五所引唐袁郊《甘泽谣》中就提到"犀皮枕"，但犀皮漆器上未见以团花为饰者，故不能为绞胎枕所取法。再看存世的绞胎瓷杯、钵等器，也无疑是仿自文献中所说的"瘿杯""瘿樽"之属，因为器物类型既相近，纹理结构又绝肖。唐、宋瘿器实物虽未能保存下来，但自然形成的树瘿之纹理古今无殊，则上述论点不难在现实材料中取得证明。

另外还有一种见解，认为绞胎之意匠来自西方的玻璃器。[1]但是西方古代玻璃器中并无与上述绞胎器的纹理完全相合的。只有如图22-3∶1、2所举的

图22-1 唐，裴家花枕 苏州博物馆藏

图22-2 唐，绞胎枕 河南巩县出土

---

[1] 转引自 J.C.Y. Watt, *Marbled Ware of the Tang ana Song Periods*，载《三上次男博士喜寿纪念论文集·陶瓷编》，东京平凡社，1985年。

图 22-3

1　唐，绞胎器　美国波士顿美术馆藏

2　唐，绞胎器　美国波士顿美术馆藏

3　公元前 2—1 世纪地中海东岸地区产品，绞花玻璃器　日本出光美术馆藏

一类不太常见的绞胎器，它们的纹理由或纵或横排列成行的鱼鳞形弧纹组成，看起来与图 22-3：3 所举西方玻璃器相近。但西方玻璃器上的这种纹饰早在公元前 15 世纪已出现于埃及，以后在罗马和地中海东岸如叙利亚等地均曾发现过类似的标本。据研究，制作时是将平行地缠绕在器芯上的两色相间的玻璃条，趁其尚未冷凝之际，用细棒从垂直于平行条纹的方向划过，被划之处的条纹互相挤合，遂形成一排排鱼鳞形的弧线。[①]但这种方法的基本要领并不复杂，各地均有可能重复地独立发明。何况我国的鱼鳞形弧纹绞胎器的年代不早于公元 8 世纪；而在公元后，上述绞花纹样于西方玻璃器中却已不再流行。更何况在我国的出土物中几乎可以说并未发现过此类西方玻璃的标本，纵使偶尔见到个别约略接近之物，亦属凤毛麟角。所以即便就这一部分绞胎器而言，其意匠也很少有自西方传入的可能；两者的相似之处，恐怕仅仅是巧合而已。

（原载《文物》1988 年第 12 期）

---

① 　（日）杉山二郎：《东洋古代ガラス》，东京国立博物馆，1980 年，第 71 页。

23　金明池上的龙舟和水戏

　　20世纪50年代后期天津市艺术博物馆（今天津博物馆前身之一）征集到一幅宋代绢画，描绘的是北宋时在东京开封府金明池上泛龙舟观水戏的情景。它原是从一套图册里散出的一开，高29.5厘米，宽30厘米。此图所表示的方位：上为西，下为东，左为南，右为北，与现代画地图的习惯不同。尺幅之中，反映了这一热闹场面的全貌。虹桥水殿、楼观彩棚，尽收眼底。水面之上，大小龙舟鼓枻激浪，池岸夭桃垂柳，掩映成趣。各处稠人广众，徘徊瞻眺，熙来攘往，不下数百。此图界画精妙，风骨秀润，对池台亭榭的形制布局，反映得准确而细致（图23-1）。

四十余年前，罗哲文、李庵二位先生就此图所写的文章已指出这一点。[①]金明池位于东京外城西垣之外，在顺天门和汴河西水门之间。它虽然距汴河较近，但引入的却主要是供内苑使用的金水河之水[②]（王应麟《玉海》卷一四七）；所以图中的池面为一鉴清波，与浊流滚滚的汴河水不同。东京顺天门俗称新郑

图23-1　宋，（传）张择端，《金明池争标图》

---

① 罗哲文：《一幅宋代宫苑建筑写实画——金明池争标锡宴图》，《文物》1960年第7期。李庵：《宋张择端的金明池龙舟夺标图》，《新观察》1960年第7期。

② 当时很重视金水河的清水，东京城里自金水河引水的渠道多用砖衬砌，且有覆盖。又《梦溪笔谈·补笔谈》中提到金明池建澳屋后，"决汴水入澳"，则金明池中亦曾注入汴河之水。但此水是当时改引洛水为源的清汴之水。

门，因为它是外城即新城之门，且正对着内城即旧城西垣的旧郑门（正式名称为宜秋门）。明李濂《汴京遗迹志》卷八说："金明池在城西郑门外西北，周回九里余。"泛称郑门，不分新旧，有失缜密，但所记池周长度与孟元老《东京梦华录》卷七之"九里三十步"相一致。而《梦华录》称"池西（吕原明《岁时杂记》作'池面'）直径七里许"则有误。因为新郑门和西水门相距仅二里许，且金明池的平面接近方形，每面只能有二里多，故周回九里有余。据新近钻探的结果：此池东西长1240米，南北宽1230米，周长4940米。[①]周长折合9宋里45宋步，与记载堪称密合。它的面积不算太大，但在开封的四处池苑 —— 凝祥、金明、琼林、玉津 —— 中，却是最著名的。主要是因为它从三月初一开放，时称"开池"，上巳过后才关闭（李焘《续资治通鉴长编》卷四八）。至南宋时，犹艳称"宣和中，京师西池春游"[②]。在此期间还有皇帝车驾亲临，宴群臣、观龙舟竞渡之举，这天"游人增倍"。图中表现的正是这一盛况。

此图右下角接近边缘处有一道雉堞，即开封外城西垣。雉堞上高耸之楼，即新郑门的门楼。其左方之乌头门，挟门柱上端装日月版，两扇棂子门大开，应即金明池正门。池对岸位置与此门相当的另一座乌头门，即金明池西门。门内为池之西岸，"亦无屋宇，但垂杨蘸水，烟草铺堤，游人稀少"（《梦华录》）。这里就是刘斧《青琐高议·西池春游》所记侯生与独孤姬邂逅之处，该文中说"池西游人多不往"，与《梦华录》及此图所示之状况正合。循池西折而向北，有高大的屋宇跨水而建，《梦华录》称之为"奥屋"，沈括《梦溪笔谈·补笔谈》卷二称之为"澳屋"，即神宗时采纳黄怀信的设计所筑，用以修理和存放大龙舟的船坞。图中的大龙舟已离开澳屋，正向南岸驶去。此舟极其富丽豪华，应为哲宗绍圣年间（1904—1908）名匠杨谈重造者（蔡绦《铁围山丛谈》卷四）。《梦华录》说："大龙船长三四十丈，阔三四丈，头尾鳞鬣皆雕镂金饰。""上有

① 见1996年12月29日《中国文物报》。
② 〔宋〕洪迈：《夷坚志·丁志》卷九。

层楼台观槛曲，安设御座。龙头上人舞旗，左右水棚排列六桨。"然而考虑到郑和下西洋时乘坐的宝船据说才长44丈4尺[①]，则这里所记长度显系夸大之词，因为即以长30宋丈而论，已折合今制约98.7米，这么大的船用六支桨是划不动的；对此本文姑存而不论。但《梦华录》的其他描写在图中均约略可辨，特别是大龙舟船首龙头上站着的人，后来的同类图画中多半未予表现，在这里却看得清清楚楚。可是这样一艘高峻巍峨的平底船，在水上极易倾侧，为了保持稳定，其舱底密排着桌面大小的压舱铁，据《铁围山丛谈》说，总重量达18万斤，折合今制约115.2吨，数字亦太大，难以全信。不过此船的规模是相当惊人的，从而运转之时势难灵便。元符年间（1098—1100）有一次上巳节宴群臣，蔡京在金明池登大龙舟，刚要上船，"而龙舟忽远开去，势大且不可回"，竟将他闪跌入池。当时"万众喧骇，仓卒召善泅水者"，但这位人称"六贼"之首的蔡京还有一身功夫[②]，救援的人尚未赶到，他自己已经游出水来了（《铁围山丛谈》卷三）。

大龙舟行驶的方向正对着池南岸的一座殿宇，此殿名临水殿。据陆游《老学庵笔记》卷六记载，哲宗有一次曾拒绝登大龙舟，表示"但临水殿略观足矣"。因知其建造的年代不会晚于此时。唯《梦华录》称：金明池南岸"有面北临水殿，车驾临幸观争标，锡宴于此。往日旋以彩幄，政和间用土木造成矣"，仿佛临水殿是政和时（1111—1118）才建造的，其实它在哲宗时已经存在，政和时所建者只不过是用以取代"彩幄"的那一部分而已。图中所画的临水殿，前部有宽阔的露台，上面搭设着黄色的大幄帐。这是一个很值得注意的现象，是对此图进行断代的标尺，因为它说明此图之最初的创作时间不会晚到政和时；而图中的大龙舟又说明它不会早于重造此舟的绍圣时。

[①] 郑和宝船的长度依44.4明丈折合，应在150米以上，从而其排水量应达三万吨；这个数字也大得令人怀疑。上海交大杨槱教授据宝船现存的舵杆之长估算，宝船的长度为60米左右。池中的龙舟自应比作为远洋航船的宝船小得多。

[②] 北宋末年祸国殃民的权奸大蠹蔡京、梁师成、李彦、朱勔、王黼、童贯等六人被称为"六贼"。见〔宋〕陈东：《陈修撰集·登闻检院上钦宗书》。

宋初开凿金明池的目的本为操练水军，真宗时曾在池侧置水军营"按试战棹"（《续资治通鉴长编》卷八一）。宋袁裒《枫窗小牍》说当年神卫虎翼水军在池中演习时，"船舫回旋，戈船飞虎，迎弄江涛，出没聚散，歘忽如神"。熙宁以后，武备渐弛，水战演变成水戏。不过由于有原先形成的传统，所以水戏也相当紧张热烈。其中最主要的项目是龙舟争标。上述小绢画中，在临水殿的露台前，两列红旗立于水中，这是为竞渡争标之船"标识地分远近"用的。两列旗当中还竖着一根高竿，上面挂着不少物件，即《梦华录》所说："有小舟，一军校执一竿，上挂以锦彩、银碗之类，谓之标竿，插在近殿水中。"竞渡的小龙船、虎头船等，正在大龙舟两侧鼓噪前进。遗憾的是画幅太小，展观时如自高空俯瞰大地，景色虽一览无余，细节却不甚了了。比如在两列红旗之西，即图的中部，池面上还停泊着三艘船，靠左面的那一艘形制奇特，仿佛是搭在水上的一座舞台。此船或即《梦华录》所记："又有一小船，上结小彩楼，下有三小门，如傀儡棚，正对水中乐船。上参军色进致语，乐作，彩棚中门开，出小木偶人，……又作乐，小船入棚。继有木偶筑球舞旋之类，亦各念致语唱和乐作而已，谓之水傀儡。"可惜这一在戏剧史上具有重要意义的表演项目虽已近在眼前，却看不真切。至于当中之带架子的船是否即"水秋千"，右面那艘是否即"乐船"，就更不易作出判断了。但在这三艘船后面的仙桥，却画得很清楚。此桥"南北约数百步，桥面三虹，朱漆栏楯，下排雁柱，中央隆起，谓之骆驼虹"（《梦华录》）。郑獬《游金明池》诗中"波底画桥天上动，岸边游客鉴中行"[1]之句，即咏此桥。桥之右端通往池中心的亚字形人工岛，岛上有以廊庑相连接的五座殿堂，名水心殿。桥左端则通往建于砖砌高台上的宝津楼，这是皇帝赏阅诸军表演百戏之处，与龙舟争标无关，所以图中只把它们作为衬景处理了。

不过，图中那些分辨不清的细节，有的却可以参看元仁宗时王振鹏所绘

---

[1] 〔宋〕郑獬：《郧溪集》卷二七。

图23-2 元，王振鹏，《金明池争标图》（局部）

《金明池争标图》（图23-2）。此图台北故宫博物院藏有两卷，美国纽约大都会博物馆、底特律美术馆各藏一卷，内容及笔意大致相同，可能原作便不止一本。此卷中出现的大龙舟，较短而宽，甲板上的建筑物拥挤不堪，显然是摹自南宋李嵩的《天中戏水图》（图23-3）。这艘船在结构上不合理的地方很多，它似乎受了当时流行的仿大龙舟制作的玩具龙船（金盈之《醉翁谈录》卷三）的影响。李嵩画过不少幅《货郎图》，对玩具知之甚稔，容有所偏爱。而王振鹏在其历史画卷中，居然把大龙舟也画成这种样子，就使人感到他对北宋的情况未免有些隔膜。虽然如此，但他画的水秋千却十分具体，荡起者与腾越半空行将入水者的姿势都很生动（图23-4）。与《梦华录》所说"又有两画船，上立秋千，船尾百戏人上竿，左右军院虞候监教，鼓笛相和。又一人上蹴秋千，将平架，筋斗掷身入水"的情况差似。表演水秋千

图23-3 宋，李嵩，《天中戏水图》

图 23-4　元，王振鹏，《金明池争标图》中的 "水秋千"

给人的印象深刻。朱翌诗："却忆金明三月天，春风引出大龙船。二十余年成一梦，梦中犹记水秋千。"[1] 真可谓魂牵梦萦。南宋时，"西湖春中，浙江秋中，皆有龙舟争标，轻捷可观，有金明池之遗风"（耐得翁《都城纪胜》）、"又有踏滚木、水傀儡、水百戏、撮弄等，各呈技艺"（周密《武林旧事》卷七）。这些记载却都未提水秋千，或者此时这个节目已不太流行。清代又有秋千船，然而只是女孩子在船面的秋千上荡来荡去，"飘然而来花冥冥，忽然而去风泠泠"，并不往水里跳（丁午《湖船续录》），和北宋时的水秋千大不相同。至于《梦华录》所说 "百戏人上竿" 的情况，在王振鹏的画卷里也能看到。这里的一艘船上叠起长凳和条案，案上有人足蹬高竿，竿头的表演者手展长幡，上书 "庆国泰民安贺风调雨顺" 等字。此船上还有一人执长竿，上面悬挂着各色 "利物"，应即标竿（图 23－5）。此外，卷中众多小龙船争先恐后互相竞赛的气氛也被渲染得紧张热烈，立在小船龙头上的军校 "舞旗招引" 之状颇为传神。而在上述小幅绢画中，虽然也有人立在小船的龙头上，但仅具轮廓，就难以充分引起观者的注意了。

在王振鹏的画卷中，金明池的建筑

图 23-5　元，王振鹏，《金明池争标图》中的 "百戏人上竿"

---

① 〔宋〕朱翌：《灊山集》卷一。

183

物也画得比较实在，虽然不无改动之处，且因所采用的透视方法不同，它们被以横向顺序排列开来，与正常的方位亦有别，但水心殿、仙桥、桥头的华表、桥南的彩楼以及竞渡之终点临水殿的形象都还认得出来。金明池毁于靖康兵燹，元代的王振鹏无缘得见，而且他对该池的详情也并不十分了解，他的《争标图》有一本在临水殿的匾额上竟添写"宝津之楼"四字，张冠李戴，就闹了一个笑话。所以他绘此长卷时必有所本。南渡以后，中原人士之旅居江外者，往往通过描写京师风物的文字或图画以寄托乡思。及至元代，这类图画之存世者尚有多少？有哪些可能被王振鹏看到？已很难说清。但寻觅蛛丝马迹，仍会找见若干可资探讨的线索。

让我们再回到上文所说的小幅绢画上来。此图左侧粉墙一角有"张择端呈进"细字款，但画的笔意与北京故宫博物院所藏张择端《清明上河图》相去很远，其非张氏原作，固不待言；研究者多认为它是南宋时传摹之本。但问题是它的底本有没有可能出自张氏手笔？答案应该是肯定的。只要看图中描绘的金明池风物的真实程度，便可知其创作者倘非亲历，是绝对画不出来的。至于有些细节与《东京梦华录》的记载微有出入，则不足病。因为一来《梦华录》的记载也并不完全可靠，到底是相信该书还是相信此图，也还有个比较鉴别、见仁见智的问题。二来古代中国画并无百分之百地照原样写生的传统，小绢画所绘金明池与《梦华录》所记如此契合，已经是很难能可贵的了。再者《上河图》后幅金代张著的题跋说张择端有《西湖争标图》与《清明上河图》；鉴于金明池当时通称"西池"，故《西湖争标图》也有可能即《西池争标图》之误记。又据张著所列二画的次序，《争标图》应作于《上河图》之前。而这时张择端不应南渡，当时杭州的西湖上也未闻有龙舟争标之盛。所以有理由认为，画史上推重的张氏早年所作《争标图》，或即这幅小绢画的底本。不过从构图上说，王振鹏的《争标图》是长卷的形式，倒与张氏的《上河图》更为接近。

现存的《上河图》是从东京外城东部较空旷之处起手向西画，经过下土桥，进内城角子门，然而再经过一处十字路口，画卷就戛然而止，分明是一个残卷①。其完本往西还应画出相国寺、州桥等东京城内有代表性的繁华市街，可惜后面的一大段已佚失不存。郑振铎先生说："根据后来的许多本子，《清明上河图》的场面还应向前展开，要画到金明池为止。"②无疑是正确的判断。因为只有这样才是一卷首尾完整、横亘东京的都城全景图。金明池龙舟争标和清明节常在同月之中，时间相近，《上河图》末段在金明池上安排争标的场面也是合乎情理的。这一热闹景观张氏久已会心，在《上河图》中一定描绘得比小绢画更精彩。它引起了王振鹏的怀古之情，从而以之为主要依据完成了他的在形式上亦互相接近的《争标图》。虽然后者并非前者之忠实的摹本，这里面夹杂着若干后出之事物。大龙舟不必说，画卷中的"鳅鱼船"，也和《梦华录》所称"止容一人撑划，乃独木为之"的情况不同，而是一人站在鱼形长木上，且不见撑划的动作，令人觉得其中有南宋弄潮人之踏滚木表演的身影。其他不合宋制之处尚有不少，不备述。但从王氏画卷几个本子的内容无多大出入，而且所绘金明池风物确非向壁虚构等方面看来，王氏挥毫之前，胸中应有一先入为主的底样，而此底样或即《上河图》未残本（包括其摹本）的末段。假如本文的这一设想能够成立，则今日犹可据王氏画卷窥知《上河图》佚失部分的风貌之一斑。失之东隅，收之桑榆，对读画者来说也是不幸中的大幸了。

（原载《文物天地》1992年第6期）

---

① 许政扬：《许政扬文存·〈清明上河图〉画的是哪座桥》，中华书局，1984年。

② 郑振铎：《〈清明上河图〉的研究》，载《文物精华》（一），文物出版社，1959年。

24 摩羯灯

内蒙古哲里木盟（今通辽市）库伦旗5号辽墓出土的一件白瓷灯盏（图24-1:1），发掘简报称之为"鱼龙形水盂"[①]。辽宁北票水泉1号辽墓出土的一件青瓷灯盏（图24-1:2），与前者的造型颇有相近之处，发掘简报称之为"龙鱼形青瓷水盂"[②]；大型图录《辽宁省博物馆》则称之为"青瓷飞鱼形水滴"[③]。但它们究竟是不是水盂或水滴，似有可商。特别是后一件，其前部既无角度适合于倒水用的流；腹内又被分隔成两部分，中间挡着一道高起的、向后弯卷的遮屏。如果用作水盂，那么要将后一部分中的水顺利地倾注于他器，恐不无困难。与以上两例的造型类似的瓷盏，还有一件已流出国外（图24-1:3）。此盏为施褐彩的白瓷，通体刻出鳞纹，尾部上翘为把手，器口前部塑出近于龙形的兽头，下唇外侈为流，器底有莲座状足。审其形制，无疑是一盏灯。日本大阪市立美术

图 24-1 灯盏与灯檠

1 辽，白瓷灯盏 内蒙古库伦旗辽墓出土
2 辽，青瓷灯盏 辽宁北票辽墓出土
3 白瓷灯盏，传世品
4 辽，铜灯檠 内蒙古库伦旗辽墓出土

---

① 哲里木盟博物馆：《库伦旗第5、6号辽墓》，《内蒙古文物考古》1982年第2期。
② 辽宁省博物馆：《辽宁北票水泉一号辽墓发掘简报》，《文物》1977年第12期。
③ 辽宁省博物馆编：《中国博物馆·辽宁省博物馆》图171，文物出版社、株式会社讲谈社，1983年。

馆所编《宋元的美术》一书著录此器时，也定名为灯。回过来再看前两件，可以认为把它们定为灯似乎比定为水器的根据更充足。在库伦旗5号墓中，有一铜灯檠与上述瓷盏同出（图24-1:4），上部呈弧形下偃，正与瓷盏的圜底相适合。以灯檠承灯盏，在宋、元遗物中例子很多。所以说此盏是灯，问题好像不大。但要将水泉1号墓所出之瓷盏也定为灯，则需做更仔细的分析。因为在这件器物上，包含着从几方面汇拢来的因素，以致初看时与习见之灯似有所不同。

魏晋以前，我国传统的古灯，不论采取何种外形，就点灯的方式，也就是说，就灯芯（炷）和灯盘（盏）的关系而言，都是"盏中立炷式"。比如汉代最常见的豆形灯，在其圆形的灯盘正中，常有一枚支钉（图24-2）。研究者称之为"烛钎"；而根据它的有无，将汉灯分为油灯和烛灯两大类。其实在汉代，除了单独点的烛以外，油灯的灯炷也叫烛。更确切地说，则前者叫麷烛或麻烛，后者包括灯在内的整体叫膏烛。《淮南子·说林训》："麷烛粗，膏烛泽。"麷即蕡。《周礼·司烜氏》郑众注："蕡烛，麻烛也。"它是将麻蕡（剥去麻皮后的麻秸）缚成束点燃照明。麻蕡又名蒸。《说文·艸部》："蒸，析麻中干也。"武梁祠画像石"颜淑"部分的榜题中就说她"燃蒸自烛"。而在油灯上，烛则指灯炷，灯柱也可以用麻蕡。将灯和烛的这种关系叙述得最清楚的是桓谭。《新论·祛蔽篇》说："余后与刘伯师夜燃脂火坐语，灯中脂索而炷燋秃，将灭息。……伯师曰：'灯烛尽，当益其脂，易其烛……'余应曰：'人既禀形体而立，犹彼持灯一烛，……恶则绝伤，犹火之随脂、烛多少、长短为迟速矣。欲灯独自尽易以不能。但促敛旁脂以染渍其头，转侧蒸干使火得安居，则皆复明焉。'"这里说的"燃脂火"即点油灯，"持灯一烛"指用麻蒸

图24-2　汉，铸出支钉（即"火主"）的铜灯　河北满城汉墓出土

做的灯炷，它一般插在灯盘中的支钉上。此支钉即《说文》所说的"主"，即"镫中火主"。主字后亦作炷，专指灯芯，沂南与邓县（今邓州市）长冢店汉画像石及山西大同北魏司马金龙墓所出漆屏风上刻画的灯，灯火皆立在灯盘当中，即"盏中立炷式"之灯的写照。麻蒸不易保存。然而云南昭通桂家院子东汉墓出土的铜灯，在灯盘内尚残存一段灯炷，是用八九根细竹条缠在一起做成的。[①]如用麻蒸，亦应相近。不过火主除呈支钉形外，还有的作管形，将灯炷插入管内，也可立于盏中。如将麻蒸束成下粗上细之状，不用火主，似亦可直接立在灯盘中；若干汉代铜灯中未见火主，或者就是这种做法的反映。晋傅玄《灯铭》："素膏流液，玄炷亭亭。"（《初学记》卷二五引）梁简文帝《列灯赋》："兰膏馥气，芬炷擎心。"（《艺文类聚》卷八〇引）均着意于灯炷之亭亭直立的形状。甚至新疆克孜尔石窟第188窟壁画中"贫女难陀"所施之灯，灯炷也立在盏中（图24-3）。

《新论·祛蔽篇》还说，灯火"随脂、烛多少、长短为迟速"，表明烛即灯炷要浸在脂里。脂指动物油脂，满城1号墓所出卮灯中的残存物，经化验即确定为动物脂类[②]。此外，古代也用植物油点灯。《齐民要术·种麻子篇》引崔寔曰："苴麻（即大麻的雌株）子黑，又实而重，捣治作烛，不作麻。"同书《荏蓼篇》又说："荏（即白苏子）油色绿可爱，其气香美，……又可以为烛。"这里之所谓"作烛""为烛"，均指点灯。直到元代，王祯在《农书》卷七中仍说："按麻子、苏子，……于人有灯油之用，皆不可阙也。"除了动物脂和植物油以外，还用蜡点灯。《潜夫论·遏利篇》："知脂、蜡之可明镫也。"20世纪30年代，商承

图24-3　南北朝，壁画，
"贫女难陀施一灯供养"
新疆克孜尔石窟第188窟

① 云南省文物工作队：《云南昭通桂家院子东汉墓发掘》，《考古》1962年第8期。
② 中国社会科学院考古研究所、河北省文物管理处：《满城汉墓发掘报告》上册，文物出版社，1980年，第71页。

祚先生于《长沙古物闻见记》中已指出："汉墓偶有黄蜡饼发现，……岂以之代膏耶？"近年在长沙杨家大山401号、沙湖桥A45号等汉墓中，均于铜灯内发现残蜡，可以作为以蜡代膏之证。①晋范坚《蜡灯赋》中描写过这种燃蜡的灯："列华檠，铄凝蜡。浮炷颖其始燃，秘闱于是乃阖。"（《艺文类聚》卷八〇引）可见灯内之蜡是融化后作为油膏使用的，并不制成细柱状的蜡烛。这种铜灯可依范坚赋称之为蜡灯，却不能叫作烛台②。

上述各种灯内无论燃脂、燃油或燃蜡，灯炷大都是用麻蒸等硬纤维做的，所以能直插在火主上。此外，当时也有用软纤维做的灯炷。软炷立不起来，本不合乎"盏中立炷式"的要求。但在此法盛行期间，狃于积习，并不像后世那样，将软质灯炷搭在盏唇上，使灯火在灯盘的口沿处燃烧；而是在灯盘内立一小圆台，将软灯炷架在台上点燃。北京故宫博物院所藏战国玉灯可以为例（参见本书第25节《"明火"与"明烛"》一文图25-4）。

古代西方点灯的方式则与中国不同。西方的灯一侧有流，灯炷引入流内，搭在盏唇上点火，可以称为"盏唇搭炷式"。古代地中海区域和西亚各国均用此式之灯。如图24-4:1所举安息釉陶灯③。这种灯大约在唐代已通过新疆传入内地，新疆巴楚县托库孜萨来所出唐代铜灯（图24-4:2）④，即纯属西方式样。石渚长沙窑所出带流的瓷灯（图24-4:3、4）⑤，虽然外形与西方的灯有别，却也采用盏唇搭炷的方式，无疑曾受到外来的影响。由于这种方式的流行，软灯炷亦被推广。《旧唐书·皇甫无逸传》说他"夜宿人家，遇灯炷尽，……无逸

① 中国科学院考古研究所：《长沙发掘报告》科学出版社，1957年，第115页。李正光、彭青野：《长沙沙湖桥一带古墓发掘报告》，《考古学报》1957年第4期。
② 东汉晚期已有细柱状的蜡烛。在广州三育路、先烈路、官洲等地东汉墓中出土了一批最早的烛台。见广州市文物管理委员会、广州市博物馆：《广州汉墓》，文物出版社，1981年，第411～412页。
③ 此灯为美国密歇根大学古典考古学博物馆藏，A. U. Pope, A Survey of Persian Art，卷2，第664页著录。
④ 新疆维吾尔自治区博物馆编：《新疆出土文物》图178，文物出版社，1975年。
⑤ 周世荣：《石渚长沙窑出土的瓷器及其有关问题的研究》，载《中国古代窑址调查发掘报告集》，文物出版社，1984年。

图 24-4 "盏唇搭炷式"灯

1 安息釉陶灯
2 唐，铜灯，新疆巴楚出土
3 唐，瓷灯　湖南望城出土
4 唐，瓷灯　湖南望城出土
5 宋，瓷灯　福建建阳出土
6 元，铁灯　辽宁开原出土

抽佩刀断衣带以为炷"，可证。宋代以降，普遍用这种灯（图24－4:5、6），"盏中立炷式"灯遂隐没不见。随着灯盏结构的简化，自战国以迄两汉极为兴盛的铜灯工艺渐趋衰落。六朝、隋唐时，偶尔还能看到造型很美的瓷灯，宋以后也不常出现了。所以库伦旗5号墓所出的铜灯檠和瓷盏，在晚期灯具中是颇为难得的精品。

不过应当指出的是，库伦瓷灯的形象并不是"鱼龙"，而是来自印度神话中的摩羯鱼[1]。这种水怪通过佛教经典、印度与中亚的工艺品，以及天文学上的黄道十二宫的摩羯宫等渠道传入我国。此物作长鼻上卷、兽首鱼身之形，库伦瓷灯的造型与之正合。辽代的制灯工艺家把这一形象处理得很巧妙，在库伦灯上，其后卷的鼻子和前伸的尾巴靠在一起，既在后部形成把手，又使底部形成适合于灯檠的曲线，显得异常生动。它的名称似可定为摩羯灯。流出国外的那一件，头部近于龙形，其实也是摩羯鱼。因为摩羯鱼的头部，早在唐代工

---

[1] 摩羯鱼为梵文makara的译名，后秦·弗若多罗译《十诵律》卷三三："魔竭鱼……此等在海中未足为奇，有百由旬者，二百、三百乃至七百由延身。"唐·金俱叱译《七曜禳灾诀》中作"摩羯"。因为希腊天文学中摩羯宫的图形是半羊半鱼状，故译名中宜用羊旁之羯字。参看岑蕊：《摩羯纹考略》，《文物》1983年第10期。

艺品中已被处理得接近龙形（图24-5:1）。同时，印度和中亚的摩羯鱼本无翅膀，唐代的作品起初也没有；中晚唐时，在金银器上锤镰出的摩羯鱼被添上了翅膀。西安太乙路所出四曲金杯与丹徒丁卯桥所出鎏金银盘之例均如此[①]。辽、宋文物中的摩羯鱼也是这样（图24-5:2、3）。我国绘制的黄道十二宫的摩羯宫，就已知的三例而言，也都表现为有翼的飞鱼形（图24-5:4～6）。因知水泉辽墓的青瓷盏，也应是摩羯灯，不过已将摩羯的头部略去，只做出鱼身和双翼而已。

辽代对摩羯鱼的形象似有特殊爱好。上述水泉辽墓中除出摩羯灯外，还有摩羯纹铜饰板和摩羯形石坠[②]。北京故宫博物院藏有辽代的鎏金摩羯纹铜带具，包括带铐和铊尾[③]。在陶瓷容器中，内蒙古宁城和哲盟左中旗辽墓均曾出辽三彩摩羯壶（图24-5:7）[④]，日刊《世界陶磁全集》卷一〇还著录了一件辽代的白瓷摩羯壶（图24-5:8）[⑤]。因而，上述三例摩羯灯也可能都是辽的产品。库伦旗出土的，有可能是赤峰缸瓦窑村瓷窑所产。水泉所出的，许玉林先生认为其"胎质、釉色、烧造技术与装饰风格，均与同时期的汝窑、耀州窑、龙泉窑等青瓷迥然不同"[⑥]。它的窑口归属虽尚未确知，但看来也有可能是在辽地烧制的。

最后，再对水泉摩羯灯腹中分隔为两部分的原因试作推测。从原理上说，它与宋代的夹瓷盏基本相同。陆游《陆放翁集·斋居记事》说："书灯勿用铜盏，惟瓷盏最省油。蜀中有夹瓷盏，注水于盏唇窍中，可省油之半。"这里未

---

① 贺林、梁晓青、罗忠民：《西安发现唐代金杯》，《文物》1983年第9期。丹徒县文教局、镇江博物馆：《江苏丹徒丁卯桥出土唐代银器窖藏》，《文物》1982年第11期。

② 辽宁省博物馆：《辽宁北票水泉一号辽墓发掘简报》，《文物》1977年第12期。

③ 王海文：《鎏金工艺考》，《故宫博物院院刊》1984年第2期。文中定之为元代物，不确。因为铐上的"古眼"尚近唐制。北宋中期以后，铐上一般已无"古眼"。

④ 白俊波：《内蒙古宁城出土的辽三彩壶》，《文物》1984年第3期。哲盟左中旗所出摩羯壶曾于1987年在北京故宫博物院举办的"哲盟辽墓壁画暨出土文物展览"中展出。

⑤ 参看冯永谦：《新发现的几件辽代陶瓷》，《文物》1981年第8期。

⑥ 辽宁省博物馆：《辽宁北票水泉一号辽墓发掘简报》，《文物》1977年第12期。

图 24-5　摩羯纹（1～3）、摩羯宫（4～6）与摩羯壶（7～8）

1　唐，鎏金银盘　江苏丹徒出土　　　　　5　辽，壁画　河北宣化辽墓出土
2　辽，石坠　辽宁北票出土　　　　　　　6　元，壁画　甘肃敦煌莫高窟第61窟
3　宋，瓷片　河北定窑窑址出土　　　　　7　辽，三彩壶　内蒙古宁城出土
4　辽，版画，《炽盛光佛与九曜图》　　　　8　辽，白瓷壶，传世品
　　山西应县木塔发现

言及省油的原因，陆游在《老学庵笔记》卷一〇中作了进一步说明："宋文安公（宋白）集中有省油灯盏诗。今汉嘉（四川芦山）有之，盖夹灯盏也。一端作小窍，注清冷水于其中，每夕一易之。寻常盏为火所灼而燥，故速干。此独不然，其省油几半。邵公济牧汉嘉时，数以遗中朝士大夫。按文安公亦尝为玉津令。则汉嘉出此物几三百年矣。"今四川邛崃县（今邛崃市）邛窑窑址曾出这种灯。邛崃与芦山为邻县，可证陆说。重庆市博物馆（今重庆中国三峡博物馆）藏有完整的精品，湖南岳阳和天津市亦曾出土过这种灯，足见流传的地域相当广。省油灯的构造略如图24-6：1；而水泉摩羯灯的构造则略如图24-6：2。将冷水注入水泉灯腹后部，而在前部盛油置炷。瓷盏被冷水降温，故可减少灯油的蒸发，达到省油的目的。

　　摩羯灯采用的"盏唇搭炷式"点灯法，其渊源可以追溯到西亚和地中海区域。其造型所取象之摩羯鱼，既本诸印度神话，又曾经过唐代的加工和再创造。其注水省油的结构则取法邛窑之夹瓷盏。辽代工艺家撷取众长而匠心独

灶

油

水

1
2

图 24-6 两种"省油灯"结构示意图
1 四川邛窑出土
2 辽宁北票出土

运，创造出了这样一种造型优美、结构精巧的摩羯灯，洵为我国工艺史上值得重视的佳作。

（原载《文物》1986年第12期）

25 "明火"与"明烛"

我国古代曾以阳遂将日光反射聚焦引燃艾绒而得火，因为此火"从天来"（《论衡·说日篇》），乃称之为"明火"。《周礼·秋官·司烜氏》："掌以夫遂取明火于日，以鉴取明水于月，以共祭祀之明齍、明烛，共明水。"郑玄注："夫遂，阳遂也。鉴，镜属，取水者；世谓之方诸。取日之火、月之水，欲得阴阳之洁气也。明烛以照馔陈，明水以为玄酒。"可见明火与明水均用于祭祀，点燃明火的灯称为"明烛"，用它照亮陈设的祭品。取明火、明水的仪式出现于先秦时，而为汉代所继承。《汉旧仪》说："（皇帝唯）八月饮酎。……以鉴诸取水于月，以阳遂取火于日，为明水、火。"[1]这种做法至唐代还能看到。《旧唐书·礼仪志》载李敬贞议："今司宰有阳遂，形如圆镜，以取明火。……比年祭祀，皆用阳遂取火。"称阳遂"形如圆镜"，这是较晚的说法。《淮南子·天文训》高诱注只说："阳遂，金也。取金杯无缘者，熟摩令热，日中时，以当日下，以艾承之，则燃得火也。"[2]淮南书另有许慎注，唐慧琳《一切经音义》卷三三及《太平广记》卷一六一引作："阳遂，五石之铜精。圆以仰日，则得火。"在这里，许慎只说阳遂是圆形的铜器，魏晋时人乃以镜拟之。《太平御览》卷七一七引魏高堂隆奏："阳遂取火于日，……阴燧取水于月，并以铜作镜，名曰水火之镜。"晋崔豹《古今注·杂注第七》也说："阳遂，以铜为之，形如镜，向日则火生，以艾承之，则得火也。"不过阳遂与普通的镜子也有区别，它是凹面的，而不像铜镜那样做平面或微凸状。《考工记·凫氏》郑玄注：

---

① 〔清〕孙星衍等：《汉官六种》，周天游点校本，中华书局，1990年，第101页。

② 《艺文类聚》卷八〇引《淮南子》高诱注作："阳遂，金也。取金盂无缘者，执日高三四丈时，以向，持燥艾承之寸余，有顷焦之，吹之则然，得火。"语意较详。

"隧在鼓中，窒而生光，有似夫隧。"①其特点是"望而生光"。高诱注把它比作杯状物，虽曲度有深浅之别，但用意大致相同。将阳遂之形制的特点概括得最全面的是唐张戬的《考声切韵》，谓："燧者，今之火镜也。圆径二寸许，皆有文，面窊。照日以艾承之，便得火。"②出土的铜质阳遂正作凹面圆镜状。已知之最早的几件是西周时期的。1975年在北京昌平白浮2、3号西周墓各出土一件（图25-1:1）③；1995年在陕西扶风黄堆60号西周墓又出土一件④；以上三件均为素背。1972年在扶风王太川村西周中晚期墓出土的，背面有重圈纹。⑤春秋时代的阳遂，于1957年在河南三门峡市上村岭1052号虢国墓中出过一件，背面为双虎纹（图25-1:2）。⑥战国时代的，于1981年在浙江绍兴狮子山306号墓中出过一件，背面上下左右各饰一条龙纹（图25-1:3）。⑦1960-1961年，在山西侯马Ⅱ号铸铜遗址之13号战国房址中还出过整套的阳遂范（图25-1:4）。⑧至西汉时，1983年在广州象岗南越王墓中出土素背阳遂两件。⑨此外还有若干传世品，天津博物馆所藏汉代阳遂，铭文中说："五月五丙午，火遂可取天火。"中国国家博物馆、上海博物馆及日本京都大学文学部博物馆也有收藏。这些阳遂皆为圆形，正面均内凹，其中做过实测的，曲率半径为7.26厘

① 燧字除作遂外，亦作隧、鐆。〔清〕孙诒让《周礼正义》卷七〇说："案：遂，《考工记·攻金之工》经注及《筑氏》注并作燧。《凫氏》注文作隧，《内则》亦作燧。鐆（见《说文》）正字，遂、隧并假借字。……燧则鐆之俗，隧为烽火，与阳遂义别也。"今通用燧字。
② 〔唐〕慧琳：《一切经音义》卷三三引。
③ 北京市文物管理处：《北京地区的又一重要考古收获——昌平白浮西周木椁墓的新启示》，《考古》1976年第4期。
④ 边江、杨林：《三千年前中华人民取火于日有了明证》，《光明日报》1995年10月13日2版。
⑤ 罗西章：《扶风出土的商周青铜器》，《考古与文物》1980年第4期。
⑥ 中国科学院考古研究所：《上村岭虢国墓地》图版38，科学出版社，1959年。
⑦ 浙江省文物管理委员会等：《绍兴306号战国墓发掘简报》，《文物》1984年第1期。
⑧ 山西省考古研究所：《侯马铸铜遗址》上册，文物出版社，1993年，第175～177页。
⑨ 广州市文物管理委员会等：《西汉南越王墓》下册，图版42，文物出版社，1991年。

图 25-1　阳遂与阳遂范

1　西周阳遂，北京昌平白浮 3 号墓出土
2　春秋阳遂，河南三门峡市上村岭 1052 号虢国墓出土
3　战国阳遂，浙江绍兴狮子山 306 号墓出土
4　战国陶范，山西侯马 Ⅱ 号铸铜遗址出土

米～30.8厘米不等①。它们的背面并不都铸有花纹，与张敧所称"皆有文"的说法不尽合。但从其凹面看，都能反射聚焦而引火，证明《司烜氏》的记载可信。

由于阳遂的这一功能，遂被认为具有与天相通的性质，从而阳遂一词也被

---

① 昌平白浮阳遂的曲率半径为30.8厘米，见《考古》1980年第4期。京都大学文学部博物馆藏虺纹阳遂的曲率半径为22.12厘米；同馆所藏蟠螭纹阳遂的曲率半径为7.26厘米；见〔日〕梅原末治：《中国殷周の古镜》，《史林》42卷4号，1959年。扶风黄堆出土阳遂的曲率半径为20.75厘米，见《三千年前中国人取火于日有了明证》。侯马出土阳遂之凹面的曲率半径为7.6厘米，见《侯马铸铜遗址》。

赋予这样一层含义。《文选·洞箫赋》形容箫声："被淋洒其靡靡兮，时横溃以阳遂。"张铣注："忽如水流之纵横溃乱，复有清畅之音以通达也。"则阳遂亦训通达。北京市拣选到一件汉代铜尊，铭文说："郝氏之家大富贵，子孙千人皆阳遂。"[①]也是祝愿其子孙获得通达尊显的地位之意。"富贵阳遂"作为吉语，在汉、三国时的铜器和砖瓦上曾一再出现[②]。而如陕西绥德苏家岩东汉永元八年（96年）墓西门槛左下角阴刻的"阳遂"二字，却无疑应具有辟邪祈福的意味了[③]。

可是"阳遂"的含义仅用"通达"来解释显然是不够的。阳遂点的是"明烛"；而我国古代所说的烛，则将火炬、灯火、蜡烛等都包括在内。《礼记·曲礼》孔颖达疏："古者未有蜡烛，唯呼火炬为烛也。"用于照明的火炬，早在宁夏海原菜园村新石器时代建筑遗址中已经发现。这里的第13号窑洞之西壁，发现了多处供插松枝用的孔洞，附近的壁土已因火炬的烘烤而变色。此遗址之碳-14年代为距今4100—4500年，因知此时室内已知燃"烛"[④]。虽然在壁上插松明当烛，烟气既大又不便移动，是相当原始的，但毕竟已经出现了照明的设施。过去曾认为真正的灯要到战国时才有，但这比海原的松明推迟了两千多年，时间差距太大。实际上不晚于商代我国已有燃油的灯具[⑤]。点油脂和燃松明不同：第一，它须有盛油脂的容器；第二，须有支承灯炷，使灯火不至延烧及油面的装置。我国在唐代以前，灯炷都是直立在灯盏当中的。山东沂南北寨村、河南邓县（今邓州市）长冢店等地之汉画像石及山西大同北魏司马金

① 程长新：《北京市拣选古代青铜器续志》，《文物》1984年第12期。
② 《汉金文录》卷五所录汉代铜尊铭文为"大吉，宜用，富贵阳遂"。《鄂城汉三国六朝铜镜》（文物出版社，1986年）图110所载黄武六年（227年）镜的铭文中有"宜子孙，阳遂富贵老寿"之语。湖南衡阳茶山坳27号三国墓所出墓砖上有"阳遂富贵"铭文，见《考古》1986年第12期。
③ 绥德县博物馆：《陕西绥德汉画像石墓》，《文物》1983年第5期。
④ 陈斌：《灯具的鼻祖四千年前窑洞的壁灯》，《文物天地》1989年第2期。
⑤ 我国古代既用动物油脂也用植物油点灯。《齐民要术·种麻篇》引汉·崔寔说，麻子的油可以"作烛"即点灯。同书《荏蓼篇》又说："荏（即白苏子）油色绿可爱，其气香美，……又可以为烛。"直到元代，王祯《农书》中仍说："按麻子、苏子，……于人有灯油之用，皆不可缺也。"

龙墓所出漆屏风上刻画的灯，都在灯盏中心升起火焰，即这类灯点燃时的写照（图25-2）。充当灯炷的材料有硬有软，硬的如麻蒸（麻秸的穰），软的如各类纱缕。麻蒸插在灯盏当中的支钉（又称"火主"）上；软灯炷则需以台面承托，在灯盏中立一小圆台是比较方便的做法。而二里岗下层的C8M32号商墓（郑州东里路东端北侧黄河医院修建房屋挖地基时发现的）出土的陶容器，敞口，平底，底部当中正立有一根圆柱，柱顶微凸（图25-3:1）。①此式器物之更多的一批出土于郑州小双桥商代遗址，计

图 25-2　盏中立炷之灯
1　山东沂南汉画像石
2　山西大同出土北魏屏风漆画

十六件，中柱顶端有平面的也有凸面的。②在郑州商城东南角外向阳回族食品厂之灰坑H1中还出土了一件此型青铜器，侈口，鼓腹，圈足，底部中央突起一圆柱，柱顶有饰涡旋纹的伞形帽（图25-3:2）。③和它同出的青铜器共十三件，包括大方鼎、大圆鼎、牛首尊、羊首尊、饕餮纹大提梁卣等。在灰坑H2、H4内还发现了不少牛骨。发掘者认为："这一地点与祭礼有关。"④此类带中柱的容器过去曾命以"中柱盂"或"中柱盆"之名，其实它们正是搭软灯炷的灯具，应称为"中柱灯"。根据出土的情况看，郑州出土的这件铜中柱灯乃是一件礼器。从纹饰上看，它和"明烛"或有所关联。因为其伞帽上的涡旋纹即囧纹。囧字在《说文》中作囧，并引贾逵说以为囧"读与明同"。那么将囧纹伞

---

①　杨育彬等：《近几年来在郑州新发现的商代青铜器》，《中原文物》1981年第2期。
②　河南省文物考古研究院等：《1995年郑州小双桥遗址的发掘》，《华夏考古》1996年第3期。
③　河南省文物考古研究院等：《郑州新发现商代窖藏青铜器》，《文物》1983年第3期。
④　同上。

图 25-3　商代的中柱灯（1：陶；2、3：铜）

1　河南郑州东里路出土

2　河南郑州商城出土

3　河南安阳殷墟出土

帽上所搭之灯炷点燃，似亦可视为"明烛"。上文已指出，灯炷即烛；有些铜灯在铭文中自名为"烛锭（灯）"，则烛也就是灯[①]。这类灯不仅早商时有，河南安阳出土的晚商器物中也有，20世纪30年代在殷墟王陵区HPKM1005号墓中出土过两件铜"中柱旋龙盂"，中柱的顶部呈分瓣的小花朵状，中柱周围还绕以蟠龙（图25-3：3）。[②]过去曾把它们视作玩赏用的水器，不确；因为和早商的中柱灯联系起来考察，便不难认出它们也是灯具。特别是"旋龙盂"之中柱顶端的花朵，更与北京故宫博物院所藏战国玉灯灯盏中部凸起的花朵状小圆台极相近；它们都应当是承搭软灯炷用的（图25-4）。不过至今尚未在商代遗物中发现过凹面镜状的阳遂，不能证明商代是否已知用反射聚焦的方法从太阳光取火，并且也不能确认当时是否已有"明火"与"明烛"的概念。但可以认为，

① 参看拙著：《汉代物质文化资料图说》第88篇，文物出版社，1991年。

② 胡厚宣：《殷墟发掘》图版49，学习生活出版社，1955年。

图 25-4 战国玉灯 北京故宫博物院藏

上述郑州出土的铜中柱灯，不能都看作是一般的日用之器。

到了战国时代，情况就豁然开朗了。这时除了在河南信阳、郑州二里岗等地的战国墓中仍看到中柱灯外，又新出现了一类鸟柱灯，它们虽然是从前者演进来的，但数量很多，后来居上。如河南辉县固围村、新乡李大召、宜阳元村、山西长治分水岭、榆次猫儿岭、万荣庙前，河北邯郸百家村、邢台尹郭村、平山中山王墓群以及山东济宁薛国故城等地的战国墓中均曾出土。[①]鸟柱灯和中柱灯的构造基本相同，只是在中柱顶上加了一只鸟。在我国，自邃古之初鸟就和太阳结下了不解之缘。陕西华县（今华州区）泉护村出土的仰韶彩陶上有鸟纹和日纹组合在一起的图案（本书《三足乌》一文图3-1）。良渚文化玉器的刻纹中也常出现一个飞鸟，鸟身中部接近圆形，前有头，后有尾，左右展开双翼（图25-5）。牟永抗先生和吴汝祚先生说，这是"一太阳符号，上端作冠冕状图形，两侧有翅膀，是神化了的太阳"。[②]他们认为鸟身中部的圆形代表太阳，是中肯的见解。而"取天

---

① 中国科学院考古研究所：《辉县发掘报告》，科学出版社，1956年。郑州大学考古专业等：《河南新乡李大召遗址战国两汉墓发掘简报》，《考古与文物》2005年第4期。洛阳市第二文物工作队等：《洛阳市宜阳县元村战国墓发掘简报》，《文物》2003年第9期。山西省文物管理委员会等：《山西长治分水岭战国墓第二次发掘》，《考古》1964年第3期。山西省考古研究所等：《长治分水岭东周墓地》，文物出版社，2010年。猫儿岭考古队：《1984年榆次猫儿岭战国墓葬发掘简报》，《三晋考古》第1辑，1994年。山西省考古研究所：《万荣庙前东周墓葬发掘收获》，《三晋考古》第1辑，1994年。河北省文物局文物工作队：《河北邯郸百家村战国墓》，《考古》1962年第12期。河北省文物研究所：《邯郸百家村两座战国墓》，《文物春秋》2009年第4期。同作者：《䃂墓——战国中山国国王之墓》，文物出版社，1996年。同作者：《战国中山国灵寿城——1975—1993年考古发掘报告》，文物出版社，2005年。山东省济宁市文物管理局：《薛国故城勘查和墓葬发掘报告》，《考古学报》1991年第4期。

② 牟永抗、吴汝祚：《水稻、蚕丝和玉器——中华文明起源的若干问题》，《考古》1993年第6期。

图 25-5 良渚玉器上的鸟纹

1 玉璧，浙江余杭安溪出土
2 玉璧，台北故宫博物院藏
3 玉璧，美国弗利尔美术馆藏
4 玉琮，北京首都博物馆藏
5 玉琮，法国吉斯拉氏（G.Gieseler）藏

火"的阳遂既与天相通，自然也是与太阳有关的神物。近来发现，在祥瑞图中阳遂还有一个神化了的形象，它和代表太阳的阳乌竟极其类似，也作禽鸟形。朝鲜平安南道大安市德兴里（今朝鲜南浦市江西区德兴洞）高句丽永乐十八年（408 年）壁画墓前室墓顶东侧所绘神禽灵兽中有一大鸟，其旁之榜题为："阳燧之鸟，履火而行。"[1]周季木先生收藏的陶文中，还有在鸟纹之旁印"阳遂虫"三字的（图 25-6）[2]。《书·益稷》"山龙华虫"，传："虫，雉也。"《周礼·地官·大司徒》郑注："羽虫，翟雉之属。"故"阳遂虫"即阳遂鸟。这两个形象的出现对认识"明烛"为何物很有启迪，拿它来印证 1969 年在河南济源泗涧沟 24 号新莽墓出土的一件陶灯，问题的解决就变得更有门径可循。此灯通高 28

图 25-6 "阳燧之鸟"与"阳遂虫"

1 "阳遂之鸟"，朝鲜高句丽墓壁画
2 "阳遂虫"，据《季木藏陶》

---

[1] 朝鲜民主主义人民共和国社会科学院等：《德兴里高句丽壁画古纹》图版 38，讲谈社，1986 年。

[2] 周季木：《季木藏陶》册四，1943 年，第 107 页。"遂"字居延简作遂，《石门颂》作遂，均与此陶文相同，可证其不伪。

厘米，基座为蟾蜍形，灯柱上部为兔形，灯盏为昂首振翅翘尾的鸟形（图 25-7）。发掘者李京华先生说："这件灯和汉代画像石上的金乌含义有些相同，金乌象征太阳，中柱和灯座塑的兔和蟾蜍是象征月亮。日、月相合为'明'。"[1] 如从此说，则这盏灯或亦"明烛"之俦；尽管其中不无推测的成分。但无论如何，从良渚玉器上的鸟纹到阳遂鸟以至阳乌，都和鸟

图 25-7　陶灯
河南济源泗涧沟 24 号新莽墓出土图

柱灯上的鸟的用意有相通之处。以阳遂鸟充当"明烛"的标志，显然比囧纹伞帽更直观。在庄严的祭礼中，用阳遂镜在神鸟背上引起炎炎明火，使关于太阳的神话在众目之前呈现，会使在场的与祭者感受到不同寻常的感染力。这样，它也就成为点燃"明火"的神灯，照耀祭品的"明烛"了。

不仅如此，为了使"明烛"不同于日用灯具，战国时还在灯盏之下设筒形或瓶形灯座。在长治分水岭、万荣庙前、济宁薛国故城等地都有灯与座配套的实例出土（图 25-8）。灯座将灯火抬高，照明的范围扩大，显然更有气势。陶灯座的高度一般在 15 厘米~25 厘米之间。平山中山国 6 号墓（成公墓）出土的铜灯座高 33 厘米（图 25-9）。中山王𰂿墓与其陪葬墓中都出带座的这类陶灯，通高都在 40 厘米以上（图 25-10）。但中山王墓另外还出土了一件大型铜鸟柱灯（图 25-10:7），灯盏的直径为 57 厘米。盏内底伏一鳖，背负灯柱。柱顶为展翅的阳遂鸟。鸟足下端装筒形銎，套在灯柱上，可任意转动。灯盏外壁有四枚铺首衔环。下承束腰圆柱形器足，底座铸出镂空的蟠螭纹，极精致。和它配套的筒形灯座，通体饰变形蟠螭并衬以云雷纹地纹。筒底有三兽足。造型稳重。此灯座高 58.8 厘米，搁上铜灯后，通高达 1 米。灯盏硕大，膏油充盈，

---

① 河南省博物馆：《济源泗涧沟三座汉墓的发掘》，《文物》1973 年第 2 期。

图 25-8　战国陶鸟柱灯与灯座

1　山东济宁薛国故城 5 号墓出土　　　　　3　山西万荣庙前 61M1 号墓出土

2　山西长治分水岭 68 号墓出土　　　　　4　山西长治分水岭 21 号墓出土

灯炷会比较粗，灯火会很炽烈。炫金涌碧，星爆烟飞，与其自太阳取火之不平凡的身份恰相适应，堪称神圣而豪华，高踞古灯具之巅峰的"明烛"，即神灯。

然而应当说明的是，鸟柱灯即"明烛"的灯座尽管实例不少，却也并非每盏灯必备。而且这种灯在结构上还有一个缺陷，即灯炷顶部平摊在鸟背上，底面不接触空气。特别是其中之形体较小者，灯火产生的热量更低，空气对流状况不佳，火焰旺不起来。这样，势必会影

图 25-9　战国铜鸟柱灯与灯座

河北平山中山国 6 号墓出土

响灯的亮度。如果仅仅是荧荧一豆，迷离闪烁，就和隆重的祭祀场面不相称了。在这种仪式盛行的战国时代，古人已经注意到这一点。山西长治分水岭 118 号墓所出者，已在鸟背中部开一小孔，与空心灯柱上下贯通，较好地解决了透气的问题（图 25-11:2）；比不透气的式样（图 25-11:1）改进了一大步。

图 25-10　河北平山战国中山王主墓与陪葬墓中出土之带灯座的鸟柱灯（1～6：陶；7：铜）

1　1号陪葬墓出土　　　　　　　　　　4　4号陪葬墓出土

2　2号陪葬墓出土　　　　　　　　　　5　5号陪葬墓出土

3　3号陪葬墓出土　　　　　　　　　　6、7　主墓出土

东汉时且将鸟背上的穿孔扩大，使气流更加顺畅（图 25-11:3）[1]。但仍有一些灯将鸟形部件粘在空心柱顶端，空气仍被阻塞。不过实用的要求总会顽强地冲决障碍。到了三国、西晋时，附有鸟形的"明烛"隐没，空柱灯行世。开始还

---

① 河北省文物研究所：《河北阜城桑庄东汉墓发掘报告》，《文物》1990 年 1 期。

图 25-11　空柱灯

1　河南辉县固围村 1 号战国墓出土　　　　5　山东临沂洗砚池西晋墓出土

2　山西长治分水岭 118 号战国墓出土　　　6　河南洛阳衡山路西晋墓出土

3　河北阜城桑庄东汉墓出土　　　　　　　7　河南洛阳厚载门街西晋墓出土

4　安徽合肥三国新城遗址出土　　　　　　8　河南洛阳吉利区西晋墓出土

在灯的外面套上钵形护罩，或在空心柱顶上叠加带小孔的灯盘（图 25－11：4、5）。①后来就直接使用空柱灯了（图 25－11：6~8）。②空柱灯上略去了代表阳遂的象征物，表示"取明火"之古老的仪式渐趋式微。纵然在皇家典礼上，偶或

---

①　安徽省文物考古研究所：《合肥市三国新城遗址的勘探和发掘》，《考古》2008 年第 12 期。山东省文物考古研究所等：《山东临沂洗砚池晋墓》，《文物》2005 年第 7 期。

②　洛阳市第二文物工作队等：《河南偃师市首阳山西晋帝陵陪葬墓》，《考古》2010 年第 2 期。洛阳市第二文物工作队：《洛阳衡山路西晋墓发掘简报》，《文物》2005 年第 7 期。洛阳市文物工作队：《洛阳厚载门西晋墓发掘简报》，《文物》2009 年第 11 期。同作者：《洛阳吉利区西晋墓发掘简报》，《文物》2010 年第 8 期。

因循旧制，演示一下，但已盛况不再。六朝以降，铜制的阳燧镜更难得一见。大部分空柱灯可能已回归为日用灯具。隋唐以后，盏唇搭炷式灯流行，鸟柱灯及其衍生的各种类型从此绝迹。李敬贞虽然提到用阳燧取火，但却缄口不言"明烛"。附带提一笔，《急就篇》颜师古注曾说："镫，所以盛膏夜然燎者也，其形若杅而中施钉。"粗看起来，这话仿佛可以理解成是指空柱灯而言。可是这时空柱灯久不通行，颜氏已不及见。他说的乃是唐代使用的在盏中装空心圆管、但与盏底并不通透的烛台（图25－12）。[①]

我国自太阳光取火用于典礼的做法，出现之早，历时之久，用具之华美，在世界上是罕见的。中国的明火相当于现今说的圣火（Sacred Flamesz），对圣火的崇拜曾在古代世界的广大地区中流行。就亚洲而言，伊朗的琐罗亚斯

图25-12　陕西西安市长安区出土唐代陶烛台

德教即拜火教、祆教，不仅崇拜火，也崇拜太阳，其主神阿胡拉·马兹达的形象就居于日轮之中。突厥人也事火。王小甫《"弓月"名义考》认为：突厥的弓月城（在今新疆伊犁河流域）之名，"来自古突厥语kün（日、太阳）和ört（火、火焰）组成的一个合成词，其意为'日火'或'太阳之火'，表达了当时已传入突厥的祆教信仰。"[②]但突厥人的"日火"或系采自某些宗教圣山上的自燃之火。他们是否使用阳燧，至今尚不清楚。在地中海地区，一般认为阳燧形反光镜是罗马帝国时代的普卢塔克（Plutarch，约46—119）发明的，还较我国为迟。至于世所悉知之奥运圣火，古代曾使用玻璃透镜将阳光聚焦；反射聚焦的方式要到1928年在阿姆斯特丹举行的第九届奥运会上才采用，已然是20世纪之初了。

（原载《中国文化》2014年秋季号）

---

① 陕西历史博物馆：《新入藏文物精华》三秦出版社，2011年，第74页。
② 王小甫：《唐、吐蕃、大食政治关系史·"弓月"名义考》，北京大学出版社，1992年。

26　一枚刺鹅锥

在内蒙古奈曼旗青龙山辽开泰七年（1018年）陈国公主、驸马合葬墓中，驸马萧绍矩腰间的佩物内有一枚玉柄银锥（图26-1）[1]。此锥有鎏金银鞘，锥鞘的式样与所佩的刀子之鞘基本一致（图26-2）。这把刀子大体仍沿袭唐制。在唐代，刀子不属于武器的范畴。《唐六典·武库令》条所记作为武器的用刀，只有仪刀、鄣刀、横刀、陌刀四种，不含刀子。唐代壁画上的人物佩带的刀子，或于鞘外附有洁手的帨巾，说明它的用途大约与近代蒙古族随身佩带的餐刀相近。辽之刀子应不例外。此锥既与刀子配套，则亦应与饮宴有关，但一般饮食器中未闻用锥的。结合辽代情况考察，它应是在春季捺钵时特用的刺鹅锥。

辽代皇帝四时出行，其行营名捺钵（nutuk-ba，系契丹语）。在捺钵地点除夏季避暑外，另外三季各有专门的游猎活动：春季捕鹅雁，名春水；秋季射鹿，名秋山；冬季则破河冰钩鱼。《辽史·营卫志》记叙春季捺钵时的情况是：

图26-1　辽，萧绍矩所佩玉柄银锥
内蒙古奈曼旗青龙山辽墓出土

图26-2　辽，玉柄银锥与玉柄银刀子
内蒙古奈曼旗青龙山辽墓出土
1　玉柄银锥
2　玉柄银刀子

---

① 内蒙古文物考古研究所：《辽陈国公主驸马合葬墓发掘简报》，《文物》1987年第11期。

春捺钵曰鸭子河泺（今吉林大安月亮泡）。……皇帝每至，侍御皆服墨绿色衣，各备连锤一柄，鹰食一器，刺鹅锥一枚，于泺周围相去各五七步排立。……有鹅之处举旗，探旗驰报，远泊鸣鼓。鹅惊腾起，左右围骑皆举帜麾之。五坊擎进海东青鹘，拜授皇帝放之。鹘擒鹅坠，势力不加。排立近者举锥刺鹅，取脑以饲鹘。救鹘人例赏银、绢。皇帝得头鹅荐庙，群臣各献酒果，举乐，更相酬酢，致贺语。

这段文字把放海东青鹰擒天鹅的情况描写得有声有色，将刺鹅锥的用法也说得很清楚。不过辽帝春季捺钵的地点不止鸭子河泺一处，另外还有鸳鸯泺（今河北张北县的安固里淖）、长泺（今内蒙古奈曼旗奈曼西湖）及延芳淀等处。后者位于北京市通县（今通州区）漷县镇，久已淤填，辽时却是美丽的湖泊。《辽史·地理志·南京道·漷阴县》载："延芳淀方数百里，春时鹅鹜所聚，夏多菱芡。国主春猎，卫士皆衣墨绿，各持连锤、鹰食、刺鹅锥，列水次，相去五七步。上风击鼓，惊鹅稍离水面，国主亲放海东青鹘擒之。鹅坠，恐鹘力不胜，在列者以佩锥刺鹅，急取其脑饲鹘。得头鹅者例赏银绢。"记事与《营卫志》差近。但两志为什么都强调要刺鹅助鹘呢？因为从体形上说，海东青远比天鹅小，这在明殷偕的《鹰击天鹅图》上看得很清楚（图26-3）。但佩锥者是否皆为侍御等人，驸马之流贵族仅在一旁观赏？不是的。《契丹国志》卷二三说："宋真宗时，晁迥往（辽）贺生辰。还，言始至长泊，泊多野鹅鸭。国主射猎，领帐下骑击扁鼓绕泊，惊鹅鸭飞起，乃纵海东青击之，或亲射焉。国主皆佩金、玉锥，号杀鹅杀鸭锥。"可见刺（或云杀）鹅锥连皇帝都佩戴。获鹅，特别获头鹅是一件大事，赏赐很丰厚。《辽史·道宗纪》说："（大康五年，1079年）三月辛未，以宰相（耶律）仁杰（即张孝杰）获头鹅，加侍中。"宋姜夔《白石诗集·契丹歌》中也有"一鹅先得金百两，天使走送贤王庐"之句。因而在场的亲贵都会跃跃欲试，自然他们也都应佩戴刺鹅锥。

再者，捺钵是否仅仅是一项游猎活动呢？也不然。20世纪40年代首先对这个问题进行全面考察的傅乐焕先生，在他的著名论文《辽代四时捺钵考》中说："所谓捺钵者，初视之似仅为辽帝弋猎网钩，避暑消寒，暂时游幸之所，宜无足重视。然而夷考其实，此乃契丹民族生活之本色，有辽一代之大法，其君臣之日常活动在此，其国政之中心机构在此。凡辽代之北、南面建官，蕃、汉人分治，种种特制，考其本源，无不出于是。"[1]就现象而言，这样说并不算过分。但当时由于资料不足，傅文仅钩稽文献，而未能取证文物以使其论述更加充实。

图 26-3 明，殷偕，《鹰击天鹅图》

1930年，位于内蒙古巴林右旗瓦尔漫汗山之辽庆陵的东陵，即圣宗的永庆陵被军阀汤玉麟盗掘。由于此墓的调查报告发表较迟，傅文未及征引[2]。其中室壁画绘有"四季山水图"。东南壁所绘春景，丘壑间桃枝掩映，溪流潺湲，天鹅、凫鸭、鸳鸯等游栖于苇萑丛中，风光十分恬静，正是春季捺钵的处所（图26-4）。据《辽史》记载，辽圣宗因与宋构兵，常驻南

图 26-4 辽，壁画，《春景图》（局部）
内蒙古巴林右旗辽庆陵东陵中室东南壁

---

① 傅乐焕：《辽史丛考》中华书局，1984年，第37页。

② 〔日〕田村实造、小林行雄：《庆陵》，日本京都大学文学部，1953年。

京（今北京），故多次弋猎于延芳淀，其地他帝罕至。因此圣宗陵内所绘《春景图》中，容有延芳淀的影子。唯空山寂寂，渺无人迹；击鼓纵鹰，盛况不再。后来发掘的大量辽墓，在石棺画、壁画中出现过放牧、毡帐等场景，但以捺钵为题材的尚未见过，更不要说这方面的实物了。近年虽自传世玉器中识别出有关"春水""秋山"的制品，但时代只定到金代，与辽之捺钵尚有距离。[①]《天水冰山录》中登录过一件带鞘的"玉柄锥"，或亦为刺鹅锥，惜形制不明。这次出土的刺鹅锥，才真正是辽人捺钵中的用具，是第一次发现的与这一重要史实直接有关的文物，宜应受到研究者的珍视。

（原载《文物》1987年第1期）

---

① 杨伯达：《女真族"春水""秋山"玉考》，《故宫博物院院刊》1983年第2期。

27 中国早期的眼镜

对于现代人来说，眼镜的重要性是不言而喻的。当眼镜未传入我国之前，年老眼花，除了感叹自己"发苍苍，视茫茫"之外，几乎无法补救；更不要说患近视的青年，只能在云山雾罩的状况下度过一生了。在西方，眼镜发明于14世纪初期。这之前，那些拿在手里的有柄单片透镜，虽然也有助于观察物件，但不能戴在眼睛（脸）上，还不能算是真正的眼镜。不过最早的眼镜实际上就是用关捩连接在一起的两枚单片镜，可以折叠。一张1380年画的圣保罗像，戴的正是这种眼镜（图27-1）。恩格斯对眼镜的发明给予极高评价，他说"使希腊文学的输入和传播、海上探险及资产阶级宗教改革真正成为可能，并且使它们的活动范围大大扩展，发展大为迅速"的几项重要发明，即"磁针、印刷、活字、亚麻纸、火药、眼镜"，以及在"计时上和力学上是一巨大进步的机械时计"。[①]在这些发明中，前几项都是我国的贡献。最后提到的机械时钟，它的一个关键部件——擒纵器，也是我国最先发明的。但眼镜却是西方文明送给古代中国的一件礼物。

制造眼镜的基本元件玻璃透镜，在我国出现的时代并不晚。东汉王充在《论衡·率性篇》中所说的向日取火之阳遂，因为是"消炼五石"而成，故有可能就是指玻璃凸透镜而言。与王充的时代相近的安徽亳县（今亳州市）曹操宗族墓中出土过五件制作得颇精致的

图 27-1 1380 年绘制的圣保罗像

---

① 《马克思恩格斯全集》卷20，人民出版社，1971年，第530～531页。

玻璃凸透镜，最大的一件径2.4厘米，中心部分厚0.6厘米，和《论衡》之说正可互相印证①。但这种工艺以后并未得到充分发展，我国在西方的眼镜传入之前亦未曾生产过类似的物品。

眼镜是在15世纪中期传入我国的。明张宁《方洲杂言》说："尝于指挥胡龌寓所，见其父宗伯公所得宣庙赐物，如钱大者二，其形色绝似云母石，类世之硝子，而质甚薄，以金相轮廓，而衍之为柄。纽制其末，合则为一，歧则为二，如市肆中等子匣。老人目昏，不辨细字，张此物于双目，字明大加倍。近者，又于孙景章参政所再见一具，试之复然。景章云：'以良马易得于西域贾胡满刺，似闻其名为僾逮。'"僾逮是阿拉伯语uwainat（眼镜）的对音。但在稍晚一些的文献中，却都借用了现成的叆叇一词。叆叇原指光线昏暗之状。《楚辞·远游》："时暧曃其曭莽兮，召玄武而奔属。"晋潘尼《逸民吟》："朝云叆叇，行露未晞。"可见此词和眼镜本不相干。但在明代和清初，它却成为眼镜的通称。不仅我国这样称呼，日本于1712年成书的《倭汉三才图会》中也称眼镜为叆叇。康熙年间，顾景星《白茅堂集》中还有一首感谢曹寅赠给他叆叇之诗。乾隆时，李绿园在《歧路灯》中仍说开封一带的塾师等人"脸上拴着叆叇镜"。本意指"昧不明"貌（《慧琳音义》卷三八引《埤苍》）的一个词汇，竟尔变成视字"明大"的眼镜之专名了。

我国早期眼镜的图像和实物资料存世不多。中国历史博物馆（今中国国家博物馆）所藏明人绘《南都繁会景物图卷》中，在闹市看"杂耍把戏"的观众里面，有一位戴眼镜的老者（图27-2）。他的眼镜和16世纪前期日本将军足利义晴的眼镜相似，时代应相去不远。他们的眼镜没有腿，也不像明田艺蘅《留青日札》中说的，"用绫绢联之，缚于脑后"；而是与当时欧洲的夹鼻镜的戴法一样（图27-3:1）。不用时，则将两枚镜片折叠，装在眼镜盒里。盒子的形状的确像等（戥）子匣，只不过稍短一些。

---

① 安徽省亳县博物馆：《亳县曹操宗族墓葬》，《文物》1978年第8期。

图 27-2　明，《南都繁会景物图卷》中戴眼镜的老者

除了"叆叇"这种谐音的译名外，国人亦循其用途称之为"眼镜"。上海图书馆所藏明于宣（成化、弘治间人）书函中云："钱复老一见知为古人，所授眼镜适与弟合。"①此名称为清代所沿袭。孔尚任在康熙三十八年（1699年）完稿的《桃花扇传奇》之《迎驾》一出中，就说阮大铖"腰内取出眼镜戴"。

曹寅的《楝亭集》中也有《夜饮和培山眼镜歌》一诗。雍正时眼镜的史料增多。如雍正在云贵总督高其倬请安折上的批谕中说："赐你眼镜两个，不知可对眼否？"雍正本人也经常戴眼镜，他的遗物中眼镜种类很多，有车上戴的、安铜钩的、安别簪的、上节骨头下节钢钩的、玳瑁圈的，有近视眼镜，也有40岁、50岁、60岁等不同年龄所戴度数不同的眼镜②。乾隆五十六年（1791年），在正大光明殿大考翰林，诗以眼镜命题。参加考试者96人，成绩不入等的仅侍讲学士集兰一人，"着革职"③。可见多数翰林已能就眼镜敷衍成篇。江苏吴县（今吴中区）祥里村清毕沅墓出土的眼镜，应是乾隆年间的产品④。它的镜架为黑漆木框，已装有供系结用的丝绦（图 27-3:2）。而且这副眼镜是水晶镜片，证明是我国自行制造的。因为如赵翼《陔余丛考·眼镜》所说：此物"盖本来自外洋，皆玻璃制成。后广东人仿其式，以水晶制成"。我国既能琢制镜片，眼镜遂逐渐流行。虽然如此，但它毕竟是一种新事物。《红楼梦》五三回《荣国府元宵开夜宴》中说："贾母歪在榻上，和众人说笑一回，又自取出眼镜向戏台上照一回。"邓云乡先生指出，这段话"貌似十分生动，却产生小问题了。试

① 　《上海图书馆藏明代尺牍》册1，上海科学技术文献出版社，2002年，第176～177页。
② 　鞠德源：《清代耶稣会士与西洋奇器》（下），《故宫博物院院刊》1989年第2期。
③ 　〔清〕李调元：《淡墨录》卷一六。
④ 　南波：《江苏吴县清毕沅墓发掘简报》，《文物资料丛刊》（一），1977年。

图 27-3　早期眼镜

1　欧洲早期眼镜

2　清，眼镜，江苏毕沅墓出土

3　晚清，眼镜，架鼻梁处的图案以蝙蝠和眼钱组成，寓意"福在眼前"

想，贾母年纪大了，眼镜匣子所装，自然是老花镜"，而老花镜是"看近不看远的"，所以这里的描写"不是很滑稽了吗"？[①]经邓先生一指出，遂知博雅如曹雪芹者，当时对眼镜也不甚在行。所以直到乾隆十六年（1751 年），杨米人写的《都门竹枝词》中仍说："车从热闹道中行，斜坐观书不出声。眼镜戴来装近视，学他名士老先生。"似乎这时眼镜还只是名士老先生所戴之物。至嘉庆二十四年（1819 年）张子秋在《续都门竹枝词》中却说："近视人人戴眼镜，铺中深浅制分明。更饶养目轻犹巧，争买皆由属后生。"则眼镜已成为青年人争买之物，形制亦踵事增华（图 27－3:3）。至道光时，如李光庭在《乡言解颐》（1849 年刊）中说："眼镜以十二辰编号，从亥逆数，由浅入深。"这时广州太平门外眼镜街的产品行销全国，深浅度数已较齐全，在当时的知识阶层即所谓"士林"中，已具有一定程度的普及了。

（原载《文物天地》1988 年第 3 期）

---

① 邓云乡：《红楼风俗谭》中华书局，1987 年，第 200 页。

第四章　工具与匠心

28　中国古代的平木工具

近几年，工具史的研究正在迅速开展。且不说农具、纺织机具等方面取得的重要成果，即以木工工具而论，发表的文章也不少，胜义纷陈，启迪良多。但由于这方面的史料未经系统整理，有些基本情况似尚待廓清。本文以平木工具为例，谈一点粗浅的看法。

以手工操作的平木工具，现代最常见的是刨。但刨在我国出现得相当晚。铜绿山矿井中从木质工具到矿井构件的制作，均无用锯的痕迹，更不用说用刨子了。考古工作者在湖北随县（今随州市）发掘曾侯乙墓时，发现"椁室所用的长条方木，全系用斧、斤、锛、凿加工而成，没有发现锯和刨的痕迹"[①]。郭宝钧先生在《山彪镇与琉璃阁》一书中也曾指出：琉璃阁第55号墓出土的方木表面有斫平痕，并非锯平或刨平的，足证大锯与刨子的使用远在战国时代之后。其说甚是。他所说的大锯，应指框架锯而言。虽然在我国新石器时代的遗物中已有带锯齿的工具，商、周时的青铜锯也多次出土。至战国时，还发

[①]　铜绿山考古发掘队：《湖北铜绿山春秋战国古矿井遗址发掘简报》，《文物》1975年第2期。湖北省博物馆：《曾侯乙墓》上册，文物出版社，1989年，第12页。

现了两端有孔的单刃锯条，这种锯条曾被认为是装在框架锯上使用的[①]，然而作出这一判断的证据不足。日本在4—5世纪中曾使用一种两端装短木柄的条形锯，这是根据出土时附着在锯上的木质残片推知的。我国上述锯条很可能也只在两端装短柄。我国早期的锯有刀锯、夹背锯[②]和弓形锯。清宫旧藏的一幅《斫琴图》，描绘了制作七弦琴的过程。现存之图是宋或元人的摹本，或谓原作出于顾恺之笔。此说虽难以成为定论，但以之与《列女传图》《女史箴图》等绘画相较，其中的服饰、器用与画风都相当接近，所以它的底本产生的时代无论如何应早于唐。图中所绘木工工具有大锛、小锛、斧、夹背锯、刀、锉、凿、锄和装锯条的弓形锯，可谓相当齐备（图28-1）。但其中却没有框架锯，不能开解大木。就目前所知，框架锯的形象最早出现在12世纪初的《清明上河图》中（图28-2:1）。这件架锯的构造已相当完善，在工字形木架的一侧装

图28-1　《斫琴图》中的木工工具

1　大锛	4　夹背锯	7　锉
2　小锛	5　弓形锯	8　锄
3　斧	6　刀	9　凿

① 四川省博物馆(今四川博物院)所藏战国单刃锯条，一端有小方孔，另一端残断。残长20.9厘米，宽2.3厘米。陈振中《殷周的青铜锯》（《考古》1984年第1期）认为："它可能用两端的孔固定在工字形木架上使用，类似今日木工所用的架锯。"白云翔《试论中国古代的锯（上）》（《考古与文物》1986年第3期）则认为："这种锯的框架可以像近代框锯（即架锯）那样为工字形，也有可能是弓背形框架，其结构形式如同今日钢丝锯之框架。"

② 汉代刀锯如出土于湖南长沙金塘坡1号墓者，见《考古》1979年第5期。汉代夹背锯如出土于四川涪陵黄溪土坑墓者，锯背上尚留有嵌夹木质材料的痕迹，见《考古》1984年第4期。

图 28-2　宋画中所见架锯

1　北宋，《清明上河图》中的造车者

2　南宋，《仕女图》中的箍木盆者

锯条，另一侧装绷子（tensioning cord），中插撂棍（toggle stick），以便绞绳将锯条绷紧，与现代国内外通用的架锯基本上没有区别。以后在 12 世纪末至 13 世纪初的安西（今甘肃省瓜州县）榆林窟第 3 窟西夏壁画、13 世纪 20 年代南宋李嵩的三幅《货郎图》（台北故宫博物院、美国纽约大都会艺术博物馆、克利夫兰艺术博物馆各收藏一幅）中都能见到。不过榆林窟壁画与《货郎图》中的架锯未与木工一同出现。另一幅南宋小品《仕女图》中的箍木盆者，身旁的工具中也有架锯，表明架锯此时已为木工所习用（图 28-2:2）[1]。当然，架锯之实际使用的年代应比它反映到图画中的年代更早些。但究竟早到什么时候，能否早到唐代，均有待新材料加以证明。而当架锯在我国出现以前，由于缺少适合用于解大木的工具，所以在新石器时代已经发明的用楔开裁木板的方法，遂被长期沿用[2]。这对于我国古代木工工具的形制与组合，产生了颇为深远的影响。

　　晋陆玑的《毛诗草木鸟兽虫鱼疏》一书中记述树木时，常强调其木材的纹理是否平直；这是因为直理的木材容易开解，所以此项性质遂为观察者所注意。我国古代称解木为劇。《尔雅·释器》：“木谓之劇。”郭璞注引《左传·隐公十一年》：“山有木，工则劇之。”《说文·刀部》：“劇，判也。”又说：“判，分也。”解释得很清楚。《诗·閟宫》：“徂徕之松，新甫之柏，是断

---

① 〔日〕石村真一：《桶·樽》卷 2，东京法政大学出版局，1997 年，第 92 页。《仕女图》箍盆部分之晚明摹本今藏台北故宫博物院，图上有元盛懋伪款。

② 我国新石器时代以楔解木之法，已由杨鸿勋先生研究解决，见其论文《石斧石楔辨——兼及石锛与石扁铲》，《考古与文物》1982 年第 1 期；《论石楔及石扁铲——新石器时代考古中被误解了的重要工具》，载《文物与考古论集》，文物出版社，1986 年。

是度，是寻是尺。"诗中的"度"字应为"劇"之省借（见清马瑞辰《毛诗传笺通释》卷三一），孔疏释"度"为"度量"，不确。另外，解木也可以称为劇。《玉篇》卷一七："劇，解也（《广韵》作'解木也'）。"其籀文作劖。劖字可以简作劖。《广雅·释诂》："劖，裂也。"《释名·释兵》："矟，霍也，所中霍然即破裂也。"但要使木材霍然开裂，必须沿一条直线多处加楔才成。这种楔子名锲，即《说文·金部》所说："锲，破木锲也。"四川绵竹西汉木板墓中的木板，表面不平整，有明显的撕裂痕迹。简报中认为它们"可能用楔子硬劈开的"[1]，正与上面的叙述相合。至于已截成小段的木材则可用斧劈开，称为析。《说文·木部》："析，破木也。"《诗·南山》："析薪如之何？匪斧不克。"析亦作枂。《论衡·量知篇》说："断木为椠，枂之为板，力加刮削，乃成奏牍。"或作片。《广韵》："片，半也，判也，析木也。"片也叫锬。《方言》卷二："锬，……裁也。梁、益之间裁木为器曰锬。"《广雅·释诂》王念孙疏证："锬之言劈。"正说明了其操作的情况。

劈裂而成的木板，表面起伏不平，给下一步的修整留下了相当大的加工量。这时首先须用斤将板材大致砍平。斤就是锛。《国语·齐语》韦昭注："斤形似鉏而小。"鉏即锄，其刃横；斤形似锄，则应指现代所说的锛，它和直刃的斧有别。由于斤是古代木工的重要工具，故木工也被称为"执斫"。《左传·成公二年》："楚侵及阳桥，孟孙请往赂之以执斫、执针、织纴，皆百人。"杜预注："执斫，匠人。"杨伯峻注："指木工。"《说文·斤部》斫字徐铉注："墾器也，斤以斫之。"则执斫也就是执斤。在《释名·释用器》中，对用斤平木这道工序的叙述很得要领："斤，谨也。板广不得削，又有节，则用此斫之。所以详谨，令平灭斧迹也。"板材上的所谓"斧迹"，应当包括劈裂的痕迹在内。假如板材是锯成的，则锯口相对来说要平整得多，斤（即锛）的作用也就不会这么显著了。

---

① 四川省博物馆、绵竹县文化馆：《四川绵竹县西汉木板墓发掘简报》，《考古》1983 年第 4 期。

劈裂的板材用锛平过之后，仍然不够光滑，下一步还要进行刮削，精工制作时并须加以磨砻。《释名·释用器》："鐁，鐁弥也。斫有高下之迹，以此鐁弥其上而平之也。"又《穀梁传·庄公二十四年》："礼：天子之桷，斫之砻之，加密石焉。"这最后一道打磨的工序用的是砺石，文献记载很明确。需要讨论的是刮削时用的是何种工具。

依《释名》之说，此刮削工具名鐁。《集韵》也说："鐁，平木器。"自春秋到金代的考古资料中，这种工具时隐时现，留下了一串断断续续的踪迹，但大体说来，发展线索是连得起来的（图28-3）。春秋时的鐁多为铜制，也有少量铁制的。战国以后则多为铁制，铜制的虽然有，但较少见。早期的鐁比较短，一般长20厘米左右。前端有尖锋，有时这一部分还向上翘起。两侧有对称的刃。断面常呈弧形或人字形。后端平齐，可夹装木柄。河南信阳长台关楚墓及四川新都巴蜀墓所出之鐁，木柄尚存，可以反映其完整的形制。战国鐁的出土地点南达两湖、两广，北抵山西长治、河北易县，远及朝鲜、日本，说明

图 28-3 鐁

1　春秋早期，铜鐁　河南光山黄君孟墓出土
2　春秋早期，铜鐁　湖南资兴307号墓出土
3　春秋后期，铁鐁　湖南常德德山12号墓出土
4　战国中期，铜鐁　山西长治分水岭35号墓出土
5　战国早期，铁鐁　河南信阳1号墓出土
6　战国中期，铁鐁　湖南古丈白鹤湾32号墓出土
7　战国后期，铁鐁　河北易县燕下都44号墓出土
8　西汉，铜鐁　江苏涟水墓出土
9　西汉，铁鐁　广东广州竹园岗152号墓出土
10、11　5世纪，铁鐁　日本大阪府野中阿里山古坟出土
12、13　唐，铁鐁　日本奈良正仓院藏
14　金，铁鐁　辽宁吉林窖藏出土

它是南北各地以至海东所通用的木工工具。研究者有称这种工具为刮刀或篾刀的①。但称之为刮刀尚可，称之为篾刀似不妥；因为目前尚未掌握将它用于竹工的确证，更难以将它定为专用的制篾工具。特别是在广西平乐银山岭战国墓群中，锄经常和斤（报告中或称为凹口锄）及砺石同出。在湖北江陵望山1号墓中，锄也和斤、砺石同放在一个木箧内。这种组合关系，正代表了锛、刮、磨这三道互相连接的平木工序。

锄也可以称为削。《淮南子·本经训》高诱注："削，两刃句刀也。"锄的形制正与其所状相合。但《考工记·筑氏》郑玄注又说削是"今之书刀"。其实，亦名书刀的削与亦名削的锄，是形制全然不同的两种器物。书刀是单刃的环首小刀，锄则是双刃、装木柄的刮刀。锄之所以也被称作削，可能是据其功用而云然。《史记·秦始皇本纪》说："尧舜，采橡不刮，茅茨不翦。"《潜夫论·浮侈篇》也说："后世以楸、梓、槐、柏、杶、樗（制棺椁），各取方土所出，胶漆所致。钉细腰，削除铲靡，不见际会。"这两处所说的刮削，均应指以锄刮平木板的工作。所以锄有时也被称为削。但是不是锄和书刀可以互相通用呢？试看信阳楚墓中的书写工具箱内，既有锄（报告中称为夹刻刀），又有作书刀用的环首削；广州麻鹰岗1175号西汉墓中的漆奁内，也放有锄、铁环首削及玉印等物②；可见二者的用途各别。这里的锄是治简的工具，即如《论衡》所称"力加刮削，乃成奏牍"时所用者；而不是像书刀那样，主要用于改正错字。《史记》和《潜夫论》都是汉代的文献，反映的是当时的见解，则汉代平木无疑亦用锄。不过汉墓出的锄比战国墓少得多，只在江苏涟水与广州等地

---

① 关于这种工具的性质的主要论述，见蒋廷瑜：《从银山岭战国墓看西瓯》，《考古》1980年第2期；丰州：《考古札记（三）·九》，《考古与文物》1983年第5期。

② 河南省文物研究所：《信阳楚墓》，文物出版社，1986年，第64～67页。广州市文物管理委员会、广州市博物馆：《广州汉墓》上册，文物出版社，1981年，第163页。

的汉墓中发现过若干例 [①]。这种现象可能与随葬风习的变化有关，并不意味着这种工具在汉代已被冷落或淘汰。

汉以后，我国已不见用鐁作为随葬品。但在日本的墓葬中仍频频出土此物。如4世纪的大阪府和泉市黄金冢古坟，5世纪的大阪府美陵町野中阿里山古坟、奈良市法华寺町大和6号坟、和歌山市大谷古坟、滋贺县栗太郡新开古坟等处，均出铁鐁。其形制与上述我国出土物极为相近。[②] 在日本奈良正仓院的藏品中，还有自我国传入的唐鐁。这里的鐁的头部已近柳叶形，在木柄和鐁头之间还有一段铁茎。

再晚一些，在我国吉林市江南公社（今江南乡）的金代窖藏中又发现了鐁。这是一种全铁制的长鐁，鐁头呈柳叶形，以长铁茎连接铁柄，柄、茎之间有环状铁箍。其中一件头长12厘米，茎长16.3厘米，柄长11.7厘米，看起来有些像一支短矛。[③] 这类鐁不仅见于我国，而且同一时期在日本也通用。日本延庆二年（元至大二年，1309年）绘制的《春日权现灵验记绘卷》中，画出了一系列木工操作的情况。其中不仅有用楔破木、用斤锛木，还有用长鐁平木的场面；鐁的使用方法在这里可以一目了然（图28-4）[④]。日本学者以使用者的身长为比例，复原了图中的鐁。复原件头长12厘米，茎长27厘米，柄长10厘米，无论形制和尺寸均与吉林金代鐁十分接近（图28-5）。又日本正德二年（清康熙五十一年，1712年）成书的《倭汉三才图会》中称鐁为"枪鐁"，这个名称也很耐人寻味。《说文·金部》："鏓，鎗鏓也。一曰大凿平木者。俗作锪。"《集韵》："锪，《说文》：'鎗，锪也。一曰大凿，一曰平木划。'"可见所

---

① 涟水出土者，见南京博物院：《江苏涟水三里墩西汉墓》，《考古》1973年第2期。广州出土者，见杨鸿勋：《论石楔及石扁铲——新石器时代考古中被误解了的重要工具》，载《文物与考古论集》，文物出版社，1986年。

② 见〔日〕村松贞次郎：《大工道具の历史》，东京，岩波书店，1973年。〔日〕吉川金次：《斧·凿·刨》，东京，法政大学出版局，1984年。

③ 吉林市博物馆：《吉林市郊发现的金代窖藏文物》，《文物》1982年第1期。

④ 见涩泽敬三：《绘卷物による日本常民生活绘引》图版602～606，东京，平凡社，1984年。

图 28-4　14 世纪的日本木工

（据《春日权现灵验记绘卷》）

1　用楔破木　　2　用斤锛木　　3　用鏟平木

谓鏟鎯和划乃是同类之物。日本古文献中多称鏟为铊。日文やりがんな的汉字既可作鏟，亦可作铊。本来铊是审母字，鏟是心母字，审心准双声，固可通假。铊亦作鎃。《方言》卷九："矛，吴扬、江淮、南楚、五湖之间谓之鎃。"可见铊原为矛之别名。晚期的鏟体加长，更与矛相似。既然它也被称为枪鏟，那么过去在古兵器史研究中长期未能解决的、为何早期称为矛的兵器晚期又称之为枪的疑问，也就找到解答的线索了。这是由于，晚期的矛借用了枪鏟的名称，而又略去鏟字之故。

　　《春日权现灵验记绘卷》的画风是很写实的，其细致的描绘增加了我们对于古代木工生产状况的认识。但同时也反映出，直到 14 世纪初，日本的木工工艺还比较保守。在这幅绘卷中出现的锯仍是刀锯，仍沿用以楔解木的方法；而我国至迟在北宋时已有框架锯，已通用框架锯解木了。《营造法式》卷二四"诸作功限"中所记"锯作解割功"规定，每解檀木之类硬木 50 尺，或榆木之类中等硬度的木材 80 尺，或较软之木材如杉木、桐木 100 尺，才算一功。则这时用锯解木之功官有定程，可见锯作技术已趋成熟。与之相应，平木工具也

1

2

3

图 28-5　鏟

1、2　金　吉林窖藏出土

3　据《春日权现灵验记绘卷》复原

有了新的进展，这在《清明上河图》中的平木铲上得到了反映。

在《清明上河图》中，过了虹桥不远，一处十字路口的东北角上有一家制车的作坊，作坊门外的两位制车工中，有一人正跨坐在长凳上用平木铲平木料。此铲为扁长条形，两侧有把手，很像现代磨刀人用以戗菜刀的铲子。平木铲的刃口平直，铲木时横持之向下推动，如同使用一把未装刨床的刨子。对于修整锯出的茬口来说，它是比较适用的。以框架锯与平木铲相配套，比用古老的锛、斤、锄，操作既方便，效率也可以提高。不过，平木铲的出现应以架锯的使用为前提，因为在劈裂的、平木工作量很大的材料上，用平木铲反而不如使用斤和锄便当。而在此图中使用平木铲的工人面前，就放着那把我国已知最早的完整的架锯。

但是在中古汉语中，平削木材叫刨。《玉篇》："刨，薄矛切，削也。"它本指一种动作，后来则将进行此动作的用具也叫刨。《广韵》"去声三十六效"："刨，刨刀，治木器也。"从"刨刀"之名称看来，它仍呈刀状，或与平木铲相近。唐李程《攻坚木赋》所写木工平木的情况是："钩绳定其规矩，斧斤飘其上下。刳剔罔辍，疾徐既工。铲鳞皱于理外，摭精粹于文中。"①其"铲鳞皱"之具仍然是铲。然而到了南宋，戴侗在《六书故》中说：刨"治木器，状如铲，拘之以木而推之，捷于铲"。它在平木铲上增加了新设施："拘之以木"。但此书中仍说刨"状如铲"，乃是指当时之刨的整体造型而言；既然整体尚如铲，当然不可能装刨床。问题是所拘之木如何与刨刀组合。由于缺少宋代之可资参考的图像，只能权作推测。《集韵》："拘，拥也。"故一种可供设想的方式是：将刨刀紧贴于角度适宜的木片上，用手压住，使用时连同刨刀一起推动，这样可以控制刨刃入木的深度，刨木的效果会得到某种程度的改善。另一种方式是在刨刃两端设插杆，将它插在一条木棒上。刨刀可以是直刃的，也可以是弧刃

---

① 《文苑英华》卷一〇一。

图 28-6　无刨床的刮刨

的，其所插之木棒也有直有曲，分别用于刨平面或刨弧面（图 28-6）[1]。不过用这类方式"拘之以木"的刨仍未脱离铲的范畴，它其实是由旧式铲状刨刀发展到装刨床之推刨的过渡状态。

再发展一步推刨就出现了。关于这种刨的记载最早见于明张自烈的《正字通》："刨，正木器。铁刃状如铲，衔木匡中，不令转动。木匡有孔，旁两小柄，以手反复推之，木片从孔出，用捷于铲。"《正字通》遣词很有分寸，它说"铁刃状如铲"，而不是刨"状如铲"，表明其结构已与前大不相同。至于它说的"木匡"，则无疑指刨床，所以这种刨应是推刨。关于此器的记载又见于明宋应星的《天工开物·锤锻篇》："凡刨，磨砺嵌钢寸铁，露刃秒忽，斜出木口之面，所以平木。"在形象材料中，刨最早见于国家文物局所藏明万历刊本《鲁班经匠家镜》一书的插图中（图 28-7）。则刨在我国约出现于明代中叶

图 28-7　明万历刊本《鲁班经匠家镜》中的用刨者

以前。《倭汉三才图会》称："按古者唯用枪鐋，凡百年余以来，始用突鐋，二物状异，功相似矣。（突鐋）比枪鐋甚捷且精密，今俗用刨字。"突鐋是刨的别名。而自此书成书的年代上推百余年，也正是明代中叶，与我国文献中反映出的情况相合。台北故宫博物院所藏传宋苏汉臣笔《货郎图》中，其货车上悬挂的什物里有一件刨子。但此外在这辆车上还悬有算盘、明式缠棕帽、明式锡执壶等。[2]故此图显然不可能出于苏汉臣之手，而应是明代后期的作品。

刨子出现以后，很快就发展出多种类型。如《天工开物》中已记有制桶用的圆刨、起线刨，以及

---

①　〔日〕石村真一：《桶·樽》卷 2，第 130～133 页。

②　见《故宫文物月刊》1 卷 11 期（1984 年）所刊图片。

图 28-8　罗马的架锯与推刨

1、2　1 世纪，玻璃瓶画，用锯与用刨的木工

3　罗马铁刨

"刮木使极光者……一木之上，衔十余小刀，如蜈蚣之足"的蜈蚣刨。值得注意的是，平木工具在明代的巨大变革，与明式硬木家具生产的高潮几乎是同步出现的。二者之间互为因果、互相促进的关系，值得详加研讨。

不过，还应当看到，架锯和刨在欧洲开始使用的时代远比我国为早。公元 1 世纪的罗马玻璃器上所绘的木工，已经在使用这两种工具了（图 28-8：1、2）。罗马遗物中还有用铁作刨床的刨子（图 28-8：3）。在中世纪的欧洲，它们一直被互相配合地沿用下来（图 28-9）。[①] 欧洲的架锯与我国的同类之物是如此肖似，很难认为前者对后者没有影响。但可怪的是，架锯和刨子在我国并不是同时产生的，它们出现的时间至少相隔 5 个世纪。这就又使传入说在解释上增加了困难。很难设想，两种互相配合的工具如均自外部传入，在时间上会如此参差。何况西方刨子上的手柄是一前一后顺装的，而我国刨子上的手柄则横装于两侧。显然，刨上横装手柄应是接受了自平木铲沿袭下来的

图 28-9　13 世纪的欧洲木工

意大利威尼斯圣马可大教堂门廊镶嵌画

① 见 C. Aldred, *Furniture: To the End of the Roman Empire* 及 R. H. G. Thomson, *The Medieval Artisan*, 均载 *A History of Technology*, Oxford, 1956。

传统，欧洲不曾有过以平木铲为主要平木工具的阶段，所以在那里很少见横装手柄的古刨。而在我国，却又不存在顺装手柄的古刨。那么，刨子有没有可能是我国木工在平木铲的基础上的独立发明，而就世界范围而言，则是重复的、殊途同归的创造呢？关于这个问题还需要继续搜集证据，以便作出进一步分析和判断。

（原载《文物》1987年第10期）

29　记保利艺术博物馆所藏青铜鼓座

保利艺术博物馆收藏有一件青铜鼓座（图29-1），高46.5厘米，底径63厘米，重19.4公斤，体形巨大，气势堂皇。[①]其器身似膨起的半圆球体。底部中空。近底处的器壁垂直，饰一圈蟠螭纹带，四面各铸出一枚铺首衔环。器身上部饰三圈蟠螭纹带，在当中的花纹带上突起八枚圆形对兽纹附饰。三圈蟠螭纹带之上下两侧均间以较窄的绚纹，直壁上的蟠螭纹带下面也有一圈绚纹。

此器系建鼓的底座。建鼓是我国古代的大型鼓类。它在座上立楹柱，柱中部贯鼓胴，鼓横置，两面蒙皮，穿过鼓胴之柱的上端还饰以羽葆或华盖等物。商代是否已有建鼓，目前尚不能确知，但甲骨文鼓字作🜕（《佚》233，《粹》539，《乙》7378），由上部的装饰物、中部的鼓面和下部的鼓座构成，已经包含了建鼓的主要组成部分。安阳侯家庄西北冈M1217号墓西墓道出土之鼓，鼓胴两面蒙鼍皮，有鼓架、鼓座，入葬时已拆散，原来的高度达150厘米；其整体形制虽不明，但应与建鼓相当接近。

周代讲究钟鼓之乐。《诗·小雅·彤弓》："钟鼓既设，一朝飨之。"郑笺："大饮宾曰飨。"又《周南·关雎》："窈窕淑女，钟鼓乐之。"郑笺："琴瑟在堂，钟鼓在庭。"则周

图29-1　春秋，蟠螭纹铜鼓座　北京保利艺术博物馆藏

---

① 保利艺术博物馆：《保利藏金》，岭南美术出版社，1999年，第243～248页。

代贵族于大飨宴时在堂下庭中设钟鼓之乐。当然，大祭祀时在宗庙的庭中亦应设之。在这些场合中，所用之钟是带笋虡的高架编钟，而立于楹柱上的建鼓之形制正和它相适应。先秦建鼓较完整的实例见于湖北随县（今随州市）曾侯乙墓，此墓所出建鼓之鼓柱、鼓胴、鼓座尚存，唯鼓柱顶上的羽葆和蒙鼓面的皮革已朽失。木制的鼓胴、鼓柱也有损坏之处，却保存下来一件极精美的立雕蟠龙铜鼓座（图29-2）[1]。这种器物古代称为"鼓趺"。《仪礼·大射》："建鼓在阼阶西。"郑注："建犹树也，以木贯而载之，树之趺也。"《左传·宣公四年》："伯棼射王，汏辀，及鼓趺。"即谓此。不过像编钟的笋虡一样，大多数鼓趺也是木制的。《说文·虍部》："虡，钟鼓之柎也。"将趺字写作柎，从木，可证。所以青铜鼓趺很少。出土物中时代最早的一例见于安徽舒城九里墩春秋墓，铭文中自名为"雟鼓"[2]。陈秉新和殷涤非先生各撰文考证，皆认为雟应释隽，读作晋，晋鼓即建鼓[3]。李纯一先生则认为，古读精母文部的隽和精母真部的晋都

图 29-2　战国，铜鼓座及复原之建鼓　湖北随县曾侯乙墓出土

1　铜鼓座

2　复原之建鼓

①　湖北省博物馆：《曾侯乙墓》上册，第152页；下册，图版43，文物出版社，1989年。

②　安徽省文物工作队：《安徽舒城九里墩春秋墓》，《考古学报》1982年第2期。

③　陈秉新：《舒城鼓座铭文初探》，《江汉考古》1984年第2期。殷涤非：《九里墩的青铜鼓座》，载《古文字研究》（第十四辑），中华书局，1986年。

可通假为建。①《国语·吴语》："十旌一将军，载常建鼓。"韦昭注："鼓，晋鼓也。"从水陆攻战图鉴的花纹上看，将军所建之晋鼓即本文上述之建鼓，《左传·宣公四年》孔疏也说："车上不得置簨虡以悬鼓，故为作跗，若殷之楹鼓也。"故陈、殷、李说可从。

建鼓两面蒙皮，可以由二人相对敲击。湖南长沙马王堆3号西汉墓之遣册中说："建鼓一，……鼓者二人，操枹。"在汉画像石上也常见到二人对击建鼓的场面。但也有只由一人敲击鼓之一面的，在河南辉县山彪镇与琉璃阁等地出土之铜器及曾侯乙墓出土之漆器的纹饰中都能看到这种做法。不仅如此，《仪礼》中还特别指出，何处所陈之鼓为"南鼓"，何处为"东鼓"；郑注："南鼓谓所伐面也。"可见那些建鼓只敲它的南面或东面。然而无论单敲一面或对敲两面，由于建鼓的鼓胴大，并高贯于柱上，所以鸣鼓之际震动均较剧烈，故将鼓跗做得大而且重，以保持稳定。九里墩春秋铜鼓跗与曾侯乙墓战国铜鼓跗的底径均达80厘米。九里墩鼓跗已残，重量不明，曾侯乙鼓跗则重达192.1公斤。本器虽较此二例略小，但比起随县擂鼓墩2号墓所出之底径仅为37厘米的战国中期铜鼓跗来，又要大得多②；然而其重量仅为曾侯乙鼓座的十分之一，从本器之壳体的形状看，内部原应装有某种填充物。

本器所饰蟠螭纹具有三晋青铜纹饰的特色，比如用两道绚纹间一道蟠螭纹的图案，见于侯马铸铜遗址所出Ⅱ59T10H93：4号陶模，其风格与南方楚式青铜器上的花纹有别。依类型学排出的演变序列，应为春秋晚期之物。而上述九里墩、曾侯乙、擂鼓墩2号等墓所出铜鼓跗，却都是舒、曾等楚文化圈中的产物；本器则为中原制品。它的式样很典型，因为它和水陆攻战图鉴等处见到的鼓跗之轮廓全然一致。只不过后者因系战地所用，故于鼓跗上斜出一杆以插钲，俾可"鸣金收兵"。本器如用于宴飨、祭祀，则无须插钲了。水陆攻战图

① 李纯一：《中国上古出土乐器综论》，文物出版社，1996年，第6页。

② 湖北省博物馆、随州市博物馆：《湖北随州擂鼓墩二号墓发掘简报》，《文物》1985年第1期。

鉴等器中的鼓跗或未必尽是铜铸；倘全以木制，似为实木削成的墩形物。到了汉代，从画像石上看，建鼓之跗多为纵横交午呈十字形的四足支座，这种情形在晋代的《洛神赋图卷》中犹清晰可见。《说文·木部》："柎，阑足也。"正谓此物。也有作兽形跗的，则可能是陶、石制品。南北朝以后，外来的大鼓、羯鼓等乐器广泛流行，建鼓仅在宫廷韶乐中偶一出现，以青铜铸鼓跗之举渐成绝响。

铜鼓跗是我国青铜铸造工艺臻于极盛时期始克生产之物，数量本来就少，而本器的年代早，形体大，造型与纹饰端庄严饬，壳体的保存又极为完好；先秦铜编钟存世虽夥，然而倘无以铜鼓跗为代表之建鼓相配合，仍不足窥"钟鼓之乐"的全貌，故本器洵极可珍。

（原载《文物》1999年第9期）

30 中国梵钟

中国先秦时代的乐钟在世界音乐史上曾大放异彩，它的截面呈合瓦形，可以奏出两个乐音；将构成一定音阶关系的多数乐钟成编地悬挂在一起，则能演奏复杂的乐曲。而中国梵钟的出现远较先秦乐钟为迟。它的截面呈圆形，并不成编悬挂，也无法演奏乐曲，和先秦古钟属于不同的类型。它虽然称作梵钟，但古印度却未发现过这类器物。[①]因此，中国梵钟并不是现成的外国钟的仿制品，而基本上应被看作是古代中国所创制的一种乐器。

关于中国先秦古乐钟的渊源，一说认为其前身为铙，另一说认为其前身为铃。河南偃师二里头曾出土早商时期的铜铃，到晚商时期铃更为常见。商代铜铃的截面亦呈合瓦形，两侧多有扉棱。扉棱是由合范对缝所留下的痕迹演变而来。有些铜钟上也有扉棱，显然是承袭了铜铃的形制。而铙则是器口向上倒立起来敲击的，和铃、钟的悬挂方式不同。故中国古乐钟可能是由铜铃演变出来的。梵钟的起源与此有类似之处，它的前身也是铃。当佛教在印度兴起后，各地建塔礼佛，塔上除以幢幡璎珞等物为饰外，并悬有许多铜铃。《妙法莲华经·宝塔品》说："尔时佛前，有七宝塔，……无数幢幡，以为严饰，垂宝璎珞，宝铃万亿而悬其上。"如果说佛经中的描写有想象成分的话，那么《洛阳伽蓝记》卷五中对伽腻色迦王所造、号称"西域浮图，最为第一"的雀离大塔的描写则是翔实的，那里说这座塔"旭日始开，则金盘晃朗；微风渐发，则宝铎和鸣"。这段话出自北魏宋云等人游历印度时所撰《行记》，应是当时实际情况的记录。印度佛塔上所悬之铃的截面呈圆形，与先秦乐钟之呈合瓦形者判

---

① 〔日〕林谦三：《东亚乐器考·梵钟形态里的印度要素》，钱稻孙译，音乐出版社，1962 年。

然有别。及至佛法东传，中国依西域制度，也在塔上悬挂圆形铜铃。但先秦时中国原有铸大钟（特钟）的传统，东汉时又出现了用于报时的钟。《文选·代放歌行》："日中安能止，钟鸣犹未归。"唐李善注引东汉崔寔《政论》："永宁诏曰：'钟鸣漏尽，洛阳城中不得有行者。'"《三国志·魏书·田豫传》也说："年过七十而以居位，譬犹钟鸣漏尽而夜行不休，是罪人也。"说明这时使用漏壶计时，而当昼漏水尽行将入夜之际，乃鸣钟报时并开始宵禁。由于出土物中尚未发现过此类钟，形制不知其详，但可以推测它们大约安置在谯楼或市楼等处。至南北朝时，文献中出现了在楼上鸣钟的明确记载。《南齐书·武穆裴皇后传》说："宫内深隐，不闻端门鼓漏声，置钟于景阳楼上，宫人闻钟声，早起装饰。"宋刘子翚咏景阳钟的诗说："景阳钟动晓寒清，度柳穿花隐隐声。"[1]度柳穿花固属诗人之想象，但声欲远闻，所用之钟便不能是合瓦形口的，而只能是圆形钟。如果钟体呈合瓦形，则声音迅速衰减，就难以传播到远处了。南朝陈江总《摄山栖霞寺山房夜坐简徐祭酒周尚书并同游群》诗中有"翻愁夜钟尽，同志不盘桓"之句[2]，忖其情状，此"夜钟"似是寺中之钟声。所以有理由推测：东汉出现的报时钟，受到佛塔所悬铜铃的影响，最晚不迟于南北朝时，已改作圆形，成为所谓的梵钟了。虽然在梵宇之外，道观、黉舍以及一般钟楼都悬挂这种钟，并非专用于佛寺；笼统地称之为梵钟，不过是沿袭约定俗成的惯例而已。

传世之最古的中国梵钟也正是南北朝时期的，与古文献所反映的情况恰相符合。日本奈良国立博物馆藏有陈太建七年（575年）铜钟，高39.1厘米，口径21厘米，属于小型钟（图30-1:1）[3]。此钟钟体为圆筒形，上部略收缩，口沿平直。外壁中部偏下铸出两个饰以莲瓣纹的撞座，以撞座为中心用凸起的阳线隔成十字形方格纹，十字形之外的空间再用短横线加以分割。这种纵横有

---

① 《宋诗钞》卷2，中华书局，1986年，第1532页。
② 逯钦立：《先秦汉魏晋南北朝诗·陈诗七》，中华书局，1983年。
③ 〔日〕坪井良平：《历史考古学的研究·中国钟随想》，东京，1984年。

图 30-1 I 型梵钟

1 陈太建七年　日本奈良国立博物馆藏
2 唐天宝年间　四川黔江县文化馆藏
3 唐广德元年　浙江诸暨出土
4 唐天复二年　原广东端州清泉禅院之钟，
　　今在日本岐阜长德寺

5 宋政和四年　广东潮州开元寺
6 明永乐二十二年　云南昆明金殿
7 明崇祯十三年　福建黄檗山万福寺
8 清康熙三年　原广西平南大佛寺之钟，
　　今在日本大阪大黑寺

序的方格近似僧人所着袈裟上的图案，故名袈裟纹。钟顶部则有两端饰龙首的
蒲牢。据《文选·东都赋》李善注引薛综曰："海中有大鱼曰鲸，海边又有兽
名蒲牢，蒲牢素畏鲸，鲸鱼击，蒲牢辄大鸣。凡钟欲令声大者，故作蒲牢于
上。"民间传说中则认为龙生九子，"一曰蒲牢，好鸣，为钟上钮鼻。"但龙子
的行第说亦不一，见明杨慎《升庵外集》卷九五、明陆容《菽园杂记》卷二等
处。不过从正立面看，太建钟与古乐钟中的平口钮钟（如蔡侯编钟等）之外轮
廓颇相近。所以中国梵钟的造型既吸取了印度铜铃的因素，也取法于中国古乐
钟；它从这两方面均受到启发，均有所取舍。但得自古乐钟的成分是不能低估
的。如果再对在中国的影响下产生的朝鲜梵钟和日本梵钟加以考察，更发现这
些钟都在钟体上部铸出乳枚，而印度铜铃上绝无此物，所以它只能来源于中国
古乐钟。特别是朝鲜梵钟顶部有的还立有一枚圆筒，被称为"甬"，更使人不
能不想到它是从乐钟中的甬钟那里模拟而来的（图30-2）。

图30-2 新罗钟
韩国公州博物馆藏

以陈太建钟为代表的钟型，本文称之为Ⅰ型。Ⅰ型钟主要流行于长江以南，自南北朝以迄明、清，历代相沿不绝。以下依年代为序，试对有代表性的Ⅰ型钟略做讨论。

现存唐代Ⅰ型钟中，最早的一例是浙江省博物馆所藏开元八年（720年）钟，高40厘米许，也是一件小型钟。[①]其次是山东博物馆所藏唐北海郡龙兴寺钟，肩高129.4厘米，口径97厘米。唐代钟铭已于金大定间被划毁殆尽，推定是天宝年间（742—756）所铸[②]。还有一口天宝钟保存在四川黔江县（今重庆市黔江区）文化馆（今重庆市民族博物馆），高143厘米，口径78厘米（图30-1:2）。钟腹刻铭中有"金紫光禄大夫工部尚书兼黔府都督御史大夫持节充本道观察处置选补等使汧国公赵国琮（珍）"题名[③]。按赵国珍在天宝年间任黔府都督。"黔府"旧称"黔中府"，治所在今四川彭水（今属重庆），黔江为其属县之一。故此钟亦是天宝遗物。上述两天宝钟均饰袈裟纹，双撞座。另一口Ⅰ型唐钟出土于浙江诸暨，广德元年（763年）铸造，高45厘米，口径25厘米，尺寸与造型均和太建钟及开元八年钟相近（图30-1:3）[④]。此外，有一口流入日本的Ⅰ型唐钟，今在岐阜县大垣市长德寺，原为广东端州清泉禅院之钟，铸于天复二年（902年）[⑤]。此钟高127.6厘米，口径73厘米（图30-1:4）。造型上与上述各钟不同的是，它在前后左右四方设四个撞座，余则仍旧。北宋时，有政和四年（1114年）铸造的广东潮州开元寺钟，形制与天复钟酷似（图30-1:5）[⑥]。明代的Ⅰ型钟如云南昆明金殿钟，永乐二十二

---

① 〔日〕原田淑人：《中国考古学の旅》，东京，1957年，第123、170页。

② 〔清〕毕沅、阮元：《山左金石志》卷三。〔清〕段松苓：《益都金石记》卷一。

③ 龚节流、陈世雄：《唐代铜钟》，《文物》1981年第9期。

④ 方志良、张光助：《浙江诸暨发现唐代铭文铜钟》，《文物》1984年第12期。

⑤ 〔清〕阮元等重修：《广东通志》卷二〇四。

⑥ 〔日〕常磐大定、关野贞：《中国文化史迹》卷三、四。

年（1424年）铸，高约165厘米①。其钟壁上的袈裟纹与前并无大殊，但四枚撞座已移至接近口沿的位置上了（图30-1:6）。明末，崇祯十三年（1640年）所铸福建黄檗山万福寺钟，仍沿袭此种形制，唯不设撞座（图30-1:7）②。至清代，Ⅰ型钟已较少见，存世之广西平南县大佛寺钟，高231厘米，口径141厘米。其袈裟纹的方格很宽大，与唐代Ⅰ型钟的风格已颇异其趣，钟口的边缘且明显外侈（图30-1:8）。钟上的铭文说："时龙飞康熙三年岁次甲辰仲春之吉，平南王捐资鼎建大佛寺于仙湖之麓。"则此钟乃清初三藩中的平南王尚可喜于康熙三年（1664年）斥资铸造。今已流入日本，藏大阪府羽曳野市大黑寺③。

唐代的Ⅰ型钟对日本有较大影响，和钟除了上部设乳枚为其特殊的做法外，整体造型皆与唐Ⅰ型钟相近。从现存最早的京都花园妙心寺"春米连广国铸钟"（文武天皇二年，698年）起，直到庆长末年（1615年），和钟的形制仍大体相沿未替。

Ⅱ型梵钟的造型与Ⅰ型之最显著的区别是钟口有波曲，但较浅，可称为"浅波口钟"。印度古代的铜铃都是平口，从未出现过波口的，所以波口为中国所创造。但圆钟一般可以被看作是一端闭合的圆柱体，受到敲击时之发音的机制是由其周向振动的模式决定的，与钟口的形状没有多大关系。钟口如制出深陷的波曲，虽然会对其基音以外的哼音有些影响，但就浅波口钟而言，这一点是可以忽略不计的。因此，早期之浅波口钟的出现并非出于音响上的考虑，而只是受到工艺造型上之创新要求的推动。然而审美的眼光为何会偏爱这种带波曲的钟口呢？回答这个问题仍须从塔上悬铃说起。早期中国佛塔上所悬之铃本是圆体平口的，与印度铃之原型相近，敦煌莫高窟第428窟北周壁画金刚宝座式塔上就悬着这样的塔铃（图30-3:1）。可是铜铃内有铃舌，有些铃舌的底端还露在铃口之外。河北邯郸南响堂山第1洞北齐浮雕佛塔上的塔铃甚至将舌

---

① 〔日〕坪井良平：《历史考古学的研究·中国钟随想》，东京，1984年。
② 〔日〕常磐大定、关野贞：《中国文化史迹》卷三、四。
③ 同①。

图30-3 佛塔及窟檐上所悬之铃

1 北周，壁画金刚宝座式塔塔顶 敦煌莫高窟第428窟　　　3 北齐，窟檐 河北邯郸南响堂山第7洞

2 北齐，浮雕佛塔塔顶 河北邯郸南响堂山第1洞

下之锤都露了出来（图30-3:2）。也有些浮雕的表现手法较含蓄，铃舌微露，与铃口混合为一条波状曲线（图30-3:3）。随着时间的推移，当这种曲线逐渐在人们心目中形成较固定的印象，并进而转移到钟口上时，"浅波口钟"遂开始问世。

在II型浅波口钟中，首先应当提到的是陕西富县宝室寺钟，高155厘米，口径150厘米，铸于唐贞观三年（629年）。[1]钟口分六道波曲，自钮部向每道波曲的弧尖处连接条带纹，将钟壁表面纵分为六区，再以水平条带将钟壁横分为三层，从而整个钟面共划分成十八格。每格中或饰飞天纹、龙纹、凤纹，或饰对角线与圆珠纹，但叠错相间，同样的图案互不毗邻，颇富韵律感（图30-4:1）。此钟下部较宽，钟体呈馒头形，但II型钟当中也有钟壁较直、接近圆筒形的。宝室寺钟底层当中一格内阴刻铭文318字，是我国国内所藏有明确纪年之最早的铜梵钟。加以其花纹优美，范铸精工，声音洪亮，远闻数十里，故为世所珍。

II型梵钟主要流行于北方。敦煌莫高窟唐代经变壁画中的佛寺，殿堂两侧的两座角楼，一座悬钟，另一座贮经卷（图30-5）[2]；其所悬之钟多为II型钟。寺院中的钟声除了作为起居作息的信号外，兼有醒世弘法的意义。《法苑珠

---

[1] 姬乃军：《我国存世最早的唐钟》，《考古与文物》1983年第1期。王永亮：《富县宝室寺铜钟》，《文博》1990年第3期。

[2] 萧默：《敦煌建筑研究·佛寺院落式布局的讨论》，文物出版社，1989年。

图 30-4　Ⅱ型梵钟

1　唐贞观三年　陕西富县宝室寺	6　宋绍圣四年　韩国江华岛传灯寺
2　唐武则天时期　甘肃武威钟楼	7　金天德三年　辽宁沈阳故宫藏
3　唐景云二年　陕西西安碑林	8　明正统三年　日本长崎发心寺
4　唐中和三年　原存江苏丹阳公园	9　明正德四年　日本福冈光明寺
5　宋熙宁十年　北京古钟博物馆藏	

林·鸣钟部》说："洪钟震响觉群生，声遍十方无量土。含识群生普闻知，被除众生长夜苦。"元代所修《百丈清规·法器章》说：钟，"丛林号令资始也，晓击则破长夜、警睡眠，暮击则觉昏衢、疏冥昧"。它的功用如此广泛，固应受到重视。

还有两口Ⅱ型钟的风格与宝室寺钟逼肖，但都比它的形体大。其中一口是甘肃武威钟楼所悬之钟，为唐大云寺故物，高240厘

图 30-5　盛唐，壁画　敦煌莫高窟第 91 窟

米，口径145厘米，铸于武则天时期（690—705）。此钟钟面亦分成十八格，除对角线纹外，饰有飞天、天王、鬼卒、夜叉及龙纹。惜其下部稍有残损（图30-4:2）。[1]另一口是西安碑林所存景龙观钟，高247厘米，口径165厘米，铸于唐景云二年（711年）。此钟钟面上的十八格中分别饰以仙人、翔鹤、走狮、腾龙、朱雀、独角独腿牛等，每格四角饰祥云，充溢着道教的色彩（图30-4:3）。[2]底层当中的框格内刻有唐睿宗李旦撰文并自书的铭文292字，其中说："朕翘情八素，缔想九玄。命彼鼓延，铸斯无射。"也是信奉道教之君主的口吻。

宝室寺钟、大云寺钟与景龙观钟虽分属佛、道二教，但三钟时代相接，大小相次，形制基本相同，可以作为唐代前期关陇地区铸钟工艺水平的代表。唐代后期的此型钟，如原存江苏丹阳县（今丹阳市）公园内的中和三年（883年）钟，虽外轮廓变化不大，但钟面上仅以凸线勾画出简单的袈裟纹，与上述三种之纹饰的壮丽，乃不可同日而语了（图30-4:4）[3]。

宋代的Ⅱ型钟如北京大钟寺古钟博物馆所藏熙宁十年（1077年）钟，高130厘米，口径113.5厘米（图30-4:5）；[4]今在韩国江华岛传灯寺的绍圣四年（1097年）钟，高164厘米，口径100厘米（图30-4:6）；[5]以及韶关南华寺的乾道三年（1167年）钟[6]，虽皆为浅波口钟，但已由六曲增为八曲。只有沈阳故宫所藏金天德三年（1151年）钟，因为是在"因兵火臁坏"的古钟的基础上"再铸"的，所以保存了若干早期钟的特点，仍为六曲（图30-4:7）。[7]

明代的Ⅱ型钟如浙江余杭径山寺永乐元年（1403年）钟[8]、现在日本长崎市

① 丝绸之路考察队：《丝路访古·考察纪程》，甘肃人民出版社，1983年。
② 王翰章：《景云钟的铸造技术及其铭文考释》，《文博》1986年第4期。
③ 《江苏金石待访目》卷七。
④ 全锦云：《铸造祥和》，《中华文化画报》1996年第3、4期。
⑤ 〔清〕武亿：《授堂金石文字续跋》卷一一。〔韩〕金庠基：《宋崇明寺钟》，《考古美术》4卷3期。
⑥ 〔清〕翁方纲：《粤东金石略》卷四。
⑦ 王明琦、李仲元：《盛京定更钟考》，《故宫博物院刊》1981年第2期。
⑧ 〔日〕常磐大定、关野贞：《中国文化史迹》卷三、四。

发心寺的正统三年（1438年）钟（图30-4:8）[①]，也都是八曲浅波口。值得注意的是，这些钟之钟面的区划是先横向分层，每层再纵向分成大小八个格。与之相适应，常在钟壁之近底部的八个方位上标以八卦纹。少数例外如现在日本福冈县田川郡光明寺的正德四年（1509年）钟，钟口为六曲；但它也标以八卦纹，显示出时代的风尚（图30-4:9）。[②]

明代Ⅱ型钟中之最著名的重器是北京大钟寺的永乐大钟，1420年铸，高675厘米，口径330厘米，重46.5吨。虽然它比重59.5吨的北京钟鼓楼大钟为轻，但铸造精美。依重量计，排名在它前面的几口外国大钟的年代则均不如它古老[③]。此大钟钟壁内外铸有佛教经咒100多种，达23万字。大钟是分铸的，钟身用泥范；蒲牢用失蜡法铸成后，嵌入钟体外范内，再浇铸铜液熔接为一体。大钟的波口亦为六曲，显得分外庄严。

Ⅱ型钟为浅波口，Ⅲ型钟则为深波口。过去曾称前者为荷叶口，后者为莲瓣口，但容易产生混淆，不如径依波口的深浅区分为宜。深波口钟出现于金代。宁夏宁县文化馆所存贞元四年（1156年）钟，高220厘米，口径150厘米，为八曲深波口，但钟面上仍饰以袈裟纹（图30-6:1）[④]。山东肥城关帝庙金大定二十四年（1184年）铁钟（图30-6:2）[⑤]、四川达县（今达州市）太平兴国禅院南宋庆元五年（1199年）铁钟（图30-6:3）[⑥]、河北正定临济寺明天顺四年（1460年）铁钟（图30-6:4）[⑦]、日本京都藤井有邻馆所藏清康熙三十九年（1700

① 〔日〕坪井良平：《历史考古学の研究·中国钟随想》，东京，1984年。
② 〔日〕坪井良平：《历史考古学の研究·中国钟随想》，东京，1984年。
③ 世界上现存最大的钟是俄罗斯克里姆林宫的沙皇钟，重193吨，1735年铸。缅甸的敏贡钟重90吨，1808年铸。而日本四天王寺的颂德钟，虽重达158吨，但铸造的时间已迟至1903年，比永乐大钟晚了483年。
④ 许俊臣：《宁县贞元铜钟》，《考古与文物》1985年第2期。
⑤ 〔日〕田口泖三郎：《东亚の梵钟》，《日本学术协会报告》第16卷第3号。
⑥ 〔清〕刘喜海：《金石苑》。余天健、程前林：《宋太平兴国禅院古钟》，《文物》1984年第3期。
⑦ 〔日〕常磐大定、关野贞：《中国文化史迹》卷三、四。

图 30-6　III型梵钟

1　金贞元四年　宁夏宁县文化馆藏
2　金大定二十四年　山东肥城关帝庙
3　南宋庆元五年　四川达州太平兴国禅院

4　明天顺四年　河北正定临济寺
5　清康熙三十九年　日本京都藤井有邻馆藏

年）铜钟（图30-6:5）[1]，也都是八曲深波口。在这类钟上，钟口分为八曲渐成定制。钟面纹饰的布局多依横向分层，以前的袈裟纹已很少见到。钟上这时常铸出吉语，如庆元钟有"皇帝万岁，重臣千秋"铭文。此种吉语北宋时已流行[2]，历南宋、金、元各代沿用不衰，也有再续以"风调雨顺，国泰民安"等语句的，使梵钟带上了浓厚的世俗化色彩。到了清代，在有邻馆所藏康熙钟上，还铸出"皇帝万岁万万岁"铭文，虽说是梵钟，但对人间帝王的崇拜已上升到第一位了。

　　IV型钟出现于元代，平口，口缘向外扩张。元至元三十年（1293年）的益都路府学钟（图30-7:1）[3]、明成化二十一年（1485年）的云门寺钟（图30-7:2）[4]，以及流入日本的康熙四十七年（1708年）顺德陵水会馆铁钟（图30-7:3）[5]，均可为例。此类钟之外扩的口缘部分增厚，形成水平型声弓，敲钟时撞击声弓发声，钟声可更加响亮。这种设计本是西洋钟的特点，却已经被中国的

---

① 〔日〕坪井良平：《历史考古学の研究·中国钟随想》，东京，1984年。
② 山西临猗双塔寺塔基出土的北宋熙宁二年（1069年）《地宫记》石碑上已有"皇帝万岁，臣佐千秋，雨顺风调，兆民安泰"之吉语。见《文物》1997年第3期。
③ 〔清〕毕沅、阮元：《山左金石志》卷三。〔清〕段松苓：《益都金石记》卷一。
④ 〔日〕常磐大定、关野贞：《中国文化史迹》卷三、四。
⑤ 〔日〕坪井良平：《历史考古学の研究·中国钟随想》，东京，1984年。

图 30-7　Ⅳ 型梵钟

1　元至元三十年　益都路府学

2　明成化二十一年　云门寺

3　清康熙四十七年　顺德陵水会馆

Ⅳ型梵钟所吸取了。

中国梵钟上还有独具特色的蒲牢；西洋钟顶部却只有简单的钟钮，那里未曾将这一部件作为装饰的重点，发展出如此优美瑰奇的造型。在我国，先秦铜镈之钮式已相当繁复，蒲牢的出现或曾受到它的启发，但梵钟毕竟是中世纪以后的产物，与先秦铜镈的艺术趣味有所不同。早期梵钟上的蒲牢多为两端饰龙头的桥形钮。此种意匠的起源极古老，新石器时代红山文化的玉器中就发现过双龙头璜，商代甲骨文的"虹"字也写作两端带龙头的弧形。不过寻找蒲牢造型之渊源似乎不必把目光投向如此遥远的往昔，因为南北朝时期若干石碑的碑首亦作此形。如北魏鲁郡太守张猛龙碑（正光三年，522年）之碑首的图案（图30-8:1），就和比它仅仅晚半个世纪的太建钟之蒲牢相一致（图30-8:2）。循此线索试作探寻，不难发现碑首与蒲牢之演变的轨迹彼此互相呼应，大体上保持同步；也就是说，用碑首作为蒲牢之造型的参照系是可以成立的。

在唐钟上，蒲牢两端的龙头或铸出前肢，拱起的背部正中饰以模拟宝珠形的出尖之如意头（图30-8:4）。再看唐碑，如李勣碑、李靖碑、温彦博碑（图30-8:3）、房玄龄碑，乃至道因法师碑、大秦景教流行中国碑等碑之碑首，从正面看，都是左右二龙啮碑肩，前爪攀碑额，两后爪相对将宝珠擎在当中。蒲牢的造型虽稍简化，但主要特征并无二致。宋代碑首继踵唐制，河南登封的嵩岳中天王庙碑、河南偃师的重修升仙太子大殿碑之碑首，都很精致；而古钟博物馆所藏宋熙宁钟的蒲牢，正可与此类碑首相比附。到了金元时期，碑首之蟠龙改变了原先龙首俯向下方的构图，呈二龙昂首相向共衔宝珠之式，如山东曲阜颜庙元加封兖国复圣公制词碑（图30-8:5）、山东济宁文庙重修尊经阁记碑

图 30-8　碑首与蒲牢的构图（1、3、5 为碑首，2、4、6 为蒲牢）

1　北魏正光三年，张猛龙碑碑首	4　唐，龙兴寺钟蒲牢
2　陈太建，钟蒲牢	5　元，加封兖国复圣公制词碑碑首　山东曲阜颜庙
3　唐，温彦博碑碑首	6　金，卤簿纹钟蒲牢　辽宁省博物馆

等碑首可以为例。同样，这时的蒲牢也作二龙相对状，辽宁省博物馆所旧藏之金代卤簿纹钟的蒲牢即呈此式，其造型英挺，风骨雄肆（图 30-8:6）。此型蒲牢在古钟博物馆所藏明正德鹤纹钟上也能见到，均为杰出的工艺品。

也有些巨型钟因顶端距地面很高，且多悬挂在钟楼或钟亭内，钟顶不易观察到，所以它们反而不铸复杂的蒲牢。比如古钟博物馆的永乐大钟就只有简洁的钟钮，承重只靠一根长 1 米，高 14 厘米，宽 6 厘米的铁芯铜穿钉。其工程设计之精到，力学结构之合理，更为科学界所称誉。[1]

中国梵钟的发展经历了一千四百多年的岁月风霜，在艺术造型、声学性能、合金配比、铸造技术诸方面，均达到极高的水平。目前尚未进行全面的调查、修整和研究，今后在这方面还有许多工作要做。

（原载《考古与文物》1998 年第 5 期）

---

[1] 凌业勤、王炳仁：《北京明永乐大铜钟铸造技术的探讨》，《科学史集刊》第 6 集，1963 年。吴坤仪：《明永乐大钟铸造工艺研究》，载北京钢铁学院《中国冶金史论文集》，1986 年。

31　说“箕敛”

　　秦统一后，若干措施暴戾乖张，以致速亡。汉初则是一个普遍谴责秦之暴政的时代；但有些人的说法言辞过激，不尽实事求是。刘邦入咸阳，仅谓："父老苦秦苛法久矣，诽谤者族，偶语者弃市。"[①]全然未涉及赋税等经济问题。《淮南子·兵略训》中却说：二世皇帝"发闾左之戍，收太半之赋"。许慎注："赀民之三而税二。"可是秦代尚无此种计家资而征收的财产税。《盐铁论·未通篇》认为："往者，军阵数起，用度不足，以赀征赋，常取给见（现）民。"其所谓"军阵数起"指武帝讨伐匈奴，则西汉时才开始征收赀赋；故许说不确。颜师古注《汉书·食货志》时，又将太半之赋训为"三分取其二"，意指田租，更与沿用"什一之税"的秦制相违。如果仅田租就占收获量的三分之二，农民将无以为生，所以显系夸张之词。不过陈胜起义后，派武臣略赵地时，曾向诸县的豪杰们说："秦为乱政虐刑，……百姓罢敝，头会箕敛，以供军费。"[②]其时"秦未亡"，武臣所言乃现实情况，当可信。类似的说法又见《淮南子·氾论训》："秦之时……头会箕赋，输于少府。"旧注所作的解释是："家家人头数出谷，以箕敛之。"（《史记·张耳陈余列传》集解引《汉书音义》）《汉书·张耳陈余传》颜注引服虔曰："吏到其家，人（当作以）人头数出谷，以箕敛之。""头会，随民口数，人责其税。箕赋，似箕然，敛民财多取意也。"（《淮南子·氾论训》高诱注）意思本来很清楚，即这是一项人口税，交纳的是谷物。由于官府用箕敛取，泛言之，也可以和多取民财相联系。

---

① 《史记·高祖本纪》。
② 《史记·张耳陈余列传》。

不过，多数当代学人对此却有不同的看法。黄今言《秦代租赋徭役制度研究》说："口赋的征敛形式，这在秦代一般为'计口出钱'。官府不收谷，原则上只收钱。……秦统一全国后，口赋纳钱，那是确凿无疑的。据《秦简·金布律》记载：'官府收钱者，千钱一畚，以丞、令印印，不盈千者，亦封印之。''畚'就是畚箕。只有钱才用畚箕装，若是谷，只能论升、斗、石，何谓'畚'乎！钱的计算单位是文、缗，故'畚'可盛钱；而谷的计算单位是升、斗，盛谷只能用箩、困，这自很明白。"又说："官府收钱不收谷，这对农民来说，是一大灾难。因为农民所生产的东西，主要是谷物。用谷折钱交赋，农民无形中多受了一层奸商的中间剥削，加重了负担。"①杨宽《从"少府"职掌看秦汉封建统治者的经济特权》说："所谓'箕敛'，服虔说是用箕敛'谷'，其实敛的是'钱'，而不是'谷'。秦的人口税同汉代的算赋一样是收'钱'的。"下文引《金布律》"千钱一畚"条，然后说："秦代官府收受人民缴纳的钱，是每一千个钱装入一畚箕而加封的。所谓'箕敛'，就是形容当时少府所征收的'钱'数量众多，都是用畚箕来装的。"②高敏《秦汉赋税制度考释》说："'头会'即按人口征收之意，与'口赋'之名正合；征收的目的是'以供军费'，也与先秦时期的军赋之意符合；征收的办法是以箕敛之。"他也认为："千钱一畚"之'畚'即上述'头会箕敛'或'箕赋'之箕，可见箕也是盛钱的器物"③。钱剑夫并据此进一步否定了旧注中关于按人头数出谷的可信性。他说："所云'出谷'，恐怕是因为'箕敛'两字而望文生训，认为钱不可以畚箕敛，只有谷才可以畚箕敛而然。那么，用'箕'敛的到底是什么物件？"证据于是又回到《金布律》，他称那条史料是"箕敛"的"确诂"。并说："畚箕连称，或单用'箕'用'畚'，直到现在还是这样，就无待繁考。"④苏诚鉴《"头会箕敛"与

---

① 黄今言：《秦代租赋徭役制度研究》，《江西师范学院学报》1979 年第 3 期。

② 杨宽：《从"少府"职掌看秦汉封建统治者的经济特权》，载《秦汉史论丛》（第一辑），陕西人民出版社，1981 年。

③ 高敏：《秦汉史论集·秦汉赋税制度考释》，中州书画社，1982 年。

④ 钱剑夫：《秦汉赋役制度考略》，湖北人民出版社，1984 年，第 56 页。

"八月算人"》和马怡《汉代的诸赋与军费》亦肯定此说。苏文谓:"'箕敛'收的是钱,不是谷,同时又含有苛重之意。"马文谓:"'头会箕赋'和'头会箕敛',即用畚箕按人头敛钱。"[1]而且它甚至作为成说写进专史。《中国封建社会经济史》第一卷中说:"'头会箕敛'就是计口受钱,按人口交纳口赋。"[2]诸家众口一词,"箕敛"指用箕敛钱似乎已经成为定论。如果此说揭示了历史的真相,固应予以重视。但是,如果它尚大有值得商榷的余地,则其亟待澄清,也就不言而喻了。

首先,从训诂上说,无法将"畚"引申为现代汉语的"畚箕",再简化成"箕"。秦代和汉代的文献中未出现"畚箕"一词。稍晚的《列子》中虽然同时提到箕和畚:《汤问篇》描写北山愚公率子孙移山时,曾谓:"叩石垦壤,箕畚运于渤海之尾。"但这里的箕与畚是两种器物。《列子释文》:"畚,笼也。"《左传·襄公九年》:"陈畚挶。"杜预注:"畚,箕笼。"《国语·周语中》:"待而畚梮。"韦昭注:"畚,器名,土笼也。"《汉书·五行志上》:"陈畚輂。"颜注引应劭曰:"畚,草笼也。"可见畚是笼状容器。它可以盛土、盛谷物,甚至还可以用来盛黄金。《汉书·韦贤传》:"遗子黄金满籯,不如一经。"《说文》:"籯,笭也。""笼……一曰笭也。"笼、籯、笭是三个音义相近的同源字[3]。笼,东部。笭,耕部;东耕旁转。籯为喻母耕部字,和笭字既是邻纽,又是叠韵。所以盛黄金的籯和《金布律》中盛钱的畚是同一类器物。特别应当指出的是,诸家所引《金布律》的上述条文,其实是对官府所掌钱币之存贮方式的规定。即以一千钱为单元,装入畚笼,绳缄之后,封泥钤印,使之不仅利于保管,而且当对外支付须"出计"时,亦责任分明,便于审核。此规定所表述的内容,和征收人口税诚了不相关。

① 苏诚鉴:《"头会箕敛"与"八月算人"》,《中国史研究》1983年第1期。马怡:《汉代的诸赋与军费》,《中国史研究》2001年第3期。
② 田昌五、漆侠主编:《中国封建社会经济史》卷1,齐鲁书社、文津出版社,1996年,第234页。
③ 王力:《同源字典》,商务印书馆,1982年,第383页。

图 31-1　秦，箕量

那么，对"箕敛"之箕又应当怎样理解呢？服虔虽强调用箕敛谷，但前提是按"人头数"计算，也就是说敛谷有一定的额度；否则一味"多取"，就不成其为政府行为了。

因此，所用之箕必须规范化，不能混同于一般家用的簸箕。更具体地说，它应是一种量具；而存世的秦代遗物中正发现过这种箕量。

秦代的箕量已知者只有一例，山东博物馆藏，1951年由山东省文管会拨交，原出土地不详。器呈箕形，铜质，长21厘米，宽15.5厘米～19厘米，高6厘米，外壁一侧分四行刻出秦始皇二十六年统一度量衡的诏书（图31-1、2）。因其前端开敞，装入的谷物会流淌而形成斜面，且因不知当日使用时是否在装满后临时将前端挡一下，所以准确的容量难以测出。大致估算，此器所容约为三分之一斗，即《秦律·仓律》中所称"少半斗"，《墨子·杂守篇》所称"参"，即"参升小半"①。箕量之所以少见，或缘多为竹木制品，未能保存之故。

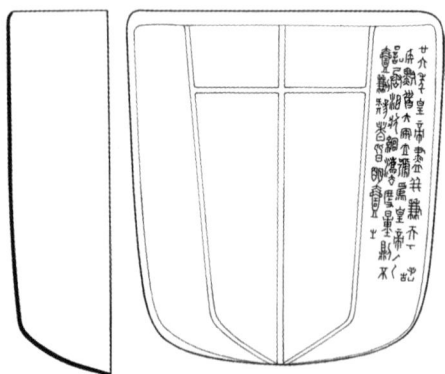

图 31-2　秦，箕量（侧面、背面）

不过同类量器汉代尚沿用，广东高州在文物普查中发现的一处汉代遗址内，与汉代陶器伴出的有一批石量器，包括石斗、石圆升、石方升、石合和石箕量（图31-3）②。石箕量底平，两壁自后部向前斜收，器身长15厘米，宽12.5厘米，后高7.6厘米，接以长6厘米

---

① 岑仲勉：《墨子城守各篇简注》，中华书局，1958年，第146页。

② 张均绍：《高州汉代石量的量形及制作》，《中国文物报》1988年6月3日。

的器柄。此器的容量为300毫升，属升半量。它的发现，表明箕量在秦汉间确曾一度通用。从形制上看，这类器物不适于装钱，更难完成像《金布律》所要求的，在装钱之后再加缄封。秦代官府收钱的手续十分严格。《秦律·关市律》："为作务及官

图31-3　汉，石斗与石箕量　广东高州出土
1 石斗　　　　　　　2 石箕量

府市，受钱必辄入其钱缿（类似扑满的陶器）中，令市者见其入。不从令者赀一甲。"箕量与缿、畚的器形不同，用途亦有别，它显然是量谷物用的。上引黄今言文说，谷物"只能论升、斗、石"，高州箕量与升、斗共出，是升、半（㪻，即半斗）之间的一级量器；正符合此说举出的条件。

但诸家为何力主秦的人口税收钱？其中的原因除了对《金布律》上述条文的误解外，可能还出于据汉代的情况逆推而云然。秦、汉都征收人口税，秦代称口赋；汉代则有对成年人收的算赋和对未成年人收的口钱。算赋起于汉初，《汉书·高帝纪》：五年八月"初为算赋"。颜注引如淳曰：《汉仪注》民年十五以上至五十六出赋钱，人百二十为一算。"《汉书·惠帝纪》"六年"条颜注引应劭曰："《汉律》人出一算，算百二十钱。"口钱则如《汉书·昭帝纪》"元凤四年正月"条颜注引如淳曰："《汉仪注》民年七岁至十四出口赋钱，人二十三。"汉代的这两项人口税，收的都是钱，固无疑义。但关于秦之口赋，历来的解释却颇有分歧。秦的口赋是否相当汉的口钱加算赋？李剑农认为秦国一向是算赋、口赋并征。[①]高敏则征引《后汉书·南蛮·板楯蛮夷传》"十妻不算"，李贤注"虽有十妻，不算口、算之钱"之说，称："李贤认为秦昭王时期就是口钱、算赋并征的说法，虽未举出证据，却是可信的。"但他又指出："广

---

① 李剑农：《先秦两汉经济史稿》，生活·读书·新知三联书店，1957年，第247页。

义的'算'可以作动词用，如'八月算人''算车船''算六畜''算缗''算赀'等。"而"十妻不算"之"算"，他认为"亦为动词"①。那么，《后汉书·板楯蛮夷传》中的话本不涉及税种，李贤注简直是无的放矢了。从现存史料看，不仅关于秦征口钱之说全无踪迹可寻，就是对成人年征的口赋，也不是钱，而是谷物或布缕。秦之人口税征谷物，服虔在为"头会箕敛"所作的注中已经说得很清楚。征布缕之例见《后汉书·南蛮·巴郡南郡蛮传》："及秦惠王并巴中，以巴氏为蛮夷君长。……其民户（岁）出賨布八丈二尺，鸡羽三十镞。"秦向巴人以户为单位征布，是一种变相的人口税。但征的是布，而且是当地产的賨布（《说文》："賨，南郡蛮夷布也。"），不是钱。有的学者却把它折合成钱："当时一尺布的价格为'十一钱'。八丈二尺布折钱九百零二文。若五口之家，则全家大小每人平均出口赋一百八十钱。……有可能超出汉代后来通行的算赋和口钱的总额。"②按此说不确。因为《金布律》明说："布袤八尺，福（幅）广二尺五寸。""钱十一当一布。"则八尺布的价格才十一钱，而且这是"如式"的布，应比賨布贵些。即使不考虑其价格比，那么八丈二尺布也只合112.75钱，五口人平均，每人为22.55钱。前一种计算结果可谓严重失实。就像有的研究者认为秦的"口赋每人每年约一千钱"一样③，均不免流入夸张一途。这些并无根据的数字实际上在为秦用畚箕收口赋钱的说法营造气氛，使读者于不经意中在"秦的口赋""畚箕""钱"之间建立联想，产生误导。类似的事例古已有之。《晋书·李特载记》说：秦并天下以后，对巴賨人"薄赋敛之，口岁出钱四十"。《晋中兴书》也说："巴氏……子孙布列于巴中。秦并天下，薄其赋税，人出钱四十。"（《太平寰宇记》卷一三八引）不是按户出賨布，而是按人出钱了。其实这也是子虚乌有的。因为《板楯蛮夷传》说："至高祖为汉王，

---

① 高敏：《从江陵凤凰山十号汉墓出土简牍看汉代的口钱、算赋制度》，载《文史》（第二十辑），中华书局，1983年。

② 黄今言：《秦汉赋役制度研究》，江西教育出版社，1988年，第201页。

③ 萧国亮：《秦二世而亡的经济原因》，《社会科学》1980年第6期。

发夷人还伐三秦。"秦地既平，为酬其功劳，复板楯七姓不输租赋，"余户乃岁入賨钱口四十"。《华阳国志·巴志》也说：巴人"从高祖定秦有功，高祖因复之""户岁出賨钱口四十"。明明是汉高祖时之事，却转嫁到秦的名下。所以用这条材料证明秦的口赋征钱，亦了不足信。本来在议政、"言得失"的场合中，汉代官员对这个问题发表过正式的官方见解。位居三公的御史大夫贡禹认为："古民亡赋算、口钱起武帝。"①这话是直接向汉元帝说的，是政府高官对税制之沿革的回顾。过去或据以探讨汉以前有无人口税，未免偏离了主题。在这里，贡禹强调的是，汉代以前没有在人口税中收钱的。其所称"赋算"之"算"，是和"口钱"之"钱"互相对应，指汉代以百二十钱为一算之相对固定的一笔税金；汉代文献中出现的"一算""倍算""五算"等亦是此义。其所谓"古"，应指汉代以前，说那时"亡赋算"，不是认为汉以前无口赋，而是说当时不征收用钱交纳的"算"。至于说汉代以前无口钱，更没有任何材料可资反证。本文对秦代人口税征收情况的考察结果，正与此说相一致。

从政府的角度讲，征钱比征谷物在某些手续方面有方便之处，但秦时难以向农民征钱。秦的"半两"重十二铢，被汉代人评为"钱重难用"②。秦在短时期内完成统一事业，管辖地区急剧扩张，半两作为唯一的铜钱，必须超大规模鼓铸，才能满足全国范围内的货币需求量。对此，秦政府一时尚难以做到。当时铸钱权属国家，所以睡虎地秦简《封诊式》中有关于盗铸的爰书："某里士五（伍）甲、乙缚诣男子丙、丁及新钱百一十钱，容（镕）二合。告曰：'丙盗铸此钱，丁佐铸。甲、乙捕（索）其室而得此钱、容（镕），来诣之。'"由于未见到判词，不知如何量刑，但处罚想必会相当严重。可是《秦律·金布律》中却又规定："钱善不善，杂实之。""百姓市用钱，美恶杂之，勿敢异。"不善的恶钱中肯定会包括部分私铸的钱，却仍使之得以流通。在打击私铸者的同时却保

①　《汉书·贡禹传》。

②　《史记·平准书》《汉书·食货志》。

护私铸的钱；正是既要维护法令的尊严，又在钱币短缺的现实面前不得不曲加变通的做法。

由于钱重、钱少，所以当时钱比较珍贵。《史记·萧相国世家》说："高祖以吏繇咸阳，吏皆送奉钱三，何独以五。"萧何多送两个半两钱，太史公亦特予表出，其意义可见一斑。后人或以为这几个钱太少，设法加码。如集解引李奇曰："或三百，或五百也。"索隐又引刘氏曰："时钱有重者，一当百，故有送钱三者。"都是援后世看物价的眼光以例古。秦钱重如其文，几曾见过标"五十两"之当百的秦钱！至于解三、五为三百、五百，不仅与《史记》的文例不合，也不近当时的情理。秦的谷价"石卅钱"①，三百钱相当十石谷；而当时亩产量平均一石，那么它就是治田百亩的农民之全年收入的十分之一，五百钱则是六分之一。下级官吏间做一次普通的人情，不应如此破费。

在这种形势下，秦的商业活动发达不起来。《商君书·去强篇》说："金生而粟死，粟死而金生。"把农民和商人的关系描述得形同水火。上农除末，是秦一贯奉行的政策。《吕氏春秋·士容论·上农篇》也说："民舍本而事末，则不令，不令则不可以守，不可以战。"事态被渲染得竟这般严峻。因此秦虽有个别大商人，但并没有在全国形成活跃的商业网。农民纵使打算用谷物换钱，愿意忍受商人的"中间剥削"，在某些地区中，也不容易找到买主。商鞅早就主张"使商无得籴，农无得粜"②。秦统一后，形势看来并没有发生根本的变化。这时要推行征钱的口赋，而且要落到全国每个成年人头上，则历史尚未给秦的统治者提供这种可能。所以像有的研究者说的，"头会箕敛"之际，"'大夫'带着不少装钱的'畚箕'奔走于四乡之间"③；虽生动而形象，却不能不被看作是一幅羌无故实之虚拟的画面。

（原载《中国历史文物》2003年第1期）

---

① 《秦律·司空律》；《睡虎地秦墓竹简》，文物出版社，1978年，第88页。

② 《商君书·垦令篇》。

③ 苏诚鉴：《"头会箕敛"与"八月算人"》，《中国史研究》1983年第1期。

32　托克托日晷

此晷（图 32-1）于清光绪二十三年（1897 年）在内蒙古托克托出土，是现存唯一可靠而完整的汉代日晷，由中国历史博物馆（今中国国家博物馆）收藏。晷体用方形致密泥质大理石制成，因石质细腻，过去曾称之为"玉盘日晷"。其边长为 27.4 厘米，厚 3.5 厘米。晷面中央为一圆孔，直径 1 厘米，不穿透，深约 1.2 厘米。以中央孔为心刻出两个圆周和一个大圆弧。在内圆与外圆之间刻有 69 条辐射线，占去圆面的大部分，而余其一面未刻。辐射线与外圆的交点上钻小孔，小孔与大圆弧间系以 1～69 的数字，字体为谨严的汉篆，故此晷当为汉器。这些辐射线间的夹角相等，补足时可等分圆周为 100 份。另外，在两圆之间刻有一正方形，在此正方形之外还刻有所谓 TLV 纹，但都粗率而不规整，且掩去了部分数字，与上述圆周及辐射线当非一次所刻。

同类型的日晷在周进《居贞草堂汉晋石影》一书中还著录了一件，山西右玉出土，仅存一小角残石，保留了圆周外缘上 35～38 等四个完整的小孔及其数字铭文和四条辐射线的一小段。复原后，晷面刻纹应与托克托晷相近。此外，还有据说是 1932 年在洛阳金村出土的一件（图 32-2），现为加拿大皇家安大略博物馆收藏。此晷晷面刻纹与托克托晷极相似，由于以前未发表其拓片，而从小尺寸的照片和摹本上又不易对其细节作出进一步的判断，

图 32-1　日晷（拓本）

内蒙古托克托出土，中国国家博物馆藏

图 32-2　日晷（拓本）

河南洛阳金村出土，加拿大皇家安大略博物馆藏

所以一向被认为是一件重要的古文物。现在根据原拓片[①]考察，其刻文之字形虽与托克托晷相仿佛，但神气枯槁，书体呆滞。而且晷面外缘的大圆弧是刻数字时所加辅助线，本非日晷刻度中必须具备者；但此晷上不但也有这条辅助线，而且其起讫部位也与托克托晷一致。在这类日晷上，周度以外的空余部分本与观测无关；也就是说，方形晷面的大小本无严格之规定。托克托晷晷面为27.4厘米见方，汉尺每尺约合23.1厘米，27.4厘米在汉代不是尺寸的整数；但安大略晷晷面的一侧却也是27.4厘米，仅另一侧稍长，为28.1厘米。甚至圆周上所钻小孔之孔径，托克托晷为0.4厘米左右，安大略晷也大致相同。这两项如此接近的数字，出现在不同时间、地点之不同匠师的制品上，是有点不大好解释的。更奇特的现象是，笔者曾将两种拓片重叠透光观察，发现有些文字的轮廓竟能基本重合（图32-3）。因此，这件日晷的真伪十分可疑，令人感觉后者可能是根

图 32-3　托克托日晷（T）与皇家安大略博物馆藏日晷（0）部分刻文比较，用相同的比例摹写。可以看出，其位置、尺寸、书体均极为一致

①　此拓片系史树青先生藏。

252

据前者翻刻而成；因为如果不是刻意模仿，此种现象将无法解释。尽管对其真伪目前尚存歧说，但由于安大略晷与托克托晷的格式并无二致；所以若干就安大略晷作出的论述，在研究托克托晷时也可参稽。

日晷的定名，目前还存在着不同的意见。古文献中常将日晷单称为晷。《说文》："晷，日景也。"晷的本义是日影，进而测日影之器也称为晷。但测影之晷有两种。一种是表，《汉书·天文志》说："夏至至于东井，北近极，故晷短；立八尺之表，而晷景长尺五寸八分。"其所谓晷景即表影。另一种是通常所说的日晷，因为日晷盘面上刻有周度，所以《释名·释天》说："晷，规也，如规画也。"古文献中同一晷字而所指不同，引用时须加以区别。不过汉代已有日晷一词。《汉书·艺文志》中所载《太岁谋日晷》《日晷书》等书目中的日晷，可能就是指后一种晷而言。因此这里也将托克托等地所出者定名为日晷，以免混同于测影之表。

不同意将这种器物定名为日晷的学者，主要是陈梦家和李鉴澄，他们都根据《汉书·律历志》中"议造汉历：乃定东西，立晷仪，下漏刻，以追二十八宿相距于四方，举终以定朔晦分至，躔离弦望"的记载，而认为它应称为"晷仪"[1]。但此处之"晷仪"实指日晷与浑仪。《续汉书·律历志》称"孝章皇帝历度审正，图仪晷漏，与天相应"。图、仪、晷、漏，即星图[2]、浑仪、日晷和漏刻。其"仪晷"亦即《汉书》中的"晷仪"。且《续汉书·律历志》又说："日道周（圜），不可以计率分，当据仪度，下参晷景。"仪、晷被分别称为"仪度""晷景"，寓意尤明。至于以为日晷即其所谓"晷仪"还可以简称为"仪"，而将《续汉书·律历志》"历数之生也，乃立仪、表，以校日景"一语中的仪、

---

① 陈梦家：《汉简年历表叙》，《考古学报》1965 年第 2 期。李鉴澄：《晷仪——我国现存最古老的天文仪器之一》，载《科技史文集》（第 1 辑），上海科学技术出版社，1978 年。

② 《汉书·天文志》："凡天文在图籍，昭昭可知者，经星常宿中外官凡百一十八名，积数七百八十三星。"则汉代已有正式的星图，归专司观测星象的官员"典星"掌管。

表解释为"仪指晷仪，表指圭表"之说[1]，则更有可商。按清李锐《李氏遗书·四分术注》中已指出："仪谓浑仪，表谓圭表。"《续汉书·律历志》中还说过："黄道去极，日景之生，据仪、表也。"而黄道去极度在该《志》中给出了相当精密的数据，固应用浑仪测定。徐振韬先生在研究了新出土的帛书《五星占》以后，认为至迟在秦始皇元年以前，我国已有较高精度的"先秦浑仪"，并推测上引《汉书》"立晷仪，下漏刻"中之仪，"最可能就是用的落下闳浑仪进行测量的"[2]。他的意见很值得注意。

汉代日晷是怎样使用的呢？这首先要从它的装置情况谈起。在这方面有两种意见：一种认为它是斜置的赤道日晷，晷面与地平面之间有一个相当于当地余纬度（90°-ø）的夹角。这样，晷面中央孔所立之表便直指北极，自表影可以测出当地的真太阳时。最早主张此说者为清末的汤金铸和日人和田雄治。[3]但如果认为汉代日晷是这样装置的，却有几点难以解释之处。第一，汉日晷底座部分并无适应斜置的结构。形制与汉日晷相接近的汉代式盘、占盘、圆仪等器物，传世与发掘出土者累计已达八件，它们都是平置的；所以汉日晷似亦应平置[4]。第二，汉日晷面大圆周围钻小孔以立游仪，而赤道日晷则无此必要。并由于太阳的直射点在秋分以后移至地球赤道以南，所以赤道日晷秋分以后还要观测底面指南极的表影。但汉日晷底面无刻度，立中央表之孔亦不穿透，与一般赤道日晷的构造不同。如果说汉日晷在秋分后掉转方向使用，亦极不便。第三，赤道日晷在我国发明得比较晚。隋开皇十四年（594年）袁充发明的"短影平仪"也是一种地平日晷。南宋初年曾敏行所著《独醒杂志》中才提到曾瞻民

① 李鉴澄：《晷仪——我国现存最古老的天文仪器之一》，载《科技史文集》（第1辑），上海科学技术出版社，1978年。

② 徐振韬：《从帛书〈五星占〉看"先秦浑仪"的创制》，载《中国天文学史文集》，科学出版社，1978年。

③ 汤说见〔清〕端方：《匋斋藏石记》卷一，1909年。和田说见《秦时代の日晷仪》，日本《天文月报》1卷8号，1908年。

④ 汉代式盘已发现者有：中国历史博物馆（今中国国家博物馆）藏铜式地盘，故宫博物院藏象牙式天盘，乐浪彩箧冢出土式天盘，乐浪王盱墓出土式，安徽阜阳汝阴侯墓出土式，甘肃武威磨咀子62号墓出土式，凡六件。占盘与圆仪在汝阴侯墓各发现一件。以上共计八件。

发明的赤道日晷①。故汉代似不可能出现这种日晷。因而，另一种意见，即认为汉日晷系平置之说，自清末周暻提出后，遂得到马伯乐、陈梦家、李鉴澄等人的赞同②。看来这种说法比较切合实际。

由于对日晷装置状况的认识不同，所以对其用途的看法也有分歧。汤金铸的测地方真太阳时之说，曾被刘复、怀履光和米利曼等人加以发挥，他们并设计出不同形制的中央表和游仪，使之不仅能测出时刻而且兼能测定节气③。但由于汉代本无赤道日晷，他们的推测建立在并不存在的前提之上，故其说难中肯綮。他们其实是对这类日晷进行改装，而不是加以复原。

但在主张平置的学者中，对其用途也还有不同的说法。周暻认为这种晷不能测时，但可以"逐时以验晷"。马伯乐认为它在汉代主要用以测量日出、日入时的平经，从而计算出当日的白昼长度，使掌漏壶的人员据以调整昼夜漏刻，确定换箭日期。陈梦家也认为它是用以校定漏刻的。然而最近李鉴澄却认为它只是"用以测定方向的仪器"。虽然在安置浑仪、日晷等器物时，必须先将方位摆正，但它们并不经常移动，无须频频测定其方向。而且我国古代在发现磁北之前，早已能利用圭表据日出、入时的方位或照准北极星测出真北，可以满足上述需要。所以认为日晷系用于测定方向之说，实难令人信服。况且晷面大圆划分为100度，而不是适用于测量的$365\frac{1}{4}$度，如依李说此器用以测定方向，这一点也不好解释。

晷面的100度和漏刻的一日百刻恰相一致，当非偶然巧合。桓谭《新论·杂事》说：漏刻"昼日参以晷景，暮夜参以星宿，则得其正"。《续汉书·律

---

① 这一点李鉴澄曾加以论述，见《晷仪——我国现存最古老的天文仪器之一》。

② 周说亦见〔清〕端方：《匋斋藏石记》卷一。马伯乐（H. Maspero）说见 Les Instruments Astronomiques des Chinois au Temps des Han，载 Mélanges Chinois et bouddhiques，卷6，1938—1939。陈说见《汉简年历表叙》。李说见《晷仪——我国现存最古老的天文仪器之一》。

③ 刘复：《西汉时代的日晷》，北京大学《国学季刊》3卷4期，1932年。W. C. White P. M. Millman, An Ancient Chinese Sundial，载 Journal of the Royal Astronomical Society of Canada，32卷9期，1938年。

历志》说："漏所以节时分……当据仪度，下参晷景。……以晷景为刻，少所违失。"《隋书·天文志》也说："揆日晷，下漏刻，此二者测天地正仪象之本也。"可见日晷本是漏刻的校准器。当未采用日晷之前，漏刻可以用表影来校。《史记·司马穰苴列传》："穰苴先驰至军，立表下漏待贾。……日中而贾不至，穰苴则仆表决漏。"甚至到了三国时，还有沿用这种做法的。《吴录》："关羽将降，孙权问（吴）范，范曰：'期明日中。'权立表下漏以待之。"（《艺文类聚》卷六八引）都是用圭表测日中以校漏。而且日晷不仅可以测出日中，还可以用它测日出、入时的方位角。《周髀算经》说："置以定，乃复置周度之中央立正表。以冬至、夏至之日，以望日始出也。立一游仪于度上，以望中央表之晷。晷参正则日所出之宿度。"所记即用日晷测影时的工作情况。与实际稍有出入的是，测影时当自中央表通过游仪照准太阳；而且不仅冬、夏至，任何一天用日晷测出的日出、入间的夹角的度数（亦即刻数），加上晨昏蒙影各 2.5 刻[①]，即为这天昼长之刻。百刻减去此数值即为夜长之刻（图 32-4）。所以，漏刻分为昼漏和夜漏两部分。又由于漏壶[②]起漏以后，其流速的快慢可以用日晷测日中或用浑仪测中星求出夜半加以校准，所以昼漏和夜漏又各分为两段，前一段称昼（或夜）漏上水或上，后一段称昼（或夜）漏未尽或下。漏所用之箭的刻度不同，换箭日期应据日晷测出的结果而定。周曩、马伯乐、陈梦家等人对日晷用途的看法是对的，只不过它不能"逐时"进行检验，而只能测出昼、夜漏刻数和在日中时校准漏壶的流速而已[③]。至于晷面之所以只刻出 69 条线共 68 度者，是因为夏至最长的昼漏是 65 刻，故日晷标至 68 度，已足敷测影之用。而

---

① 晨昏蒙影各 2.5 刻的数值，见《汉旧仪》（〔清〕孙星衍校辑本），亦可从后汉四分历所载昼夜漏刻表中推得。但《文选·新刻漏铭》注引《五经要义》云："日入后漏三刻为昏，日出前漏三刻为明。"但汉代是否曾实行此制，尚未能确证。

② 汉代铜漏皆为直腹筒状器，应定名为漏卮，见王振铎：《西汉计时器"铜漏"的发现及其有关问题》，《中国历史博物馆馆刊》总 2 期，1980 年。但由于《续汉书·律历志》中有"孔壶为漏"的说法，则漏壶为世之通称。

③ 托克托晷虽然可以定名为日晷，又是水平放置的，但与现代所称之"地平日晷"的作用与构造不同。后者的晷针和盘面斜交，时线间距也不相等，均与托克托晷有别。

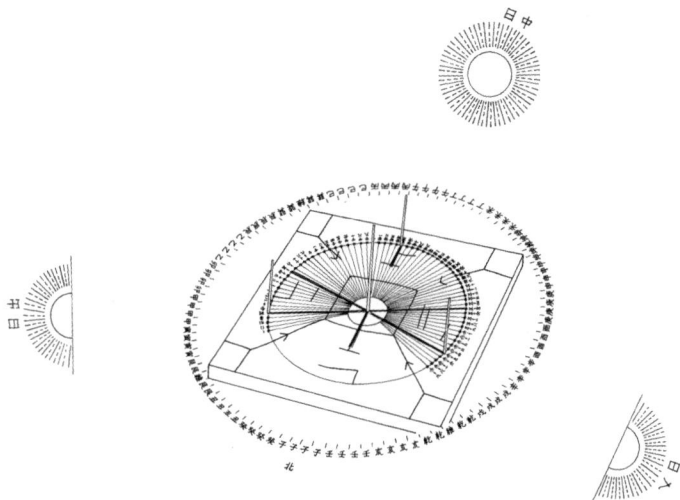

图 32-4　托克托日晷使用方法示意图

日晷在周度上钻小孔立游仪，这是因为每天白昼的刻数不能在日出时直接读出，所以须插上标记，俟测出日入方位后再进行计算。

可是由于我国幅员辽阔，在不同的地理纬度上所测的太阳出入时刻是不同的。如各地都根据地方真太阳时校漏，则其标准将不统一。所以汉武帝时将二至间昼夜相差的20刻用180天平分，得出每9日增损一刻，作为通行的制度，称为"官漏"[①]。但这种做法与天象颇有出入，《续汉书·律历志》称："永元十四年（102年），待诏太史霍融上言：'官漏刻率九日增减一刻，不与天相应，或时差至二刻半，不如夏历密。'"此后遂采用夏历漏，以太阳赤纬变化2.4度而增减一刻。这是由于黄赤交角为24度，二至间太阳赤纬的变化为48度，其间昼长相差20刻，相除得2.4度。此法较官漏为密，最大误差不超过0.2刻，这是东汉历法上的一大成就[②]。太阳在赤纬上的度数须用浑仪测定，所以当采用夏历漏以后，上述日晷对漏刻的校准作用就更被缩小了。

---

① 据《隋书·天文志》。

② 〔日〕薮内清《中国の天文历法》东京，平凡社，1969年，第43页。

但另一方面，自西汉晚期以来，我国出现了一种称作"加时法"的计时方法。加，犹居也，当也，日之加即日之所居，这是根据太阳在天穹上所居方位以计时。^①其实例最早见于《汉书·翼奉传》："（初元元年，前48年）乃正月癸未，日加申，有暴风从西南来。"申属地支，但由于西汉初年我国已出现标以二十四方位的式盘，同时古文献所记日之所加，除以十二支标出的方位外，还有以八干和乾、坤、巽、艮等四维标出的方位。如《周髀算经》："故冬至从坎，阳在子，日出巽而入坤。"《隋书·律历志》："（武平七年，576年）至日食，乃于卯甲之间。"故加时法自其初始大约用的就是二十四方位。文献中甚至有直接用式盘测加时的记载，《汉书·王莽传》："天文郎按栻于前，日时加某，莽旋席随斗柄而坐。"但也有用日晷测加时的，因为日晷有照准太阳的装置，测加时应较式盘为便。《续汉书·五行志》注引袁宏《纪》："［初平四年（193年）正月甲寅日食］未蚀八刻，太史令王立奏曰：'日晷过度，无有变也。'"所谓日晷过度，指此时日晷所测之加时已超过预测日食时所定之加时，可证。但现存汉代日晷都只标数字，未标方位，所以有人怀疑日晷不能做此用途。然而在宋监本《尚书》卷首所载《日永日短之图》中画出了一个日晷的图形（图32-5），此晷周度平分为百刻，标出二十四方位的名称，每一方位占四刻，而于东北、西南、西北、东南四对角处各标"维"字。鉴于十二时辰计时法至宋代通行已久，所以这个日晷标

图32-5　宋监本《尚书》卷首所载《日永日短之图》

---

^①　《孟子·公孙丑》："夫子加齐之卿相。"赵注："加，犹居也。"《老子》："抗兵相加。"王注："加，当也。"

出的名称并非当时的制度，很可能是早期晷盘形制的遗留。测加时之晷的晷面标记，应和它相接近。更值得注意的是，这个晷面上标出独立的四维，并未将它们包括在乾、坤、巽、艮四个方位之内。拿它同《晋书·律历志》"（魏黄初）三年（222年）十一月二十九日庚申，加时西南维日食"的记载相对照，则《晋书》不记作时加坤日食，而特别标明加西南维，是否意味着其所用之日晷之形制，类似宋监本《尚书》所载的图样呢？这个问题很耐人寻味。

最后，再谈一下TLV纹的问题，这种几何图案不仅见于日晷，而且也见于规矩镜和六博局。在汉代的式盘上，虽然没有明确地标出TLV纹，却包蕴着这种图案的意匠。其实，如中国历史博物馆所藏汉铜式地盘的图案，与规矩四神镜就相当接近。它们都按照祭祀五帝时的坛位，将青龙、朱雀、白虎、玄武安排在寅、巳、申、亥四方，在代表中央土的未方，规矩镜一般安排中央土之灵兽麒麟[1]；铜地盘则在这里铸出明堂，而明堂也正是代表地中的，可见两者是何等接近（图32-6）[2]。式盘的四角为四维，这是主张盖天说的天文学家从系车盖的四维或系表柱之八引中的四维联想出来的。《周礼·春官·冯相氏》贾公彦疏："按《易纬·通卦验》云：'冬至日，置八神，树八尺之表。'注：'神，读如引。言八引者，树杙于地，四维四中引绳以正之。'"《淮南子·地形训》说："九州之外，乃有八殥。""八殥之外，而有八纮。"高诱注："纮，维也。维落天地而为之表，故曰纮也。"又《原道训》高诱注："纮，纲也，若小车盖四维谓之纮绳之类也。"古人设想天地的四面八方均有纮绳维系牵引之，TLV纹即代表这些系引物。四角的V纹作钩形。《淮南子·天文训》说："太阴在四

---

① 汉代祭祀五帝时，坛位须"各如其方"。参看拙搞《几种汉代的图案纹饰》，《文物》1982年第3期。以麒麟为代表中央土之灵兽之记载，见〔汉〕王莽《大诰》（载《汉书·翟方进传》）、〔汉〕佚名《礼纬·稽命征》（《太平御览》卷八七三引）、〔汉〕许慎《五经异义》、〔汉〕蔡邕《月令章句》等处。

② 明堂为五方之中的象征，亦为地的中心。《大汉原陵秘葬经》（《永乐大典》卷八一一九九，陵字韵内所收）中"标祸福在明堂之内图"即以明堂代表地心。〔宋〕王洙《地理新书》卷一四，"祭坛位置"节亦言"地心为明堂"。又，S. Cammann认为规矩镜中部的图案就代表明堂（The TLV Pattern on the Cosmic Mirrors of the Han Dynasty, 载 *Gournal of the American Oriental Society*, 1948, 68, 159）。

图32-6 汉，地盘与规矩镜（皆将主纹以外的羽人、禽兽略去，显示出二者的构图是相通的，其五灵纹或四灵及明堂纹皆按照祀五帝时之方位排列）

1 占栻的铜地盘

2 规矩镜之内区的图案 河南洛阳烧沟 1023 号汉墓出土

钩。"高诱注："丑钩辰，申钩巳，寅钩亥，未钩戌，谓太阴在四角。"所状正与之相合。式盘上子午、卯酉二绳之四端为四仲，故四组TL纹应即四仲[1]。它之所以呈TL状，或系代表系引天地的纮绳上之衔橛。《鹖冠子·道端篇》所谓："钩绳相布，衔橛相制。"看来正是在描述这套系引物。不过，现实中测算、度量所用的权衡规矩绳等，有时也被神化，被赋予阴阳五行的象征意义。如《汉书·律历志》说："大阴者，北方。……故为权也。""大阳者，南方。……故为衡也。""少阴者，西方。……故为矩也。""少阳者，东方。……故为规也。""中央者，阴阳之内，四方之中，经纬通达，……故为绳也。""五则揆物，有轻重圜方平直阴阳之义，四方四时之体，五常五行之象。"所以那套幻想的系引天地之物，乃以规矩钩绳的形象出现。比如占栻的图案就被描述为"规矩为辅，副以权衡"（《史记·龟策列传》）。这是因为它们均植根于同一种观念，即阴阳家所谓"四时八位十二度"之术，其表现形式也不能脱离开由它派生出来的这套图形框架之故[2]。占栻图案的主旨是"法天地，象四时"[3]，镜铭也宣称

---

① 《淮南子·天文训》。

② 《史记·太史公自序》。

③ 《史记·日者列传》。

其图案"法象天地，如日月之光"①；可见它们的主题思想都是法天，由四维和规矩衔楔等组成了一幅象征天宇的图案。规矩四神镜上还将五灵和羽人、辟邪、蟾蜍等充实于其间，将这种神秘的宇宙模式形象地展现出来。而行棋原则为"则天地之运动，法阴阳之消息"的六博，也要在博局上画上它②。"知天"的占杖上既包含着这种意匠，而测天的日晷更把它作为重要的标志。托克托日晷初制时，可能未刻上TLV纹；但在一般汉代人看来，日晷似乎不可缺少这种具有象征性的纹样，所以随后又补刻上去。这也就是此晷之规度与TLV纹的刻工之工拙程度不相一致的原因。

不过关于TLV纹的定名，由于近年新发现的规矩镜铭中有"刻具博局去不羊""刻治六博中兼方"等语，故有学者认为TLV纹实为博局纹，主张将规矩镜改称博局镜③。李学勤先生曾就此提问："铜镜上为什么要有博局的图案呢？博局怎么会和代表天上星宿的四神结合在一起呢？博局说尚未能回答。"后来李先生又根据江苏东海尹湾6号汉墓出土木牍《博局占》上端标出"南方"的例子指出："《博局占》的'南方'字样标志着图形的宇宙论性质，因为单纯作为游戏的六博本身是不需要固定方位的。"④笔者同意这一论点。因为在这里，宇宙观是源，占杖和铜镜上的TLV纹作为其图解，则是流。将TLV纹移植于博局；利用阴阳五行四时观念投影在栻盘上而形成的相生、相克、生门、死门等说法，以设置六博行棋的规则，更是衍生出来的末流了。故TLV纹仍宜称规矩纹；镜铭中的"博局"云云，恐不过是市井俗谚而已。

（原载《中国历史博物馆馆刊》第3期，1981年）

① 此镜铭见湖南省博物馆：《湖南出土铜镜图录》，文物出版社，1960年，第12页。

② 〔北魏〕薛孝通《博谱》，《太平御览》卷七五四引。

③ 周铮：《"规矩镜"应改称"博局镜"》，《考古》1987年第12期。连云港市博物馆等：《尹湾汉墓简牍》，中华书局，1997年，第160页。

④ 李学勤：《比较考古学随笔·规矩镜、日晷、博局》，香港中华书局，1991年。同氏《缀古集·〈博局占〉与规矩纹》，上海古籍出版社，1998年。

33　汉代黄钟律管与量制的关系

　　《尚书·舜典》说舜"同律、度、量、衡"。孔颖达疏："律者，候气之管。度、量、衡三者，法制皆出于律。"在他看来，似乎唐虞之际已经把计量单位和乐律相联系了。但上古时代显然不可能对乐律和度量衡的关系理解到这种深度。《尚书》几经窜乱，这些话很像是后人加进去的。因为直到东周时，《国语·周语》中才将"律、度、量、衡"相提并论，《尹文子·大道篇》中才说道："故人以度审长短，以量受多少，以衡平轻重，以律均清浊。"才有可能产生"同律、度、量、衡"的观念，从而将律管与量制联系起来。

　　所谓"候气之管""律管"，即校正标准音高所用的定音管。它最初用于钟之调音。《周礼·春官·大司乐》郑玄注："以律立钟之均。"又《春官·典同》孙诒让正义："八音之乐器，其律度通以钟为本也。"唐兰先生也说："十二律本来是和钟相应的，并且是用铜做的。"他还认为，十二律大约是在春秋时完成的。[①] 但直到西汉，才开始用律管作为计量单位的基准。《汉书·律历志》说：武帝元封七年（前104年），募治历者，其中有巴郡落下闳，"闳运算转历。其法以律起历，曰：律容一龠，积八十一寸，则一日之分也。与长相终。律长九寸，百七十一分而终复。三复而得甲子。夫律阴阳九六，爻象所从出也。故黄钟纪元气之谓律。律，法也，莫不取法焉。"这里已经指出黄钟律管长9寸，容1龠。物理学证明，对于一支律管来说，如管径不变，则频率与管长的四倍成反比。也就是说，一支管径已确定的律管要发出一定频率的音，那么它的长度也必然是固定的。从而，其容积也必然保持固定的值。所以，用律管作计量

----

① 唐兰：《长沙马王堆汉轪侯妻辛追墓出土随葬遣策考释》，载《文史》（第十辑），中华书局，1980年。

的基元，具有准确性、恒定性和复现性。选择律管作为基元，从当时的科学水平说，是十分难能可贵的。

《汉书·律历志》关于汉代度量衡之标准值是这样说的："度者，分、寸、尺、丈、引也，所以度长短也；本起黄钟之长。""量者，龠、合、升、斗、斛也，所以量多少也；本起于黄钟之龠。""权者，铢、两、斤、钧、石也，所以称物平施，知轻重也；本起于黄钟之重，一龠容千二百黍，重十二铢。"可知它们的关系是：黄钟律管的长度是9寸；容积是1龠；1龠中可容1200粒黍，这些黍的重量为12铢即半两。因而在一支黄钟律管上，就包含了汉代度、量、衡三者的基本单元。

黄钟律管长9寸，从无异说。但其管径是多少呢？蔡邕《月令章句》说："黄钟之管长九寸，孔径三分，围九分。"汉尺的长度据新莽嘉量实测值推算，为23.08864厘米。中国历史博物馆（今中国国家博物馆）藏甘肃酒泉北稍门外东汉墓出土铜尺为23.1厘米，这个数值和洛阳金村铜尺相同，与据商鞅方升折算出的数值亦极相近。今以一汉尺等于23.1厘米，则三分等于0.693厘米。依 $\pi RH=$ 圆柱体容积的公式计算，则黄钟律管的容积为7.841726立方厘米。研究者认为："这个数字和龠的积为10立方厘米完全合不起来。但是黄钟管孔圆柱面积是孔围9分乘以9寸，其积为810分，和龠的容积数值相同。应该指出，这两个相同数值的性质是不同的，为了强调黄钟的重要性，新莽的律官们以此做了不甚妥善的比较。此外，在黄钟和龠之间再也找不出数值上有其他共同之点了。"[1]可是这样一来，则汉代量制、衡制之基元建筑在黄钟律管上的说法将被完全否定；从度量衡史上讲，问题的性质是严重的。但新莽嘉量龠与陕西咸阳底张湾出土新莽龠的铭文均分明说："龠……容如黄钟"（图33-

① 马承源、潘建明：《新莽无射律管对黄钟十二律研究的启示》，《上海博物馆集刊》第1期，1981年。但此文采用的汉尺换算值与本文不同，故依径三分之说求得的黄钟律管之容积与本文微异。

图
33
-
1

新
莽
，
铜
龠
铭
文

陕
西
咸
阳
底
张
湾
出
土

1）^①，确是就容积而言。这也正是"同律、度、量、衡"之原则的体现。而龠的容积之值和黄钟律管孔圆柱面积之值，则性质绝不相同，根本无从比较，也从未见到新莽律官做过这种比较。

问题的症结在于，所谓黄钟律管孔径三分之说，是大有可怀疑之余地的。因为在《汉书·律历志》颜注所引孟康的说法中，就存在着疑窦。孟康一再说："黄钟律长九寸，围九分。以围乘长，得积八十一寸也。""太簇长八寸，围八分，为积六百四十分也。""林钟长六寸，围六分。以围乘长，得（积）三百六十分。"但围（管孔的圆周）乘长并不等于管的容积，只有底面积（幂）乘长才等于其积。所以孟康说的围，实际上应指幂而言。在新莽量器的铭文中，记积时多并记其幂与深，也从侧面说明了这个问题。东汉光和二年（179 年）大司农铜斛的铭文还说："依黄钟律历、九章算术，以钧长短、轻重、大小，用齐七政。"^②而《九章算术·少广章》中正记有求容积的计算方法。

如以黄钟律管的长度为9寸，则合20.79厘米，以其底面积为9方分，则管半径（$\sqrt{\frac{9}{\pi}}$）等于1.6926分，合0.391厘米。从而求得管容积为9.985毫升。这一数值与嘉量龠的10.65毫升、咸阳龠的9.898毫升均极接近；与中国历史博物馆及故宫博物院所藏容积为10毫升的汉代铜龠，相差仅0.015毫升^③。都应在当时允许的误差范围以内。

但是汉代的黄钟律管已无实用品存世，上说无法直接验证。然而上海博物馆藏有新莽无射铜律管一支（图33-2）。这支律管的下半部虽已残缺，但其孔径是清楚的，实测值为0.5771厘米。其长度据铭文排列的距离推算，约为

---

① 咸阳龠于 1970 年出土，咸阳市博物馆藏。器铭除首句无"嘉"字外，均与嘉量龠铭同。见国家计量总局等：《中国古代度量衡图集》图 129，文物出版社，1984 年。

② 光和二年斛传河南睢州（今睢县）出土，上海博物馆藏，见《中国古代度量衡图集》图 147。

③ 中国历史博物馆（今中国国家博物馆）与北京故宫博物院所藏龠，见《中国古代度量衡图集》图 135～137。

11.2厘米[①]，合4.848汉寸。另外，上引孟康说中，还透露出这样一条规律：依汉制，律管的围值乘10等于管长[②]。上文已指出，孟康之所谓围，实际上是幂。现在可以用无射律管来检验。已知管长为4.848寸，如以4.848分为围长，则管径等于1.5432分，合0.3565厘米，与无射律管直径的实测值0.5771厘米差得多；如以4.848方分作为幂，则管径为2.48448分，合0.5739厘米，与实测值非常接近。因此，上述推测可以成立。这样，就有理由肯定，黄钟律管的直径为0.782厘米，合3.385分。万国鼎《秦汉度量衡亩考》求得的直径为3.38分[③]。蔡邕所称"孔径三分"似是为行文之便而取其约数。如定管径为三分，则黄钟律管对于计量器来说，除了校准长度外，在校准容积方面已经没有意义，更谈不上用以校准重量了。

"同律、度、量、衡"是我国度量衡史上划时代的重大进步，它标志着我国以物理量对计量器进行校准的实际应用，这在世界度量史上也是空前的创举。过去由于囿于黄钟律管孔径三分之说，认为其容积与汉代量制相龃龉；甚至怀疑汉代对律、量关系的记载为牵强附会、故弄玄虚。当找出了黄钟律管之直径的正确值后，则各项实测数字无不密合，我国度量衡史上的这一重大疑团也就涣然冰释了。

（原载《考古》1991年第5期）

---

① 马承源、潘建明：《新莽无射律管对黄钟十二律研究的启示》，《上海博物馆集刊》第1期，1981年。

② 如孟说黄钟管围9分，乘10等于管长9寸。大簇管围8分，乘10等于管长8寸。林钟管围6分，乘10等于6寸。余可类推。

③ 河南省计量局编：《中国古代度量衡论文集》，中州古籍出版社，1990年，第107页。

图33-2 新莽，无射律管（残） 上海博物馆藏

34　焦作窖藏出土的杆秤

　　1989年3月间在河南焦作嘉禾屯林场出土窖藏铜器的消息，当年12月已经见报[①]。其中的五凤铜熏炉造型独特，且曾赴新加坡等地展出，称得上是一件知名的文物了。但直到《华夏考古》1995年第2期刊出其发掘简报后，始获悉这一窖铜器的具体情况。简报中指出：这次出土的铜器"精品之多，铸造水平之高，是焦作市建国四十多年来的第一次"。其实不仅在焦作，就全国来说出土物这么丰富的窖藏也是不多见的。此窖共出铜器41件，种类颇繁，且每种只出一件（组），互不重复，所以看起来洋洋大观，相当精彩。

　　从形制上看，窖藏中的铜器并不属于同一时代。简报认为："其上限不超过西汉中期""下限可定为西汉晚期或最晚到东汉早期为宜。"这个时代断限似乎定得过窄了一些，因为其中虽然有不少西汉铜器，却也不乏东汉中期以后之物。比如其中的扁壶（藏33号），器壁较直，颈部短粗，已与湖北云梦大坟头、陕西汉中安中机械厂等地所出器身扁椭、下腹收缩、膨口细颈的西汉扁壶造型不同，而与河北望都2号墓、山东沂南画像石墓等东汉晚期墓出土的实物及图像相似。[②]又如其中的铜牌饰（藏20号），它的用途虽至今仍定不下来，但大都出在东汉墓里。窖藏中的这一件，上部之蟠龙钮及下部长方框内立于云气中的马纹与洛阳吉利区C9M445号东汉中期晚段墓所出者极为肖似，所以

① 《焦作出土一批汉代窖藏铜器》，《中国文物报》1989年12月1日2版。
② 拙著《汉代物质文化资料图说》第81篇，文物出版社，1991年。

其年代应不早于东汉中期（图34-1）。①再如简报中定名为"铜踞祭熊灯"（藏24号）之器，乃是熨斗支架上的立柱，柱上部的孔系用于插熨斗的柄，柱下部应接底座。依《北堂书钞》卷一三五引《东宫旧事》的记载，此支架应名"熨人"，是熨斗的附件，与灯无关。河北邯郸张庄桥出土过一套东汉晚期的带铜熨人的熨斗。清吴云《两罍轩彝器图释》卷一二著录的此型熨斗，铭文称"太和三年二月廿三日，中尚方造铜熨人、熨斗"，堪为确证。此外河南巩义市仓西40号西晋墓还出土过一件陶熨人，说明此物流行于东汉晚期至魏晋时（图34-2）。②

焦作窖藏中所出铜器，除了有东汉中晚期之物外，还有若干件的年代要晚于汉代。比如这里出土的帷帐插管（藏1～9号），应名"帐钩"。战国和西汉的帐钩如山东长清及河北满城所出者，皆由方管构成。东汉晚期的帐钩，如河北定县（今定州市）43号汉墓所出者，虽一端为圆形，但

图 34-1　铜牌饰
1　河南焦作窖藏出土
2　东汉　河南洛阳吉利区汉墓出土

图 34-2　熨人
1　河南焦作窖藏出土
2　西晋　河南巩义晋墓出土

---

① 洛阳出土的牌饰，见洛阳市文物工作队：《洛阳吉利区东汉墓发掘简报》，《文物》2001年第10期。除传世者不计外，这种牌饰还曾在山东掖县（今莱州市）坊北村（《文物参考资料》1956年第12期）、湖南长沙纸园冲（《考古通讯》1957年第5期）、长沙五里牌（《文物》1960年第3期）、河南陕县（今陕州区）刘家渠（《考古学报》1965年第1期）、陕西兴平窦马村（《文物》1965年第7期）、河北石家庄东岗头（《考古》1965年第12期）、四川西昌六合（《考古与文物》1983年第1期）、陕西华阴（《考古与文物》1986年第5期）等地的东汉墓及窖藏中出土。其用途有厌胜钱、铧、瓶、磨姜汁蒜泥的厨具诸说，似均有可商。四川简阳元代墓出土者，其上铸有西王母像（《文物》1987年第2期），表明它含有某种宗教上的用意。

② 《汉代物质文化资料图说》第87篇。河南省文物考古研究所：《河南巩义市仓西战国汉晋墓》，《考古学报》1995年第3期。

图34-3　秤砣、秤盘　河南焦作窖藏出土

1　秤砣

2　秤盘

另一端仍然是方形。到了魏晋时期，帐钩则由圆管构成。如洛阳16工区曹魏墓出土的"正始八年"铁帐钩、辽宁朝阳袁台子后燕墓出土的鎏金铜帐钩均为此式。[①]焦作窖藏中的帐钩亦由圆管构成，故应为魏晋物。

　　不仅如此，窖藏出土物中有的还应晚到北朝。比如简报说这里出土的铜权（藏19号）为："圆形瓜棱状，小圆底，上部中间有一桥形钮。通高4.3厘米，腹径5.8厘米，底径4厘米，重528克。"（图34-3:1）过去通称为瓜棱状的权，实际上包含两种不同的形式。一种在权壁上起凸棱，依凸棱将权壁划分成若干条平缓的弧面。如河北省博物馆（今河北博物院）藏战国中山王6号墓出土铜权，中国历史博物馆（今中国国家博物馆）藏始皇诏二十斤铜权、始皇诏九斤铜权，旅顺博物馆藏始皇诏五斤铜权等均呈此状。[②]另一种铜权上并无凸起的棱，而且由凹陷的沟槽将权壁分割成膨起的若干凸瓣（通常为八瓣），顶部在钮的四周还往往有萼片状纹饰，有的文章中称之为"蒜头形"；焦作窖藏所出铜权的形制正是如此。蒜头形铁权曾在河南渑池车站北魏窖藏出土，中国历史博物馆和北京故宫博物院亦藏有北朝的此式铜权[③]。故焦作窖藏中出土的这枚铜权应为北朝物。

　　可是将此物称作"权"并不确切。权字的本义与铨衡无关。《说文·木部》："权，黄华木。"乃是一种树木之名。段玉裁在《说文·金部》"铨"下的注中

---

① 定县博物馆：《河北定县43号汉墓发掘简报》，《文物》1973年第11期。李宗道等：《洛阳16工区曹魏墓清理》，《考古通讯》1958年第7期。辽宁省博物馆文物队等：《朝阳袁台子东晋壁画墓》，《文物》1984年第6期。

② 国家计量总局等：《中国古代度量衡图集》图版165、176、182、187，文物出版社，1981年。

③ 《中国古代度量衡图集》图版221、222。渑池县文化馆等：《渑池县发现的古代窖藏铁器》，《文物》1976年第8期。

说："古权、衡二字皆假借字，权为垂之假借。"他认为用在衡器中的权字是一个假借字，其说甚是。但权字古音属元部，垂字属歌部，不属于同一韵部，虽可对转，然以权为垂字之假，却终嫌迂曲。况且段氏当时没有注意到，权和垂（锤）的形制实不相同。按我国自春秋以来，衡器所用砝码之形南北有别，南方楚国用环状的，北方各国用半球状的。环状砝码的正式名称为"环"。重庆市博物馆（今重庆中国三峡博物馆）收藏的一套战国衡器，有木衡杆和六枚环状铜砝码，是1933年在安徽寿县朱家集楚墓出土的，其第四枚砝码上刻有"卧子之官环"铭文，表明它们是政府监制的环。[①]而半球状砝码如云梦秦简《效律》中所称："黄金衡羸不正，半朱（以）上，赀各一盾。"衡羸即衡累，表明其名为"累"。中国历史博物馆、上海博物馆、旅顺博物馆等处均藏有刻铭为"官累，重斤十两"的西汉半球状铜砝码，亦足为证。[②]不过在汉代，"累"只是官称，通俗的说法叫"称锤"。《礼记·月令》郑玄注中已出现"称锤"之名。《尔雅·释乐》郭璞注：塤"大如鹅子，锐上平底，形如称锤"。描写的正是这种形状。所以焦作窖藏中的"藏19号"铜器，严格说不宜称为铜权，因为衡器中用的权字本是环字之假。古音环属元部匣母，权属元部群母，这两个字为同部旁纽，从语音上讲互相通假是没有问题的。而《说文·走部》："趈，疾也。从走，睘声，读若谨。"更直接说明有些以睘为声的字和以雚为声的字读音相同。又《考工记·玉人》："驵琮五寸，宗后以为权。"郑玄注："驵读为组，以组系之，因名焉。"琮是中空的筒形器，小扁琮则接近环形，所以可以拴上组用它代替权；这又从造型方面给出了旁证。中古音权读群仙合三，环读匣删合二，到这时这两个字的读音才被拉开。但为什么"权"这个名称广泛流行呢？大概是受到《汉书·律历志》的影响之故。那里说："五权之制，以义立之，以物钧之，其余小大之差，以轻重为宜。圜而环之，令之肉倍好者，周旋无

① 《中国古代度量衡图集》图版160。
② 《中国古代度量衡图集》图版199、200、201。

端，终而复始，无穷已也。"由于《律历志》以刘歆《钟律书》为底本，所以其中反映的多为王莽时的情况。王莽篡汉后，硬要托古改制。新莽一朝不用西汉时通行的半球状称锤，而改用楚式环权。这和他仿照平首平肩、长身方足的楚币"旆钱当𬬱"，铸造"大布黄千"等十布的做法有点相似。甘肃定西称钩驿出土的新莽石权，铭文中自名为权。①而在半球状称锤的铭文中，却从来没有将自己称作权的，所以权和累即称锤是两种不同的器物；过去把称锤叫权，从形制上说可谓张冠李戴。何况称锤这个名称比权通俗得多，今天似乎无必要为了维护约定俗成的习惯，而给半球状称锤继续加上"权"这样一个名不副实的古称了。

对权和累（称锤）作以上辨析，不仅是为了正名，还是研究衡器发展史的需要。我国春秋时的衡器多为等臂式天平，即《汉书·律历志》所说："权与物钧而生衡。"湖南各地楚墓中出土了许多件这种天平，有的在衡杆两侧各悬一称盘，所用环状砝码多的一套达十枚，其使用方法也比较清楚。②但与秦汉之称锤配套的衡杆似与等臂式天平不同。因为称锤一般只出一枚，而且其上又常标明本身的自重，多为一斤的整数倍。陕西长武虽然出过六枚东汉铁称锤，但其重量的增减没有规律，它们不是一套，而只能说是一批，所以这一特例并不能改变称锤的性质。③既然只有一枚称锤，如果把它用在等臂式天平上，则只能称固定的重量，显然很不方便。但实际上其使用情况并非如此。因为早在战国时已出现了不等臂铜衡，最先论述这种衡器的刘东瑞先生将它定名为"衡秤"④鉴于战国时尚无秤字，本文姑称之为"衡称"。中国历史博物馆收藏的两

---

① 《中国古代度量衡图集》图版 207。傅振伦：《甘肃定西出土的新莽权衡》，《中国历史博物馆馆刊》1979 年，第 1 期。

② 高至喜：《湖南楚墓中出土的天平与砝码》，《考古》1979 年第 4 期。

③ 丘光明：《我国古代权衡器简论》，《文物》1984 年第 10 期。又商承祚先生认为"锤形权""都是不可信"，并称汉代"一律用'肉倍好'的环权"（《秦权使用及辨伪》，《学术研究》1965 年第 3 期）。面对长武出土物，以及满城 2 号汉墓所出"三钧"、成都天回山崖墓所出"汶江市平"等称锤的实例，可知商先生之说殆不可从。

④ 刘东瑞：《谈战国时期的不等臂秤"王"铜衡》，《文物》1979 年第 4 期。

图 34-4　战国，"王铜衡"与其使用方法示意图

1　"王铜衡"

2　使用方法示意图

件衡称，衡杆当中有鼻纽，衡面有十等分刻度。使用时可移动砝码或被称物体所悬挂的位置，根据衡杆上刻度的距离，依照杠杆原理计算出所称之物的重量（图34-4）。虽然使用时须进行计算，仍不够简便，但比起使用多枚砝码的等臂式天平来，终究前进了一大步。不过衡称由于提纽位于衡杆中央，尚未摆脱等臂式天平的格局，所以只能被看作是从天平到杆秤之间的过渡型衡器了。

在这个过程中之主张复古的新莽衡器却反映出一种倒退的现象。定西称钩驿出土的新莽铜衡，其衡杆上部中央有提纽，衡杆下部装对称的挂钩，正可与成套的新莽铜环权配合使用，仍沿袭着等臂式天平之旧制。

撇开新莽衡器不论，则等臂式天平与环权、衡称与称锤，大体上是互相对应的。由于衡称在使用方式上与天平有近似之处，故其称锤仍带有砝码的某些痕迹。再前进一步，衡称的提纽移开衡杆中央的位置，这就成为杆秤了。杆秤之砣的重量只要和秤星间距的臂比关系相适合便可，本身无须作成整斤数。因此，我国古代衡器的发展，大体上经过天平与环权 —— 衡称与称锤 —— 杆秤与秤砣三个阶段。当然，它们并不是截然划分开的。即便到了很晚的时代，不仅天平仍在使用，而且有些秤砣仍标明其自重，如北宋熙宁秤砣上有"一百斤铜砣"的铭记，元大德八年秤砣上有"五十五斤秤"和八思巴文"二斤砣"的铭记，还带有称锤的影子。[①]

我国最早的衡器当为等臂式天平。战国时的《墨子·经说下》已分析了

---

①　《中国古代度量衡图集》图版226、229。

图34-5 北魏，壁画中所见杆秤
敦煌莫高窟254窟

与杠杆平衡有关的问题，显然这时已具有出现衡称的条件。秦汉的称锤大多数应当是与衡称配套使用的。但杆秤出现于何时，尚无明确答案。《国语·周语》吴韦昭注："衡，称上衡，衡有斤两之数。"衡杆上有斤两，岂不意味着这上面已标定了秤星吗？又《御览》卷三七六引《诸葛亮书》："吾心如秤，不能为人作轻重。"更似乎表示三国时已有杆秤。然而由于衡称和杆秤亦有类似之处，其间的变化是渐进

的，故文献中的说法仍带有模糊的一面。从考古材料看，敦煌莫高窟254窟北壁北魏壁画《尸毗王本生图》中出现的杆秤，其秤杆上的提纽距被秤之物近，而距秤砣较远，可以确认无疑（图34-5）。过去有学者曾引用所谓南朝梁张僧繇《二十八宿神像图》的秤物图，认为它比上述北魏壁画还早。但此图的作者实为唐代的梁令瓒，图卷的全名应为《五星二十八宿真形图》。此图卷已流入日本，见阿部房次郎、阿部孝次郎辑《爽籁馆欣赏》第二辑，时代比北魏晚得多。所以从文献记载和图像资料两方面看，杆秤的出现大约在三国至北魏这一时期[①]。

说到这里，让我们再回到焦作窖藏出土的"藏19号"铜器上来，看来它不仅不宜称为铜权，也不宜称为铜累或铜称锤，因为这时已经进入了杆秤的时代，似可定名为"蒜头形铜秤砣"。它和同窖所出"藏41号"铜秤盘应组合成一套衡器。此秤盘直径27.5厘米，口沿上有三个等距离的小孔，为系绳链之用（图34-3:2）。莫高窟第254窟壁画中之杆秤的秤盘上也有三系，与此盘相同；而湖南出土的战国天平铜盘的直径多为4厘米左右，边沿穿四孔，和它有

---

① 张劼燠认为西汉武帝末年以后，杆秤已"完全脱离原始状态而进入了成熟阶段"；恐与事实不符。见《杆秤的起源发展和秦权的使用方法》，《四川大学学报（哲学社会科学版）》1977年第3期。

明显的区别。

　　焦作铜秤砣重528克，应代表一斤之重。在我国度量衡史上，北朝是衡制单位量值急剧增长的时期。《左传·定公八年》孔颖达正义："魏、齐斗称于古二而为一。"这里说的古制指汉、魏旧制。汉代一斤约合250克，则北魏、北齐一斤约合500克。故宫博物院所藏北朝一斤铜砣重487.5克；中国历史博物馆所藏北朝半斤铜砣重265克，一斤合530克[①]。焦作窖藏之一斤砣的重量与上述之例相近。北朝时尺斗秤值的大幅度增长，与北魏初年百官无俸禄有关。北魏班禄始于太和八年（484年），以前是没有的，但其后行之未久，又大加裁减。《魏书·于栗磾传附于忠传》说："太和中，军国多事，高祖以用度不足，百官之禄，四分减一。"《北史·齐本纪》"天保元年"（550年）条说："自魏孝庄（528年即位）已后，百官绝禄，至是复给焉。"既无官禄，则一切供给资用，皆任其向民间敛取，因此北魏官员很少有"廉白自立"的。在管理失控、制度废弛的情况下，统治者遂增大量值，盘剥人民。这时租税制度由劳役地租向实物地租的转化，也助长了此种趋势。北魏政府虽曾加以干涉，却没有多少实际效果。太和十九年（495年）"诏改长尺、大斗，依《周礼》制度，班之天下"[②]。但到孝明帝初年，距太和十九年也不过二十余年之后，张普惠就上疏说："高祖废大斗，去长尺，改重秤，……自兹以降，渐渐长阔，百姓嗟怨，闻于朝野。"[③]可见北朝度量衡值增大的势头并未被遏止住。所以到了隋开皇时，遂达到"以古称三斤为一斤"[④]的程度。1930年在河北易县老姥台出土的隋一斤铁砣重693.1克，与古称三斤亦可谓相当接近了[⑤]。虽然现在尚不能系统地排列出自北魏至隋衡值递增的序列来，但焦作窖藏铜砣所提供的一斤重528克之值大约还排不到北朝晚期。这件铜砣有可能是北魏时的遗物。

---

① 《中国古代度量衡图集》图版222。

② 《魏书·高祖纪》。

③ 《魏书·张普惠传》。

④ 《隋书·律历志》。

⑤ 《中国古代度量衡图集》图版224。

总之，不论焦作铜砣的年代为北魏或略晚些，它和同出的秤盘相配，参照莫高窟254窟壁画，便可复原出一套杆秤来；而在度量衡史上，这就是我国最早的杆秤之实例了。

（原载《华夏考古》1997年第1期）

35 关于一支"'唐'镂牙尺"

上海博物馆收藏的一支"唐拨镂象牙尺",其图像屡见刊载(图35-1)。它发表在初版的《中国古度量衡图集》上时,定名为"唐鸟兽花卉纹黄牙拨镂尺"。该书的《前言》中说:"唐代度量衡器主要由官府制造,制作精致。传世的象牙尺(指此尺)采用浮雕和拨镂的工艺,饰以亭台花草鸟兽,它既是一支精细的尺,又是一件艺术珍品。"该书的图版说明中谓此尺:"正背两面用双线等分为10个寸格,寸格内分刻花卉、鸟兽、亭宇等纹饰。每寸之间和周边均刻花纹。镂刻精细,反映了唐代高超的牙雕技术。"在文物出版社与日本讲谈社合刊的《上海博物馆》一书中,它的名称改定为"拨镂鸟兽花卉象牙尺",认为这支尺"精致绝伦",并认为"唐代拨镂牙尺传世之物国内仅存此件;甚为珍贵"。[①]但拨镂一般指坯料染色后再刻镂出本色花纹的工艺,与此尺仅施以阴线花纹的做法不同。

正面　　反面

第1格
第2格
第3格
第4格
第5格
第6格
第7格
第8格
第9格
第10格

图 35-1　镂牙尺　上海博物馆藏

---

① 上海博物馆编:《中国博物馆·上海博物馆》图版133、134,文物出版社、株式会社讲谈社,1985年。

故此尺只可称为"镂牙尺",与拨镂无关,其上更看不出有施浮雕的地方。

唐代宫廷用的镂牙尺是少府监中尚署制作的。《唐六典·中尚署》条注:"每年二月二日,进镂牙尺及木画紫檀尺。"日本奈良正仓院尚藏有唐时传去的这类镂牙尺的实物。

此尺一见之下,立即令人想起日本正仓院所藏牙尺,其纹饰的题材和图案的布局与后者确有相近之处。但试作进一步考察,就发现其中之动物纹的形象窳弱,和唐代的风格距离较大。唐代工艺品虽然也有精粗工拙之分,不能一概而论,可是只要出自唐人之手,总带有那个时代的韵味。何况镂牙尺是名重一时的产品,牙料又较易奏刀,所以正仓院所藏牙尺之刻纹无不意态酣畅,风骨卓荦,刀法流丽,充满美感。此尺如为唐代所制,其工艺也应保持大体相当的水平。然而以唐代作品的标准来衡量,却不能不认为尺上的花纹尽是些画虎不成的失败之作,比例失调、安排失当之处比比皆是,完全看不到艺术创作的匠心;相反,模拟的痕迹却相当明显。所以,它是否为唐物很值得怀疑。唯因目前尚未从尺上取样作碳-14测定,或剥下刻纹中的部分色料进行化验,或用其他自然科学手段加以检查,故本文没有这方面的依据。只通过对花纹的分析提出的看法,当然是初步的,带有推测性的。之所以把它写出来,是因为希望引起识者的注意,以求得问题的进一步研究解决。

此尺刻纹中的鸟兽,如凤、狮、鹿、鹤等,在唐代工艺品中常见,可供比较的材料很多。如此尺正面第7格中刻凤纹(图35-2:1)。这只凤口衔花枝,作阔步奔跑状,和正仓院藏金银平脱花鸟纹八曲葵花镜上之凤纹的构图相似(图35-2:2)。可是相比之下,尺上的凤纹显得头大、躯体笨重、双腿短小,缺乏在唐代作品上见到的那种高昂英迈的神气;特别是其尾羽的结构单薄,更给人以萎靡不振的印象。而于上述八曲葵花镜上所见之凤纹,却几乎完全找不出这类缺点。其他唐代铜镜和金银器上的凤纹,身躯也大都秀美遒劲,颈部不长,翼展不太宽,但足部刚强有力。尾羽则高高地向上翻卷,有时呈卷草或花叶状,也有时像一丛绮丽的翎毛;总之,华贵的尾羽是唐代凤鸟纹着力刻画之

图 35-2　凤纹

1　镂牙尺　上海博物馆藏
2　唐，八曲葵花镜　日本奈良正仓院藏

3　唐，李仁墓石门楣
4　唐，银盒　陕西西安何家村出土
5　唐，八角菱花镜　日本奈良正仓院藏

处，含糊潦草的情况非常少见（图35－2:3～5）。从比较的结果看，此尺上的凤纹或系摹自上述正仓院之葵花镜，但掌握不住造型的要领，失其矩度，所谓"画虎不成"即指这种情况而言。

再看狮纹，它出现在此尺正面第5格，作奔跑中向一侧顾视之状。这是一种头生双角的狮子，或应称之为神兽（图35－3:1）。在正仓院藏鸟兽纹八角菱花镜、绿牙拨镂尺，西安何家村出土的银盒及河北正定木庄所出唐王元逺墓志

图 35-3　神兽纹

1　镂牙尺　上海博物馆藏
2　唐，八角菱花镜　日本奈良正仓院藏
3　唐，王元逺墓志边饰

4　唐，银盒　陕西西安何家村出土
5　唐，石刻线画　陕西乾县乾陵
6　唐，绿牙拨镂尺　日本奈良正仓院藏

边饰上均有此兽的形象（图35－3：2～6）①。本来唐代狮子的造型就很剽悍，神兽自然更加威武，昂头狞目，巨口利齿，常作咆哮嘶吼状。四肢极其粗壮，肩膊上并有翼形物如火焰升腾。可是此尺上的神兽之四肢纤细得不成比例，翼形物也不见了，闭嘴皱眉，全无精彩可言。在乾陵刻石、王元逵墓志等处之气势磅礴的神兽之前，它显得多么孱懦，无法被认定是唐代的作品。不过在它身上仍可看出上述正仓院菱花镜上之神兽的已被扭曲的影子。

鹿纹在此尺背面第3格与第7格中两次出现。第3格中刻的是芝角鹿（图35－4：1）。这种鹿由于其角像有茎有盖的灵芝而得名（图35－4：2）。它原是从粟特工艺品中的扁角鹿演化而来（图35－4：3）。唐代工艺师将扁角改成芝形角，虽与其原型已大不相同，但芝形角起初仍是不对称的，前部较短而后部较长，还带有扁角的特征。正仓院所藏与内蒙古赤峰市喀喇沁旗哈达沟及河北宽城峪耳崖乡（今峪耳崖镇）大野峪村出土的三件银盘上都饰有这种鹿纹（图35－4：4～6）②，其角均前后不对称。其中正仓院银盘之鹿纹的角最大；时代较

图35-4　鹿纹

1　镂牙尺　上海博物馆藏
2　唐，绿牙拨镂尺　日本奈良正仓院藏
3　粟特，扁角鹿纹银盘　俄罗斯圣彼得堡艾尔米塔什博物馆藏
4　唐，银盘　日本奈良正仓院藏
5　唐，银盘　河北宽城出土
6　唐，银盘　内蒙古喀喇沁旗出土

① 何家村银盒见陕西省博物馆、陕西省文管所：《文化大革命期间陕西出土文物》图60，陕西人民出版社，1973年。王元逵墓志见刘友恒、樊子林、程纪中：《唐成德军节度使王元逵墓清理简报》，《考古与文物》1983年第1期。

② 喀喇沁旗出土银盘见《考古》1977年第5期。宽城出土银盘见《考古》1985年第9期。

晚的喀喇沁旗出土银盘之鹿纹的角
最小，但其后部仍大于前部，它是
唐德宗时宣州刺史刘赞进奉之物，
年代为8世纪后期。可是唐代工艺
品的麟凤纹中，有些麒麟的角却呈
花朵形；那是因为要和凤鸟之冠的

图 35-5　双鹿纹
1　镂牙尺　上海博物馆藏
2　唐，圆镜　日本奈良正仓院藏

造型取得一致，以便二者搭配得更为和谐之故①。这种式样后来为刻画芝角鹿
时所取法，所以到了辽代，芝角鹿的角遂变得像一只高足杯，两侧完全对称
了。而此尺之鹿的芝形角也呈杯状，这和唐代的特点是不同的。除此之外，大
体看来，尺上的鹿纹可能仿自上述正仓院藏银盘；虽然制尺者买椟还珠，不仅
失其精髓，亦未能全其皮毛。至于第7格中的双鹿，一只成年者头生树枝状长
角，另一只未生角的幼鹿回首顾盼。这两只鹿的身姿又和正仓院藏山水鸟兽纹
圆镜上的双鹿类似（图35-5）。

图 35-6　鹤纹
1　镂牙尺　上海博物馆藏
2　唐，八曲葵花镜　日本奈良正仓院藏
3　唐，圆镜　日本奈良正仓院藏
4　唐，金银平脱镜　陕西西安出土

再看鹤纹。它出现在尺背第5格中（图35-6:1）。这只鹤刻画的技巧太
差，短而粗的脖颈和两条像是硬插上去的腿和唐代鹤纹（图35-6:2～4）的风

---

①　如西安何家村出土麟凤纹银盒，见镇江市博物馆、陕西省博物馆编：《唐代金银器》图74、75，文
物出版社，1985年。

图 35-7　戴胜纹

1　唐，八曲葵花镜　日本奈良正仓院藏　　　3　镂牙尺　上海博物馆藏
2　唐，木画紫檀琵琶拨子　日本奈良正仓院藏　　4　唐，棋子　日本奈良正仓院藏

格迥异。"鹤鸣九皋，声闻于天"，它那翱翔云汉的凌霄之姿，在这里被阉割得几乎扫地无余。但不排除其原型亦仿自正仓院所藏金银平脱八曲葵花镜。

在这面八曲葵花镜上还有戴胜鸟的形象（图35-7:1），唯其颈部较长，和正仓院藏木画紫檀双陆局上的戴胜相似（图35-7:2）。戴胜以头上的羽冠和身上的斑条为特点。唐王建《戴胜词》"紫冠采采褐羽斑"[1]，亦着眼于此。此尺正面第4格中也有一只长颈的戴胜（图35-7:3），模仿八曲葵花镜的痕迹很明显，但羽冠太小，而颈部太长。其实唐代之戴胜纹的颈部一般较短（图35-7:4），如果颈部被拉长得超过限度，形象就走样了。此尺背面第1格中还有一对飞鸟，上面的一只也是戴胜，下面那只不知是什么鸟（图35-8:1）。在唐代艺术品中常出现两只接翅联翩的戴胜。韦泂墓石刻线画、正仓院藏山水鸟兽纹圆镜及红、绿拨镂牙尺上都有这样的例子（图35-8:2）。鸟兽合群之际，物以类聚的特性很明确，如非同类就难以形成那种声应气求的关系。莺莺自是莺莺，燕燕自是燕燕；让一只戴胜和另一只有点像秃尾巴鹌鹑的鸟比翼双飞，看来是不合情理的。更有意思的是此尺背面第9格中刻的一只蝴蝶，其翼上伸出一对弧形弯钩，这

图 35-8　双鸟纹

1　镂牙尺　上海博物馆藏
2　唐，红牙拨镂尺　日本奈良正仓院藏

[1]　《全唐诗》五函五册。

种样子的蝴蝶只出现在上述八曲葵花镜上，别处从未见过（图35-9）。此尺之凤、鹤、戴胜、蝴蝶等四种动物的造型均与正仓院那面八曲葵花镜之图纹的轮廓相近，如果都用偶合来解释，恐怕是讲不通的。

图 35-9　蝴蝶纹
1　镂牙尺　上海博物馆藏
2　唐，八曲葵花镜　日本奈良正仓院藏

在此尺正面第10格中刻的是一只雁，比起尺上的其他鸟兽来，它的造型还说得过去。但以正仓院藏品之图纹相较，则是模仿一件密陀僧绘盆上的雁纹（图35-10）。而且细加观察，更可发现前者在雁头、雁颈、雁翼乃至雁的尾部等处都有不少败笔。所以看来此尺上不少鸟兽的形象，皆是以正仓院藏品为底本改头换面而成。

但这并不是说，此尺的图纹中没有新添进去的东西了，比如其正面第1格中就有一个鸟头兽身四足双翼的怪物。吉林集安长川1号墓壁画中虽然发现过一个与之略近的形象，但那是5世纪中叶高句丽人之作①。在唐代，

图 35-10　雁纹
1　镂牙尺　上海博物馆藏
2　唐，密陀僧绘盆　日本奈良正仓院藏

同样的形象还没有在艺术品中见过。再如此尺正面第3格和第6格中刻画的建筑物，也存在着不合理的地方（图35-11:1、2）。如第3格中的六角攒尖亭子，屋顶上刻出顺垂脊而下的辐射线，表示铺的是上细下粗、层层套接的"竹子瓦"②，但唐代根本没有这种瓦（图35-11:3）。第6格中之四注顶的殿堂，面阔为四间，竟无当心间，阶陛正对着柱子。这些构造自建筑史的角度看，都是很不正常的现象。

---

① 见《文物》1980年第7期，图版8。
② 梁思成：《清式营造则例·营造算例》11章3节·庚，中国建筑工业出版社，1981年。

图 35-11　建筑物纹

1、2　镂牙尺　上海博物馆藏

3　唐，壁画　敦煌莫高窟第 91 窟

不仅大处如此，此尺上刻的云纹、宝相花纹及其他花卉纹中，也都存在着若干破绽。举一个较明显的例子，如此尺正面第 8 格刻有荷花和喇叭花。但在唐代的花卉图案中，习惯上是将荷花和荷叶组织在一起（图 35-12:1、2）。不知制此尺者是出于误解还是故弄玄虚，竟将荷叶改成喇叭花（图 35-12:3），全失唐人之用意。

从这些迹象看来，此尺并非唐物，而是后代之作。鉴于尺上的图像大部分是从正仓院藏品中套过来的，而我国许多人对正仓院

图 35-12　花卉纹

1、2　唐，铜镜图纹（据俞博《唐代金银器》）

3　镂牙尺　上海博物馆藏

藏品之细节的了解，是在 1926—1927 年间东京审美书院再版《东瀛珠光》一书之后，所以制作此尺的时间不会太早。据说此尺为乌程（今湖州市）蒋氏旧藏。王国维《观堂集林·日本奈良正仓院藏六唐尺摹本跋》中所说："丙寅（1926 年）五月，乌程蒋谷孙寄余镂牙尺拓本，其形制长短与正仓院所藏唐尺同，此尺即藏谷孙处。"就是指本文讨论的尺而言。正仓院所藏红牙拨镂尺二支、绿牙拨镂尺二支皆载于《东瀛珠光》第一册中，此册恰于 1926 年再版，仿制镂牙尺者如持该书为据，刚好来得及，堪称"春江水暖鸭先知"了。

（原载《文物天地》1993 年第 6 期）

第五章　佛教与信仰

36　中国早期高层佛塔造型之渊源

在中国建筑史上，佛塔固应认为是由于佛教的传入而引进的外来建筑形式，汉文塔字的语源来自巴利语 thūpa，梵文作 stūpa，汉语的对音为窣堵婆。但中国早期高层佛塔与印度窣堵婆的造型差异甚大。[①]对于形成这一特殊现象的原因，海内外建筑史学者已做过许多探讨[②]。笔者不揣谫陋，亦略陈所见，以求教正于方家。

印度的窣堵婆与精舍

众所周知，印度窣堵婆的本义指坟墓。宋法云《翻译名义集》卷二〇："窣堵婆，《西域记》云：'浮图，又曰偷婆，又曰私偷簸，皆讹也。'此翻方坟，亦翻圆冢，亦翻高显，义翻灵庙。刘熙《释名》云：'庙者貌也，先祖形貌所在也。'又梵名塔婆，发轸曰：'《说文》元无此字，徐铉新加，云西国浮图也。'言浮图者，此翻聚相。《戒坛图经》云：'原无塔字，此方字书乃是物

---

① 本文所论仅限于高层佛塔，单层佛塔另有其发展途径，兹未涉及。

② 关于中国佛塔造型的起源诸说不一：梁思成《中国的佛教建筑》、罗哲文《中国古塔》、伊东忠太《东洋建筑研究》主张起源于重楼；关野贞《南北朝时代の塔とガンダラ式塔との关系》、G. Combaz, *L'évolution du stūpa* 和 H. G. Franz, *Von Gandhā ra bis Pagàn* 主张起源于犍陀罗式塔；原田淑人《中国式塔婆の起因についての考察》主张起源于门阙；村田治郎《中国の佛塔》则主张一种折中说。而刘致平《中国建筑类型及结构》和 P. Brown, *Indian Architecture* 都认为嵩岳寺塔很像印度的希诃罗；笔者写此文时受到了他们的启发。

图 36-1　印度桑奇 3 号窣堵婆

声，本非西土之号。若依梵本，瘗佛骨所，名曰塔婆。'"不过根据桑奇大窣堵婆垣门浮雕图像中之所见，这种形状的坟墓在佛教出现以前就存在于印度，瘗佛舍利的窣堵婆乃是在传统形制的基础上发展而成。中印度之典型的窣堵婆，其主体是接近半球状的覆钵（anda 或 garbha），其下部有供右绕礼拜用的附阶（sopāna），再下部为基坛（medhi）。在覆钵之上有方形的平头（神邸）（harmikā），上立刹杆（yasti），杆上装伞盖（chattrā）。在其周围一定距离处建有栏楯（vedikā），栏楯四方辟四垣门（torana）（图 36-1、2）。这样的一座窣堵婆是寺院中最神圣的场所，也是佛陀生涯中最后的大事件涅槃的象征。特别是在纪元前的小乘佛教时代，从教义上就认为佛身不可形象。如《增一阿含经》卷二一谓："如来身不可造作"，"不可模则，不可言长言短。"（《大正藏》卷二）因此，信徒并不供奉佛像，只以若干象征物如白象、铁钵、菩提树、金刚座、法轮等来代表[①]。在它们当中，窣堵婆当然是更重要的对象，它常建造于寺院正中，在最瞩目的位置上接受信徒的礼拜。由于窣堵婆是坟墓，是礼佛的象征物，因此它是实心的，信徒不仅在事实上不能进入其内部，在愿望上一般也无由产生这样的要求。

不过，到了公元 1 世纪以后，情况发生了变化，这时在西北

图 36-2　中印度典型的窣堵婆（据桑奇 3 号窣堵婆制图，补出栏楯）

---

① 如以白象象征佛诞生，铁钵象征巡锡，菩提树、金刚座象征成道，法轮象征说法等。

印犍陀罗地区由马鸣（阿湿缚窭沙，Aśvaghoṣa）所倡导的大乘佛教兴盛起来了。大乘佛教主张造佛像，大乘经典《般舟三昧经》中明确指出："复有四事，疾得是三昧，一者作佛形象，用成是三昧故。"[①]（《大正藏》卷一三）因此这时在犍陀罗地区留下了不少带有希腊作风的佛像。而佛像一出现，就成为信徒通过直观直接礼拜的对象，寺院中必须安排适当的处所放置它们。虽然这时在犍陀罗的、较之中印度的形制已有所改易的窣堵婆上常于覆钵中部辟龛造像，但大量佛像不能全都依托于窣堵婆，仍然要有专门供奉佛像的建筑物。可是这种建筑物原先是没有的，所以佛教徒借用婆罗门教的天祠，特别是一种名为希诃罗（śikhara）的神堂的形式来建造自己的佛殿精舍[②]。这种情况在玄奘的《大唐西域记》中反映得很清楚。此书卷五《殑伽河伽蓝》条说：

> 伽蓝东南不远有大精舍，石基砖室，高二百余尺，中作如来立像，高三十余尺，铸以鍮石，饰诸妙宝。精舍四周石壁之上，雕画如来修菩萨行所经事迹，备尽镌镂。石精舍南不远有日天祠，祠南不远有大自在天祠，并莹青石，俱穷雕刻，规模度量，同佛精舍。

此书卷六《给孤独园》条又说：

> 伽蓝东六七十步有一精舍，高六十余尺，中有佛像东面而坐。如来在昔于此与诸外道论议。次东有天祠，量等精舍。日旦流光，天祠之影不蔽精舍；日将落照，精舍之阴遂覆天祠。

玄奘站在佛教的立场上立论，所以说天祠"量等精舍"，其实倒是精舍的

---

① 支娄迦谶于东汉光和二年（179 年）已将此经译成汉文，因此中土的造像活动开展得较早。

② 《史记·大宛列传》正义引《括地志》："佛上忉利天，为母说法九十日。波斯匿王思欲见佛，即刻牛头旃檀像，置精舍内佛坐。此像是众像之始，后人所法也。"也认为最早的佛像置于精舍中。

建筑形式在模仿天祠；而《西域记》中对精舍的描写，也无不与希诃罗式建筑物大体相合。如该书卷七所记鹿野伽蓝中的一座精舍："高二百余尺，上以黄金隐起作庵没罗果，石为基陛，砖作层龛，翕匝四周，节级百数。"正是希诃罗式布满层层水平节线的高塔式建筑的写照。而所谓庵没罗果即药用植物余甘子的果实①，在这里指此类建筑结顶处所装扁球状物。但是也有些精舍在结顶处装剎，如《西域记·鞮罗释迦伽蓝》条所记之精舍：

> 中门当涂，有三精舍，上置轮相，铃铎虚悬。下建层基，轩槛周列，户牖栋梁，墙垣阶陛，金铜隐起，厕间庄严。中精舍佛立像高三丈，左多罗菩萨像，右观自在菩萨像。凡斯三像，鍮石铸成，威神肃然，冥鉴远矣。精舍中各有舍利一升，灵光或照，奇瑞间起。

这段记载很重要，它表明有的精舍不但在顶部装相轮即剎，而且内部放有舍利；这两点都和窣堵婆相接近。但它毕竟是中空的高建筑，其中且置有三丈高的佛像。所以综合起来看，就有理由认为这类精舍已具有窣堵婆和佛殿的双重性质了。

中国楼阁式木塔造型的渊源

中国是在印度本土的佛教建筑已大致发展到这一阶段时才开始营建自己的佛塔的。因此对于佛塔的认识，已难以回到公元前印度小乘佛教的单纯象征物的概念上去。佛教虽已于西汉末年开始传入我国，但这种宗教引起社会高层的注意是在东汉明帝时，而佛像从一开始便是它的显著标志。《洛阳伽蓝记》卷四说："白马寺，汉明帝所立也，佛入中国之始。寺在西阳门外三里御道南。帝梦金神长丈六，项背日月光明，金神号曰佛。遣使向西域求之，乃得经像

---

① 《毗奈耶杂事》卷五："庵摩洛迦即岭南余甘子也。初食之时，稍如苦涩，及其饮水，美味便生，从事立名，号余甘矣。旧云庵摩勒果者，讹也。"

焉。时白马负经而来，因以为名。"汉明帝感梦之说虽不可尽信，但此时佛像已传入中国是实，而洛阳白马寺中也确有像和塔。《魏书·释老志》说："自洛中构白马寺，盛饰佛图，画迹甚妙，为四方式。凡宫塔制度，犹依天竺旧状而重构之，从一级至三、五、七、九，世人相承，谓之浮图。"可见在这座寺院中应建有浮图，即塔；而以塔为主体建筑的佛寺也叫塔庙或浮图寺。我国古文献中最早作出较具体的描述的浮图寺是东汉末年笮融在徐州建造的。《三国志·吴书·刘繇传》说：笮融"大起浮图祠，以铜为人，黄金涂身，衣以锦采。垂铜槃九重，下为重楼阁道，可容三千余人"。同一史实在《后汉书·陶谦传》中也有记载，那里说笮融"大起浮屠寺。上累金盘，下为重楼，又堂阁周回，可容三千许人。作黄金涂像，衣以锦彩"。陈寿和范晔关于这座浮图的两段文字，其内容略有出入，容于下文中再加探讨；而它们的相同之处，是都说这座浮图的塔身为重楼，楼顶上装重层鎏金铜盘，内部置鎏金铜佛像。由于在塔内供佛像，所以晋葛洪《字苑》说："塔，佛堂也。"（《玄应音义》卷六引）《魏书·释老志》也说："塔亦胡言，犹宗庙也。"至于是否瘗有舍利，史无明文。虽然如此，仍可认为这座塔应与犍罗释迦伽蓝中的精舍为近，而与桑奇等地的窣堵婆却差得远。所以严格地说，笮融的浮图不是塔而是精舍，或者至少是具有精舍和塔的双重性质。

不过并不能把笮融的浮图只看作中国重楼与印度窣堵婆的刹的简单叠合。如果在中国建筑的传统中完全不存在嫁接这种外来植株的砧木的话，陌生的印度塔刹是难以移植到重楼上的。所以笮融浮图的结构中，实际上包含着不少中国固有的成分。

在汉代，木构楼观有在屋顶上立标柱的做法。张衡《西京赋》："营宇之制，事兼未央。圜阙竦以造天，若双碣之相望。凤骞翥于薆标，咸溯风而欲翔。"薛综注："谓作铁凤凰，令张两翼，举头敷尾，以函屋上，当栋中央，下有转枢，常向风，如将飞者焉。"圜阙的阙身应为圆形，其屋顶如果像若干陶囷的做法那样，则可在攒尖处立标。如果此阙之顶仍砌出短短的正脊，依张衡赋，其脊上也应立标，标上再装铁凤凰。平面作矩形的建筑物之顶用四角攒尖者在汉代尚少见[1]，但也有在短脊上立标柱的。《汉书·尹赏传》颜师古注引如淳曰："旧亭传于四角面百步筑土四方，上有屋，屋上有柱出，高丈余，有大板贯柱四出，名曰桓表。"师古曰："即华表也。"华表也可简称为"表"或"标"[2]。山东沂南画像石中出现过在屋顶上立"交午柱"即华表的阙（图36-3:1）。山东莒南大店和河南南阳杨官寺的汉画像石中都出现过在高楼上立华表的图形（图36-3:2、3），其华表顶部呈三角形，与沂南画像石中立于桥头之华表的造型一致（图36-3:4）。[3]而在中国旅行家看来，印度窣堵婆顶上的刹也属此类。《西域记·大雪山龙池》条记一座窣堵婆失火的情况，谓其"内忽有烟起，少间便出猛焰，时人谓窣堵婆已从火烬。瞻视良久，火灭烟消，乃见舍利如白珠璠，循环表柱，宛转而上"。这里说的"表柱"正指其刹而言。并且这个词不仅用于窣堵婆，也用于精舍。同书卷一一"僧伽罗国"条云："王

图36-3　汉画像石上所见之标

1　山东沂南出土　　　　　　　　　　3　河南南阳杨官寺出土
2　山东莒南大店出土　　　　　　　　4　山东沂南出土

---

[1]　汉代的四角攒尖顶曾于广州4019号东汉墓出土的井亭上一见。英国不列颠博物院（即大英博物馆）所藏之攒尖顶陶望楼既装宝珠又悬匾额，与汉制不合，殆伪。

[2]　《吕氏春秋·似顺论·慎小篇》高诱注："表，柱也。"《管子·君臣上》尹知章注："表谓以木为标，有所告示也。"《宋书·五行志》："大明七年，风吹初宁陵隧口左标折。"而《建康实录》卷一三则谓："大明七年夏四月，大风折初宁陵华表。"可见表、标、华表诸名称互通。

[3]　沂南画像石中桥头华表顶部为三角形，孝堂山画像石中桥头华表顶上立鸟，杨官寺华表顶部兼有三角形物与立鸟。后来由于受了丁令威化鹤归来立于华表的神话的影响，此鸟常作鹤形。

宫侧有佛牙精舍，……上建表柱，置钵昙摩罗伽大宝"，便是其例。同样，此称谓也适用于中国塔的刹，所以杜甫《同诸公登慈恩寺塔》一诗开头就说"高标跨苍天"。因此，笮融之浮图如在重楼顶上立标柱，则与汉代建筑的传统手法并无违碍之处。

　　但是印度窣堵婆的刹上还要装伞盖。印度气候炎热，贵人出行常有从者执伞护侍；窣堵婆上立伞盖，也是用以表示尊贵崇敬之意。但我国汉代原来也有礼仪性的华盖，在武氏祠镌刻的周成王像和沂南画像石的西王母像上均张有华盖（图36-4：1、2），可见无论帝王或神仙均可用之。我国早期金铜佛像上所张之盖亦与上述华盖并无二致（图36-4：3、4）。不过印度窣堵婆上的伞盖不止一重，《法苑珠林》卷三七引《十二因缘经》谓：伞盖"佛塔八重，菩萨七重，辟支佛六重，四果五重，三果四，二果三，初果二，轮王一；凡僧但蕉叶火珠而已"。堪称巧合的是，中国古代也有使用多重盖的传统，其渊源可以追溯到先秦。《山海经·海外西经》："大乐之野，夏后启……乘两龙，云盖三层。"汉代的耕根车也用三重盖[①]。王莽的"登仙车"则用九重盖。《汉书·王莽传》："或言黄帝时建华盖以登仙，莽乃造华盖九重，高八丈一尺。"车盖之外，也

图36-4　华盖

1　画像石中的周成王　山东武氏祠
2　画像石中的西王母　山东沂南
3　铜佛像　河北石家庄北宋村出土
4　铜佛像　甘肃泾川出土

---

① 　《文选·东京赋》薛综注："农舆三盖，所谓耕根车也。"《续汉书·舆服志》："耕车……有三盖。"河北满城2号汉墓之1号车，在车厢范围内共出盖弓帽61枚，分大、中、小三种，属于三个车盖，应看作汉代装三盖之车的直接证据。

图 36-5　塔刹（各塔虚线以上不
应再起覆钵）

1　北凉，高善穆造石塔　甘肃酒泉出土

2　云冈 14 窟浮雕塔

3　云冈 11 窟浮雕塔

在神坛上树多重盖。《水经注·谷水》引华峤《后汉书》："灵帝于平乐观下起大坛，上建十二重五彩华盖，高十丈。坛东北为小坛，复建九重华盖，高九丈。"所以，笮融在他的重楼上累金盘九重，既可以看作在楼顶的标柱上建九重华盖，又可以被认为是装上了印度式的刹。传统的形制和外来的因素在这里恰巧被统一了起来。

但有的研究者认为，中国塔的刹就是整座窣堵婆的缩影或模型。[①]他们常强调塔刹底部的小覆钵，认为这一部分就代表窣堵婆的主体。对于晚期佛塔来说，或许可以作这样的理解，但不能认为中国塔的结构从一开始便遵循着这样的法则；因为现存为数不多的早期塔刹并不支持此说，在它们的底部很难明确地指出一个覆钵来。如云冈 11、14 窟中若干浮雕塔之刹，相轮底部多承以用蕉叶装饰的基座，对照云冈 14 窟中雕出大覆钵的单层塔，则前者仅相当于窣堵婆上的平头而已（图 36-5）。因此更有理由认为，笮融重楼上的金盘是窣堵婆之伞盖和中国之多重华盖的综合体，而并非叠床架屋，在重楼顶部再拼接上整座的缩小了的窣堵婆。

如前所述，印度往往将窣堵婆建于佛寺的中央，中国早期佛塔的位置也是如此。这种将高层建筑置于正中的布局虽与中国传统的以门塾堂寝等组成的建筑平面不同，但不能说汉晋时没有类似的式样。不但汉长安城南郊礼制建筑

---

① 梁思成：《中国的佛教建筑》，《现代佛学》1961 年第 2 期。

在平面正中安置了一座规模巨大的高建筑，而且与笮融的时代相近的东汉晚期至魏晋间的墓葬中出土的若干明器陶楼，也有安排在院落当中的，如河南灵宝张湾、甘肃

图 36-6　汉晋，陶楼
1　甘肃张掖郭家沙滩汉墓出土　　　　　2　甘肃武威雷台晋墓出土

张掖郭家沙滩、甘肃武威雷台等地所出者均如此（图36-6）。特别是雷台所出的一例，院当中建有五层高楼，四隅建角楼，角楼之间连以带栏杆的天桥，院内又用重墙砌出夹道，天桥与夹道上下相对。依《史记·留侯世家》集解引如淳说，这种构造名为"复道"，而依韦昭说，则名为"阁道"。也有的文献认为单是天桥即可名为阁道。《史记·天官书》正义："阁道……飞阁之道。"又同书《高祖纪》索隐："栈道，阁道也。"则不论依哪一说，雷台所出的这件明器正是一座重楼阁道的建筑模型。它和《三国志》所记笮融浮图的"重楼阁道"之形制颇相合。可以设想，笮融浮图的塔身或与雷台陶楼为近。再看《后汉书》中所称"下为重楼，又堂阁周回"云云，则有失陈寿原意。因为如依《后汉书》所说，此塔院四周应绕以廊庑和殿堂，这就和"阁道"不是同一种形式了。雷台陶楼在各层腰檐上未施平坐，北魏石窟中的塔柱及浮雕和壁画中的塔也是如此，这种互相一致的现象似非偶然。但现存之日本飞鸟时期的木塔却有平坐。那么，中国早期高层木塔为何不施平坐？其中的原因尚有待探讨。

中国密檐式砖塔造型的渊源

上述高层佛塔的实物以木塔为主，《洛阳伽蓝记》中所记之十七座塔也大都是木塔。但木塔顶部装有巨大的金属塔刹，容易引电落雷而失火。如北魏熙

图 36-7　北魏，河南登封嵩岳寺塔

平元年（516年）所建洛阳永宁寺九层大木塔，"殚土木之功，穷造型之巧"[①]，为一时伟观，但只经过十八年，至永熙三年（534年）便被焚毁。所以远在晋太康六年（285年）已出现了太康寺的三层砖浮图。砖塔的防火性能较木塔为优，它是当时突然出现的一种全新的建筑类型，北魏正光四年（523年）所建河南登封嵩岳寺塔是中国现存最早的砖塔。在这座塔上第一次看到以逐层缩短而内收的叠涩密檐形成的缓和弧线，这使它的外轮廓略呈炮弹形（图36-7）。应当指出的是，在中国传统的梁柱式土木结构的建筑物上是难以出现这种效果的，所以这种弧线不可能在中国自身的建筑意匠中产生。结合上文对中国塔与希诃罗式建筑的关系的分析，可以认为，炮弹形的轮廓当来自印度。印度古代有一类竹构建筑物，它是将植在地上的四根竹竿的梢部缚在一起，再以石块封顶（图36-8:1），这样很自然地形成了一个弧形的方锥体。这是在印度本土产生的一种建筑形式，希诃罗的造型即取法于此。用砖石建造的希诃罗的外壁，早期多砌出水平节级。而嵩岳寺塔不但接受了希诃罗的外轮廓，并且它的叠涩密檐也是在当时的条件下用中国建筑的语汇移译希诃罗之水平节级的既接近又可行的做法。又如《西域记》卷八所记，在印度，这类建筑有的"垒以青砖，涂以石灰"；而嵩岳寺塔的外皮也正满涂石灰。虽经千年风霜，今已多处剥脱，但还保留着相当一部分，而且其砖砌的塔刹由于包在灰皮里面，还曾长期被误认为系用白石雕成。这些情况都说明，至南北朝时，虽然自汉代已经形成的以木构重楼充塔身的做法仍相沿未替，但随着佛教知识在中国的流传弘布，僧俗信士已经产生了使佛教建筑物进一步肖似印度"旧状"的要求。特别

---

① 〔北魏〕杨衒之《洛阳伽蓝记》卷二。

图 36-8　建筑物上的炮弹形轮廓线

1　印度古代缚竹构架示意图
2　5世纪，印度 Aihole 希诃罗
3　6世纪，印度 Pattadakal 希诃罗

4　8世纪，印度 Osia，Jodhpur 希诃罗
5　8世纪，陕西西安小雁塔

在修建砖塔时，由于采用了新材料，所以在形式上也进行了新探索。嵩岳寺塔就是在这样的背景下做出的最初的尝试之一。

唐代高层砖塔仍以密檐式为多，如西安荐福寺小雁塔、嵩山永泰寺塔和法王寺塔、房山云居寺石塔、昆明惠光寺塔、大理崇圣寺千寻塔等都属于此种类型。而且唐代密檐塔的平面均为方形，这就更接近希诃罗的式样了（图36-8:2～5）。不过印度建筑对唐代密檐塔所起的影响亦仅到此为止。希诃罗在印度教建筑中以后还有所发展，它在四隅簇生出许多层方锥状突起，最后变得像一丛由大小方锥嵌结而成的结晶体，同时表面雕饰也愈益繁缛。但晚期的希诃罗对中国佛教建筑未产生影响。

余　论

中国早期高层佛塔主要的两种类型楼阁式塔和密檐式塔虽然在唐以前已初步定型，但在唐代还有人进行了一次使中国高层佛塔进一步向窣堵婆靠拢的努力，这就是玄奘修建长安大慈恩寺塔的活动。玄奘在印淹留日久，濡染较深，姑不论他所建立的慈恩宗学说是否具有太印度化的倾向，但至少他在建塔时是向往于较纯粹的印度形制的。他在永徽三年（652年）建议修慈恩寺塔，原计划全用石料，地点在寺端门之阳，高度为100米。后经唐高宗劝阻，材料改用砖，地点改在该寺西院，高度减为60米。当时玄奘"亲负篑畚，担运砖石"，所以塔的规模虽然缩减，但式样仍是依玄奘的要求："仿西域制度，不循此旧

式也。"①因知此塔不会是习见的密檐式或楼阁式。其塔基每面为46.7米，可是塔高连相轮露盘在内才60米，而且这座塔为"砖表土心"，即实心的；所以它与此前之具有精舍性质的塔不同，而应接近于窣堵婆。但此塔建成后不到半个世纪，"浮图心内，卉木钻出，渐以颓毁。长安中（701—704）更拆改造，依东夏刹表旧式，特崇于前。"②重修时据说是武则天和王公大臣们出的钱。③这回不但恢复了中国式样，而且增至十层，中空有梯可攀。自盛唐以降，它始终是长安城中登临的胜地；而玄奘恢复"西域制度"的努力在唐代遂成绝响。中国佛塔仍然依中国佛教徒当时的理解，用中国的材料、技术，遵循东汉、六朝以来形成的传统于各地继续兴建，从而在中国建筑史上留下了独具风格的许多建筑珍品。

基本保持窣堵婆形制的塔，虽在南北朝、隋、唐的壁画与线雕中曾经出现，但较具规模的建筑实例除五台山佛光寺后山之窣堵婆式砖塔外，颇为罕见。在我国，只有覆钵式塔最接近犍陀罗式窣堵婆。它于元代才在内地流行，最早的一例是至元八年（1271年）所建北京妙应寺白塔。也就是说，在佛教传入中国一千余年之后，窣堵婆的身影才真正从南亚次大陆投射到我国东部地区。

（原载《中国历史博物馆馆刊》第6期，1984年）

---

① 〔唐〕慧立《大慈恩寺三藏法师传》卷七。
② 〔宋〕宋敏求《长安志》卷八。
③ 〔宋〕张礼《游城南记》。

37 中国早期单层佛塔建筑中的粟特因素

从渊源上说，中国佛塔之造型应追溯到不晚于公元前3世纪已在中印度出现的窣堵婆。大型窣堵婆以半球形覆钵丘为主体，下承圆形塔基，周围设环道，树栏楯，辟塔门，供信士右绕礼拜。覆钵丘正顶建平台，名平头，其正中立刹杆，装相轮。但这类窣堵婆并未在中国营造，我国古代不仅没有此型建筑物之实例，而且在图像中也不曾见过它。与中国塔之造型关系较近的是北印度的犍陀罗式塔。这类塔的圆形塔身建在方形塔基上，覆钵丘的比例加高，平头成为倒置的方坛形，皆立相轮多重。最下层的相轮特别大，面积远远超过平头，有时甚至与覆钵的直径相当；往上逐渐减小，其外缘的连线侧视呈三角形。而且大部分犍陀罗式塔已不在外围设栏楯（图37-1:1）。

佛教通过克什米尔自印度向北传布，2世纪以降，这一带留下了不少犍陀罗式塔的图像。近年经新疆塔什库尔干出红其拉甫山口，循吉尔吉特河谷至印度河平原修建了一条中巴国际公路，沿线发现的岩画中常刻有这种类型的塔[1]。20世纪初，斯坦因第二次赴和田时选择的路线偏北，他是沿着今巴基斯坦西北边境省的吉德拉尔河谷经阿富汗瓦罕谷地东行，翻越瓦赫吉里山口进入我国的，沿线也发现了刻有犍陀罗式塔的岩画。[2]如自瓦罕谷地转而向西，取道喷赤河谷可径达乌兹别克斯坦南陲的铁尔梅兹，这里的卡拉切佩1号寺院遗址的壁画中所绘之塔也是这样的（图37-1:2）。[3]所以最早传入中国的塔型概莫能外，亦应属于犍陀罗式塔。但在我国早期佛教遗物中，这种塔不仅少，而

---

① 国家文物局教育处：《佛教石窟考古概要》，文物出版社，1993年，第289～293页。

② 斯坦因：《重返和田绿洲》，刘文锁译，广西师范大学出版社，2000年，第78～93页。

③ 《佛教石窟考古概要》，第300页。

图 37-1　犍陀罗式塔

1　犍陀罗小石塔　印度加尔各答博物馆藏
2　壁画中所绘之塔　卡拉切佩 1 号寺院遗址
3　木雕塔　新疆楼兰遗址出土
4　北凉，程段儿造石塔　甘肃酒泉出土
5　残石塔　新疆和田约特干遗址出土

且其造型已在发生变化，覆钵丘以上之平头、相轮部分的变化尤其明显。斯坦因于新疆楼兰遗址劫获之木雕小塔，相轮结构单调，互相连接，只在边缘部分稍加刻削，划出层次（图 37-1:3）。[①]而酒泉、敦煌、吐鲁番等地出土之北凉石塔，其保存较完整者，相轮均聚合成一体，仅以刻出的环状浅槽表示分层，平头部分则简化成八角与四角之短柱，或被称为塔颈（图 37-1:4）。[②]新疆和田约特干遗址出土的小石塔残件，相轮直接加在覆钵丘上，平头、刹杆均被略去，所谓塔颈几乎不存，硕大的多重相轮依次增减所形成的气势也看不到了（图 37-1:5）。[③]这种情况说明，犍陀罗式塔传入我国后，其固有的建筑意匠并未再度辉煌，相反，无论整体造型或细部结构都出现了省便的趋势。

为什么犍陀罗式塔在我国没有获得充分发展的空间呢？这是由于在小乘佛教时期，塔本是礼佛的象征物，佛教纪念地所建大窣堵婆固不待言，小型供养塔也是如此。有一类小型塔建在石窟中以供礼拜，这种窟被称作支提窟或塔堂窟。但由于大乘教义的创立和造像活动的盛行，佛像已成为礼佛之重要而直观

---

① 斯坦因：《路经楼兰》，肖小勇、巫新华译，广西师范大学出版社，2000 年，第 87 页。

② 王毅：《北凉石塔》，载《文物资料丛刊》（第 1 辑），1977 年。

③ 见《重返和田绿洲》。

的崇拜对象，出现了供奉佛像的精舍和石窟中的佛殿窟；塔也随即在外壁增饰龛像，这样就突破了其原先之单纯的象征性意义。塔既然与像相结合，而我国又早就有在楼阁式塔内"作黄金涂像，衣以锦彩"的做法，所以中土信士自然会产生入塔礼佛，使塔也成为一种"佛堂"的愿望[①]。而以封闭的、相当于墓葬封土之覆钵丘为主体的犍陀罗式塔，则难以满足这种要求。

另一方面，当时修造石窟已形成风气。可是在有些沙漠绿洲地区中找不到适合开窟的山体，于是出现了平地上砌起的相当于塔堂窟的建筑物，即用土坯建一座方形塔堂，堂中央建圆形实心塔。最清楚的实例是新疆若羌米兰的3号塔堂，因为其中的塔保存较好，而且还在塔堂内壁发现了精美的壁画，故蜚声于世。此塔堂每边长约9米，四面辟门，堂内为直径7.8米的圆形空间。中央之塔：基座直径2.74米，残高3.5米（图37-2:1）。[②]如果将堂中的圆塔易为方形塔柱，内部空间随之改建成方形，则米兰塔堂与山东历城神通寺四门塔的平面可谓基本一致（图37-2:2）。因此有理由设想，新疆绿洲地区以土坯砌造之塔堂，在我国早期单层佛塔从不能入内的象征物，到得以入内的"佛堂"之发展过程中，曾起到承前启后的作用。

但这里有一个问题，米兰3号塔堂的外形是什么样子？发现时此塔堂四壁虽已坍塌成低矮的土墩，但相距不远的10号建筑遗迹之用焙烧过的土坯砌成的穹隆顶仍有部分完好，能辨认出原是一座方形圆拱顶的屋子；3号塔堂可能与之近似[③]。西域气候干燥，居民原有建土坯房屋的传统，称作"土室"。唐杜

图37-2　新疆若羌米兰塔堂与山东历城神通寺四门塔之比较
1　新疆若羌米兰塔堂
2　山东历城神通寺四门塔

---

① 《后汉书·陶谦传》，又〔晋〕葛洪《字苑》："塔，佛堂也。"（《玄应音义》卷六引）
② 《路经楼兰》第213～249、312～314页。
③ 见《路经楼兰》。

图 37-3　敦煌壁画中所见西域式建筑

1　盛唐　莫高窟第217窟
2　盛唐　莫高窟第23窟

环《经行记》说："从此国（拔汗那国，今费尔干纳）至西海，尽居土室。"在莫高窟第217窟盛唐壁画《法华经变·化城喻品》中出现过一座西域城，城中有方形建筑，其表面未表现砖缝，应为土室。此建筑物顶上有两重平直的屋檐，檐口饰山花，上层屋檐特别宽，似延伸为一层屋顶，但其上又起一筒形拱顶（图37-3:1）。这里的平檐很值得注意，莫高窟第23窟盛唐壁画中的一座西域式精舍，也是平檐，也起筒形拱顶（图37-3:2）。《隋书·西域·安国传》谓安国"宫殿皆为平头"。所称"平头"，似与此种平直的屋檐有关。不过在平檐上不一定非加筒形拱顶不可，也可用圆拱顶。圆拱顶是穹庐的外形。安国等粟特地区曾受突厥统治，突厥人习用"穹庐毡帐"，多以"毡帐为屋"[①]，所以毡帐在粟特地区应不罕见。而且砖石或土坯建造的屋宇与毡帐可以并存。唐太和公主嫁回鹘时，"可汗先升楼

图 37-4　毡帐

1、2　北周，石棺床雕刻　陕西西安安伽墓出土
3　北朝，石棺床雕刻　日本滋贺Miho（美秀）博物馆藏

---

① 《隋书·突厥传》。〔唐〕慧超：《往五天竺国传》。

298

东向坐，设毡幄于楼下，以居公主"①，足资参证。野外用的毡帐构造简单（图37-4:1），而设于较固定的地点供贵人起居的毡帐却有很华丽的。《大慈恩寺三藏法师传》说：突厥"可汗居一大帐，帐以金华饰之，烂眩人目"。2000年在西安挖掘的北周安伽墓所出石棺床，其围屏的三面雕刻中均出现毡帐。右侧面刻的那一顶比较讲究：帐门上端平直，似装有木质门额，两端突出蕉叶状物，圆拱形帐顶上饰以由忍冬叶片托起的大花朵（图37-4:2）。②日本滋贺Miho（美秀）博物馆近年入藏之北朝石棺床上雕刻的大帐更精致。帐门以木柱支撑，其上之阑额及多层枋木间施弛脚人字栱、蜀柱和曲尺形的花格子。平直的檐口上饰山花蕉叶，圆拱形帐顶上满布花饰（图37-4:3）。③而在法国吉美博物馆和美国波士顿美术博物馆所藏传安阳出土的北齐石棺床围屏上所雕厅堂、门屋，虽与毡帐的形式不同，但圆拱顶、平檐、山花蕉叶等粟特建筑的特点，同样被强调地予以表现。更由于这些雕刻刀工细致，它们的造型显得格外优雅（图37-5:1；图37-10:1）。④

应当说明的是，在这里，艺术夸张的成分并不是

图37-5　粟特式建筑与中国早期单层佛塔

1　北齐，石棺床雕刻　河南安阳出土
2　隋唐，石棺床雕刻　甘肃天水出土
3　北齐，浮雕石塔　河北邯郸南响堂山第1窟

①　《旧唐书·回纥传》。
②　陕西省考古研究所：《西安发现的北周安伽墓》，《文物》2001年第1期。
③　Annette L. Juliano and Judith A. Lerner, "*Cultural Crossroads: Central Asian and Chinese Entertainers on the Miho Funerary Couch*", in Orientations, Oct., 1997.
④　O. Siren, *Chinese Sculpture from the Fifth to the Fourteenth Century*, Pl. 448, Lond., 1925.

主要的。《经行记》说末禄国（即木鹿城，今土库曼斯坦马雷）的建筑："墙宇高厚，市鄽平正，木既雕刻，土亦绘画。"木鹿虽不在河中地区，但此城北临阿姆河，文化面貌与粟特应无大殊。上面举出的例子，可以证明杜环所赞不虚，粟特建筑的确有相当高的水平，形成了自己的风格。

　　特别当看到甘肃天水一座隋唐墓出土的石棺床上所雕屋宇时，更惊异地发现原来中国早期之单层佛塔的造型竟与粟特建筑有密切的关系。这所屋子呈方形，门边立柱，在柱头枋上又施尖拱，状若龛楣。两重屋檐，底下露出许多椽子，可知这一部分是木结构，但檐口出奇地平直。上筑圆拱顶，山花蕉叶均醒目而洒脱。屋内一胡人坐筌蹄，持角杯饮酒，面前跪一侍者（图37-5:2）。[①]它纯粹是世俗的厅堂，不带任何宗教气味。可是以南响堂山第1窟之浮雕石塔与之相比，则二者极其相似（图37-5:3）。可以说，南响堂山石塔除了在圆拱顶上立刹杆、悬铃铎以外，几乎原封不动地借用了粟特建筑的外形。其刹杆直插在原先饰于圆拱顶端的花朵上，这一部分后来被称作"受花"，以为是从犍陀罗塔之平头演变而成，其实它本是粟特建筑上的饰件。北响堂山第9窟中的塔形龛，在圆拱顶上饰以忍冬卷草、火焰宝珠等，手法极奔放恣肆，但相轮却被压缩成小纺锤形，夹在花饰当中，没有给予应有的地位，显然不符合印度佛塔的法则，完全是设计者根据粟特建筑艺术模式而作的发挥。在敦煌壁画中看到的单层砖石塔，有的甚至连

图37-6　敦煌壁画中所见无"受花"之塔

1　盛唐　敦煌莫高窟第23窟

2　五代　榆林窟第33窟

3　五代　敦煌莫高窟第61窟

① 天水市博物馆：《天水市发现隋唐屏风石棺床墓》，《考古》1992年第1期。

受花都被省去，刹杆和相轮直接装在圆拱顶上（图37-6）。也有些塔上的受花造型严谨，如安阳宝山寺（今灵泉寺）北齐道凭法师塔上所见者，但也无非是对上述粟特饰件加以规范化处理而已。假使不考虑其基座和受花以上部分，只看塔身，那么这座方室圆顶之塔的外形大约和米兰3号塔堂相去不远（图37-7）。①阿富汗瓦罕谷地兰加尔以东有一座用石块砌成的塔，似是3—4世纪所建，当地称之为"喀尔万巴拉什"，还保存着方形

图 37-7 北齐河南
安阳道凭法师塔

塔身与圆拱顶。此地距离我国边界只有步行半日的路程，可谓近在国门之前；如果说米兰3号塔堂的外形和它更接近，或不为无据。②所以像南响堂山、宝山寺这类6世纪的北齐塔，正不妨被看作3世纪之米兰塔堂的胤裔。

既然早期单层佛塔之造型源于粟特建筑，从而对过去的一些说法遂有重新认识的必要。首先，如南响堂山第1窟浮雕中表现的这类塔，其塔檐以上的半球体所代表的并非窣堵婆上的覆钵丘，而是粟特建筑的圆拱顶。我国古塔中，大约只在北凉石塔一类塔和喇嘛塔上有真正的覆钵丘。关于喇嘛塔无须多说。北凉石塔从其上所刻之经文来看，尚是小乘教义下的产物，当然与北齐诸塔不同。③受花部分也是如此，如图37-6所示，这类塔本可不设此部件；唐代壁画中塔上的受花，乃是将粟特式塔之塔檐以上部分缩小了置于塔顶而成，图36-8：1、2所举的例子反映得很清楚。或以为这时有些塔的受花部分叠涩挑出甚远，似已成为塔檐。其实它本来就是塔檐，不过用在这里，看起来又像受花而已。为了使塔显得高耸，此类受花有时重复叠加好几层，如莫高窟第217窟盛唐壁画中所见者④。不仅壁画如此，建筑遗物中也有实例：山西平顺明惠大师塔为亭

---

① 杨宝顺等：《河南安阳宝山寺北齐双石塔》，《文物》1984年第9期。

② 《重返和田绿洲》第158～163页。

③ 北凉石塔上所刻经文皆为《增一阿含经》，属小乘经典。见王毅：《北凉石塔》。

④ 萧默：《敦煌建筑研究》，文物出版社，1989年，第164页。本文所举敦煌壁画中的塔，皆自此书转引。

图 37-8 敦煌壁画中所见有"受花"及"仰月""宝珠"之塔

1 初唐 莫高窟第 68 窟

2 晚唐 莫高窟第 468 窟

3 五代 榆林窟第 32 窟

式单层方形石塔,它就在石雕的盝顶上加两层此式受花,再以仰覆莲、宝珠等构成塔刹。至于有些塔刹上出现的仰月、宝珠(图 37-8:3),则也有可能来自粟特;花剌子模出土的粟特纳骨器上、安伽石棺床刻纹中的帐顶上均有其例(图 37-9)。这种图案源于拜火教,但显然已为佛教艺术所吸收。

图 37-9 粟特式建筑上的星月纹

1 纳骨器上所绘屋宇大门 花剌子模出土

2 石棺床雕刻中所见帐顶装饰 陕西西安安伽墓出土

图 37-10 河南安阳出土北齐石棺床雕刻中的粟特式建筑与河北邯郸南响堂山第 7 窟窟檐

1 北齐,石棺床雕刻中的粟特式建筑 河南安阳出土

2 窟檐 河北邯郸南响堂山第 7 窟

粟特人是富于艺术才能的民族。以前我国学者研究粟特金银器的文章为数不少，注意力多集中在这一方面。现在看来，粟特建筑也是值得探讨的课题。以本文所涉及的安阳石棺床雕刻中的建筑装饰为例，其造型为南响堂山第7窟窟檐所仿效，也是不容忽视的事实（图37-10）。

（原载《宿白先生八秩华诞纪念文集》，文物出版社，2002年）

38　佛像的火焰肩与火焰背光

　　美国哈佛大学福格美术博物馆藏有一
尊据传出自我国河北石家庄地区的鎏金铜
焰肩佛像（图38-1），应制作于4世纪前
期[①]。这是一尊着通肩衣的禅定坐佛，高
31.8厘米，方形台座，座前供养瓶花，左
右踞伏狮子。座两侧各铸出一执灯或执莲
花的供养人。佛像隆准修目，八字短髭，
薄唇长耳，额间凸起白毫，造型带有浓厚
的贵霜色彩；但供养人的面相却完全是中国
式的。特别应当注意的是，佛像之两肩分

图38-1　鎏金铜焰肩佛像
美国哈佛大学福格美术博物馆藏

别升起四束向内弯成弧形的火焰。在鎏金铜造像中极为独特。

　　肩上升起火焰的佛像通称焰肩佛。但就存世之实例而言，火焰肩并不是
首先出现在佛像上，而是出现在贵霜帝王像上。公元1世纪中期，自我国西北
地区迁徙到中亚阿姆河流域的大月氏各部，由丘就却（Kujūla Kadphises）将
五翕侯统一起来，建立贵霜帝国。又经过无名王的拓殖，至1世纪后期，丘就
却之子阎膏珍（Vima Kadphises）继立，国势强盛，领土扩张至西北印度。阎
膏珍所铸金币正面的国王像，于左肩升起火焰（图38-2）。可是在已发现的
早期佛像上，却未看到这种做法。如19世纪中叶在阿富汗贾拉拉巴德附近的
比马兰2号佛塔出土的镶宝石金舍利函外壁所铸佛像及1908年在白沙瓦附近

---

① 〔日〕水野清一：《中国の彫刻》图7，东京，日本经济新闻社，1960年。

的沙吉奇德里出土的迦腻色伽铜舍利函上所铸佛像，均不呈火焰肩（图38-3）。比马兰舍利函中盛有四枚塞王阿泽斯的钱币，故近年研究者多将其年代定为1世纪，也有人径指为丘就却时代之作①。沙吉奇德里舍利函上的佉卢文铭中则说，此器制于迦腻色伽王元年。它是迦腻色伽一世送给

图38-2　贵霜阎膏珍王金币，国王像左肩升起火焰

在迦腻色伽布逻城中他的寺庙的礼物。②迦腻色伽一世在位之年代目前尚无一致的说法，但此器的制作当不晚于2世纪中叶。以上两例中的佛像均不见火焰肩，并非偶然。这种情况在迦腻色伽一世的钱币上也看得很清楚。由于贵霜帝国统治地域中民族众多，信仰复杂，而当政

图38-3　舍利函
1　贵霜，镶宝石金舍利函　阿富汗比马兰2号佛塔出土
2　贵霜，迦腻色伽铜舍利函　白沙瓦沙吉奇德里出土

者采取宽容的宗教政策，所以在其钱币背面铸出的神像中，希腊的以及祆教、婆罗门教、佛教的神祇都曾出现。与火焰肩相关的神像主要是祆教中的火神兼锻冶之神阿次洒（Athsho），它还可以代表其创造者祆教的主神阿胡拉·马兹达。在一枚迦腻色伽一世的金币上，正面的国王像仅在右肩升起火焰，而背面的阿次洒像却于双肩均升起火焰（图38-4:1）。祆教崇拜火，像上的火代表

---

① 林梅村：《古代大夏所出丘就却时代犍陀罗语三藏写卷》，《文物天地》1998年第1期。

② B.N.Mukherjee, "Shah-ji-ki-Dheri casket-inscription", British Museum Quarterly, 28.

正面：国王像	背面：阿次洒神像	正面：国王像	背面：佛陀像

图 38-4 贵霜，迦腻色伽一世金币

善和光明。国王像大多只在肩之一侧升火焰，似乎意味着下阿次洒神一等，从大贵霜时的阎膏珍像到小贵霜时的瓦尔喀什王（Valkash，484—488）像上都能看到这样的例子[①]。至于有些晚期的国王像逾出此规格，那就是另外的问题了。但在早期，在迦腻色伽一世所铸背面有佛陀像的著名金币上，虽正面的国王像亦循例于肩之一侧升起火焰，佛陀像的双肩上却一无所有（图 38-4:2）；因知火焰肩本非佛像之固有的相好。然而迦腻色伽一世是一位虔诚的佛教徒，他信奉大乘教派，佛教之第四次"无遮大会"即在他的主持下召开，名僧龙树、马鸣、僧伽罗刹等都得到他的优礼。从而原本是伊兰系神官之尊贵的表征的火焰肩，此后遂逐渐与佛像发生联系。《大唐西域记·迦毕试国·大雪山龙池及其传说》条记迦腻色伽王与龙王较量，龙王作法，"声震雷动，暴风拔木，沙石如雨，云雾晦冥，军马惊骇。王乃归命三宝，请求加护。曰：'宿殖多福，得为人王，威慑强敌，统赡部洲，今为龙畜所屈，诚乃我之薄福也。愿诸福力，于今现前！'即于两肩起大烟焰，龙退风静，雾卷云开。"由于玄奘去迦腻色伽王时已近五六百年，他记载的神话已经后世润色加工，所以迦腻色伽一世在佛法的佑护下，也于"两肩起大烟焰"了。不过就在此王之后不久，于迦毕试地区确已出现焰肩佛像。迦毕试在汉籍中又作迦臂施、迦毗试、迦卑试、劫比舍也，其地即今阿富汗的贝格拉姆（Begram），位于巴米安（一译巴米扬）石窟东面，南距喀布尔62公里，迦腻色伽时为贵霜帝国之夏都[②]。此古城附近的

[①] Katsumi Tanabe, *Silk Road Coins, The Hirayama Collection*, fig.103、108, London, 1993.

[②] 季羡林等：《大唐西域记校注》中华书局，1985 年，第 137 页。

派特瓦（Pāitāvā）寺院遗址所出石雕"大奇迹佛"，两肩各升起四束火焰，年代约为3世纪，正可与《西域记》的记载相印证；惜其下部已残[①]。法国吉美博物馆所藏阿富汗出土的石雕《舍卫城双神变》，构图与前者基本相同，却相当完整。[②]此像雕出大水

图 38-5 阿富汗地区的焰肩佛像
1 喀布尔国家博物馆藏
2 派特瓦出土

从地下涌起，佛像腾空而立，熊熊烈焰在肩后喷薄摇曳，呈密集状；佛像抵右掌作施无畏印，气势雄健，风姿轩昂，极显刀工。但此立佛肩上之火焰尚不够规范。喀布尔国家博物馆所藏石佛像，肩上的火焰虽仍为前后两丛，却已归并成几束（图38-5:1）。而派特瓦出土的禅定佛像于双肩各出火焰四束，以后逐渐成为定式（图38-5:2）。从出土地点看，这类佛像是在新疆以西到印度河上游之间，即今南乌兹别克斯坦至北阿富汗一带形成的，这一带正是贵霜艺术中乌浒河派的发祥之地；它是犍陀罗造像进一步与伊兰风、大夏风以及若干中亚本地特色相结合的产物。[③]

　　5世纪以前，贵霜一直是佛法东传的枢纽，我国的佛教最初就是从大月氏人那里传来的。《三国志》卷三〇裴松之注引鱼豢《魏略·西戎传》说："哀帝元寿元年（前2年）博士弟子景卢受大月氏王使伊存口授《浮屠经》。"不仅如

① B. Rowland, *The Art and Architecture of India*, p.128, New Delhi, 1984.

② J. Meunié, *Shotorak*, Paris, 1942.

③ 贵霜艺术中的"乌浒河流派"是樋口隆康先生提出来的。他说："可以认为，贵霜除有犍陀罗派和秣菟罗派两个美术流派以外，贵霜还有一个新的流派。把这个流派称为大夏（巴克特利亚）美术，会发生时代上的语病。称之为吐火罗斯坦美术，一般又不为人熟悉。因此，以这种美术作品制作材料的石灰岩的出产地乌浒河（Oxus，即今阿姆河）来命名。"转引自姜伯勤：《论呾密石窟寺与西域佛教美术中的乌浒河流派》，载《段文杰敦煌研究五十年纪念文集》，世界图书出版公司，1996年。

图 38-6　新疆早期石窟中的焰肩佛

1　壁画，克孜尔第 1207 窟

2　壁画，吐鲁番伯西哈尔第 3 窟

此，将佛经译成汉文的早期译者也几乎都是月氏人，或经贵霜来华的安息人、天竺人、粟特人。而我国新疆地区由于毗邻贵霜，所以率先接受佛教，修寺建窟，开展佛事活动。新疆地区的石窟多集中在丝路北道沿线的绿洲地带，而以龟兹境内之石窟遗迹最富，尤以拜城的克孜尔石窟和库车的库木吐喇石窟规模为大。特别是克孜尔石窟由于开凿的时间早，地位更加重要。宿白先生说："它正处在葱岭以西阿富汗巴米安石窟群和新疆以东诸石窟群之间。它所保存早期壁画的洞窟的数量，远远超过了巴米安，而其第一阶段的洞窟的具体年代至少要早于新疆以东现存最早的洞窟约一百年。"[1] 在克孜尔石窟的壁画中，就出现了画得很清楚的焰肩佛，其双肩升起的成朵的火焰，与上述派特瓦出土禅定像的造型相一致（图 38-6:1）。此外，在吐鲁番伯西哈尔石窟和鄯善吐峪沟石窟的壁画中，也能看到肩背之后升起火焰的佛像（图 38-6:2）和比丘像，不过这些像上的火焰呈分散状。值得注意的是，在我国通往巴基斯坦的喀喇昆仑高山公路所经山谷间发现的岩画中，也有带火焰肩的造像，如沙提阿勒桥附近所刻《尸毗王舍身救鸽本生画》，尸毗王双肩各有四道火焰（图 38-7）。[2] 晁华山先生说："（喀喇昆仑高山公路）正是汉代以来所谓

图 38-7　岩画，《尸毗王舍身救鸽本生画》　喀喇昆仑高山公路山谷间

---

① 宿白：《中国石窟寺研究·新疆拜城克孜尔石窟部分洞窟的类型与年代》，文物出版社，1996 年，第 37 页。

② 国家文物局教育处编：《佛教石窟考古概要·中亚佛教建筑与造像》，文物出版社，1993 年，第 287～288、292 页。

的'罽宾道',它是由现在新疆塔里木盆地西南部的皮山县向西南,经红其拉甫山口进入巴基斯坦境内的洪札河谷,接着是吉尔吉特河谷和印度河谷,最后到达白沙瓦、土瓦特以及阿富汗喀布尔河中下游地区。这个地区包括古代的迦毕试、犍陀罗、呾叉始罗和乌苌等地,汉代所说的罽宾就是指这个地区。"①因此,这条路线正是贵霜艺术中的犍陀罗流派与乌浒河流派传入新疆的通道之一。在这里发现带火焰肩的造像并不使人感到意外,通过它不难使人联想起福格博物馆所藏金铜焰肩佛像;看来两肩各出四束火焰乃是此类造像之较规范的格式。福格馆的金铜像与上述罽宾道岩画的年代大约相去不远,均不出4世纪。而克孜尔石窟的开凿,据研究可以上溯到3世纪②,所以这里有些早期佛像两肩上的火焰各密集成一整朵,而不分散成束。

我国开始造佛像的时间约为2世纪后期,如四川乐山"麻浩享堂"、江苏连云港孔望山等地之例,但这时毕竟为数不多(图38-8:5)③。至3世纪,在东吴统治区内出现了较多的佛像,可又往往只充作器物的装饰。"人们将佛教造像饰于马具中用于鞯带的饰件,以及用作酒樽的附饰,甚至以佛像作为支撑香薰的足,或贴饰承痰的唾壶。"④尤不堪者,如《法苑珠林·敬佛篇·观佛部》说:"吴时于建业后园平地,获金像一躯,……孙晧得之。素未有信,不甚尊重,置于厕处,令执厕筹。"其亵慢乃尔。像湖北鄂州塘角头4号吴墓所出之独立的、两旁伴以胁侍、显然作为供奉对象的佛像,是很少见到的(图38-8:6)。⑤不过也有例外,在这时的若干种铜镜如画纹带佛兽镜、夔纹佛像镜的图纹中,佛像出现在原先安排东王公、西王母的位置上,表明它们同样被视为神

---

① 国家文物局教育处编:《佛教石窟考古概要·中亚佛教建筑与造像》,文物出版社,1993年,第287～288、292页。

② 霍旭初、王建林:《丹青斑驳,千秋壮观——克孜尔石窟壁画艺术及分期概述》,载《中国新疆壁画全集·1·克孜尔》,天津人民美术出版社,1995年。

③ 俞伟超:《东汉佛教图像考》,《文物》1980年第5期。俞伟超、信立祥:《孔望山摩崖造像的年代考察》,《文物》1981年第7期。

④ 杨泓:《跋鄂州孙吴墓出土陶佛像》,《考古》1996年第11期。

⑤ 湖北省文物考古研究所等:《湖北鄂州市塘角头六朝墓》,《考古》1996年第11期。

图 38-8 东王公（1~4）与佛陀（5~8）

1 东汉，龙虎神仙画像 浙江省博物馆藏
2 东汉，神仙画像镜 浙江省博物馆藏
3 三国，画纹带神兽镜 湖北鄂州出土
4 魏晋，画砖 甘肃高台骆驼城出土
5 东汉 四川乐山"麻浩享堂"门额

6 吴 湖北鄂州塘角头 4 号墓出土
7 三国，四叶八凤佛兽镜 湖北鄂州出土
8 4 世纪前期，鎏金铜焰肩佛像 美国哈佛大学福格美术博物馆藏

仙，受到崇敬。在东汉晚期的画像镜或神兽镜上，东王公的形象比比皆是。起初东王公戴高山、进贤之类高冠，装束和世俗的诸侯王差不多。后来东王公改戴山字形冠，或即《仙传拾遗》所称东王公"冠三维之冠"的三维冠。这种冠式是识别东王公的标志之一。而且东王公之肩可生羽翼。《论衡·道虚篇》："好道学仙，中生毛羽，终以飞升。"《楚辞·远游》王逸注："人得道，身生毛羽也。"铜镜上的东王公有的生小羽翼（图 38-8:1）[1]，也有的将羽翼表现为许多道弧线（图 38-8:2）[2]，甘肃高台骆驼城魏晋墓出土画砖上的东王公之翼仍然如此（图 38-8:4）[3]。东王公又和西王母一样，起初"梯几"，后来坐龙虎座

---

① 王士伦：《浙江出土铜镜》图 37、39，文物出版社，1987 年。

② 同上。

③ 张掖地区文物管理办公室等：《甘肃高台骆驼城画像砖墓调查》，《文物》1997 年第 12 期。

（图38-8:3）①。他们的坐姿本应为汉族传统式样的跪坐，但由于镜上不少图像采取正视的角度，且因衣裾向两侧扩张，所以看起来颇类似趺坐。不过肩生羽翼或毛羽始终是东王公、西王母等神仙的特征；出现在3世纪之三国和西晋前期铜镜上的佛像，是不具备这一特征的。尽管后者有时也坐龙虎座，双肩上却并无这类附加物（图38-8:7）②。也就是说，3世纪时长江流域铸造的铜镜上的佛像，不像新疆那样，于其上看不到贵霜艺术之乌浒河派的影响。有的学者指出，佛教初向我国传播时还有几条南方之路③；而从南方之路传入的佛教艺术看来与乌浒河派有一定距离。可是到了如福格美术博物馆所藏大约制作于华北的4世纪前期的佛像上，肩部出现了分散的弧线形附加物，虽然它和东王公像上的毛羽十分相似，所代表的却是火焰（图38-8:8）。似乎不能认为这是艺术上的不约而同、殊途同归。因为这时的佛像有向神仙像靠拢的趋势，福格馆上述藏品实际上是将东王公之毛羽的造型嫁接到佛像的火焰肩上了。而所谓3世纪和4世纪初的中国铜镜图纹中有"模仿佛像的神仙像"的提法④，疑不确。相反，这时只能有"模仿神仙像的佛像"。佛教入华之初，依附于神仙道术，其表现是所谓佛道杂糅，此世所共鉴。比如将佛像安排在龙虎座上，于佛经则无据，于神仙家则有征。同样，上述福格馆藏品也正带有"模仿神仙像的佛像"的痕迹；纵使肩上升起四道火焰合乎乌浒河派造像的规范，也不能据而否定它在当时之客观情势下所处的位置。

于犍陀罗晚期，迦毕试地区出土的贵霜石造像已有在背光边缘处增饰窄窄的一圈火焰纹之例，但并未扩及整个背光（图38-5:1）。而在克孜尔第76窟

---

① 《山海经·海内北经》："西王母梯几而戴胜杖。"汉画像石中常见西王母坐高几上，东王公亦然。坐龙虎座的东王公见湖北鄂城鄂钢544工地出土镜，载《鄂城汉三国六朝铜镜》图103，文物出版社，1986年。

② 《鄂城汉三国六朝铜镜》图81。

③ 贺云翱等编：《佛教初传南方之路文物图录》，文物出版社，1993年。

④ 〔日〕西田守夫：《铅同位体比法による汉式镜研への期待と杂感主として吴镜と三角缘神兽镜の关系资料について》，《MUSEUM 东京国立博物馆美术志》1982年1月号。

图 38-9　带火焰背光的佛像

1　5世纪初，木雕佛像　新疆克孜尔第76窟发现　　　3　刘宋元嘉十四年，韩谦造铜佛像
2　北燕，金冠珰　辽宁北票冯素弗墓出土　　　　　　4　北魏太平真君五年，铜立佛像

中发现的两件木雕佛像，其椭圆形背光中充满了不规则的火焰纹，时代约为5世纪初（图38-9:1）①。同时期的辽宁北票北燕冯素弗墓（太平七年，415年）出土的金冠珰上压印的佛像，背后也升腾起不规则的火焰（图38-9:2）②，与上述克孜尔木雕像可谓异曲同工。这样形成的火焰背光问世后，很快便传播开来，5世纪前期的几十年中，南北方都出现了配舟形火焰背光的佛像。而且对火焰纹的处理手法渐趋严谨，不复铺张散漫，仅使之缭绕于背光外缘，如日本永青文库藏刘宋元嘉十四年（437年）韩谦造铜禅定佛像（图38-9:3）、意大利罗马某氏藏北魏太平真君五年（444年）铜立佛像（图38-9:4）③。它们的背光制作精巧，火焰纹路细密，繁而不乱，布局既有规律又洋溢着流丽圆转的跃动感，所以为后世所长期仿效。

　　然而并不是说当火焰背光出现后，原先的焰肩图案随即消失；实际上，整个5世纪乃至6世纪前期，火焰肩仍是背光的一个组成部分。这时在头光与背

---

① 查娅·帕塔卡娅：《中亚艺术》图21、28，载许建英、何汉民编译《中亚佛教艺术》，新疆美术摄影出版社，1992年。

② 黎瑶渤：《辽宁北票县西官营子北燕冯素弗墓》，《文物》1973年第3期。

③ 金申：《中国历代纪年佛像图典》图7、11、22、80，文物出版社，1994年。

光之间，于佛像肩部正余下一块弧边三角形的空隙，恰可填充火焰。它和头光、背光结合在一起，不仅使火焰肩这一传统观念继续保留，而且也使佛像靠背的图案更加充实。如甘肃刘家峡炳灵寺第169窟第6龛有西秦建弘元年（420年）题记，是已知有明确记年的最早石窟造像。此像作禅定式，背光边缘绘细密的火焰纹，两肩又各升起一朵炎炎的火焰（图38-10:1）。^①这种构图传入北魏后，无论在小型造像或大型石窟中都能看到它的踪迹。日本藤井有邻馆所藏北魏太安元年（455年）石造像^②、日本书道博物馆所藏北魏延兴二年（472年）石造像（图38-10:2）^③，背光边缘均为忍冬纹，背光及头光中有多尊化佛，但双肩却升起火焰，颇为醒目。石窟中的背光图案也是如此。如云冈第20窟是和平初年（460年或稍后）开凿的昙曜五窟之一，窟内正中有大坐佛，高13.7米，为云冈最宏伟的造像，其背光也在两肩处刻火焰纹。直到孝文帝迁洛前最后开凿的云冈第6窟中的佛像之背光，仍保持着此种构图（图38-10:3）。也就在迁洛这一年，太和十八年（494年）尹受国所造石佛坐像，被认为具有典型的太和期佛像风格，也在头光、背光中刻火焰纹。其头光的边框且向下延伸，将双肩上的火焰纳于其中，构图显得更加整齐，火光内外辉映，浑然一体，但火焰肩反而不够突出（图38-10:4）^④。北魏迁洛，将这种图案带到龙门。古阳洞北壁太和十九年（495年），长乐王丘穆陵亮夫人尉迟氏所凿龛像，为古阳洞诸龛中最早者。造像的布局恢宏，装饰瑰丽，上部张垂璎珞花蔓，其下为大舟形火焰背光，内有多层化佛与供养天，头光最内一层为莲花纹。由于背光太大、太复杂，肩上的三角形区域所占比例相对减小，其中容纳的火焰就更不突出了。6世纪初的焰肩佛，可以陕西历史博物馆所藏西安市王家仓出土的北魏永平二年（509年）石造像为代表（图38-10:5）^⑤。往后直到6世纪末，

---

① 《中国石窟寺研究》图版19、20。

② 《中国の彫刻》插图54、82。

③ 见《中国历代纪年佛像图典》。

④ 见《中国の彫刻》。

⑤ 见《中国历代纪年佛像图典》。

图 38-10　带背光的焰肩佛像

1　甘肃刘家峡炳灵寺 169 窟西秦建弘元年佛像

2　日本书道博物馆藏北魏延兴二年佛像

3　云冈第 6 窟北魏佛像

4　北魏太和十八年尹受国造佛像

5　陕西历史博物馆藏北魏永平二年佛像

在莫高窟第 410、282、427、420 等隋窟中，佛像两肩上仍然画出火焰。入唐，它才完全与背光融作一片。

火焰背光是在贵霜佛像背光上的一窄圈火焰纹和焰肩图案的基础上创造性地发展而成，从而为佛像提供出一屏辉煌的背景，不仅烘托气氛，而且激发联想。当它出现以后，大型佛殿中的造像如不安装火焰背光，就有失去依托之感。而且，我国的火焰背光的图案也曾不断有新的创意。6 世纪 20 年代的正光时期，不但在背光中将火焰纹和缠枝卷草、莲花、化佛等巧妙地组合在一起，而且在背光外缘装饰多身飞天。它们手持乐器，凌空翱翔，裙帔飘扬上举，其轻盈之体态与升腾之火焰若合节拍，相得益彰。有些背光顶部尖端还装小舍利塔，塔顶耸立相轮；祥容宝刹，流光动瑞，虽华饰缤纷而意致高朗。存世之正光三年（522 年）、正光五年（524 年）、永安二年（529 年）诸作①，均为其个中翘楚。故中国式样的火焰背光可以说是我国在佛像艺术上的重大创造之一，现存之此类精美的造像更无疑是我国文物中的瑰宝。

（原载《中国历史博物馆考古部纪念文集》，科学出版社，2000 年）

---

① 张总：《北朝金铜佛像背光飞天分析》，《文物》1993 年第 12 期。

第六章　古代战争一隅

39　商周的"弓形器"

　　商、周青铜器中有一种"弓形器"，器身作扁长条形，中部往往稍宽且微微拱起。有的底部有凹槽，当时或曾嵌入木楹。其两头伸出两条上昂复下垂的曲臂，臂端多铸出带镂孔的铃，也有的做成兽头形或蛇头形。臂端与中部扁条之底边的延线靠得很近，或仅留有不宽的间隙（图39-1）。大多数"弓形器"的长度为20厘米～45厘米，横置之，几可占满人体腰前的部位。此物的用途和定名经过长期讨论仍未取得一致意见。目前通常认为它是弓上的附件[①]，这主要是以石璋如、唐兰二先生之说为依据的。石说称此物为"铜弣"，认为它应缚于弓弣里侧，以保持弓的弧度，并增加发射时的剽力。[②]但"弓形器"表面

图39-1　铜"弓形器"

1　商　河南安阳妇好墓出土
2　西周　甘肃灵台白草坡出土

---

①　陈志达：《殷墟武器概述》，载《庆祝苏秉琦考古五十五年论文集》，文物出版社，1989年。
②　石璋如：《小屯殷代的成套兵器》，《历史语言研究所集刊》第22本，1950年；同氏《殷代的弓与马》，同刊第35本，1964年。以下所引石说皆据此二文。

图39-2 唐兰文中的"铜弓柲"使用复原图与石璋如文中的"铜弓弨"使用复原图（二说的复原方式全同，仅定名有别）

1 唐兰文中的"铜弓柲"使用复原图
2 石璋如文中的"铜弓弨"使用复原图

常铸出凸起的纹饰，有时其中还有立体的夔龙之类，棱角峥嵘，不便把持，无法握住它用力张弓。所以怀履光、林巳奈夫、唐兰等均不赞成此说[1]。可是唐兰先生虽不赞成石说，却也主张此物应缚于弓弨之内，不过他认为只在弛弓时缚之，装弦后则须解下。他给出的"弓形器"使用复原图（图39-2:1），仍沿袭石氏之旧（图39-2:2），只是删去了石氏图中那张装弦的弓。根据这一修正，唐先生改定此物之名为"铜弓柲"，认为它是弛弓时缚在弓内以防损坏的。

但是问题是，第一，此物是否附属于弓，目前尚无确证。唐先生的论文中说："从出土时的位置来看"，"弓形器""显然是在弛弓的背上中部的。"他所说的出土之例指安阳小屯M20车马坑。在唐文的附图中画出的"弓形器"，位于围成略近椭圆形的大半圈铜泡之中部（图39-3:1）。揣其文意，似乎他认为这大半圈铜泡代表一张弛了弦的弓。其实不然。因为小屯M20车马坑中埋有一辆车，这圈铜泡是车舆下部轸木上的饰件，与弓无涉（图39-3:2）。小屯M40车马坑也出铜轸饰，也围成类似的椭圆形，可证。[2]并且"弓形器"如果装在弓上，则应与弓及箭上的部件如弓尾之弨或箭镞等物伴出。然而若干未经扰动的商、周墓，如安阳戚家庄东269号及孝民屯南地1、2号商墓、北京昌平白

---

[1] W. C. White, *Bronze Culture of Ancient China*. Toronto, 1956。林巳奈夫：《中国殷周时代の武器》，京都大学人文科学研究所，1972年。唐兰：《"弓形器"（铜弓柲）用途考》，《考古》1973年第3期，以下所引唐说皆据此文。

[2] 石璋如：《小屯四十号墓的整理与殷代第一类甲种车的初步复原》，《历史语言研究所集刊》第40本下册，1970年。

1 唐兰文中的"铜弓柲"出土位置图（"弓形器"位于大半圈铜泡中部，这些铜泡是舆底軫上的装饰）

2 河南安阳小屯 M20 车马坑平面图（车上有一殉人，"弓形器"（B）位于此殉人的头骨（A）和腿骨（C）当中，相当其腰部）

图 39-3 "弓形器"出土时的位置

浮 2、3 号西周墓中，虽均出"弓形器"，却都不见弓尾之弭或镞的踪影。① 没有弓弭，还可以用已朽失等原因来解释；镞却是不易朽失的，没有镞，则表明随葬品中未放入箭，而无箭之弓乃是无用之物，故可知墓中其实连弓也不曾放入，因此唐说中的弓柲也就无所附丽了。况且在昌平白浮 2 号墓中，一件长 37.5 厘米的"弓形器"之一端距椁壁不足 20 厘米。在陕西岐山贺家村 1 号墓的壁龛中，一件通长 34 厘米的"弓形器"之一端距龛壁亦仅 30 厘米。② 而在金文中看到的表示未装弦之弓的象形字，弓体仍相当长③，不像石璋如先生设想的那样，弛弓会反屈成 C 字形；所以上述之狭小的空间中绝容不下半边弓。因而

① 安阳市文物工作队：《殷墟戚家庄东 269 号墓》，《考古学报》1991 年第 3 期。中国科学院考古研究所安阳发掘队：《安阳殷墟孝民屯的两座车马坑》，《考古》1977 年第 1 期。北京市文物管理处：《北京地区的又一重要考古收获——昌平白浮西周木椁墓的新启示》，《考古》1976 年第 4 期。

② 陕西省博物馆等：《陕西岐山贺家村西周墓葬》，《考古》1976 年第 1 期。

③ 见《中国殷周时代の武器》，插图 369。

这些"弓形器"均难以指为弓上的附件。何况如安阳武官村大墓陪葬坑E9出土的那类"弓形器"，器身中部饰有上下向的兽面纹，表明此器是横向使用的；[1] 这和引弓时弓体的方向相忤，也反映出"弓形器"并非弓上的部件。第二，如果"弓形器"是弓柲，那么据《仪礼·既夕礼》郑注说："柲，弓檠。弛则缚之于弓里，备损伤。以竹为之。"贾疏也说：柲"以竹状如弓，缚之于弓里"。可见柲是弛弦后因收藏之需才缚在弓上的，本非炫耀兵威之物，无须用贵重的铜制作。并且依郑、贾之说，它应该是竹制的，而不是铜制的。它的长度应大体与弓相等，才能使它所保护的弓不受损伤；假若它仅为20厘米~45厘米长的一枚铜件，则无法将1米多长的弓加以周到的保护。故"弓形器"不是弓柲。第三，"弓形器"的造型何以要在两头做出顶端带铃的曲臂？石说的解释是：此两末端可以作为弓已拉满的标准，铃可以在发出箭后有响声。唐先生评之为："向壁虚构，羌无实据。"唐说则认为："其所以两端上屈如臂，是由于系缚牢固，不致摇动。铃或其他马头等形象，都是装饰，但也许是怕人盗窃，跟簋的方座下有铃是一个道理。"然而如仅着眼于系缚牢固的目的，可采取的方法很多，大可不必统一用铸出两条曲臂这种奇特的、对于缚结来说又不很方便的形式。"弓形器"是一种工具，总不应老放着不动，它和在宗庙等场所陈置的簋之使用的情况大不相同；倘若那上面的铃一响，使用者就要注意防盗，恐不胜其烦。故唐说亦缺乏合理性。

也有些学者认为"弓形器"并非弓上的附件。马衡先生曾说："近见一器，状如覆瓦，长约尺许，宽寸余。两端各有曲柄，柄末铜和下垂。《西清古鉴》目为旂铃，其实即轼前之和也。"[2] 但至今在出土的车马器中尚不能确指何物为"和"，故马说难以被证实。至于"旂铃"说，近年又得到秦建明先生的认同，他并作出"弓形器在旂旗上位置示意图"（图39-4:1），详加阐释。[3] 唐嘉弘先

---

① 郭宝钧：《一九五〇年春殷墟发掘报告》，《中国考古学报》第5册，1951年。

② 马衡：《凡将斋金石丛稿》，中华书局，1977年。

③ 秦建明：《商周"弓形器"为"旂铃"说》，《考古》1995年第3期。

生则认为"弓形器乃衣服上的挂钩，用以悬挂装饰物品的"（图39-4:2）。[1]但"弓形器"出土的位置多在车中或骑马人腰间，上述使用方法和这些现象颇相龃龉。此外，"弓形器"在南西伯利亚青铜时代的卡拉苏克文化中也曾发现。[2]苏联考古学家科仁认为使用此物时，应把它和轭以靷绳连接起来，组成一副像后代所称"套盘"那样的挽具（图39-4:3）[3]。这种设想与实际情况相去太远，与这个时代之古车的系驾法全不相合。况且"弓形器"之两曲臂并不十分硕壮，用它作为套盘上极吃力的部件，也是这件器物所不能胜任的。

图39-4　对"弓形器"使用方法的几种设想

1　旂铃说（据秦建明）

2　挂饰物钩说（据唐嘉弘）

3　套盘说（据科仁）

1980年，林沄先生发表了《关于青铜弓形器的若干问题》一文，在探讨"弓形器的用途"一节中，此文的结论是：弓形器"为系于腰带正前方的挂缰钩。但这一新的假设，仍有待今后更多的考古发现来验证"[4]。林氏矜慎，谦称其说为"假设"；笔者则认为，这一看法精当无误。兹谨在林文的基础上，就此问题谈一点看法。

根据出土实例得知，我国商、周古车的车厢有大、小两种，小车厢的宽度仅1米许，只能容纳两名乘员。这种车投入战斗时，如由御者双手执缰绳即辔，车上只有一名乘员可以使用武器；倘使此人伤亡，则该车与其御者将完全陷于被动挨打的境地。对此，当时似应有某种对应的措施。在西方，古战车

① 唐嘉弘：《殷周青铜弓形器新解》，《中国文物报》1993年3月7日。

② С.В.Киселеb，《Древнияя история Южной Си-бири.гл.IV.Москва，1951.

③ П.М.Кожин，К вопросу о происхождении ииьских колеснин，《Культуранародов зарубежной Азии и Океании，Леиьнград，1969.

④ 林沄：《关于青铜弓形器的若干问题》，《吉林大学社会科学论丛·历史专集》，1980年。

图39-5 一人兼御者与射手时，将辔绳系于腰间。埃及底比斯阿蒙神庙浮雕中乘战车的法老拉美西斯二世

上有时仅一名乘员，此人既要驾车，又要战斗，遂将辔系在腰间，以便腾出双手使用武器（图39-5）。不过这种方式把辔拴得太死，不够灵活。而如果将"弓形器"缚在御者腰前，既可用那上面的两条曲臂挂住辔绳，通过"弓形器"驾车，又可根据需要随时将辔解下，重新用手操纵，显然更为适用。从它的造型、尺寸和牢固程度看，也完全适合这一用途；和考古发掘所揭露的情况也有相合之处。仍以小屯M20车马坑为例，如图39-3所示，其车舆东南部有一带玉饰的人头骨，舆的西北部有两条腿骨，则此人的躯体应压在车上，其骨骸虽已大部不存，但"弓形器"出土时正位于他的腰部附近。安阳武官村大墓中E9殉葬人的"弓形器"亦出在腰间。[①]均可印证上说。而且在殷墟出"弓形器"的八座车马坑中，有四座坑同出铜、骨或玉制的策柄，且往往与"弓形器"放置在一起[②]。此物与驭马的策伴出，正说明二者以类相从。不过，小屯M20车马坑中压在车上的人架不太完整，也没有在辔与"弓形器"之间显示出互相连接的痕迹，因此上面的说法仍是一种未被出土物充分证实的推测。当然，要在考古发掘中找到保存状况绝佳的有关之实例，是很不容易的。但在古文献中却发现了一些支持这一推测的线索。如《诗·小雅·采薇》中有一章说：

驾彼四牡，四牡骙骙。

君子所依，小人所腓。

---

① 《一九五〇年春殷墟发掘报告》。

② 杨宝成：《殷墟文化研究》，武汉大学出版社，2002年，第142页。

四牡翼翼，象弭鱼服。

岂不日戒，狁孔棘。

这章主要描写一辆驾四匹马的车，对车上的装备诗中只举出象弭、鱼服二物。其中的象弭特别值得注意。毛《传》："象弭，弓反末也，所以解䋢也。"郑笺："弭，弓反末弯（别）者，以象骨为之，以助御者解辔䋢，宜滑也。"这种弭与装在弓梢末梢上用以挂弦的弭是不同的两种器物，因为后一种弭与辔全然无涉。《说文·弓部》："弭，弓无缘，可以解辔纷者。"其定义之后一部分也是指《采薇》所咏的这类弭。旧说把《采薇》中的象弭当作弓梢之弭，以为诗中的弭代表弓；服是箭囊，鱼服代表箭，则属误解。这里说的鱼服其实也是车上固定的装备。《仪礼·既夕礼》："主人乘恶车，白狗幦，蒲蔽，御以蒲菆，犬服。"这个犬服自应从属于车。郑注："笭间兵服，以犬皮为之。"它是装在车笭间的一个箱笼状物，又名笼服，其实物曾在始皇陵出土的1号铜车上见过。它虽然多用以盛箭，但也可以盛别的物件，如《周礼·巾车》中提到的"小服"，郑注说它是"刀、剑、短兵之衣"，说明其中可以盛刀、剑及其他短兵。《续汉书·舆服志》（以下简称《舆服志》）还说耕车上有"耒耜之箙"。所以《采薇》中的鱼服是装在车上的用海兽皮做的笼服。[1]"毛公鼎"所记受赐的车器中也有"鱼箙"，却不曾与弓矢之属并列。可见鱼服和别的笼服一样，所盛之物尽可多种多样；因而不能用它代表箭。故诗中说的训"弓反末"又可用来解辔的弭，似非"弓形器"莫属了。

说"弓形器"即这种弭，还可以找到其他旁证。如《左传·僖公二十三年》记晋公子重耳对楚成王说："若……晋、楚治兵，遇于中原，其辟君三舍。若不获命，其左执鞭、弭，右属橐、鞬，以与君周旋。""左执鞭、弭"一语，多被解释为左手执鞭与弓，其实这样讲不通，因为下文明说右边挂着橐（箭囊）、

---

① 《诗·采薇》孔疏引陆玑疏："鱼服，鱼兽之皮也。鱼兽似猪，东海有之。"

图 39-6　河南安阳小屯
M164 马坑平面图

鞬（弓袋）。如果弭也代表弓，鞬也代表弓，则重耳的话翻来覆去、叠床架屋，就不成称为著名的外交辞令了。其实这里说的与鞭为伍的弭，显然是一种御车用具，把它解释成"弓形器"，倒是很通顺的。

还应当说明的是，系辔用的"弓形器"即弭并不仅限于御车，早期的骑马者亦曾使用此物。小屯 M164 马坑中葬有一人、一马、一犬，人架身下压着一柄精美的驭马所用之策，此人被认为是一名骑手[1]，但他的腰间有一件"弓形器"（图 39-6）[2]，可为上说之证。此外，在卡拉苏克文化中，"弓形器"也常在墓主腰部出土。[3] 那里罕见车的痕迹，其"弓形器"也应是骑手驭马用的。

"弓形器"即弭在商末周初颇盛行，以后在中原地区渐少见。但在南西伯利亚地区，其流行时间一直延续到相当我国春秋时代。不过既然西伯利亚有，也就很难断言它在中原已完全绝迹。而且假如上文对重耳所称"左执鞭、弭"一语的解释得以成立，则春秋时晋、楚等地仍使用此物，唯实例尚有待发现。到了汉代，学者对它似乎还有所理解，但已不十分熟悉，所以《采薇》的毛《传》和郑笺中对弭的解释遂若即若离。时代愈晚，则愈陌生。如唐孔颖达在《采薇》的疏中说："弭之用骨，自是弓之所宜，亦不为解辔而设。……若辔或有紒，可以助解之耳；非专为代御者解紒设此象弭也。"他的认识比毛、郑又大为逊色，说得不着边际，反映出这时对"弓形器"即弭的作用已感茫然了。

上文已经谈到，主张"弓形器"即挂缰钩，是林沄先生最先提出来的，笔者对此说表示信服。但在林文的论述过程中，还曾以"鹿石"上的刻纹作为判

---

① 杨泓：《骑兵和甲骑具装》，载《中国古兵器论丛》，文物出版社，1980 年。
② 石璋如：《殷墟最近之重要发现》，《中国考古学报》第 2 册，1947 年。
③ 〔苏联〕吉谢列夫：《苏联境内青铜文化与中国商文化的关系》，《考古》1960 年第 2 期。

断"弓形器"用途的重要依据之一。他说:

> 广布于蒙古北部、苏联图瓦和外贝加尔的"鹿石",早就有人推测是一种概略化的人像。这次在乌施金-乌魏尔所详细勘查的"鹿石"中,第14号"鹿石"的上端有仔细刻出的人面,从而确证其他"鹿石"亦源于不同程度地简化了的人像。早先,在不刻人面的"鹿石"上,已经发现过刻有腰带的例子,而在腰带上挂着短剑、战斧、小刀、砺石等物,而且还挂着弓形器。乌施金-乌魏尔第14号"鹿石"之可贵处,则在于有人面而可以确凿判断弓形器是挂在腰带正前方的。[①]

自从林文提出鹿石上刻有"弓形器"之说后,多年来常得到学者的肯定。如乌恩先生说:

> 弓形器……在商周墓葬中屡见不鲜,在南西伯利亚卡拉苏克文化和塔加尔文化中也有这类器物。关于弓形器的用途,学术界颇有争议,有弓柲说、有挂缰说。但不管其用途如何,蒙古鹿石的腰带正中常刻有弓形器,而这种弓形器自西周以后已消失。[②]

于是,则不仅认为鹿石上刻有"弓形器",而且反过来又依据"弓形器"为鹿石断代;二者

图 39-7　蒙古国库苏古尔省木伦市乌施金-乌魏尔 14 号鹿石

---

① 《关于青铜弓形器的若干问题》。

② 乌恩:《试论贺兰山岩画的年代》,《文物》1994 年第 7 期。

的关系遂愈益密不可分。但实际上此说大有可商。因为细审该鹿石刻纹,其所谓"弓形器"太小,两曲臂的位置偏低,互相靠得太近,悬垂的方式也与使用"弓形器"的情况不同(图39-7)。根据诺夫戈罗多娃的《古代蒙古》与沃尔科夫的《蒙古鹿石》等书所提供的实例,蒙古鹿石人像腰间佩戴的"弓形器"乃是一种挂钩,有单钩,也有双钩;连接双钩的轴杆有的是一根,也有的是两根(图39-8:1)。[1]这类挂钩在我国北方夏家店上层文化的墓葬,如辽宁凌源五道河子1号墓、辽宁朝阳十二台营子2号墓、内蒙古宁城南山根石椁墓及小黑石沟8061号石椁墓中均曾出土;传世品中也有不少例子[2]。它们的形制与鹿石刻纹互相对应,故后者显系此物(图39-8:2~7)。出土之铜挂钩的宽度在5厘米~14厘米间,与鹿石刻纹中之挂钩的比例相符,而与"弓形器"的宽度有别。

图39-8　鹿石刻纹与铜挂钩

1　蒙古鹿石上的挂钩形刻纹
2　铜单挂钩　美国Calon da氏藏
3　铜单挂钩　瑞典斯德哥尔摩远东古物馆藏
4　铜双挂钩　辽宁凌源五道河子1号墓出土
5　铜双挂钩　辽宁朝阳十二台营子2号墓出土
6　铜双挂钩　内蒙古宁城小黑石沟8061号墓出土
7　铜双挂钩　美国Sackler氏藏

---

[1] Э.А.Новгородв а,Древняя Монголияо,*Неко-торые проблемы хронологии иэтнокультрной истории*.Москва,1989. В.В.Валков,*Оленные камни Монголии*.Улан-Батор,1981.

[2] 出土的铜挂钩见辽宁省文物考古研究所:《辽宁凌源县五道河子战国墓发掘简报》,《文物》1989年第2期。朱贵:《辽宁朝阳十二台营子青铜短剑墓》,《考古学报》1960年第1期。李逸友:《内蒙昭乌达盟出土的铜器调查》,《考古》1959年第6期。宁城县文化馆等:《宁城县新发现的夏家店上层文化墓葬及其相关遗物的研究》,《文物资料丛刊》(9),文物出版社,1985年。传世的铜挂钩见E.C.Bunker、C.B.Chatwin、A.R.Farkas,"*Animal Style*" *Art from East to West*,New York,1970. J.F.So、E.C.Bunker,*Traders and Raiders on China's Northern Frontier*,Seattle and London,1995. 东京国立博物馆:《大草原の骑马民族》,东京,1997年。

而且挂钩之钩首与钩体间有时仅留一窄缝，个别例子两者甚至互相搭合，无法用于挂缰。夏家店上层文化的年代约为西周中期至战国中期，从整体上说较"弓形器"盛行的时代略晚，所以研究"弓形器"时不宜与鹿石相比附。并且此物由于体型较大，平时佩戴有所不便。它是一种专用工具，大约只在驾车或骑马时才紧缚于御者、骑手腰前。它的正式名称应定为"弓彄"，通常可称为"弓形器"，联系其用途则可以叫作"挂缰钩"。至于林文说"弓形器"是商代首创并进而影响到北方草原地区的，则与器物本身的年代所反映出的情况正合，笔者认为这一点殆无可置疑。

（中国考古学会第八次年会论文，1991年）

40　车战没落的原因

在车战兴盛的时代中，战车数量往往成为衡量国力的指标之一，如有所谓"千乘之国""万乘之君"等提法。西周、春秋时的许多战役都以车战为主，而且规模很大。前632年，晋、楚间的城濮之战，晋国出动战车"七百乘"（《左传·僖公二十八年》）。前607年，郑、宋间的大棘之战中，郑国一次就俘虏了宋国的战车"四百六十乘"（《左传·宣公二年》）。春秋晚期，各国军备激增，这时晋国的战车达四千乘，楚国战车的数量也与之不相上下。然而自战国以降，车战逐渐没落。汉代虽有"车骑将军"等名号，但在战争中，车辆多用于运输辎重或环卫营地。唐代发生安史之乱时，房琯曾循古制以战车御叛军，结果吃了大败仗，被舆论视为食古不化、不识时务。

声势浩大的车战为何竟走下了历史舞台？分析起来，原因大约有以下几个。

首先，战车无论驾四匹或二匹马，都是一个庞然大物。纵然车体不算太笨重，但由于占的面积大，所以只在开阔地上才能纵横驰骋；水网、丘陵、林莽、沙漠地带均不利于车战。早在西周时期，《不其簋铭》就说："弗以我车函（陷）于艰。"即告诫车士要注意地形，不要陷于困境。《吴子·应变》说："凡用车者，阴湿则停，阳燥则起。"前575年的鄢陵之战中，晋国的车队就"陷于淖"，几乎覆没。加以它们投入战斗时须编成作战队形，即所谓成列；如果不是在大平原上，就难以充分将队形展开。何况单独一辆车固然可以快速奔跑，而成百辆车组成的车队再带上它们随车的徒兵，运动起来则比较拖沓。当时车队行军的标准速度是一天三十里。《左传·庄公三年》："凡师一宿为舍。"孔颖达疏："舍者，军行一日，止而舍息也。"杜预注："一舍三十里。"（《左传·僖公二十三年》)《孙子·军争》:"三十里而争利。"《韩非子·说林》也说:"我行三十里击之。"春秋时1尺约合22厘米。1800尺为1里,约合396米。以现代用语表述,则车队一天才前进不到12公里。说明当时成队列的战车不够灵活,这是它难以克服的弱点。

再者,车战的战斗方式也很特殊。古车一般只乘二人。乘三人的车不仅出现得相对晚些,而且三人中还有一人应是将领。即郑玄所说:"左,左人,谓御者。右,车右也。中军,谓将也。"(《诗·清人》笺)杜预也说:"(将领)在中央当鼓,御者居左,勇力之士执戈在右。"(《左传·成公二年》注)但车上乘将领的概率毕竟相对要小,所以多数战车上只有左边的御者和右边的武士,这种安排既是传统也是常规。甲骨文中记载商王田猎时,多强调猎物在右方,如"射右豕"(《合集》28305、28366)、"射右鹿"(《合集》28327、28339,《屯南》495)、"射右麋"(《合集》28364、28365、28377,《屯南》641)、"射右兕"(《合集》28392)等例。因为二人乘一车,左边是御者,所以只能由居右的持武器者射击右侧出现的猎物。又甲文称:"癸未卜,王曰贞。右兕在行,其左射,及。"(《合集》24391)这里说的"左射"指左旋而射,与《诗·秦风·驷䮘》"公曰左之,舍拔则获"的用意相同。进行车战时更是如此,双方的两辆车接近时,各自均应向左调转,称"左旋",以利于双方右侧的武士交锋(图40-1)。也就是说,车战中有共同的规则,双方都必须遵循;否则乱打一气,势必成为一场没有胜利者的混战。《诗·郑风·清人》"左旋右抽",即指这种战斗动作而言。但通行本中"右抽"的"抽",实系误字。《说文·手部》"搯"下引三家诗作"左旋右搯"。搯训击刺,于义为胜。[①]

世界各国均以步兵为最古老的兵种,然而在我国盛行车战的年代里,步兵

---

① 《清人》中这句诗本应作"左旋右搯"。今人说诗时或未注意校勘,而依"左旋右抽"立说。如金启华《诗经全译》将其解释为:"左手儿挥旗,右手儿抽刃。"蓝菊荪《诗经国风今译》则译为:"车上的侍工做出许多花样,那官儿手舞足蹈,犹如疯狂。"都是从字面出发,将"左旋"说成是"挥旗"或"做花样"。尤其是蓝译,大约把"抽"字理解为"抽风"了。

图 40-1　车战中驱车"左旋"，
使双方车右的武士便于交锋

却大都作为战车的隶属徒兵而存在。西周时，据《禹鼎铭》所记"戎车百乘，斯驭二百，徒千"的比例推算，这次出动了一百辆战车，每辆车配备两名车士，十名徒兵。后来增加成"五伍共卫一车"的二十五人制。春秋时，则如《左传·隐公元年》杜注所说，"古者兵车一乘，甲士三人，步卒七十二人"，成为七十二人制了。说明步兵的重要性在增加。但当时战车上的甲士最低也是"士"一级的贵族，而步兵却是庶民即"国人"。作战时"车驰卒奔"，即战车在前面冲锋陷阵，步兵在后面跑步紧跟。步兵不仅在编制上隶属战车，所执行的任务也是为战车服务。冲锋不必说，败退时也要首先保住战车。在晋、楚间的邲之战中，战败了的晋军"殿其卒而退"（《左传·宣公十二年》）；即让战车先撤，步兵在后面做掩护。

我国南方多水网沼泽，故南方各国的战车不多。据《吕氏春秋》记载，在前505年的吴、楚之战中，吴国选"利趾者三千人以为前阵"。又据《国语·吴语》，在前478年的笠泽之战中，"越王……以其私卒君子六千人为中军"。这三千人和六千人都是步兵。吴国原来不会车战，直到前584年，晋国才派巫臣到吴国去，教会吴人射法、御法和车战阵法。

在北方，戎、翟居山地，中原国家如果攻打他们，车战同样难以奏效。特别是当时的起义军，如所谓萑苻之泽的"群盗"等，都聚集在山林泽薮之中，也不是战车的用武之地。同时必须看到，如果战车陷于步兵的重围，还会丧失其机动性和冲击能力。在《左传》中，多次记下战车指挥官因感到步兵难以对付而发出的喟叹。隐公九年（前714年）郑伯与戎人作战时曾说："彼徒我车，惧其侵轶我也。"昭公元年（前541年）晋国的魏舒与狄人作战时也说"彼徒我车，所遇又阨"，故"毁车以为行"，干脆放弃车战，改用步战了。

骑兵则出现得比较晚。上古以马驾车，不单骑。《左传·昭公二十五年》载："左师展将以公乘马而归。"古代史学家刘炫、王应麟都认为"此乘马之渐"[1]。而骑兵成为单独的兵种，则始于战国时期的赵武灵王。《史记·赵世家》记武灵王的话说："今吾将胡服骑射以教百姓。"又说，寡人"变服骑射，以备燕、三胡、秦、韩之边"。顾炎武认为："骑射所以便山谷也，胡服所以便骑射也。"出土的竹简本《孙膑兵法》也说："易（平地）则多其车，险则多其骑。"传世的《孙膑兵法》更对骑兵的优越性极口称赞："夫骑者，能离能合，能散能集。百里为期，千里而赴，出入无间。"[2]赵国建立了骑兵部队后，军威大振，几年之内就灭了中山国，占领了林胡、楼烦的大片土地，成为北方强国。在步、骑兵的这些优势面前，战车不能不相形见绌。

还必须看到，虽然到了战国，时代潮流和战争性质已经产生变化。但在春秋时，西周那一套宗法制度、礼乐文明尚未全盘崩解，还讲究"尊王攘夷""取威定霸"，还有人将战争的目的定为"争义不争利"（《司马法·仁本》）。交战时还多少保持着"结日定地，各居一面，鸣鼓而战，不相诈也"的老规矩（《公羊传·桓公十年》何休注）。晋、楚间进行城濮之战时，楚军统帅令尹子玉在阵前还对晋侯说："请与君之士戏，君凭轼而观之，得臣（即子玉）与寓目焉。"（《左传·僖公二十八年》）这个"戏"字有比武、比赛之意；可见这时还给战争蒙上一层彬彬有礼的面纱。更著名的例子是在宋襄公与楚人进行泓之战时发生的。临战之际，"宋人既成列，楚人未既济。司马曰：'彼众

---

① 刘说见《左传》正义引。王说见《困学纪闻》。

② 《通典》卷一四九引。

我寡，及其未既济也，请击之。'公曰：'不可。'既济而未成列，又以告。公曰：'未可。'既阵而后击之，宋师败绩。"战后宋襄公还振振有词地说："君子不重伤，不禽二毛（头发花白者）。……不鼓不成列。"（《左传·僖公二十二年》）简直把战争完全当成竞技表演了。再如鄢陵之战时，郑国随楚国对抗晋国，郑成公几乎被晋国将军韩厥捉住，当他尚未来得及跑掉之际，韩厥车上的御手杜溷罗说："速从之，其御屡顾，不在马，可及也。"韩厥的回答却是："不可以再辱国君。"（《左传·成公十六年》）胜券已经在握，还要保全对方国君的颜面，而纵敌逃逸。不过这类情况只能发生在春秋时。这时在对峙的车队间，只要一方乱了阵脚，就很难重整队列，于是胜负立见分晓。所谓"一鼓作气""马到成功"，正可用于描述春秋车战中胜利者的气势。因此这时的大战，如城濮之战、邲之战、鞌之战等，都在一天当中结束战斗。规模空前的鄢陵之战，"旦而战，见星未已"；楚师就坚持不住，自己"宵遁"了。及至战国，不仅战役的时间拉长，兵员的人数也猛增。前341年的马陵之战，魏国出兵十万。前293年，秦破韩、魏联军于伊阙，斩首二十四万。前251年燕攻赵，出兵六十万。前226年秦攻楚，出兵也是六十万。同时兵员的战斗力和行军速度也大为提高。这时魏国的武卒"衣三属之甲，操十二石之弩……日中而趋百里"，楚国的军队"轻利僄速，卒如飘风"（《荀子·议兵》）。齐国的军队"疾如锥矢，战如雷电，解如风雨"（《战国策·齐策》）。一日行三十里的春秋车队已无从望其项背。而且战国七雄都"能具数十万之兵，旷日持久数岁"（《战国策·赵策》）。如魏"围邯郸三年"（《吕氏春秋·不屈篇》）。齐相孟尝君组织联军攻函谷关，"西困秦三年，民憔悴"（《战国策·燕策》）。战争的残酷程度更是骇人听闻。前260年秦、赵长平之战，赵"卒四十万人降"，秦军"乃挟诈而尽坑杀之。遣其小者二百四十人归赵。前后斩首虏四十五万人"（《史记·白起王翦列传》）。这样的大屠杀在全世界的古代史上也极罕见，"不重伤""不禽二毛"等要求在它面前已经完全没有考虑的余地。根本原因是，春秋时华夏诸国间的战争是争霸之战，而战国时则是为了建立中央集权的封建专制帝国而战，以消灭对方的有生力量为目的。为达到这个目的，可以不择手段。这时没有谁再去理会那些恍若隔世的车战游戏规则，它的没落也就是历史的必然了。

（原载《中国国家博物馆馆刊》2014年第11期）

41　玉具剑与璏式佩剑法

西汉董仲舒《春秋繁露》说："剑之在左，青龙之象也。刀之在右，白虎之象也。韨之在前，朱鸟之象也。冠之在首，玄武之象也。四者人之盛饰也。"东汉张衡《东京赋》描写皇帝的装束时，也说他"冠通天，佩玉玺，纡皇组，要干将"。在我国，自先秦以迄汉、晋，男子法服盛装时均须佩剑。而玉具剑是其中最豪华的一种。《说苑·反质篇》说："经侯往过魏太子，左带玉具剑，右带环佩，左光照右，右光照左。"①则战国时可能已有这一名称。剑上的玉具最完备时共有四件，即《汉书·匈奴传》颜师古注引孟康所说的"摽、首、镡、卫"。其中首和镡装在剑上，而摽和卫装在鞘上。已经发现的时代最早的玉具剑是春秋晚期前段的，那上面只有玉首和玉镡，春秋晚期后段才出现玉卫（璏）和玉摽②。但其最兴盛的时期是在汉代。辉县赵固1号墓的出土物中虽已有玉制的摽、首、镡、璏，却并不装在一把剑上；一剑而四件玉具齐备的标本要到汉代才出现③。可是古兵器研究者至今对这些玉具的定名还不统一，有时甚至把剑体本身上的名称也加于玉具。这种情况不利于研究的深入，因此有必要结合实物和文献记载再加以考订。

一、首。《释名·释兵》：剑"其末曰锋"。锋在下为末，那么，上面的剑柄顶端当为首。玉具剑在柄端所装玉饰即玉首，这一点已为多数研究者所公

---

① 通行本作"左带羽玉具剑"，"羽"字衍。《北堂书钞》卷一二八、《艺文类聚》卷六七引《说苑》皆无"羽"字。

② 春秋晚期前段的玉具剑，如邯郸百家村57号墓所出者，只装玉首、镡。春秋晚期后段的洛阳中州路2717号墓所出者才装玉璏，辉县赵固1号墓所出者才装玉摽。

③ 夏鼐《汉代的玉器》（《考古学报》1983年第2期）说："具备有四种主要玉剑饰于一剑而称为'玉具剑'的，似乎始于汉代。"

认。此物明、清人或称之为理、瓅①，现代已经很少有人再沿用了。只是驹井和爱曾把上引"摽、首、镡、卫"的句读断为"摽首、镡卫"，将摽与首、镡与卫，各误连为一词。②后来郭宝钧也称剑首为"标首"，造成的影响较大。③

二、摽。摽或作标、镖。萧该《汉书音义》引《字林》："摽，刀削末铜也。"又《淮南子·天文训》高诱注："标，读刀末之标。"《说文·金部》："镖，刀削末铜也。"按以票为声符的字常有末义，《说文·木部》："标，木杪末也。"《集韵》："薸，禾末。"《荀子·赋篇》杨倞注："剽，末也。"摽是鞘末的包尾。《梁书·侯景传》："景所带剑水精标无故堕落。"这是由于它位于鞘的最下端，所以容易脱落。它本用铜制作，玉具剑代之以玉。我国古代曾把玉理解为"美石"，所以玛瑙、水晶等连类而及，也用于琢制剑具。广西宾阳战国墓与河北邢台西汉刘迁墓出土的铜剑装水晶首、镡和瓅④，正和侯景之剑的做法相同。

但有的研究者称玉摽为琕。按《诗·大雅·公刘》："鞞（琕）琫容刀。"毛《传》："下曰鞞，上曰琫。"《释名·释兵》也说刀室"下末之饰曰琕"。则摽可以作为刀、剑鞘末之包尾的通称，而琕只用于刀，不用于剑；因为在古文献中还没有发现过"剑琕"这种称谓。又有人称玉摽为珌。这种叫法来源于《诗·小雅·瞻彼洛矣》："鞞琫有珌。"毛《传》："鞞，容刀鞞也。琫上饰，珌下饰也。天子玉琫而珧珌。"⑤即使撇开刀和剑的区别不论，《毛诗序》说这首

---

① 明人撰《古玉图谱》（旧题〔宋〕龙大渊撰）称玉剑首为理，〔清〕吴大澂《古玉图考》称之为瓅。

② 〔日〕驹井和爱：《汉代の玉具剑に就いて》，《考古学杂志》22卷12号，1932年。

③ 郭宝钧《古玉新诠》（《历史语言研究所集刊》第20本，下册，1948年）称玉剑首为标首。此名称为四川省文物管理委员会《成都羊子山第172号墓发掘报告》（《考古学报》1956年第4期）、中国科学院考古研究所《辉县发掘报告》（科学出版社，1956年）及云南省博物馆《云南江川李家山古墓群发掘报告》（《考古学报》1975年第2期）等文章、著作所沿用。

④ 广西壮族自治区文物工作队：《广西宾阳县发现战国墓葬》，《考古》1983年第2期。河北省文物管理处：《河北邢台南郊西汉墓》，《考古》1980年第5期。

⑤ 《说文·玉部》："珧，蜃甲也。……《礼记》曰：'佩刀，天子玉琫而珧珌。'"这里的引文虽不见于今本《礼记》，但也认为珧是佩刀上的部件。

诗是"刺幽王也"，则应作于西周末年；那时还是柳叶形短剑的时代，长剑尚未产生，遑论此玉剑具中较为晚出之物。《说文》中虽然收了珌字，谓："珌，佩刀下饰，天子以玉。"其实是沿袭成说讲解经训而已，并不表示当时尚通用这一名称。所以对玉具剑来说，此物仍以定名为摽较妥。

三、璏。《汉书·匈奴传》颜注："卫，剑鼻也。……卫字本作璏，其音同耳。"《说文·玉部》："璏，剑鼻玉也。"又《汉书·王莽传》："后莽疾，（孔）休候之。莽缘恩意，进其玉具宝剑，欲以为好。休不肯受。莽因曰：'诚见君面有瘢，美玉可以灭瘢，欲献其璲耳。'即解其璲。"颜注："服虔曰：'璲音卫。'苏林曰：'剑鼻也。'师古曰：'璲字本作璏，从玉彘声，后转写讹也。'"郭宝钧《古玉新诠》说："彘、卫非仅同音，实为古今字。吾人发掘卫侯墓，其戟铭从，卫正作㢱，少一与首耳。"[1]可证璏就是孟康所说的卫，亦即玉制的剑鼻。

但训剑鼻的璏又是什么呢？自宋吕大临《考古图》、元朱泽民《古玉图》、明谢堃《金玉琐碎》、明文震亨《长物志》到清瞿中溶《古玉图录》等书都认为它就是剑鞘上的玉剑扣。后来清吴大澂《古玉图考》改定其名为璏，乃为端方《匋斋古玉图》、劳费尔《玉》、滨田耕作《有竹斋古玉谱》、梅原末治《从考古学上所见汉代文物之西渐》、商承祚《长沙古物闻见记》及近年出版的《广州汉墓》等著作所沿用。但它曾引起陈大年的反驳，他认为："（玉剑扣）在剑鞘之中央，其形直垂，如人鼻形。且鞘为卫剑而设，此器既镶在鞘上，亦与卫义有关，不特音之相通为然。是则应名之为璏，不应复照吴说称为剑璏也。"[2]陈氏称玉剑扣为璏，是根据鼻形和璏、卫读音相同这两点立论的。郭沫若也认为玉剑扣应名璏，他说："璏着于鞘，有类于鼻，孔复贯綖，亦似穿牛鼻然，故谓之鼻也。"[3]但仅举出这样两项理由，说服力还不够强，因为主张璏是指剑格者可以另作解释。如郭宝钧说："后世名剑隔为卫手、护手，正隔绝剑刃护卫

① 《古玉新诠》。
② 陈大年：《古玉石器、琉璃器出品说明书》，教育部第二次全国美术展览会，南京，1937 年。
③ 郭沫若：《金文丛考·金文释余·释鞞》，人民出版社，1954 年。

人手之意；此璏之所以名也。"①周南泉也主张璏指剑格，他说："所谓'剑鼻'，是根据它的形态和部位在当时人们中的一种俗称，是剑身整体形象化的比喻。因为玉璏处在剑首之下，剑口（刃）之上，形有脊如鼻而名。"②两说各执一词，问题并没有解决。

其实对剑鼻的解释，还应从它的用途上着眼。《说文·金部》："钮，印鼻也。"《广雅·释器》："（印）钮谓之鼻。"《淮南子·说林训》："龟纽（钮）之玺，贤者以为佩。"高诱注："钮，系佩服也。"不但印钮可以称鼻，镜、钟之钮也可称鼻。《酉阳杂俎·物异篇》："有铁镜径五寸余，鼻大如拳。"《唐重修内侍省碑》："武德殿前旧钟，累朝宝其灵异，昨因烧损鼻穴，不堪复悬。"③可见鼻是指器物上供贯组带以悬系之处而言，鞘上的玉剑扣的作用正符合上述鼻的定义。不仅如此，《仪礼·士冠礼》"青絇"，郑玄注："絇之言拘也，以为行戒，状如刀衣鼻在屦头。"絇是勾曲的屦头；刀、剑鞘上的鼻即璏侧视作 〜 状，正和屦絇的形状相像（图 41-1）④。而剑格却和系钮及屦絇完全联系不上，所以璏只能指剑扣而言。回过来再看所谓剑格卫手之说，就越发显得难以成立了。因为古剑格的形体很小，并不足以卫手。而且当时的剑是"直兵"，击刺方式和后世的刀不同，无须装那类护手。何况《王莽传》中有"解璏（璏）"的记事，倘若璏是位置相当于护手的剑格，则应当固着在剑上，难以解得下来。⑤因此，璏不是剑格，而是鞘外的剑扣。

图 41-1　汉，画像砖上所见的屦絇

①　《古玉新诠》。
②　周南泉：《玉具剑饰物考释》，《考古与文物》1982 年第 6 期。
③　保全：《唐重修内侍省碑出土记》，《考古与文物》1983 年第 4 期。
④　驹井和爱在研究玉具剑时最先注意到《士冠礼》郑玄注的说法，见《汉代の玉具剑に就いて》。关于屦絇，请参看拙著《中国古舆服论丛》，文物出版社，1993 年，第 284 页。
⑤　郭宝钧《古玉新诠》又释璏为璏（玉环），但这和《王莽传》颜注及《艺文类聚》卷六〇引《字林》之说均不合。就考古发掘中所见，也不能证明佩剑有系在腰间的玉环上的通例。

四、镡。《考工记·桃氏》郑玄注引郑众曰："茎谓剑夹,人所握,镡以上也。"《庄子·说剑篇》释文引司马彪曰："夹,把也。"既然人所握的剑把位于镡以上,则镡当居剑把和剑身之间,所以它就是通常所说的剑格。《急就篇》颜师古注："镡,剑刃之本,入把者也。"《汉书·匈奴传》颜注："镡,剑口旁横出者也。"又同书《韩延寿传》颜注："镡,剑喉也。"颜师古在以上三处的解释中,说法虽各不相同,但审其文义,均应指剑格而言。

镡又名剑珥。《说剑篇》释文引司马曰："镡,剑珥也。"《楚辞·九歌》:"抚长剑兮玉珥。"王逸注："玉珥谓剑镡也。"珥的用意和上引颜注所谓剑口旁"横出"的意思是相同的。《释名·释天》:"珥气在日两旁之名也。珥,耳也;言似人耳之在两旁也。"《吕氏春秋·明理篇》高诱注:"珥,日旁之危气也。……两旁内向为珥。"剑格的形状正向两旁横出,所以根据剑珥的命名判断镡即剑格,也具有合理性。

此外,断定镡是剑格还可以在《庄子·说剑篇》的叙述中找到旁证。《说剑篇》谓:"天子之剑,以燕溪、石城为锋,齐、岱为锷,晋、卫[①]为脊,周、宋为镡,韩、魏为夹。"这里提到了剑上的五个部位:锋、锷、脊、镡、夹,乃是自剑末至剑首循序列举的。锋指剑末。锷,《说文》作鄂,指剑刃。脊指剑身中部隆起处。锋刃毕露的剑,自当不在鞘内,所以此处并不涉及鞘外的剑扣即璏。因之,脊与夹之间的镡,也就只能被认为是剑格了。顺便提一下,日文つば(刀剑之格)的汉字是镡,可见当这个汉字传到日本时,它的意义也是被这样理解的。

不过在关于玉剑具的各种称谓中,对剑格的命名分歧最大。不仅有称之为璏的,还有称之为璘的。按《说文》谓璘是佩刀"上饰",徐传:"上谓首也。"则璘似是指玉首。但徐锴去古已远,他的说法不一定可靠。因为《释名·释兵》说"室口之饰曰璘。璘,捧也;捧束口也"。在朝鲜平壤附近的乐浪古墓

---

① 通行本作"晋、魏",此从日本高山寺卷子本校改。

中出土的环首刀，有的还保存着较完整的刀鞘，为了加固鞘口，在口沿镶有一道箍（图41-2）。所谓捧束室口之琫，应指此物而言。因而，琫并不是剑格。此外，还有称剑格为腊的①。按《考工记》："桃氏为剑，腊广二寸有半寸。"郑玄注："腊谓两刃。"孙诒让正义："云腊广二寸有半寸者，明剑身一面之横度也。腊广者，中为一脊，左右两从，合为一面谓之腊。其横径之度，广二寸半。"这些解释都很明确，即腊是指剑身的宽度，和剑格本不相涉。但程瑶田《考工创物小记·桃氏为剑考》说："腊者何？腊之言鬣也。前承剑身而后接于茎，半中而渐杀焉，以横趋于两旁，如发鬣鬣然，故谓之腊。"程氏的说法于古无据，他用鬣解释腊纯属牵附。但后来阮元却

琫

珌

图41-2　刀鞘上的琫与珌

举出一件实物以证成其说。《揅经室集·古剑镡腊图考》载一古剑柄（图41-3:1），阮氏把其剑格下的突出物名为"四出长鬣"，以为"必如此则腊之所以名腊，猎猎然如长鬣者，乃可见也"。但阮氏所举的例子实际上是西南或宁夏一带古民族使用的铜柄铁剑之柄②，这种剑柄附有较宽的格，下垂叉状尖齿，考古学上称之为"三叉格"（图41-3:2），与中原地区的周、汉之剑不属于同一类型，不能用它来解释《考工记》中的腊，因而阮说完全不能成立。但应该提到的是，在浙江绍兴漓渚东汉墓葬中出土过一柄环首刀③，其格下也有尖齿（图41-3:3），和阮元所举的标本中的"四出长鬣"有些相像；仿佛可以将阮说改用漓渚之例为证。但近年山东巨野红土山西汉墓出土的铁兵器上也发现此类尖齿（图41-3:4），原来装在鞘（已朽）外。虽然红土山的尖齿为两枚相对，与

① 如周纬《中国兵器史稿》（生活·读书·新知三联书店，1957年）、中国科学院考古研究所《洛阳中州路（西工段）》（科学出版社，1959年）、林寿晋《东周式铜剑初论》（《考古学报》1962年第2期）及增田精一《バルディア、ササン朝ブルシアの文化》（《世纪考古学大系》卷11）等著作中均将镡称作腊。

② 童恩正：《我国西南地区青铜剑的研究》，《考古学报》1977年第2期。

③ 浙江省文物管理委员会：《浙江绍兴漓渚东汉墓发掘简报》，《考古通讯》1957年第2期。

图 41-3　镡下装尖齿的兵刃

1　阮元所举剑柄与其标出的部位名称

2　铜柄铁剑　云南晋宁石寨山出土

3　东汉，环首刀　浙江绍兴漓渚汉墓出土

4　西汉，两件铁兵器　山东巨野红土山汉墓出土

5　铜镡铁铩　瑞典斯德哥尔摩远东古物馆藏

漓渚的只有一枚尖齿不同；但红土山的尖齿有的当中一齿特长，与漓渚的形状相同，显然是同类物品。瑞典斯德哥尔摩远东古物馆所藏汉代铁铩亦附鞘，鞘口也装有尖齿（图41-3:5）①。通过这些材料，可知此类尖齿是鞘上的饰物，与剑镡无关。

造成对剑镡的定名众说纷纭的现象还有一个原因，即由于自东汉以来，文献中对它的解释已产生若干舛误。如《释名·释兵》说：剑"其旁鼻曰镡。镡，寻也，带所以贯寻也"。则把剑扣即璏叫作镡。尽管《释名》是汉代人的著作，这种说法仍是不正确的；这可以用铩的构造作为有力的反证。铩在秦汉时是一种重要的武器，贾谊《过秦论》说："锄耰棘矜，非铦于句戟长铩也。"马王堆3号墓的遣册中记其兵卫有"执短铩六十人"，"操长铩（执）盾者百人"。据《说文》说，铩的形制是"铍有镡也"。通过对秦俑坑出土兵器的研究，已证实铍是一种长刃矛②。而出土物中确有在这种长刃矛的喉部装镡的武器（图41-4:1~3），应是铩。在一些画像石中的兵籣上也曾见到它（图41-4:4、5），其

---

① 红土山所出铁兵器见山东省菏泽地区汉墓发掘小组：《巨野红土山西汉墓》，《考古学报》1983年第4期，文中定为Ⅱ式剑，但可能是铍。远东古物馆藏铩见林巳奈夫：《中国殷周时代の武器》，京都，朋友书店，1972年，第120页。

② 刘占成：《秦俑坑出土的铜铍》，《文物》1982年第3期。

图 41-4 铩
1 河北定县北庄出土
2 河南洛阳烧沟出土
3 内蒙古包头后湾出土
4 画像石 江苏徐州青山泉
5 画像石 河南唐河

中江苏徐州白集画像石中的一例，将铩插在兵簴正中，可见对它的重视。《西京赋》："植铩悬瞂，用戒不虞。"描写的正是这种场面。铩是长兵，无法装扣贯带以佩，所以它的镡只能是那上面所装相当于剑格之物。又《说文·金部》："镡，剑鼻也。"则误以剑珥为剑鼻。徐传："镡，鼻也。人握处之下也。"虽仍尊许说训镡为鼻，却又说它在手握处之下，则指的还是剑格。何况《说文》已训璏为剑鼻，一剑之上不能兼存两鼻，因知镡字所训之剑鼻当为"剑珥"之讹。后人或弥缝诸说，如《战国策·赵策·赵惠文王三十年》宋鲍彪注："镡，珥鼻也。"直不知所云。《广韵》则两置之，属侵部者训剑鼻，属覃部者训剑口。多歧亡羊，使读者更无所适从了。

在以上的讨论过程中，提到了剑上的锋、锷、脊、腊、从、口、喉、镡、夹、茎、首、摽、璏、鼻、珥等部位和部件的名称。而各家所绘标明古剑各部名称的示意图中，彼此的提法时有出入。兹就所见，综合排列如图 41-5 所示。并在各家研究成果的基础上，试将本文的理解标示如图 41-6 所示。请读者鉴正。

下面，再对玉具剑的渊源略做探讨。如前所述，玉具剑出现于春秋晚期，邯郸百家村 57 号墓、六合程桥 2 号墓、洛阳中州路 2717 号墓所出的几例早期玉具剑[①]，都是扁茎的，玉镡皆作横直的一字形，琢有由蟠虺纹演变出来的涡纹（图 41-7:1~3）。但值得注意的是，在程桥 2 号墓中与扁茎玉具

---

① 河北省文化局文物工作队：《河北邯郸百家村战国墓》，《考古》1962 年第 12 期。南京博物院：《江苏六合程桥二号东周墓》，《考古》1974 年第 2 期。《洛阳中州路（西工段）》，第 97～98 页。

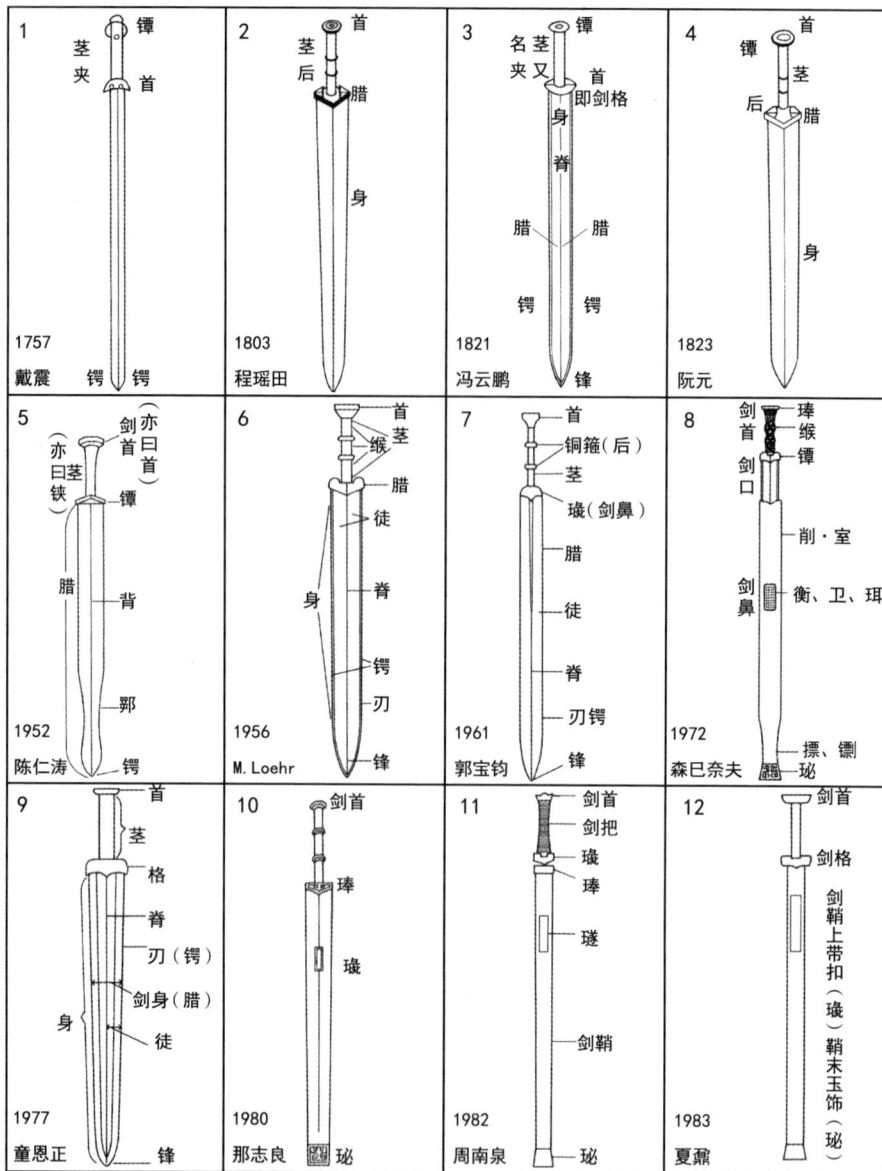

图 41-5　各家对古剑部位的定名

1　据《考工记图》卷上

2　据《考工创物小记》卷五

3　据《金索》卷二

4　据《揅经室集》一集

5　据《金匮论古初集》

6　据 Chinese Bronze Age Weapons

7　据《殷周的青铜武器》，《考古》1961 年第 2 期

8　据《中国殷周时代の武器》

9　据《我国西南地区青铜剑的研究》，《考古学报》1977 年第 2 期

10　据《古玉鉴裁》

11　据《玉具剑饰考释》，《考古与文物》1982 年第 6 期

12　据《汉代的玉器》，《考古学报》1983 年第 2 期

剑同出的Ⅱ式剑，是一种实心圆茎、有箍（即后）、蝠形镡①的铜剑。这种有箍的圆茎和蝠形镡，在浙江长兴和安徽屯溪的西周早期墓所出的剑上已经发现过，所以研究者认为程桥Ⅱ式那种类型的剑，起源于我国南方的吴越文化当中②。但是，扁茎和一字镡却并不是吴越剑的特点，而作为吴越铸造工艺之代表的吴王夫差、越王勾践、越王勾践之子、越王者旨于睗、越王州句等精美的名剑，又都不装玉具。因此看来玉具剑是在中原地区产生和发展起来的。程桥2号墓所出玉具剑和时代稍早些的百家村57号墓所出者是如此肖似③；前者很可能是由中原传到江南去的。

在装玉镡的剑中，不仅铜剑起初用扁茎，铁剑如满城西汉刘胜墓所出者（图41-7:4）及扬州东风砖瓦厂新莽墓所出者，也是扁茎④。这里面可能还有一个技术上的原因，即扁茎可以从镡孔中插过去，便于安装。而带箍的圆

图 41-6 本文对古剑各部位定名的理解

图 41-7 扁茎玉具剑
1 河北邯郸百家村 57 号墓出土
2 江苏六合程桥 2 号墓出土
3 河南洛阳中州路 2717 号墓出土
4 河北满城刘胜墓出土

---

① 这种剑镡一般作♡形，也有作♡形的，外轮廓有些像吉祥图案中的蝙蝠，故名。

② 李伯谦：《中原地区东周铜剑渊源试探》，《文物》1982年第1期。

③ 邯郸百家村57号墓所出铜器，如鼎、盘、豆、舟等，与洛阳中州路115号、唐山贾各庄18号、燕下都31号等墓出土者在器形与纹饰方面均相接近，所以其时代应属春秋晚期前段；而程桥2号墓则属于春秋晚期后段。参看林巳奈夫：《春秋战国时代文化的基础编年》（《中国殷周时代の武器》附录）。

④ 扬州博物馆：《扬州东风砖瓦厂汉代木椁墓群》，《考古》1980年第5期。

图 41-8　剑璲

（1：原始璲状物　2：Ⅰ型无襜璲　3、4：Ⅱ型单襜璲　5：Ⅲ型双襜璲　6～8：Ⅳ型双卷璲）

1　春秋，洛阳中州路 2415 号墓出土的象牙剑鞘

2　秦，陕西临潼秦俑坑出土

3　春秋，洛阳中州路 2717 号墓出土

4　汉，日本清野谦次氏收藏

5　东汉，洛阳烧沟 1039 号墓出土

6　西汉，广州汉墓出土

7　西汉，湖南长沙 240 号墓出土

8　西汉，满城刘胜墓出土

茎却通不过，需在装镡之后再配接剑柄，手续要复杂得多。所以虽然在带箍的圆茎剑上也有装玉镡的，但那只能被认为是出于对玉具的爱好而移植上去的，产生玉具剑的土壤应是具有使用扁茎剑的传统的中原地区。

不仅从对茎和镡的考察中，得出了玉具剑最先产生于中原地区的结论；而且对璲的考察也同样可以说明这一点。玉具剑上的璲是供穿带子佩剑用的，它的出现，比开始用剑的时代要晚得多。但在中原地区，却早就有用璲佩剑的传统。春秋早期的洛阳中州路 2415 号墓所出象牙鞘铜剑，在鞘的正面雕出凸起的璲状物，横穿三小孔，孔中有朱色痕迹，是用朱色绦带贯孔佩剑所遗留（图 41－8：1）[①]。虽然这里的璲状物和鞘是一个整体，与在鞘外装璲的做法有别，但系佩的方式则并无不同。中州路 2415 号墓的绝对年代约为前 8 世纪后期，在世界各地找不到比它更早的用璲佩剑的实例。所以完全有理由认为，这种佩剑方式是我国所创造。到了春秋晚期，在中原地区的洛阳中州路 2717 号、辉县

①　《洛阳中州路（西工段）》图版 46，第 97 页。

赵固1号等墓葬中，就发现了最早的玉璏[①]。

在出土物中，璏有玉制的也有铜制的。它可以分作四型。Ⅰ型无檐璏，只是一段扁管，剑带从它的孔中穿过（图41-8:2），尚与中州路象牙鞘上的璏状物近似。Ⅱ型单檐璏，其顶面有一端向外出檐（图41-8:3、4）。Ⅲ型双檐璏顶面两端

图41-9　对贯佩剑方式的设想

1　霍说
2　郭宝钧说

都出檐，但不弯卷，或者只有一端的檐微弯（图41-8:5）。Ⅳ型双卷檐璏，其两檐均向下弯卷；仰过来看，则有如郑玄所说的屦絇之形了（图41-8:6~8）。Ⅳ型璏是较成熟和定型的式样；Ⅰ型璏则是较原始的形式，Ⅱ型、Ⅲ型璏就装饰意匠而言，也还没有充分发育。但各型璏均具有贯剑带佩剑的功能，所以在Ⅳ型璏通行以后，它们仍作为简化的式样继续存在。璏上的檐只供装饰，并无实际用途。霍麦曾认为剑带是由璏下端的卷檐和鞘间的空隙穿过，璏孔只用于将璏缚在鞘上（图41-9:1）。后来郭宝钧也以为剑璏（郭氏名之为琫）"两端内卷附鞘后形成二孔者，所以束剑且留剑系之游移地"（图41-9:2）。[②]实际上并非如此，因为不但这种设想对Ⅰ、Ⅱ、Ⅲ型璏不适用，即使是Ⅳ型璏，其两檐也有时弯得很浅，不能紧附鞘面以形成闭合的孔，约束不住假若穿进去

---

① 特鲁兹达尔在《亚洲的长剑与璏》（W. Trousdale, *The Long Sword and Scabbard Slide in Asia*, 华盛顿，1975年）一书中认为剑璏是居住在乌拉尔山以南、里海以北的撒乌洛玛泰伊人（Sauromatae）于前7—6世纪中发明的。但他举不出证明此说的实例。在里海、伏尔加河下游和黑海地区，除曾发现中国制作的玉璏外，本地所制者造型质拙，显系前者的仿品。中州路所出璏，见《洛阳中州路（西工段）》，图版66，第97～98页。辉县所出璏，见《辉县发掘报告》，图版90，第117页。

② 霍麦说见 R. P. Hommel, *"Notes on Chinese Sword Furniture"*, The China Jounal, 8（1），1928。郭说见《古玉新诠》。

图 41-10　用剑带贯佩剑的实例

1　据战国陶范翻制的人像　山西侯马出土

2　2号铜车上的御者　陕西临潼秦始皇陵出土

的带子。从出土的形象材料看，山西侯马所出人像、始皇陵2号铜马车上的御者，他们的剑都用一条带子穿过璏孔佩在腰间（图41-10）。这些璏都只有一个孔，除此孔之外并无其他位置可穿剑带；所以并不存在"前昂后低"或"游移多少"的问题。不仅如此，清桂馥《札朴·昭文带》条以为"大带与两剑系并贯于（璏）穿中"之说，也不符合实际情况。因为本不存在两条剑系，而且大带即绅带乃是较宽的丝带，剑带却是较窄的革带。《墨子·公孟篇》和《淮南子·齐俗训》都说晋文公"大布之衣，牂羊之裘，韦以带剑"。《汉书·东方朔传》说汉文帝"身衣弋绨，足履革舄，以韦带剑"。颜师古注："但用空韦不加饰。"可见用以贯璏系剑的带子多为革带，两端且常用带钩勾括。然而由于剑带要穿过不太大的璏孔，所以不能太宽，相应地，那上面的钩也不能太大。湖南、湖北等地的战国、两汉墓葬中，人架不仅在腹部出束腰之带的带钩，而且佩剑者在腰际还往往另出一种长仅3厘米左右的小带钩（图41-11）。①此物应是剑带之钩。也有不系剑带，径以束腰的革带贯璏佩剑（多为短剑）的，那就不需要再用剑钩了。但关于剑钩的使用方法，近年有的研究者主张："剑与刀的佩挂应当是在鞘上配装附加构件，可

图 41-11　战国，剑带上用的剑钩

湖北江陵拍马山10号楚墓出土

---

① 《考古》1963年第9期，第469页；又见该刊1973年第3期，第157页。湖南省博物馆：《湖南考古辑刊（1）》，岳麓书社，1982年，第33页。

能一般都固定有铜、玉或骨制的套环，再套挂在钩首上。"而这种钩的装法则被认为是："将钩钮嵌入革带一侧，钩首向下，便于钩挂器物。"[1]实际上由于钩首颇短浅，如将带钩竖装在革带上钩挂器物，则稍一活动所悬之物就会滑脱。特别是剑，当时是在腰间系得很牢的。荆轲刺秦王时，嬴政于惶急之际，一下子竟拔不出自己的佩剑来。左右侍臣忙喊："王负剑！"[2]要他把剑推到背后、令前短易拔。倘依钩挂说，则其剑一摘便下，这个惊心动魄的场面在历史上就不会出现了。所以凡是用钩的革带，无论束腰或佩剑，钩挂起来之后都必须绷得稍紧，这样带钩才能由于受到左右两个方向的横向牵拉之力而服之不脱。在图 41-10 所举贯璲佩剑的形象中，带上的钩虽然没有表现出来，但其剑并非钩挂在竖装的剑钩上，却是不难察知的。不过应当说明的是，从中州路 2415 号墓所出象牙鞘铜剑的实例看来，贯璲佩剑之法起初在较短的青铜剑上采用时，可用一条腰带佩剑并束腰，使剑紧贴在佩剑者的身侧或背后。然而当剑身加长时，仍用此法则不便于自鞘中拔剑。所以在汉代的图像中，佩剑者多于腰带之外另系剑带；后者可稍稍向下拖垂，为拔剑留一些活动的余地。

　　贯璲佩剑之法可名为璲式佩剑法，在战国、两汉和稍后一些的时代中，不仅在中原地区通行，而且流传到边远地区和国外。云南晋宁石寨山古滇国墓

图 41-12　贯璲佩剑的东胡人和匈奴人

1　东胡，铜带镑　辽宁西丰西岔沟出土

2　匈奴，金带镑　南西伯利亚出土

①　王仁湘：《古代带钩用途考实》，《文物》1982 年第 10 期。

②　《史记·刺客列传》。

葬中曾出玉璏。①辽宁西丰西岔沟出土的青铜带镤旁上的武士用此法佩剑（图41-12:1）。②南西伯利亚所出匈奴黄金饰牌也将这种佩剑法表现得很清楚（图41-12:2）。③而随着匈奴等各族骑士的行踪，剑璏在欧亚大草原被广泛传播开来。它曾在南俄出土，黑海地区出土的萨尔马泰人的遗物中也多次发现剑璏，包括中国制造的玉璏。④值得注意的是，璏式佩剑法通过起初居住在中国西部地区的大月氏人，向西南传入他们所建立的贵霜王朝。在印度玛特地方发现的著名的迦腻色伽王一世石雕立像，手中就握有一把附璏的剑（图41-13:1）。⑤遗憾的是，此像的头部和臂部缺失不存，但对照贵霜货币上的国王像，可知早期贵霜王戴中亚式尖筒状帽，着对襟褊衣、长靴。而在印度发现的贵霜时期之日神苏利耶（Surya）像，踞坐于狮子座上，手中却也持有一把用带子贯璏的剑（图41-13:2）。⑥在犍陀罗雕刻中，用这种方式佩剑的武士像曾屡次发现。⑦可见在贵霜朝，璏式佩剑法已形成传统。而且不仅在贵霜用此法，与贵霜毗

图 41-13　贯佩剑贵霜人和萨珊人

1　贵霜王迦腻色伽一世像　　　　　　　3　萨珊王沙普尔一世像
2　日神苏利耶像　　　　　　　　　　　4　萨珊侍臣

---

① 云南省博物馆：《云南晋宁石寨山古墓群发掘报告》，图版110:3，文物出版社，1959年。

② 孙守道：《"匈奴西岔沟文化"古墓群的发现》，《文物》1960年第8、9期。

③ M. I. Rostovtzeff, *The Animal Style in South Russia and China*, 图版16, 普林斯顿, 1929年。

④ O. Maenchen-Helfen, "*Crenelated Mane and Scabbard Slide*", *Central Asiatic Journal*, 3（1957、1958）。

⑤ J. Ph. Vogel, "*Explorations at Mathurā*", *Archaeological Survey of India*, Annual Reports, 加尔各答, 1911—1912。

⑥ A. Coomaraswamy, *History of Indian and Indonesian Art*, 图版64, 伦敦—莱比锡—纽约, 1927年。

⑦ 见《亚洲的长剑与璏》, 第74～76页。

邻而后起的波斯萨珊王朝也接受此法。萨珊朝早期雄君沙普尔一世（约242—273）于公元259年（一说260年）俘虏了罗马皇帝瓦勒里安，这是当时的一件大事。在伊朗的纳克西伊卢斯塔姆（Nāqsh-i-Rustām）地方有巨大的摩崖造像，雕刻出瓦勒里安向沙普尔一世屈膝投降的情景，骑在骏马上的沙普尔一世的剑就是贯璏而佩的（图41-13:3）。[1]同地区所见萨珊侍臣雕像的剑

图41-14　贯璏佩剑的希腊武士
黑海北部地区出土银壶上的图像

也用此法佩带（图41-13:4）。再经过近一个世纪，一面皇家银盘上的狩狮图中，沙普尔二世（309—379）的长刀仍然贯璏而佩[2]。特别使人感到兴味的是，在公元4世纪的遗物中，南俄出土的银壶上镌刻的希腊武士（图41-14）、意大利蒙扎大教堂所藏象牙板上镌刻的罗马武士，都用璏佩剑[3]。可见我国古代发明的这种佩剑法，确曾穿越无数国境，一直影响到西方世界的文明中心。

古波斯还有另一种佩戴刀剑的方法，是在鞘口向外上方斜出一耳，穿耳以佩。此法早在阿契美尼德王朝的遗物中已经见到，帕塞玻里斯古波斯宫殿中的浮雕及亚美尼亚埃瑞布尼（Erebuni）城址出土的前5世纪之银兽首杯上的人物，都有用此法佩短剑的。[4]斯基泰人在剑鞘上装附耳的方法也是如此（图41-15）。但用此法佩剑，由于鞘上只有一个附耳，当活动剧烈时所佩之剑会晃得厉害，因此有时在鞘的末端再用绳子缚住。到了萨珊朝中晚期，在银盘的图纹中出现了装两个附耳的长刀[5]，其实物曾在伊朗北部出土（图41-16:1）[6]。

①　〔日〕和田新：《イーラーン艺术遗迹》图版58，东京，1945年。
②　A. U. Pope, *A Survey of Persian Art*, 卷7，图版210，芦屋，1981年。
③　见《亚洲的长剑与璏》，第102、107页。
④　参看江上波夫：《径路刀考》，《东方学报》3，1933年。
⑤　A. U. Pope, *A Survey of Persian Art*, 卷7，图版217。
⑥　白木原和美：《天理参考馆藏イラン出土黄金装铁剑について》，《オリエント》14卷11号，1971年。

图 41-15　装单耳的剑

1　波斯帕塞玻里斯宫殿浮雕

2　银来通，亚美尼亚出土

3　斯基泰金鞘剑

据特鲁兹达尔说，萨珊刀剑由装璏改为装双附耳的时间是在公元 4 世纪。[①]但从多数萨珊银盘图纹上得到的印象，似乎将这一转变时期定在 5 世纪初更为恰当。至 6 世纪时，双附耳已东传至我国，新疆拜城克孜尔石窟的壁画中有其例（图 41-16:2）。宁夏固原李贤墓［北周天和四年（569 年）］出土的铁刀，鞘上装有银质双附耳。[②]山西太原娄睿墓［北齐武平元年（570 年）］壁画中的武士也佩戴着装双附耳的长刀（图 41-16:3）。[③]以后在河南安阳张盛墓［隋开皇十五年（595 年）］出土的瓷俑上，仍看得到这类大刀（图 41-16:4）。[④]此刀之系带子的两个穿孔位于同一附耳上，但其作用实与单附耳不同。唐永泰公主墓壁画中也出现过类似的剑耳（图 41-16:5）。不过唐代的刀剑一般仍以装双附耳者为多（图 41-16:6、7）。双附耳式佩刀剑法并从我国东传至日本，正仓院所藏金银钿装唐大刀是我国此类刀之保存完好的名品（图 41-16:8）[⑤]。而日本奈良县高市郡高松冢古坟也出土了精美的、带有唐代工艺风格的银质

①　见《亚洲的长剑与璏》，第 99 页。

②　宁夏回族自治区博物馆等：《宁夏固原北周李贤夫妇墓发掘简报》，《文物》1985 年第 11 期。

③　山西省考古研究所、太原市文物管理委员会：《太原市北齐娄睿墓发掘简报》，《文物》1983 年第 10 期。

④　中国科学院考古所安阳发掘队：《安阳隋张盛墓发掘记》，《考古》1959 年第 10 期。

⑤　傅芸子：《正仓院考古记》，东京，文求堂，1941 年，第 50～51 页。

图 41-16 装双附耳的刀

1 萨珊，金鞘铁刀 伊朗北部出土	5 唐，壁画 陕西乾县永泰公主墓
2 南北朝，壁画 新疆克孜尔 207 窟	6 唐，壁画 陕西咸阳苏君墓
3 北齐，壁画 山西太原娄睿墓	7 唐，壁画 山西太原金胜村墓
4 隋，瓷俑 河南安阳张盛墓出土	8 唐，金银钿装大刀 日本奈良正仓院藏

刀耳（图 41－17）。①

　　当鞘上装双附耳的做法在唐代广泛流行后，装璏的旧式玉具剑并未随即消失。《旧唐书·舆服志》说皇帝在戴冕、穿大裘的场合仍要佩戴装"火珠镖、首"的"鹿卢玉具剑"。宋摹唐画《历代帝王图卷》中晋武帝司马炎的佩剑，于剑首上嵌一大珠，应即火珠剑首。图卷中虽未见嵌珠的镖，但汉光武帝刘秀的佩剑露出装梯形摽的剑鞘末端，说明这时在法服上仍佩旧式玉具剑。只不过其剑璏掩在衣内，不能看到。然而吕大临《考古图》卷八所载"璊玉璏"的说明谓："《李氏录》云：'……璏，剑鼻也。……蜀张恶子庙有唐僖宗解赐玉具剑，

---

① 中国科学院考古研究所资料室《日本高松冢古坟简介》（《考古》1972 年第 5 期）中称此刀耳为"银制刀饰"。但因《东大寺献物账》中描述大刀的外形时说"鲛皮把作山形"，而《内宫长历送官符》描述大刀时说"带取山形金二枚，各长三寸"；故日本刀剑研究者称此类刀耳为"山形金"或"山形足"。

图 41-17　银刀耳　日本奈良高松冢古坟出土

图 41-18　璏与璏状物

1　刻赤出土铜璏　俄罗斯圣彼得堡艾尔米塔什博物馆藏

2　壁画　中亚塔吉克斯坦片治肯特古城 6 号遗址

其室之上下双缀以管縚，正此物；非剑鼻而何？'"[1]可以作为唐代仍少量用璏的证明。在西方，璏的消失也经历了一段过程。俄罗斯圣彼得堡艾尔米塔什博物馆所藏 1842 年在刻赤发现的一件铜璏，那上面没有供贯剑带的大孔，却在这个部位上穿有两个圆洞，估计是用它代替双附耳系剑的（图 41-18:1）；所以这件剑璏本身兼有璏和附耳的两重属性。它的年代原定为 4 世纪，但看来可能还晚些。在中亚，塔吉克斯坦片治肯特古城中第 6 号建筑遗址所出 7 世纪的壁画，描绘出坐在胡床上的粟特贵族。他所佩的长剑（刀？）在鞘外保留着由璏演变出来的一个半圆形钮，另在近鞘口处再装两个钮，剑带穿过三个钮系在腰间（图 41-18:2）。这些都可以看作剑璏在其消失的过程中留下的痕迹。

璏式佩剑法从我国西传至伊朗和希腊、罗马，而双附耳式佩刀剑法又从伊朗东传至我国和日本。这种不拘成法、择善而从、互相学习的事例，也可以称得上是东西文化交流史上的一则佳话了。

（原载《考古》1985 年第 1 期）

---

[1]　容庚《宋代吉金书籍述评》（《学术研究》1963 年第 6 期）认为《李氏录》即《籀史》所载之李伯时《考古图》五卷。

42 禽兽纹刀环

中国自西汉以来，骑兵逐渐成为最具优势的兵种，其所用之适宜在马上挥砍的环首刀，也成为最常见的短兵器，各地汉墓中多次出土。铁环首刀长1米左右，柄顶部做出一个近椭圆形的扁环。由于人们对刀环非常熟悉，所以在隐语中遂以"环"谐"还"。《汉书·李陵传》记任立政等欲招已降匈奴的李陵归汉，可是在单于设的酒宴上不便私语，于是"目视陵，而数数自循其刀环"，暗示他可以归还。汉代民间诗歌："藁砧今何在？山上复有山。何当大刀头，破镜飞上天。"前两句是说丈夫外出，而第三句的"大刀头"就代表"还"，下面的第四句便是说重新团圆了。则刀头必有环，乃被看作正常的情理中事。

至东汉时，刀环开始突破其椭圆形的轮廓，将刀柄上端纳入环内一小段，环之底部则左右中分且贴紧柄端向上翻卷，于是组合成一个三叶形。这种做法起初大约是出于强化环与柄连接处之牢固程度的考虑，后来转而注重其装饰性（图42-1）。而禽兽纹刀环就是在三叶式环之翻卷的两末端增益动物首尾而成。河南南阳杨官寺一座东汉中期的画像石墓所出铜剑柄，提供了已知最早的实例。此剑柄长13.5厘米，鎏金，柄端有龙纹环（图42-2）。龙的躯体即环身，龙首龙尾则顺应三叶式环两末端的走向加工而成，其构图无疑是从这一更早的环型发展出来的。由于汉剑绝少装环首者，所以此环首完全可以被视为刀环的代表。

不过禽兽纹刀环于2世纪中尚未发现过第二例。

图 42-1　汉，环首刀

1　乐浪汉墓出土

2　浙江绍兴漓渚汉墓出土

图 42-2 东汉，龙纹环首
河南南阳杨官寺汉墓出土

《东观汉记》说邓遵在安帝时因立战功，受赐"墨再屈环横刀"（《太平御览》卷三四五引）。"墨再"不可解。疑"再"字原为"削"字，此字坏而为"肖"，复讹而成"再"。削即刀剑之室。《舆服志》记臣僚佩刀之制时，谓："诸侯王黄金错环、挟（挟通夹，即刀柄），半鲛黑室。公卿百官（室）皆纯黑，不半鲛。小黄门雌黄室，中黄门朱室。"可见东汉人很重视刀室即刀鞘的颜色，邓遵之刀配以"墨削"正是所谓"黑室"。"屈环"则又称"屈耳环"。《蒲元传》说他：为诸葛亮铸刀三千口，"今屈耳环者，乃是其遗范"（《艺文类聚》卷六〇引）。蒲元造的屈耳环在陶弘景《刀剑录》中称为"连环"。屈环、屈耳环、连环三名，味其命义，可能式样仍与三叶式环为近。直到3世纪初，曹植在《宝刀赋》中说："魏王命有司造宝刀五枚，……以龙、虎、熊、鸟、雀为识。"又说这种刀"规圆景以定环，摅神思而造象"（《初学记》卷二二引）。似乎才出现了用禽兽形装饰的刀环。

　　接下来到了以爆发八王之乱为序幕的大动荡的4世纪，有关禽兽纹刀环的遗物或文献记载均鲜有所闻。至南北朝初期，才出现了赫连勃勃制造的"大夏龙雀"。他于凤翔年间（413—418）筑都城统万城，并造龙雀环刀，时在5世纪前期。《晋书·赫连勃勃载记》说他："造百炼刚刀，为龙雀大环，号曰'大夏龙雀'。铭其背曰：'古之利器，吴楚湛卢。大夏龙雀，名冠神都。可以怀远，可以柔迩。如风靡草，威服九区。'世甚珍之。"张衡《东京赋》"龙雀蟠蜿"，薛综注："龙雀，飞廉也。"司马相如《上林赋》"椎飞廉"，李善注引郭璞曰："飞廉，龙雀也，鸟身，鹿头。"则龙雀大环中表现的似是一种神禽的形象，这也正和大夏新改的纪年"凤翔"相应。此种刀既然受到举世珍赏，无疑制作极精。但赫连夏是一个骤兴骤灭的小国，它与拓跋魏为世仇，427年魏太武帝拓跋焘破统万城，这时距龙雀大环的问世不过十余年，故应有相当数量的此种刀落入北魏人之手。文献中也明确记载：北魏宫廷仪卫正式使用禽兽纹环刀。《唐六典·武库令》条说："今仪刀盖古班剑之类，晋、宋已来谓之御刀，后魏曰长刀，皆施龙凤环。"联系历史背景看，北魏之施龙凤环的仪刀在某些方面必然会取法"大夏龙雀"的形制。

可以初步推测为北魏仪刀的实例，目前所能举出的只有一件，据说系1929年出土于河南洛阳市孟津县（今孟津区）北庆山古墓，已流入美国，今归纽约大都会博物馆。因该馆藏有洛阳出土的两件中国古刀，故此刀被称为"洛阳乙刀"。它的环首中饰凤，刀柄与刀身相接处装汉式菱形铜镡，鞘外束有17道狭窄的银箍（图42-3）。据格兰瑟于1931年发表的《公元600年时的中国古刀》一文中之介绍，此刀出土时用丝绢包裹，附着在上面的土块且粘有墓内所铺朱砂。[1]可见出土后未经清洗修整即盗运至美。格氏推定的年代据称系与朝鲜、日本的古刀剑相比较而得出；但征引的资料不足，其论断缺乏充分依据。1996年，穴泽咊光、马目顺一二氏发表了《由大都会美术馆所藏传洛阳出土的环头大刀论及唐长安大明宫出土品》一文，提出洛阳乙刀上的铜镡为古玩商后配之说，从而认为刀的年代为南北朝后期至隋，即6世纪晚期至7世纪初期。[2]虽然，洛阳乙刀上所见之镡在汉代多用于剑，刀上用的很少。但并非没有先例，图42-1举出的两件刀皆装此类镡。至于认为洛阳乙刀之镡系后配，则与运至美国时的状况不合；其中推测的成分居多，并无实据。从形制上看，乙刀不会晚到二氏所推断的年代。因为南北朝后期正是我国古刀剑系佩方式大转变的时期。自东周以来，中国古刀剑多贯璏而佩，间或有在鞘外装带扣佩带的，但很少见。而西

图42-3　洛阳乙刀　美国纽约大都会博物馆藏

---

[1]　S. V. Grancsay, *Two Chinese Swords Dating about A. D. 600*, *Bulletin of the Metro-politan Museum of Art*, 25 1930～31）, New York.

[2]　〔日〕穴泽咊光、马目顺一《メトロポリタン美术馆所藏传洛阳出土の环头大刀を论じて唐长安大明宫出土品に及び》，《古文化谈丛》第36集，1996年。

亚方面早在古波斯阿契美尼德王朝时已在鞘上制出单附耳佩刀剑。到了萨珊王朝中期，鞘上的单附耳改进成双附耳，具体年代约在5世纪初。由于用此法佩刀剑有许多优点，所以不晚于5世纪末，鞘上设双附耳的做法已传入中国。新疆拜城克孜尔石窟第69窟壁画中的龟兹供养人腰佩嵌宝石的双附耳短剑。这种短剑形制奇特，应为西亚产品。俄罗斯圣彼得堡艾尔米塔什博物馆藏有哈萨克斯坦科克切塔夫州博罗沃耶湖（Borovoje L.）附近出土之此种短剑的部件，而其较完整的实物曾在韩国庆州鸡林路14（N）号墓出土，可见它已传至遥远的东方（图42-4）。[①] 在克孜尔石窟壁画中所见双附耳刀剑不止上述一例，第207窟壁画中的画家腰间也佩戴这样的短剑（参见本书《玉具剑与璏式佩剑法》一文图41-16:2）。[②] 到了6世纪中期以后，刀鞘上装双附耳之制在中国已普遍流行。宁夏固原李贤墓［北周天和四年（569年）］出土装银质双附耳的铁刀。

图42-4　双附耳短剑

1　壁画　新疆克孜尔第69窟

2　哈萨克斯坦博罗沃耶湖附近出土

3　韩国庆州鸡林路14（N）号墓出土

山西太原娄睿墓［北齐武平元年（570年）］壁画中的众多武士均佩戴装双附耳的长刀（参见本书《玉具剑与璏式佩剑法》一文图41-16:3）。[③] 而在洛阳乙刀上却全无装双附耳的痕迹，所以它的年代应比李贤、娄睿等墓为早。

再看环首本身的造型。洛阳乙刀之刀环一端形成凤首，另一端形成凤尾，仍保持着南阳杨官寺汉代龙纹环首之构图的格式。

---

① 〔日〕穴泽咊光、马目顺一《庆州鸡林路14号墓出土の嵌玉金装短剑を论じて诸问题》，《古文化谈丛》第7集，1980年。

② 同上。

③ 宁夏回族自治区博物馆等：《宁夏固原北周李贤夫妇墓发掘简报》，《文物》1985年第11期。山西省考古研究所等：《太原市北齐娄睿墓发掘简报》，《文物》1983年第10期。

而此种意匠在朝鲜半岛与日本列岛出土的同类制品中却见不到了。朝鲜半岛的禽兽纹刀环，最早的一例为韩国忠清南道公州百济武宁王陵所出者。武宁王殁于523年，但根据陵中所出王妃之饰以与刀环环身龙纹相同的银钏所镌"庚子年"铭文推断，刀和钏均应制于庚子年即520年。[①]可是在这件刀环上，龙首兀立于环中，而尾部已被省略，表明较初出之构图有所改进。故洛阳乙刀的年代又应早于武宁王时（图42-5:1、2）。

既然洛阳乙刀从不设附耳的构造上说应早于李贤墓，从环首的构图上说又应早于武宁王陵；那么它就很可能不是6世纪的，而是5世纪后期的制品了。考虑到《唐六典》指出的，魏有施龙凤环的仪刀。而北魏太武帝在5世纪前期破统万城后，再经过几代的经营，统一北方，太和十八年（494年）又迁都洛阳，国势臻于极盛。洛阳乙刀很可能就是这时的仪刀，其环内之凤首的造型，也正和这一时期的艺术风格相合。孝文帝迁洛之前，自太和五年至十四年（481—490）在平城方山（今大同市西寺儿梁山）建造了文明皇后冯氏的永固陵。陵内的石券门两侧龛柱上雕有口衔宝珠的神禽，以其头部与洛阳乙刀环内之凤首相较，不难看出在整体轮廓及细部处理上有不少一致性

图 42-5　单龙凤首刀环

1　河南洛阳乙刀
2　百济武宁王陵出土
3　日本日拜冢古坟出土
4　（传）日本奈良榛原町出土
5　日本前原古坟出土

①　大韩民国文化财管理局编：《武宁王陵》，1974年。

图 42-6　北魏，石雕　山西大同永固陵

（图 42-6）。①比如衔珠的姿势，头顶上的三簇冠毛，喙与眼目之间以线条分割，且于喉下卷绕成结等做法，均极相似；说明乙刀如果不是迁洛时自平城携来，便是北魏在洛阳制作的。

饰禽兽纹刀环的长刀，在朝鲜和日本屡屡出土，久已引起考古学者的重视，滨田耕作、梅原末治早在1923年已对此进行考察，其后如末永雅雄、后藤守一、穴泽咊光、马目顺一、町田章、新纳泉、金廷鹤等人，都有重要成果问世②。但作为创出此种刀环的中国方面的材料却太少了，以致难以将其传播和演变的过程排出系统的序列。不过，如果本文上述推测得以成立，那么有了洛阳乙刀这件5世纪后期的标本，情况就会清楚得多。将它和日本福冈县春日市日拜冢古坟、传奈良县宇陀郡榛原町、福岛县须贺川市前原古坟等处出土的凤首刀环相较，不仅可以看出中国刀环对海东的强烈影响，同时也会察觉到，若干当地制品在模仿中国式样的过程中，既有某些新的创造，也不免显露出工艺上的粗放和造型上的简率（图 42-5:3~5）③。

至于大都会美术馆所藏洛阳甲刀，则是一件典型的唐代双附耳龙环仪刀。同类型的刀环在大明宫三清殿遗址出土过。在大明宫玄武门遗址还出过一件狮

①　中国历史博物馆：《华夏之路（第二册）》，朝华出版社，1997年，第294页。

②　〔日〕滨田耕作、梅原末治：《近江国高岛郡水尾村鸭的古坟》，《京都帝国大学文学部考古学研究报告》第8册，1923年。〔日〕末永雅雄：《日本上代の武器》，东京，1943年。〔日〕后藤守一：《历史时代の武器と武装》，《考古学讲座》，东京，1928年。〔日〕穴泽咊光、马目顺一：《龙凤文刀头大刀试论韩国出土例を中心として》，《百济研究》第7号，1976年。〔日〕町田章：《环刀の系谱》，《古代东アジアの装饰墓》，京都，1987年。〔日〕新纳泉：《单龙、单凤环头大刀の编年》，《史林》64卷4期，1982年。〔日〕金廷鹤《韩国の考古学》，东京，1972年。

③　日拜冢出土者，见〔日〕中山平次郎等：《日拜冢》，《福冈县史迹名胜天然纪念物调查报告书》第5辑，1930年。榛原町出土者，见京都大学文学部：《京都大学文学部博物馆考古学资料目录》第2部，1968年。前原古坟出土者，见〔日〕江藤吉雄：《福岛县须贺川市前原古坟群发现の饰大刀二题环头、方头》，《福岛考古》18号，1977年。

图 42-7　双龙首刀环与狮首刀环

1　河南洛阳甲刀　美国纽约大都会博物馆藏
2　陕西大明宫三清殿出土
3　日本兵库御园古坟出土
4　陕西大明宫玄武门出土
5　日本御崎山古坟出土

纹刀环。工艺均极精美，为海东之同类制品所不及（图42－7）。[①]

　　但是还有一个问题，为什么此类环刀在朝鲜、日本出土的数量反而比中国多？则恐与其使用范围有关。在中国，禽兽纹刀环只装在仪刀上，而仪刀只能由宫廷仪卫使用。《隋书·礼仪志》保留了北周时使用仪刀之制度的记载。左右宫伯、小宫伯"各执龙环金饰长刀"，左右中侍"左执龙环、右执兽环长刀"，左右侍"左执凤环、右执麟环长刀"，左右前侍"左执犀环、右执兕环长刀"，左右骑侍"左执罴环、右执熊环长刀"，左右宗侍"左执豹环、右执貔环长刀"。规定得如此严格、细致，非应执掌者不便僭用。而在朝鲜、日本似乎无此定制，有力者多制禽兽纹环刀以自矜贵，所以在出土物中就屡见不鲜了。

（原载《汉唐之间文化艺术的互动与交融》，文物出版社，2001年）

[①]　大明宫三清殿出土者，见马得志等：《唐代长安宫廷史话》，新华出版社，1994年。大明宫玄武门出土者，见中国科学院考古研究所编：《唐长安大明宫》，科学出版社，1959年。

43　鼓与钲

从春秋到汉代，鼓声和钲声是作战时指挥军队进退的信号。

春秋是车战盛行的时代，将领和甲士都立乘在战车上，步兵即徒兵跟在车后。这时一辆战车一般驾四匹马，乘三个人。右边的叫"车右"，执长兵器；左边的叫"车左"，执弓矢；中间是御者。从驾车的方便考虑，将御者的位置安排在当中显然是合理的。但是当某辆车上乘有指挥作战的将领时，御者就得把当中的位置让出来：将居中，御者居左，右边仍然是"车右"。为什么如此调整呢？这是因为"将居鼓下"，而鼓装在车中部的缘故。比如公元前589年的齐、晋鞍之战中，晋国主将郤克的车上，郑丘缓为右，解张为御。交战时，郤克为箭所伤，"流血及履"，但"未绝鼓音"。解张被箭射穿手和肘，他折断箭杆继续驾车，滴下的血使"左轮朱殷"，即将左边的车轮染成朱红色（见《左传·成公二年》）。可证解张居左，郑丘缓居右，而郤克居中。居中的将领须亲自击鼓。《荀子·议兵篇》说："将死鼓，御死辔。"《尉缭子·武议篇》说："将受命之日忘其家，张军宿野忘其亲，援枹而鼓忘其身。"同书《兵令篇》又说："存亡死生，在枹之端。"都强调指出这一点。如若交战时一方的鼓忽然音寂声消，致使三军进退失据，则其败亡可以立待。这时鼓声代表进军，而钲声代表退兵，即《尉缭子·勒卒令篇》所说："鼓之则进，重鼓则击。金之则止，重金则退。"为了发令之便，作战用的鼓和钲是组装在一起的。

公元前605年，楚庄王与其令尹若敖氏之族作战，子越椒向王发箭，这支箭自王车的正面射来，"汏輈，及鼓跗，着于丁宁"。就是说此箭飞过车的独辕，射在鼓座的丁宁（即钲）上；正反映出鼓和钲的这种组合关系（见《左传·宣公四年》）。但遗憾的是，直到战国时期，在表现战车的雕刻或绘画中，从

图 43-1 装钲的建鼓

1 战国，水陆交战图鉴 河南卫辉市山彪镇　　　3 战国，铜匜纹饰 山西潞城

2 战国，铜壶纹饰 四川成都百花潭

未见过车上装鼓的情况，所以没有可以直接与文献相印证的形象资料。只在河南汲县（今卫辉市）山彪镇所出水陆交战图鉴上看到过装在战船上的鼓。其鼓下有鼓座（跗），座上立楹柱，鼓贯于柱，柱顶饰以羽葆；属于建鼓类型（图43-1:1）。《国语·吴语》吴·韦昭注中说作战用的鼓，要"为楹而树之"。《左传·宣公四年》唐·孔颖达疏也说："车上不得置簴簨以悬鼓，故为作跗，若殷之楹鼓也。"可见战车上也曾用这种鼓。但水陆交战图鉴中的鼓还从鼓座旁斜出一杆，杆头装有圆形物。击鼓者执两根鼓槌，一根用于击鼓，另一根则用于击此圆形物。成都百花潭出土的战国画像壶上之类似的图像中，则将此杆头所装之物画成椭圆形（图43-1:2）。

以上两例中的圆形物与椭圆形物到底代表什么，过去颇难确指。幸好近年在山西潞城出土的战国铜匜上也发现了这类图像，可以清楚地看出斜杆上装的是钲（图43-1:3）。《诗·小雅·采芑》，《毛传》："钲以静之，鼓以动之。"孔疏："凡军进退，皆鼓动钲止。"把它的用途说得很明确。潞城铜匜上之击鼓、钲者脚旁还有割下的人头，战争气氛被渲染得很充分。这里的钲由斜杆支承，口部向上，与商周时的铜铙一样；而与口部向下，通过甬旋上的环悬挂起来的乐钟，无论就形制和功能而言，均大不相同。《说文》说："钲，铙也。似铃，柄中上下通。""上下通"指钲柄呈开口的管状，正因为如此，所以能插在杆上敲击。给早期的铜钲下定义，《说文》的提法可谓相当得体；《汉书·平帝

图 43-2 秦，铜钲
陕西临潼始皇陵兵马俑坑出土

纪》颜注所引应劭关于钲的解释，就完全是重复《说文》的意见。至于在发展中，钲的形制超出了上述定义的范围，则是由于变化了的情况所造成的。也有些钲作为节拍性打击乐器参加器乐演奏，但那是另外的一个问题，本文对此不作讨论。

在考古发掘中，可以根据出土物的共存关系而被确认的钲，有始皇陵1号兵马俑坑中分别发现于两辆兵车之旁的两件钲，它们原是车中之物（图43-2）。与之相类似的钲在河南陕县（今陕州区）上村岭1052号、山东沂水刘家店子1号等春秋墓中也曾发现，虽然它们未与车同出，但证以秦俑坑的标本，仍可确认无疑。河南襄城出土新莽天凤四年（17年）铜钲，铭文自称"颍川县司盾发弩令正"，更直接说明它是向弩手发令所用之钲。[①]而中原地区的商铙，其形制与钲实无多大差异。《说文》谓："铙，小钲也。"湖北荆门包山2号墓出土钲，《遣册》中称为"一铙"。《周礼·鼓人》说："以金铙止鼓。"可见其功能也与钲相同。因知铙与钲应属于同一系统，而与乐钟则判然有别。商墓所出之铙，有的虽三至五枚大小相次，但不能用以演奏完整的乐曲；加以目前亦无法证明它们当时插在同一基座上，各铙恐系分别单独使用，故亦难确认它们是成编的。

如上所述，早期铜钲之柄中空，晚期的则并不如此；这是因为钲与鼓相配套，鼓的形制变了，钲的形制遂随之改易。早期战车上使用的是建鼓类型的鼓，鼓座上插钲。但这种鼓的体积大，占的空间太多，影响乘车者的活动。郑珍和孙诒让等经学大师都看到了这一点，他们认为将建鼓装在车上，军将"几

---

① 中国科学院考古研究所：《上村岭虢国墓地》图版38，科学出版社，1959年。山东省文物考古研究所、沂水县文物管理站：《山东沂水刘家店子春秋墓发掘简报》，《文物》1984年第9期。姚垒：《襄城县出土新莽天凤四年铜钲》，《中原文物》1981年第2期。或将天凤钲铭中之"令正"视为官名，即《左传·襄公二十六年》杜预注所称"主作辞令之正"。不确。此"正"字应为"钲"字之假。

无立处"，所以临战时所击者，"亦不过提、鼙等小鼓"（《周礼·大司马》正义）。他们说的小鼓应即古文献中所称"悬鼓"。《礼记·明堂位》："夏后氏之鼓足，殷楹鼓，周县鼓。"其"鼓足"当作"足鼓"。《商颂·那》毛传："夏后氏足鼓，殷人置鼓，周人县鼓。"《隋书·音乐志》："夏后氏加四足，谓之足鼓，殷人柱贯之，谓之楹鼓。周人县之，谓之县鼓。"楹鼓即建鼓，悬鼓和它的最大区别是不设鼓座。

从出土物的情况分析，战车上由用建鼓改为用悬鼓，大约是战国时的事。湖北随县（今随州市）曾侯乙墓和秦俑坑中均出装有三枚铜环的圆形扁鼓，即悬鼓，后者和钲共存于战车中，无疑是作战时所用者。悬鼓在车上如何悬挂，目前还不清楚，但它并无鼓座，却是能够断定的。可是这么一来遂使钲失去凭借，无处安插，只能握在手里敲打，从而钲柄逐渐由空心管形改变为实心柱形。湖北宜城楚皇城、四川涪陵小田溪、湖南溆浦大江口镇等地战国墓所出之钲无不如此。[①]始皇陵兵马俑坑中的钲与鼙鼓相搭配，其柄本可做成实心柱形，却按照老规矩做成空管形；兵马俑坑中所出器物的形制常反映出一种保守的倾向，此亦其例证之一。不过当时在这里的钲柄中再插入较短的木把，也不是没有可能的。汉代军队仍继续使用钲、鼓。《汉书·平帝纪》说元始二年（2年）"使谒者大司马掾四十四人持节行边兵，遣执金吾陈茂假以钲、鼓"。青海大通上孙家寨11号墓出土的简文中说："兵车御、右及把摩（麾）、干（竿）、鼓、正（钲）钺者，拜爵赐论，爵比士吏。"均可为证。汉钲的柄有虽为空心但将两端封死的，如山东临淄齐王墓3号陪葬坑中与錞于同出之钲。也有实心的，如上述天凤四年的"颍川钲"及地皇二年（21年）的"侯骑钲"等。这时的钲柄且有做成竹节形的，更便于握持。四川成都站东乡青杠坡3号东汉墓出土的画像砖上，骑吹者中有持钲敲击的，用的就是这类钲（图43-3）。

---

① 楚皇城考古发掘队：《湖北宜城楚皇城战国秦汉墓》，《考古》1980年第2期。四川省博物馆等：《四川涪陵地区小田溪战国土坑墓清理简报》，《文物》1974年第5期。张欣如：《溆浦大江口镇战国巴人墓》，《湖南考古辑刊》第1辑，岳麓书社，1982年。

图 43-3　东汉，画像砖上的持钲者
四川成都青杠坡 3 号墓

但由于古钲的形体小，其声不能及远。所以到了汉代，又对钲形加以改进。广西贵县（今贵港市）罗泊湾 1 号墓曾出一锣形铜器，面上刻一"布"字，指当时的布山县，即今贵县。[①] 此器亦装三环，正与鼙鼓相似；它就是汉代创制的新型钲（图 43-4）。辽宁辽阳棒台子屯东汉末期大墓的壁画中有金钲车，车上以木架悬锣状物，正是这种钲。它的声音响亮，比铙形钲适用。故汉代以降，锣形钲日益得到推广。宋苏轼《日喻》："生而眇者不识日。问之，或告之曰：'日之状如铜钲。'"同氏《新城道中之一》："岭上晴云披絮帽，树头初日挂铜钲。"说的都是锣形钲。明、清说部中凡提到"鸣金收兵"时，不论描写的背景是何代之事，但作者心目中所指，也都是这种后出的锣形响器了。

图 43-4　西汉，"布（山）"铜钲
广西贵县罗泊湾 1 号墓出土

（原载《文物天地》1990 年第 3 期）

---

① 广西壮族自治区文物工作队：《广西贵县罗泊湾一号墓发掘简报》，《文物》1978 年第 9 期。

44　说阆中之巴

　　远古时代的巴人当非一源一系，但春秋时著名的巴国只有一个，即最早见载于《左传·桓公九年》的"巴子"之国。此巴国当时位于鄂西。战国时，为楚所迫，向四川转移。其治所起初设在川东沿长江一带，后迁至嘉陵江上的阆中。"巴子时虽都江州（今巴南），或治垫江（今合川），或治平都（今丰都），后治阆中。"[①] 阆中应是战国中、后期巴人之主要的根据地。阆中的巴人又被称为板楯蛮。《后汉书·南蛮西南夷列传》说："板楯蛮夷者：秦昭襄王时有一白虎，常从群虎数游秦、蜀、巴、汉之境，伤害千余人。昭王乃重募国中有能杀虎者，赏邑万家、金百镒。时有巴郡阆中夷人，能作白竹之弩，乃登楼射杀白虎。昭王嘉之，而以其夷人，不欲加封，乃刻石盟要，复夷人顷田不租、十妻不算。……至高祖为汉王，发夷人还伐三秦。秦地既定，乃遣还巴中，复其渠帅罗、朴、督、鄂、度、夕、龚七姓，不输租赋。余户乃岁入賨钱，口四十。世号为板楯蛮夷。阆中有渝水，其人多居水左右。天性劲勇，初为汉前锋，数陷阵。俗喜歌舞，高祖观之，曰：'此武王伐纣之歌也。'乃命乐人习之，所谓巴渝舞也。"这些记载除了汉高祖将阆中巴人和随从武王伐纣的"巴师"相联系，似乎根据不足外，其他均应视为信史。阆中的巴人即汉之賨人，虽然賨人并不尽居阆中一地，但这里却仿佛是他们共同的"族望"。《巴志》所载循吏贞女，多为阆中人。为刘邦募賨人伐三秦的范目也是阆中人。秦地平定后，范目被封为阆中慈凫乡侯。所以那位射白虎的勇士，《巴志》说是"朐忍（今云阳）夷"，而《后汉书》乃径称之为"阆中夷"了。

---

① 《华阳国志·巴志》。

阆中之巴尚武。东汉晚年程包说："板楯七姓，射杀白虎立功，先世复为义人。其人勇猛，善于兵战。昔永初中，羌入汉川，郡县破坏，得板楯救之，羌死败殆尽，故号为神兵。"[1]诸葛亮也提到：其所部"賨、叟、青羌散骑、武骑一千余人，此皆数十年之内所纠合四方之精锐"[2]。又《魏书·董绍传》说："萧宝夤之反于长安也，绍上书求击之。云：'臣当出瞎巴三千，生啖蜀子。'肃宗谓黄门徐纥曰：'此巴真瞎也？'纥曰：'此是绍之壮词，云巴人劲勇，见敌无所畏惧，非实瞎也。'"董绍时任洛州（治所在今陕西商州区）刺史。《隋书·地理志》说："自汉高发巴蜀之人定三秦，迁巴之渠帅七姓居商洛之地，由是风俗不改其壤。其人自巴来者，风俗犹同巴郡。"[3]但巴人的渠帅七姓伐三秦后，《后汉书》明确说已将他们遣返回原籍，当时并无迁商洛之事。这种传说的出现，大约是由于巴賨强盛，不断扩充势力，向外地迁徙，而攘伐三秦时之功业以自炫饰之故。但既然降至南北朝时，巴人尚未坠其声威，那么从秦昭襄王到汉高祖这一百年中，更是他们的英雄得意之秋。因为秦举巴蜀后，巴和蜀所受的对待不同。蜀地因屡次叛乱，秦将司马错三度伐蜀，蜀的军事力量已被彻底摧毁。而秦却想利用巴。《华阳国志·蜀志》说司马错认为：巴地"水通于楚，有巴之劲卒，浮大舶船以东向楚，楚地可得"。起初，秦相张仪尚持异议。而当张仪使楚时，却对楚王说："秦西有巴蜀。大船积粟，起于汶山，浮江以下，至楚三千余里。舫船载卒，一舫载五十人与三月之食。下水而浮，一日行三百余里。里数虽多，然而不费牛马之力，不至十日而距扞关。扞关惊，则从竟陵以东尽城守矣。黔中、巫郡，非王之有。"可见自巴蜀出水军攻楚，已成为秦之举朝一致的国策。后来"司马错率巴蜀众十万，大舶船万艘，米六百万斛，浮江伐楚，取商于之地为黔中郡"[4]。在此次战役中，巴人应为军

---

① 《后汉书·南蛮西南夷列传》。

② 《三国志·蜀书·诸葛亮传》裴松之注引《汉晋春秋》。

③ 参看周一良：《魏晋南北朝史札记·魏书札记》"瞎巴三千生啖蜀子"条，中华书局，1985年。

④ 《华阳国志·蜀志》。《史记·六国年表》又《张仪列传》。

中主力。秦之所以与巴人刻石盟要，恐怕不单纯是由除虎害这一事件引发的短期行为，而含有稳定被其视为战略后方的巴蜀地区之长远考虑。安抚民风骁悍的巴人，是巩固秦在巴蜀之统治的重要条件。试看云梦秦简中的《属邦律》及有关"臣邦人""隶臣妾"等带有浓厚的奴隶制色彩的条文何等严酷，便可知秦给予巴人的优待幅度是很宽的。相反，蜀人"俗好文刻"，后来文翁一兴学，旋即"学徒鳞萃，蜀学比于齐鲁"，民风显然有所不同。[①]故战国后期的巴人在承认秦的主权的前提下，仍大可称雄于四川盆地。那种认为这时巴人的势力已很微弱的论点是值得商榷的。[②]

这种情况在出土物中也有所反映。巴賨又称板楯蛮：但盾是防御性武器，作战不能只靠盾，还应有进攻性的长兵。阆中巴人"其俗喜舞"，他们的巴渝舞之舞曲，"有《矛渝本歌曲》《安弩渝本歌曲》《安台本歌曲》《行辞本歌曲》，总四篇"[③]，后两篇似与武器无关，前两篇中则提到矛与弩。弩是当年巴人射白虎时所用，固应予以强调；但第一篇却是关于矛的，可见矛是其主要的长兵器。四川战国墓中所出之矛的数量很大，多为短骹，装弓形耳或半环耳。值得注意的是，在矛骹上常铸或刻出用巴蜀图形符号（或称"巴蜀文字甲"，或称"巴蜀图语"）组成的铭记。其中最常见的是所谓"蝉纹"。但此图形之所以有点像蝉，乃是几经讹变的结果，它原来的较写实的形象本为螳螂（图44-1）[④]。此象形的螳螂即"良"字。战国古文良字作（《古玺汇编》3592），（同上书2712）、（侯马盟书），与《说文·畗部》所收良字古文作之形基本相同。陈汉平先生认为这是"昆虫螳螂之象形"，此说很有见地。[⑤]或以为巴蜀图形符号与中原的甲文、金文并无关系，这种说法看来不宜绝对化；就整体而言，巴蜀图形符号是自成体系的，但不排除其中个别图形的结构曾受到古汉字造字原

---

① 《华阳国志·蜀志》。

② 文物编辑委员会编：《四川文物考古工作三十年》，载《文物考古工作三十年》，文物出版社，1979年。

③ 《晋书·乐志》。

④ 刘瑛：《巴蜀兵器及其纹饰符号》，载《文物资料丛刊》7，1983年。

⑤ 陈汉平：《古文字释丛》，载文化部文物局古文献研究室编《出土文献研究》，文物出版社，1985年。

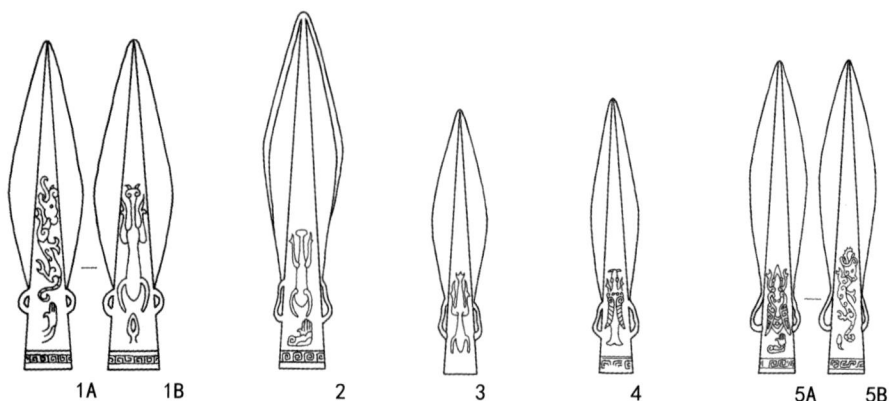

图44-1 短骹矛

1B～5A：螳螂形（良字）的演变

1A、5B：骹两侧有良字和白虎纹铭记的矛

理的启发，此良字即一例。另外，在成都战国墓出土的同鞘双剑上有一铭记（图44-2）。王仁湘先生认为："它的一半与蝉形（按：应指螳螂形）相似，被认为是图案化的蝉形，大概问题不大。"[1]这个符号与甲文良字作𩵋（《续》5·20·5）之形极肖似，所以亦应为良字；同时也更证明了释上述象螳螂形的符号为良字之不误。矛骹上的良字在此处应读阆，即阆中之阆。古代川中有些地名与昆虫有关，比如朐忍就是一例。据阚骃《十三州志》说："其地下湿，多朐朐虫，因名。"或谓朐即蚯蚓。则该地因多蚯蚓而得名[2]。阆中则可能是因多螳螂而得名。它是否和《后汉书》所记，愿与廪君共居的盐水神女"旦即化为虫，与诸虫群飞，掩蔽日光，天地晦

图44-2 成都战国墓出土铜剑，右侧为剑铭字形轮廓

---

① 王仁湘：《巴蜀徽识研究》，载《中国考古学会第七次年会论文集》，文物出版社，1992年。

② 刘琳：《华阳国志校注》，巴蜀书社，1984年，第79页。

瞑"的故事有关，目前尚莫能遽断。但矛骹铭以良字，足以表明此类矛的制作者为阆中之巴，或者至少是在他们的影响下产生的。

在此类矛上，有的骹部之铭记一侧为良字，另一侧为虎纹。白虎与巴人的关系更为密切。巴賨世号"白虎复夷"[①]，其王号"白虎夷王"。《舆地纪胜》卷一七九引《通州志》说："梁山军、忠州两界旧有汉刻石，署白虎夷王姓名。"此地在今梁平与忠县之间，原属巴人统治区。而《隶续·繁长张禅等题名碑》上亦列出"白虎夷王"的姓名。繁在今彭县（今彭州市），却是蜀之故地。可见汉代的白虎夷王不仅巴郡有，而且蜀郡也有，已经打破了旧巴、蜀的界限。

但《后汉书》中还记有关于廪君的神话传说，谓"廪君死，魂魄世为白虎"。这样就在字面上和阆中巴人射白虎的故事相忤。研究者因而或谓："这说明廪君之与板楯情同不共戴天。"[②]有的甚至将此事进一步引申为："巴族是有廪君之魂化为白虎的传说的，此处的白虎，应该看成巴族反动奴隶主的象征。白虎的势力达秦、蜀、巴、汉之境，可见叛乱的范围相当大。秦王募'阆中夷人'射杀白虎，实质上就是利用板楯蛮的武力镇压了这次叛乱。"[③]以上诸说将神话与实事搅在一起，恐不足据；而所谓巴族大叛乱更于史无证，纯属虚构。况且果依其说，则四川所出众多带虎纹的武器将不知所属。蜀没有白虎的神话，这些武器不能属于蜀。板楯蛮又与白虎"不共戴天"，故这些武器也不能属于阆中之巴。那么它们似乎只能属于廪君蛮了；但廪君蛮的主要活动地区在鄂西夷水（今清江）流域，此地汉代属于南郡，根本不在益州境内。如果说

---

① 或以为"巴、賨两族是绝不混淆的"（童恩正：《古代的巴蜀》，四川人民出版社，1979年，第46页），并举《文选·陈琳檄吴将校部曲》中"巴夷王朴胡"与"賨邑侯杜濩"被分别列出为证。按此说不确。賨人之得名是由于他们缴纳口赋即賨钱，而其渠帅七姓（包括上举朴姓）是"不输租赋"的，自然无由称賨，而只能仍称为巴。凡巴賨连言时，皆指一族而非并立之二族。但随着时间的推移，七姓之巴有时亦通称賨人。

② 蒙默等：《四川古代史稿》，四川人民出版社，1988年，第26页。

③ 童恩正：《古代的巴蜀》，第149～150、70～73页。

川中出的武器多数属于鄂西人，就更难以解释。相反，将矛上的白虎纹与良字铭记皆归于阆中之巴，则了无滞碍。

为什么阆中之巴的武器几乎遍于全川呢？这一来与秦举巴蜀后，巴面前的对手蜀急剧式微，巴的力量相对坐大有关。二来蜀之开明王朝的建立者鳖灵本非蜀人[1]。关于他的族属，童恩正先生认为是"巴人"[2]，王有鹏先生认为是"夔巴"[3]。总之，远在秦举巴蜀之前，巴、蜀王室间已有千丝万缕的联系，所以从器物形制上区分巴、蜀本非易事[4]。

最后还应指出，短骹矛虽曾在川东各地出土，但阆中的材料已发表者尚不多，这就使我们的认识受到局限[5]。正像20世纪60年代初，当《四川船棺葬发掘报告》发表后，一般都认为船棺墓是巴人墓的特点；后来船棺墓发现得越来越多，不仅成都与其附近的绵竹、什邡、彭县（今彭州市）、郫县（今郫都区）、广汉、双流等地均曾发现，而且远在雅安地区的芦山和荥经也有[6]，从而使大家改变了原来的想法。现在看来，短骹矛和船棺墓一样，也很难说成是巴或蜀之独有的特点，而只能在全巴蜀之统一的背景中寻求其脉络。虽然巴蜀古史的底蕴诚难一举揭开，但对阆中之巴的地位，却似应给予更加充分的重视。

（原载《考古》1994年第9期）

---

① 《太平御览》卷八八八引《蜀王本纪》说"荆有一人名鳖灵"，并未指明他是"荆人"。但研究者多认为他是从荆地来的人。

② 见童恩正：《古代的巴蜀》。

③ 王有鹏：《成都地区楚式敦的出土及开明氏蜀族源试探》，载《中国考古学会第七次年会论文集》。

④ 《新中国的考古发现和研究》也说："巴和蜀的文化面貌如何区分，则尚需进一步探讨。"（文物出版社，1984年，第357页。）

⑤ 王家祐、刘磐石：《涪陵考古新发现与古代"巴国"历史的一些问题》（《文物资料丛刊》7）一文所举出土巴蜀式铜兵器的地点中有阆中，但未介绍具体情况。

⑥ 见前引《四川文物考古工作三十年》。又《四川省文物考古十年》，载《文物考古工作十年》，文物出版社，1991年。

45 床弩考略

我国是世界上最先发明弩的国家。古文献中有关原始木弩的线索可以追溯到上古时期。[1] 装铜制弩机的弩在战国中期也已出现。[2] 至汉代，弩的使用相当普遍，在汉与匈奴的战争中，弩是汉军特有的利器。[3] 汉代曾设马、弩关，禁止私携弩出塞。自汉简中所见，对边防所用之弩的检查和校验也是很严格的。[4] 这时较常见的是用双手张弦的擘张弩，力量再强一些的是用手、足共同张弦的蹶张弩，更强一些的则是用腰、足共同张弦的腰引弩；它们的形象在考古资料中均曾发现（图 45-1）。

由于弩臂上装有可以延缓发射的机栝，张弦和发射被分解为两个单独的动作。同时，弩比起弓来，张弦搭箭均较费时；所以在战争中，弩手要分成发弩、进弩、上弩等组，轮番放箭。[5] 张弦的弩手须在隐蔽处操作，故有可能不

---

① 《礼记·缁衣篇》引《太甲》说："若虞机张，往省括于度则释。"《韩非子·说林篇》说："羿执鞅持杆操弓关机。"两处所记都是商周以前的情况，所提到的"机"，都宜解释为弩机。参据考古发掘中所出以骨、蚌制作的原始悬刀和 20 世纪初鄂伦春、纳西、苗、瑶、傣、黎等少数民族仍使用木弩的情况推测，我国在上古时代应已有木弩。

② 洛阳中州路东轴 19 号车马坑中出土装铜弩机之弩，时代为战国中期。见《考古》1974 年第 3 期。

③ 《汉书·晁错传》："劲弩长戟，射疏及远，则匈奴之弓弗能格也；坚甲利刃，长短相杂，游弩往来，什伍俱前，则匈奴之兵弗能当也；材官驺发，矢道同的，则匈奴之革笥木荐弗能支也；……此中国之长技也。"晁错所举的这几种"中国之长技"均与弩有关。这里提到的材官，是汉代从郡国征集的以弩手为主的步兵兵团，他们的指挥官有的就叫"强弩将军"。

④ 居延汉简中发现过检验已损伤的弩的记录，如："夷胡燧七石具弩……今力三石卅六斤六两"（《甲》1796），"官六石第一弩，今力四石卅斤"（《甲》269），"大黄力十石具弩一，右深强一分，负一算"（《甲》362），"六石弩一，组缓，今已更组"（《甲》12）等，可见当时在这方面相当认真。

⑤ 〔明〕茅元仪《武备志》说："假令弩手三百人，先用百人，弩已上，箭已搭，列于前，名为发弩。再用百人，弩已上，箭已搭，列于次，名为进弩。再又用百人列于后方，上弩搭箭，名为上弩。先百人发弩者，发完退后。以次百人进弩者上前，变为发弩。以后百人上弩者上前，变为进弩。以先百人发完者退后，变为上弩。如此轮流发矢，则弩不致竭矣。"

图 45-1　汉弩张弦的三种方式

1　擘张弩　陶俑，河南陕州刘家渠出土

2　蹶张弩　画像石，山东沂南汉墓

3　腰引弩　画像石，山东嘉祥武氏祠

4　《武备志》中的"腰绊上弩弦图"（用以与汉代的腰引弩相对照）

必过分仓促。于是可以用多数人或其他动力来张开强弩。这样，就促成了床弩的发明。

床弩是将一张或几张弓安装在弩床（发射台）上，绞动后部的轮轴，利用轮与轴的半径差产生强力以张弦。多弓床弩以几张弓的合力发箭，其弹射力更远远超过单人使用的各类弩。

床弩在我国的发明不晚于西汉。江苏连云港尹湾汉墓出土之西汉成帝永始四年（前13年）《武库兵车器集簿》中记有"连弩床一具"。①王充《论衡·儒增篇》中两次提到"车张十石之弩"。《后汉书·陈球传》载，在一次战争中，陈球曾"弦大木为弓，羽矛为矢，引机发之，远射千余步，多所杀伤"。这种能射矛的大弩应为床弩。又《三国志·杜袭传》记杜袭对曹操说："千钧之弩不为鼷鼠发机。"千钧合25石，《宋书·殷孝祖传》中提到的强弩也正是25石。即使这里是约略言之，也不仅比汉代常用的4石或6石之弩的强度大，而且比10石的大黄弩（或称黄肩弩、大黄力弩）还大一倍以上，用蹶张、腰引等法是张不开的，因而应当是床弩。不过从陈球"弦大木为弓"的记载看来，这时的床弩可能还处在单弓的阶段。

南北朝时对床弩相当重视。东晋末年卢循领导的起义军进攻建康，《宋

---

① 连云港市博物馆等：《尹湾汉墓简牍》，中华书局，1997年，第114页。

书·武帝纪》谓，当时卢循"遣十余舰来拔石头栅，公（刘裕）命神弩射之，发辄摧陷。循乃止，不复攻栅"。这种威力很大的弩在同《纪》中又称为"万钧神弩"，万钧虽属泛指，但它的强度有可能大于上述千钧弩，故无疑也是床弩。1960年在南京秦淮河出土了五件南北朝时的大型铜弩机，每件长39厘米，宽9.2厘米，通高30厘米（图45-2）。[①]如予以复原，其弩臂之长

图 45-2　南北朝，床弩上的弩机
江苏南京秦淮河出土

当在2米以上，可见这种弩机是床弩上使用的。它的出土地点接近当年卢循进军的战场，虽不能确指为此次战争的遗物，但可以看作此时床弩已较前为多的实物证据。史书中所记南朝用床弩的战例尚不止此，如《南史·杨公则传》记齐末杨公则攻建邺，"尝登楼望战，城中遥见麾盖，纵神锋弩射之，矢贯胡床，左右皆失色"。神锋弩的射程既然如此遥远，所以也应属床弩一类。不仅南朝用床弩，北朝也用。《北史·源贺传》说他在北魏文成帝时，"都督三道诸军屯漠南，……城置万人，给强弩十二床，武卫（一种车）三百乘。弩一床给牛六头，武卫一乘给牛二头。"每台床弩配备六头牛为绞轴的动力，虽然不清楚六头牛是同时使用，还是分成几组轮番使用；但总之，它有可能是多弓床弩，且已开后世所谓"八牛弩"之先河。

床弩在唐代称绞车弩，见于杜佑《通典·兵二》谓："今有绞车弩，中七百步（约合1060米，唐一步≈大尺五尺≈1.515米），攻城拔垒用之。"七百步这个数字大约可信，因为李靖《卫公兵法》卷下"攻守战具"中说："其牙一发，诸箭齐起，及七百步。所中城垒无不摧陷，楼橹亦颠坠。谓之车弩。"王琚《教射经》也说："今有绞车弩，中七百步。"（《御览》卷三四八引）但是由于"弩张迟，临敌不过一、二发，所以战阵不便于弩"。然而杜佑又指出："非

---

①　南京博物院等：《江苏省出土文物选集》图130，文物出版社，1963年。

弩不利于战，而将不明于弩也。不可杂于短兵，当别为队攒箭注射，则前无立兵，对无横阵。复以阵中张、阵外射，番火轮回；张而复出，射而复入，则弩不绝声，敌无薄我。夫置弩必处其高，争山夺水，守隘塞口，破骁陷果，非弩不克！"杜佑对弩的性能和用弩之法，阐述得很精到；对于小型床弩来说，这些原理也同样是适用的。

床弩的使用在宋代得到较大的发展。《武经总要》所载床弩，自二弓至四弓，种类很多。张弦时绞轴的人数，小型的用五至七人；大型的如所谓"八牛弩"，要用100人以上。瞄准和击牙发射都有人专司其事。所用之箭以木为杆，以铁片为翎，号称"一枪三剑箭"。《宋史·张琼传》说："及攻寿春，太祖乘皮船入城壕。城上车弩遽发，矢大如椽。"可能就和这种箭类似。床弩又能上下成行地依次射出一排"踏橛箭"钉在夯土城墙上[①]，攻城者可攀缘以登，起到在难以接近的坚城之下，极快速地装置起登城之梯的效果。床弩除了发射单支的箭以外，还可以"系铁斗于弦上，斗中著常箭数十支，凡一发可中数十人，世谓之斗子箭，亦云寒鸦箭，言矢之纷散如鸦飞也"[②]。北宋开宝年间，魏丕对床弩还做了一些改进。《宋史·魏丕传》说："旧床子弩射止七百步，令丕增造至千步。"宋代一步约合1.8米，千步约合1800米。《文献通考》卷一六一说这种弩试射时"矢及三里"，三宋里约合1620米，与《魏丕传》所记数字差近。这是我国冷兵器时代中，射远武器所达到的最高的射程纪录。

但是宋刊《武经总要》是否还有残叶存世，情况已不太清楚。[③]明弘正本所载床弩图样，有些细部没有表现出来，一下子难以看清楚其发射原理（图45-3）。兹以弘正本为据，重新绘制出宋代三弓床弩的复原示意图（图45-4）。须

---

① 明代以前，我国多用夯土筑城墙，包砖的城墙仅偶尔出现。以首都的城墙而论：唐长安城是夯土城墙；平均厚度比长安城还厚的大明宫墙也是夯筑的，仅在城门两侧及城拐角处用砖包砌。北宋汴梁城的做法接近大明宫宫墙，在《清明上河图》中看得很清楚。元大都城亦然。所以能用床弩将踏橛箭射进城墙中去。
② 〔宋〕曾公亮：《武经总要·前集》卷一三。
③ 听说赵万里先生生前谈到他曾见过宋本《武经总要》残叶。今不知其所在。

图 45-3　明刊本《武经总要》
中的三弓床弩

图 45-4　三弓床弩复原示意图

说明的是：在三弓床弩上，装于中部的弓应为主弓，主弓自弓弝（即弓弮）处用短绳与前弓相连，拉紧主弓的弓弦时，前弓即随之开张。但后弓装置的方向相反，如仅自弓弝以短绳与主弓连接，是张不开的。所以主弓的弝上还应装有滑轮或滑孔，后弓之弦通过此轮或孔与主弓之弦并在一起。主弓张弦时，后弓之弦绕过轮或孔折而向后，随主弓之弦一同拉紧；所以也能随着主弓张开，虽然后弓弯曲的弧度要比主弓与前弓都小一些。在床弩上，当转动绞轴收紧钩在主弦上的牵引绳以后，用弩牙扣住弓弦，解下牵引绳，并将箭置于弩臂上面的矢道内，使箭括顶在两牙之间的弦上。发射时，叩击扳机，牙即下缩，三弓同时回弹，箭乃以强力射出。

　　大型床弩虽然机动性差，但由于它的威力强大，所以在防御战，特别在城防中受到重视。《宋史·兵志》载，元丰四年（1081 年）"泾原路奏修渭州城毕，而防城战具寡少，乞给三弓八牛床子弩、一枪三剑箭，各欲依法式制造。诏图样给之"。在 1004 年的澶渊之役中，宋军射死辽军主将萧挞览，对战局的影响很大。但《宋史·真宗纪》只说："契丹兵至澶州北，直犯前军西阵，其大帅挞览耀兵出阵，俄中伏弩死。"《辽史·萧挞凛（即挞览）传》也只说他"中伏弩卒"。但据《契丹国志》卷七说："契丹既陷德清，率众抵澶州北。……统军顺国王挞览为床子弩所伤，中额而殒。契丹师大挫，退却不敢动。"宋张表臣《珊瑚钩诗话》记载得却更详细：当时"安床子弩于城上，使卒守之，……忽……惊起，击而发之，遂中虏酋。军退"。所谓虏酋即指萧挞览。由是可知在这一事件中，床弩发挥了很大的作用。

大型床弩射程远、杀伤力强，在冷兵器时代中，它可以被看成与礮（抛石机）并列的重武器。但及至床弩发展臻于极盛的宋代，火器已在战场上崭露头角。随着火器的发达，床弩就逐渐退出实战领域了。

（原载《文物》1985年第5期）

46　古代城防二题

一、筑城

为了防范敌人或野兽，原始社会的居民在聚落周围挖壕沟，挖出的土堆高了，就成为原始的城墙。湖南澧县城头山大溪文化城址，平面略呈圆形，城外有壕沟，城墙正是在地面上堆筑而成。陕北神木石峁古城有用石块砌起的城墙，但这在中原地区极少见。龙山文化的城墙多为夯筑。黄河流域有很厚的风成黄土层。黄土加压，破坏了其自然状态下的毛细结构，形成密度较大的夯土；从而产生一定的防潮性，又可获得较高的牢度。并且黄土还有直立性强的特点，城墙可以夯筑得相当陡。

不过早期夯筑城墙时，使用的挡土板不够长，只能打成夯土块，用它再垒成墙体，叫"小版筑"。技术再发展一步，就能用长板打夯，组接成长垣。河南偃师尸乡沟的早商城址，墙基宽18米～19米。施工时先挖基槽，将槽底夯实后，再分层夯筑，夯层厚度仅8厘米～12厘米，夯窝密集，相当坚实。河南郑州商城属于商代中期，城垣周长6960米，墙基最宽处达32米，地面残高仍有5米左右，至今巍然屹立。古城多环绕护城壕，就是古文献中与城并称的"池"。我国古谚："城门失火，殃及池鱼。""池鱼"是指城濠里的鱼，而不是一般池塘中养的鱼。城和池从它们在我国最初出现时，就是互相配合的城防设施。

到了春秋时期，为了增加防御能力，在城墙顶上开始增筑雉堞。雉堞就是城垛口，古代也叫埤堄，最早见于《左传·宣公十二年》与《墨子·备城门篇》。《释名·释宫室》说："城上小垣曰睥睨，言于孔中睥睨非常事也。""亦曰女墙，言其卑小，比之于城，若女子之于丈夫也。"女墙又名堞。不过古文献中也常以堞字指女墙上的垛口，如《备城门篇》说："五十步一堞。"可见这

图 46-1　内蒙古和林格尔汉墓壁画中的"宁城"

时女墙上的堞并不密。嘉峪关 1 号曹魏墓出土画砖所绘坞上之堞，亦少而且
稀。和林格尔汉墓壁画中有"宁城"图，因为城比坞的等级高，所以上面的堞
排列得更加整齐，但两堞之间仍有一段距离（图 46-1）。可是先秦时的城堞虽
稀，却已有用辘轳控制升降的"悬门"，和在城壕上设置的可起落的吊桥"发
梁"（均见《备城门篇》）。战国晚期又有了城门楼。《汉书·陈胜传》中称之为
"谯门"，颜师古注："谯门谓门上为高楼，以望者耳。"长沙马王堆 3 号墓所出
西汉初年长沙国南部驻军图，图中的指挥中心"箭道城"上就画出了三个城门
楼。同时，建于城角处的角楼在箭道城上也能见到。城角是版筑的接合部，是
其薄弱环节，须加以强化，所以筑城时对城角更注意加宽加固（图 46-2）。《考
工记·周人明堂》说："王宫门阿之制五雉，宫隅之制七雉，城隅之制九雉。"
雉是度量夯土城墙的基数，"五版（指夯筑时的挡土板，每板高约二尺）为堵，

五堵为雉"(《礼记·儒行》郑玄注)。因知城角远较他处为高。《诗·静女》："静女其姝，俟我于城隅。"和平时期青年们就选择城角这个被高墙挡起的地方来约会了。又《说苑·立节篇》说，杞梁妻闻杞梁战死而哭，以致"城为之阤而隅为之崩"。"阤"指垮塌，而"崩"指崩裂；也反映出城角比其他部分更结实、更高。

在城墙外壁增筑突出的"马面"，则可以自侧面防御逼近城墙之敌。为了加强城门的防御功能，还可以在门口修建瓮城。马面和瓮城虽然在石峁遗址中已经出现，但要到汉代才较常见。内蒙古乌兰布和沙漠北部哈隆格乃山谷南口的西汉鸡鹿塞石城，提供了马面与瓮城相结合的实例。

图 46-2　洛阳东周王城的西北城角平面图

也就在汉代，又出现了包砖的城墙。考古工作者在四川广汉东汉雒县遗址发现过一段砖城墙。《水经注·浊漳水》也说六朝时的邺城"表饰以砖"。用砖包砌城墙的前提是制砖业实力的增强。我国的砖在西周时已出现，起先只是些铺地的薄砖；当时怕它铺在地上会滑动，有的还在砖背四角做出四个陶榫。西汉时砖的种类增多，除铺地砖外，还有空心砖、异型砖、画像砖等；虽然其中若干类的艺术价值很高，但制砖业的主流是造出长、宽、厚之比接近4∶2∶1，砌墙时便于组合搭接的条砖。这种砖问世后，其生产规模乃迅速扩大。辽宁辽阳三道壕西汉村落遗址中发现的砖窑，按当时的技术水平估算，每年约可生产条砖六十万块；郡县之大窑场的生产能力想必更为可观。条砖规格的定型和产量的增加，遂使用砖包城的想法有了实现的可能。尽管如此，唐代的都城长安仍然是一座夯土城。政治中枢大明宫宫城也是夯土墙，只在城门墩台和城角处用砖包砌。而唐代东都洛阳的宫城和皇城却内外均包以砖，显示出它的富庶繁华和地位的重要。五代时也有一些砖城，如王审知修筑的福州城，"外甃以砖，凡一千五百万片"（黄滔《黄御史公集》卷五）。宋代砖城渐多，扬州、楚州、广州和成都等地都修了砖城。但首都汴梁仍然是夯土城墙，也仍然只将门墩和城角包砖。《清明上河图》中将城墙和城门画得很清楚。不过由于北宋前期百年无战事，"垂髫之童，但习鼓舞；斑白之老，不识干戈"（《东京梦华录》）。城防废弛。特别是汴梁的内城（里城）"颓缺弗备"（《宋会要·方域》），故图中的夯土城墙变得像是杂树丛生的一道土坡（图46-3）。有些学者甚至认不出

图 46-3　《清明上河图》中所见城门与城墙

画的是城墙；说"城门不见连有城墙"（木田知生：《宋代开封与张择端〈清明上河图〉》，《史林》61卷5期；杨宽：《中国古代都城制度史研究》第342页）。往后直到元代，大都城仍是夯土城墙，只是为了加固，在夯土中埋设了永定柱（竖柱）和纴木（横梁）。其北垣至今仍叫"土城"。但已发掘出来的大都和义门墩台则包砖，估计其整体的规格当与北宋汴梁的外罗城相近。可是大都的宫城据《辍耕录》所记已是"砖甃"。不过用砖包砌城墙，工程浩大，所费不赀，从开始出现到全面推广，经历漫长的时间。明初修北京城时，也只在城墙外壁包砖，到了正统十年（1445年）才将城墙内壁包砖。至清代，县级以上的城墙多为砖表土心，只用夯土筑成的土围子已经很少见了。

早期之城规模较小，东周王城的周长不过12公里许。十万户以上的城，在唐代只有十多座；到了宋代，才增加到四十多座。都城的规模较大，但也互有出入。西汉长安周长25.1公里；唐长安为36.7公里；宋元的国势不如唐之隆盛，宋东京为29公里；元大都的周长与之相仿，为28公里。明初修的南京城却特别大，内城为33.4公里，外郭城达103.7公里，历代古城难以望其项背。

砖城在宋代虽仍处于推广的过程中，但城防的基本设施已然定型。宋代的《武经总要》绘有当时的城防示意图。从中可知城墙上砌有女墙，其上开有垛口和箭窗。城墙每隔一段距离则筑有凸出的马面，上设敌台，配置守城器械。城门上有城楼，城门外有瓮城。城墙之外、城壕之内，还筑有高约五尺的小隔城，名羊马城；是城外居民撤进城内时安顿羊马之所。再靠外则是护城河，其上还有吊桥（图46-4）。这些设施曾被长期沿袭。不过明南京城是一个特例。我国古代都城如唐长安只有外城和内城（内城前部是皇城，后部是宫城）等两重城圈，宋东京有外罗城、旧城、大内，共三重，元大都有外城、萧墙（也叫红门拦马墙）、宫城，也是三重；而明南京却有外郭城、内城、皇城、宫城，共四重。所用城砖，不仅有黏土烧制的，还有用瓷土烧制的，成品为白色或灰白色，品质甚佳，或称之为瓷砖；这个叫法虽不尽准确，但如果称之为炻砖，

图 46-4 《武经总要》中的城防示意图

则可当之无愧。砖的体量也较大，单块重量达20公斤。城墙的高度因地势而有别，最高之处达24米，平均高度为12米。并且南京城墙不设马面。马面是冷兵器时代为防御抵达城下之敌所建，间距一般为150米左右，而弓箭的射程约70米，所以两座马面上的守军可互相策应，左右夹击。但这时火器的使用已较广，用射程更远的火器进行射击，马面反而成为障碍。南京城墙不设马面，表明火炮的时代来临了。尤其和以往不同的是，从前的瓮城一般只建在城门外侧，是为外瓮城；南京城却不仅有外瓮城，还有内瓮城，通济、聚宝、清凉、三山等城门的内瓮城且不止一层。与皇城正门洪武门取直的内城正阳门，更设外瓮城一层、内瓮城两层，发展成复合式瓮城（图46-5）。内瓮城的城墙内还辟有藏兵洞。攻城之敌如突入内瓮城，则可将城门关闭，伏兵冲出，聚而歼之。在明初，此城堪称虎踞龙盘，固若金汤。只是随着火炮的使用，这类旧式城防工事逐渐落后于时代。

二、攻城

在古代，城不仅是政治中心，也是财富的聚集之处，所以成为争夺的重要目标。城的入口是城门。门一般为木制，闭门后用大木将门闩住。竖着闩门的木柱叫"植"，横的叫"关"。它们不仅粗硕，还用铜、铁箍加固。即《墨子·备城门》所说："门植、关必环锢，以锢金若铁鍱之。"攻城时，城门首当其冲，故称攻城门曰"犯门斩关"（《左传·襄公二十三年》）。继而，攻打城门也可以简称为"门"，

图46-5　明代江苏南京正阳门的复合型瓮城（仿杨国庆）

如《左传·僖公二十八年》说："晋侯围曹，门焉，多死。"记载的就是一次攻打城门的战斗。城门既然常遭受攻击，乃成为防御的重点，同时对方也必然设法增强攻门的力度。在这种形势下，西周时发明了冲车。《诗·大雅·皇矣》："以尔钩援，与尔临冲，以伐崇墉。"《毛传》："冲，冲车也。"冲车是在车上安装大木杆，由多数士兵推车撞击城门。但这只是西周的情况，到东周以至西汉时，冲车的构造又有所改进。《墨子》中有讲"备冲"的篇章，惜已佚失。西汉时如《淮南子》高诱注称："冲车，大铁着其辕端，马被甲，车被兵，所以冲于敌城也。"因知这时的冲车已在前端装有铁制的撞角。由于撞角极具威力，所以后来冲车又名撞车。《新唐书·侯君集传》："贼婴城自守，遣谕之，不下。乃刊木塞堑，引撞车毁其堞。飞石如雨，所向无敢当，因拔其城。"在宋代的《武经总要》中载有"撞车"的图像（图46-6）。

城门易守难攻，于是翻逾城墙又成为

图46-6　《武经总要》中的撞车

攻城的手段。早在西周时已出现了攻城之梯。上引《皇矣》中提到的"钩援"，就是顶端装钩可攀附住墙头以便战士登城的梯子。由于它很高大，也叫"云梯"。不过云梯不够灵便。《墨子·备梯》说："云梯者，重器也，其动移甚难。"唐代加以改进，出现了"车梯"。"以大木为床，下置六轮，上立双牙。牙有栝梯，……飞于云间，以窥城中"（《通典》卷一六〇）（图46-7）。南宋

图46-7　《武经总要》中的车梯

时，车梯又改进成"对楼天桥"。《开禧德安守城录》说："虏以步骑入景陵门，布阵周密。有对楼天桥，高与城齐。桥上以木为过道，约广一丈，其长倍之。"进攻的一方可从桥上越过城墙。还有一种就地取材、积弱成强的战术是在城外堆土，使与城齐，以便攻城，即《墨子·备高临》所说"敌人积土为高，以临吾城"的老办法。不过这时守城一方可"于城内薄筑，长高于敌台一丈已上，即自然制彼，无所施力"（《通典》卷一五二）。

　　无论用云梯、车梯或堆土成高台都极费周折。宋代攻城还有一条捷径，即用床弩将一排"踏橛箭"射进对方的夯土城墙内，士兵可攀缘箭杆迅速登城。不过这是一种出奇制胜的举措，用此法登城的人数不可能太多；如城上有密集的守军，则有点孤注一掷了。

　　如果不从城上翻逾，还可以从城墙底下挖地道，早在先秦时已知此法。《墨子·备穴》说："敌人为穴而来，我亟使穴师选士，迎而穴之，为之具内弩以应之。"即以穴制穴。《后汉书·袁绍传》说："绍为地道欲袭（曹）操，操辄

于内为长堑以拒之。"《北周书·韦孝宽传》说，当北齐攻打玉璧城时，于城南凿地道，"孝宽复掘长堑要其地道。仍饬战士屯堑城外。每穿至堑，战士即擒杀之。"也就是《通典》说的："审知穴处，助凿迎之。"但如果不能"审知穴处"，不知道敌方挖洞之所在，还可以用"地听"侦察。这个方法也很古老。《墨子·备穴》中已经说："令陶者为罂，容四十斗以上，固幎之以薄鞈革，置井中。使聪耳者伏罂而听之，审知穴之所在，凿穴迎之。"唐李靖《卫公兵法》也说："地听，于城内八方穿井，各深二丈，以新罂用薄皮裹口如鼓，使聪耳者于井中托罂而听，则去城五百步内，悉知之。审知穴处，……"这是由于敌方发出的声浪会激发罂体共振；它犹如用土法制造的声呐，简单而有效。

挖地道不仅用于穿过城墙，还可以用来破坏城墙。上引《韦孝宽传》说："于城四面穿地作二十一道，分为四路，于其中各施梁柱。作讫，以油灌柱，放火烧之。柱折，城并崩坏。"至唐代，李筌在《神机制敌太白阴经·攻城具》中仍说："凿地为道，行于城下，因攻其城，每一丈建柱以防崩陷。复积薪于柱间而烧之，柱折城崩。"简直就把韦孝宽的做法当作经典性的战例来看待了。

火药应用于战争后，穴攻发展成坑道爆破战术。1642年李自成攻打河南开封与襄城时，1644年张献忠攻打四川成都时，都曾使用过这种战术。一位佚名的目击者所写《纪事略》一书中，记下了1644年的情况。起义军先在成都北关外濠建立木排栅，以避矢石。然后"于排栅外暗挖地道，直透城脚下。浚穴丈余，穴内填火药无数，将穴口谨筑，中引药线出穴外"。进攻之前，将精锐部队埋伏在爆破地点附近。"听号一响，将穴外药线点着，穴内火药齐发。顷刻间城楼城墙一齐崩陷，砖瓦木石飞扬半天，响声震地，烟雾迷空。"张部遂乘势一举攻克成都。

上述攻城门、逾城墙、挖地道和坑道爆破等攻城之法，在有条件的情况下可以配合使用。但由于攻守双方面临的形势不断变化，故尚须指挥官适时做出判断。因为攻城之法实不一而足，仅《墨子》书中就举出了十二种："临、钩、冲、梯、堙、水、穴、突、空洞、蚁傅、轒辒、轩车。"其中如蚁傅法实际上是一种人海战术，其余诸种大致亦不外上文介绍的各类。至宋代，在《武经总要》中还出现了不少攻城器械，如桥车、巢车、饿鹘车、搭车、杷车、扬尘车、擂木飞梯等。然而由于缺乏实物资料和详明的战例相印证，其效能不是很清楚。比如明代出现的吕公车，分五层：底层士兵管推车，二层、三层士兵持械凿城墙，四层持兵器攻城，五层直扑城顶（图46-8）。从图中看，如将这样一个庞然大物推到重兵把守的坚城之下，目标过分显著，守军会集中力量反

图46-8 《武备志》中的吕公车

击。明天启元年（1621年），奢崇明围攻成都时曾使用吕公车。《明史·朱燮元传》说："忽自林中大噪，（奢部）数千人拥物如舟，高丈许，长五十丈，楼数重，牛革蔽左右，置板如平地。一人披发仗剑，上戴羽旗。中数百人挟机弩毒矢。旁翼两云楼，曳以牛，俯瞰城中。"这辆吕公车虽来势汹汹，但过分笨重。守将朱燮元以巨炮"飞千钧石击之。又以大炮击牛，牛返走，败去"。奢崇明之吕公车的规模如此惊人，然而尚禁不起抛石机掷来的石弹。所以到了火炮称雄于战场的年代，这类攻守具便全都黯然失色了。

（原载《中国国家博物馆馆刊》2015年第10期）

第七章　风雅与服饰

47　周代的组玉佩

在大量使用磨制石器的新石器时代中，质地最精的"美石"玉的被利用，既合乎情理又异乎寻常。说它异乎寻常是因为这种莹润坚致的矿物不仅产量稀少，而且由于其高硬度和结晶状态不同而表现出的各种特性，如顶性、卧性、韧性、拧性、斜性以及脆性、燥性、冻性等，使多数玉器无法通过凿击取形，碾琢工艺则极为繁难。只是在先民以惊人的热忱投入巨大的创造性努力的情况下，玉器才在古代中国崭露头角，放射出夺目的光彩。它所包含的劳动量极大，从而其价值也被推上极峰，成语所称"价值连城"即源于对玉器的估价[①]。因此到了历史时期，玉器特别是琢制精美的玉器，极少会有人拿它当工具来使用。就劳作的实际需要而言，更廉价、更易制作且便于修理加工和回炉重铸的金属制品比玉器更占优势。所以玉器基本上可以归入礼器和礼器以外的工艺品两大类。夏鼐先生曾把商代玉器分作礼玉、武器和工具、装饰品三类。但先生的论文中又指出：这些"武器有许多只是作仪仗之用，不是实用物"。[②]其实几乎所有的玉制刃器均不耐冲击，不适宜在战场上用于格斗；它们既被视为仪

---

① 《艺文类聚》卷八三引《尹文子》："魏田父有耕于野者，得宝玉径尺。……王问其价，玉工曰：'此无价以当之，五城之都，仅可一观。'"《史记·廉颇蔺相如列传》："赵惠文王时，得楚和氏璧。秦昭王闻之，使人遗赵王书，愿以十五城请易璧。"
② 夏鼐：《商代玉器的分类、定名和用途》，《考古》1983 年第 5 期。

仗，则仍然属于礼器。所以像《越绝书·外传·记宝剑》所称"至黄帝之时，以玉为兵，以伐树木为宫室，凿地"的说法，显然与实际情况不符，因为不可能普遍用玉器作为伐木和挖土的工具，更难以据此推导出一个"玉兵时代"或"玉器时代"来。由于质脆值昂等特点，玉器的使用范围受到限制，使它成为在精神领域中影响大、在生产实践中作用小的一个特殊器类。所以像C.J.汤姆森提出的以生产工具之材质为依据，将史前时期分成石器、青铜器、铁器等时代的体系里，也安排不上玉器的位置。

玉礼器中最被古人看重的是瑞玉，但这里面有些器物的含义既神秘，造型又比较奇怪，如琮、璋之类，性质不容易一下子说清楚。可是瑞玉中的璜和璧，特别是与璧形相近的瑗和环，早在原始社会中就同玉管、玉珠等玉件组合在一起，形成了组玉佩的雏形。组玉佩既有礼玉的性质，又有引人注目的装饰功能，随着其结构的复杂化和制度化，乃逐渐成为权贵之身份的象征或标志。它的起源悠古，历代传承，其胤裔一直绵延到明代尚未绝迹。尤其是两周时期，组玉佩在服制和礼制中都有举足轻重的地位，然而其演变过程却长期未曾得到较明晰的解释。清俞樾《玉佩考》说："夫古人佩玉，咏于《诗》，载于《礼》；而其制则经无明文，虽大儒如郑康成，然其言佩玉之制略矣。"①所幸近年由于新资料的不断发现，始为此问题的解决提供出一系列可供探讨的线索。

璜和璧类均出现于新石器时代，从北方的红山文化、山东的大汶口文化、中原的河南龙山文化到江南的良渚文化中都有它的踪迹；特别是璜类，式样繁多。"弧形璜较常见（仰韶、马家窑、大溪、马家浜、崧泽、宁镇地区等），折角璜应属弧形璜的变例（马家浜、良渚、大溪），半璧璜常见于长江流域（崧泽、良渚、薛家岗、大溪等），扇形璜则多在黄河流域（仰韶、中原龙山、马家窑等）。其他的特例有薛家岗文化的花式璜、良渚文化的龙首纹璜、红山文

---

①　〔清〕俞樾：《春在堂全书·俞楼杂纂之十·玉佩考》。

化的双龙首璜等。"①在这时的遗物中已
经发现用璜充当一串佩饰之主体的做法，
它被串联在玉佩中部的显著位置上。如
江苏南京北阴阳营出土的玉佩饰，由24
件玉管和三件玉璜组成（图47-1）。②当
时的人们将它套在颈部，垂于胸前，所
以考古学文献中或称之为项链；而周代的
组玉佩却很可能正是在这类项链的基础

图47-1　新石器时代，玉佩饰
江苏南京北阴阳营出土

上发展出来的。不过周代的和原始时代的玉佩之间的承袭关系目前还说不清
楚，因为在商代尚未发现可以作为其中间环节的标本。如安阳妇好墓出土各种
玉饰达266件，却看不出有哪些是串联成上述组玉佩形的。所以本文仅以周代
的组玉佩作为主要的考察对象。

　　在西周，以璜为主体的组玉佩很早就出现了。山西曲沃曲村6214号西周
早期墓中出土的两套组玉佩，下部正中皆悬垂二璜，上部有玉或石质的蝉、
鸟、鱼形，并以玛瑙、绿松石、滑石制作的小管串联而成。这两套组玉佩各
有二璜，可称为二璜佩（图47-2∶1）。③陕西长安张家坡58号西周中期墓出土
的组玉佩，以三璜四管和玛瑙珠串成，可称为三璜佩（图47-2∶2）。④也属于
西周中期的陕西宝鸡茹家庄2号墓棺内出的则是一串五璜佩，不过这串玉佩和
其他各种玉饰件混杂在一起，发掘报告中没有把它明确地单独列出来。⑤同类
五璜佩在山西曲沃北赵村91号西周晚期墓中出过一串，五件璜自上而下弧度

①　邓淑苹：《新石器时代玉器图录·试论中国新石器时代的玉器文化》，台北故宫博物院，1992年，
　　第24页。
②　中国玉器全集编辑委员会编：《中国玉器全集》卷1，图57，河北美术出版社，1993年。
③　北京大学考古系编：《燕园聚珍》图85、86、87，文物出版社，1992年。
④　《中国玉器全集》卷2，图273。
⑤　卢连成、胡智生：《宝鸡强国墓地》上册，文物出版社，1988年，第363页。

图 47-2　西周，多璜组玉佩

1　二璜佩　山西曲沃曲村 6214 号墓出土	4　六璜佩　山西曲沃北赵村 31 号墓出土
2　三璜佩　陕西长安张家坡 58 号墓出土	5　七璜佩　河南三门峡上村岭 2001 号墓出土
3　五璜佩　山西曲沃北赵村 91 号墓出土	6　八璜佩　山西曲沃北赵村 92 号墓出土

依次递增，安排得很有规律（图 47－2:3）。[①]在西周晚期的大墓中，以多件玉璜和玛瑙珠、绿松石珠、料珠等串联成的组玉佩已发现不少例。北赵村 31 号墓出土的六璜佩，上端套在墓主颈部，下端垂到腹部以下（图 47－2:4）。[②]河南三门峡市上村岭 2001 号墓出土七璜佩，七件璜自上而下，从小到大排列有序，其下端亦垂于腹下（图 47－2:5）。此墓墓主虢季是虢国的国君。同一墓地之 2012 号墓墓主为虢季的夫人梁姬，则以五璜佩随葬。[③]多璜组玉佩中已知之璜数最多的一例见于北赵村 92 号墓，为八璜佩，这串玉佩中还系有四件玉圭，

---

① 北京大学考古学系等：《天马——曲村遗址北赵晋侯墓地第五次发掘》，《文物》1995 年第 7 期。
至于北赵村 63 号墓出土的四十五璜玉佩，总长度已超过人的体高，难以佩戴。参加发掘的人员中有的认为这本来不是一组佩玉，初步整理时误连为一。

② 山西省考古研究所等：《天马——曲村遗址北赵晋侯墓地第三次发掘》，《文物》1994 年第 8 期。

③ 河南省文物考古研究所等：《三门峡虢国墓》第 1 卷上册，文物出版社，1999 年，第 154、275～277、531 页。

恰与金文的记述相符（图47-2:6）。① 由于它们皆以多件玉璜与玉管、玉珠等组合而成，故可名为"多璜组玉佩"。

上述组玉佩虽均出自墓葬，但它和覆面上的那些玉饰件的性质完全不同，大多数应是墓主人生前佩戴之物，即《礼记·玉藻》所说"古之君子必佩玉""君子无故玉不去身"。有人把它们笼统地归入葬玉的范畴，不确。虽然，本文上面的叙述给人以西周晚期组玉佩用璜较多的印象，但璜数的变化并不是按照时代先后直线增加的。因为除了时代的因素外，它还受到地区差别的影响和墓主地位尊卑的制约。在当时的社会生活中，组玉佩是贵族身份在服饰上的体现之一，身份越高，组玉佩越复杂越长；身份较低者，佩饰就变得简单而短小了。这种现象的背后还与当时贵族间所标榜的步态有关，身份越高，步子越小，走得越"舒迟"，越显得气派出众，风度俨然。《礼记·玉藻》："君与尸行接武，大夫继武，士中武。"孔颖达疏："武，迹也。接武者，二足相蹑，每蹈于半，半得各自成迹。继武者，谓两足迹相接继也。中，犹间也。每徙，足间容一足之地，乃蹑之也。"就是说，天子、诸侯和代祖先受祭的尸行走时，迈出的脚应踏在另一只脚所留足印的一半之处，可见行动得很慢。大夫的足印则一个挨着前一个，士行走时步子间就可以留下一个足印的距离了。不过这是指"庙中齐齐"的祭祀场合，平时走得要快些，特别当见到长者或尊者时，还要趋。《释名·释姿容》："疾行曰趋。"在这里是致敬的表示。《礼记·曲礼》："遭先生于道，趋而进。"《论语·子罕》："子见齐衰者、冕衣裳者与瞽者，见之虽少必作，过之必趋。"从而可知步履之徐缓正可表现出高贵的身份之矜庄，而系上长长的组玉佩则不便疾行，又正和这一要求相适应。故当时有"改步改玉"或"改玉改行"的说法。《左传·定公五年》说："（季平子死后）阳虎将以玙璠敛，仲梁怀弗与，曰：'改步改玉。'"杨伯峻注："据《玉藻》郑注及孔疏，越是尊贵之人步行越慢越短。……因其步履不同，故佩玉亦不同；改其步

---

① 《天马——曲村遗址北赵晋侯墓地第五次发掘》。

履之疾徐长短，则改其佩玉之贵贱，此改步改玉之义。"又《国语·周语中》："晋文公既定襄王于郏，王劳之以地。辞，请隧焉。王不许，曰：'……先民有言曰：改玉改行。'"韦昭注："玉，佩玉，所以节行步也。君臣尊卑，迟速有节，言服其服则行其礼。以言晋侯尚在臣位，不宜有隧也。"此制不仅适用于王侯，大夫等人着朝服时亦须遵循。《礼记·玉藻》："将适公所，……既服，习容，观玉声，乃出。"正义："既服，着朝服已竟也。服竟而私习仪容，又观容，听己佩鸣，使玉声与行步相中适。玉，佩玉也。"等而下之，一般贵族也视以佩玉节步为礼仪之所需。《诗·卫风·竹竿》："巧笑之瑳，佩玉之傩。"《毛传》："傩，行有节度。"郑笺："美其容貌与礼仪也。"虽然目前出土的资料不足，还无法将组玉佩的规格和贵族的等级准确对应起来；但它的功能性的作用是节步，礼仪性的意义是表示身份。对此，似已无可置疑。

同时也应注意到，《礼记·玉藻》在提到君子玉不去身时，还说："君子于玉比德焉。"《礼记·聘义》中认为玉有"十一德"。《管子·水地》则认为玉有"九德"。《荀子·法行》认为玉有"七德"。到了汉代，许慎在《说文解字》中将玉德归纳为五项："润泽以温，仁之方也；䚡理自外，可以知中，义之方也；其声舒扬，专以远闻，智之方也；不挠而折，勇之方也；锐廉而不忮，絜之方也。"卢兆荫先生对这段话的解释是："'五德'概括了玉的质感、质地、透明度、敲击时发出的声音以及坚韧不挠的物理性能。五德中最主要的德是'仁'，是'润泽以温'的玉质感。'仁'是儒家思想道德的基础，所以儒家学派用'仁'来代表玉的质感和本质。"[①]然而并非所有玉器都是玉德之恰当的载体，在一枚玉韘或玉珥上，似乎难以全面地反映出这许多道理来。而代表君子身份的组玉佩，对此却可以有较完整的体现。本来古人就看重佩饰的象征意义，如佩弦、佩韦之类。而带上组玉佩，"进则揖之，退则扬之，然后玉锵鸣也"。经常听到佩玉之声，则"非辟之心无自入也"，岂不正显示出玉德的教化作用吗？郑

---

① 卢兆荫：《玉德·玉符·汉玉风格》，《文物》1996 年第 4 期。

玄在《玉藻》的注中又说，当国君在场时，世子则"去德佩而设事佩，辟德而示即事也"。这里出现了两个名称：德佩、事佩。据孔颖达疏："事佩：木燧、大觿之属。"则事戴乃如《内则》中所记"子事父母"时所佩带的那些小用具；而德佩显然指的就是组玉佩了。

不过周代的玉佩也不能都包括在德佩和事佩两类中，有些佩饰虽不知其当时的名称，却似乎应划在此两类之外，在出土物中也一再见到它们。比如一种玉牌联珠串饰，早在陕西岐山凤雏村西周早期的甲组建筑遗址内已出土，玉牌呈梯形，雕双凤纹，其所系之珠串虽不存，但在玉牌底边上有系珠串用的10个穿孔[①]。曲沃曲村6214号西周墓早期出土的这种佩饰比较完整，其梯形牌为石质，雕对鸟纹，牌下端系有10串以玛瑙、绿松石管和滑石贝、珠等组成的串饰。[②]至西周晚期，实例增多，河南平顶山应国墓地及山西曲沃北赵村31、92号墓均出。[③]其中北赵村31号墓的玉牌联珠串饰与六璜佩伴出，一同挂在墓主胸前。玉牌亦呈梯形，雕龙纹，其上端有六个穿孔，系六串玛瑙珠，下端有九个穿孔，系九串珠饰，整套佩饰长67厘米，亦可垂至腹间。而92号墓出土的两组玉牌联珠串饰，一组出在墓主右股骨右侧；另一组中杂缀玉蚕、玉戈、玉圭等饰件，出于墓主左肩胛骨下，原应佩于肩后（图47-3）。其佩戴方式互不一致，显得颇不规范，它们的地位应比多璜组玉佩低。另外还有各

图47-3　玉牌联珠串饰

山西曲沃北赵村92号墓出土

---

①　陕西周原考古队：《陕西岐山凤雏村西周建筑基址发掘简报》，《文物》1979年第10期。

②　《燕园聚珍》。

③　平顶山应国墓地出土者，见《中国文物精华》图56（文物出版社，1990年）。北赵村31号墓出土者，见《文物》1994年第8期。北赵村92号墓出土者，见《文物》1995年第7期。

图47-4　单璜佩

1　东周　河南洛阳中州路西工区出土

2　东周　河南信阳2号楚墓出土

3　西汉　广东广州象岗南越王墓出土

种小型玉佩，有的只由几件玉管、玉珠或玉环、玉蚕等物组成，结构不固定。还有一种以一环一璜组成，在洛阳中州路西工区、信阳2号楚墓和广州南越王墓出土的人像身上，都刻画出这种佩饰（图47-4）。①这些人物为小臣、舞姬之流，身份不高，他们的玉佩中只有一璜，可名"单璜佩"。《韩诗外传》卷一称"孔子南游适楚，至于阿谷之隧，有处子佩璜而浣者"；她佩戴的大约也是单璜佩。此类佩饰的地位是不能和多璜组玉佩相提并论的。

多璜组玉佩既然是代表大贵族身份的仪饰，那么如此重要的玉器在周代青铜器铭文之册命辞所记锡物的名目中应有所反映。陕西扶风白家庄1号窖藏所出西周懿孝时的八件"痵簋"和四件"痵钟"，铭文中都说是因王"锡佩"而作器。②锡佩作器之记事他处虽罕见，可是命服中的"赤市幽黄""赤市恩黄""赤市同黄""朱市五黄"③等，其所谓"黄"就是佩饰中的璜；"五年瑚生簋"中正作"璜"，"县妃簋"中还提到"玉璜"，更足以为证。"赤市幽黄""赤市恩黄"无疑就是《玉藻》中的"再命赤韨幽衡，三命赤韨葱衡"。而《诗·曹风·候人》，《毛传》作"再命赤芾黝珩，三命赤芾葱珩"。则黄即璜，即衡，即珩。《小雅·采芑》说："服其命服，朱芾斯皇，有玱葱珩。"还为葱珩加上反映其

---

①　洛阳中州路西工区出土玉人，见*Mysteries of Ancient China.* fig.73.信阳楚墓出土木俑，见沈从文：《中国古代服饰研究》第18～19页（上海书店出版社，1997年）。广州南越王墓出土玉舞人，见《西汉南越王墓》下册，图版148（文物出版社，1991年）。

②　陕西省考古研究所等：《陕西出土商周青铜器》卷2，文物出版社，1980年。

③　唐兰：《唐兰先生金文论集·毛公鼎"朱韨、葱衡、玉环、玉瑹"新解——驳汉人"葱珩佩玉"说》，紫禁城出版社，1995年。

质地的形容词。《毛传》："玱，珩声也。"充分说明珩是玉制品。以上各点本来极清楚，但唐兰先生于1961年发表的《毛公鼎"朱韨、葱衡、玉环、玉瑹"新解》一文中却提出不同的看法，他认为黄、衡不是珩，而是系市的带子。他说："两千多年来，'韨'与'衡'的制度久已失传，今天，如非掌握大量两周金文资料，对汉代学者所造成的错误是很难纠正的。至于玉佩的制度，由于'葱衡'不是佩玉，过去学者的许多说法，都已失去根据。"[1]唐说得到了陈梦家先生和林巳奈夫先生的支持。陈先生说："金文名物之'黄'不是玉器而是衣服的一种。""金文的朱黄、素黄、金黄、幽黄、葱黄即《玉藻》的朱带、素带、锦带、幽衡、葱衡；而幽衡和缁带可能是同类的。"[2]林先生说："秦以后有表明身份差别的垂带'绶'，以黄赤、赤、绿、紫、青、黑、黄等色的绢丝组织成带。关于绶的起源，据传是在韨、佩废止后，由其纽一部分残存而成的。另一方面，《礼记·玉藻》也有关于'衡'因身份高下而颜色不同的记载，西周金文上连着市的各种颜色的黄（衡），当然应该是与身份的高下区别有关了。黄相当于衡，也有横的意思，是在市上面与市本身成直角的带子，……这条带子被称为衡即黄是很有可能的。"[3]

以下试对三位先生的说法略事分析，匪敢逞其私臆，唐突鸿彦，只是因为受到近年之出土文物的启发，根据已有条件对这个问题重新加以考虑。首先，唐先生认为金文中"葱黄""幽黄""朱黄""金黄"之葱、幽、朱、金"是颜色，但绝非玉色"[4]。林先生并补充说："金文中'朱黄'之例数见，朱色的'黄'被当作佩玉是不合理的，因为在殷及西周时代，不仅佩玉，一切工艺品中都没有使用赤玉的例子，上村岭虢国墓发现的鸡血石之类红色小玉算是很早的例

① 唐兰：《唐兰先生金文论集·毛公鼎"朱韨、葱衡、玉环、玉瑹"新解——驳汉人"葱珩佩玉"说》，紫禁城出版社，1995 年。
② 陈梦家：《西周铜器断代》，《燕京学报》新 1 期，1995 年。
③ 〔日〕林巳奈夫：《西周时代玉人像之衣服及头饰》，《史林》55 卷 2 号。叶思芬译文载《故宫季刊》10 卷 3 期。
④ 《唐兰先生金文论集·毛公鼎"朱韨、葱衡、玉环、玉瑹"新解——驳汉人"葱珩佩玉"说》。

子，春秋后期有若干红色玛瑙环等，《说文》有'瓃玉楘色也''瑕，玉小赤也'等记载，可见红色玉的语汇不是没有，但红色系统的半宝石类在古代中国向来不为人所尊重。此项事实与唐兰所谓金文中'黄'上面的形容词是有关染色的名称一并探讨，可知'黄'非佩玉是毋庸置疑的。"①但事实上古人很重视玉色，称之为玉符。②汉王逸《正部论》说："或问玉符。曰：赤如鸡冠，黄如蒸栗，白如脂肪，黑如淳漆，此玉之符也。"曹丕《与钟大理书》中也有相同的说法。③至于认为中国不用赤色玉，亦不尽然。不少古玉表面涂有一层均匀的朱色，有的较厚，应是当时有意识地涂上去的，称此类涂朱之玉璜为"朱黄"应是合理的。葱（素）、幽（黝）色的玉更为常见。至于"金黄"，亦不无可能乃指铜珩而言。

再对"五黄"试作探讨。"师兑簋"说："市五黄。""元年师兑簋"说："乃且市，五黄。""师克盨"说："赤市五黄。"将"五黄"释为五璜佩，本来顺理成章。但唐先生和陈先生都没有见过后者的实例。唐先生认为"五黄"是市上的五条带子。但市的形状有如蔽膝，系市用一条带子足够，一件市何以要缝上五条带子，既无根据也不合理。陈先生说："五黄犹婕黄，疑指交织之形。"林先生说："假设古时候'吾'读为'梧'，梧即青桐，'五黄'就是以这种树皮的纤维来作'黄'；可是此纤维相当粗这点又说不过去。"此二说连提出者也缺乏充分的自信。

陈先生又说："金文赐市多随以黄，亦有单锡'黄'者（如'康鼎'），可证带是独立的服饰。《玉藻》谓韠的'肩革带博二寸'，这是附属于韠的革带，和大带不同。"他认为"黄"是大带，而不是韠（即市）上的带子，这一点与唐说略有区别。但他又认为黄不是整条大带，说："带分别为横束绕腰与下垂于前的两部分，下垂者为绅，横束者即金文之'黄'，《玉藻》之衡；衡、横古通用

---

①　《西周时代玉人像之衣服及头饰》。
②　《玉德·玉符·汉玉风格》。
③　〔汉〕王逸：《正部论》，玉函山房辑本。〔魏〕曹丕：《与钟大理书》，载《文选》卷四二。

而横从黄。"然而既认为"黄"可以单锡，是"独立的服饰"，那么又怎能只赏赐一条大带上之横束的部分，而不及其下垂的部分呢？《诗·小雅·都人士》："彼都人士，垂带而厉。"《毛传》："厉，带之垂者。"则大带横向束腰以后，下垂的剩余部分名厉，而不叫绅；绅是指整条大带。陈先生之所以断大带为两截以证成其说，或缘牵合衡、横相通之义而发。

再如唐先生所说：金文中"'黄'次在'市'与'舄'之间，可见'衡'（按：指黄）是属于'韨'的服饰。……绝不是佩玉"。又说："古书中所见的衡（葱衡、幽衡等）也写作珩，毛苌说是佩玉，金文作黄，或作卤。我曾根据金文中黄的质料和颜色，认为佩玉说是错的。……现在'师訇簋'的'赤市朱横'，横字正从市旁，证明它从属于市而非佩玉。这虽然是很小的问题，但可以说明毛苌尽管是西汉初人，对古代事物已经有很多不了解了。"[①]陈先生也说："西周金文中的赏赐，命服与玉器是分开叙述的，'黄'随于'市'之后而多与'玄衣黹屯''玄衮衣''中絅''赤舄'等联类并举；尤其是'师酉簋'的'朱黄'介于'赤市'与'中絅'之间，"曶壶"的'赤市幽黄'介于'玄衮衣'与'赤舄'之间，'师嫠簋'的'金黄'介于'叔市'与'赤舄'之间，可证'黄'是整套命服的一部分。"认为黄属于整套命服的提法并不错，组玉佩本来就是服饰的组成部分，历代史书中的《舆服志》讲祭服、朝服的组成时，也大都把玉佩包括在内。周代的大型组玉佩拖垂到腰下腹前，这里正系着市，从外表看，组玉佩和市是重叠在一起的。何况根据金文的描述，市和黄的颜色须互相配合，更使二者间形成紧密的联系，所以说黄从属于市也是合理的。但唐先生却强调："如果'衡'（按：指黄）确是玉佩，就不应该插入'韨、舄'之间。"实则金文言锡物时，既有种类多少之别，也有叙述详略之分，比如"毛公鼎"说："易女……朱市、悤黄、玉环、玉瑹。"黄不是正和玉环、玉瑹等玉制品相次

---

① 《唐兰先生金文论集·用青铜器铭文来研究西周史》。

吗？^①环在佩饰中常见，琡则是玉圭之类。《玉藻》说："天子搢珽，……诸侯荼。"《荀子·大略篇》："天子御珽，诸侯御荼，大夫服笏。"荼（即琡）虽然下天子之珽一等，式样亦应有小殊，但无疑仍属圭类。而北赵村92号西周晚期墓出土的八璜佩中正缀有玉圭，堪称确证。黄为命服中的玉佩，至此已无可置疑。唐先生如能亲见这些新出的实例，想必也会对其旧说做出修正的。

古书中常以璜代表玉佩，如《山海经·海外西经》说："夏后启……佩玉璜。"汉张衡《大司农鲍德诔》说："命亲如公，弁冕鸣璜。"然而析言之，有时也只用它指玉佩中的一个部件。《国语·晋语二》韦昭注："珩，佩上饰也，珩形似磬而小。《诗传》（按：系转引《周礼·玉府》郑注所引《韩诗》的传）曰：'上有葱珩，下有双璜。'"似乎只有一串玉饰上部的磬形提梁才是珩，璜则是玉佩下部悬挂的弧形垂饰。珩和璜古音皆属阳部匣母，本可通假。而且先秦时，珩和璜的区别并不严格，西周并无磬形之珩，尽管是一组玉佩最顶上那一件，亦作圆弧形。但是为什么后来会产生珩在上、璜在下的说法呢？其原因应和这类佩饰的形制在东周时的剧烈分化有关。当然并不是说，多璜组玉佩至东周已然绝迹，太原春秋晚期晋赵卿墓主棺内出玉璜18件、龙形佩10件，还有大量水晶珠^②。虽然由于棺椁坍塌，随葬器物受震移位，但从出土时的分布状况看，其中的若干件可能原本是一副多璜组玉佩。战国早期的曾侯乙墓，墓主内棺出土玉璜36件。放置的情况是："墓主腰部以上有九对和七个单件；腰部以下有四对和六个单件。"^③其中有的也可能原应组成一副多璜组玉佩。可是上

---

① "番生簋"铭文："易朱市、悤黄、鞞鞢、玉瓛、玉琡。"所叙锡物名目与"毛公鼎"类似。为瓒字之假，亦是玉器。至于"番生簋"和"毛公鼎"铭所称玉，虽属圭类，但并非分封土地、颁赐策命时所授之"命圭"。《考工记·玉人》郑注："命圭者，王所命之圭也，朝觐执焉，居则守之。"命圭又称介圭，《诗·大雅·崧高》："王遣申伯，路车乘马。我图尔居，美如南土。锡尔介圭，以作尔室。往近王舅，南土是保。"鼎铭中之玉如果是这么重要的、可视为诸侯镇国之宝的命圭，则在锡物的名单中不会排列到玉环之后，所以它只能被认为是组玉佩中的部件。

② 据山西省考古研究所等《太原晋国赵卿墓》所载出土遗物登记表统计（文物出版社，1996年，第175～179页）。

③ 湖北省博物馆：《曾侯乙墓》，文物出版社，1989年，第409页。

图 47-5　龙形佩

1　河北平山中山王墓出土
2　山西长子 7 号战国墓出土
3　湖北随县曾侯乙墓出土
4　山东曲阜鲁故城 58 号墓出土
5　安徽长丰杨公 8 号墓出土

述两例佩饰之部件间的联系痕迹不明，已无法复原。值得注意的是，两座墓中都出土了一类玉"龙形佩"。根据中山王𰯼墓出土之此类佩上的墨书铭文，它被称为"玉珩"[①]（图 47-5:1），而与成组的东周玉佩相对照，此物都作为垂饰，是安排在组玉佩最下部的璜。目前虽难以确知西周时是否已有"珩"字[②]；但纵然这时已出现珩、璜二名，它们的界限也必然是模糊的。

东周以降，组玉佩的形制产生了较大的变化。自春秋晚期起，组玉佩不再套于颈部，而系在腰间的革带上。望山 2 号墓 50 号竹简称："一革缔（带），备（佩）。"佩与革带连言，表明佩玉附于革带。形象材料也证实了这一点，信阳 2 号墓与江陵武昌义地楚墓出土的彩绘木俑身上所绘玉佩，都从腰带上垂下来。[③]同时，构成组玉佩的部件也多有创新。以组玉佩下部所垂龙形璜而论，山西长子 7 号春秋晚期墓所出者，龙身较短肥，蜷曲的程度不甚剧烈，代表角、鳍、足、爪等部位的凸出物尚未充分发育（图 47-5:2）。[④]同时期的山西太原赵卿墓所出者，尾部虽稍稍加强，但整体变化不大。[⑤]战国早期的龙形佩，

---

① 河北省文物研究所：《𰯼墓——战国中山国国王之墓》，文物出版社，1996 年，第 440 页。
② 唐兰先生在《毛公鼎"朱𫐐、葱衡、玉环、玉瑹"新解》一文中说："'璜'是古字，'珩'是春秋以后的新字。"
③ 湖北省文物考古研究所：《江陵望山沙冢楚墓·望山 1、2 号墓竹简释文与考释》，文物出版社，1996 年。武昌义地楚墓出土木俑见《中国玉器全集》卷 2，第 40 页。
④ 山西省考古研究所：《山西长子县东周墓》，《考古学报》1984 年第 4 期。
⑤ 《太原晋国赵卿墓》第 148 页。

图47-6 "珩"形佩

1 河北平山中山王墓出土
2 山东曲阜鲁故城58号墓出土
3 北京故宫博物院藏
4 安徽长丰杨公2号墓出土
5 美国华盛顿弗利尔美术馆藏

如湖北随县（今随州市）曾侯乙墓所出者，体型变瘦，蜷曲度增大（图47-5:3）。[①]战国中期的河南信阳长台关1号墓、山东曲阜鲁故城58号墓等地所出者，龙身更加瘦长，更加蜷曲，而且头尾两端的曲线趋于对称（图47-5:4）。[②]至战国晚期，如安徽长丰杨公8号墓所出者，身姿蜿蜒，鳍爪纷挐，有飞舞腾踔之势（图47-5:5）。[③]虽然中山王𰯼墓出土的此类玉件名"珩"[④]，但它们却从来不出现在一组玉佩顶端起提梁作用的位置上。相反，𰯼墓所出另一种亦自名为"珩"的部件（图47-6:1）[⑤]，造型全不"似磬"，却常被安排在组玉佩顶端或当中的关键部位，以牵引提挈其他佩玉。起初，它们的形状还接近弧形璜，只不过附加上不少透雕纹饰。以后越来越复杂，越来越不适于放到组玉佩底端充当垂饰了（图47-6:2~5）。东周玉佩饰中的其他部件如各类璧、瑗，或出廓，或遍施透雕，构图往往新颖奇巧。再如从韘形演变出来的"鸡心佩"、活泼生动的玉舞人等，碾琢工艺也都得到长足进展，其中不乏极具匠心的精美之作。这时的组玉佩已经突破了西周之叠加玉璜的做法，出现了不拘一格、斗奇争妍

---

① 见《曾侯乙墓》第416页。

② 杨建芳：《战国玉龙佩分期研究》，《江汉考古》1985年第2期。

③ 安徽省文物工作队：《安徽长丰杨公发掘九座战国墓》，载《考古学集刊》第2集，中国社会科学出版社，1982年。

④⑤ 《𰯼墓——战国中山国国王之墓》。

图 47-7　战国至西汉的组玉佩

1　战国　河南洛阳中州路 1316 号墓出土
2　战国　山东曲阜鲁故城乙组 58 号墓出土
3　战国　台北故宫博物院藏

4　西汉　广东广州象岗南越王墓出土
5　西汉　广东广州象岗南越王墓出土

的盛况。可惜出土时原组合关系未被扰动的东周玉佩为数很少，而且由于其结构无定制，复原起来很困难。洛阳金村周墓出土之著名的金链玉佩，由于部分玉件已从金链上脱落，就出现了两种复原方案①。图 47-7 所举诸例，如洛阳中州路和曲阜鲁故城所出者，形制比较简单。台北故宫博物院所藏者，其组合亦带有某些复原的成分。② 广州南越王墓所出者，时代则晚到西汉初，不过它们无疑还保留着东周余风③。这类成组的实例尽管不够多，可是亦足以证明大量存世的单件佩玉本是从组玉佩中游离出来的。而且若干东周时期之精致的玉佩件，已娴熟自如地运用透雕技法，花纹虽繁缛密集，图案仍洒脱流利，有不少例堪称我国古文物中的瑰宝。但对个别部件的极力加工和整套玉佩之组合的不

①　第一种复原方案见梅原末治：《洛阳金村古墓聚英》，东京，1937 年。第二种复原方案见 T. Lawton, *Chinese Art of the Warring States Period*, 华盛顿，1982 年。
②　邓淑苹：《蓝田山房藏玉百选》图 62，台北，1995 年。
③　广州市文物管理委员会等：《西汉南越墓》下册，彩版 4、10，文物出版社，1991 年。

图 47-8 战国组玉佩模式图
（据郭宝钧）

断创新，却使自西周以来组玉佩为反映贵族身份而建立起的系统化序列规范受到削弱；这和东周时旧制度逐步瓦解、"礼崩乐坏"的历史潮流也是合拍的。以前郭宝钧先生曾拟出一幅战国组玉佩的模式图（图 47-8），但近 50 年来的出土物罕有与之相合者。现在看来这时的组玉佩正处在更迭变化的过程中，要为它确立一种模式是很困难的。并且由于郭先生不赞同以实物与文献相结合的方法进行研究，主张"玉器自玉器，文献自文献，分之两真，合之两舛"[1]，就更使他的探讨难以得出令人信服的结论。

　　至西汉中晚期，组玉佩已不多见，朝服普遍用绶，这是服饰史上的一次重大变化。绶虽与系玉之组在渊源方面有所关联，但它是用于佩印的；从这个意义上说，它和组玉佩具有完全不同的作用。就形式而言，也不宜直接比附了。

（原载《文物》1998 年第 4 期）

---

① 郭宝钧：《古玉新诠》，《历史语言研究所集刊》第 20 本下册，1949 年。

48　三子钗与九子铃

旧时代的金石学家有一种偷懒的办法，即常把一些他们认不得的小件片状铜器归入古钱币类；比如铜珩被称为"桥形币"，辟兵符被称为"厌胜钱"。本文所介绍的三子钗，也曾长期被称为"太昊伏羲氏金币"或"棘币"。当然，这种说法是完全靠不住的。三子钗多为铜制，一般长15厘米～17厘米，当中为长条形横框，两端为对称的三叉形；有些标本之居中的一股再分为两叉，且与两侧的两股分别弯成三个呈品字形排列之不封闭的弧圈。

近年，它在考古发掘中屡被发现。如洛阳烧沟1035、1037号及陕西华阴2号东汉墓、洛阳16工区及沈阳伯官屯1号魏墓、广州西北郊晋墓中均出此物（图48-1:1、2）[①]。它的出土地点从东北直到岭南，在东汉、魏晋时期，应当说是一件风行全国的器物。可是过去由于不知其用途，难以定名。在考古报告中它或被称为"叉形器""铜架"，或者干脆叫作"不知名铜器"。"不知名"就是提出了问题，就具有吸引力，使文物考古工作者去寻求能圆满地解释这个问题的答案。

20世纪50年代中期，根据在广州西北郊晋墓中此物出于砚台后面这一情况，曾认为它是"砚台的附属品"，或者说得更具

图48-1　三子钗
1　东汉　河南洛阳烧沟汉墓出土
2　东晋　广东广州西北郊晋墓出土
3　西晋　北京顺义晋墓出土

---

① 洛阳烧沟出土者，见中国科学院考古研究所：《洛阳烧沟汉墓》，科学出版社，1959年，第183页。华阴出土者，见《考古与文物》1986年第5期。洛阳16工区出土者，见《考古通讯》1958年第7期。沈阳出土者，见《考古》1964年第1期。广州出土者，见《考古通讯》1955年第5期。

体，认为它就是"笔架"。但这个答案并不令人满意，因为这种铜器上的叉有些几乎抱拢在一起，根本容纳不下一支笔；更不要说它的两端为对称的叉形，也难以立得牢。答案既不能成立，问题遂又被搁浅。在这里，解决定名问题的前提是弄清楚其用途；而出土时的位置与状况，以及对情况的正确理解与判断，则是认识其用途的钥匙。

这把钥匙终于在二十多年后于北京顺义大营村4号晋墓中找到了。[①]此墓中的一具未被扰动的女性头骨上端出现此物（图48-1:3）。这就给人以启示：它很可能是妇女用的发饰。可是在汉、晋女俑头上未见过这种发饰；如果没有进一步的证据，此说也只能停留在推测阶段。可喜的是，经过搜寻比较，在山东临沂西张官庄出土的东汉画像石中的一个神灵头上发现了和它相似的发钗。[②]这件发钗较长，横贯于额顶，与戴胜杖的式样相近（图48-2）。神灵头顶有一绺直立的长发，世间妇女则应当在这里梳一个发髻。得到了西张官庄画像石的旁证，问题遂豁然开朗：此物正是一枚发钗。

但是，此种发钗当时叫什么名字？这就需要到古文献中找答案了。经检寻，发现东汉崔瑗《三子钗铭》中描写的或即此物。铭文说："元正上日，百福孔灵。鬒发如云，乃象众星。三珠横钗，摄媛赞灵。"（《艺文类聚》卷七〇引）其最末一句或有讹误，不大好讲。前面的几句则可以理解为：三子钗又名三珠钗，于节日盛装时使用，而且它应是横着簪带的。又《江表传》说："魏文帝遣使于吴，求玳瑁三点钗。群臣以为非礼，咸云不与。孙权敕付使者。"（《御览》卷七一八引）广州晋墓出土的那一件，三个叉尖上都铸出小圆球，正可称为三点或三珠。当然，三珠之名和《山海经》里描写的三珠树也可

图48-2 东汉，画像石上戴三子钗的神灵
山东临沂西张官庄出土

① 北京市文物工作队：《北京市顺义县大营村西晋墓葬发掘简报》，《文物》1983年第10期。

② 《山东汉画像石选集》图394，齐鲁书社。1982年。

能有点关系。至于叉端呈弧圈形者，则可以看作其繁体。总之，文献和实物在这里得到结合，答案也就显得较坚实可靠。

不过，三点钗或三珠钗的名称，似乎已经把这种发钗的特征概括得很形象了；为什么又称之为三子钗呢？这是由于汉、晋间人习惯于钱币"子母相权"的说法，常把一件器物上的小部件或小组成部分称

图48-3　东汉，"宜子孙"铭七子镜

为"子"。比如东汉晚期至六朝时流行的七乳禽兽带纹镜，由于其花纹内的七枚乳突之中央皆有小钮，周围且绕以连弧纹，好像在大镜子上又饰以七面小镜子，故名"七子镜"（图48-3）。①诗人咏满月常以镜为喻，所以它也常常在这类诗里出现。如梁简文帝《望月》云："形同七子镜，影类九秋霜。"庾信《望月》中也有"照人非七子，含风异九华"之句。与此类器物之命名方式相同的还可以举出九子铃。《西京杂记》说赵飞燕之妹住在昭阳殿，"上设九金龙，皆衔九子金铃"，微风吹来，响起一殿铃声。《西京杂记》成书于六朝，其中所记之器物有些并不见于汉代。比如九子铃，在汉代的文献和文物中就未能得到证实。而南朝时却确有这种铃。《南史·齐本纪》说齐废帝东昏侯萧宝卷把庄严寺的玉九子铃取下来，装饰他嬖幸的潘妃之神仙、永寿、玉寿三殿。后来李商隐在《齐宫词》一诗中写道："永寿兵来夜不扃，金莲无复印中庭。梁台歌管三更罢，犹自风摇九子铃！"所咏即东昏侯与潘妃之事。诗人抚今追昔，诗句恻恻低回；从而使读者早就熟悉了九子铃的名字。1965年在北京西郊八宝山西晋幽州刺史王浚妻华芳墓中出了一件。②这是一枚镂饰极精的银铃，腹径2.6厘米，嵌红、蓝宝石。钮下承以伏牛。铃体上半部以掐丝工艺做出八个乐人，

① 〔日〕樋口隆康：《武宁王陵出土铜镜与七子镜》，《史林》55卷4号，1972年。杨泓：《七子镜》，载《文物丛谈》，文物出版社，1991年。

② 北京市文物工作队：《北京西郊西晋王浚妻华芳墓清理简报》，《文物》1965年第12期。

图 48-4　西晋，八子银铃
北京八宝山华芳墓出土

图 48-5　东晋，八子银铃
江苏南京仙鹤观 6 号墓出土

各持乐器一件，每名乐人下面悬一小铃（图 48-4）。或可称为八子铃。1998 年
在南京仙鹤观 6 号东晋墓中又出土一件八子银铃，腹径 2.7 厘米，素面，应悬
之小铃被简化成了八个小银球（图 48-5）。①而 1990 年在伦敦克里斯蒂拍卖行的
目录中有一件时代与前二者大致相当的小金铃，腹径 4 厘米，比那两个稍大一
点。腹壁有以金粟粒排焊成的花纹，并嵌饰绿松石。铃
腹周围附有九个挂小铃用的环，但所挂小铃只存七枚，
其他二枚佚失；补足之，恰是九子金铃（图 48-6）。三
国六朝人士喜佩铃。《三国志·吴书·甘宁传》说他"负
毦带铃，民闻铃声，即知是宁"。《晋书·清河王覃传》：
"初，覃为清河世子，所佩金铃欻生（光）隐起如麻粟。"
南朝宋刘敬叔《异苑》："山阴徐琦每出门，见一女子貌极
艳丽，琦便解银铃赠之。"这些铃都是佩饰。不过有的建

图 48-6　九子金铃
传世品

筑装饰亦取法于佩饰。汉代宫室内常饰璧翣，即仲长统《昌言》所称"壁带加珠
玉之物"；六朝时则于幄帐四角悬垂玉璜、流苏之类。故佩饰中之铃当与建筑装
饰之铃的造型差别不大。昭阳殿的九子金铃与潘妃三殿的九子玉铃虽已不可复
睹，但读史者与读诗者钩稽史迹，或可根据这几件金银铃而仿佛其大略了。

（原载《文物天地》1987 年第 6 期）

---

① 南京市博物馆：《江苏南京仙鹤观东晋墓》，《文物》2001 年第 3 期。

49 进贤冠与武弁大冠

古代华夏族"束发"，以有别于少数民族的"披发""编发""髡发"等发式。冠起初只是加在束起的发髻上的一枚发罩，所以《白虎通·衣裳篇》称之为"卷持发"之具，《释名·释首饰》称之为"贯韬发"之具，早期的冠"寒不能暖，风不能鄣，暴不能蔽"[1]，它的意义首先是礼仪性的。《晏子春秋·内篇·谏下》谓"冠足以修敬"，就说明了这一点。我国古代士以上阶层的男子二十岁行冠礼而为成人。举行冠礼是他们一生中的头一件大事，所以《仪礼》的第一篇就是《士冠礼》。《说苑·修文篇》说："冠者所以别成人也。……君子成人必冠带以行事，弃幼少嬉戏惰慢之心，而衎衎于进德修业之志。"《礼记·冠义》也说："凡人之所以为人者，礼义也。礼义之始在于正容体、齐颜色、顺辞令。……冠而后服备，服备而后容体正、颜色齐、辞令顺。故曰：冠者礼之始也。"可见对冠的重视。但先秦冠制颇繁，如《周礼·司服》孙诒让正义所说："冠则尊卑所用互异。"而可持以相印证的形象资料又极缺乏，还难做出具体说明。所以下面的考察集中在自汉到唐这一阶段的两种主要的冠式：文职人员所戴进贤冠类型之冠和武职人员所戴武弁大冠类型之冠等两个方面。

汉、唐的进贤冠

进贤冠是我国服装史上影响极为深远的一种冠式。在汉代，上自"公侯"，下至"小史"，都戴这种冠。而且这时皇帝戴的通天冠，诸侯王戴的远游冠，也都是在进贤冠的基础上演变出来的。汉以后，自南北朝迄唐、宋，进贤冠在法服中始终居重要地位。明代虽不用进贤之名而改称梁冠，实际上仍然属于进

---

[1] 《淮南子·人间训》。

贤冠的系统。在我国服装史上，进贤冠被沿用了1800多年，这当中其形制几度变易，早、晚期的式样差别很大，有必要予以清理。

《舆服志》对进贤冠的描述是探讨这种冠式的主要依据："进贤冠……文儒者之服也。前高七寸，后高三寸，长八寸。公侯三梁，中二千石以下至博士两梁，自博士以下至小史、私学弟子皆一梁。宗室刘氏亦两梁冠，示加服也。"现代考古学家首先据此而对进贤冠的形制作出推断的是李文信先生。[①]他说："其形前高七寸，梁长八寸，后高三寸。若前后以竖立拟之，冠底亦应长八寸，汉尺虽短，其长已超人顶纵长直径。……其上长八寸，下无文者，盖以发髻为大小，略之也。故知其前七寸、后三寸必斜立无疑。若前七寸直竖，上八寸向后低斜，以三寸之高为内斜，不特短不能及髻，而全冠重量位于脑后，既不美观，亦欠安牢。以其尺寸揣之，必以前高七寸，上长八寸之二线作锐角而前突于顶上，始与人首部位、冠之重心均称也。"[②]李说甚核。在汉画像石上，常常可以看到有些人头戴前端突出一个锐角的斜俎状之冠。与附有榜题的例子中所表明的人物身份相推勘，可知这种冠正是进贤冠。不过汉画像石大多数成于东汉，那上面的进贤冠也大都是东汉式的。而东汉和西汉的进贤冠，在形制方面却存在着相当大的差别，倘若用上述西汉及其前的文献对冠的描述来衡量它们，会觉得有点不太相符。这主要是因为西汉之进贤冠单着，而东汉却在冠下加帻，以致其构造和作用都有所改变的缘故。

《舆服志》说："古者有冠无帻。"这句话里所说的"古"，其实可以包括到西汉。在西汉的玉雕、空心砖和壁画中出现的戴冠者都没有帻，他们的冠正是一种"卷持发"的用具（图49-1:1~4）。这类冠的侧面是透空的，确乎不能障风取暖。它们当中有的呈斜俎形，应该被认为就是进贤冠。有些虽然形式稍异，但其基本结构仍与进贤冠一致。这类冠远在战国时已经出现，河南三门

---

① 李文信：《辽阳北园壁画古墓记略》，《国立沈阳博物院筹备委员会汇刊》第1期，1947年。
② "前高七寸"之"七"字，李文均误记为"八"，兹据《续汉书·舆服志》校正。

图 49-1　无帻之冠

1、2　西汉，空心砖上的戴冠者　河南洛阳出土（据《河南汉代画像砖》）

3　西汉，空心砖上的戴冠者　河南洛阳出土（据 W. C. White, *Tomb tile pictures of ancient China*）

4　西汉，玉人　河北满城墓出土

5　东汉，画像石所刻历史故事中的"苏武"　山东沂南

峡与河北平山出土的铜人物灯座及秦始皇陵兵马俑坑出土的若干陶俑所戴之冠都可以看作这类西汉冠的先型。特别值得提出的是，西汉时冠不加帻的做法，东汉人是认识得很清楚的。试看东汉晚期的沂南画像石所刻历史故事中的人物都戴无帻之冠（图 49-1:5）[①]，与反映当时的祭祀、饮宴等场面中的人物所戴的有帻之冠判然有别，便可知画像石的作者是把无帻冠当成前一历史阶段的服装来处理的。

帻是什么呢？《急就篇》颜师古注："帻者，韬发之巾，所以整乱发也。常在冠下，或单着之。"它起初大约类似包头布，后来发展得有点像现代的便帽。身份低微的人不能戴冠，只能戴巾、帻。《释名·释首饰》："二十成人，士冠，庶人巾。"蔡邕《独断》卷下也说："帻，古者卑贱执事不冠者之所服也。"不过从记载中看来，西汉时已有将帻纳于冠下，使它成为冠的衬垫物的趋势。《舆服志》说："秦雄诸侯，乃加其武将首饰，为绛袙以表贵贱。其后，稍稍作颜题。汉兴，续其颜却摞之，施巾连题却覆之；今丧帻是其制也。名之曰帻；帻者，赜也，头首严赜也。至孝文乃高颜题续为之耳，崇其巾为屋，合后施收，上下群臣皆服之。文者长耳，武者短耳。称其冠也。"这里叙述的是帻由包头

[①] 沂南画像石墓历史故事部分的人物造型逼肖安徽亳县（今亳州市）董园村 2 号墓所出画像石，而后者为东汉桓帝前后之墓葬，故沂南墓的时代亦应相去不远。

布状向便帽状演变的过程。所谓"作颜题""高颜题",是指在帻下部接额环脑处增设一圈介壁①,这是帻脱离其原始的"韬发之巾"状之关键性的步骤。至于所谓文、武官要使帻耳与冠相称之说,似乎意味着西汉时已有加帻之冠,但在形象材料中没有发现过,大约这种形制当时还不普遍。

在汉代,与进贤冠配合使用的帻叫介帻。《独断》卷下说:"元帝额有壮发,不欲使人见,始进帻服之,群臣皆随焉;然尚无巾,如今半帻而已。王莽无发乃施巾。故语曰:'王莽秃,帻施屋。'"施屋之帻即介帻,这是一顶上部呈屋顶形的便帽。因为要保持屋顶形的轮廓,所以必须做得硬挺些。"介"就是指这种状态而言(图49-10:1)。当时的文职人员都可戴这种帻,即如《晋书·舆服志》所说:"介帻服文吏。"并由于自汉元帝时开始,戴帻渐成风气,进而进贤冠遂被安装在介帻上,二者结合成为整体。在沂南画像石中可以看到这种进贤冠的较典型的形象(图49-2)。

有帻的进贤冠的形制是:下部为位于额上的"颜题",这一部分延伸至脑后,并突起两个三角形的"耳";罩在头上的是屋顶形的介帻;而跨于介帻之上的,则是斜俎形的"展筒",它其实就是原来的冠体。这些部位的名称都比较明确,成问题的是进贤冠的"梁"。冠梁代表戴冠者身份的高低,理应安装在显著的位置上,然而在汉代冠服人物的图像中,却不容易把它辨别出来。《汉大官令注》只说:"梁,冠上横脊也。"②语意不甚明晰。可是由于进贤冠沿用的时间长,所以可以从晚期的、虽然形状略有改变但部位较易确定的冠梁求得旁证。宋孟元老《东京梦华录》卷一〇说:"冬至前三日,驾宿大庆殿。……正宰

---

① 颜、题均指额部。《广雅·释亲》:"颜、题,额也。"又《战国策·宋策》:"(宋康王)欲霸之速成,故射天笞地,斩社稷而焚之,曰威服天下鬼神。骂国老谏臣。为无颜之冠以示勇。"宋·鲍彪注:"冠不覆额。"则冠颜应位于额上。至题,如《山海经·北山经》所说:"石者之山……有兽焉,其状如豹而文题。"郭璞注:"题,额也。"可知二者本无分别。故《隋书·礼仪志七》转述《舆服志》的话时,只说:"至孝文时,乃加以高颜。"《后汉书集解》卷三〇黄山注:"本单言颜,或连言颜题,后始捃(混)之。《器物总论》:'华盖有颜题',则凡事物亦连言颜题矣。"因知所谓"高颜题"即加高覆额环脑的一圈介壁。

② 《后汉书集解》卷三〇黄山注引。

图 49-2　明代的梁冠与东汉的有帻之冠

1　《三才图会·衣服图会》中所载"三梁冠"

2　画像石中之戴冠者　山东沂南

执百官皆服法服，其头冠各有品从：宰执、亲王加貂、蝉，笼巾，九梁；从官七梁；余六梁至三梁有差。台谏增獬角。所谓'梁'者，谓冠前额梁上排金铜叶也。"在宋代的进贤冠上，展筒和介帻已合而为一，冠梁即冠前的金铜叶遂直接排在冠顶上。汉代冠前最显著的部位是展筒，所以这时的冠梁大概就是穿在展筒当中的铁骨。宋代进贤冠的式样大体为明代所沿袭，唯明代称之为"梁冠"，冠梁更容易识别。今以《三才图会·衣服图会》中所载"三梁冠"的图样（图49-2）与沂南画像石中的进贤冠相对照，其上之各部位的名称乃不难通过比较而确定。汉代进贤冠之展筒的宽度有限，所以梁数最多不过五枚。[①]宋、明的冠梁不受展筒宽度的限制，所以可有七梁、九梁乃至二十四梁之多。由于进贤冠和介帻相结合，使原先仅仅是发罩的冠得到了帻的补充和衬垫，就成为一顶把头顶完全遮盖起来的帽子了。

为什么宋、明的进贤冠将冠梁直接装在冠顶上呢？这还须从进贤冠之形制的演变谈起。上文说过，冠体本来只是一枚斜俎形的发罩，"其戴也，加

---

①　因为展筒的宽度有限，容不下许多枚冠梁，故《舆服志》所记进贤冠最多仅有三梁。但《后汉书·法雄传》说：海贼张伯路起兵，自"冠五梁冠"。李注："《汉官仪》曰：'诸侯冠进贤三梁，卿大夫、尚书、二千石冠两梁，千石以下至小吏冠一梁。'无五梁制者也。"但《晋书·舆服志》说："人主元服，始加缁布，则冠五梁进贤。"则此时之皇帝已效法海贼，也戴起五梁进贤冠来了。

图 49-3　秦，陶武士俑冠下之頍
陕西临潼始皇陵兵马俑坑出土

首有頍。所以安物"，证以《仪礼·士冠礼》："缁布冠，缺项青组缨，属于缺。"郑注："缺读如有頍者弁之頍。缁布冠无笄者，着頍围发际，结项中，隅为四缀，以固冠也。"可知《舆服志》的解释是正确的。頍是固冠的带子，它的形象在始皇陵兵马俑坑出土的陶俑上看得很清楚（图 49-3）。可是当帻与冠相结合以后，一方面由帻代替了頍的功能，成为承冠和固冠的基座；另一方面又由于帻蒙覆整个头顶，反而把冠架空了，使起初作为发罩的冠这时却与发髻相脱离。于是原始的冠体之转化物展筒遂逐渐萎缩。汉代的进贤冠之展筒是有三个边的斜俎形，但是到了晋代，许多展筒却成为只有两个边的"人"字形了（图 49-4:1、2），与此同时，晋代进贤冠的冠耳急剧升高，冠耳的高度几乎可与展筒之最高点取齐。到了唐代，如洛阳关林 59 号唐代前期墓出土陶俑所戴的进贤冠之冠耳升得更高，且由尖变圆；其展筒则由人字形演变成卷棚形（图 49-4:3）。[①]

图 49-4　进贤冠的演变

1　晋，《当利里社碑》
2　晋，永宁二年（302 年），陶俑　湖南长沙出土
3　唐，陶俑　河南洛阳出土
4　唐，天宝三载（744 年），陶俑　陕西咸阳豆卢建墓出土
5　唐，梁令瓒，《五星二十八宿真形图》中之"亢星"
6　唐，天宝七载（748 年），陶俑　陕西西安吴守忠墓出土

---

① 洛阳博物馆：《洛阳关林 59 号唐墓》，《考古》1972 年第 3 期。

陕西礼泉李勣墓［咸亨元年（670年）］所出之进贤冠尚与之相近。[1]可是一到开元、天宝年间，情况就起了变化。礼泉李贞墓［开元六年（718年）］所出陶俑的进贤冠上已无展筒。[2]特别值得注意的是咸阳底张湾豆卢建墓［天宝三载（744年）］出土俑，它所戴的进贤冠在颜题的前、后壁上都可以看到由于展筒已折断而余下的断痕（图49-4:4；图49-18:5），但此断痕在该俑随葬前曾用白粉涂饰过，似乎这时展筒已可有可无。[3]再晚一些时候，如西安高楼村吴守忠墓［天宝七载（748年）］之俑和传唐·梁令瓒笔《五星二十八宿真形图》中"亢星"所戴的进贤冠，都把展筒和相当于介帻的冠顶合为一体（图49-4:5、6）。[4]此后，展筒遂不再单独出现。于是，梁也就只能装在冠顶上了。

进贤冠与通天冠的异同

在汉代的各类冠中，规格最高的是通天冠。《后汉书·明帝纪》李注引《汉官仪》："天子冠通天，诸侯王冠远游，三公、诸侯冠进贤三梁。"关于通天冠的形制，《舆服志》说："通天冠高九寸，正竖，顶少邪却，乃直下为铁卷梁。前有山、展筒为述，乘舆所常服。"《太平御览》卷六八五引晋徐广《舆服杂注》说："通天冠高九寸，黑介帻，金博山。"同卷又引刘宋徐爰《释问》："通

图49-5　武氏祠画像石中的通天冠（1～4）与进贤冠（5～8）

| 1 | 王庆忌 | 3 | 韩王 | 5 | 县功曹 | 7 | 公孙杵臼 |
| 2 | 吴王 | 4 | 夏桀 | 6 | 孔子 | 8 | 魏汤 |

① 李勣墓所出进贤冠，见《人文杂志》1980年第4期。
② 昭陵文物管理所：《唐越王李贞墓发掘简报》，《文物》1977年第10期。
③ 陕西省文物管理委员会：《陕西省出土唐俑选集》图54、55，文物出版社，1958年。
④ 吴守忠墓出土俑见注③所揭书，图102。"五星二十八宿真形图"见阿部孝次郎续辑《爽籁馆欣赏》第二辑。

天冠，金博山，蝉为之，谓之金颜。"则通天冠以前部高起的金博山即金颜为其显著的特点，因此也被称为"高山冠"。《隋书·礼仪志》引魏·董巴《舆服志》："通天冠……前有高山。故《礼图》或谓之高山冠也。"汉代通天冠的形状，也可以从当时的画像石中寻求，而武氏祠画像石由于人物旁边常附有榜题，身份明确，更较易于识别。图49-5上列是武氏祠中刻出的"王庆忌""吴王""韩王"与"夏桀"，他们的冠前面都有高高的突起物，应即金博山。而此图下列的"县功曹""孔子""公孙杵臼"与"魏汤"等人所戴的进贤冠上则无此物，因知前者即通天冠。再看一下其他画像石的例子，如山东嘉祥焦城村画像石中之"齐王"及山东汶上孙家村画像石中接受朝拜的人物。[①]都戴着这种通天冠，也正和他们的身份相合。

通天冠除了它的金博山以外，式样同进贤冠颇相类似。作为诸王之朝服的远游冠，据傅玄说它的式样"似通天"[②]，可见也属于同一类型。但汉代远游冠的图像尚难确认，现在所知道的最早的例子是宋摹顾恺之《洛神赋图》中曹植所戴的那一顶。由于摹本的细部很难完全准确，从这里仅能大体得知远游冠的式样约介乎通天冠和进贤冠之间。只是通天冠前的金博山上饰有蝉纹，远游冠上没有这种装饰。进贤冠上虽然也不附蝉，但侍中、中常侍等所戴笼冠底下的平上帻的金珰上却有附蝉。不过当这类蝉纹饰件有实物遗存可资探讨时，其平上帻已演变为"小冠"，而和那时的进贤冠的式样相接近了。这一点到下面讨论笼冠时再谈。

汉代和唐代的进贤冠虽然形制有别，但互相一致的地方还比较多。汉代和唐代的通天冠可就差得远，而且它们是沿着不同的途径演变的，所以汉代进贤冠和通天冠之间的类似之处，在唐代的进贤冠和通天冠之间已找不到了。

汉代通天冠的形制上文已初步推定。下面再就谱录中所载晚期的通天冠举

---

① 嘉祥焦城村画像石见傅惜华编：《汉代画像全集》初编，图162，商务印书馆，1950年。汶上孙村画像石见同书二编，图87，商务印书馆，1951年。

② 《晋书·舆服志》引。

图 49-6 通天冠的演变

1 东汉，画像石 山东武氏祠

2 北魏，《皇帝礼佛图》河南龙门宾阳洞（未破坏前，
据 É. Chavannes, *Mission Archéologique dans
La Chine Septentrionale*, PL. 171）

3 盛唐，壁画 新疆伯兹克里克石窟（据 Le Cop,
Die buddhistische spälantike in Mittelasien,
V. 4, Tafel 17）

4 唐，咸通九年刊本《金刚般若波罗蜜多经》卷首
画 敦煌石室发现

5 北宋，《三礼图集注》中之通天冠

6 北宋，武宗元《朝元仙仗图》中东华天帝君之通
天冠

7 元，壁画 永乐宫三清殿西壁

8 明，《三才图会·衣服图会》中之通天冠

9 明，壁画，天帝之通天冠 北京法海寺大殿后壁

出二例，即宋代的《三礼图》与明代的《三才图会》中的两幅图像（图49-6:5、8）。而永乐宫三清殿西壁元代壁画中之十太乙，由于宋政和年间规定他们要戴通天冠①，所以也能辨认出来（图49-6:7）。用这四项实例作为基点，就可以排列出通天冠自汉至明的发展系列。

三清殿所画通天冠，其冠顶向后旋卷。但这一部分并不透空，而北宋武宗元《朝元仙仗图》中之东华天帝君所戴通天冠的这一部分却是透空的，它正和《三礼图》中的画法相合。唐代的通天冠上的旋卷部分也透空（图49-6:3、4），显示出是从汉通天之展筒演变而成。可是以图49-6:6与图49-6:1相比较，两者还是差得多的；图49-6:2所举龙门宾阳洞北魏浮雕《皇帝礼佛图》中的一例，恰可填补起当中的缺环，使这个发展过程前后能衔接得上。

汉代的通天冠前部有高起的金博山，上面装有附蝉。这个山后来变成"圭"形，而且逐渐缩小。唐代有时在其中饰以"王"字，明代更在其旁饰以云朵。但总的说来，从唐代起，通天冠已经变得富丽堂皇了。《旧唐书·舆服志》说："通天冠，加金博山，附蝉，十二首，施珠翠，黑介帻，发缨，翠緌，玉若犀簪、导。"其十二首疑指冠顶所饰十二珠。图49-6:4所举之例，正顶上

---

① 〔宋〕宋敏求《春明退朝录》卷中。

饰八珠，左侧面饰二珠，如再加上图中看不到的右侧之二珠，恰为十二珠。冠上的首数不超过十二枚。唐王泾《大唐郊祀录》卷三说："十二首者，天大数也。"原田淑人以为，十二首即十二个蝉[①]；但唐人《历代帝王图卷》上的衮冕只附有一个蝉，宋以后才有在冠上加多枚附蝉的。不过唐代的通天冠施以珠翠，则为汉代所未见。从唐代起，通天冠的图像上常画出许多小圆球，即代表这类珠翠。明代的通天冠在这方面愈益踵事增华，北京石景山法海寺明代壁画中的通天冠（图49-6:9），上下缀满了大小珠翠，更极尽其灿烂辉煌之能事。

弁与汉代的武弁大冠

何谓弁？《释名·释首饰》说："弁，如两手合抃时也。"《舆服志》说弁"制如覆杯，前高广，后卑锐"。可见弁的外形犹如两手相扣合，或者像一只翻转过来的耳杯，一顶丰上锐下的椭圆形帽子。《仪礼·士冠礼》郑注："皮弁者，以白鹿皮为冠，象上古也。"正义："上古也者，谓三皇时，冒覆头句领绕项。"按《荀子·哀公篇》："鲁哀公问舜冠于孔子，……孔子对曰：'古之王有务（鍪）而拘领者矣。'"又《淮南子·氾论训》："古者有鍪而绻领以王天下者矣。"高注："古者，盖三皇以前也。鍪，头着兜鍪帽，言未知制冠也。"则弁的形状又有些像兜鍪即胄。《隋书·礼仪志》："弁之制。案《五经通义》：'高五寸，前后玉饰。'《诗》云：'琀弁如星。'董巴曰：'以鹿皮为之。'《尚书·顾命》：'四人綦弁执戈。'故知自天子至于执戈，通贵贱矣。……通用乌漆纱而为之。天子十二琪。……案《礼图》有结缨而无笄导。少府少监何稠请施象牙簪导，诏许之。弁加簪导，自兹始也。"这里说明从士兵到皇帝都可以戴弁，但皇帝的弁上有十二琪珠。在历代皇帝当中特别喜欢戴弁的是隋炀帝。《隋书·炀帝纪》："上常服皮弁十有二琪。"《通典》卷五七"皮弁"条记隋炀帝时的弁制为："大业中所造，通用乌漆纱，前后二傍如莲叶，四闲空处又安拳花，顶上当缝安金梁，梁上加璂，天子十二珠为之。"再看《历代帝王图》

---

① 〔日〕原田淑人：《东亚古文化论考·冠位の形态から见た飞鸟文化の性格》，东京，1962年。

中的隋炀帝，所戴正是皮弁（图49-7:1），而且是何稠改制后施簪导的皮弁，弁梁上的琪珠也历历可见，所以这件皮弁可以确认无疑。它的形状也正与上引之似两手合拚、似覆杯、

图49-7　皮弁
1　《历代帝王图》中的隋炀帝　　　3　《三礼图集注》中的皮弁
2　《历代帝王图》中的陈后主

似兜鍪诸说相合。再看《历代帝王图卷》中的陈后主，所戴也是皮弁（图49-7:2），不过是何稠改制前未施簪导的皮弁。又宋聂崇义《三礼图集注》卷一所绘之皮弁与陈后主戴的那种样子很相近（图49-7:3）。因知聂图修纂时当有古《礼图》为据，虽不无舛误，但绝非尽出臆构。不过从这三例中都看不到《隋书·礼仪志》根据《礼图》指出的弁上应有的"结缨"。如果把这一层也考虑进去，那么始皇陵兵马俑坑出土之骑兵俑所戴者就可以被认为是弁（图49-8:1）。不过始皇陵骑俑之弁下露发，没有其他衬垫物；而咸阳杨家湾西汉墓从葬坑中出土甲士俑所戴的弁，虽与上述骑兵俑所戴者完全一致，但有的底下衬着帻，这就是汉代的武弁了（图49-8:2）。

图49-8　弁舆武弁
1　秦，戴弁陶俑　陕西临潼始皇陵兵马俑坑出土
2　西汉，戴弁陶俑，弁下已衬有帻　陕西咸阳杨家湾汉墓从葬坑出土
3　新莽，墓主所戴武弁大冠　甘肃武威磨咀子62号墓出土

前面说过，汉代文职官吏戴进贤冠，武职戴的

就是这种武弁。武弁又叫武冠或武弁大冠。《舆服志》："武冠一曰武弁大冠，诸武官冠之。"《晋书·舆服志》："武冠一名武弁，一名大冠，一名繁冠，一名建冠，一名笼冠，即古之惠文冠，或曰赵惠文王所造，因以为名。亦云惠者，蟪也，其冠文轻细如蝉翼，故名惠文。"按：将惠文冠说成是赵惠文王所造，或是细如蝉翼，均嫌迂阔费解。《释名·释采帛》："穗，惠也。齐人谓凉为惠，言服之轻细凉惠也。"《仪礼·丧服》郑注："凡布细而疏者谓之穗。"武弁除用鹿皮做的以外，也有用稀疏的穗布制作的，在汉代更是如此，所以得名为惠（穗）文冠。也有的在上面再涂漆，湖南长沙马王堆3号西汉墓与甘肃武威磨咀子62号新莽墓均曾出漆缅沙弁。前者把弁单独保存在一个漆笥里（图49-9）；后者还戴在男尸头上，周围裹细竹筋，头顶用竹圈架支撑，内衬赤帻，是武弁大冠的完整的实例（图49-8:3）。这些弁的缅纱均孔眼分明。不仅实物如此，即使在画像石中表现武弁时，也往往特地刻出网纹来，表示它的质地确与穗布相近。

但是，汉代的武弁大冠本是弁加帻而成，与以冠加帻的进贤冠的构成不同，也就是说，它和冠的定义并不符合，所以它的叫法比较混乱，有上面的引文中所列举的那么多名称。根本原因就在于它本来并不是冠，其后却又被视为冠之一种的缘故。

图49-9 西汉，漆缅纱弁
湖南长沙马王堆3号墓出土

从平上帻到平巾帻

《舆服志》刘注引《晋公卿礼秩》："大司马、将军、骠骑、车骑、卫军、诸大将军开府从公者：着武冠，平上帻。"《晋书·舆服志》也说："平上服武官也。"则衬在武弁底下的帻名平上帻。河北望都1号汉墓壁画中之《门下游徼》，在所戴武弁之下可以看到涂成红色的平上帻，与《御览》卷六八七引《东观汉记》"诏赐段颎赤帻大冠一具"的记载及上述武威磨咀子62号墓中所见的情况均相合。汉、晋时的军官与士兵都穿缇（黄赤色）衣或缥（暗赤色）衣，戴赤帻。《汉书·尹赏传》：

"（群盗）得赤丸，斫武吏；得黑丸，斫文吏。"即以其衣、帻的颜色为据。《论衡·商虫篇》："虫食谷。……夫头赤则谓武吏，头黑则谓文吏所致也。"也是这种用意。《古今注》卷上"五伯"条更直接说："今伍伯服赤帻，缥衣，素韎。"可见与赤帻配套的确系武弁。只有水军服黄帻[①]，而文官的衣冠则都是黑色的[②]。

平上帻的形状如在武威磨咀子所见者，周围是一圈由四层平纹方孔纱粘合而成的颜题，额前部分模压成人字纹，顶上覆软巾。[③]单独戴平上帻者，如山东汶上孙家村出土的画像石中之执戟的士兵（图49-10:2）。它们的帻顶虽然都比较低平，但轮廓齐整，好像已经把以前的软巾缝得固定了。[④]也有的平上帻顶部中央稍稍隆起，如广州汉墓所出陶俑[⑤]及美国纳尔逊美术馆所藏汉玉俑[⑥]。这种帻的顶部或已制成硬壳。至东汉晚期，平上帻的后部逐渐加高。《续汉书·五行志》说："延熹中（158—167），梁冀诛后，京都帻颜短耳

图49-10　介帻、平上帻与平巾帻

1　东汉，画像石中之介帻　山东沂南

2　东汉，画像石中之平上帻　山东汶上孙家村

3　东汉，灰陶执盾俑　传世品

4　东汉，石雕骑俑　望都2号汉墓出土

　　（3、4代表从平上帻向平巾帻过渡之形态）

5　东晋南朝，戴平巾帻之陶俑　江苏南京石子岗出土

① 杨泓：《中国古兵器论丛·水军和战船》，文物出版社，1980年。

② 汉代文官常朝皆着黑衣。详见拙著《中国古舆服论丛·两唐书舆（车）服志校释稿》卷三（旧81）注〔1〕，文物出版社，2001年。

③ 甘肃省博物馆：《武威磨咀子三座汉墓发掘简报》，《文物》1972年第12期。

④ 甘肃省博物馆：《武威雷台汉墓》，《考古学报》1974年第2期。

⑤ 黎金：《广州的两汉墓葬》插图10，《文物》1961年第2期。

⑥ 《服装大百科事典》卷上，东京，文化出版局，1976年，第656页。

长。"颜短耳长即前低后高。一件传世的东汉中期灰陶执盾俑（图49-10:3）[1]，帻的后部已略高。光和五年（182年）的望都2号墓所出石雕骑俑之帻（图49-10:4）[2]，前低后高的造型愈加明显。东晋、南朝时，平巾帻更小、后部更高。中国历史博物馆（今中国国家博物馆）藏南京石子岗六朝墓出土陶俑之帻，其后部的高度几乎相当于此人面部之半[3]。在帻顶向后升起的斜面上，出现两纵裂，贯一扁簪（笄簪），横穿于发髻之中（图49-10:5）。晋式平上帻可供单着，有时它还被称为"小冠"。如《宋书·五行志》所说："晋末皆小冠，而衣裳博大，风流相仿，舆台成俗。"舆台所戴的应是平上帻，而《志》中称之为小冠，可见这时的小冠即指平上帻。平上帻既然也被称为小冠，它的式样也就逐渐向冠，特别是向进贤冠靠拢。湖北武昌周家大湾隋墓[4]和陕西礼泉唐郑仁泰墓出土的陶裲裆俑[5]所戴的帻，除了没有两个冠耳以外，几乎和进贤冠没有多大的区别。而且在名称上，隋以后只用平巾帻之名。《隋书·礼仪志》："承武弁者，施以笄导，谓之平巾。"同书《炀帝纪》载大业二年（606年）制定舆服，"文官弁服，佩玉，……武官平巾帻，袴褶"。上引隋张盛墓瓷俑[6]，正是一个手按仪刀的戴平巾帻着裲裆甲的武官。

也就在上述平上帻向平巾帻演变的过程中，帻的地位逐渐提高。原先只是"卑贱执事"戴的帻，贵胄显要在其平居之时也常着用。《后汉书·马援传》李注引《东观记》："援初到，敕令中黄门引入，时上在宣德殿南庑下但帻坐。"《三国志·吴志·孙坚传》："坚常着赤罽帻。乃脱帻，令亲近将祖茂着之。卓骑争逐茂，故坚从间道得免。"两晋以降，由于更为简易的帢帽流行，反以帻

① 《世界考古学大系》卷17，东京，平凡社，1959年，第72页。
② 河北省文化局文物工作队《望都二号汉墓》图24、25，文物出版社，1959年。
③ 参看葛玲玲：《南京六朝陶俑述略》（南京市博物馆研究论文）。
④ 湖北省文物管理委员会：《武汉市郊周家大湾241号隋墓清理简报》，《考古通讯》1957年第6期。本文所举之俑在简报中列为武士俑之第二种。
⑤ 陕西省博物馆、礼泉县文教局唐墓发掘组：《唐郑仁泰墓发掘简报》，《文物》1972年第7期。
⑥ 中国科学院考古研究所安阳发掘队：《安阳隋张盛墓发掘简报》，《考古》1959年第10期。

为礼服。《世说新语·任诞篇》："谢镇西往尚书墓还葬后，三日反哭，诸人欲要之，初遣一信，犹未许，然已停车；重要，便回驾。诸人门外迎之，把臂便下，裁得脱帻着帽，酣宴半坐，乃觉未脱衰。"《晋书·谢安传》："温后诣安，值其理发，……使取帻。温见留之曰：'令司马着帽进。'其见重如此。"《北堂书钞》卷九八引《俗说》："谢万与太傅共诣简文，万来无衣帻可前。简文曰：'但前，不须衣帻。'即呼使入。万着白纶巾、鹤氅、裘、履、板而前。"都可以证明当时把帻看成礼服，而把巾、帽看成燕服。

这时不仅把帻看成礼服，而且更把它当成正式的官服，即所谓"江左……县令止单衣帻"[1]。在其他传记材料中也反映出这种情况。《晋书·易雄传》："少为县吏，自念卑贱无由自达，乃脱帻，挂县门而去。"《南史·卞彬传》："延之弱冠为上虞令，有刚气。会稽太守孟顗以令长裁之，积不能容，脱帻投地。曰：'我所以屈卿者，政为此帻耳，令已投之卿矣。卿以一世勋门，而傲天下国士。'拂衣而去。"可见这时已经用"挂帻"代替"挂冠"。又《太平广记》卷三一六引《搜神记》："陈留外黄范丹字史云，少为尉从佐，使檄谒督邮。丹有志节，自恚为厮役小吏。及于陈留大泽中，杀所乘马，捐弃官帻。"汪绍楹校注《搜神记》改"官帻"为"冠帻"，不确。因"官帻"一语正符合六朝人的说法。

笼冠与貂、蝉

当武弁大冠形成以后，终两汉之世，它一直被武官戴用（图49-11:1）。虽然我国远在殷、周时已有金属胄，但并不普遍，其实物在考古发掘中也很少见到。汉代的将军们常常戴着武弁大冠上阵。咸阳杨家湾出土的军官俑虽身穿鱼鳞甲，但头上只戴武冠。[2]沂南画像石墓墓门横额上表现墓主人与异族作战的场面中，主人头上也只戴着武冠。[3]然而东汉晚期的和林格尔大墓与辽阳北园大墓的壁画中，均有全副甲胄的武士像。此后着甲胄的甲士俑更屡见不鲜。

---

① 《宋书·礼志》。

② 《中华人民共和国シルクロード文物展》第一部，图1，1979年。

③ 曾昭燏等：《沂南古画像石墓发掘报告》图版24，文化部文物管理局，1956年。

图 49-11　笼冠的渊源和演变（自 3 以下均未表示出笼冠上的孔眼）

1　东汉，画像石中的武弁大冠　山东沂南

2　晋，永宁二年（302 年），陶笼冠俑
　　湖南长沙墓出土

3　北魏，陶笼冠俑

4　隋，陶笼冠俑　湖北武汉周家大湾 241 号墓出土

5　唐，贞观十六年（642 年），陶笼冠俑
　　陕西咸阳独孤开远墓出土

6　唐，景云元年（710 年），陶笼冠俑
　　陕西咸阳薛氏墓出土

7　据《送子天王图》

8　元，壁画中的戴笼冠者　永乐宫三清殿北壁

武弁大冠从而退出了实战领域。也就在这个时候，本来结扎得很紧的网巾状的弁，遂变成了一个笼状硬壳嵌在帻上（图 49-11:2），这就是《晋书·舆服志》所称之"笼冠"。南北朝时，南北双方都用笼冠，在《女史箴图》《洛神赋图》以及北朝各石窟之礼佛图、供养人像与陶俑中不乏其例。其下垂的两耳比西晋时长，但顶部略收敛（图 49-11:3）。隋代的笼冠顶平，正视近长方形，仅两侧微向外扩展（图 49-11:4）。至唐代，笼冠的垂耳有长有短（图 49-11:5、6）。唐末以后，在冠体之下复缀以软巾（图 49-11:7、8）。到了明代，软巾又变成直下而微侈的硬壁（图 49-12:6）。这种冠式还影响到日本。日本的"武礼冠"即仿宋、明笼冠又稍加变化而成（图 49-12:7）。

最高级的武冠与笼冠是皇帝的近臣如侍中等人戴的。他们在这类冠上加饰貂、蝉。《汉书·谷永传》："戴金貂之饰，执常伯之职者。"颜注："常伯，侍中。""金"则指加附蝉的金珰。《后汉书·朱穆传》："假貂、珰之饰，处常伯之任。"李注："珰以金为之，当冠前，附以金蝉也。""貂"则指紫貂的尾巴。《艺文类聚》卷六七引应劭《汉官仪》："侍中左蝉右貂，金取坚刚，百陶不耗。蝉居高食洁，目在腋下。貂内劲悍而外温润。"貂尾不太短，与狗尾相近。《晋书·赵王伦传》："（赵王伦篡位）同谋者咸超阶越次，不可胜记。至奴卒厮役，亦加以爵位。每朝会，貂、蝉盈坐。时人为之谚曰：'貂不足，狗尾

图 49-12　从簪貂尾到簪鹖

1　东汉，画像石中之《二桃杀三士图》，
　　三士戴貂尾冠　山东嘉祥武氏祠

2　北魏，孝昌三年（527年），
　　线雕人物中之簪貂尾者　宁懋石室

3　唐，垂拱二年（686年），壁画中之簪貂侍臣
　　敦煌莫高窟335窟

4　唐，壁画中之簪貂者　湖北郧阳李欣墓

5　北宋，《丞相周益公像》，在笼冠上簪雉尾
　　（据 É. Chavannes, *La Peinture chinoise au
　　Musäe Cernuschi en* 1912）

6　明，在笼冠上簪鹖羽　北京十三陵文石

7　日本的武礼冠

续.'"汉代簪貂的形象，只能在武氏祠画像石中找到约略近似的例子。这里的
一块画像石上表现出"二桃杀三士"的故事。①图中右起第一人系侍郎，第二
人戴通天冠，应是齐景公，第三人身材短小，应是晏子，第四至第六人则应是
公孙接、田开疆、古冶子等三士。这三个人的冠上都有一枚尾状物，或前拂，
或后偃，可能就是貂尾（图 49-12：1）。可以识别得比较准确的簪貂尾的形象，
最早见于北魏宁懋石室（图 49-12：2）②，这里将笼冠、貂尾、平巾帻等都刻得
很清楚。唐人簪貂的图像在莫高窟第335窟垂拱二年（686年）壁画及湖北郧县
（今郧阳区）李欣墓壁画中均曾发现（图 49-12：3、4），只是不知道为什么他

① 关野贞《中国山东省に於ける汉代坟墓の表饰》附图93。簪貂尾本是战国时山东诸国的习俗。《晋
　书·舆服志·序》："及秦皇并国，揽其余轨，丰貂东至，獬豸南来。""二桃杀三士"正是东方
　齐国的故事，所以三士簪貂尾的可能性很大。

② 赵万里：《汉魏南北朝墓志集释》图版262:10，科学出版社，1956年。

们都未戴笼冠，而将貂尾直接插在平巾帻上。

至于蝉，在我国古代被认为是"居高食洁"[①]"清虚识变"[②]的昆虫。晋陆云《寒蝉赋》说蝉有五德，"加以冠冕，取其容也。君子则其操，可以事君，可以立身。岂非至德之虫哉"，推崇备至。汉冠上的金蝉虽尚未发现，但晋与十六国时的蝉纹金牌饰却有实物出土。最先发表的一例是辽宁北票北燕冯素弗墓出土的。[③]这是一块高约7厘米的金牌，上部稍宽，下部稍窄，顶部的弧线在当中合尖处突起，轮廓略近圭形。牌之正面镂出花纹，并焊有细金丝和小粒金珠，还在上部对称的位置上镶有两颗半球形灰色石片（图49-13:1）。它的图案乍看时颇难辨认，然而当时参加撰写发掘简报的李文信先生却正确指出应是蝉形，并认为它："可能就是秦汉以来侍中戴用的'金珰'。"因为此金牌在镂孔饰片背后还垫着一块大小相同的金片，现在看来，所谓金珰，确系此物。《隋书·礼仪志》引董巴《舆服志》说："内常侍右貂，金珰，银附蝉。"则其垫片（珰）用金，镂孔饰片（附蝉）用银，与冯素弗墓所出者的规格不同。不过这时可资比较的材料太少，所以李先生又说："这里只是结合冯素弗的身份，提出这种饰片用途的一种可能；也有把它作为漆器上的装饰复原的。"迟一个月发

图 49-13　冠珰上的金附蝉

1　北燕　辽宁北票冯素弗墓出土　　　　　　　　3　东晋　江苏南京仙鹤观高悝墓出土
2　前凉　甘肃敦煌汜心容墓出土

---

①　《太平御览》卷六八八引应劭《汉官仪》。

②　《古今注》卷上。

③　黎瑶渤：《辽宁北票县西官营子北燕冯素弗墓》，《文物》1973 年第 3 期。

表的南京大学北园东晋墓的发掘简报中提到，在这里也出土同类金饰牌，高4厘米，发掘者"怀疑这些金片可能是一件漆器上的镶嵌饰物"①。再过一年，又发表了敦煌新店台60M1号前凉墓出土的金牌②。此牌残高5厘米，所饰蝉纹比较清楚（图49-13:2）。发掘者马世长等先生肯定地指出：它"中间镂出一蝉，双睛突起"。然而此墓中只有一具骨架，墓主为"张弘妻汜心容"。据《晋书·张弘传》，张弘为张重华部将，在与前秦的战争中殁于战地。他的尸骨或未归葬，汜心容墓中遂瘗以亡夫的衣冠，所以它出于汜心容墓正不难理解。可是这一点当时尚属推测，对其用途并未掌握直接证据，故简报中仍称之为"金饰"。1998年在南京仙鹤观东晋高悝墓中又出土了一块金牌，高6.8厘米，保存状况良好，极为完整，其上之蝉纹与南京大学北园墓及张弘墓金牌上的图像几乎完全一致（图49-13:3）③。但张弘墓所出者已残去一部分，以致蝉纹头侧的线条用意不明。对比高悝的金牌，就看得出它原来代表蝉的六足，其安排颇具巧思，且形象完整，构图饱满。可是要认定这些金牌就是冠上附蝉的金珰，最有说服力的证据是举出戴此冠饰之人像。因为此制行使的时间长达八九百年；更如左思《魏都赋》所称："禁台省中，连闼对廊。……蔼蔼列侍，金蜩齐光。"服之者不在少数。然而宁懋石室、莫高窟第335窟及李欣墓中的图像，虽出现貂尾，却并无金珰，后来在山西太原发掘了北齐太傅东安王娄睿墓，其墓门外甬道西壁所绘侍臣戴笼冠、簪貂尾，而且冠前饰圭形珰④；惜珰上一无纹饰（图49-14:1）。同墓所出笼冠俑，冠前也刻出圭形珰。但不知伊谁作俑，竟认为它们都代表"女官"；实属误解。洛阳北魏永宁寺遗址出土之影塑，其中戴笼冠的头像与娄睿墓所出者肖似，却有不少件塑出修剪得颇整齐的髭须，应当是一些很讲究仪表的男性。⑤这里出土的T1:1104号头像，冠前也贴有一片圭

① 南京大学历史系考古组：《南京大学北园东晋墓》，《文物》1973年第4期。

② 马世长等：《敦煌晋墓》，《考古》1974年第3期。

③ 《六朝家族墓地考古有重大收获》，《中国文物报》1999年1月17日。

④ 山西省考古研究所等：《太原市北齐娄睿墓发掘简报》，《文物》1983年第10期。

⑤ 中国社会科学院考古研究所：《北魏洛阳永宁寺》彩版15，中国大百科全书出版社，1996年。

图 49-14　饰蝉珰之笼冠

1　北齐，壁画　山西太原娄睿墓

2　北魏，影塑　河南洛阳永宁寺遗址出土

3　唐，壁画　陕西蒲城惠庄太子墓

形珰；可惜的是，其上亦无纹饰（图 49－14：2）。直到 1998 年，陕西考古研究所发表了陕西蒲城唐惠庄太子李㧑墓壁画，墓道内所绘执笏进谒的文臣像中，有一人在冠前饰圭形珰，珰上绘出蝉纹（图 49－14：3）。[①]于是上述金牌即珰上之金附蝉或曰蝉珰，乃了无疑义。不过在皇帝之近臣的冠上加一个"目在腋下"而又"清虚识变"的蝉形徽识，要他们既善于韬晦，又通达封建政治的权变之术，真是一个莫大的嘲讽。

南北朝后期，此物的使用受到限制。《周书·宣帝纪》："（宣帝）尝自……冠通天冠，加金附蝉，顾见侍臣武弁上有金蝉……者，并令去之。"隋代虽然恢复了服制中的貂、蝉，但使用范围较前为小。《隋书·礼仪志》说："开皇时，加散骑常侍在门下者，皆有貂、蝉，至是（大业元年）罢之。唯加常侍聘外国者特给貂、蝉，还则纳于内省。"至唐代，簪貂之官仍以左右散骑常侍为主[②]，文藻上也没有用貂蝉称侍中或中书令的，而都用它称散骑常侍了。

唐以后，不再簪貂尾。宋代用雉尾充替（图 49－12：5）。元以后更易以鹏羽。永乐宫三清殿元代壁画中太乙的侍臣（王逊编号 248、249）所簪已是鹏羽。[③]明代仍然如此（图 49－12：6）。[④]

① 陕西省考古研究所：《陕西新出土文物选粹》图版 121，重庆出版社，1998 年。

② 《新唐书·百官志》："显庆二年，分散骑常侍为左右，……金蝉珥貂。"关于唐代以貂蝉称散骑常侍事，参看岑仲勉《唐史余沈》"貂蝉字用法"条。

③ 王逊：《永乐宫三清殿壁画题材试探》，《文物》1963 年第 8 期。

④ 〔明〕周祈：《名义考》卷一一"冠帻"条。

鹖冠与翼冠

汉代的武冠除武弁大冠以外，还有另一种叫
作"鹖冠"。《舆服志》所记武冠就已区分成这样
两种。那里说鹖冠的形制是："环缨无蕤，以青系
为绲，加双鹖尾竖左右。"又说："鹖者，勇雉也。
其斗对，一死乃止，故赵武灵王以表武士。秦施
之焉。"刘注："徐广曰：'鹖似黑雉，出于上党。'
荀绰《晋百官表注》曰：'冠插两鹖，鸷鸟之暴疏

图 49-15　战国，金银错狩
猎纹镜上的武士
河南洛阳金村出土

者也。每所攫撮，应扑摧衄。天子武骑，故以冠焉。'傅玄《赋》注曰：'羽骑
骑者戴鹖。'"这种鹖冠在洛阳金村出土的错金银狩猎纹镜的图像中已经出现，
其鹖尾其实是插在弁上的（图49-15）。西汉空心砖上也有这种鹖冠，不过这
里的弁上加刻出许多网眼，说明其质地已是穗布、缌纱之类。以上两例在插鹖
尾的弁下都未衬帻，而河南邓县（今邓州市）出土的东汉画像砖上的人物，却
在正规的衬平上帻的武弁大冠上插双鹖尾，这就是《舆服志》所说的鹖冠了（图
49-16）①。邓县鹖冠所插羽毛中有清晰的横向纹理，故此时之所谓鹖似是一种
雉。鹖又作鹍。《后汉书·西南夷传》李注引《山海经》郭璞注："鹍鸡似雉而大，
青色，有毛角，斗敌死乃止。"按：此处说的鹍鸡很像指褐
马鸡，它有两簇高耸的白色颊毛，颇类"毛角"。鹍亦训
白。《仪礼·士丧礼》："鹍豆两。"郑注："鹍，白也。"但
褐马鸡却不善斗。《史记·佞幸列传》说："故孝惠时，郎、
侍中皆冠骏𪁉。"骏𪁉冠即武冠之别名，见《舆服志》刘注。
骏𪁉也是雉属。《说文·鸟部》："𪁉、骏𪁉，鸷也。"《尔雅》
郭注："（鸷）似山鸡而小，冠、背毛黄，腹下赤，项绿，
色鲜明。"雉尾颜色美丽，以后遂被沿用。《南齐书·舆服

图 49-16　东汉，画
像砖上之"鹖冠"
河南邓州出土

---

① 邓县出土鹖冠画像砖，见周到等编：《河南汉代画像砖》图244，上海人民美术出版社，1985年。

志》说："武骑虎贲服文衣，插雉尾于武冠上。"可见这时已将插雉尾的做法制度化了。

鹖冠除竖插一对鹖尾的类型外，还有将鹖鸟的全形装饰在冠上的。《史记·仲尼弟子列传》："子路性鄙，好勇力，志伉直，冠雄鸡，佩豭豚。"武氏祠画像石中的子路像，冠上饰有鸡形（图49-17:1）。[1]这类在冠上饰以整体鸟形的实例虽不多见，但直到唐代却仍在文献中被提到。《旧唐书·张说传》："说因获巂州斗羊，上表献之，以申讽喻。其表：'臣闻勇士冠鸡，武夫戴鹖。……'"则冠鸡与戴鹖为类。唐代最流行的武官之冠，正是在冠上饰以鹖鸟全形的那一种。虽然这种做法与佛教艺术中的鸟形冠，如在莫高窟第257窟北魏壁画中所见者不无关系（图49-17:3），但仍可将汉代的鸡冠视为其固有的渊源。

唐代鹖冠上所饰的鹖鸟并非似雉或似鸡的大型鸟类，而是一种小雀。鹖到底是哪种鸟，诸书之说本不一致。上引《舆服志》说它是"勇雉"，曹操则称它为"鹖鸡"[2]，《晋书·舆服志》又说鹖"形类鷃而微黑"，可是也有人认为鹖形似雀。《汉书·黄霸传》："时京兆尹张敞舍鹖雀飞集丞相府，霸以为神雀，议欲以闻。"颜注引苏林说："今虎贲所着鹖也。"西安出土的汉代鹖鸟陶范，表现的也是一种小雀，其形与唐代鹖冠所饰者颇相近。[3]

唐代的鹖冠不但饰以鹖鸟全形，而且冠的造型相当高大，冠后还有包叶。这种造型是前所未见的。它的形成，大约一方面是为了和日趋高大的进贤冠相协调，另一方面又受到唐代新创的"进德冠"的式样的影响。《新唐书·车服志》说："（太宗）又制进德冠以赐贵臣，玉琪制如弁服，以金饰梁，花趺。三品以上加金络，五品以上附山、云。"这种冠皇太子、贵臣以及舞人都可以戴，流行的时间也比较长。宋元祐五年（1090年）游师雄摹刻的《凌烟阁功臣

---

① 据《中国山东省に於ける汉代坟墓の表饰》附图92。

② 曹操：《鹖鸡赋·序》，《大观本草》卷一九引。

③ 见《文物》1985年第4期，第94页。

图 49-17　唐代鹖冠与进德冠造型之渊源

1　东汉，画像石，《孔子弟子图》中子路之鸡冠
　　山东嘉祥武氏祠

2　萨珊银盘上之王者像
　　俄罗斯圣彼得堡艾尔米塔什博物馆藏

3　北魏，壁画中之力士　敦煌莫高窟第 257 窟

4　初唐，壁画中之北方天王　敦煌莫高窟第 338 窟

5　宋，《凌烟阁功臣图》中侯君集所戴进德冠

6　唐，天宝四载（745 年），石门线雕武士
　　陕西西安苏思勖墓

7　唐，鹖冠俑　荷兰阿姆斯特丹
　　H. K. Westendrop 氏旧藏

8　唐，天王狩猎纹锦　日本奈良法隆寺藏

9　唐，天宝七载（748 年），陶俑
　　陕西西安吴守忠墓出土

10　唐，开元十六年（728 年），陶鹖冠俑
　　英国 G. Eumorfopoulos 氏旧藏

图》残石拓本上的魏徵、侯君集二像所戴之冠①后部有软脚，类幞头，与《新唐书·车服志》所称"进德冠制如幞头"之说合。其冠之前部饰以五山、三云朵，又与"附山、云"之说合。加以人物的身份正属贵臣，所以此冠应为进德冠（图49-17:5）。以进德冠与唐式鹖冠相较，则发现后者的造型在很大程度上以前者为模式。

此外，唐式鹖冠从外面看去，在两侧的包叶上还画出鸟翼（图49-17:7）。冠饰双翼，并非我国固有的作风。萨珊诸王的冠上饰双翼，如卑路斯一世（457—484在位）、库思老二世（590—628在位）的王冠上都有这样的装饰（图49-17:2），夏鼐先生以为这是太阳或祆教中屠龙之神未累什拉加那（Verethraghra）的象征。②但在波斯阿契美尼德王朝时，琐罗亚斯德教的主神阿

图 49-18 唐，陶俑

1、2 陕西乾县李贤墓出土
3、4 陕西礼泉李贞墓出土
5、6 陕西咸阳豆卢建墓出土
7、8 上海博物馆藏

---

① 金维诺：《"步辇图"与"凌烟阁功臣图"》，《文物》1962年第10期。
② 夏鼐：《中国最近发现的波斯萨珊朝银币》，《考古学报》1957年第2期。

胡拉·马兹达就用带翼的日轮为其象征，则古代波斯地区本有崇拜双翼的传统。唐代的翼冠确曾受过萨珊的影响。因为萨珊王冠上除翼外，还有成组的日、月或星、月纹，而日本奈良法隆寺旧藏之唐代四天王锦上天王所戴宝冠亦饰有双翼与日、月（图49-17:8）[1]，是其证。但从萨珊式翼冠到唐代鹖冠之间，在意匠的传播过程中或者还以佛教艺术为中介。因为佛教中的兜跋毗沙门天（即北方多闻天王）在西域各国特受尊崇，此种信仰亦流行于中土，而毗沙门天王像上就戴着有翼的宝冠（图49-17:4）。唐式鹖冠上的翼取法于此，或更为直接。它们之间的渊源关系与传播途径，试表示如图49-17。

这种饰鹖雀辅双翼的鹖冠，实即唐代文献中所称之武弁。在唐墓所出成组的文、武俑（图49-18）或唐陵的文、武石中所见唐代武官着礼服时所戴之冠，大都是这类鹖冠或是其再经演进的式样（图49-17:6、9、10；图49-18:2、4）[2]。唐中叶以后，鹖冠上的雀形渐次消匿。但武官着礼服时所戴之冠仍是鹖冠之流裔，其冠身加高，上无鸟形，而代以卷草、云朵、连珠等纹样。如上海博物馆所藏一唐代着裲裆甲的武官俑[3]，冠前部只装饰着三叶纹和连珠纹，包叶上的翼纹也不见了，仅在冠顶上探出二纽状物（图49-18:8）。咸阳底张湾唐豆卢建墓出土的武官俑之冠甚至连这样的纽状物也没有了，造型更趋简化（图49-18:6）[4]。不过它们从进德冠那里接受的影响还是看得出来的。

（原载《中国历史博物馆馆刊》第13、14期，1989年）

---

[1] 《世界美术全集》第8卷，彩版15，东京，平凡社。

[2] 这类文、武俑在发掘中常与一对镇墓兽和一对甲士俑同出，如在西安唐独孤思贞墓甬道中所见者（中国社会科学院考古研究所：《唐长安城郊隋唐墓》文物出版社，1980年，第32页）。依王去非、徐苹芳的考证，前两者即祖明、地轴，后两者即当圹、当野。而依《大汉原陵秘葬经》所记，在"亲王坟堂"的明器神煞中尚应有"大夫"和"太尉"；"公侯卿相堂"中尚应有"大夫"和"太保"。这类文、武俑或即"大夫""太保"之类。它们虽然可以和其他镇墓俑相组合，但亦可自成一组。如西安洪庆村305号唐李仁墓［景云元年（710年）］石墓门的门扉上便刻有一对这样的人物（中国社会科学院考古研究所：《西安郊区隋唐墓》，科学出版社，1966年，第12～13页）。其冠服应为现实生活中文、武官员之礼服的写照。

[3] 上海博物馆：《陈列品图片》第3辑。

[4] 据《陕西省出土唐俑选集》图57。

50　唐代妇女的服装与化妆

　　唐代三百年，是我国封建文化繁荣发达的时代。唐人气魄大，对外来事物能广泛包容，择其精华而吸取。表现在服饰方面，当时也出现了崭新的风貌。如果一个只熟悉汉魏时之冠冕衣裳的观察者，忽然置身于着幞头、缺骻袍、鞢鞢带、长靿靴的唐代人物面前，一定会觉得眼前大为改观，不胜新奇。这是由于唐代男装常服吸收了胡服裤衣的若干成分，将汉魏以来的旧式服装全盘改造了的缘故。唐代女装也摆脱了汉代袍服的影响，接受了一些外来因素，形成了一整套新的式样。

　　唐代女装的基本构成是裙、衫、帔。唐牛僧孺《玄怪录》："小童捧箱，内有故青裙、白衫子、绿帔子。"[1]这里说的是一位平民妇女的衣着。又前蜀杜光庭《仙传拾遗·许老翁》说：唐时益州士曹柳某之妻李氏"着黄罗银泥裙、五晕罗银泥衫子、单丝罗红地银泥帔子，盖益都之盛服也"[2]。可见唐代女装无论丰俭，这三件都是不可缺少的。东汉时，我国妇女的外衣多为袍类长衣，图像中罕见着裙者。甘肃嘉峪关曹魏、西晋墓画砖中的女装，大体上仍沿袭这一传统。十六国时，在甘肃酒泉丁家闸5号墓的壁画中出现了上身着衫、下身着三色条纹裙的妇女。此后，条纹裙流行了相当长的时间：敦煌莫高窟第288窟北魏壁画、莫高窟第285窟西魏壁画、莫高窟第62窟隋代壁画、山东嘉祥隋徐敏行墓壁画、陕西三原唐李寿墓壁画以及西安白鹿原43号初唐墓与新疆吐鲁番唐张雄墓出土的女俑中均有着此式裙者（图50-1）。其条纹早期较宽，晚期

---

[1]　《太平广记》卷三一。《玄怪录》的作者从汪辟疆《唐人小说》之说。

[2]　《太平广记》卷三一。

图 50-1　条纹裙

1　十六国，壁画　甘肃酒泉丁家闸 5 号墓
2　北魏，壁画　敦煌莫高窟 288 窟
3　西魏，壁画　敦煌莫高窟 285 窟
4　隋，壁画　敦煌莫高窟 62 窟
5　唐，着衣木俑　吐鲁番张雄夫妇墓出土

变窄。日本奈良高松冢壁画中的条纹女裙，显然受了这一传统的影响。到了开元时期，吐鲁番阿斯塔那北区 105 号墓所出之晕繝彩条提花锦裙以黄、白、绿、粉红、茶褐五色丝线为经，织成晕繝条纹，其上又以金黄色纬线织出蒂形小花，图案意匠已明显有所创新。随即兴起的宝相花纹锦、花鸟纹锦等，则在鲜明的单一地色上织出花纹，突破了以条纹为地的格式。故自盛唐以降，条纹裙在我国渐少见，妇女多喜着色彩更为浓艳之裙。如《开元天宝遗事》说长安仕女游春时，用"红裙递相插挂，以为宴幄"。又如万楚诗之"裙红妒杀石榴花"，元稹诗之"窣破罗裙红似火"，白居易诗之"山石榴花染舞裙"，所咏亦为红裙。这时各式女裙色彩纷繁。如杜甫诗之"蔓草见罗裙"，王昌龄诗之"荷叶罗裙一色裁"，所咏为绿裙。而如张籍诗之"银泥裙映锦障泥"，孙棨诗之"东邻起样裙腰阔，剩蹙黄金线几条"等句，所咏则为银泥裙、金缕裙之类。[①] 唐代最华贵之裙为织成毛裙。《朝野佥载》卷三说："安乐公主造百鸟毛裙，以后百官百姓家效之。山林奇禽异兽，搜山荡谷，扫地无遗。"安乐公主为中

---

① 万诗见《全唐诗》二函一〇册，元诗见同书六函一〇册，白诗见同书七函四册，杜诗见同书四函三册，王诗见同书二函一〇册，孙诗见同书一一函三册。

宗与韦后之季女，骄奢倾一时。她的这条裙子在《旧唐书》及《新唐书》的《五行志》《资治通鉴》卷二〇九等处均有记载。此裙"正看为一色，旁看为一色，日中为一色，影中为一色，百鸟之状，并见裙中"。拿它和唐代劳动妇女所穿的裙，如刘禹锡诗所称"农妇白纻裙"相比，其悬隔不啻天壤。

我国古代的布帛幅面较窄，做裙时要用好几幅布帛接在一起，故《释名·释衣服》说："裙，群也，联接群幅也。"唐代之裙一般是用六幅布帛制成，即如李群玉诗所谓"裙拖六幅湘江水"①。《新唐书·车服志》记唐文宗在提倡节俭的前提下，曾要求"妇人裙不过五幅"，可见五幅之裙应是比较狭窄的一种。更华贵的则用到七幅至八幅，如《旧唐书·高宗纪》提到的"七破间（裥）裙"②，曹唐《小游仙诗》所说的"书破明霞八幅裙"③，可以为例，按《旧唐书·食货志》说布帛每匹"阔一尺八寸，长四丈，同文同轨，其事久行"。此处的尺指唐大尺，约合 0.295 米，因而每幅约合 0.53 米。六幅的裙子周长约 3.18 米，七幅约 3.71 米。文宗所提倡的五幅之裙约合 2.65 米，仍比现代带褶的女裙还略肥一些。

裙、衫之外，唐代女装皆施帔。唐人小说《补江总白猿传》说："妇人数十，帔服鲜泽。"（《顾氏文房小说》本）就以"帔服"作为女装的代称。唐代的帔像一条长围巾，又名帔帛或帔子，与汉、晋时指裙或披肩而言的帔不同。④不过当旧日所称之帔未绝迹前，帔帛已经出现，目前所知最早的一例见于青海平安魏晋墓出土的仙人画像砖（图 50-2:1）。此像耳高于额，戴的帽子则与嘉峪关画砖中常人所戴者相同，因知并非佛教造像。⑤但稍晚一些，在莫高窟

---

① 《李群玉诗集·后集》卷三。
② 郭沫若《武则天》附录二："破殆谓襞，七破间裙殆即七襞罗裙。"但《格致镜原》卷三六六引《辨音集》："李龟年至岐王宅，二妓女赠三破红绡。"可见破不宜解作襞。《新唐书·车服志》记唐代妇女服制时，"破""幅"二字互见。
③ 《全唐诗》一〇函二册。
④ 《方言》卷四："裙，陈魏之间谓之帔。"《释名·释衣服》："帔，披也；披之肩背，不及下也。"
⑤ 耳朵向上耸，是汉魏六朝时仙人面型的特征之一。《抱朴子·论仙》说："邛疏之双耳，出乎头巅。"洛阳出土北魏画像石棺上仙人之耳亦作此状，见《考古》1980 年第 3 期。

第272窟北凉壁画的菩萨像上也见到帔帛（图50-2:2）。其渊源均应来自中亚。1970年山西大同出土的鎏金铜高足杯上的人物有施帔者（图50-2:3），此器的国别不易遽定，但很可能是波斯一带的制品。[①]

图50-2　帔帛
1　魏晋，画像砖　青海平安出土
2　北凉，壁画　敦煌莫高窟272窟
3　鎏金铜杯　山西大同出土

所以帔帛大约产生于西亚，后被中亚佛教艺术所接受，又东传至我国。可是当东晋时，汉族世俗女装中尚不用此物。顾恺之的《女史箴图》《列女传图》《洛神赋图》等绘画中，女装虽襳髾飞举、带袟飘扬，却并无帔帛。至隋、唐时，帔帛在女装中就广泛使用了。裙、衫、帔之外，唐代女装中又常加半臂。宋高承《事物纪原·背子》条说："《实录》又曰：'隋大业中，内官多服半臂，除却长袖也。'唐高祖减其袖，谓之半臂，今背子也。"则半臂乃是短袖的上衣。此物又名半袖，出现于三国时。《宋书·五行志》："魏明帝着绣帽，披缥纨半袖，尝以见直臣杨阜。阜谏曰：'此礼何法服邪？'"可见这时半臂初出，看起来还过分新奇。不过至隋代它已逐渐流行。到了唐代，男女都有穿的，而以妇女穿半臂的为多。《新唐书·车服志》："半袖、裙、襦者，女史常供奉之服也。"证以图像，如永泰公主墓壁画中所绘的侍女，其身份应与女史为近，正是上身在衫襦之外又加半臂。而且这种装束不仅宫闱中为然，中等以上唐墓出土的女俑也常有着半臂的。至盛唐时，不着半臂已显得是很不随俗的举动。唐张泌

---

① 大同铜杯见《文化大革命期间出土文物》第1辑，人民出版社，1972年，第149页。艾尔米塔什博物馆之八曲银杯见奈良国立博物馆"シルクロード大文明展"的图录《シルクロード·オアシスと草原の道》图202。在塔吉克斯坦片治肯特粟特古城址发现的"商人饮宴图"壁画中，一商人所持金杯上亦有类似的施帔帛之女像。

《妆楼记》："房太尉家法，不着半臂。"房太尉即房琯，就是在咸阳陈涛斜以春秋车战之法对付安史叛军羯骑而大吃败仗的那位极其保守的指挥官，他家不着半臂，或自以为是遵循古制，但在社会上不免被目为特异的人物了。

半臂常用质量较好的织物制作。《旧唐书·韦坚传》《新唐书·来子珣传》、唐姚汝能《安禄山事迹》卷上、五代王定保《摭言》卷一二等处都提到"锦半臂"。[①]与之相应，《新唐书·地理志》记载的扬州土贡物产中有"半臂锦"。玄宗时曾命皇甫询在益州织造"半臂子"[②]，估计这也是一种特殊的供制半臂用的优等织物。新疆吐鲁番阿斯塔那206号唐墓出土的绢衣女木俑着团窠对禽纹锦半臂。李贺《唐儿歌》则有"银鸾睒光踏半臂"[③]之句，描写一袭用银泥鸾鸟纹织物制作的半臂。上述阿斯塔那206号墓所出者或与之相类。

虽然在古文献中发现过三国时着半袖的记事，但当时的具体形制尚不明了。从图像材料考察，唐代女装中的半臂，应受到龟兹服式的影响。在新疆拜城克孜尔石窟中所见龟兹供养人常着两种半臂：一种袖口平齐，另一种袖口加带褶的边缘。这两种半臂都在中原地区流行。特别值得注意的是后一种，它常加在褒博的礼服上。但由于这类衣服太肥大，实不便再套上一件半臂，所以有时就把半臂袖口上的那圈带褶的边缘单缝在礼服袖子的中部。在一些陶舞俑上，还予以艺术加工，使之成为袖子上很引人注目的装饰品（图50-3）。另外，半臂有时还可以穿在外衣之下，衬衣即中单之上。后唐马缟《中华古今注》卷中："尚书右仆射马周上疏云：'士庶服章有所未通者，臣请中单上加半臂，以为得礼。'"采用这种着法，在衣服之外不能直接看到半臂，但唐画中确也发现过衣下隐约呈现出半臂轮廓的例子（图50-9:1~3）。证明当时确有这样着半臂的。

---

① 《旧唐书·韦坚传》："（崔）成甫……自衣缺胯绿衫，锦半臂。"《新唐书·来子珣传》："（珣）常衣锦半臂自异。"《安禄山事迹》："玄宗赐……锦袄子并半臂。"《摭言》卷一二："（郑）愚着锦袄子、半臂。"
② 李德裕：《李文饶集·别集·奏缭绫状》。
③ 《李长吉歌诗》卷一。

图 50-3　袖口不带褶的半臂（1～3）与袖口带褶的半臂（4～6）

1　唐，龟兹，壁画　新疆克孜尔石窟
2　唐，壁画　永泰公主墓
3　唐，石椁线雕　陕西西安韦顼墓
4　唐，龟兹，壁画　新疆克孜尔石窟
5　北魏，《皇后礼佛图》　河南龙门宾阳洞
6　唐，俑　湖北武昌何家垅 188 号墓出土

　　不过，总的说来，半臂在唐代前期的女装中较流行，唐代中晚期则显著减少。这是因为唐代前期女装上衣狭窄，适合套上半臂；中唐以后，随着女装的日趋肥大，再套半臂就感到不便，所以使用范围就逐渐缩小了。

　　唐初女装衣裙窄小，"尚危侧""笑宽缓"①，仍与北周、北齐时相近，如莫高窟第205、375等窟初唐壁画中的供养人便是其例。这种服式大体上沿用到开元、天宝时期，西安鲜于庭诲墓出土的陶俑，是开元时期典型的作品，其服式仍然带有初唐作风。所以《安禄山事迹》卷下说天宝初年"妇女则簪步摇，衣服之制，襟袖狭小"。白居易《新乐府·上阳人》所说"小头鞋履窄衣裳，……天宝末年时世妆"，更可以代表中唐人对盛唐服式的看法。但盛唐时一种较肥大的式样也开始兴起，莫高窟第130窟盛唐壁画中榜题"都督夫人太原王氏一心供养"的女像便可为例。总之，至盛唐时，妇女的风姿渐以健美丰硕为

————————
①　《文献通考》卷一二九引祖莹语。

图 50-4　唐代女装加肥的趋势

1　初唐，壁画　敦煌莫高窟第 375 窟

2　初唐，壁画　永泰公主墓

3　盛唐，壁画　敦煌莫高窟第 205 窟

4　盛唐，壁画　敦煌莫高窟第 130 窟

5　中唐，壁画　敦煌莫高窟第 107 窟

6　晚唐，壁画　敦煌莫高窟第 9 窟

7　晚唐，壁画　敦煌莫高窟第 192 窟

尚。《历代名画记》卷九称盛唐谈皎所画女像作"大髻宽衣"，正是这种新趋势的反映。中唐以后，女装越来越肥（图 50-4）。元稹《寄乐天书》谓："近世妇人，……衣服修广之度及匹配色泽，尤剧怪艳。"白居易《和梦游春一百韵》也说："风流薄梳洗，时世宽妆束。"[①]女装加肥的势头在唐文宗朝急剧高涨。文宗即位之初，于太和二年（828 年）还曾向诸公主传旨："今后每遇对日，不得广插钗梳，不须着短窄衣服。"可是由于其后此风日炽，不过十年，至开成四年（839 年）正月，在咸泰殿观灯之会中，却因为延安公主衣裾宽大，而将她即时斥退，并下诏说："公主入参，衣服逾制；从夫之义，过有所归。（驸马窦）浣宜夺两月俸钱。"[②]可见这时贵族妇女追求宽大服式的狂热，已经使封建

---

① 《元氏长庆集》卷三〇。《白香山诗集·长庆集》卷一二。

② 《旧唐书·文宗纪》。

朝廷觉得有加以限制的必要了。[①]

但是在唐代前期，对服式审美的角度不仅并不倾向于褒博，反而比较欣赏胡服。《大唐西域记》卷二说："其北印度，风土寒烈，短制褊（《宋藏》音义：窄也）衣，颇同胡服。"则胡服以褊

图 50-5　尖顶帽

1　库尔奥巴（Kul Oba）银瓶上的斯基泰武士
2　画像石中的匈奴武士　山东沂南

狭为特点。再如翻领、左衽之类，也是胡服不同于汉以来的传统服制之处。唐代着胡服的妇女，在石刻画和陶俑中都曾出现。而更特殊的还是胡服的帽子，《新唐书·五行志》说："天宝初，贵族及士民好为胡服胡帽。"可见着胡服时，胡帽是相当惹眼的。典型的胡帽即所谓"卷檐虚帽"[②]。这种帽子与欧亚大陆北方草原民族从斯基泰人到匈奴人都喜欢戴的尖顶帽很接近（图 50-5）。唐墓所出胡俑（图 50-6:1）、莫高窟第 45 窟盛唐壁画中的胡商都戴它。若干看来是汉族面相的陶俑也有戴这种帽子的（图 50-6:2）。唐刘肃《大唐新语》卷九说长安市上"汉着胡帽"，或指这种情况而言。咸阳边防村唐墓出土男俑所戴之帽，折上去的帽檐裁出凸尖和凹裂，形成很大的波曲（图 50-6:3），其形制和斯坦因在新疆和田丹丹乌里克发现的木板画上所绘者很相似。陕西礼泉李贞墓出土女俑所戴花帽亦属此型，不过它的下垂之帽耳更引人注目（图 50-6:4）。西安韦泂墓石椁线雕中的女胡帽另有两种式样：一种装上翻的帽耳，耳上饰鸟羽；另一种在口沿部分饰以皮毛（图 50-6:5、6）。这两种女胡帽与莫高窟第159 窟中唐壁画《维摩经变》中吐蕃赞普的侍从及莫高窟第 158 窟壁画中外国王子所戴的帽子很接近（图 50-6:7~9）。只不过赞普侍从的帽子与吐鲁番阿斯

---

① 开成四年二月，淮南节度使李德裕奏："比以妇人长裙大袖，朝廷制度尚未颁行，微臣之分合副天心。比闾阎之间，（袖）阔四尺，今令阔一尺五寸；裙曳四尺，今令曳五寸。"（《册府元龟》卷六八九）据此可知其肥大的程度。

② 《全唐诗》八函五册，张祜《观杨瑗柘枝》。

图50-6 胡帽

1 唐，胡俑　陕西西安杨氏墓出土
2 唐，男俑　陕西西安韩森寨高氏墓出土
3 唐，男俑　陕西咸阳边防村墓出土
4 唐，女骑俑　陕西礼泉李贞墓出土
5 唐，石椁线雕　陕西西安韦顼墓出土

6 唐，石椁线雕　陕西西安韦顼墓出土
7 唐，壁画，吐蕃赞普的侍从　敦煌莫高窟159窟东壁
8 唐，壁画，外国王子　敦煌莫高窟158窟北壁
9 唐，壁画，吐蕃赞普的侍从　敦煌莫高窟159窟东壁

塔那出土绢画中女胡帽的戴法一样，将帽耳放了下来而已。唐代的这类女胡帽或即刘言史《夜观胡腾舞》一诗中提到的"蕃帽"①。蕃应指西蕃、吐蕃，正与上述莫高窟第159窟所表现的情况相合。

从广义上说，唐代的羃䍦也是胡帽的一种。《大唐新语》卷一〇："武德、贞观之代，宫人骑马者，依周（指北周）礼旧仪，多着羃䍦。虽发自戎夷，而全身障蔽。"所谓"发自戎夷"，证以《隋书·附国传》称其俗"或戴羃䍦"，《旧唐书·吐谷浑传》称其人"或戴羃䍦"，可知其所自来。羃䍦在隋代已流行。《北史·隋文帝四王·秦王俊传》谓："俊有巧思，每亲运斤斧，工巧之器，饰以珠玉。为妃作七宝羃䍦，重不可戴，以马负之而行。"则羃䍦周围所垂的网子上还可以加施珠翠。由于它障蔽全身，所以隋代的杨谅和唐初的李密都曾

---

① 《全唐诗》七函九册。

438

使士兵戴上羃䍠，伪装成妇女，以突发制人。戴羃

図50-7　唐，壁画中捧羃䍠的侍女　陕西礼泉燕妃墓

䍠的唐代妇女像尚未发现过，仅在礼泉陪葬昭陵的燕妃墓之壁画中有一幅《捧羃䍠侍女图》，羃䍠所垂网子在图中已卷起一半，如果全放下，当拖得很长（图50-7）[①]。但《大唐新语》又说："永徽之后，皆用帷帽，施裙到颈，为浅露。……神龙之后，羃䍠始绝。"则到了唐高宗时，妇女已用帷帽代替羃䍠。帷帽与羃䍠的不同点是前者所垂的网子短，只到颈部，并不像后者那样遮住全身。从羃䍠这方面

说，它的垂网减短即成为帷帽。但帷帽的本体是席帽，从席帽这方面说，在它的帽檐上装一圈短网子，也就成为帷帽。唐王叡《炙毂子录》："席帽本羌服，以羊毛为之，秦汉靴以故席。女人服之，四缘垂网子，饰以珠翠，谓之韦（帷）帽。"席帽的形状是怎样的呢？唐李匡义《资暇集》卷下说："永贞之前，组藤为盖，曰席帽。"《中华古今注》卷中说："藤席为之骨，鞔以缯，乃名席帽。至马周以席帽油御雨从事。"宋龚养正《释常谈》卷上说："戴席帽谓之张盖。"则席帽的形状和盖笠相似（图50-8:1）。席帽上蒙覆油缯的，叫作油帽。宋代的帷帽多以油帽为本体。《事物纪原》卷三说，帷帽是"用皂纱全幅缀于油帽或毡笠之前，以障风尘，为远行之服"。这类帷帽的形象在宋代的《清明上河图》（图50-8:2）和元代的永乐宫壁画中都可以看到。明人犹知其形制，《三才图会·衣服图会》清楚地画出了它的形象，榜题二字："帷帽。"（图50-8:3）由此可知，它和软胎风帽、渔婆勒子等全然不同。

　　戴羃䍠者的形象在唐代的绘画雕塑中虽未发现，但帷帽却常见。传世唐

[①]　《旧唐书·丘和传》："汉王谅之反也，以和为蒲州刺史。谅使兵士服妇人服，戴羃䍠，奄至城中。和脱身而免，由是除名。"同书《李密传》："简骁勇数十人，着妇人衣，戴羃䍠。藏刀裙下，诈为妻妾，自率之入桃林县舍。须臾，变服突出，因据县城。"至帷帽兴起后，这种伪装法遂不再见到。燕妃墓壁画中之羃䍠图见《文物世界》2002年第2期。

图 50-8 席帽、油帽与帷帽

1　唐，戴席帽的女俑
2　宋，《清明上河图》中戴油帽的男子
3　明，《三才图会》中的"帷帽"

4　明，《胡笳十八拍图》（摹本）中的蔡文姬
5　（传）唐，《关山行旅图》中戴帷帽露面的妇女
6　宋，《清明上河图》中戴帷帽拖裙至胸的妇女

画《关山行旅图》中的妇女在黑色的席帽下缀以两旁向后掠的绛纱网子，面部外露。[①]南京博物院所藏明摹《胡笳十八拍图》中文姬所戴的帷帽，其下垂的纱网却将面部遮住，看来帷帽在实际使用时应作此状（图50-8:4）。而在陶俑上因为用泥土表现遮面之纱网颇困难，所以大都作掩颈露面的样子。不过证以《关山行旅图》和莫高窟第61窟《五台山图》中的戴帷帽人，可知当时确也存在这样的戴法。这些帷帽皆拖裙到颈；只有《清明上河图》中的一例垂至胸际，它如果再长一些，那就和幂䍦相仿佛了（图50-8:5、6）。

上引《大唐新语》介绍了幂䍦和帷帽的使用情况后，接下去又说："开元初，宫人马上始着胡帽，靓妆露面，士庶咸效之。天宝中，士流之妻或衣丈夫服。靴、衫、鞭、帽，内外一贯矣。"本来戴上障蔽全身的幂䍦，原有不欲使人窥视的用意，这和《礼记·内则》所说"女子出门必拥蔽其面"等古老的礼俗亦相合。但唐代的社会风气既颇豪纵，妇女的装饰又不甚拘束，所以这种要求很难贯彻。唐高宗于咸亨二年（671年）颁发的诏书上指责说："百官家口，咸预士流，至于衢路之间，岂可全无障蔽？比来多着帷帽，遂弃幂䍦；曾不乘车，别坐檐子。递相仿效，浸成风俗。过为轻率，甚失礼容！"[②]尽管如此，到

---

① 此图著录于《梦得避暑录》《画史清裁》与《石渠宝笈》三编。《故宫名画三百种》标作《明皇幸蜀图》。
② 《旧唐书·舆服志》。

了玄宗时，开元十九年（731年）的诏书上却要求"妇人服饰……帽子皆大露面，不得有掩蔽"①了，可见社会习俗在剧烈地变化。至于妇女穿男装，这种情况早在初唐已出现。《新唐书·五行志》："高宗尝内宴，太平公主紫衫、玉带、皂罗折上巾，具纷、砺、七事，歌舞于帝前。帝与后笑曰：'女子不可为武官，何为此装束？'"在唐代，给使内廷的宫人或着男装，称"裹头内人"。《通鉴》"唐德宗兴元元年"条胡三省注："裹头内人，在宫中给使令者也。内人给使令者皆冠巾，故谓之裹头内人。"其所谓裹头，即裹幞头。永泰公主墓前室壁画每侧有贵妇一人，持物者六或八人，其最后一人为裹幞头的男装女子，其身份即应与裹头内人为近②。所以当太平公主之时，像她这种地位的妇女不宜着男装。唐代女艺人则或着男装。唐范摅《云溪友议》载元稹《赠探春诗》有云："新妆巧样画双蛾，慢裹恒州透额罗。正面偷轮光滑笏，缓行轻踏皱文靴。"探春裹幞头，执笏，着靴，正是男装。我国有的戏剧史研究者以为唐代软舞的舞女着女装，健舞的舞女着男装③；也有人以为着男装的女俑是扮生的女艺人，以与旦角演出"合生"④。恐不尽如此。因为唐代有些妇女在日常生活中也着男装，而绘画与雕塑中出现的男装女子，绝大多数并非艺人。到了中晚唐时，贵族妇女也有常着男装的。《永乐大典》卷二九七二引《唐语林》："武宗王才人有宠。帝身长大，才人亦类帝。每从（纵）禽作乐，才人必从。常令才人与帝同装束，苑中射猎，帝与才人南北走马，左右有奏事者，往往误奏于才人前，帝以为乐。"⑤则这时尊贵如王才人者也可以着男装，而且武宗不但不以为异，反以为乐。与高宗时对比，风尚之变迁，于斯可见。在图像材料中，有的妇女虽着男式袍，但头上露出发髻（图50-9:1）；有的虽着袍且裹幞头，但袍下露出花袴和女式线鞋（图50-9:2、3）；也有的服装全同于男子，

---

① 《唐会要》卷三一。
② 《唐后行从图》中武后身侧着男装的宫女疑即"裹头内人"。
③ 任半塘：《教坊记笺订·制度与人事篇》，中华书局，1962年。
④ 金维诺等：《张雄夫妇墓俑与初唐傀儡戏》，《文物》1976年第12期。
⑤ 内聚珍本《唐语林》未收此条，周勋初《唐语林校证·辑佚》说此条原出蔡京《王贵妃传》。

图 50-9　唐代着男装的妇女（1、2、3 图说：袍内着半臂所致）

1　石椁线刻画　永泰公主墓

2　石椁线刻画　韦泂墓

3　石椁线刻画　薛儆墓

4　女子打球陶骑俑　河南洛阳出土

但自身姿、面型与带女性特征的动作上看，仍可知其为妇女（图50－9：4）。北宋因妇女开始缠足，此风已敛。金人犹有行之者。《金史·后妃传》："凡诸妃位皆以侍女服男子衣冠，号假厮儿。"

唐代妇女常着线鞋。《旧唐书·舆服志》说："武德来，妇人着履，规制亦重；又有线靴。开元来，妇人例着线鞋，取轻妙便于事。"在永泰公主墓与韦泂墓的石椁线刻画中出现的侍女几乎都穿线鞋，只是没有把线纹刻出来。莫高窟第147窟晚唐壁画中一个女孩的线鞋，则将线纹画得很清楚（图50－10:1）。这类线鞋的实物在新疆吐鲁番阿斯塔那古墓群中屡有出土，往往以麻绳编底、丝绳为帮，做工很细致。图像中也有式样与线鞋相仿，但鞋帮不用线编而用锦绣等材料制作，如韦顼墓石椁线雕中所见者（图50－10:2）。这种鞋在鞋面正中还装有两枚圆形扣饰，估计是玛瑙、琉璃之类，因而显得更加华丽。

图 50-10　唐，线鞋

1　壁画中所见线鞋　敦煌莫高窟第147窟

2　石椁线刻画中接近线鞋式样的锦鞋
　　陕西西安韦顼墓

妇女所着的履，最常见的应即唐文宗时允许一般妇女通着的高头履与

图 50-11　唐代妇女所着履头部前视图

1　壁画　敦煌莫高窟第 375 窟

2　壁画　敦煌莫高窟第 171 窟

3　《捣练图》

4　壁画　敦煌莫高窟第 202 窟

5　壁画　敦煌莫高窟第 156 窟

6　壁画　敦煌莫高窟第 205 窟

7　《历代帝王图卷》

8　屏风画　吐鲁番阿斯塔那第 230 号墓出土

9　绢画　敦煌莫高窟藏经洞出土

10　壁画　敦煌莫高窟第 130 窟

11　壁画　敦煌莫高窟第 144 窟

12　壁画　敦煌莫高窟第 144 窟

13　壁画　敦煌莫高窟第 130 窟

14　《宫乐图》

平头小花草履[1]。本来从先秦时起，履头已有高起且略向后卷的絇。絇本不分歧，这种履即通常所称笏头履。汉代才常见歧头履。湖南长沙马王堆1号墓和湖北江陵凤凰山168号墓均出这种履的实物。唐代妇女的履头或尖，或方，或圆，或分为数瓣，或增至数层，式样很多（图50-11）。王涯诗所谓"云头踏殿鞋"，元稹诗所谓"金蹙重台履"，和凝词所谓"丛头鞋子红编细"，当即其类[2]。履以丝织物制作，吐鲁番出土的一双高头锦履，帮用变体宝相花锦，前端用红地花鸟纹锦，衬里用六色条纹花鸟流云纹锦缝制，极为绚丽。[3]此外，敦煌壁画中也见过一类前头不高起，有些像现代布鞋式样的履[4]，大概就是所谓平头履了。

---

① 《唐会要》卷三一载唐文宗时关于妇女服制的规定，谓"高头履及平头小花草履既任依旧"。

② 王诗见《全唐诗》六函一册。元诗见《才调集》卷五。和词见《花间集》卷六。

③ 《文物》1972年第3期，，图版11，第17～18页。

④ 潘絜兹：《敦煌壁画服饰资料》图33，中国古典艺术出版社，1959年。莫高窟第330窟初唐女供养人像之履，前端不高起，应是平头履。

丝履之外，唐代妇女还喜欢穿蒲履。《册府元龟》卷六一载太和六年（832年）王涯奏议中说："吴越之间织高头草履，纤如绫縠，前代所无。费日害功，颇为奢巧。"唐文宗曾禁止妇女穿这种蒲履，但不曾认真执行。它一直流行到五代时。明胡应麟《少室山房笔丛》卷一二说："至五代蒲履盛行。《九国志》云'江南李昇常履蒲靸'是也。然当时妇人履亦用蒲，刘克明尝赋诗云：'吴江江上白蒲春，越女初挑一样新。才自绣窗离玉指，便随罗袜步香尘。'"唐代蒲履的实物曾在新疆吐鲁番阿斯塔那出土（图50-12）。

线鞋和蒲履都由于其轻便的特点而受到一般妇女的欢迎，但"规制亦重"的履，在贵妇盛装之际却也不可缺少。但履尽管笨重，裙尽管肥大，上衣却竟有半袒的。女装上衣露胸，汉魏时绝不经见，南北朝时才忽然出现，山西大同北魏司马金龙墓和河南安阳北齐范粹墓均出袒胸女俑。唐代女装露胸，即沿袭南北朝这一颓俗。唐代前期，往往越是贵妇人越穿露胸的上衣。至中唐时，此风稍敛；这时在诗句中描写的，如施肩吾诗"长留白雪占胸前"，李群玉诗"胸前瑞雪灯斜照"，方干诗"粉胸半掩疑暗雪"等，则大都为歌伎舞女等人而发。[1]沈亚之在《柘枝舞赋》中说女伎在表演中"俟终歌而薄袒"[2]，反映出唐代统治阶级沉溺声色的靡靡之风。

唐代贵妇不仅服装华奢，面部化妆也很特殊。除了施用一般的粉、泽、口脂等之外，其为后代所不常见的有以下几种：

一、翠眉与晕眉。眉本黑色，妇女或描之使其色加深，所以先秦文字中多称"粉白黛黑"。如《楚辞·大招》："粉白黛黑施芳泽。"《战国策·楚策》："周郑之女，粉白黛黑。"汉代仍以黑色描眉，如《淮南子·修务训》："虽粉白

图50-12 唐，蒲履
吐鲁番阿斯塔那唐墓出土

---

① 施诗见《全唐诗》八函二册。李诗见《李群玉诗集·后集》卷三。方诗见《全唐诗》一〇函三册。
② 《沈下贤文集》卷一。

黛黑，弗能为美者，嫫母、仳倠也。"贾谊《新书·劝学篇》："傅白螣（《说文》：'螣，画眉墨也。'）黑。"《后汉书·梁鸿传》："鸿谓孟光曰：'今乃衣绮罗、傅粉墨，岂鸿所愿哉？'"但先秦作家偶或也提到翠眉。《文选》卷一九宋玉《登徒子好色赋》："眉如翠羽。"吕向注："眉色如翡翠之羽。"南北朝时，此风转盛。晋陆机《日出东南隅行》："蛾眉象翠翰。"梁费昶《采菱》："双眉本翠色。"《南史·梁简文帝纪》还说："帝……双眉翠色。"虽是依当时的好尚作出的附会，但反过来却可以证明这时确有将眉毛染成翠色的化妆法。唐诗中也经常提到妇女的翠眉。如万楚诗"眉黛夺将萱草色"、卢纶诗"深遏朱弦低翠眉"等句均可为例①。翠眉即绿眉，即韩愈《送李愿归盘谷序》所说的"粉白黛绿"，韩偓《缭绫手帛子》所说的"黛眉印在微微绿"。由于翠眉流行，所以用黑色描眉在唐代前期反而成为新异的事情。《中华古今注》卷中说："太真……作白妆黑眉。"徐凝诗："一旦新妆抛旧样，六宫争画黑烟眉。"②新妆为黑眉，可知其旧样应是并非黑色的翠眉了。及至晚唐，翠眉已经绝迹。宋陶谷《清异录》卷下说："自昭、哀来，不用青黛扫拂，皆以善墨火煨染指，号熏墨变相。"五代时，著名墨工张遇所制之墨，常被贵族妇女用于画眉，称"画眉墨"。金元好问诗所说"画眉张遇可怜生"③，即指此而言。宋代更是如此，所以宋赵彦卫在《云麓漫钞》卷三中说："前代妇人以黛画眉，故见于诗词，皆云'眉黛远山'。今人不用黛，而用墨。"

涂翠眉的色料，劳费尔与志田不动麿都以为是靛青④。考虑到文献中曾称黛眉为青黛或青蛾，则其说不无可能，唯尚无确证。吉田光邦以为是Tyrian

① 万诗见《全唐诗》二函一〇册。卢诗见《全唐诗》五函二册。

② 徐诗见《全唐诗》七函一〇册。

③ 《元遗山集》卷九。

④ 〔日〕劳费尔：《中国伊朗编》，林筠因译，商务印书馆，1964年，第195～197页。〔日〕志田不动麿：《中国に于ける化妆の源流》，《史学杂志》40卷9期，1929年。

purple。①但这是从紫贝中提取的红紫色染料，中土极端罕见，而且用它绝对画不出翠眉来。《御览》卷七一九引服虔《通俗文》："染青石谓之点黛。"南朝陈徐陵《玉台新咏集序》："南都石黛，最发双蛾。"则用于涂翠眉的还有一种矿物性颜料。但究竟是哪种矿物，目前亦未能确定。

唐代很重视眉的化妆。唐张泌《妆楼记》："明皇幸蜀，令画工作十眉图，横云、斜月皆其名。"此十眉之全部名称，见于宋叶廷珪《海录碎事》及明王世贞《弇州山人稿》卷一五七，但其史料来源可疑，兹不具论。概括地说，唐代眉式主要有细眉和阔眉两种。前者如卢照邻《长安古意》中"纤纤初月上鸦黄"、白居易《上阳白发人》中"青黛点眉眉细长"、温庭筠《南歌子》中"连娟细扫眉"等句所描写的。不过早在初唐，陕西礼泉郑仁泰墓中女俑之眉已颇浓阔②。沈佺期诗"拂黛随时广"或即指此种眉式而言③。盛唐时阔眉开始缩短，玄宗梅妃诗称"桂叶双眉久不描"，以后李贺诗中也说"新桂如蛾眉"，"添眉桂叶浓"；晚唐李群玉的诗中仍有"桂形浅拂梁家黛"之句。眉如桂叶，自应作短阔之形。所以元稹诗云"莫画长眉画短眉"，即着眼于此④，短阔之眉所涂黛色或向眼睑晕散，即元稹《寄乐天书》所说的"妇人晕淡眉目"。它的形象在五代时的《簪花仕女图》中画得很清楚。

二、额黄。唐代妇女额涂黄粉。此法起于南北朝。梁江洪诗"薄鬓约微黄"，北周庾信诗"额角轻黄细安"，可以为证。⑤唐诗中，如吴融"眉边全失翠，额畔半留黄"，裴虔余"半额微黄金缕衣"，温庭筠"黄印额山轻为尘"等

---

① 〔日〕吉田光邦：《Tyrian purple と中国》，《科学史研究》第 43 期，1957 年。他根据唐冯贽《南部烟花记》中之"螺子黛"一语立论，以为螺指紫贝，误。盖螺子黛即螺黛，指做成圆锥状的黛块。凡接近圆锥状的硬块均可以螺为单位，如晋·陆云《与兄机书》："送（石墨）二螺。"即其例。所以螺子黛与紫贝全无关系。

② 陕西省博物馆、礼泉县文教局唐墓发掘组：《唐郑仁泰墓发掘简报》，《文物》1972 年第 7 期。

③ 《全唐诗》二函五册。

④ 《才调集》卷五。

⑤ 江诗见《玉台新咏》卷五。庾诗见《庾子山集》卷五。

句，都是对它的描写。①此风至五代、北宋时犹流行，如前蜀牛峤词"额黄侵腻发"，宋周邦彦词"侵晨浅约宫黄"所咏②；但已经不像唐代那么流行了。

额上所涂的黄粉究竟是何物，文献中没有明确的答案。唐王建《宫词》："收得山丹红蕊粉，镜前洗却麝香黄。"此"麝香黄"应指涂额之黄粉，但其成分不详。又唐王涯《宫词》："内里松香满殿闻，四行阶下暖氲氲；春深欲取黄金粉，绕树宫娥着绛裙。"她们采集松树的花粉是否有可能系供涂额之用，亦疑莫能明。额部涂黄的风习传到边地，所用的材料又各不同。宋叶隆礼《契丹国志》卷二五引张舜民《使北记》："北妇以黄物涂面如金，谓之佛妆。"此黄物宋孟珙《蒙鞑备录》谓是黄粉，宋徐霆《黑鞑事略》谓是狼粪。但狼粪之说，王国维已指出其误。③清初北方妇女冬天仍以黄物涂面，她们所用的材料是栝蒌汁④。由于时地各异，难以用这些记载与唐之额黄相比附。

三、花钿。又名花子、媚子，施于眉心，即刘禹锡诗所说的"安钿当妩眉"⑤。它的起源，据《事物纪原》卷三引《杂五行书》说：南北朝时"宋武帝女寿阳公主人日卧于含章殿檐下，梅花落额上，成五出花，拂之不去，经三日洗之乃落。宫女奇其异，竞效之"。唐段公路《北户录》卷三另记一说："天后每对宰臣，令昭容卧于床裙下记所奏事。一日宰臣相对事，昭容窃窥。上觉，退朝怒甚，取甲刀扎于面上，不许拔。昭容遽为乞拔刀子诗。后为花子以掩痕也。"则以为起于初唐。但这两种说法的传奇色彩都太浓厚，不可尽信。按武昌莲溪寺吴永安五年（262年）墓与长沙西晋永宁二年（302年）墓出土俑都在额前贴一圆点（图50-13）。当时佛教已

图50-13　西晋，陶俑额前饰圆点形妆饰
湖南长沙晋墓出土

---

① 吴诗见《全唐诗》一〇函七册；裴诗见同书九函七册。温诗见《温庭筠诗集》卷一。

② 牛词见《花间集》卷四。周词见《清真词》。

③ 王国维：《黑鞑事略笺证》。

④ 〔清〕吴长元：《宸垣识略》卷一六。

⑤ 《酉阳杂俎》卷八。《朝野金载》卷三。《刘宾客文集》卷二五。

图 50-14 《女史箴图》
中所见额前 V 字形妆饰者

传入这些地区，此类圆点或以为是模拟佛像的白毫（ūrNā）。但《女史箴图》中的女像有在额前饰以 V 字形妆饰者（图 50-14），则很难认为和佛教有什么关系。又阿斯塔那出土之十六国时纸本绘画中的妇女，有在两颊各饰一簇圆点者，这种妆饰亦见于唐俑；其式样与犍陀罗地区出土的贵霜石雕像上的同类妆饰很接近，唯后者在额前与双颊各有一簇（图 50-15）[①]。其饰于额前者则与寿阳公主的所谓梅花妆相似。则花钿在我国的出现或曾兼受印度与中亚两方面的影响，但其中也包含着某些我国独创的因素。唐代花钿的形状很多（图 50-16）。[②] 它并非用颜料画出，而是将剪成的花样贴在额前。唐李复言《续玄怪录·定婚店》说韦固妻"眉间常贴一钿花，虽沐浴、闲处，未尝暂去"，可证。用以剪花钿的材料，记载中有金箔、纸、鱼鳃骨、鲥鳞、茶油花饼等多种，剪成后可贮于妆奁内。[③] 石渚长沙窑出土的唐代瓷盒盖

图 50-15 面部妆饰
1 贵霜，石雕女供养人像 犍陀罗出土
2 十六国，纸本绘画 吐鲁番阿斯塔那出土
3 盛唐，陶女俑 传世品

---

① 〔日〕田边胜美：《正仓院鸟毛立女图考（1）·花钿·靥钿と白毫相の起源に关する试论》，《冈山市立オリエント美术馆研究纪要》4，1985 年。

② 〔日〕志田不动麿《中国に于ける化妆の源流》以为唐代形状较复杂的花钿系模仿印度 Vaishnavas（毗湿奴派信徒）画在额前象征 Vishnu（毗湿奴）与其妻 Lakshml（拉克希米，即吉祥天女）的符号。但唐土并不流行婆罗门教，故其说不确。

③ 张正见诗："裁金作小靥。"陶谷《清异录》："江南晚季，建阳进茶油花子，大小形制各别，极可爱。宫嫔缕金于面背以淡妆，以此花饼施于额上，时号'北苑妆'。"袁达《禽虫述》："鲥罟网不动，护其鳞也。鳞用石灰水浸之，暴干，可作女人花钿。"北宋淳化时，"京师妇女竞翦黑光纸团靥，又装缕鱼腮骨号'鱼媚子'以饰面，皆花子之类也"（《妆台记》）。以上记事虽有晚于唐者，但亦可参稽。

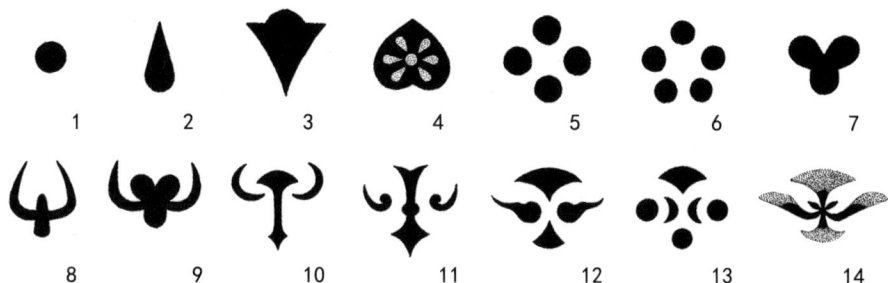

図 50-16　唐，各式花钿

1　《宫乐图》

2　壁画 敦煌莫高窟第 129 窟

3　《桃花仕女图》 吐鲁番阿斯塔那出土

4　《弈棋仕女图》 吐鲁番阿斯塔那出土

5　女俑（据《陕西省出土唐俑选集》，彩版 2）

6　壁画 敦煌莫高窟第 9 窟

7　《桃花仕女图》 吐鲁番阿斯塔那出土

8　《桃花仕女图》 吐鲁番阿斯塔那出土

9　《棕榈仕女图》 吐鲁番阿斯塔那出土

10　《桃花仕女图》 吐鲁番阿斯塔那出土

11　女俑 吐鲁番阿斯塔那出土

12　女俑 陕西西安中堡村出土

13　女俑（据《世界文化史大系》卷 16，图版 16）

14　屏风画 吐鲁番阿斯塔那 230 号墓出土

上书"花合"二字，应即妆奁中盛花钿之盒子的盖（图 50-17）。元稹《莺莺传》："兼惠花胜一合。"即指此而言。化妆时用呵胶将它贴在眉心处。[①]图像中所见花钿有红、绿、黄三种颜色。红色的最多，吐鲁番阿斯塔那出土的各种绢画、莫高窟唐代壁画中女供养人的花钿，大都为红色。绿色的也叫翠钿，即杜牧诗"春阴扑翠钿"、温庭筠词"眉间翠钿深"所咏。宋徽宗摹张萱《捣练图》中妇女的花钿就有绿色的。还有所谓"金缕翠钿"，如李珣词"金缕翠钿浮动"，张泌词"翠钿金缕镇眉心"所咏者。这是在绿色的花钿上再饰以缕金图案。阿斯塔那所出《弈棋仕女图》中的人物，在其蓝绿色的心形花钿中有六瓣形图案，唯其图案是红色的，如为金色，就正是金缕翠

图 50-17　唐，盛花钿的盒子（仅存盒盖）

长沙窑窑址出土

---

① 〔宋〕孔平仲《孔氏谈苑》："契丹鸭渌水牛鱼鳔，制为鱼形，妇人以缀面花。"《词林海错》："呵胶出房中，可以羽箭，又宜妇人贴花钿。口嘘随液，故谓之'呵胶'。"毛熙震词"晓花微敛轻呵展"，说的就是以呵胶贴花钿的情况。

钿了（图50-16:4）。黄色的在温庭筠词"扑蕊添黄子"，成彦雄词"鹅黄剪出小花钿"等句中有所描述。①《簪花仕女图》中的花钿即作黄色。

四、妆靥。点于双颊，即元稹诗"醉圆双媚靥"，吴融诗"杏小双圆靥"之所咏者。②旧说以为这种化妆法起自东吴。唐段成式《酉阳杂俎》前集卷八："近代妆尚靥，……盖自吴孙和邓夫人也。和宠夫人，尝醉舞如意，误伤邓颊，血流，娇婉弥苦。命太医合药，医言得白獭髓杂玉与琥珀屑，当灭痕。和以百金购得白獭，乃合膏。琥珀太多，及差，痕不灭，左颊有赤点如痣，视之更益甚妍也。诸婢欲要宠者，皆以丹点颊。"但证以上述贵霜石雕，则妆靥之起，或亦与贵霜化妆法有关。不过汉魏以来原有在颊上点赤点的做法，当时将这种赤点叫"旳"。《释名·释首饰》："以丹注面曰旳；旳，灼也。""旳"后来讹作"的"③。汉繁钦《弭愁赋》："点圆旳之荧荧，映双辅而相望。"晋傅咸《镜赋》："点双旳以发姿。"晋左思《娇女诗》："临镜忘纺绩，……立旳成复易；玩弄眉颊间，剧兼机杼役？"则点妆靥之传统实由来已久。

五、斜红。《玉台新咏》卷七，皇太子《艳歌十八韵》中有句云："绕脸傅斜红。"唐罗虬《比红儿诗》第一七也写道："一抹浓红傍脸斜。"傍脸的斜红在西安郭杜执失奉节墓壁画舞女像及阿斯塔那出土的《桃花仕女图》《棕榈仕女图》等绘画中均曾出现。

除了翠眉和额黄在图像中看不清楚外，花钿、妆靥和斜红在阿斯塔那出土的唐代女俑头上都有（图50-18）。而且经五代至北宋，这类化妆法的繁缛程

花钿
斜红
妆靥

图50-18　唐，木女俑头
吐鲁番阿斯塔那出土

① 杜诗见《全唐诗》八函七册。温词见《花间集》卷一。李词见《花间集》卷一。张词见《全唐诗》十二函一〇册。成词见《尊前集》。
② 元诗见《元氏长庆集》卷一三。吴诗见《全唐诗》一〇函七册。
③ 《吕氏春秋·本生篇》："万人操弓，共射一招。"高注："招，埻旳也。"《易·说卦》："旳颡。"传："白颠也。"后讹为"的卢"，见《世说新语·德行篇》《晋书·庾亮传》。《说文·日部》旳字段注："俗字作的。"

度几乎有增无已。花钿与妆靥或合称为花靥，后蜀欧阳炯词所云"满面纵横花靥"，与莫高窟壁画中五代、北宋女供养人面部此类装饰成排出现的情况正相一致。

唐代妇女的发髻形式亦多。唐段成式《髻鬟品》："高祖宫中有半翻髻、反绾髻、乐游髻。明皇帝宫中：双环望仙髻、回鹘髻。贵妃作愁来髻。贞元中有归顺髻，又有闹扫妆髻。长安城中有盘桓髻、惊鹄髻，又抛家髻及倭堕髻。"这里列举了不少发髻名称，但未说明其形制。其中有些名称本身具有形象性，可与绘画雕塑相比定。如西安段伯阳墓［乾封二年（667年）］陶女俑的髻，既颇高，顶部又向下半翻，似即半翻髻（图50-19:1）；这种髻在永泰公主墓石椁线雕中亦可见。永泰公主石椁上雕出的髻式还有如鸟振双翼状的，似即惊鹄髻（图50-19:2）。石椁上还出现一种髻，从两侧各引一绺头发向脑后反绾，似即反绾髻（图50-19:4、5）；它在这时的陶俑上也常见，是初唐比较流行的一种髻式。西安羊头镇李爽墓［总章元年（668年）］壁画中有一种绕出双环的髻式，似即双环望仙髻（图50-19:6）。此外，初唐还流行高髻。不过，高髻这一名称最易含混。姑不论《后汉书·马援传》中已有"城中好高髻，四方高一尺"的谚语；即以唐事而论，《旧唐书·令狐德棻传》记唐高祖问令狐德棻"比者，丈夫冠、妇人髻竞为高大，何也"中的高髻，与《新唐书·车服志》所载文帝诏中"禁高髻险妆、去眉开额"的高髻，式样也绝不相同。所以，谈及高髻，似宜联系实例做出具体说明，否则，唐、宋诗词中高髻的字面经常出现，援引时倘不加辨析，就会议论纷纭而莫衷一是了。初唐式高髻缠得较紧，矗立在头顶上，其状如图50-19:3。盛唐时，出现了所谓蝉鬓，即将鬓角处的头发向外梳掠得极其扩张，因而变成薄薄的一层，同蝉翼相仿佛。白居易词"蝉鬓鬅鬙云满衣"[1]之句，描述很得要领。与蝉髻相配合，有一种将头发自两鬓梳向脑后，掠至头顶绾成一或二髻，再向额前俯偃下垂的髻式，似即倭堕

---

① 《唐宋诸贤绝妙词选》卷一。

图 50-19　唐，妇女髻式

1　初唐，半翻髻　女俑　北京大学考古教研室藏
2　初唐，惊鹄髻　石椁线刻画　永泰公主墓
3　初唐，初唐式高髻　石墓门线刻画　陕西西安出土
4、5　初唐，反绾髻　石椁线刻画　永泰公主墓
6　初唐，双环望仙髻　壁画　陕西西安羊头镇李爽墓
7　盛唐，盛唐式高髻　陶俑
　　陕西西安长郭 50 号史思礼墓出土
8　盛唐，倭堕髻　陶俑　陕西西安中堡村出土
9　盛唐，倭堕髻　陶俑　北京大学考古教研室藏

10　盛唐，球形髻　陶俑
　　陕西西安长郭 50 号史思礼墓出土
11　盛唐，扁形髻　壁画　敦煌莫高窟第 217 窟
12　中晚唐，丛髻　陶俑　陕西西安郭家滩张堪贡墓出土
13　中晚唐，堕马髻　陶俑　陕西西安王家坟出土
14　中晚唐，中晚唐式高髻　《捣练图》
15　中晚唐，闹扫妆髻　陶俑
　　陕西西安路家湾柳昱墓出土
16　中晚唐，闹扫妆髻　陶俑

（据 A. Salmony, Chinesische Plastik, Abb. 74）

髻（图 50-19:8、9）。开元时许景先所撰《折柳篇》有"宝钗新梳倭堕髻"①之
句，可证当时使用此名。西安鲜于庭诲墓［开元十一年（723 年）］出土女俑，
莫高窟第 205、217 等窟盛唐壁画中的女供养人，大都梳这种髻。传世名画《簪
花仕女图》中妇女的发型虽很高大，但没有俯偃向前的髻，与倭堕髻迥异。相

---

①　《全唐诗》二函六册。

反，它和南京
牛首山南唐李
昇墓出土的女
俑不仅髻式全
同，而且脸型
的丰腴程度也
相近。特别是
近年在河北曲
阳西燕川后梁
王处直墓中出
土的浮雕侍女

图 50-20　五代的高髻（1～3）与唐代的倭堕髻（4）

1　南唐，陶女俑　江苏南京牛首山墓出土
2　五代，《簪花仕女图》中的仕女（略去所簪之花与首饰）
3　后梁，石雕伎乐人　河北曲阳后梁王处直墓出土
4　唐，绢画《引路菩萨图》中的妇女　敦煌莫高窟藏经洞

图，其髻式与面相更和它有着不容忽视的一致性，反映出共同的时代风格（图
50－20）。① "簪花" 图中的金钗上有
多层穗状垂饰，这种式样的钗在唐
代出土物中未见，而1956年安徽合
肥西郊南唐墓中出土的 "金镶玉步
摇" 却与之极其相似，尤其是二者
均缀以接近菱形的饰片，手法更如
出一辙（图50－21）。② 所以《簪花
图》当依谢稚柳先生的鉴定，断为
南唐时的作品。③ 它虽然保存了不

图 50-21　《簪花仕女图》中之钗与南唐金钗

1　《簪花仕女图》
2　南唐，金镶玉步摇　安徽合肥西郊出土

① 河北省文物研究所等：《五代王处直墓》，文物出版社，1998 年。
② 石谷风、马人权：《合肥西郊南唐墓清理简报》，《文物参考资料》1958 年第 3 期。又《簪花图》
　中妇女戴在臂上缠绕多圈的套钏，也叫金缠臂，五代时才见于记载。《新五代史·慕容彦超传》："弘
　鲁乳母于泥中得金缠臂献彦超。" 其实例在唐代遗物中未获，但宋代却不罕见。上海宝山、湖南陆城、
　安徽九成坂等地的宋墓中均出。也说明《簪花图》中的饰物接近较晚的形制。
③ 谢稚柳：《鉴余杂稿·唐周昉 "簪花仕女图" 的时代特性》，上海人民美术出版社，1979 年。

少唐代余风，但毕竟是五代时的画，和唐代有一段距离。其中的发型虽然也可以称为高髻，但这是南唐式的高髻，盛唐、中唐之交时的高髻并不如此。如先梳掠出蝉鬓，却不使自脑后向上绾起的髻俯偃而下，而让它直立于头顶，那才是盛唐式样的高髻（图50-19:7）。这种高髻在长安南里王村唐墓的壁画中与倭堕髻并见。不过盛唐时也有不梳蝉鬓的，其髻式略如图50-19:10、11所示。

中唐后期至晚唐，倭堕髻偏于一侧，似即堕马髻（图50-19:13）。白居易《代书诗一百韵寄微之》中有"风流夸堕髻"句，原注："贞元末城中复为堕马髻。"但堕马髻这一名称汉代已有。《后汉书·梁冀传》说梁妻孙寿作堕马髻。李注引《风俗通》："堕马髻者，侧在一边。"汉代堕马髻的式样虽不能确知，但唐代再度使用这个名称，或者就是因为此时这种髻也是"侧在一边"的缘故。堕马髻于中晚唐常见，徽宗摹张萱《虢国夫人游春图》中右起第四、五人，就梳着这种髻。中晚唐也有高髻，如白居易诗所称"时世高梳髻"，其状略如图50-19:14所示。

此外，结合段成式的叙述，中晚唐髻式可识的还有闹扫妆髻。传会昌初长安西市张氏女《梦王尚书口授吟》中有句："鬟梳闹扫学宫妆。"[1]又《潜确居类书》卷八八"闹扫妆"条引《三梦记》："唐末宫中髻号闹扫妆，形如焱风散鬟，盖盘鸦、堕马之类。"按唐代所谓闹装，本有纷繁炫杂的含义[2]，而中晚唐时正流行一种重叠繁复的髻式，似即闹扫妆髻（图50-19:15、16）。至于王建诗"翠髻高丛绿鬓虚"，元稹诗"丛梳百叶髻"中之所谓丛髻[3]，大体或与图50-19:12的髻式相当。

唐代妇女不仅髻式复杂，约发用具的种类也很多。其中单股的为簪，双股的为钗。簪源于先秦之笄，用以固髻。后于顶端雕镂纹饰，所以簪体加长。

---

① 《全唐诗》一二函七册。

② 按此为后人附记之语，非白行简《三梦记》原文。明胡应麟《少室山房笔丛》卷二一谓闹装系"合众宝杂缀而成"；因此闹扫妆髻亦应是一种形状繁杂的髻。

③ 王诗见《全唐诗》五函五册。元诗见《才调集》卷五。

图 50-22　唐簪

1　搔头型簪　陕西乾县李贤墓壁画
2　搔头型簪　江苏宜兴安坝唐墓出土
3　拨型簪　陕西西安郊区唐墓出土
4　拨型簪　陕西西安郊区唐墓出土

其质地有竹、角、金、银、牙、玉等多种。玉簪又名搔头，据《西京杂记》卷二说，是因为汉武帝在李夫人处曾取玉簪搔头之故。白居易诗"碧玉搔头落水中"，即沿用此名称①。陕西乾县唐李贤墓壁画中有以长簪搔头的女子。江苏宜兴安坝唐墓出土的刻花银簪，长26.8厘米，或与画中人所用者相类（图50-22：1、2）②。有些簪的头部近扇形，与弹琵琶用的拨子相似。唐冯贽《南部烟花记》说隋炀帝的宫人朱贵儿插"昆山润毛之玉拨"，应即指此型簪（图50-22：3、4）。但也有些簪顶的形式过于繁缛，如湖北安陆王子山唐吴王妃杨氏墓出土的金簪，顶端用细金丝扭结盘曲成多层图案，边缘再缀以金箔剪成的小花。③这样的簪看来就是以装饰为主，而不是以固髻为主了。但由于簪铤为单股，顶端增重后容易自发上滑脱，所以唐代的簪大体上还保持着约发的功能，而钗却踵事增华，以致主要成为一种发饰了。

早在唐代前期，钗的形式已多种多样，永泰公主与懿德太子墓石椁线刻画中女侍之钗，有海榴花形的和凤

图 50-23　唐石刻线画中所见之钗

1　永泰公主墓
2　懿德太子墓

---

①　《全唐诗》七函四册。
②　陆九皋、韩伟：《唐代金银器》图126、127，文物出版社，1985年。
③　孝感地区博物馆、安陆县博物馆：《安陆王子山唐吴王妃杨氏墓》，《文物》1985年第2期。

形的，但每人只插一件或二件（图50-23）。钗头常悬有垂饰。韩偓《中庭》诗："中庭自摘青梅子，先向钗头戴一双。"又《荔枝》诗："想得佳人微启齿，翠钗先取一双悬。"[①]可见有些钗头的垂饰作果实形。见50-24:1，其钗头即悬有菱角形垂饰。有些钗头并制出栖于其上的小鸟，广州皇帝岗唐墓出过这种钗（图50-24:2）。段成式诗"金为钿鸟簇钗梁"，韩偓诗"水精鹦鹉钗头颤"，正与之相合。[②]也有虽未另做出栖在钗上的小鸟，却将鸟形组织在钗头图案当中的（图50-24:3）。主要用作装饰的钗又名花钗。唐代后妃、命妇所簪"花树"，实际上就是较大的花钗。它们往往是一式二件，图案相同，方向相反，多枚左右对称插戴。还有的在钗头上接或焊以宝相花形饰片，如安陆唐吴王妃墓所出者，分十二瓣，嵌以宝石；其背部有小钮，钗股插入钮中。西安韩森寨唐雷氏妻宋氏墓出土的八瓣宝相花形饰片，以细小的金珠连缀成花叶，嵌以松石，花心还有一只小鸟[③]；装此饰片的钗股已不存，所以它曾被称为金钿或珠花。证以吴王妃墓出土之例，可知原来也是钗头的饰件。

至于这时的梳子，虽已较汉代之作马蹄形者为阔，但还没有做成宋代那种扁长的半月形。梳本为理发具，盛唐时插梳为饰之风才广泛流行。起初只在髻前单插一梳，梳背的纹饰也比较简单。后来也有在两鬓上部或髻后增插几把的，如《宫乐图》中所见者。晚唐则以两把梳子为一组，上下相对而插，有在髻前及其两侧共插三组的。王建《宫词》："玉蝉金雀三层插，翠髻高丛绿

图 50-24　唐花钗
1　浙江长兴下莘桥出上
2　广东广州皇帝岗出土
3　瑞典斯德哥尔摩 C. Kempe 氏旧藏

---

①　均见《全唐诗》一○函七册。
②　段诗见《全唐诗》九函五册。韩诗见《全唐诗》一○函七册。
③　张正岭：《西安韩森寨唐墓清理记》，《考古通讯》1957 年第 5 期。

鬓虚。舞处春风吹落地，归来别赐一头梳。"描写的就是头上插着许多钗梳的宫女。梳子既然被看重，梳背的装饰亦日趋富丽，有包金叶镂花的

图 50-25　唐梳
1　镂花金梳　江苏扬州三元路出土
2　金梳背　美国明尼阿波利斯艺术馆藏
3　玉背角梳　浙江临安唐墓出上

（图 50-25:1），还有用金丝和金粒掐焊出花纹的。值得注意的是，在俞博《唐代金银器》一书中著录的一件掐花金梳背的图案是倒置的（图 50-25:2）[1]，说明它应是一组梳子中自下向上倒插的那一把。而西安何家村唐代窖藏中出土之同类型的金梳背，图案是正置的，当是自上而下正插的那把。又浙江临安水邱氏墓［唐天复元年（901 年）］还出土了一把玉背角梳（图 50-25:3）。[2] 李珣词"镂玉梳斜云鬓腻"[3] 句中所描写的应即这类梳子。

钗、梳之外，唐代妇女也戴耳环，但出土的实物极少，甚至在绘画中也不常见（图 50-26）。项饰多戴珠链，如敦煌壁画中唐代女供养人所戴者，有单行珠串，也有将两行或多行珠子重叠串联起来的。另一种用金银扁片制作的项圈在唐代遗物中也见过，陕西耀县（今耀州区）柳林背阴村唐代窖藏中曾出土（图 50-27:1）。《簪花图》中左起第二人正戴着这种项圈（图 50-27:2）。唐墓和宋金墓

图 50-26　唐，绢画中所见戴耳环者
新疆吐鲁番出土

---

① B. Gyllensvärd, *T'ang gold and Silver*, pl. 7. BMFEA, 29, 1957.

② 明堂山考古队：《临安县唐水邱氏墓发掘报告》，载《浙江省文物考古研究所学刊》，文物出版社，1981 年。

③ 《全唐诗》一二函一〇册。

图 50-27　项圈

1　唐，银项圈　陕西耀县出土

2　五代，《簪花仕女图》左起第二人（略去所簪花饰）

3　宋，女侍俑　河南焦作新李封墓出土

4　唐，襁褓俑　陕西西安韩森寨墓出土

5　金，襁褓俑　河北邯郸峰峰矿区墓出土

6　宋，金涂项圈　浙江宁波天封塔地宫出土

中的陶俑、瓷俑也有戴的（图 50-27：3～5）。浙江宁波天封塔宋代地宫中还出土了这种类型的项圈（图 50-27：6），可见它流行的时间相当长。① 钏在绘画中少见，却有实物出土。西安何家村唐代窖藏中出土的一对金镶玉钏，每只以三节玉件用三枚兽头形金合页衔接而成，极为精巧（图 50-28：1）。宋沈括《梦溪笔谈》卷一九说："予曾见一玉臂钗（钏），两头施转关，可以屈伸，合之令圆，仅于无缝，为九龙绕之，功侔鬼神。"他记述的也应是这类金镶玉钏，或

图 50-28　唐钏

1　金镶玉钏　陕西西安何家村出土

2　银钏　内蒙古和林格尔土城子出土

亦为唐物，可是在北宋人眼中，已诧为功侔鬼神。这类玉钏只出过两副。一般唐钏则多用柳叶形金银片弯成，两端尖细的部分缠金银丝，

---

① 林士民：《浙江宁波天封塔地宫发掘报告》，《文物》1991 年第 6 期。

并绕出环眼。内蒙古和林格尔土城子出土的此式唐代银钏，还用小银圈穿过环眼将两端联结起来（图50-28:2）。但江苏丹徒丁卯桥所出与俞博书中所著录者，都只弯成椭圆形，未再联结。山西平鲁屯军沟唐代窖藏中，一次就出土了此式金钏15只，可称洋洋大观了。[①]

总的说来，初唐女装比较褊狭，常着胡服、胡帽，钗梳等首饰用得较少。盛唐时衣裙渐趋肥大，出现了颇具特点的蝉鬓和倭堕髻。安史之乱后，进入中唐时期，短阔的晕眉较流行，而胡服渐不多见，研究者或据元稹《新乐府·法曲篇》"自从胡骑起烟尘，毛毳腥膻满咸洛。女为胡妇学胡妆，伎进胡音务胡乐"之句，以为这时胡服大流行；并举《新唐书·五行志》中之椎髻、赭面、啼眉、乌唇等以为佐证。其实从考古材料中看，胡服的流行时期是在安史之乱前。由于这场战争的影响，社会心理中的华夷界限较乱前显著，胡服亦急剧减少。晚唐服式愈加褒博，首饰也愈加繁缛。五代大体沿袭着这种风气。[②]北宋时才又有新的变化。

（原载《文物》1984年第4期）

---

① 陶正刚：《山西平鲁出土一批唐代金铤》，《文物》1981年第4期。

② 如《册府元龟》卷六五所载后唐同光二年制书中说："近年以来，妇女服饰异常宽博，倍费缣缛。"可证此风于五代时仍在继续。

51　霞帔坠子

　　唐代妇女在裙衫之外着帔，帔也叫帔帛或帔子，它好像是一条很长的大围巾，但质地轻薄柔曼，从颈肩上搭下，萦绕披拂，颇富美感，故成为唐代女装重要的组成部分。及至宋代，妇女日常已不着帔。但正像若干前一时代的常服在后一时代变作礼服一样，帔帛在宋代妇女的礼服中却以霞帔的名称出现，成为一宗隆重的装饰品。这时它平展地垂于胸腹之前，与唐代帔帛之随意裹曳的着法大不相同。这和绶的演变过程有点类似。本来在汉代，绶是系印的组带，累累若若，系法并无定制，有时甚至将它塞在腰间盛绶的鞶囊里。然而到了宋代，绶却变得像一副蔽膝，也平平展展地垂在腹前了。

　　霞帔一词初见于唐。白居易《长庆集·霓裳羽衣歌和微之》中有"虹裳霞帔步摇冠"之句，但这只是说舞女的帔子色艳若霞，和作为专门名称的宋代霞帔不同。服装史中有些名字世代因袭，容易混淆。比如帔帛或简称为帔，但这要和隋唐以前的帔区别开。《方言》卷四说："裙，陈魏之间谓之帔。"所以颜师古在《急就篇》的注中也说："裙即裳也，一名帔。"它与帔帛显然毫无关系。《释名·释衣服》则说："帔，披也；披之肩背，不及下也。"此处之帔却又不是裙裳，而指一种较短的上装。《南史·任昉传》说其子任西华是一位不怕冷的怪人"冬月着葛帔练裙"，传中将帔与裙对举，可见他的帔也是《释名》里说的那一种。本文所讨论的霞帔，上限不超过北宋，故与唐代之前的帔以及唐代的帔子等物均不相涉。

　　为了使霞帔平展地下垂，遂于其底部系以帔坠。宋墓中出土者为数不少。就已知的实例而言，以南京幕府山北宋墓所出金帔坠为最早。这件帔坠高8.5厘米，宽5.7厘米，外轮廓呈心形，透雕凤凰牡丹纹（图51-1）。晚出的帔坠在外形和尺寸上与之大体相仿。如上海宝山月浦谭氏墓[南宋宝庆二年（1226年）]出土的银鎏金鸳鸯纹帔坠；福州浮仓山黄升墓[南宋淳祐三年（1243年）]出土的银缠枝花帔坠（图51-2:1）；浙江湖州龙溪三天门南宋墓出土的金卷草纹帔坠（图51-2:2）；江苏武进蒋塘5号南宋墓（此墓的年代不早于1237年，不晚于1260年）出土的三件鎏金银帔坠；江西德安桃源山周氏墓[南宋咸淳十

图51-1　北宋，帔坠
江苏南京幕府山出土

年（1274年）]出土的两件鎏金银帔坠，一件透雕绣球朵带纹，上方有"转官"二字，另一件透雕竹叶纹，上方有一"寿"字；它们的轮廓均呈心形，高约6~8厘米。此外，1993年在上海举办的中国文物精华展中，展出了安徽宣城西郊窑场南宋墓出土的一件双龙纹金帔坠，高7.8厘米；其龙纹的造型甚为别致，每条龙各有三翼，尾部上扬，变成图案化的卷草纹，为前所未见（图51-2:3）[①]。审其形制，亦应为南宋时物。南宋的金帔坠不多，除此例之外，只在福州黄升墓还出过一件圆形的凤纹金坠。

虽然北宋时已有帔坠的实例，但至南宋时此物才比较常见。《宋史·舆服志》

图51-2　南宋，帔坠
1　福建福州黄升墓出土
2　浙江湖州三天门宋墓出土
3　安徽宣城西郊窑场宋墓出土

---

① 南京市博物馆：《南京幕府山宋墓清理简报》，《文物》1982年第3期。上海市文物保管委员会：《上海古代历史文物图录》，上海教育出版社，1981年，第63页。福建省博物馆：《福州北郊南宋墓清理简报》，《文物》1977年第7期。陈晶、陈丽华：《江苏武进村前南宋墓清理纪要》，《考古》1986年第3期。江西省文物考古研究所等：《江西德安南宋周氏墓清理简报》，《文物》1990年第9期。《中国文物精华》编辑委员会：《中国文物精华·1993》图版123，文物出版社，1993年。

也是在写"中兴"以后的南宋"后妃之服"时才提到坠子。不过，南宋后妃用的不是金帔坠而是玉帔坠。《宋史·舆服志》说："后妃大袖，生色领，长裙，霞帔，玉坠子。"过去在玉器中从未鉴定出此类玉帔坠来，今以上述金银坠子为据，通过比较，可以初步判定北京故宫旧藏的一件双凤纹玉饰应即南宋后妃所用玉坠子（图51-3）。此器著录于《中国美术全集·玉器卷》，书中定为唐物，似有可

图 51-3 宋，玉帔坠
北京故宫博物院藏

商。应当注意的是，在南宋时，霞帔坠子还没有形成严格的制度，其纹饰式样较繁，民间也广泛使用。吴自牧《梦粱录》卷二〇说，这时杭州嫁娶时所送聘礼，"富贵之家当备三金送之，则金钏、金铤、金帔坠者是也。若铺席宅舍或无金器，以银镀代之。否则贫富不同，亦从其便。"

元代的帔坠在苏州虎丘吕师孟墓、安徽六安花石嘴元墓及长沙元墓［延祐五年(1318年)］中均曾出土。前两例饰一对鸳鸯，后一例饰双龙戏珠图案，都是成对的禽兽图案，式样大体沿袭宋代之旧，而与明式帔坠的纹饰有别（图51-4）。①

图 51-4 元，帔坠
江苏苏州虎丘吕师孟墓出土

明代的帔坠又称坠头，在南京板仓村明初墓、北京南苑苇子坑夏儒墓、江西南城朱祐槟墓［嘉靖十八年(1539年)］、上海浦东陆氏墓［嘉靖二十三年(1544年)］、甘肃兰州上西园彭泽墓［正德五年

---

① 江苏省文物管理委员会：《江苏吴县元墓清理简报》，《文物》1959年第11期。安徽六安县文物工作组：《安徽六安县花石咀古墓清理简报》，《考古》1986年第10期。长沙市文物工作队：《长沙元墓清理简报》，载《湖南文物》第3辑，湖南大学出版社，1988年。

（1510年）]及安徽歙县黄山仪表厂明墓中均曾出土。^①高度一般为9厘米左右。这时的帔坠有的附有挂钩，佩戴时更为方便。据明墓出土帔坠上的刻文，当时称这种挂钩为"钓圈"。《明史·舆服志》说，明代一品至五品命妇的霞帔上缀金帔坠，六品七品缀镀金帔坠，八品、九品缀银帔坠。洪武二十四年（1391年）规定：公侯及一品二品命妇的霞帔绣翟纹，三品、四品绣孔雀纹，五品绣鸳鸯纹，六品、七品绣练鹊纹。"坠子中钑花禽一，四面云霞文，禽如霞帔，随品级用。"则明代帔坠的纹饰中只有一只禽鸟；凡雕出对禽纹或非禽鸟纹的帔坠，倘非皇室所用，则时代均应早于明。而且还可以根据明代帔坠所饰之鸟的品种推测其主人的身份。如南京板仓村明墓出土的翟纹帔坠（图51-5:1），佩戴者应为公侯夫人或一、二品命妇，而黄山仪表厂明墓出土的练鹊纹帔坠（图51-5:2），则是作为六、七品官员母、妻之安人、孺人等所佩戴的了。

在若干考古报告中，常将帔坠称为香囊、银熏或佩饰，有时发表的图片或将心形帔坠的尖端向下倒置，可见对帔坠还存在着不少误解。此物为系在霞帔上的帔坠是有确切证据的。福州黄升墓的金帔坠，出土时尚缝在褐色绣花霞帔底端；德安周氏墓出土的银帔坠，出土时也缝在素罗霞帔底端

图51-5　明代符合服制的帔坠

1　翟纹帔坠　江苏南京板仓村明墓出土

2　练鹊纹帔坠　安徽歙县黄山仪表厂明墓出土

1　　　　　　　　　　　　2

---

① 南京博物院等：《江苏省出土文物选集》图216，文物出版社，1963年。北京市文物工作队：《北京南苑苇子坑明代墓葬清理简报》，《文物》1964年第11期。江西省博物馆：《江西南城明益王朱祐槟墓发掘报告》，《文物》1973年第3期。上海博物馆：《上海浦东明陆氏墓记述》，《考古》1985年第6期。甘肃省文物管理委员会：《兰州上西园明彭泽墓清理简报》，《考古通讯》1957年第1期。《中国文物精华》编辑委员会：《中国文物精华·1997》图版105，文物出版社，1997年。

图 51-6　南宋，出土时仍系在霞帔上的帔坠

江西德安周氏墓出土

图 51-7　明，《朱佛女画像》

1　正面

2　背面

图 51-8　明刊《中东宫冠服》中霞帔与帔坠的佩戴方式

（图 51-6）。再如《历代帝后像》中的《宋宣祖后像》《岐阳王世家文物图集》中的明代《朱佛女画像》，也都在所佩霞帔底端系有坠子（图 51-7）。但它们多是正面像，看来仿佛霞帔从颈后绕过双肩便下垂于身前。而根据明《中东宫冠服》所绘施凤纹霞帔之大衫的正、背面图，可知霞帔乃是两截，分别从大衫背后下摆底部开始向上延伸（图 51-8）。与唐代帔子的形制已大不相同。

已发现之等级最高的霞帔坠子出土于定陵，在其第 2 号和第 14 号器物箱内，各出分成两截的霞帔一副、金帔坠一件。坠体的轮廓亦呈心形，高 9.4 厘米，与各地出土的明代帔坠相近，唯两面膨起较高，且不饰禽鸟，而是二龙戏珠纹。此坠之顶部还有四片托叶，拢合成蒂形，其上装金钩。与朱祐槟墓及黄山仪表厂明墓之帔坠上的金钩不同的是，此钩的钩首特别长，有如一根扦子，当中还装凸榫；此扦穿过霞帔底部的扣环后，可以将凸榫卡在坠子背面的凹槽中，则不易脱下（图 51-

9）。它不仅设计周密，而且镶嵌宝石和珍珠，堪称精美的宫廷文物。但发掘报告称之为"镶珠宝桃形香薰"，还将挂钩视为"手柄"，说它："既可以拿在手中，又可以插在腰带上随身携带。"①与实际情况大相径庭了。

图 51-9　明，龙纹帔坠
北京昌平定陵出土

1　侧视　　　　2　正视

以上列举之明代帔坠，大多数是合乎制度的。定陵所出者不必说；彭泽墓出土的坠子上也刻有"银造局，正德五年八月，内造"字样，可证。不过官僚富户也自造帔坠。这在南宋已有先例，《梦粱录》言之凿凿；德安周氏墓所出带"转官"字样的帔坠肯定也不是官方规定的式样。浙江新昌南宋墓出土的一件玉帔坠，镂出鸳鸯穿花和一个"心"字（图 51－10）。②不禁令人忆起《小山词》"记得小蘋初见，两重心字罗衣"之句，"心字"宁有深意耶？纱罗上饰心字纹而已。但穿起两袭饰心字纹之罗衣，用心亦良苦。虽然定陵出土的绦环和耳坠都有饰以"心"字的，可是这种情思缠绵的纹样，应不会被纳入正规的舆服序列之中。明代亦不例外，如上海打浦桥明代御医顾定芳夫妇墓女棺中所出帔坠，有心形的，还有正六边形与长六边形组合而成的，均在鎏金镂花嵌宝石的银边框中镶透雕玉饰（图 51－11）。③松江富庶，手工业发达，其制作之精巧自不待言，然而却难以将它视为明代帔坠之常制。

图 51-10　南宋，玉帔坠
浙江新昌南宋墓出土

① 中国社会科学院考古研究所等：《定陵》上册，文物出版社，1990 年，第 160、162 页。
② 新昌市文管会：《浙江新昌南宋墓发掘简报》，《南方文物》1994 年第 4 期。
③ 王正书：《上海打浦桥明墓出土玉器》，《文物》2000 年第 4 期。

图51-11　明，民间自制的帔坠
上海打浦桥顾定芳夫妇墓出土

图51-12　清，霞帔

至清代，由于服制变化甚大，明代官方关于帔坠的规定已被废止。汉族妇女礼服中偶或出现的霞帔，它的两条带子并不在身前并合，而是左右分开，披在两边。其底部起初饰小坠子，后来改用小穗子。最后所谓霞帔竟变成一件下缘缝满穗子的绣花坎肩（图51－12）；这时显然已无须再系挂帔坠了。

（原载《文物天地》1994年第1期）

52 明代的束发冠、鬏髻与头面

冠在先秦、西汉时本为"卷持发"之具，它是一件礼仪性的、固定在髻上的发罩，形体不大，侧面透空，与后世戴的帽子在尺寸和功能上均异其趣。及至东汉，由于衬在冠下的帻和冠结合成一整体，冠遂变大，将头顶完全遮住；尽管式样有别，但在许多方面已与帽渐次趋同。不过南北朝时，士人往往单独戴平上帻。这种帻亦名平巾，即隋唐时所谓平巾帻，它的形体也比较小，《宋书·五行志》遂称之为"小冠"。虽就渊源而言，平巾帻与冠分属不同的系统；但它也是固定在髻上的发罩，并不具有帽子的功能，笼统地叫作小冠未尝不可。然而由于唐代在常服中戴幞头，平巾帻只用于着法服的场合，一般情况下不戴。所以到了晚唐五代，在日常生活中戴平巾帻的人已经很少了。但从另一个角度讲，上述过程又说明我国男子戴小冠历时悠久，长期沿袭成风。因此后世的束发冠，可以认为就是在这一传统的影响下产生的。

束发冠约创始于五代，它也是束在髻上的发罩，曾被称为矮冠或小冠。宋·陶谷《清异录》卷三说："士人暑天不欲露髻，则顶矮冠。清泰间（后唐年号，934—936），都下星货铺卖一冠子，银为之，五朵平云作三层安置，计止是梁朝物。匠者遂仿造小样求售。"后梁时出现的这类小冠，至宋代更为流行。宋·赵彦卫《云麓漫钞》卷四："高宗即位，隆裕送小冠，曰：'此祖宗闲居之服也。'盖国朝冠而不巾，燕居虽披袄亦帽，否则小冠。"陆游诗："室无长物唯空榻，头不加巾但小冠。"所咏正是此物。但陆游在诗中又曾说："久抛朝帻懒重弹，华发萧然二寸冠。"[1]其所谓"二寸冠"也指小冠，却用了汉代

---

① 陆诗前二句引自《初夏》，见《剑南诗稿》卷七六。后二句引自《春日》，见同书卷二。

杜钦的典故。《汉书·杜钦传》："钦字子夏，少好经书，……为小冠，高广才二寸。由是京师更谓钦为小冠杜子夏。"杜钦之冠固应为西汉式样，不过有意做得特别小而已，与宋代小冠的形制差得很远。为避免和杜钦之小冠以及作为平巾帻之别名的小冠相混淆，本文将宋以后的小冠统称束发冠。苏辙《过侄寄椰

图52-1　宋画中戴束发冠的人物
1　《折槛图》
2　《听琴图》

冠》诗云："垂空旋取海棕子，束发装成老法师。"①可见此名称在宋代已呼之欲出。到了明代，"束发冠"在文献中就比较常见了。

　　宋代的束发冠可以单独戴，如宋画《折槛图》中的汉成帝、《听琴图》中的抚琴者，均只戴束发冠（图52-1）。它也可以戴在巾帽之内。一幅宋代人物画，于坐在榻上的文士的巾下，清楚地透露出里面戴的莲花形束发冠（图52-2）；而形制基本相同的宋代白玉莲花冠曾在江苏吴县（今吴中区）金山天平出土（图52-3）②，说明图中人物的形象是写实的。可是到了明代，束发冠的地位变得很特殊。按照制度：明代入流的官员朝服戴梁冠，公服戴展角幞头，常服戴乌纱帽；士子、庶人戴四方平定巾；农夫戴

图52-2　宋画中在巾下戴束发冠的人物

---

① 　《栾城集·后集》卷二。
② 　此玉冠藏南京博物院，见《中国玉器全集》卷5，图97，河北美术出版社，1993年。戴冠本是道家装束。《金真玉光经》："元景道君曳玄黄之绶，建七色玉冠。"（《御览》卷六七五引）由于男女道士都戴冠，故女道士又称女冠子，唐时已然。五代前蜀王衍奉道，祀王子晋（周灵王之子姬晋）为远祖，上尊号圣祖至道玉宸皇帝。《花蕊夫人宫词》："焚修每遇三元节，天子亲簪白玉冠。"此王衍自戴白玉冠之实录。宫人随驾出游，亦"皆衣道服，顶金莲花冠，衣画云雾，望之若神仙"（《旧五代史·王衍传》）。后人咏前蜀事，其莲花冠常被提到，《十国宫词》："脸夹燕支（胭脂）冠带莲，醉妆相对坐生怜。风流只爱寻花柳，不走者边走那边。"可见此冠亦一世之盛饰。宋代的白玉莲花冠乃承其余绪。

斗笠、蒲笠。①虽然后来头巾的式样繁多，但束发冠仍是逸出礼数之外的。明刘若愚《明宫史水集》"束发冠"条说："其制如戏子所戴者。"径谓此冠如戏装；无论如何不能算是恭维的话。实际上除了道士、庙里塑的神像、戏台上的若干角色外，明代极少有人会在公众场合中把自己打扮成这般模样。上文所述

图 52-3　宋，白玉莲花冠
江苏吴县出土

吴县金山出土的那类冠，这时已成为神仙之装束的特征。如明赵琦美《脉望馆钞校本古今杂剧·马丹阳三度任风子》中之"东华仙"，戴的就是"如意莲花冠"。所以像《红楼梦》第三回，贾宝玉一出场就"戴着束发嵌宝紫金冠"，一副吉祥画中"麒麟送子"的派头，正是作者"将真事隐去"，把人物和清代的现实拉开距离的笔法。诚如邓云乡先生所说：这是"戏台上最漂亮的戏装，不很像《凤仪亭》中戏貂蝉的吕布吗？"②其见解十分深刻，殆不可易。因为莫说曹雪芹之时，就是明代的男子也只把束发冠掩在巾帽之下，所沿袭的仍然是宋代在巾下戴冠那种作风，不这样戴就是显得很不随俗。在图像资料中，虽然巾下的束发冠不易表现，但如四川平武报恩寺万佛阁明代壁画、山西右玉宝宁寺明代水陆画，乃至万历刻本《御世仁风》的版画中，都能看到这样的例子，其中有些还画得十分具体（图 52-4）③。故当时戴束发冠要达到的效果是：半彰半隐，似隐犹彰；它是男子首服中虽不宜公开抛露又不愿完全遮起的一份雍雅或

① 见《明史·舆服志》。这里将乌纱帽列为常服，而《明会典》卷六一则以"乌纱帽、团领衫、束带为公服"。因为展角幞头在明代多与蟒服配套，后来不用它代表服制中一个单独的系列。

② 邓云乡：《红楼风俗谭·服装真与假》，中华书局，1987 年。关于这个问题，1991 年在《北京日报》上曾开展一次讨论，见尤戈《"红楼梦"中的服饰》（7 月 17 日）、刘心武《"红楼梦"中的服饰并非"戏装"》（8 月 24 日）、周汝昌《红楼服装谈》（9 月 21 日）、尤戈《莫把"唐寅"作"庚黄"》（10 月 30 日）等文。

③ 报恩寺壁画见向远木：《四川平武明报恩寺勘察报告》，《文物》1991 年第 4 期。宝宁寺水陆画见山西省博物馆编：《宝宁寺明代水陆画》，文物出版社，1988 年。《御世仁风》版画摹本见沈从文：《中国古代服饰研究·明代巾帽》，商务印书馆香港分馆，1981 年。

图52-4 罩在头巾下的束发冠

1 明，壁画 四川平武报恩寺

2 明，水陆画 山西右玉宝宁寺

3 明，《御世仁风》中的版画

华焕。

既然如此，所以明代束发冠的数量不是很多，《天水冰山录》中清点出来的金厢束发冠、玉冠、水晶冠、玛瑙冠、象牙冠等一共17件，而玉带、各色金厢带的总数却达326条，可见束发冠不像玉带那样，是一套隆重的官服中必备之物。不过严嵩府上的金、玉束发冠，当年虽是在夸耀富贵；但此物毕竟还有风雅的一面。明文震亨《长物志》称："铁冠最古，犀、玉、琥珀次之，沉香、葫芦又次之，竹箨、樱木者最下。"以上两方面的情况在出土物中都能得到印证。

已出土的明代束发冠，有金、银、玉、玛瑙、琥珀、木诸种。金束发冠之最早的一例见于南京中华门外郎家山明初将领宋朝用墓，阔7.8厘米，高4厘米，两侧有穿孔，可贯簪以使发冠固定（图52-5:1）。[1]此冠顶部有五道梁状凸线，系作为装饰，并无朝服之梁冠上的梁所具有的代表等级的用意。因为如江西南城株良某代益王墓[万历二十一年（1593年）]中出土的金束发冠，阔7厘米，高6厘米，却只压出四道梁，与郡王的身份无从比附。[2]又南京将军山

图52-5 明代各种材质的束发冠

1 金束发冠 江苏南京郎家山宋朝用墓出土

2 金束发冠 江苏南京将军山沐昌祚墓出土

3 玛瑙束发冠 江西南城朱翊钗墓出土

4 琥珀束发冠 江苏南京板仓徐俌墓出土

5 木束发冠 上海宝山李氏墓出土

---

① 南京市文物保管委员会：《南京中华门外明墓清理简报》，《考古》1962年第9期。

② 薛尧：《江西南城明墓出土文物》，《考古》1965年第6期。

沐昌祚墓［天启五年（1625年）］出土的金束发冠，阔10.9厘米，高4.5厘米，冠顶压出六道梁。沐昌祚袭封黔国公，而"公冠八梁"[①]；可见其束发冠之形制亦与朝服中的梁冠无涉。此冠用两支碧玉簪固定，出土时尚插在冠上（图52-5:2）。[②]银束发冠已发表的只有一例，于南京太平门外岗子村明初安庆侯仇成墓出土，阔8.2厘米，高3厘米，压出五道梁。[③]玉发冠在上海浦东明陆氏墓中发现过，阔5厘米，高3.1厘米。[④]玛瑙冠在江西南城岳口益宣王朱翊鈏墓［万历三十一年（1603年）］与江苏苏州虎丘王锡爵墓［万历四十一年（1613年）］各出一件，均高3.5厘米（图52-5:3）。[⑤]琥珀束发冠出土于南京太平门外板仓村徐俌墓［正德十二年（1517年）］，阔6.7厘米，高3.7厘米。冠上雕出长短不等的凸梁，安排得不甚规范，更只能作为工艺品上的图案花纹看待（图52-5:4）。[⑥]《天水冰山录》中所记各种质地的束发冠，除水晶、象牙冠以外，在出土物中都已见到。木束发冠在上海宝山冶炼厂明李氏墓中出过一例，木制品能完整地保存下来，洵属不易（图52-5:5）。[⑦]它大概就是文震亨提到的竹箨冠、瘿木冠之俦了。

上述诸例皆男子之冠，但戴冠者却不限于男子。江苏苏州盘溪吴张士诚父母合葬墓中，其父母均戴冠，两顶冠形制略同，但只有女冠保存较好（图52-6）。此冠阔24厘米，高13厘米，以细竹丝编成内壳，外蒙麻布及薄绢，边棱缘以金丝，再用金丝连接成七道梁。而在冠的前部还装有五块镶金边的小玉片，其上分别刻出虎、

图52-6　明，女用金梁冠
江苏苏州吴张士诚父母墓出土

① 《明史·舆服志·文武官朝服》："一品至九品以冠上梁数为差。公冠八梁，加笼巾貂蝉。"

② 南京市博物馆：《江苏南京市明黔国公沐昌祚、沐睿墓》，《考古》1999年第10期。

③ 南京市博物馆编：《明朝首饰冠服》，科学出版社，2000年，第51页。

④ 上海博物馆：《上海浦东明陆氏墓记述》，《考古》1985年第6期。

⑤ 江西省文物工作队：《江西南城明益宣王朱翊鈏夫妇合葬墓》，《文物》1982年第8期。苏州市博物馆：《苏州虎丘王锡爵墓清理纪略》，《文物》1975年第3期。

⑥ 南京市文物保管委员会等：《明徐达五世孙徐俌夫妇墓》，《文物》1982年第2期。

⑦ 上海市文物保管委员会编：《上海古代历史文物图录》，上海教育出版社，1981年，第96页。

鼠、兔、牛、羊五种生肖。①山西大同元冯道真墓中出土之冠，前后各装七块金色小圆片，做法与此女冠相近。②冯道真之冠阔19.9厘米，高8.8厘米，正视呈元宝形，应属道冠。张士诚母之冠虽比一般束发冠大，却比真正的梁冠小，后部也没有高起的冠耳，造型较特殊；或为殓服中所用之道冠类型的冠。明代妇女在社会生活中戴的不是这种冠。从万历三十八年（1610年）刻本《西厢记》插图中崔母所戴之冠看，女冠虽与男子的束发冠接近，但一般比较高耸（图52-7）。这种冠年长的贵妇人平日可以戴，《醒世姻缘传》第七一回写童奶奶往陈太监

图52-7　明，万历刻本《西厢记》插图中崔母所戴之冠

处走门路时，就戴着"金线五梁冠子，青遍地锦箍儿"。有些妇女在结婚典礼中也戴，《金瓶梅》第九一回写孟玉楼改嫁李衙内，上轿时，"玉楼戴着金梁冠儿，插着满头珠翠"。《儒林外史》第五回写严监生将妾赵氏扶正，"赵氏穿着大红，戴了赤金冠子，两人拜了天地，又拜了祖宗"。忖其冠之形状，或均与《西厢记》插图相似。此式银冠曾在四川平武窖藏中出土两件，高5.8～6厘米。③其顶部的弧线膨起（图52-8:1）。男式束发冠顶部的弧线则相对缓和一些。在流出国外的银器中也发现过此式女冠，高10.2厘米（图52-8:2）④。自其冠后所立"山子"的形制看，应是明代之物。

图52-8　明，女式银冠

1　四川平武出土

2　传世品

---

① 苏州市文物保管委员会等：《苏州吴张士诚母曹氏墓清理简报》，《考古》1965年第6期。

② 大同市文物陈列馆等：《山西省大同市元代冯道真、王青墓清理简报》，《文物》1962年第10期。

③ 冯安贵：《四川平武发现两处宋代窖藏》，《文物》1991年第4期。

④ Museum Rietberg Zürich, *Chinesisches Gold und Silber*, Sweitzerland, 1994.

但四川平武银器窖藏的时代简报断为宋，疑不确。此窖藏共出四种器物：五曲梅花盏、四瓣花形盘、冠与花

图 52-9　明，银盏

1　梅花盏　四川平武出土　　　　　2　桃形盏　湖南通道出土

束。以其银盏与江苏溧阳平桥所出宋代梅花银盏相较，差别很大。① 平武银盏上的折枝形把手虽在溧阳出土的桃形盏上也见过，但这一意匠那时还不成熟，构图显得不自然。与平武盏上的折枝把手最相近之例见于湖南通道瓜地村出土的南明桃形银盏（图52-9）。② 故平武窖藏实属明代。分析这里出土之银冠的形制，更有助于说明此问题。

妇女戴冠是北宋的风气，唐代尚不流行。仁宗时出现了白角冠及与其配套的白角梳③。继而白角冠又有"点角为假玳瑁之形者，然犹出四角而长矣。后长至二三尺许，而登车檐皆侧首而入"④。河南禹县（今禹州市）白沙赵大翁墓［北宋元符三年（1100 年）］壁画中妇女戴的大冠前后出尖角，唯不是四角而是二角，或为其稍简化的形式（图52-10）⑤。不过这么大的冠戴起来会相当不便，所以"俄又编竹而为团者，涂之以绿。浸变而以角为之，谓之团冠"，"又以团冠少裁其两边而高其前后，谓之'山

图 52-10　宋，壁画中妇女所戴出尖角的大冠

河南禹县白沙赵大翁墓

① 肖梦龙、汪青青：《江苏溧阳平桥出土宋代银器窖藏》，《文物》1986 年第 5 期。

② 怀化地区文物工作队等：《湖南通道发现南明窖藏银器》，《文物》1984 年第 2 期。

③ 〔宋〕王栐：《燕翼诒谋录》卷四。

④ 〔宋〕王得臣：《麈史》卷上。

⑤ 宿白：《白沙宋墓》，文物出版社，1957 年。

图 52-11　宋，团冠

1　塑像　山西太原晋祠

2　砖刻画　河南偃师出土

3　《瑶台步月图》

口'"①。山西太原晋祠宋塑宫女像有戴团冠者，正涂成绿色，当中且有明显的山口（图 52-11:1）。团冠在宋代很常见，河南偃师出土砖刻中的厨娘与宋刘宗古《瑶台步月图》中的贵妇都戴团冠（图 52-11:2、3）。②元周密《武林旧事》卷七说，在宋孝宗诞辰的"会庆节"寿筵上，三盏后，"皇后换团冠、背儿"。卷八还说皇后谒家庙时也戴团冠。足证当时此俗通乎上下。以宋代的团冠与平武银冠相较，形制上判然二物。而后者却与南京栖霞山、江苏无锡等地出土之明代女用发罩的轮廓基本相同（图 52-12）。③不过这两件发罩均以粗金丝为骨架，再络上细金丝绞结而成，和用金银薄片锤鍱出的冠不一样；其名称应为"䯼髻"。

　　䯼髻的出现有两方面的渊源。一方面如上文所述，是受了妇女戴冠之风气的影响；另一方面则与"包髻"的流行有关。宋孟元老《东京梦华录》卷五说，有些媒人"戴冠子，黄包髻"。按戴冠子时无须包髻，所以这里的意思是：她们或戴冠子，或包髻；可见二者以类相从。金代进而重视包髻，"包髻团衫"是金代妇女

图 52-12　明，扭心䯼髻

1　江苏南京栖霞山出土

2　江苏无锡出土

---

① 《麈史》卷上。

② 晋祠宋塑见彭海：《晋祠文物透视》，山西人民出版社，1997 年。偃师砖刻见石志廉：《北宋妇女画像砖》，《文物》1979 年第 3 期。《瑶台步月图》见沈从文：《中国古代服饰研究》第 108 篇，商务印书馆香港分馆，1981 年。

③ 栖霞山出土的䯼髻见《南京博物院珍藏系列：金银器》图 43，上海古籍出版社，1999 年。无锡出土的䯼髻见《无锡文博》1995 年第 1 期。

的礼服。《金史·舆服志》说："妇人服襜裙，多以黑紫，上遍绣全枝花，周身六襞积，上衣谓之团衫。""年老者以皂纱笼髻如巾状，散缀玉钿于上，谓之玉逍遥。此皆辽服也，金亦袭之。"傅乐淑先生说："'玉逍遥'即包髻也。"①其说是。包髻之状当如河北宣化辽墓壁画

图 52-13　包髻
1　辽，壁画　河北宣化
2　明，《红蕖记》中版画

中所见者（图 52-13:1）②。"包髻团衫"作为妇女的盛装在元曲中仍被提到。如关汉卿《诈妮子调风月》的唱词说："许下我包髻团衫绸手巾，专等你世袭千户小夫人。"又提道："刚待要蓝包髻。"则包髻有黄、有皂、有蓝，颜色不一；在明代版画中还有花布包髻（图 52-13:2）。而髲髻一词则始见于元曲。贾仲名《荆楚臣重对玉梳记》中妓女顾玉香称自己："都是俺个败人家油髲髻太岁，送人命粉脸脑凶神。"又《锦云堂暗定连环计》一剧，王允在唱词中说貂蝉是："油掠的髲髻儿光，粉搽的脸道儿香。"则所谓髲髻指的是绾成某种式样的发髻。视关汉卿《感天动地窦娥冤》中称老妇人蔡婆婆"梳着个霜雪般白髲髻"，可知元代说的髲髻，起初就是发髻本身。但在戴冠和包髻的影响下，髲髻上又裹以织物。《明史·舆服志》说："洪武三年定制，凡宫中供养女乐、奉銮等官妻，本色髲髻。""本色"即本等服色，指髲髻上所裹织物的颜色。此时明甫开国，所以这种做法元代就应有。《西游记》第二三回说："时样髲髻皂纱漫。"当是社会上一般通行的式样。再简便些则用头发编成髲髻戴在发髻上，如《金瓶梅》第二回说："头上戴着黑油油头发髲髻。"守丧戴孝，则戴"白绉纱髲

---

① 傅乐淑：《元宫词百章笺注》第 57 章，书目文献出版社，1995 年。
② 河北张家口市宣化区文物保管所：《河北宣化下八里辽韩师训墓》，《文物》1992 年第 6 期。

髻"，简称"孝鬏髻"或"孝髻"。①于是鬏髻就由指发髻本身，变成指罩在发髻之外的包裹物而言了。及至明中叶，随着经济的发展和风俗的侈靡，又兴起以金银丝编结鬏髻之不寻常的时尚，而且认为只有这样的制品才算是够规格的鬏髻。《金瓶梅》第二五回中宋惠莲说："你许我编鬏髻，怎的还不替我编？……只教我成日戴这头发壳子儿。"西门庆道："不打紧，到明日将八两银子往银匠家，替你拔丝去。"这里说的"头发壳子儿"指头发编的鬏髻，乃是贬称；而找银匠拔丝，就是准备编银丝鬏髻了。栖霞山与无锡出土的是更贵重的金丝鬏髻。栖霞山那一顶高9.2厘米，有两道金梁，正面用金丝盘绕出一朵牡丹花，侧面扭出旋卷的曲线。无锡出土的高8.5厘米，也是两道梁，侧面也有旋纹。它们或即所谓"时样扭心鬏髻"②。已出之金银丝鬏髻，大部分侧面无此旋卷，如江苏武进横山桥王洛妻盛氏墓［嘉靖十九年（1540年）］与上海浦东陆氏墓（万历间）出土的银丝鬏髻、江苏无锡陶店桥华复诚妻曹氏墓［万历三年（1575年）］出土的鎏金银丝鬏髻，外轮廓都像小尖帽，且于中部偏下拦腰用粗银丝横隔成上下两部分；上部接近圆锥形，自底至顶略有收分；下部外侈，像一圈帽檐；它们都是编成的，通体结出匀净的网孔。③盛氏那件高13.5厘米，在银丝网子之外尚覆以黑纱；不过也有将色纱衬在鬏髻里面的④。而陆氏墓与曹氏墓所出者都在中腰的粗银丝之上留出拱形膔眼，陆氏那件的拱眼内是空的，曹氏那件还在里面盘出图案化的"福"字；背面则均留出长条形膔

---

① 妇女服丧期间戴白色鬏髻。《金瓶梅》第六八回说吴银儿"戴着白绉纱鬏髻"，西门庆见了便问："你戴的谁人孝？"同书第一六回说花子虚死后，李瓶儿戴着"孝鬏髻"，即白鬏髻。《警世通言·吕大郎还金完骨肉》中，吕大郎之弟逼嫂改嫁。王氏说："既要我嫁人，罢了！怎好戴孝髻出门。"此孝髻亦指白鬏髻。

② 见《金瓶梅》第四二回。

③ 盛氏的鬏髻见武进市博物馆：《武进明代王洛家族墓》，《东南文化》1999年第2期。陆氏的鬏髻见《上海浦东明陆氏墓记述》。曹氏的鬏髻见无锡市博物馆：《江苏无锡明华复诚夫妇墓发掘简报》，载《文物资料丛刊》第2集，文物出版社，1978年。

④ 〔清〕叶梦珠《阅世编》卷八说："银丝鬏髻内映红绫，光彩焕发。"因知鬏髻上的绫纱可蒙可衬，做法不一。

图 52-14　明，鬏髻

1　上海浦东陆氏墓出土　　　　　　　　　3　浙江义乌吴鹤山妻金氏墓出土

2　江苏无锡华复诚妻曹氏墓出土　　　　　4　上海李惠利中学明墓出土

眼，其中结出套钱纹（图 52-14:1、2）。曹氏的鬏髻高 9 厘米，发掘简报对它的结构和所附饰件之配置描述较详。其上部的尖帽用于容发髻，下部的宽檐用于罩住脑顶的头发。这种鬏髻的式样接近包髻，所以与更接近平武银冠之栖霞山等地出土之鬏髻各代表不同的类型。还有一种上半部较圆钝，像小圆帽，如浙江义乌青口乡吴鹤山妻金氏墓［嘉靖三十七年（1558 年）］出土的金丝鬏髻。它的高度为 6.5 厘米，檐部也向外侈，但正背两面都是长条形的䰅眼（图 52-14:3）。① 上海李惠利中学明墓出土之银丝鬏髻顶部更圆些，高度为 5.7 厘米（图 52-14:4）。② 一般说来，鬏髻不像男子戴在巾下的束发冠那样，它不受头巾的制约，所以比束发冠高；束发冠的平均高度在 4 厘米左右，而鬏髻的平均高度约为 8 厘米。

　　鬏髻是明代已婚妇女的正装③，家居、外出或会见亲友时都可以戴，而像上灶丫头那种身份的女子，就没有戴鬏髻的资格。《金瓶梅》第九〇回写春梅仗势报复孙雪娥，她令家人："与我把这贱人扯去了鬏髻，剥了上盖衣服，打入厨下，与我烧火做饭！"④ 可见主妇被扯去鬏髻有如官员被褫去冠带，地位一下子就降到低等级里去了。明人说部中有时也将鬏髻通称为冠儿。如

① 　吴高彬：《浙江义乌明代金冠》，《收藏家》1997 年第 6 册。

② 　何民华：《上海市李惠利中学明代墓群发掘简报》，《东南文化》1999 年第 6 期。

③ 　《醒世姻缘传》第四回说素姐出嫁前，"狄婆子把他脸上十字缴了两线，上了鬏髻，戴了排环首饰"，则妇女婚后应戴鬏髻。

④ 　参看扬之水：《终朝采绿·"洗发膏"及其他》，浙江人民出版社，1997 年。

图 52-15

1 戴特髻的《朱夫人像》

2 戴鬏髻的《金安人像》

《水浒全传》第二八回中，蒋门神的妾要滋事，被武松"一手把冠儿捏作粉碎"。其所谓"冠儿"，在这里指鬏髻。然而从图像材料中看，有些妇女戴的虽然很像鬏髻，却是另一物。如明代绘本《朱夫人像》，头部正中耸起的似是一顶罩着黑纱的鬏髻（图52-15:1）。但周锡保先生认为：据《明史·舆服志》，三品命妇"特髻上金孔雀六，口衔珠结。正面珠翠孔雀一"。与此像符合；故朱夫人戴的是特髻。[1]其说可从。特髻之名早见于宋代。《东京梦华录·相国寺内万姓交易》所举诸寺师姑出售的小商品中，就有"特髻冠子"一目。但宋代的特髻在存世文物中尚难辨识。至明代，由于品官命妇和内命妇均戴特髻，皇后着常服时冠制亦如特髻，所以能认出来。[2]如《明宪宗元宵行乐图》中，皇帝身边的嫔妃贵人戴的都是特髻（图52-16）。甚至定陵中孝端、孝靖二后遗骨上戴的"黑纱尖棕帽"，也是特髻（图52-17）[3]。唯豪家僭滥逾制，有些出土物分外富丽，如湖北

图 52-16 《明宪宗元宵行乐图》中戴特髻的嫔妃贵人

---

① 见周锡保：《中国古代服饰史》女图8的说明，中国戏剧出版社，1984年，第423页。

② 《明史·舆服志·皇后常服》：洪武四年更定"冠制如特髻，上加龙凤饰"。同志"内命妇冠服"与"品官命妇冠服"部分，说她们也戴"山松特髻"。

③ 中国社会科学院考古研究所等：《定陵》上册，文物出版社，1990年，第24～25页。

蕲春蕲州镇刘娘井荆端王次妃刘氏墓［嘉靖三十九年（1560年）］所出镶嵌红蓝宝石的鎏金银特髻，就是很突出的一例（图52-18）。①不仅特髻踵事增华，束发冠如《明宫史》所说，有的也"用金累丝造之，上嵌睛绿珠石，每一座有值数百金或千余金、二千金者。……凡遇出外游幸，先帝（熹宗）圣驾尚此冠，则自王体乾起，至暖殿牌子止，皆戴之。各穿窄袖，束玉带，佩茄袋、刀、帨，如唱咬脐郎打围故事"。群阉挟天启冶游，其轻狂浮浪之状，在刘若愚笔下亦不无微词。但风气所扇，

图52-17 明，头戴特髻的孝靖后遗骨线图
据北京昌平定陵出土实例

图52-18 明，鎏金银特髻
湖北蕲春刘娘井出土

女冠中也出现了这类极品。如云南呈贡王家营沐崧妻徐氏墓［嘉靖十五年（1536年）］出土的金冠，高10.5厘米，以薄金叶锤制，四周焊接多层云朵形饰片，并镶嵌红、蓝、绿、白诸色宝石；冠两侧各有两个小孔，其中插有四支金簪（图52-19:1）。②再如江西南城长塘街益庄王妃万氏墓［万历十九年（1591年）］出土的小金冠，则是以细金丝编的，其上镶嵌宝石40余块，精致而瑰丽（图52-19:2）。③万氏小金冠之冠体有如一件覆扣着的椭圆形钵盂，而覆盂形女冠在明代自成系列，实应代表一种类型。如南京江宁殷巷沐晟墓［正统四年（1439年）］出土金冠，阔14.3厘米，高

---

① 小屯：《刘娘井明墓的清理》，《文物参考资料》1958年第5期。

② 云南省文物工作队：《云南呈贡王家营明清墓清理报告》，《考古》1965年第4期。

③ 江西省文物管理委员会：《江西南城明益庄王墓出土文物》，《文物》1959年第1期。

图 52-19　明，女用嵌宝石金冠

1　云南呈贡王家营沐崧妻徐氏墓出土

2　江西南城益庄王妃万氏墓出土

约5.6厘米，冠面锤鲽出如意纹（图52－20:1）。^①南京邓府山明佟卜年妻陈氏墓出土的金冠更低矮，阔9.4厘米，高仅2.5厘米，冠身分七栏，锤鲽杂宝、祥云图案（图52－20:2）。^②陈氏殁于顺治四年（1647年），已入清初。而清初叶梦珠《阅世编》卷八说：冠髻"其后变式，髻扁而小，高不过寸，大仅如酒杯"。从年代上说，此式矮冠似与叶氏指出的趋势相合；实不尽然。

图 52-20　覆盂形女冠

1　明　江苏南京江宁殷巷沐晟墓出土

2　明　江苏南京邓府山佟卜年妻陈氏墓出土

3　明　上海李惠利中学明墓出土

4　明　女功德主塑像　山西平遥双林寺千佛殿

---

① 《明朝首饰冠服》第49页。

② 南京市博物馆等：《江苏南京市邓府山明佟卜年妻陈氏墓》，《考古》1999年第10期。

因为明范濂《云间据目钞》卷二说："妇人头髻，在隆庆初年，皆尚圆褊。"而且上海李惠利中学明代中晚期墓葬中所出覆盂形玉冠，高度亦为2.5厘米（图52-20∶3）①；故其开始流行的时间不会太晚。山西平遥双林寺千佛殿中景泰年间（1450—1457）塑造的女功德主冯妙喜像，戴的就正是此型女冠（图52-20∶4）。它的轮廓趋向于扁椭，与追求耸立效果之高鬏髻相比，审美的眼光已有所不同。②

明代妇女一般不单独戴鬏髻，围绕着它还要插上各种簪钗，形成以鬏髻为主体的整套头饰，即明杂剧正旦之"穿关"中所称"鬏髻、头面"③。头面的内涵略近"首饰"，但后者的定义不太严格。汉代曾将冠冕、镜栉、脂粉等都算作首饰④，现代则将发饰、耳饰、颈饰、腕饰、指饰甚至足饰概称首饰；均与明代所谓头面不尽相合。头面中不包括鬏髻。《金瓶梅》第九一回说："一副金丝冠儿，一副金头面。"又第九七回说："一顶鬏髻，全副金银头面，簪、环之类。"都把鬏髻和头面分别举出。记载明代珍宝饰物的文献，本来《天水冰山录》最富参考价值，因为它是查抄严嵩家产的清单，所列名目准确翔实。可惜当时将"首饰"造册时，乃以"副"为单位；一副多的达21件，少的也有7件，均未注明细目，今不知其详。从其中接着"首饰"登录的单项饰物清单看，有头箍、围髻、耳环、耳坠、坠领、坠胸、金簪、镯钏等，也很难说它们就代表整副头面的品种。所以本文只能根据出土物的组合、位置及插戴情况，并参照文献与图像，对明代头面的部件及用途试略做探讨。

仍以无锡华复诚妻曹氏墓中所见头饰的情况为例。墓主先用角质簪子绾起

---

① 《上海市李惠利中学明代墓群发掘简报》。
② 《金瓶梅》第二二回说：宋惠莲"把鬏髻垫的高高的，梳的虚笼笼的头发，把水鬓描的长长的"。可见有些鬏髻以高为尚。
③ 如《望江亭》中正旦谭记儿的穿着是"鬏髻，头面，补子袄儿，裙儿，布袜，鞋"。此类例子很多，不备举。
④ 〔汉〕刘熙《释名·释首饰》中列举的物品有冠、笄、弁、帻、簪、导、镜、梳、脂、粉等。《续汉书·舆服志》说："上古穴居而野处，衣毛而冒皮，未有制度。后世圣人……见鸟兽有冠角䰂胡之制，遂作冠冕缨蕤，以为首饰。"

发髻，然后戴上银丝髮髻，用两根长8.2厘米的银簪横插于髮髻檐部加以固定。再在髮髻正面的上方插一支大簪，名挑心。《云间据目钞》说：头髻"顶用宝花，谓之挑心"。因为此簪饰于髻心，而且其背面装有斜挑向上的簪脚，是由下而上插入的。曹氏的挑心为佛像簪，当中嵌有骨雕佛坐像，下设仰莲座，背光饰菩提树。这种做法在明代相当普遍，武进王洛家族墓出土的两顶髮髻，以及清初倪仁吉所绘《金安人像》①，都在髮髻中心插佛像簪（图52-15:2）。在定陵中，孝靖后头上的鎏金银簪嵌白玉立佛像，作触地印，其上又有小坐佛；背光与莲座皆累丝而成，底托嵌红、蓝宝石，当用作挑心（图52-21:1）。②清代皇帝的夏朝冠在冠前中部缀金累丝佛像之制，似亦曾受到佛像挑心的影响。此外，有些挑心上还镶嵌仙人，即《金瓶梅》第七五回所说"正面戴的仙子儿"。上海浦东陆氏墓出的挑心上嵌有穿道服的玉仙人，流出国外的金挑心并有做成南极老人星之像的（图52-21:2）。

曹氏墓中的头饰虽较齐备，但缺了一个重要的部件：顶簪。当扣稳髮髻、绾住下檐、簪上挑心之后，还应自髻顶向下插一枚顶簪，也叫关顶簪③。因为髮髻上的饰物掩映重叠，分量不轻。《天水冰山录》所记最重的一副首饰计11件，共33两7钱，约合1225克。要使髮髻不致由于负重而畸斜，顶簪所起的支持和固定作用就是必要的了。有时顶簪未与髮髻伴出，或缘那副头面较轻之故。同样在《天水冰山录》中，一副"金厢珠宝首饰"，计10件，才6两7钱，约合243

图 52-21　明，挑心
1　佛像挑心　北京昌平定陵出土
2　南极老人星像挑心　英国獻氏旧藏

---

① 《金安人像》见《浙江义乌明代金冠》。

② 《定陵》下册，图版106。

③ 如《金瓶梅》第一三回所称"关顶的金簪儿"。

克；如插戴这副首饰似可免去顶
簪。不过也有为美观而加顶簪
的；仕女严妆，其争奇斗艳的心
理追求，难以被限制在纯技术层
面上。武进王洛家族墓出土的鬏
髻，都带顶簪。《金安人像》中
鬏髻顶端的花饰，亦应代表顶
簪。有些顶簪制作考究。北京海
淀八里庄明武清侯李伟妻王氏墓
出土的顶簪长23.8厘米，簪顶
的大花以白玉作花瓣，红宝石作

图52-22　明，顶簪
1　镶宝石花蝶顶簪　北京八里庄李伟妻王氏墓出土
2　镶宝石花蝶顶簪，孝靖后随葬品　北京昌平定陵出土
3　镶宝石玉龙戏珠顶簪，孝端后随葬品　北京昌平定陵出土

花心，旁有金蝶（图52-22:1）。[①]它的结构与定陵孝靖后随葬品之J126号顶
簪相近（图52-22:2）。王氏之女系万历帝生母慈圣李太后，王氏墓中曾出御
用监所造带"慈宁宫"铭记的银洗和银盆；故上述顶簪可能也是内府制品。已
知之明代最富丽的顶簪为定陵孝端后随葬品中的D112:1号簪。其顶部的金托
上还叠加一片玉托，托下垂珠网；托上的装饰又分两层，下层密排嵌宝石心
的白玉花朵，上层为白玉蹲龙和火珠。这件顶簪共镶宝石80块、珍珠107颗，
璀璨华贵，堪与其高踞皇后首服之巅的位置相称（图52-22:3）。王氏墓与定
陵内均未发现鬏髻，作为皇亲、皇后，她们应戴特髻，但其上之顶簪的用法当
无大殊。从实物看，有些顶簪的托片平置，簪脚向下伸出，与簪身垂直连接。
也有些顶簪的顶端呈侧立状，以便使其花饰在正面展现，上海李惠利中学明墓
所出及《金安人像》上所绘的顶簪均是如此。

曹氏墓中的头饰在鬏髻正面之底部戴头箍。这是一条弧形夹层银带，表面
用线结扎上11枚鎏金的云朵形饰片，两头穿有细带，将它拴在插入鬏髻两侧

①　张先得、刘精义、呼玉恒：《北京市郊明武清侯李伟夫妇墓清理简报》，《文物》1979年第4期。

图 52-23 明, 头箍

江苏无锡华复诚妻曹氏墓出土

之银簪顶端的圆帽上（图 52-23）。《朱夫人像》上的头箍也饰以云朵，与曹氏墓所出的近似。装在这里的此类饰片名"钿儿"①。《金瓶梅》第九五回提到一条"大翠重云子钿儿"，"果然做的好样范，约四指宽，通掩过鬏髻来"。"大翠"指钿儿上铺了翠羽，"重云子"指其形为重叠的云朵；而结合下一句看，更可知它正是掩在鬏髻底部的头箍。浸假"钿儿"就成了头箍的别名。同书第七五回说吴月娘梳妆时，先戴上冠儿，然后孟玉楼替她掠后鬓，"李姣儿替他勒钿儿"。"勒"指扎紧，正是缚头箍的动作；很显然，其所称"钿儿"就是在"冠儿"即鬏髻前方的头箍。头箍上虽以饰云朵形钿儿者居多，但它的花样固不限于这一种。江西南城明益宣王妃孙氏棺出土的头箍是在 4.5 厘米宽的金带上嵌以白玉雕琢的寿星和八仙，每件小玉像周边还镶有宝石。这条金头箍长 21 厘米，两端也有供系结用的带子（图 52-24）。②用带子系的做法反映出头箍的底衬本来是用织物制作的。《云间据目钞》说：妇人"年少者用头箍，缀以团花方块"。上海打浦桥明墓出土的布头箍上正缀有形状不一的金镶玉饰 17 件，适可与文献相印证③。所以尽管有些头箍形式变化，装饰繁缛，但仍用纺织品作衬。

图 52-24 明, 镶宝石嵌玉寿星八仙金头箍

江西南城明益宣王妃孙氏棺内出土

① 从汉代以来，"钿"一直作为饰品的名称，但不同的时代里所指之物不同。《说文·金部》："钿，金华也。"这是其原始的，也是使用得最广泛的概念。在唐代，"神女花钿落"（杜甫句）之钿指贴在眉间的花子；着"钿钗礼衣"时所用"九钿、八钿"（《新唐书·车服志》）之钿则指花钗。而在清代宫廷的衣饰中，所谓"钿子"却指戴在头上插满珠宝和花朵的一种箕形发饰。因此对"钿"的用意必须作具体分析。这里说的"钿儿"，也只是在这一时期中特指头箍。

② 江西省文物工作队：《江西南城明益宣王朱翊鈏夫妇合葬墓》，《文物》1982 年第 8 期。

③ 王正书：《上海打浦桥明墓出土玉器》，《文物》2000 年第 4 期。

《天水冰山录》中登录之"金厢珠宝头箍七件"，注明"连绢共重二十七两九钱八分"，就反映出这种情况。大部分出土头箍的原状亦应沿袭此制。

曹氏头饰在鬏髻背面中部插分心。分心一词可能与挑心有连带关系，但命名的由来尚不清楚。这件饰物目前在发掘简报中的叫法很不统一，有"钿""冠饰""如意簪""月牙形饰件""花瓣形弯弧状饰件"诸种。[①]其造型若群峰并峙之山峦，当中一峰最高，两侧对称，正视之有如笔架。出土时尚保持原位置者多插在鬏髻背面；除曹氏之例以外，武进王洛家族墓与上海李惠利中学明墓之分心，出土时的情况也是如此[②]。《金瓶梅》第二回说，戴头发鬏髻者，"排草梳儿后押"。可见插后分心的做法当与妇女在髻后插梳的古老习俗有关。但《云间据目钞》列举头髻周围的饰件时称："后用满冠倒插。"则此物又名满冠。《三才图会》认为：满冠"不过以首饰副满冠上，故有是名耳"（图52-25）。因为背面插分心后，冠上的饰件遂已基本布满之故。又《金瓶梅》第九〇回说："满冠擎出广寒宫，掩鬓凿成桃源境。"此满冠恰与同书第一九回所写"金厢玉蟾宫折桂分心"之构图相当，皆以月宫景色作为装饰的主题，指的应是同一类器物。曹氏的分心上虽未饰此种图案，但它

图52-25 《三才图会》中的"满冠"

将镂空的玉饰片镶在鎏金的银分心正中，则与"金厢玉"的做法相合（图52-26：1）。《金瓶梅》第六七回提到"金赤虎分心"，出土物中则有双狮金分心（图52-26：2）[③]。《金瓶梅》第二〇回提到"观音满池娇分心"，出土物中则有文殊

---

① 如平武王玺墓简报称之为"钿"（见《四川平武明王玺家族墓》），上海陆氏墓简报称之为"冠饰"（见《上海浦东明陆氏墓记述》），无锡曹氏墓简报称之为"如意簪"（见《江苏无锡明华复诚夫妇墓发掘简报》），武进王氏墓简报称之为"月牙形饰件"（见《武进明代王洛家族墓》），上海李惠利中学明墓简报则称之为"花瓣形弯弧状饰件"（见《上海市李惠利中学明代墓群发掘简报》）。

② 《上海李惠利中学明代墓群发掘简报》称："其中一件发罩（按：即鬏髻）……前面有一银质鎏金花瓣形弯弧状饰件（按：即分心），……发罩后为银质鎏金条形弯弧状饰件（按：即头箍）。"从所附照片看，插在鬏髻后面的是分心，勒在前面的是头箍。

③ 《上海浦东明陆氏墓记述》。

图52-26 明，分心

1 鎏金镶玉银分心 江苏无锡华复诚妻曹氏墓出土
2 双狮金分心 上海浦东陆氏墓出土
3 文殊满池娇金分心 四川平武王文渊妻墓出土
4 仙宫夜游金分心 四川平武王文渊妻墓出土

满池娇分心。后者在四川平武明龙州土司王氏家族墓地王文渊妻墓「正德七年（1512年）〕中出土。①这件分心中部饰一道栏杆，上部为乘狮之文殊，两旁立胁侍；下部为荷塘纹，当即所谓"满池娇"。元柯九思《宫词》："观莲太液汎兰桡，翡翠鸳鸯戏碧苔。说与小娃牢记取，御衫绣作满池娇。"原注："天历间御衣多为池塘小景，名满池娇。"②实物与文献正相符合。此文殊满池娇分心阔10.6厘米，高8.5厘米，估计也是插在髮髻背面的（图52-26:3）。但同墓还出土一件阔18.8厘米，高6.3厘米的分心，可能原插于髮髻正面；《金瓶梅》第二○、七五、九○回中都提到插在正面的前分心。前分心的位置往往邻近头箍，有时甚至是用它取代头箍，故二者均呈扁阔之形。江苏无锡青山湾黄钺妻顾氏墓〔嘉靖四十年（1561年）〕出土的一件金质前分心，高2.4厘米，阔约20厘米，呈弧形；表面红、蓝相间，共镶嵌7颗宝石，看起来很像头箍；但它

---

① 四川省文管会等：《四川平武明王玺家族墓》，《文物》1989年第7期。

② 柯九思《宫词》见《草堂雅集》卷一。又〔元〕张昱《宫中词》："鸳鸯鸂鶒满池娇，彩绣金茸日几条。早晚君王天寿节，要将著御大明朝。"（《张光弼诗集》卷二）又《朴通事》中"鸦青段子满刺娇护膝"，注："以莲花、荷叶、藕、鸳鸯、蜂蝶之形，或用五色绒绣，或用彩色画于段帛上，谓之满刺娇。今按'刺'，新旧原本皆作'池'。"则"池"字不应作"刺"。作为一种广泛流行的图案，满池娇既可用于绘瓷、织绣，也可用作首饰上的纹样。参看尚刚：《鸳鸯鸂鶒满池娇——由元青花莲池图案引出的话题》，《装饰》1995年第2期。

的背面有垂直向后的簪脚；和无簪脚、用带子系结的头箍不同，因知乃是前分心。[1]以顾氏的前分心与王文渊妻墓所出扁阔的分心相较，可初步认定后者也是前分心。其纹饰极精细，中部有两株葡萄，高柯拥接，抱成圆框，一人骑马穿行其间，马前有提灯开路者，马后有举扇侍奉者，且前部有乐队，后部有随从。行列下方为一道栏杆，栏杆下方为朵朵流云，背景为宫殿楼阁，似表示此处系仙境。鉴于马前须提灯，故应是黄夜出游。《天水冰山录》中记有"金厢楼阁群仙首饰""金累丝夜游人物掩耳"等名目；试循其例，此件似可称为"仙宫夜游金分心"（图52-26:4）。其上有人物40多个，皆是立雕或高浮雕，剔透活脱，层次分明，给人以纵深的立体感。整个行列中的人物身姿舒展，繁而不乱；焊上去的栏杆和枝梗也安排得当，无疑是明代黄金细工中的优异之作。江苏武进芳茂山明王昶妻徐氏墓中出土的䯼髻上，分心与头箍、挑心、顶簪等首饰的位置未变，清楚地反映出当时插戴的情况（图52-27）。[2]曹氏头饰在䯼髻下部的侧面插"鎏金桃形银簪"一件，此物应名掩鬓。明顾起元《客座赘语》："掩鬓或作云形，或作团花形，插于两鬓。"《云间据目钞》中则称作"捧鬓"。江西南城明益端王妃彭氏、益宣王妃孙氏墓中出的掩鬓皆为两件一组，

云头的曳脚向外，自下而上相对戴，故又名倒插鬓[3]。曹氏墓所出不足二件，应是佚失一件。在皇后的凤冠上，此物稍稍改型而称为博鬓，左右各三件，比掩鬓隆重得多了。但明代的掩鬓亦有制

图52-27 明，䯼髻上之首饰的配置（示意图。据江苏武进徐氏墓出土实例）

① 无锡市博物馆：《江苏无锡青山湾明黄钺家族墓》，载《考古学集刊》第3集，中国社会科学出版社，1983年。

② 武进市博物馆：《武进明代王洛家族墓》，《东南文化》1999年第2期。

③ 彭氏的掩鬓见江西省博物馆：《江西南城明益王朱祐槟墓发掘报告》，《文物》1973年第3期。孙氏的掩鬓见《江西南城明益宣王朱翊鈏夫妇合葬墓》。

图 52-28 明，掩鬓

1　金阆苑朝回掩鬓　重庆简芳墓出土
2　金累丝楼阁人物掩鬓　江西南城益庄王妃墓出土

作极精者。如重庆明简芳墓出土之金掩鬓，图纹的背景为云气中的宫殿，其下三人策马徐行；虽不如王文渊妻之前分心上的场面宏大，但刻画得细致入微，更觉生动；其背面所镌七律《三学士诗》中有"阆苑朝回春满袖，宫壶醉后笔如神"之句；故此件应名"金阆苑朝回掩鬓"（图 52-28:1）[①]。又江西南城明益庄王妃墓出土的掩鬓（图 52-28:2），金累丝编的底托优美严谨，一丝不苟；而当中的楼阁人物处处交代清楚，仿佛他们正在一座建筑模型里进行活动。绝技神工，令人叹为观止。[②]

曹氏头饰在充作挑心的佛像簪左右各插一件玉叶金蝉簪（图 52-29:1），

图 52-29 明，草虫簪

1　玉叶金蝉簪　江苏无锡华复诚曹氏墓出土
2　玉叶金蝉饰片　江苏吴县五峰山出土
3　艾蝎簪　北京八里庄李伟妻王氏墓出土
4　镶宝石蜘蛛簪　江苏南京邓府山佟卜年妻陈氏墓出土

---

① 重庆市文物调查小组：《重庆市发现汉、宋、明代墓葬》，《文物参考资料》1958 年第 8 期。
② 中国历史博物馆编：《中国历史博物馆》图版 187，文物出版社、株式会社讲谈社，1984 年。

其簪头在银托上嵌玉叶，叶上栖金蝉。江苏吴县五峰山出土的玉叶金蝉饰片（图52-29:2），即脱失了金银底托和簪脚的此型簪首[1]。明代的头面喜用虫介等小动物做装饰题材，如北京李伟

图52-30　明，梅花簪
1　江苏无锡华复诚曹氏墓出土
2　上海浦东陆氏墓出土
3　北京李伟妻王氏墓出土

妻王氏墓出土蝴蝶簪、艾蝎簪（图52-29:3），上海李惠利中学明墓出土虾簪、螽斯簪，南京佟卜年妻陈氏墓出土蜘蛛簪（图52-29:4）。《天水冰山录》中一再出现的"草虫首饰"，《金瓶梅》第二〇回中说的"金玲珑草虫儿头面"，应是此类饰件的通称。曹氏头饰在玉叶金蝉簪外侧还各插嵌宝石的梅花簪二件（图52-30:1）。造型互相接近的梅花簪各地屡屡出土。上海浦东陆氏墓与北京李伟妻王氏墓出土的，皆为玉花瓣、金花蕊、宝石花心（图52-30:2、3）。簪戴起来，则和《云间据目钞》中，髻"旁插金玉梅花一二对"的说法正合。

又曹氏的头饰之最外侧，还插戴顶端饰小花骨朵的鎏金银簪各二件（图52-31）。《金瓶梅》第一二回说的"啄针儿"，同书第五八回说的"撇杖儿"，《明宫史》中说的"桃杖"，大约指的都是此类小簪子。出土物中亦不乏其例。

还有一种虽在《天水冰山录》造册时清点出一件，但明代遗物中罕靚，曹氏墓内亦未发现的头饰：围髻。此物初见于宋代。湖南陆城1号南宋墓中的金围髻，阔10.2厘米，上部为镂花的弧形梁，悬系4～5排花朵，互相牵络，成为网状，底部的花朵下且各系一

图52-31　明，'啄针　江苏无锡华复诚妻曹氏墓出土

---

[1] 见《南京博物院珍藏系列：金银器》图40。

坠（图52-32:1）。①其使用情况见于江西德安桃源山南宋周氏墓。此墓墓主头部的发型保存完好，用细金丝编成的网状围髻自髻前一直覆到额际（图52-32:2）。②此类围髻尚有较完整者存世（图52-32:3）。其中还发现过形制更简化的，弧形金梁下的垂饰仅三排（图52-32:4），与江西南城益宣王妃孙氏随葬之围髻近似。孙氏那件阔16.2厘米，高8厘米，在上缘的弧形金梁下只悬挂10串小珠子。如图52-32:4所举之例，或为元代至明初的作品。明代的围髻在定陵孝端后的随葬品中还有一件，阔20.5厘米，高6厘米，网形，上部结缀石珠，中部为薏米珠，底端系宝石（图52-32:5）。③

头面中还应包括耳环。《金瓶梅》第九七回将"金银头面"解释为"簪、环之类"，就说明了这一点。《天水冰山录》中立"耳环、耳坠"一目，共登录267副，其中耳环约占70%，耳坠约占30%，则二者肯定有所区别。但从所载名称看，既有"金珠茄子耳环"，又有"金厢玉茄耳坠"；既有"金珠串灯笼耳环"，又有"金灯笼珠耳坠"。所以明代当时究竟是根据哪些标准来划分耳环

图52-32　围髻

1　南宋，金围髻　湖南陆城宋墓出土
2　南宋　江西德安周氏墓中围髻出土时的位置
3　南宋，金围髻　传世品　香港梦蝶轩藏
4　元至明初，金围髻　传世品私家收藏
5　明，宝石串珠围髻　孝端后随葬品　北京昌平定陵出土

---

① 湖南省博物馆：《湖南临湘陆城宋元墓清理简报》，《考古》1988年第1期。
② 江西省文物考古研究所等：《江西德安南宋周氏墓清理简报》，《文物》1990年第9期。
③ 孝端后的围髻见《定陵》下册，图版238.孙氏的围髻见《文物》1982年第8期，图版4:5.此物或名"络索"。元·熊进德《西湖竹枝词》："金丝络索双凤头，小叶尖眉未着愁。"（此据《元诗纪事》引。《西湖集览》中杨维桢编《西湖竹枝集》作"络条"。）《碎金》所收"南首饰"中有"落索"，似亦是此物。

和耳坠的，目前尚难明确回答。只能
依照现代的习惯，将圆环形者，或在圆
环形的主体上稍增花饰者称为耳环；将
其下部有稍长之垂饰者概称耳坠。不过
相对说来，耳环在工艺上的精美程度一
般略逊于耳坠。曹氏墓出土的是玉人形
耳坠，与之相近者有无锡黄钺妻顾氏

图 52-33　采药女仙耳坠
江苏南京徐氏墓出土

墓出土的童子骑鹿耳坠，南京板仓徐达家族墓出土的采药女仙耳坠等（图 52-
33）[1]；皆人物型耳坠中的精品。更多见的是葫芦形耳坠，它大约受到用两颗珠
子串成的"二珠耳坠"（《天水冰山录》）或"二珠金环"（《金瓶梅》第七回）的
影响。因为如果二珠一小一大，上下相连，正呈葫芦形。明墓中发现的此型
耳坠最多：南京徐俌墓、四川剑阁赵炳然墓、四川平武王玺墓、云南昆明潘得
墓、甘肃兰州彭泽墓、辽宁鞍山崔鉴墓、广州东山戴缙墓之出土物中皆有其
例。[2]而且不仅是素面的，还有饰棱线、饰花丝、饰各式镂空花纹的，不一而
足。他如楼阁形、玉兔形、甜瓜形及嵌宝石构成新异之形的，更难缕述。

　　总之，挑心、顶簪、头箍、分心、掩鬓、围髻、钗簪、耳坠，大约都应算
作头面的内容。至于饰于头部以下的坠领、坠胸、镯钏以及近年出土之总数相
当可观的金银领扣等，尽管也和前者相接近，但与头面之"头"、首饰之"首"
的距离远了些，故暂不放在一起讨论。

　　从束发冠到头面，大部分都是用贵重材料制作的，是明代出土文物中的珍

①　《明朝首饰冠服》第 128 页。

②　徐俌墓出土者，见《明徐达五世孙徐俌夫妇墓》。赵炳然墓所出者，见四川省博物馆等：《明兵部
　　尚书赵炳然夫妇合葬墓》，《文物》1982 年第 2 期。王玺墓所出者，见《四川平武明王玺家族墓》。
　　潘得墓所出者，见云南省博物馆文物工作队：《云南昆明虹山明墓发掘简报》，《文物》1983 年第
　　2 期。彭泽墓所出者，见甘肃省文物管理委员会：《兰州上西园明彭泽墓清理简报》，《考古通讯》
　　1957 年第 1 期。崔鉴墓所出者，见辽宁省博物馆文物队等：《鞍山倪家台明崔源族墓的发掘》，《文物》
　　1978 年第 11 期。戴缙墓所出者，见黄文宽：《戴缙夫妇墓清理报告》，《考古学报》1957 年第 3 期。

宝。但过去对其定名和用途均不无隔膜，虽然它们的艺术水平被推崇备至。像若干分心，花纹的层次丰富，叠曲萦回，引人入胜；有的还构成故事情节，更耐寻味。可是陈列和介绍时，却往往只当作单件艺术品看待，使之游离于原有的组合关系之外；这样不仅看不到明代头饰之整体的面貌，而且在理解和借鉴上也常难准确把握。在各地收藏明代文物的博物馆里，几乎很少能见到一套恢复成原状的明代头面；有些品种的遗物不多，写实的图像不足，固然也造成困难。因而当代艺术家创造明代人物的形象时缺乏充分依据，作品中遂不免出现各种问题了。

（原载《文物》2001年第7期）

53 谈谈所谓"香妃画像"

清代的皇妃（不说皇后）中被稗官野史渲染得最富于传奇色彩的，当推顺治的董鄂妃、乾隆的香妃和光绪的珍妃。尽管有关的传说中子虚乌有的成分太多，而且这三位妃子都没有足资凭信的肖像流传至今。但好事者总想通过具体的形象把传说装点得更加"真实"，因而千方百计地把一些毫不相干的图像找来加在她们名下。比如所谓"香妃画像"，早在20世纪20年代就出现过。这是一幅油画，是设在故宫外廷的古物陈列所成立时，从承德避暑山庄取来的。画中的女子小眼厚唇，显然属于蒙古人种，却披挂着西式盔甲，看起来有点不同寻常（图53-1）。它是一张"贴落画"，用于室内装饰，并非清室所藏妃嫔影像。据记载，此画原来的题签上书有"美人画像"等字，则这种画取其悦目而已，不必实有所本。但古物陈列所却把它定为"香妃画像"，将它悬挂在武英殿浴德堂后元代所建阿拉伯式浴室的门楣上，并将此浴室也称为"香妃浴室"。展出的说明文字《香妃事略》，竟然说她原是叛乱的"回部王妃"，被纳入宫后，因体有异香，故号称香妃。但她企图刺杀乾隆皇帝，终于被太后"赐死"云云。这些说法与历史实际毫无共同点。可是戎装画像、阿拉伯式浴室和说明文字互相配合，编织成一面很有迷惑力的大网。以致当时不明真相的观众纷至沓来，争快先睹。此像也被印成画片，高价出售。这种做法在我国博物馆的历史上留下了一个非常不严肃的记录。可谓有哗众牟利之心，无实事求是之意。单士

图53-1 "香妃"戎装像

图 53-2　改绘的"香妃像"

元先生称之为"旧社会的怪现象"①，一点不假。

　　无独有偶，20世纪70年代在香港又出现了香妃像的画片，也是根据一张油画影印的。画中之人挺秀气；也许就是为了这个原因吧，此画不胫而走，被多种书刊翻印，几乎成为香妃的标准像了（图53-2）。但其脸型毫无维吾尔族的特征，单凭这一点，也足以否定它是香妃的画像。因为香妃之称号来自传说，她原名买木热·艾孜木，是维吾尔族上层人士艾力和卓之女。其叔额色尹与兄图尔都曾协助清军平定大、小和卓叛乱。香妃入宫后初封为贵人，乾隆二十六年（1761年）封为容嫔，三十三年（1768年）封为容妃。她在宫中生活了28年，乾隆五十三年（1788年）病逝，享年55岁。容妃的家族反对割据，维护统一，有功于国家；她本人也被乾隆看重，不但在宫中的地位优越，而且几次陪同皇帝南巡、东巡。她死后以妃礼安葬于河北遵化清东陵的园寝中，可知绝无谋刺皇帝之事。何况她死在皇太后逝后十一年，故被太后"赐死"之说更属无稽。而且由于她是维吾尔族人，不但在宗教信仰、饮食习惯上与宫中其他妃嫔不同，而且她长期着维吾尔族服装。直到封妃时，仍"无满洲朝冠、朝服、吉服"，必须临时制作。甚至到了乾隆四十一年（1776年），随同她来北京居住的亲属之女眷，仍"未改换衣装"②。可能也是由于考虑到这些情况吧，所以曾将她安排在建筑景观不同一般宫殿的长春园西洋楼的远瀛观中居住。与之相邻的方外观，曾作为她的礼拜之处。西洋楼最东面的线法墙，根据设计是张挂油画、作为衬景的处所，而所挂之画也正是她的故乡阿克苏一带之建筑风景。可见如若她的便装像真被发现，那上面一定会具有浓厚的维吾尔族情调。

① 单士元：《故宫武英殿浴德堂考》，《故宫博物院院刊》1985年第3期。

② 乾隆四十一年十月初七日礼部内务府咨文。参看肖之兴：《"香妃"史料的新发现》，《文物》1979年第2期；于善浦：《关于香妃传说的辨伪》，《故宫博物院院刊》1980年第2期。

而香港出现的香妃像却全无此种痕迹。

其实，香港的香妃像原是根据另外一张清代后期的肖像画（图53-3）改绘而成的。画中人是一位中年妇女。她梳着大开额的元宝头，两鬓蓬起，左右扩张。发髻仅能看到顶部，当中露出簪头。髻前插梳，一旁戴花朵，两侧采取对称的形式插一对发钗。根据髻顶看，此髻应为竖立之形，与旗装的一字髻、两把头等不同，应是清中叶以后在我国南方流行的汉族妇女的发型。画中人的

图 53-3　"香妃像"原本

上衣为蓝色，织出本色暗花。领子很矮，襟袖用浅红色花边镶滚。大襟上的花边第一道阔、第二道窄，叫双重镶滚；已较咸丰时和同治初年的"十八镶"之类简化了，应是光绪年间流行的式样。其袖子较短，袖口宽阔，露出紧窄的里衣袖。这种式样也具有光绪年间的特征。因为再晚些，外衣的袖子变窄，领子加高；而再早些时候，袖子却比画中的长。《清稗类钞》"阔袖"条说："同、光间，男女衣服尚宽博，袖广至一尺有余。及经光绪甲午、庚子之役，外患迭乘，朝政变更，衣饰起居，因而皆改革旧制，短袍窄袖，好为武装，新奇自喜，自是而日益加甚矣。"就是指这种情况。她的前襟挂香串，香串又名香珠、串子，多以伽楠香等物琢为圆粒，每串十八粒，故又名"十八子"。此像所挂香串半掩于衣襟之内，露在外面的一半正好是九粒，但当中却缀以珍珠、翡翠等件，似已与"多宝串"相混合，这也透露出时代较晚的迹象。乾隆时的香串中尚不杂珠宝，如在《红楼梦》第二八回中，宝玉说："宝姐姐，我瞧瞧你的红麝串子。"则宝钗的香串亦未杂珠玉。而且从许地山《近三百年来底中

国女装》一文所载乾隆时的仕女像看，当时戴的香串下垂长穗。[①]而此像中的香串无穗，仅在底下系两枚玉坠子，和慈禧太后油画像上所戴多宝串的形制相似。凡此种种，都说明它是光绪年间一位汉族富家妇女的画像；但富而不贵，在这张像上看不到任何宫廷气味，和乾隆年间的香妃即容妃没有关系。与原作相较，这张被称为"香妃像"的画片的底本在临摹时显然做了手脚。首先它把上衣改成红色，镶边改成蓝地，并将衣袖的花边改为龙纹，而且两只袖子改得不对称，和原作大不相同。根据画片上的颜色看，衣袖上的龙纹是盘金绣，而衣襟上的花边却是用彩线平绣，两者不相协调。其之所以做这种改动，可能是想用龙纹提高画中人的身份，以便把她推上妃子的宝座；其实却与当时的制度不相符。因为衣服上表示身份的龙纹，主要用于朝服、吉服的袍、褂，而且两肩前后的正龙、衣襟上的行龙和袖端的云龙纹是配套的，不能乱来。像画片中人物的这种便装，在宫廷中举行典礼的场合根本不能穿，因而谈不上用它代表地位、等级的问题。可是这么一画，却把摹绘者存心欺世的意图暴露无遗。并且，这类经过窜改的摹本一般总存在着若干败笔，这张画也是如此。如原作中人像之耳坠，虽因其头部微倾而使两侧之底端不在一条水平线上，却挺自然；画片中把它们画得一上一下、高低失度，就显得不合理了。再如原作中人物左

图53-4　"香妃像"摹本

侧靠在桌上的衣袖呈卷曲拖垂状，而在画片中这一部分也改动得很别扭。不过另外还有一幅技巧比较好的摹本，前几年曾出现于纽约苏富比拍卖公司，我只见过翻印的黑白照片，其用色的情况不得而知（图53-4）。与原作不同的是，这幅画是画在金箔上的，笔触很细腻。人物的轮廓虽无多大变化，但神情微异，其眉宇间漾动着一丝朦胧的笑意，几乎令人怀疑是借用了《蒙娜丽莎》的某些美感。它虽

① 载《大公报·艺术周刊》1935年5月11日—8月3日。

未被定为香妃像，但却说成是《仿郎世宁仕女像》。其实原作大约是当时广州大新街油画作坊的作品，与郎世宁无涉。

在过去很长一段时间中，香妃一直是一个被歪曲了的历史人物。曾有一出旗装戏《香妃恨》描写她寡言笑，不屈从，进而谋刺，最后以殉身告终，其实不过是在为分裂割据唱赞歌。今天，当有关的史料大白于世以后，应该恢复其本来的面目，应该用正式封号称她为容妃，而将来历不明的香妃之称摈弃不用。至于此类以讹传讹的画像，更不应任其继续混淆读史者的视听了。

（原载《文物天地》1989年第5期）

第八章　墓葬艺术

54　"温明"与"秘器"

　　《文物》1987年第7期载有裘锡圭先生的《漆"面罩"应称"秘器"》一文，认为汉墓所出罩在墓主头部的漆面罩就是"秘器"，亦即"温明秘器"。按以温明混同于秘器，始自清王念孙《读书杂志》卷六"温明"条。他说：《汉书·霍光传》云"东园温明"，其"'温明'下有'秘器'二字，而今本脱之。……《太平御览·礼仪部》三十二引此已脱'秘器'二字。《文选·齐竟陵文宣王行状》注引此正作'东园温明秘器'。《汉纪》同。"往年研习王著，于此说窃不以为然。王氏好执荀悦《汉纪》以攻《汉书》，屡有所失。如改《汉书·淮南王传》之"离骚传"为"离骚傅（赋）"，即据《汉纪》而致误，杨树达先生辨之甚覈[1]。且王氏于汉代棺具、敛具本未寓目，其说与实际情况有出入，本不足怪。但近年发掘了不少汉代大墓，棺具、敛具之定名却成为一个很有意义的问题了。

　　汉代少府下属有东园署，主事者称东园匠。《汉书·百官公卿表》颜师古注："东园匠，主作陵内器物者也。"陵内器物种类繁多，但最主要的是棺；故《后汉书·孝崇匽皇后纪》李贤注谓东园署"掌为棺器"。皇帝之棺名"东园秘器"。《汉书·董贤传》颜师古注引《汉旧仪》："东园秘器作棺梓，素木长二丈，崇广四尺。"（此处引文或有讹夺，孙星衍《汉官六种》本作："东园秘器

---

[1]　杨树达：《积微居小学述林·离骚传与离骚赋》，中国科学院，1954年。

作梓宫，素木长丈三尺，崇广四尺。"）而《后汉书·袁逢传》李贤注说得更为明确："秘器，棺也。"可见秘器就是棺。有的著作认为"东园制作之器物，称为东园秘器"[1]；这样就把秘器的范围扩大了，不妥。按我国古代称棺为器。《史记·伍子胥列传》："必树吾墓上以梓，令可以为器。"张守节正义："器谓棺也。"六朝人犹称棺为器。甘肃武威旱滩坡19号晋墓所出衣物疏中记有"故黄柏器一口"，即柏木棺一具。王羲之书札中有"市器俱不合用"之语（《法书要录》卷一○），意同。器亦作棺器，如《晋书·杜预传》说："棺器小敛之事，皆当称此。"《世说新语·文学篇》也说："何以将得位而梦棺器？"均是其例。棺器又称凶器。《抱朴子·内篇·道意》："既没之日，无复凶器之直，衣衾之周。"秘器也是棺木的通称，所谓"秘"，只不过表示它是丧葬用品。《后汉书·和熹邓皇后纪》李贤注："冢藏之中，故言秘也。"别无深意。所以一直到唐代还保留着这种叫法。段安节《乐府杂录》说："梁厚本有别墅在昭应之西，正临河岸，垂钩之际，忽见一物浮过，长五六尺许，上以锦绮缠之，令家僮接得就岸，即秘器也。及发棺视之，乃一女郎妆饰俨然。"故秘器就是棺，乃不争之事实。

但东园匠所制东园秘器，因为是供皇帝等人用的，所以特别考究。《续汉书·礼仪志》说：皇帝死后"东园匠、考工令奏东园秘器，表里洞赤，虡文，画日月、鸟龟、龙虎、连璧、偃月、牙桧梓宫如故事"。至于诸侯王、公主、贵人则用"樟棺，洞朱，云气画"。形制要下皇帝一等，其重要的区别之一，是樟棺未在红地上画虡纹。

虡文一名，在古文献中屡见。《舆服志》说：金根车"樴文画辀。"晋崔豹《古今注》卷上说：汉成帝顾成庙的拘栏，"画飞云、龙、角虚于其上"。虡、樴和角虚，所指应相同。按《说文·虍部》虡通簴，"簴，钟鼓之柎也，饰为猛兽"。虡是钟、鼓的支架，它的底座常雕刻成怪兽状。《考工记》称钟座的雕

---

① 安作璋、熊铁基：《秦汉官制史稿》上册，齐鲁书社，1984年，第193页。

兽为"赢属"。但当这种装饰手法久相沿袭形成定制以后，虡就逐渐变成这种怪兽的专名了。汉张衡《西京赋》："洪钟万钧，猛虡趯趯；负笋业而余怒，乃奋翅而腾骧。"句中"虡"字的用法就是如此。所以颜师古注《汉书·郊祀志》时便径说："虡，神兽名也。"虡纹的得名与这种神兽应有所关联。

不过除了钟虡之外，虡纹还同汉代所说一种叫"巨虚"的动物不无关系。这从虡纹也被称作"苣文"，云虡也被称作"云矩"的情况中透露了出来。①巨虚在汉代并不是一个冷僻的名称。《急就篇》中就提到"豹、狐、距虚、豻、犀、兕"。但巨虚又是什么动物呢？《逸周书·王会解》晋孔晁注只说巨虚是"驴、骡之属"。颜师古在《急就篇》注中说："距虚即蛩蛩也，似马而有青色。一曰距虚似骡而小。"唐张戬《考声》也说："距（駏）驉似骡而小，面短而折。"（慧琳《一切经音义》卷七八引）这些书中都认为巨虚乃驴、骡之类。后唐马缟在《中华古今注》中则明确说："驴为牡则马（当作骡），为牝则駏。"那么巨虚就是马父驴母所生的"驴骡"了，它的体型较驴父马母的"马骡"为小。白鸟库吉认为巨虚相当于蒙语的giki lagusa，满语的gihitu lorn，它们也都指"驴骡"而言。②

但在汉代以前，骡类在我国中原地区尚罕。明谢肇淛《五杂俎》说："骡之为畜，不见于三代，至汉时始有之。""马骡"即駃騠（蒙语kuti lagusa，满语kutitu lorn），至汉代犹被认为是匈奴的"奇畜"。所以，巨虚之名虽然在汉代社会上流传，但很多人却并不了解它的底细。直到晋代，葛洪在《抱朴子·论仙》中还说："愚人乃不信黄丹及胡粉是化铅所作，又不信骡及駏驉是

---

① 如《旧唐书·舆服志》说玉辂"画虡文"，《新唐书·车服志》作"画苣文"。又《水经注》卷一三"湿水"说石虎邺城东门石桥柱"柱侧悉镂云矩"。同书卷二三"涡水"说曹嵩冢上"石阙双峙，高一丈六尺，榱栌及柱，皆雕镂云矩"。赵一清本校作"云烟"，不确。不过随着"苣文"一词在语言中的使用，它逐渐脱离了其原始的意义，只被当作一般花纹的名称。如梁沈约《少年新婚为之咏》："锦履并花纹，绣带同心苣。"沈满愿（沈约孙女）《咏五彩竹火笼》："可怜润霜质，纤剖复毫分。织作回风苣，制为萦绮文。"（见《玉台新咏》卷五）均可为例。

② 〔日〕白鸟库吉：《东胡民族考》，方壮猷译，商务印书馆，1934年。

驴、马所生。"①寻其上下文意,葛洪在这里并不是指很个别的人说的,因知至此时骡类仍不为世所熟知。所以它也就很容易被夸张为一种善跑的奇兽。本来,《逸周书·王会解》中曾说:"独鹿邛邛距虚,善走者也。"②《穆天子传》卷一也说:"狻猊、□、野马走五百里,邛邛距虚走百里。"所以汉人文字如司马相如的《子虚赋》就加以发挥说:"蹴蛩蛩,辚距虚,轶野马,轊駒騄,乘遗风,射游骐。倏眒倩浰,雷动焱至,星流霆击。"极言其奔走之迅疾。他如枚乘《七发》、王褒《九怀》、黄香《九宫赋》等处对巨虚的描写,也着眼于此,都把它说成是善跑的动物。在若干镜铭中还出现了"距虚辟邪除群凶""角王巨虚辟不详(祥)"的提法,可见汉代人还把它当作一种吉祥的神兽来看待③。

综上所述,汉代一般观念中所谓"虚"或"巨虚",就具有孔武有力、能辟除邪厉和体型矫健、迅捷善跑的两重属性,并不把它看成普通的"驴骡之属"。但这种神兽是什么样子,它的形象有哪些特点,古文献中却交代得很不明确。颜师古只说它是"神兽"。《后汉书·董卓传》李贤注引《前书音义》也只含糊地说它是"鹿头龙身"的"神兽"。因而这个名字遂成为神兽之笼统的称谓。把握住这一点,就可以理解到,汉代文物中常见的那类有各种灵禽异兽穿插奔驰于云气间的图案,原来就是云虚纹或虚纹。而像《隋书·礼仪志》中所说:"画……(车)、牙、箱、轼以虚文,虚内画以杂兽。"这种似乎叠

图 54-1　西汉,漆棺上的云虚纹
湖南长沙马王堆 1 号墓出土

---

① 此据日本影印田中庆太郎藏古写本。《四部丛刊》影明本"駏驉"误作"駏驴"。《宝颜堂秘笈》本误作"胙骚"。

② 邛邛距虚还被说成是互为依存的比肩兽,见《尔雅·释地》《吕氏春秋·不广篇》等,以与本题无关,兹不旁骛。

③ 前一例见富冈谦藏:《古镜の研究》图版 24,东京,丸善株式会社,1920 年,第 96 页。后一例见罗振玉:《古镜图录》卷中,罗氏自印本,1916 年。

沓费解的句子，含义就明朗了。什么叫在"虡内画以杂兽"呢？看来就是指包含着多种形象的较复杂的云气禽兽纹而言。比如长沙马王堆1号汉墓出土的黑地彩绘外棺，所绘即云虡纹（图54—1）。有的研究者曾企图把其中的每一个灵怪都给予诠释，并寻求其相互间的情节性的联系，反而胶滞难通；如果把它看作在云虡中"画以杂兽"，事情就容易理解了。和东园秘器不同的是，它的地子为黑色，如果也髹成"表里洞赤"，那就与前者更为接近，不过同时也就有僭越之嫌了。

东园秘器亦可赏赐亲贵，在《汉书·董贤传》《后汉书·和熹邓皇后纪》及《冯勤传》《刘恺传》《杨赐传》《盖勋传》《单超传》等处，都记有这类事例。不过由于东园秘器本为皇帝所用，故又称"乘舆秘器"，见《汉书·孔光传》及《翟方进传》。由于棺上有彩绘，故亦称"东园画棺"，见《后汉书·梁竦传》。由于这种棺为梓木所制，故又称"东园梓器"，见《后汉书·胡广传》。还有称之为"东园画梓寿器"或"东园朱寿器"的，见《后汉书·孝崇匽皇后纪》及《梁商传》；李贤注："寿器，棺也。"可见名称虽多，指的却都是一种以红漆为地、彩绘云气禽兽纹的梓木棺。

至于温明，在汉代只见于《汉书·霍光传》，谓："光薨，上及皇太后亲临光丧。"赐"梓宫、便房、黄肠题凑各一具，枞木外藏椁十五具，东园温明，皆如乘舆制度"。其所赐之"梓宫"就是棺，颜注引服虔："以梓木为之，亲身之棺也；为天子制，故亦称梓宫。"《汉纪》记叙此事时，在"东园温明"句下增"秘器"二字，王念孙氏即持以为据，其实这是讲不通的。依《汉纪》所言，于霍光之丧，皇帝既赐梓宫，又赐秘器；在一次葬礼中，重复赐棺，亦于理不合。而所谓"温明"，据《霍光传》颜注引服虔说："东园处此器，形如方漆桶，开一面，漆画之，以镜置其中，以悬尸上，大敛并盖之。"过去虽曾怀疑温明即汉墓所出漆面罩，但"方漆桶""开一面"云云，语意不甚明晰，未敢遽定。1983年发掘的江苏扬州平山养殖场1号西汉墓出土了一件漆面罩，位于死者头部，呈方形，盝顶，前面敞开。两侧壁垂直，相当人耳处有马蹄形孔，后壁有长方孔。"罩内盝顶顶部中心有铜镜一面，直径9厘米。两侧马蹄状气孔的上部各有铜镜一面，直径7.8厘米。铜镜均正面向内，背面纹饰全为四乳蟠螭纹，小钮，宽平缘，无铭文。铜镜用瓦灰和生漆作黏合剂粘在木胎上，惜出土时已残破。"①（图54-2）这是第一次见到在漆面罩内

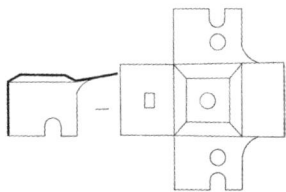

图54-2　西汉，漆温明
江苏扬州平山1号墓出土

黏附铜镜，其用意或类似周密在《癸辛杂识》中所说："用镜悬棺，盖以照尸取光明破暗之义。"但无独有偶，次年即1984年江苏邗江姚庄101号墓中又出了这样一件漆面罩，其结构虽与平山养殖场汉墓所出者类似，但装饰更加华�

此面罩，"盝顶中心饰鎏金铜柿蒂，四角饰鎏金铜乳丁各一颗，四角边沿亦饰鎏金铜乳丁。盝顶下三面带立板，左右立板下方开马蹄形孔，孔上外壁各饰铜铺首一枚。后立板中间开一长方形气孔，气孔置有网状铜格板，四角以铜乳丁加固。面罩内上顶及左右壁各嵌铜镜一面。铜镜直径均为9厘米，因嵌在立板上，镜背纹饰不详。面罩外髹褐漆，边沿绘斜菱形几何纹，其他部位用深色绘云气、禽兽、羽人等。内髹朱红漆，绘黑色云气纹、禽兽、羽人等。"②（图54-3）后来发掘的安徽天长西汉桓平墓、江苏泗阳贾家墩

图54-3　西汉，绘云虡纹的漆温明（俯视图）
江苏邗江墓出土

---

① 扬州博物馆：《扬州平山养殖场汉墓清理简报》，《文物》1987年第1期。
② 扬州博物馆：《江苏邗江姚庄101号西汉墓》，《文物》1988年第2期。

图 54-4 西汉，温明
山西阳高古城堡墓出土

1号等西汉墓所出漆面罩上也嵌以铜镜。[①]与服虔所称"漆画之，以镜置其中"之制，正若合符契，故此物无疑就是温明。镜有辟除不祥的用意。《抱朴子·登涉》说："明镜径九寸已上，悬于背后，则老魅不敢近人。"温明中置镜，大概是要它起这种作用。也有些温明镶嵌玉璧及琉璃饰片以代铜镜，更加踵事增华，如连云港尹湾6号西汉墓所出之例[②]。又抗战期间日人在山西阳高古城堡盗掘之西汉晚期墓中所出温明，其上不仅镶有琉璃璧、璜等饰件，而且从下部左右侧之马蹄形孔中伸出温明内所置尸枕两端的兽头，样子很可怖（图54-4）[③]。王育成先生据东汉应劭《风俗通》所说："俗说亡人魂气浮扬，故作魌头以存之，言头体魌魌然盛大也。或谓魌头为'触圹'，殊方语也。"认为漆面罩亦名"魌头"。[④]很有道理。《说文》段注谓："魌、顛字同。"而顛训丑。那么称作"魌头"正意味着它是一件令人生畏的大头，与阳高之例颇相符。特别是"触圹"一名，尤其形象。作为敛具之温明，虽然纵使"盛大"，也不会接触到墓圹，但置于棺中，它却塞得相当紧。以上述扬州平山1号墓乙棺为例，棺内的宽度约47

图 54-5 西汉，江苏扬州平山1号墓乙棺中温明的位置

0   50 厘米

---

① 见《文物》1993年9期；《东南文化》1988年第1期。
② 连云港市博物馆等：《尹湾汉墓简牍》，中华书局，1997年，第163页。
③ 〔日〕林巳奈夫：《中国古玉器总说》东京，吉川弘文馆，1999年，第454页。
④ 王育成：《从"温明"觅"魌头"》，《文物天地》1993年第5期。所引《风俗通》之文见《太平御览》卷五五二。

厘米，而温明宽36厘米，两边各余5.5厘米；如果像阳高的做法那样，此间隙中恰可容纳尸枕两端的兽头（图54-5）。称之为触圹，看来也是合适的。不过至今尚未见东汉之温明，应劭说的情况仍有待证实。

由于温明的被确认，从而上述《霍光传》中提到的敛具和葬具之所指，也就很清楚了。它们是：梓木彩绘漆棺（梓宫），楩木内椁（便房）、柏木枋垒砌之外椁（黄肠题凑）、陪葬坑所用枞木椁（外藏椁）及漆面罩（温明）。文意完整，无须添改。《汉纪》所增"秘器"，适成蛇足。温明在《汉书》《后汉书》中不多见，但在《晋书》中却屡屡出现，如说"赐温明、秘器"（《苟颋传》），"赐东园温明、秘器"（《安平献王孚传》）等。这些温明虽与秘器并提，指的却是两件东西，只不过当时不加标点，未明确表示出来而已。

（原载《文物》1988年第3期）

55　江陵凤凰山汉墓简文中的"大柙"

　　1975年在湖北江陵楚纪南故城内发掘的凤凰山167号西汉墓中，出土了由74枚木简组成的一套遣册。由于此墓的随葬品基本上保持原来的位置，且与遣册所记大体相符，所以简文与实物可以互相对应。其中第32号简文云"大柙一枚"，发掘简报以为指的就是随葬品中的扁壶①。《凤凰山一六七号汉墓遣策考释》一文则谓："'柙'与'椑'音同。'大柙'即'大椑'。《说文》：'椑，酒器也。'椑有方、圆、扁、横四形。此墓出漆扁壶一，即椑之扁形者。"②其后笔者在《文物》1980年第10期发表短文《说"柙"》，从形、音、义三方面加以论证，认为"大柙"当为"大椑"之假。后读黄盛璋先生文，他仍主柙为椑字异体之说，认为柙与椑在字义上"毫无相干"。他并强调指出："'柙'与'椑'不论古今音读皆相差很远：古音'柙'在叶部，'椑'在佳部，主元音与收音皆异，声母更是牙（柙）、唇（椑）有别，说'柙、椑读音全同'，从字音上全属误解。"③的确，两个字的读音如互不相关，通假关系是难以建立的。至于字义，鉴于黄氏亦曾确认"扁壶形扁圆，亦即椭圆，所以也用'椑'或'鉀'为名"④，因此关于字义、字形，这里不再讨论。现在主要就字音方面进一步做些说明。

　　诚然，汉代将酒器称为椑，但它仅指小口的盛酒之器。《说文·酉部》："酋，椑上塞也。"段注："椑，酒器也。以草窒其上孔曰酋。"椑类器物的上孔

---

① 凤凰山一六七号汉墓发掘整理小组：《江陵凤凰山一六七号汉墓发掘简报》，《文物》1976年第10期。

② 吉林大学历史系考古专业赴纪南城开门办学小分队：《凤凰山一六七号汉墓遣策考释》，《文物》1976年第10期。

③ 黄盛璋：《关于壶的形制发展与名称演变考略》，《中原文物》1983年第2期。

④ 黄盛璋：《盱眙新出铜器、金器及相关问题考辨》，《文物》1984年第10期。

既然能用草塞住，可知其口不大。同时，从《淮南子·氾论训》"霤水足以溢壶榼"的提法中，又可知此器当与壶为类。所以像尊、杅等大口的盛酒之器不能归到榼类中去。黄文认为"'椑''扁'音近义通"，并引王念孙《广雅疏证》中之说："匾与椑一声之转，故盆之大口而卑者谓之瓯。"可是榼，包括这里讨论的扁壶，都不属于"大口而卑"的器型，因此，王说与本题无涉。不过扁壶虽然可以归入榼类，如古乐浪出土的阳朔二年（前23年）漆扁壶，铭文中称为"鬃汭画木黄扣榼"，用的就是这一通称；但此外它还有自己的专名。凤凰山167号墓出土的这一件，简文中称为椑。凤凰山10号墓出土简中也记有"酒椑二斗一"。椑亦作鉀，见于江西九江征集的汉代"于兰家"铜扁壶铭文。[①]而山西太原检选到的战国铜扁壶"土匀錍"的铭文中则称为錍。[②]同为铜扁壶，一件铭文作鉀，另一件铭文作錍，它们很可能是互相通假之字。但錍字的本义与壶类无关，而椑字却是壶类的名称之一。《广雅·释器》："扁榼谓之椑。"扁壶正是榼类中之扁椭者，与椑的定义完全相符；故錍实为椑字之异体。同时，《考工记·庐人》郑众注："椑，隋圜也。"则椑字本身就包含有椭圆形之义，所以用它作为扁壶的名称非常切合。那么，上举遣册中的椑字，也可能就是椑的假借字了。

这里的问题是，鉀与椑的读音是否相同？认为它们的读音相同，最现成的证据可以在《说文》中看到。《木部》："椑，从木，卑声。"《裏部》："卑，从裏，甲声。"从而不难推出椑字也读甲声。卑本来是一个会意字，"静簋"作甲（錍字偏旁），系手持一器之形。但此字在西周时已有甲声一读。陕西扶风出土之穆王时的"貳簋"铭文称："孚（俘）戎兵：瑂（盾）、矛、戈、弓、備（箙）、矢、裏、胄。"（图55-1:1）此铭之"裏胄（⟨glyph⟩）"即"虔簋"之"裏胄

---

① 彭适凡：《江西收集的西汉铜鉀》，《文物》1978年第7期。

② 胡振祺：《太原检选到土匀錍》，《文物》1981年第8期。

图55-1 西周铜器铭文中之"甲"字

1 西周，戎簋铭文，右起第六行第5、6字为"裹（甲）胄"

2 西周，康簋铭文，右起第二行末2字为"裹（甲）胄"

（令总）"（图55-1:2）。①所以卑字在小篆中遂径作㈣，上部明确地书作甲字。不过这并不是说，在古音中卑纯粹是一个甲声字。因为根据先秦两汉韵文中若干韵脚的通押情况，卑字常应列入支部。甲声只是一种异读，但并不罕见。反映在《说文》里面，不同的本子对卑字遂有不同的说法。覆宋本作："卑，贱也，执事也。从丿、甲。"另一些本子有作"卑，贱也，执事者。从丿，甲声"的。卑字"从丿、甲"的本子除覆宋本外，有南唐徐锴《说文系传》、清段玉裁《说文解字注》、清王筠《说文句读》、清钱坫《说文解字斠诠》、清高翔麟《说文字通》等。校作卑字"从丿，甲声"的本子，则有清钮树玉《说文解字校录》，清姚文田、严可均《说文校议》，清汪宪《说文系传考异》，清桂馥《说文解字义证》，清孔广居《说文疑疑》，清王玉树《说文拈字》等。前一类本子对卑字的理解可以徐传为代表："右重而左卑，故在甲下。"然而古代并不见得全是以右为尊，譬如乘车，君位即在左；"虚左以待"的故事可以为证②。何况甲文中丿、又的位置有时可互换。所以卑字虽源出于会意，但徐传的解释却不尽准确。后一类本子的理解可以《说文校议》为代表："宋本声字空白，小徐无声字。卑，甲声之转。卋从卉声，某从卋声，瘛、瘁从痎声，可以见例。小徐语谬议删。"姚、严二氏考察的角度与徐传不

---

① 簋铭文见《文物》1976年第6期。康簋铭文见唐兰：《西周青铜器铭文分代史征》，中华书局，1986年，第319页。

② 《史记·信陵君列传》。

同，他们的看法很值得重视，但所举之例仍稍嫌迂远。让我们再看一些更直截了当的例子。

《说文·木部》：“栘榭，椑指也。”玄应《一切经音义》卷一二引晋吕忱《字林》则作“栘榭，枏其指也。”可证椑通枏。《艺文类聚》卷四一引魏文帝《饮马长城窟行》：“武将齐贯鉀。”又《世说新语·捷悟篇》：“魏武征袁本初，治装，余有数十斛竹片……谓可为竹椑楯。”余嘉锡笺疏：“椑，唐本作枏。”《太平御览》卷三五七引《世说》作“竹甲楯”。则椑楯就是甲盾，贯鉀就是贯甲。僧伽提婆在东晋时译出的《中阿含经·卷三四·商人求财经》云：“彼商人等各自乘浮海之具——殺羊皮囊、大瓠、枏栿，浮向诸方。”[1]其枏栿应即箄筏。《方言》卷九：“泭谓之箄，箄谓之筏。”箄亦作椑，《御览》卷七七一引《东观汉记》云：“张堪为陪义长，公孙述遣击之。……乃选习水三百人，斩竹为椑渡水。”亦是椑、枏相通之证。再如《尔雅·释鸟》晋郭璞注：“鷽，雅乌也。小而多群，腹下白。江东亦呼为鵯乌。”清郝懿行义疏：“此鸟大如鸽，百千为群，其形如乌，其声雅雅，故名雅乌。”则雅是状其鸣声。月落乌啼，今不殊古，如依后人的注音读鵯为匹，则与其鸣声迥不相侔，因知此鵯字亦当读甲声。从以上诸例看来，卑字的古音有甲声的读法，当无可置疑。

此外，若干间接的例证也能从侧面说明这个问题。《说文·口部》：“嗑，从口，盍声，读若甲。”《言部》：“讘，嗑也。从言，阖声。”甲、盍、阖都是盍部字。榻字《说文》未收，其字当为从木，阖省声。《释名·释床帐》：“长狭而卑曰榻。”按《释名》以声为训，所以这里的狭（夹声与甲声通。呷，从口，甲声。字亦作欱）、卑、榻三字的读音亦应相近。再如《庄子·马蹄篇》“而马知介倪”，释文引晋李颐云：“介倪犹睥睨也。”按《诗·郑风·清人》毛传：“介，甲也。”介为月部，甲为盍部，月盍通转；而且这两个字同属见纽。王力先生在《同源字典》中指出此二字是同源字。因此，从介、睥互通的情

---

① 《大正藏》卷一。

况，亦可证甲与睥读音相近。

还有一个值得注意的现象是，若干以卑声字为名的古物，常同时又有甲声字的名称。如《说文·土部》："堞，城上女垣也，从土，叶声。"堞亦作堞，亦谓之陴。《广雅·释宫》："埤堄，女墙也。"《左传·宣公十二年》杜注："陴，城上陴倪。"则陴（支部）亦可称为堞（盍部）。又如《玉篇》："铧、鑪，錍也。"《广雅·释器》王念孙疏证："铧、鑪当为钾、鑪。"则錍（支部）亦可称为钾（盍部）。又如《说文·刀部》："削，鞞也。"《广雅·释器》："柙，剑削也。"而《说文·木部》谓："柙，剑柙也。"则鞞（支部）亦可称为柙（盍部）。这种现象应当不是偶然的。

从音韵史上考察，盍部的韵母为ap，其中有些字的韵尾辅音-p在汉代已经失落，如甲（keap）这时读kea，因而这些字可以归入鱼部麻韵。又如罗常培、周祖谟先生指出的：在汉代，鱼部麻韵一系的字又转到歌部里去，并与支部通押。[1]如《子虚赋》中之隈、加通押，《光禄勋箴》中之鼙、差通押均是其例。本来具有甲声这一异读的卑，在此音韵演变的背景下，遂完全成为支部字了。不过直到唐末，卑字读甲声的现象仍未完全消失。姜亮夫《瀛涯敦煌韵辑补逸》收录之敦煌所出五代韵书残片之狎韵字内有"碑"字。[2]《说文·石部》：碑"从石，卑声"。此字在《广韵》中列入支部，残片却将它列入狎部；清楚地说明了上述情况。这些例子不仅证实柙、椑两字古音相同，而且也为《说文》中卑字到底是"从丿、甲"还是"从丿，甲声"的老问题找到答案。在汉代，柙、椑相通，正书作椑，俗书作柙，它们是扁壶的专名。只不过从木的椑字常指木胎漆扁壶，铜扁壶作钾；稍晚出的瓷扁壶则作甀[3]。

---

① 罗常培、周祖谟：《汉魏晋南北朝韵部演变研究》，科学出版社，1958年，第26页。

② 姜亮夫：《瀛涯敦煌韵辑补逸》，《敦煌学辑刊》4，1983年。但裘锡圭认为："'卑'跟'甲'的古音实不相近。只是由于'椑''柙'形近，古书中有二字互讹的现象。"（《古代文史研究新探》，江苏古籍出版社，1992年，第587页）然而如果认为从西周直到唐代，诸多以"甲"为声符之字与以"卑"为声符之字互相通假的现象均为"互讹"，并无语音上的依据；殊属不经。

③ 宋捷、刘兴：《介绍一件上虞窑青瓷扁壶》，《文物》1976年第9期。

证实卑字在古音中有甲声的读法，其意义不仅在于为扁壶正名而已。触类旁通，它还可以为解决考古工作中某些悬而未决的疑点提供解决问题的新思路。比如近年屡次出土而受到广泛注意的玉衣即玉柙，它的起源还不十分清楚。既然卑字可读甲声，那么再看《礼记·檀弓》："君即位为椑，岁一漆之，藏焉。"郑玄注："椑谓杝棺，亲尸者。椑，坚着之言也。"就可以知道这里的椑，应即"玉柙"之柙。《吕氏春秋·节丧篇》："含珠鳞施。"高诱注："鳞施，施玉匣于死者之体如鱼鳞也。"正是亲尸之敛具之义。郑训椑为"坚着"，孔颖达疏"漆之坚固"，亦应就椑字而为说。则玉柙的渊源当与《檀弓》中所记之椑棺有关。用玉柙者如满城刘胜墓，发掘报告根据棺环等遗物推定在玉柙之外有一棺一椁[1]。按此墓凿山为藏，在置棺的后室内且建有石屋，石屋即相当于石椁。《史记·张释之列传》说汉文帝欲"以北山石为椁"。北京故宫所藏山西离石出土的汉墓石门，刻铭中亦自名为"郭"。所以满城汉墓中无须再安放木椁。刘胜为诸侯王身份，断无只用单棺单椁之理。《礼记·檀弓》《丧大记》及郑注，皆谓诸侯用三棺。据单先进《西汉"黄肠题凑"葬制初探》一文的统计表明，西汉诸侯王墓多用三层棺；正与礼制相合。[2]而平山中山王墓出土的"兆域图"谓夫人的"椑棺、中棺视哀后"[3]，则椑棺之外为中棺。今知玉柙相当于椑棺，则报告中所谓一棺一椁，实应为刘胜的中棺与外棺，这样也正符合诸侯王用三棺之制。再如居延简中记有"皮宵，草革"（《甲编》1863）。在居延甲渠候官遗址新出简中作"皮督，草革"（EPT 48·129）。皮督亦作"鞮瞀"（EJT·119）。证以《战国策·韩策》"甲、盾、鞮鍪"，吴师道补注"鞮鍪，首铠也"，《汉书·韩延寿传》"被甲鞮鞪"，颜师古注"鞮鞪即兜鍪也"。则其物为革制之胄。草则应读为《世说》"竹椑楯"之椑，草革即草制之甲。居延简中记有"革甲鞮督各一"（《甲编》121），广西贵县（今贵港市）罗泊湾汉墓所

---

① 中国社会科学院考古研究所、河北省文物管理处《满城汉墓发掘报告》文物出版社，1980年，第33页。

② 文载《中国考古学会第三次年会论文集》，文物出版社，1981年。

③ 朱德熙等：《平山中山王墓铜器铭文的初步研究》，《文物》1979年第1期。

出《从器志》记有"绁甲鞻鼖"①，均以甲鼖连言，可为旁证。研究者或释宭苹为革制之幕与草制之蓑、帘②，义恐未安。释宭为鍪，苹为甲，则文义略无窒碍，问题可涣然冰释。

最后，还应当讨论一下《急就篇》"槫榼椑椻匕箸籫"句中"椑椻"两字如何解释的问题。为《急就篇》作注的颜师古和王应麟都认为这是两种器物。从整个句子看，这里列举的是饮食器：槫是圆筒形有盖的卮，榼是小口盛酒器，椑是扁壶，椻是盘子③，匕是尖匙，箸是筷子，籫是筷筒，意思本来很清楚、连贯。榼与椑均为小口酒器，举此及彼，是很自然的。《汉书·张骞传》颜注引韦昭说及晋郭义恭《广志》（《初学记》卷二八引），均曾将"椑榼"连称。但自从在马王堆1号墓所出遣册中发现指盘子而言的"卑虒"一词后，研究者或认为"卑虒"即《急就篇》中之"椑椻"。其说未为得之。黄文也认为："《急就篇》椑椻可能连读，表圆形之盘，所以名为椑椻，因其形扁圆，椑就是扁。"亦不确。因为卑虒之卑属支部，读音与甲声的椑不同。卑虒是叠韵连语，音转为"扁虒"或"䫂虒"（均见《一切经音义》卷六）。由于读音和构词方式均异，故各有所指。虽然"卑虒""䫂虒"中的卑、䫂与椑的字形相近，却不宜把它们分离出来与椑相攀比。如凤凰山167号汉墓的遣册中，也记有"绪（纻）卑䫂""食卑虒""脍卑虒"等，但其卑字的写法与"大椑"之椑字判然有别；更可透露出此二字当时读音不同的个中消息。

（原载《文物》1986年第11期）

---

① 广西壮族自治区文物工作队《广西贵县罗泊湾一号墓发掘简报》，《文物》1978年第9期。
② 初师宾：《汉边塞守御器备考略》，载《汉简研究文集》，甘肃人民出版社，1984年。
③ 《说文·木部》："椻，槃也。"

56 固原北魏漆棺画

　　1973年出土于宁夏回族自治区固原县（今固原市）雷祖庙北魏墓的描金彩绘漆棺，虽其后部已损毁，木胎亦朽失不存，但残漆皮经拼接复原后，仍使大部分画面得以恢复。[①]这些绘画不仅在艺术史上应占有重要地位，而且它们所透露出的有关北魏历史面貌的若干信息，更是弥足珍贵的。

　　在讨论这个问题之前，应先判定漆棺制作的年代。从已发表的文章看，研究者多认为漆棺是太和年间（477—499）之物，这无疑是正确的。更具体地说：第一，棺画上的人物皆着鲜卑装，故漆棺的制作应早于孝文帝开始实施新服制的太和十年（486年）[②]；第二，漆棺盖上所绘络合成菱形的忍冬图案与太和八年（484年）司马金龙墓所出漆屏的边饰相近，而棺画中人物的服饰又与内蒙古赤峰市托克托县（今属呼和浩特市）出土的太和八年鎏金铜释迦像座上之供养人的服饰相同[③]。因此，漆棺的年代大致应为太和八年至十年。也就是说，漆棺是在献文帝已死、冯太后开始推行汉化政策期间制作的。因为在漆棺画上，可以明显地觉察到草原文化与中原文化并而未合、汇而未融的时代气息。

　　漆棺画中的人物皆着鲜卑装，故而在整个漆棺上笼罩着浓厚的鲜卑色彩，但中原文化的影响仍有所体现。比如漆棺盖上的主题花纹是安排在银河两侧的日轮和东王父以及月轮和西王母，实际上是一幅带有道教色彩的天象图。秦汉以来，在墓顶上绘天象本属常见之举，但也有将这类图画转移到棺盖上的，如

---

① 固原县文物工作站：《宁夏固原北魏墓清理简报》，《文物》1984年第6期。
② 孝文帝新服制的实施在太和十年（486年）至十八年（494年）。见宿白：《〈大金西京武州山重修大石窟寺碑〉的发现与研究》，《北京大学学报》1982年第2期。
③ 此释迦像为内蒙古博物院藏品。

江苏仪征烟袋山西汉墓的棺盖内就嵌有北斗七星[1]。洛阳出土的一具北魏石棺在棺盖内刻有天象和伏羲、女娲，仍然沿袭着汉代的传统。[2]固原漆棺将这种图画绘于棺盖顶部，已开6世纪以降高昌墓葬在棺盖上覆以绘有天象和伏羲、女娲的绢画之先河。至于此漆棺不画伏羲、女娲而画东王父、西王母，则是与十六国以来的风气有关。甘肃酒泉丁家闸一座十六国时期的墓葬，墓顶为四角攒尖，其东坡画日轮和东王父，西坡画月轮和西王母。[3]有意思的是，固原漆棺和丁家闸壁画上所画的四尊神像，其身姿、衣着均非常接近（图56-1）。漆棺就是将丁家闸这类墓顶壁画搬到棺盖上了。研究者或以为棺盖上画的就是墓主人夫妇[4]，不确。因为人物身旁榜题中的"东王父"三字彰彰在目，而且漆棺前挡又绘有已被确认的墓主像；加以其位置高据天际，身侧伴以日、月，故应为神像无疑。研究者又认为漆棺画中的东王父、西王母穿的是汉式服装；虽然也可以这么说，但实际上只不过因为它们原是汉族的神像，有固定的格式，不便全盘改动而已。尽管如此，漆棺画中仍给它们都戴上鲜卑帽；而在古代服装史上，服装的等级和属性往往是由冠、帽的式样决定的。所以它们初看起来就与丁家闸壁画中东王父戴山字形三维冠[5]、西王母饰三起式大髻的形象颇不相同，甚至使人产生这是墓主夫妇像的误解了。从

图 56-1　东王父（1、3）与西王母（2、4）

1　十六国，壁画　甘肃酒泉丁家闸墓
2　十六国，壁画　甘肃酒泉丁家闸墓
3　北魏，漆棺画　宁夏固原
4　北魏，漆棺画　宁夏固原

①　南京博物院：《江苏仪征烟袋山汉墓》，《考古学报》1987 年第 4 期。
②　宫大中：《试论洛阳关林陈列的几件北魏陵墓石刻艺术》，《文物》1982 年第 3 期。
③　甘肃省博物馆：《酒泉、嘉峪关晋墓的发掘》，《文物》1979 年第 6 期。
④　韩孔乐等：《固原北魏墓漆棺的发现》；王泷：《固原漆棺彩画》；均载《美术研究》1984 年第 2 期。
⑤　《仙传拾遗》："东王父亦云东王公，盖青阳之元气，百物之先也。冠三维之冠，服九色云霞之服，亦号玉皇君。"

而说明，根据鲜卑族墓主人的意图，棺画在形象的处理上是以我为主、为我所用。棺画中的"汉化"因素是透过其鲜卑气氛闪现出来的。

类似的情况在棺画中的孝子像上也可以看到。在这里，无论舜、蔡顺或郭巨，一律鲜卑装扮，如果没有身边的榜题，恐怕难以认出这是些什么人了。以之与北魏迁洛以后的孝子画像石棺（今藏美国堪萨斯城纳尔逊－阿特金斯艺术博物馆的那一具）上的人物相较，简直判若两族（图56-2）。就目前所知，孝子作这种形象者，在中国艺术史上只此一例。

但是这位鲜卑民族意识很强的墓主人，为什么在漆棺上画上这些汉族的孝子呢？看来这仍然与冯太后的汉化政策分不开。孝道本是儒家伦理思想的一个组成部分，西汉时已加以提倡，东汉尤盛。《后汉书·荀爽传》说："汉为火德，火生于木，木盛于火，故其德为孝。"因而《孝经》遂成为儿童必读的课本。但在西汉，蒙学读物的顺序大致是《诗经》——《论语》——《孝经》[①]。东汉时却将《孝经》提升为第一位。《四民月令》说：十一月"命幼童读《孝经》《论语》《篇》《章》、小学"[②]。南北朝时仍然如此。南朝方面如顾欢"八岁诵《孝经》

图56-2 舜（1、2）与郭巨（3、4）

1 北魏，漆棺画 宁夏固原
2 北魏，孝子石棺，美国堪萨斯城纳尔逊－阿特金斯艺术博物馆
3 北魏，漆棺画 宁夏固原
4 北魏，孝子石棺，美国堪萨斯城纳尔逊－阿特金斯艺术博物馆

① 《汉书·霍光传》说史皇孙（汉宣帝）在民间时，"师受《诗》《论语》《孝经》"，或可代表西汉时蒙学读物的顺序。
② 《齐民要术·杂说第三〇》引；《篇》指《仓颉篇》，《章》指《急就章》。

《诗》《论》",伏挺"七岁通《孝经》《论语》",马枢"六岁能诵《孝经》《论语》《老子》";北朝亦不落后,如徐之才"五岁诵《孝经》",颜之仪甚至"三岁能读《孝经》"。①北魏且曾以鲜卑语译《孝经》,《隋书·经籍志》中有《国语孝经》一卷,据志中《经部·小学类·小序》说,"国语"即鲜卑语。这卷鲜卑语《孝经》译出的时间一说在迁洛后;但推情度理,实应在迁洛前。因为迁洛意味着与鲜卑旧俗的决裂,这时推行汉化已达到雷厉风行的程度。在语言方面,孝文帝"断诸北语,一从正音",即禁用鲜卑语,以汉语为通用的语言,故已无用鲜卑语译书的必要②。再向前追溯,则北魏早期如《北史·魏高祖孝文帝纪》所说:"有魏始基代朔,廓平南夏,辟土经世,咸以威武为业。文教之事,所未遑也。"拓跋鲜卑出自大兴安岭,本是很落后的渔猎游牧部落,道武帝拓跋珪定都平城后,登国九年(394年)才分土定居,成为真正的国家,这时当然还谈不上翻译儒家经典。③至太武帝拓跋焘时,虽然他能征善战,灭北燕、北凉,统一了黄河流域;又经略江淮,与刘宋形成南北对峙的局面。但他自称"常马背中领上生活"④,则其人是一位赳赳武夫。《魏书·食货志》称:"世祖(拓跋焘)即位,开拓四海。以五方之民各有其性,故修其教不改其俗,齐其政不易其宜。"可见他并不在鲜卑人当中推行中原的礼俗,比如拓跋鲜卑同姓为婚的原始习俗,他就未加触动。此时翻译《孝经》,恐怕条件仍不成熟。冯太后时就不然了,她断然禁止同姓通婚。秉承她的旨意所下的诏书说:"夏、殷

---

① 见《南齐书·顾欢传》《梁书·伏挺传》《陈书·马枢传》、《北齐徐之才墓志》(《汉魏南北朝墓志集释》卷七)、《周书·颜之仪传》。参看《吕思勉读史札记·戊帙》"论语、孝经"条,上海古籍出版社,1982年;吉川忠夫:《六朝精神史研究·六朝时代における"孝经"の受容》,京都,同朋社,1984年。

② 《隋书·经籍志》说:"魏氏迁洛,未达华语。孝文帝命侯伏侯可悉陵以夷言译《孝经》之旨,教于国人,谓之《国语孝经》。"但此说恐不确。因如《北史·魏咸阳王禧传》所说,迁洛后已"断诸北语"。又《魏书·吕洛拔传》说:吕洛拔的长子文祖于献文帝时"补龙牧曹奏事中散,以牧产不滋,坐徙于武川镇。后文祖以旧语译注《皇诰》(冯后作),辞义通辩,超授阳平太守",可见冯后时有以鲜卑语译书之举,译《孝经》或亦在此时。

③ 《魏书·贺讷传》。

④ 《宋书·索虏传》。

不嫌一族之婚，周世始绝同姓之娶，斯皆教随时设，政因事改者也。皇运初基，中原未混。拨乱经纶，日不暇给，古风遗朴，未遑厘改。……自今悉禁绝之，有犯以不道论。"①她又在各地设乡学，在诸郡署博士，在京师立孔庙。并"改析国记"，确认"魏之先出自黄帝轩辕氏。黄帝子曰昌意，昌意之少子受封北国，有大鲜卑山，因以为号"之说。②这样，鲜卑民族遂纳入羲农正统，汉化政策的推行更加名正言顺了。同时，她还要求全国民众都遵守儒家"父慈子孝，兄友弟顺，夫和妻柔"的伦理道德规范。③并指出："三千之罪，莫大于不孝。"④这时既然大力提倡孝道，从而读《孝经》、译《孝经》也就提到日程上来了。因为读《孝经》不仅是接受儒家教育的起步，同时也是为接受汉化奠定思想基础。而与读《孝经》相辅而行的"孝子图"，在东汉时已常见，南北朝时且有装成卷轴的⑤。所以说，如果鲜卑语《孝经》译成于冯太后时，那么鲜卑装的孝子图接踵而出，并进而摹绘到漆棺上，也正是自然的趋势了。

漆棺上画有孝子，是否意味着墓主人已服膺儒学？这倒并不见得。因为早在东汉末，《孝经》已染上神秘的色彩。《后汉书·向栩传》说："会张角作乱，栩上便宜，颇讥刺左右，不欲国家兴兵，但遣将于河上北向读《孝经》，贼自当消灭。"《艺文类聚》卷六九引《汉献帝传》说："尚书令王允奏曰：'太史令王立说《孝经》六隐事，能消却奸邪。'常以良日允与立入，为帝诵《孝经》一章，以丈二竹簟画九宫其上，随日时而出入焉。"可见这时已认为《孝经》能消灾辟邪。西晋皇甫谧在《笃终》中说，他下葬时"平生之物，皆无自随，唯赍《孝经》一卷"⑥，恐怕也与这种认识有关。南北朝时，除了用《孝经》外，还

① 《魏书·高祖孝文帝纪》。

② 《魏书·序纪》。

③ 《北史·魏高祖孝文帝纪》。

④ 《魏书·刑罚志》。

⑤ 《南史·齐高帝诸子传》说："诸王不得读异书，五经之外，唯得看孝子图而已。"《南史·王慈传》说："年八岁，外祖宋太宰江夏王义恭迎之内斋，施宝物恣所取，慈取素琴、石砚及孝子图而已。"这些"孝子图"均应为单行的卷轴。

⑥ 《晋书·皇甫谧传》。

兼用道经和佛经随葬。如南齐张融遗命，入殓时"左手执《孝经》《老子》，右手执《小品》(《般若经》)、《法华经》"①，表明自己三教兼习，以保佑冥途平安。张融卒于建武四年(497年)，与固原漆棺制作的时间(约484—486)相距甚近。所以漆棺上既画孝子像，又画道教的东王父、西王母像及佛教的菩萨像，其中也应包含祈求冥福的用意。从这个角度考察，则孝子像只不过是迎合时尚的装点殡葬之物而已。所以说漆棺画中虽有"汉化"的成分，却并不以"汉化"为基调。

那么墓主人的思想倾向到底是怎样的呢？这从漆棺前挡所绘墓主像中可以略见端倪。像中的墓主着鲜卑装坐于榻上，右手举杯，左手持小扇(图56-3:1)。令人惊异的是，此像竟然表现出一派嚈哒作风。它与乌兹别克斯坦南部铁尔梅兹市西北的巴拉雷克(Balalyk-Tepe)嚈哒建筑遗址所出壁画上的人物非常肖似②。此处壁画系5世纪后期到6世纪前期的作品。6世纪后期，此地遭西突厥入侵，建筑物受到损坏；7世纪前期，由于萨珊入侵而沦为废墟。壁画所表现的宴饮场面中，嚈哒贵族大都一手持酒杯，一手执小扇，与固原漆棺画中的墓主像相同(图56-3:2、3)。嚈哒壁画中之人物持杯的手势很特殊，皆以拇指与食指、中指、无名指相对捏住杯足，小指单独翘起，而漆棺画上的墓主像也正作此状。两者绝非偶然雷同，应代表一种

图56-3 固原漆棺所绘人像与嚈哒人像之比较

1 固原漆棺前挡所绘墓主像
2 壁画 乌兹别克斯坦巴拉雷克嚈哒遗址
3 壁画 乌兹别克斯坦巴拉雷克嚈哒遗址

---

① 《南齐书·张融传》。

② Л.И.Альбаум, *Балалык—тепе.К истории материальной кулвтуры и исуства Тохари-стана.Изд—во Академии наук Узбекской ССР.Тащкент*, 1960.

特殊的风尚。与嚈哒壁画中人物席地的坐姿略有不同的是，漆棺画中的墓主人坐在榻上，两足垂而相向。这种坐姿在《南齐书·魏虏传》中称为"跂据"，《南齐书·王敬则传》中称为"跂坐"。如果其相向的两足交叉起来，便是佛像造型中所称"交脚坐"。有的学者认为这种坐姿是模仿鄯善王。[①]实际上乃是当时从犍陀罗、中亚到今新疆一带流行的坐姿。519年，宋云在赴印求法途中经过嚈哒时，说嚈哒王"着锦衣，坐金床，以四金凤凰为床脚"[②]。他既然坐在床上，则当如义净《南海寄归内法传》卷三所称"凡是坐者，皆……双足履地，两膝皆竖"之状；当然，双足可以并垂，亦可交脚；与漆棺画中墓主像的坐姿应大致相同。

据《北史·嚈哒传》说："嚈哒国，大月氏之种类也，亦曰高车之别种，其原出于塞北。"《梁书·滑国传》则说他们是"车师之别种"。关于其族源、族属，近人有各种说法，目前尚未取得一致意见。[③]在当时，嚈哒人自称为匈奴，西方则称之为白匈奴。拜占庭史家帕罗科匹斯（Procopius）说："在所有的匈奴人民中，只有他们的皮肤是白色的，也只有他们的体态是正常的。"[④]东罗马人对嚈哒人做出这种评论，似乎表示他们属于印欧人种。他们起初曾居住在阿尔泰山下，因受柔然的攻击而西徙。5世纪中叶，嚈哒灭贵霜；5世纪末叶又击败萨珊。470—500年左右，嚈哒奄有康居、粟特、大夏、吐火罗、富楼沙等地，成为继贵霜而崛起的中亚大国。当固原漆棺画绘制之际，嚈哒正处于其盛世。

嚈哒虽然强盛，但他们过的是游牧生活。宋云对嚈哒国的描述是："土田庶衍，山泽弥望。居无城郭，游军而治。以毡为室，随逐水草，夏则随凉，冬则就温。"又说他们在"四夷之中，最为强大。不信佛法，多事外神。杀生血

① 古正美：《再谈宿白的凉州模式》，《敦煌研究》1988 年第 2 期。

② 《洛阳伽蓝记》卷五。

③ 余太山：《嚈哒的族名、族源和族属》，载《文史》第 28 辑，中华书局，1987 年。

④ 帕罗科匹斯《战争史》中之语，转引自〔美〕麦高文：《中亚古国史》，章巽译，中华书局，1958 年。

食，器用七宝。诸国奉献，甚饶珍异"[①]。由于嚈哒既强大富足，又与北魏不相接壤，两国间没有发生过战争，不像北魏与柔然那样，频年以兵戎相见；故北魏与嚈哒互相通好。《北史·嚈哒传》说，嚈哒"自太安（指太安二年，456年）以后，每遣使朝贡"。固原漆棺正属于这一时期。

固原出漆棺的这座墓中还出土了一枚萨珊银币，为卑路斯B式，年代为457—483年。萨珊在文成、献文、孝文各朝均曾遣使来北魏，这枚银币有可能直接来自波斯。但卑路斯是由嚈哒王派军队支持才得以即位的，后来他又屡次组织军队进攻嚈哒，可是均遭失败，卑路斯几度被俘，向嚈哒支付了巨额赔款。484年，他本人也在与嚈哒的战争中丧生。故嚈哒应握有大量卑路斯银币。在河北定县（今定州市）北魏塔基出土的一枚萨珊耶斯提泽德二世（438—457）银币的边缘上压印有一行嚈哒文戳记[②]，证明是经嚈哒人之手传入中国的。以此例彼，则固原所出萨珊银币也不排除有从嚈哒人那里间接传入的可能。应当指出的是，我国迄今为止发现的1174枚萨珊银币中，有相当一部分可能是经嚈哒人、粟特人或突厥人之手传入的，不见得都直接来自波斯。

嚈哒既与北魏有交往，而且也有通过嚈哒人传来的银币，那么，是否在我国出土的文物中还能找到其他嚈哒制品呢？当然，嚈哒立国仅一个多世纪，不要说在中国，即便在它的故土，已发现的嚈哒遗物也为数不多。但在我国近年的出土物中，却有一件精美的银器似应推断为嚈哒制品。

这件银器是在固原深沟村北周李贤墓（天和四年，569年）出土的，为鎏金的银胡瓶，通高37.5厘米，最大腹径12.8厘米。器腹呈小头向上的卵形（与罗马式胡瓶之器腹呈大头向上的卵形有别），高足修颈，瓶口有平直外侈之鸭嘴状短流，无盖（图56-4；56-5）[③]。它的外轮廓与萨珊胡瓶相似，故出土之初研究者曾认为是萨珊制品。但吴焯先生主张此银瓶的作者"是嚈哒占领

---

①　《洛阳伽蓝记》卷五。

②　河北省文化局文物工作队：《河北定县出土北魏石函》，《考古》1966年第5期。

③　宁夏回族自治区博物馆等《宁夏固原北周李贤夫妇墓发掘简报》，《文物》1985年第11期。

图 56-4 嚈哒，鎏金银胡瓶
宁夏固原李贤墓出土

图 56-5 嚈哒，李贤墓出土鎏金银胡瓶腹部人物纹展开图

区内的土著工匠或者客籍于这一地区的罗马手艺人"[1]。虽然他只就其艺术渊源立论，未援引嚈哒器物予以证明，但笔者认为此说值得重视。进一步从造型上分析，它和萨珊制品的区别还可举出以下五点：

一、李贤墓之银胡瓶在其高圈足的底座下缘饰有一周突起的大粒联珠纹。这种装饰手法亦见于巴拉雷克嚈哒壁画，那里的宴饮图中所绘高足杯的底座上即饰有大联珠纹。以后在粟特银器上，此式底座更经常出现，实例很多。而萨珊银器之高圈足的底座多是平素无文的，其好尚与中亚地区不同。

二、此银胡瓶之把手的顶部饰人头像。内蒙古赤峰市敖汉旗李家营子1号墓出土的银胡瓶也在把手与器口相接处饰一人头像，那件胡瓶为粟特制品，对此我国学术界的看法已渐趋一致（图56-6）。萨珊胡瓶在把手顶部立一小圆球，本是为拴瓶盖用的。而有些嚈哒与粟特瓶无盖，遂将萨珊胡瓶上有实际用途的小圆球改成装饰性的人头像了。

图 56-6 粟特，银胡瓶
内蒙古赤峰李家营子1号墓出土

---

[1] 吴焯：《北周李贤墓出土鎏金银壶考》，《文物》1987年第5期。

图 56-7　嚈哒帽

1　嚈哒，银胡瓶　宁夏固原李贤墓出土

2　嚈哒，银碗　俄罗斯圣彼得堡艾尔米塔什博物馆藏

3　嚈哒，壁画　乌兹别克斯坦巴拉雷克出土

三、此银胡瓶之把手两端与器身连接处各饰一骆驼头，而萨珊胡瓶之把手两端多饰以长耳朵的野驴头或羚羊头等。在器物上用骆驼的形象作装饰，看来是河中地区的一种风尚。

四、李贤墓之银胡瓶把手上的人头和器腹上锤鍱出的一个披斗篷的男子均戴出檐圆帽，这是嚈哒式的帽子。它和粟特之仅扣在脑顶上的小帽不同，萨珊更没有这种式样的帽子。而俄罗斯圣彼得堡艾尔米塔什博物馆所藏 5 世纪制作的嚈哒银碗与上述巴拉雷克壁画中描绘的锦纹里，却都有戴这种圆帽的实例（图 56-7）①。

五、最后应强调的一点是，这件银胡瓶上锤鍱出的人物，其造型全然不类萨珊风格。萨珊银器上表现人物时，有一套程式化的章法，如所镌阿娜希塔女神以及舞女等，均有相对固定的几种姿势，一般变化不大，雷同之处较多，故特征明显，易于识别（图 56-8）。李贤墓之银胡瓶则不然，这上面的人物无论动作和装束均与萨珊有别。特别是那个与持短矛者对话的女子，头部扭转向后，双足却一径前行，与乌兹别克斯坦撒马尔罕历史·建筑·艺术博物馆所藏 5 世纪后期的嚈哒银碗上之

图 56-8　萨珊，银胡瓶上的女神像

---

① 嚈哒银碗见东京国立博物馆：《シルクロードの遗宝》图版 78。巴拉雷克锦纹见 G. Furmkin, *Archaeology in Soviet Ceniral Asia*, p.118, fig.28.

女像的姿势全然一致（图56-9）[①]。并且李贤墓之胡瓶上由六个人组成的画面，表现的似是某一希腊罗马神话故事[②]；由于宗教信仰的隔阂，此类题材也不可能出现在萨珊银器上。

认为李贤墓出土的银胡瓶为嚈哒制品，还有一条可供考虑的线索。《北史·嚈哒传》说："正光末，遣贡师子一，至高平，遇万俟丑奴反，因留之。丑奴平，送京师。"[③]

图56-9　嚈哒，银碗
乌兹别克斯坦撒马尔罕历史·建筑·艺术博物馆藏

同书《李贤传》说："魏永安中，万俟丑奴据岐、泾等州反，孝庄遣尔朱天光击破之。天光令都督长孙邪利行原州事，以贤为主簿。累迁高平令。"李贤在这次平叛事件中起的作用很大[④]。当时嚈哒使臣正滞留于此，李贤本人应参与保护过这些使臣和贡品；因而在他的墓葬中发现嚈哒器物是可以理解的。故这件银胡瓶应为世所罕觏之嚈哒文物中的珍品。加以本文所讨论的漆棺画中也有模仿嚈哒风习的迹象；与嚈哒有关之事物频频发现于固原，看来当时的原州确是丝路东段北线，即自长安通陇西出敦煌赴中亚这条大道上的一个重要地点。

嚈哒器物制作精致，造型典雅，反映出他们具有较高的审美能力，并不仅仅是"凶悍能斗战"而已。因此嚈哒文明和他们的生活方式对北魏鲜卑贵族中的保守分子具有一定的吸引力。固原漆棺画中的墓主像亦步亦趋地效法嚈哒做

---

① Б.И.Марщак, Я.К.Крикис, Чилекские чаши-Трулы Государственного Эрмитажа, т.Х.Изд-вс"Советский художник", Ленииград1969, c.67-76

② 参看B.L. パルシャク、穴泽咊光：《北周李贤夫妻墓とその银制水瓶について》，《古代文化》41卷4号，1989年。

③ 《北史·嚈哒传》。

④ 《周书·李贤传》。

派，正反映出其追求与向往。但艺术水平与社会发展阶段并不总是同步的，大量役使外族工匠的情况下更是如此。在 5 世纪时，与中国之成熟的封建制度相比较，嚈哒国家是落后的。而将固原漆棺之墓主所代表的思想倾向置于北魏的现实政治生活中，更会发现它正属于反汉化的那股势力。当孝文帝迁洛之后，不少鲜卑贵族"雅爱本风，不达新式"[1]；对"革变旧风"，"并有难色"[2]。在穆泰等人阴谋占据平城发动叛乱时，"代乡旧族，同恶者多"[3]。特别是孝文帝的太子元恂，在迁洛之后仍"追乐北方"，企图"召牧马，轻骑奔代"[4]。元恂虽然被废，后又赐死，但他的思想状况与固原漆棺之墓主是相通的。不仅像他那种鲜卑贵族如此，在穆泰等人的谋叛事件中，甚至还有司马金龙之子司马徽亮参加。司马徽亮本是晋室宗族，竟然也反对汉化，可见对嚈哒等所谓"骑马民族"国家的魅力不能低估。直到唐初，唐太宗之子李承乾不是还在步这些人的后尘吗？！因此当拓跋鲜卑征服中原后，在他们处于"佛狸（拓跋焘）已来，稍僭华典，胡风（西域风俗）国俗（鲜卑风俗），杂相糅乱"[5]的十字路口之际，到底下一步要建立一个怎样的国家？是继续保持游牧生活的基本习尚，成为一个像嚈哒那样的奴隶制草原帐国呢；还是通过汉化，接受中原文明，完成向封建制的飞跃呢？这就是冯太后和孝文帝等人所必须做出的抉择。固原漆棺画从一个侧面向我们展示出元恂一类鲜卑贵族的心态，遂使人更加体会到冯太后和孝文帝的汉化事业的可贵，以及他们所面临着的是何等顽强的阻力。

（原载《文物》1989 年第 9 期）

---

[1]　《魏书·东阳王丕传》。

[2]　《魏书·陈凯传》。

[3]　《魏书·于烈传》。

[4]　《魏书·废太子恂传》。

[5]　《南齐书·魏虏传》。

57 "穆天子会见西王母"画像石质疑

《中原文物》1982年第1期发表的"穆天子会见西王母"画像石，据称是前洛阳古玩商马氏所遗（以下简称"马氏石"）。原考释将其年代定为东汉，认为它的"创作态度""认真而严肃"，是一件很重要的古文物。然而读过之后，觉得问题很多，对它的真伪和定名还有进行考订的必要（图57-1）。

诚如原考释所说："此块画像石，从风格上看，与南阳的不同，与山东的较近似。"初看起来，画面上若干单元的形象确乎有点面熟，仿佛都在山东出土的画像石上看到过，然而综观全石，又感到它的构图很奇特。马氏石当中刻出辅以双阙的楼阁，楼两侧为车马行列，楼顶上为跨龙的天神，楼底下为骑鱼的水怪，左右对称，人神杂糅，场面虽大，物像虽多，却不太符合汉画像石的格式。因为在东汉，无论祠堂或坟墓中的画像石，多以表现墓主人生前场景为重点，诸如其起居饮宴之豪奢，出行仪卫之盛大，生平历官之显赫等。至于以辟邪祈福为目的的神怪祥瑞题材和以宣扬封建道德为目的的历史故事题材，则分栏另刻，与前一类画面一般互不掺和，而且后两类也不混刻在一起。特别是历史故事，常采取简单的图解式，且往往附有榜题。马氏石的内容如被解释为穆天子会见西王母这一历史故事，不仅证据不足，就构图而言也绝无可能。如把楼阁人物和车马行列分离出来别作解释，则题材淆杂，更难讲得通。

图 57-1 画像石，"穆天子会见西王母"

马氏旧藏

再细看一下，马氏石上有些形象很蹊跷。比如此石左右两下角刻水波纹，波浪中涌出各种鱼龙水怪以及驾鱼车的海神、河伯之类，其中有的还拿着武器，应是表现出战的场面。但在两组水怪的当中，却刻出了一些姿态安详的陆地动物如虎、鹿、麒麟之属，一水一陆，一动一静，全不调和，似不应刻在同一行列之内。再如马氏石中部的楼阁，有很高的柱栌和宽大的阶石。但这么高的柱栌要到宋代才出现。汉代的台阶也不是这种形制，殿堂所设宾阶、阼阶是分成两列的，即便只设一列踏道，也较窄小，与马氏石上的样子全不相侔。马氏石上的车马行列也怪得很，其左侧的一辆车相当豪华，大约代表出行行列中的主车，可是竟没有属车，只用几名骑吏为前导①。右侧的一位妇女所乘之车，不但不按汉画像石中的惯例，排列在主车后面，即所谓"载玉女兮后车"；并且她竟不乘辎軿，而乘四面敞露的轺车，均不符合汉代的制度②。更不用说两组车马相对而行，似乎从两个方向走来，使人更难以理解它们之间的关系了。

说马氏石上的主车豪华，首先是因为它在马头后面刻出了一只鸾雀，在汉代，这是金根车的制度。《舆服志》说金根车"鸾雀立衡"。刘注引徐广曰："置金鸟于衡上。"过去，这种车的画像只知道唯一的一例：山东长清孝堂山石祠出行图中的"大王车"（图57-2:1）。这辆车有三条辕，其前端在图像石上清晰可辨，两匹服马夹在辕中，辕端施衡，鸾雀立在衡上，正和古文献的记载一致。可是马氏石上的主车没有刻出衡来，鸾雀也太偏后，与衡的位置不相对应，所以这里的鸾雀不是立在衡上，而是立在缰绳上。但在策马前进的过程中，缰绳不断晃动，那上面是绝不能安装金铜制的鸾雀的，所以马氏石上的安排，不合乎车制的结构原理。这种情况使人想起了清代摹刻汉画像的木版书，如冯云鹏等所编《石索》，好像就有类似的毛病。打开冯氏书一看，无独有

---

① 《续汉书·舆服志》说：乘舆大驾，属车八十一乘；乘舆法驾，属车三十六乘。诸侯贰车九乘。下至县令长，还要以贼曹、督盗贼、功曹三车为导，主簿、主记二车为从。

② 《续汉书》说："太皇太后、皇太后非法驾乘紫罽軿车，长公主赤罽軿车，大贵人、贵人、公主、王妃、封君等油画軿车。"故《汉书·张敞传》说："君母出门，则乘辎軿。"内蒙古和林格尔汉墓壁画榜题也写明："夫人乘軿车。"

图 57-2　几种车的比较

1　汉画像石中的"大王车"　山东长清孝堂山石祠
2　"大王车"　《石索》摹刻
3　马氏石中的主车

偶，《石索》中"大王车"的鸾雀恰恰也立在缰绳上（图 57-2:2）。不仅如此，《石索》还把其靠外侧的两匹马的前腿刻成双双直立；不像原石那样只一腿直立，另一腿蜷曲。因此《石索》中此车内侧二马的四条前腿和两条后腿都蜷曲起来，出现了很不合理的姿势。而马氏石主车的马腿却也正是这样处理的。而且"大王车"的主人戴的本是武弁大冠，《石索》误摹为进贤冠，马氏石又含糊地加以简化，变成不知是什么冠了（图 57-2:3）。这就暴露出它是以《石索》为底本摹刻而成的破绽。不但《石索》弄错了的地方它也跟着错，另外它还添上了若干为《石索》所无的新错误。比如车盖本来是用一根盖杠支撑，而在车盖四旁系四条用布帛制作的维。《石索》上这一部分摹刻得大体无误，只是四维的曲线较原石稍僵直。马氏石却将盖杠和四维合并成四根支柱（女车尤其明显）了。而且它的轮子太小，约过马胸的鞍及靷不能向后连结于车轴，照它这种结构，此车既无法系驾，也难以成行。

　　马氏石上不独这辆车是在缺乏理解的情况下自《石索》剽摹而成，其他部分也大都能在《石索》中找到其底样。比如水怪出战部分，武氏祠画像石中有执刀、盾的蟾蜍（图 57-3:1），《石索》中还大体保持原形（图 57-3:2），在马氏石上其所执之盾却变成了不知名的棒状物（图 57-3:3）。武氏祠中骑鱼的水怪肩荷棨戟（图 57-3:4），《石索》摹刻的稍差一些（图 57-3:5），在马氏石上它却变成三叉状物（图 57-3:6），全然看不出是做什么用的了。武氏祠中有条翼龙，因为一条前腿漫漶不清（图 57-3:7），《石索》误将其翼刻成向上

図 57-3 武氏祠画像（1、4、7、10）、《石索》（2、5、8、
11）及马氏石（3、6、9、12）上几种形象的比较

直立的腿，而将看不清的那条腿略去（图57－3：8）。马氏石继承了《石索》的
错误，将这条龙的四肢安排得更加畸形（图57－3：9），剿袭的痕迹昭然若揭。
乘龙的天神也是如此，在武氏祠画像石上，一个羽人乘龙持旌（图57－3：10），
《石索》把原石上生双角的龙刻成独角（图57－3：11）。在马氏石上这条龙仍是
独角，但旌却变成一种汉画像中不经见的小旗子（图57－3：12）。

特别应当指出马氏石当中那座楼阁，乃是从《石索》所载武氏祠画像石三
之十三完整地搬来的，只把原石楼下层的人物略去一个，楼上的人物略去两
个（图57－4）。原石本为武梁祠后壁，在楼上女主人身侧，有二侍女分别持便
面和捧镜；而在马氏石上，这两个人却朝着女主人的头部各举一棒，动作的意
向很不明了。原石楼上的一根人像柱，伸出一只手与坐在右阙屋顶上的一人相
握。马氏石略去了阙顶上的人，人像柱却兀自伸着手。原石楼下的男主人虽已
大部剥蚀不清，但他所坐的矮榻或枰尚存一角，参照武氏祠中另一相仿的图
像，知此男主人本呈坐姿，他的面前有侍者捧碗奉盘进食。《石索》误将男主

图 57-4　楼阁人物图的比较

1　画像石中的楼阁　山东嘉祥武氏祠　　　　　　　3　马氏石中的楼阁

2　《石索》摹刻的同一座楼阁

人像补成立姿。马氏石接受了《石索》的补充，又把捧碗者改为举花端立，与男主人分庭抗礼；以致上述《中原文物》所载之文把他们误会成两位亭长了。更可注意的是，楼顶脊端的原始鸱尾，原石只不过刻成两个尖角形的突起物，《石索》把它们刻成B字形，马氏石更进一步加以美化，把它们刻得尖耸而弯曲，汉代的原始鸱尾根本不曾有过这种式样。这些情况清楚地告诉我们，马氏石上的画像是自《石索》拼凑翻摹而成。它是古玩市场上的赝品。

最后，还想就马氏石与穆天子会见西王母故事的关系谈点看法。马氏石既非古物，本无考证其题材的必要。今姑舍其真伪不论，就算东汉时有这样一块画像石，它上面也很少有可能反映出穆天子会见西王母的故事。因为这个故事最初见于《穆天子传》，此书是晋代汲郡人不准于太康二年（281 年）从魏王墓中盗掘出土的①；东汉人没有见过这部书，《汉书·艺文志》中亦未加著录，所以一般汉代人不会熟悉这个故事②。退一步说，是否可以设想，这个故事在汉代曾于少数人当中口头流传，而为某块画像石所反映呢？当然，如果早于汲冢

---

① 此据《晋书·束皙传》。同书《武帝纪》作咸宁五年（279 年）。杜预《春秋经传集解后序》作太康元年（280 年）。

② 或以为《汉武帝内传》等书中的故事，本是武帝身边的方士所"编造"，"储以自随，待上所求问"者；非是。《守山阁丛书》本《内传》有钱熙祚序，云此书"大约东晋以后，浮华之士造作妄诞"。至于《汉武故事》一书，余嘉锡说："传本之题班固，则浅人所为，非其旧也。"（《四库提要辨证》卷一八）它们均作于《穆天子传》问世之后。在汉代的文献与实物中，未曾出现"穆天子会见西王母"故事的任何迹象。

竹书就出现了一块能够印证《穆天子传》情节的画像石，的确是一件了不起的事，但那上面也总得有代表他们的特征的较典型的形象才成。在汉代，皇帝的车驾六马①，画像石上如出现周穆王，纵使不像《穆天子传》所描写的那样用"八骏"驾车，也至少应驾六马才是。而马氏石上的主车只驾四马，仅就这一点来判断，也难以将乘车者指认为周穆王。至于西王母，在汉代的画像砖石、铜镜、漆器上都出现过她的形象。由于《山海经·西山经》和《大荒西经》说她"蓬发戴胜""戴胜虎齿"，所以她常戴玉胜或巾帼，坐在山状座，即鳌戴三山或郭璞所说的"天柱"②上。也有些图像把她表现为坐在龙虎座上。她身旁常有三青鸟、三足乌及九尾狐等侍奉，不过最多见的是玉兔或羽人捣药，因为汉代对西王母的崇拜是和求不死之药等神话联系在一起的。马氏石楼上端坐的妇女完全不具备这些特点，故无法把她和西王母拉扯在一起。冯云鹏说她"盖妃嫔夫人之属"，倒更为近是③。不过马氏石把女主人的身躯放得特别大，把侍者缩得相当小，倒不能不说有点给它的赝品增添些神化的光彩的意图，但这一切都不过是出于牟利的目的而已。如果把她误认为西王母，并进而联系"周与西方民族的关系"加以申论，就未免离题太远了。

（原载《中原文物》1983 年第 3 期）

---

① 《逸礼·王度记》："天子驾六马，诸侯驾四。"《易》京氏传、《春秋公羊传》说同。《史记》以为秦始皇尚水德，故乘六马。汉承秦制，因而不改。

② 郭璞《山海经图赞》："昆仑月精，水之灵府。唯帝下都，西老（姥）之宇。嶵然中峙，号曰天桂（柱）。"

③ 汉代墓室、祠堂所刻"楼阁拜谒图"中的受礼拜者皆是墓主或祠主，楼阁二层端坐的妇女是其妻室；并无例外。参看信立祥：《汉代画像石综合研究》，文物出版社，2000 年，第 92～102 页。

58 沟通古文物研究与社会生活史研究的一次实践
——评《古诗文名物新证》

历史这座大厦何等辉煌壮丽，它的千门万户当然不能用同一把钥匙打开。治原始社会史的学者们强调的是考古学文化，重视的是物质遗存的组合关系。而传统意义上的史学家，其著述一般立足于文献史料。王国维先生虽提倡"二重证据法"，但他的二重证据实指传世文献与出土文献；还是从文献到文献。可是时代越往后，材料越多：除了史部的大量公私记载，哲学著作、宗教经典、法律文书、科技舆图、商务籍账，以及诗文戏曲、日记书翰等，还有举不胜举之出土与传世的古文物；各自均从不同角度提出了有价值的信息。就实物资料而言，由于晚期的各类文物早已溢出考古学文化的范畴，所以层位学、类型学的方法对它们已不完全适用。而旧式的古器物学又往往是分散的个案研究，很少考虑对时代特点作宏观上的总体把握；能够与文献记载挂钩，起到补史或证史的作用，已经很了不起了。近年兴起的研究古代社会生活史之风，方向甚好，但做起来难度颇大。特别是要越过专史，一下子写成通史或断代史，有时常因若干方面尚待梳理，基本情况不尽明朗，而在著作中留下缺憾。从这个意义上说，扬之水同志的《古诗文名物新证》（紫禁城出版社，2004年12月出版），正是为深入探讨中国古代社会生活史所做的打基础的工作。

这部书以名物研究为切入点。名物学在我国有悠久的传承，它将训诂考据的方法应用到对物的研究上。自汉代经师、乾嘉大儒乃至近代学者的诸多建树，为这门学问厘定了严谨的规范。本书作者娴于此道，书中处处可见物、图、文互证的例子，读来每感深中肯綮。比如本书讨论的一种将莲花香炉和两个盛香料的宝子组合为一体之器，其形象在绘画、雕塑中经常出现，结构精妙，然而迄今未获实例，也很少有人提到它。那么，它到底是实有之物还是仅存在于想象中的图形呢？对此，作者举出敦煌文书中《咸通十四年敦煌某寺器物帐》所记："大金渡（镀）铜香炉壹，肆脚上有莲花两枝并香宝子贰及莲花叶。"从而判定："其形容与图像所见适相符合，而明确列于点交器物的清单，自属实有之物。"证据清楚到这种程度，怎能不令人信服。再比如谈到宋代的莲花蹲狮香炉，即当时所称"狻猊出香"时，先举出安徽宿松宋墓出土的实物，并以宋人《维摩演教图》中画的此种香炉做比照，再证以徐兢《宣和奉使高丽图经》、陆游《老学庵笔记》、周麟之《破虏凯歌》、周密《癸辛杂识》等宋人的记述。看了这些，会觉得宿松之器简直就是照着《演教图》制作的，或者说《演教图》中之炉乃以宿松出土物为蓝本，而各家的文字又仿佛是为这种器物写的说明书。实物与图文的一致性和互补性，使读者对它了解得真真切切，了无产生疑问的余地。可是有论者认为，在以形象与文献互证的过程中，存在着"以图证史的陷阱"[1]。诚然，轻率地指认并不可取。但纵使完全避开图像，也不能保证行文中不出现"失慎"之处。失慎与否，取决于论证的方法，并不在于用不用图像。如果严格遵照名物学的要求在论证中摆正代表物的图像的位置，最后必将得出更有说服力的结论。

当然，真正读懂古代的图像亦非易事。以20世纪50年代发掘的沂南汉墓为例，这里的画像石非常精美；山东地区的汉代画像大多气势雄浑，而沂南所出者在宏大的场面中又注意细部表现，从而为汉代社会生活提供出若干过去不甚明晰的情节，洵极可珍。但在1956年出版的发掘报告中，有些画面却被误解。比如该墓前室北壁横额上刻有一幅"大傩图"，其中有"十二神追恶凶"进行打鬼辟邪，以保护墓主人在冥界的安宁。而《报告》却称之为"奇禽异兽图"，说："它们互相追逐着，嬉戏着，承托着，抵接着，勾连着，也有少数搏斗着。这表现一种世界观，认为大自然界是和谐的，是成统一体的，一切生

---

[1] 缪哲：《以图证史的陷阱》，《读书》2005 年第 2 期。

物是互相密切联系着的，依赖着的，而不是各自孤立着的，互相排斥着的，有时它们也互相矛盾着，相斗争着，但这不是主要的。从这和谐与联系中，人们充分感到生命的欢乐、世界的美好。这是一种多么健康的思想感情！"[①]话头虽然动听，却未免发挥得接近荒唐。当时孙作云先生为此专门写了一篇文章加以驳正。[②]无独有偶，也在该墓前室，于东、南、西三壁横额上有一长幅连成一气的"上计图"，却被《报告》误认为"祭祀图"。上计是汉代重要的行政手段，每届岁尽，县道上计于郡国，郡国上计于朝廷，报告辖区中户口、垦田、钱谷、盗贼的状况，使民情汇总上达；其上级政府则据以考核官员的政绩，课殿最，定赏罚。当政者这时显得最有成就感；所以被当作"墓主人生涯中有重要意义的经历"刻在墓室中。沂南的标本是反映汉代这一社会生活场景之难得的图像材料，对此，本书作了详细的考察，证明《报告》中"祭祀图"之说不能成立，只要看图中并未陈设祭器牲牢便知。东汉梁商临终时叮嘱："祭食如存，无用三牲。"（《后汉书·梁统传》）崔瑗临终时叮嘱："羊豕之奠，一不得受。"（《后汉书·崔骃传》）他们虽是在提倡薄葬；但反过来正说明供奉此类祭品是当时通行的做法。沂南墓主大约为二千石的官员，虽然地位比不上梁商，但不会比崔瑗（济北相）的身份低多少；而画像石中全然不见"羊豕之奠"的影子，所以刻画的不会是祭祀的情形。本书作者还指出此图中一再出现的施以封缄的计箧和书囊中盛放的应是上计所用集簿。在这里，又显示出名物研究的功力。试想，如果确系"祭祀图"，其中摆上那些公文包（计箧与书囊）做什么！《报告》不认识它们，称之为"粮袋"，结论遂南辕北辙、不着边际了。

不过，东汉距今已一千八百多年，文献记载和流传下来的遗物毕竟有限，因而对当时之事物的考证或不免简略；这和八百多年前的宋代、三百多年前的明代的情况，乃不可同日而语。到了这时，高雅而精致的生活方式已经成为文

---

① 曾昭燏等：《沂南古画像石墓发掘报告》，文化部文物管理局，1956年，第51页。

② 孙作云：《评〈沂南古画像石墓发掘报告〉》，《考古通讯》1957年第6期。

化人较普遍的追求，而在唐代却还是少数人的事。这时，那些既富于学养且雄于资财的有力者不必说；即便是未出茅庐的寒士，也希望尽量免俗。存世之器物更是琳琅满目，总数多得难以统计。今日如有幸接触，纵然是一件蕞尔小物，也往往使人爱不释手。而且这时不仅遗物的数量多，式样也多，称得上是百花齐放。由于式样太多，所以类型学的原理对它们虽仍然有效，但作用的机制已与上古时代有别，这时的各种器形已不再循单线演嬗，只看口沿的变化已经说明不了什么问题。又由于数量太多，所以研究者不得不从面上进行系统的整理，而不单是在点上或线上寻寻觅觅。以本书中占篇幅较多的香具研究为例，作者逐一描述了一百八十余器，将我国历史上这类器物的演化分合，盛衰兴替，各自的特点，使用的情况，溯源析流，解释得透辟精到。用以比照的文献看似信手拈来，却总是正对口、恰恰搔到痒处。表明作者治学黾勉，博闻多识，仅从书后的"引用文献"目录（不是参考书目）看，引书已达八百余种。虽然正像前文所说，时代越晚，史料越多，但作者仍孜孜以求，尽量不放过有用的信息，故而本书中举出的文献与文物相当密集，汹汹然如不尽江涛。所幸作者原是写散文的能手，下笔仍控纵自如，峰回路转，岸阔潮平，随着其从容的叙述，洪流又变成潺湲春水，使人读之不倦。

今天看起来焚香是雅事，当年却是文士平日生活中的常事。香具如此繁复，正反映出使用者众多。其形制的演变一方面出于实际需要。比如从焚草本香料到焚树脂类香料，从焚单一品种的香料到焚合香，从焚香片到焚香饼、焚线香，都会使用具发生变化。但此外重要的推动力还来自对情趣的追求，而此类意兴多半流露在诗文中。通过它们，才能认识到是何种灵思拨动起敏感的审美琴弦。读罢黄庭坚诗"欲雨鸣鸠日永，下帷睡鸭春闲"，可知香鸭的氤氲依人；读罢陆游诗"棐几砚涵鹦鹆眼，古奁香斫鹧鸪斑"，可知奁式炉的格调高古；读罢刘子翚诗"午梦不如缘底破，篆烟烧遍一盘花"，更可知印香炉的大可玩味。懂得了这些文物和诗句，触类旁通，才能懂得那个焚香的时代。不然，像"小院春寒闭寂寥，杏花枝上雨潇潇。午窗归梦无人唤，银叶龙涎香渐销"一类风韵隽永之作，或将难以领略个中妙趣。

通过以上介绍，会以为本书谈的尽是器物，见物不见人。其实每个人和他所处的时代的物质文化环境均密不可分。焚香如此，首饰更是如此。本书中谈首饰的篇章亦洋洋大观，仅实物就举出近二百件。不仅讲清楚了它们的名称、形制和工艺特点；更难得的是，经过与当时的人物画对比，明确了其插戴的部位和方式。且不说这对历史画和历史剧的制作将起多大的作用，仅就读书而论，当明清说部中一位女主人公出场时，尽管被形容得花枝招展，读者却经常无从捉摸她的装扮，甚至弄不清到底是正面的赞美还是在说反话加以嘲弄。由于物象上的隔膜而对书中之褒贬臧否的用心缺乏感受，从文学鉴赏的角度讲，有点说不过去。从前沈从文先生有一篇文章，分析了《红楼梦》第四十一回中所写妙玉在栊翠庵待客的情况，她端出的茶具因人而异，递给黛玉的是一件"点犀盉"。"点犀"指犀角中心贯有一缕白色斑纹者，因稀见而价昂。"盉"则是高足杯。用犀角制杯须将当中挖空。可是这么一来，点犀之天生的白斑纹被挖掉，只剩空壳，最值钱的特征就不存在了，所以不会有人这么做，从而表明它其实是一件假古董。背后的微言深意则是在讽刺妙玉的为人之虚伪和势利。[①]但小说表面却未露形迹，不着一字而入木三分。经沈先生挑明后，这里的人物和故事一下子就活起来了，诚可被视为名物学应用于古典文学作品研究中之绝佳的实例。《古诗文名物新证》中也有一段妙文，说的是西门庆家的书房。《金瓶梅》原书是这样描写的："抹过木香棚，两边松墙，松墙里面三间小卷棚，名唤翡翠轩。""上下放着六把云南玛瑙漆减金钉藤丝甸矮矮东坡椅儿，两边挂四轴天青衢花绫裱白绫边名人山水。""里面地平上安着一张大理石黑漆缕金凉床，挂着青纱帐幔。""翡翠轩正面前，栽着一盆瑞香花，开得甚是烂漫。"似乎这位土豪的家还很幽雅。但作者在考校名物之余却指出："若把当时文人的意见作为书房之雅的标准，则西门庆的书房便处处应了其标准中的俗。比如

---

① 沈从文：《"狐爬雯"和"点犀盉"》，《光明日报》1961 年 8 月 6 日。

椅，《长物志》曰'其折叠单靠'，'诸俗式，断不可用'。""比如凉床，'飘檐、拔步'，俱俗。""再比如挂在两边的四轴山水，屠隆《考槃余事》：'高斋精舍，宜挂单条，若对轴即少雅致，况四五轴乎。'即连木香棚。《长物志》也别有评说：'尝见人家园林中，必以竹为屏，牵五色蔷薇于上。木香架木为轩，名木香棚；花时杂坐其下，此何异酒肆中。'""而一盆'开得甚是烂漫'的瑞香花，亦非雅物，'枝既粗俗，香复酷烈，能损群花，称为花贼，信不虚也'。"虽不知《金瓶梅》原书之命笔是否如此字字机锋，但经作者一点拨，西门这厮的所谓书房，落在当日文士的眼里，正雅得俗不可耐；而同时也深感原书之皮里阳秋的手法，诚不可小觑。

总之，《古诗文名物新证》一书内容宽广，诸如居室、家具、仪仗、饮食乃至首饰等，都做了饶有兴味的研究。作者下笔矜慎，不落窠臼。所提问题也每每别出机杼，结论多发前人所未发，有的甚至令读者耳目一新。书中提到的古文物，均已褪去华衮，洗尽铅华，出现在或世俗或风雅的社会生活之中，以本色素面开口讲自己的故事。

（原载《文物》2005年第7期）

后　记

　　收在这里的五十余篇小文，是近二十年间的部分拙作，虽岁月悠长而落笔佺偬，所以文字的体例既不统一，内容也颇感庞杂；然而大致都是围绕着衣食器具、草木鸟兽谈有关之文物的。现今尊之为文物者，在古代，多数不过是寻常的日用品；唯其是日用品，所以是当时的社会生活之朴素的物证。清除尘蠹，可以看到它们身上各自映射出历史的闪光，无论呈现的是大智慧或小聪明，是沁人心脾的优雅或撩人眼目的缤纷，都能激发起为理解它们而进行探索的热情。这就是我写作的动力。

　　毕竟有些文字写成已多年了，借这次的结集出版，又作了若干修改补充。是为记。

二〇〇五年春校毕
于阳江海陵岛探海楼